世纪之理念丛书

台湾东华书局
浙江教育出版社 (简体字版)
台湾东华书局 (繁体字版)

台湾东华书局出版之《世纪之理念丛书》

除在台湾发行繁体字版外，亦已授权浙江教育出版社在台湾地区另所行区域以外之所有地区以简体字版发行。本丛书所种（著作权），非经出版者或著作人之同意，本丛书之任何部分均不得以任何方式转载或抄录转印。

台湾东华书局
浙江教育出版社联合谨启

願爲兩岸心理科學發展盡點心力
—— 世紀心理學叢書總序 ——

五年前一個虛幻的夢想，五年後竟然成爲具體的事實；此一由海峽兩岸合作出版一套心理學叢書以促進兩岸心理科學發展的心願，如今竟然得以初步實現。當此叢書問世之際，除與參與其事的朋友們分享辛苦耕耘終獲成果的喜悅之外，在回憶五年來所思所歷的一切時，我個人更是多著一份感激心情。

本於一九八九年三月，應聯合國文教組織世界師範教育協會之邀，決定出席該年度七月十七至二十二日在北京舉行的世界年會，後因故年會延期並易地舉辦而未曾成行。迄於次年六月，復應北京師範大學之邀，我與內子周慧強教授，專程赴北京與上海濟南等地訪問。在此訪問期間，除會晤多位心理學界學者先進之外，也參觀了多所著名學術機構的心理學藏書及研究教學設備。綜合訪問期間所聞所見，有兩件事令我感觸深刻：其一，當時的心理學界，經過了撥亂反正，終於跨越了禁忌，衝出了谷底，但仍處於劫後餘生的局面。在各大學從事心理科學研究與教學的學者們，雖仍舊過著清苦的生活，然卻在摧殘殆盡的心理科學廢墟上，孜孜不息地奮力重建。他們在專業精神上所表現的學術衷誠與歷史使命感，令人感佩不已。其二，當時心理科學的書籍資料甚為貧乏，高水平學術性著作之取得尤為不易；因而教師缺乏新資訊，學生難以求得新知識。在學術困境中，一心為心理科學發展竭盡心力的學者先生們，無不深具無力感與無奈感。特別是有些畢生努力，研究有成的著名心理學家，他們多年來的心血結晶若無法得以著述保存，勢將大不利於學術文化的薪火相傳。

返台後，心中感觸久久不得或釋。反覆思考，終於萌生如下心願：何不結合兩岸人力物力資源，由兩岸學者執筆撰寫，兩岸出版家投資合作，出版一套包括心理科學領域中各科新知且具學術水平的叢書。如此一方面可使大陸著名心理學家的心血結晶得以流傳，促使中國心理科學在承先啟後的路上繼續發展，另方面經由繁簡兩種字體印刷，在海峽兩岸同步發行，以便雙邊心理學界人士閱讀，而利於學術文化之交流。

顯然，此一心願近似癡人說夢；僅在一岸本已推行不易，事關兩岸必將更形困難。在計畫尚未具體化之前，我曾假訪問之便與大陸出版社負責人提及兩岸合作出版的可能。當時得到的回應是，原則可行，但先決條件是台灣方面須先向大陸出版社投資。在此情形下，只得將大陸方面合作出版事宜暫且擱置，而全心思考如何解決兩個先決問題。問題之一是如何取得台灣方面出版社的信任與支持。按初步構想，整套叢書所涵蓋的範圍，計畫包括現代心理科學領域內理論、應用、方法等各種科目。在叢書的內容與形式上力求臻於學術水平，符合國際體例，不採普通教科用書形式。在市場取向的現實情況下，一般出版社往往對純學術性書籍素缺意願，全套叢書所需百萬美元以上的投資，誰人肯做不賺錢的生意？另一問題是如何邀請大陸學者參與撰寫。按我的構想，台灣出版事業發達，也較易引進新的資訊。將來本叢書的使用對象將以大陸為主，是以叢書的作者原則也以大陸學者為優先考慮。問題是大陸的著名心理學者分散各地，他們在不同的生活環境與工作條件之下，是否對此計畫具有共識而樂於參與？

對第一個問題的解決，我必須感謝多年好友台灣東華書局負責人卓鑫淼先生。卓先生對叢書細節及經濟效益並未深切考量，只就學術價值與朋友道義的角度，欣然同意全力支持。至於尋求大陸合作出版對象一事，迨至叢書撰寫工作開始後，始由北京師範大學教授林崇德先生與杭州大學教授朱祖祥先生介紹浙江教育出版社社長曹成章先生。經聯繫後，曹先生幾乎與卓先生持同樣態度，僅憑促進中國心理科學發展和加強兩岸學術交流之理念，迅即慨允合作。這兩位出版界先進所表現的重視文化事業而不計投資報酬的出版家風範，令人敬佩之至。

至於邀請大陸作者執筆撰寫一事，正式開始是我與內子一九九一年清明節第二次北京之行。提及此事之開始，我必須感謝北京師範大學教授章志光先生。章教授在四十多年前曾在台灣師範大學求學，是高我兩屆的學長。由章教授推荐北京師範大學教授張必隱先生負責聯繫，邀請了中國科學院、北京大學及北京師範大學多位心理學界知名教授晤談；初步研議兩岸合作出版叢書之事的應行性與可行性。令人鼓舞的是，與會學者咸認此事非僅屬學術界創舉，對將來全中國心理科學的發展意義深遠，而且對我所提高水平學術著作的理念，皆表贊同。當時我所提的理念，係指高水平的心理學著作應具備五個條件：(1) 在撰寫體例上必須符合心理學國際通用規範；(2) 在組織架構上必須涵蓋所屬學科最新的理論和方法；(3) 在資料選取上必須注重其權威性和時近性，且須翔實註明其來源；(4) 在撰寫取向上必須兼顧學理和實用；(5) 在內容的廣度、深度、新度三方面必須超越到目前為止國內已出版的所有同科目專書。至於執筆撰寫工作，與會學者均表示願排除困難，全力以赴。此事開始後，復承張必隱教授、林崇德教授、吉林大學車文博教授暨西南師範大學黃希庭教授等諸位先生費心多方聯繫，我與內子九次往返大陸，分赴各地著名學府訪問講學之外特專誠拜訪知名學者，邀請參與爲叢書撰稿。惟在此期間，一則因行程匆促，聯繫困難，二則因叢書學科所限，以致尚有多位傑出學者未能訪晤周遍，深有遺珠之憾。但願將來叢書範圍擴大時，能邀請更多學者參與。

　　心理科學是西方的產物，自十九世紀脫離哲學成爲一門獨立科學以來，其目的在採用科學方法研究人性並發揚人性中的優良品質，俾爲人類社會創造福祉。中國的傳統文化中，雖也蘊涵著豐富的哲學心理學思想，惟惜未能隨時代演變轉化爲現代的科學心理學理念；而二十世紀初西方心理學傳入中國之後，卻又未能受到應有的重視。在西方，包括心理學在內的社會及行爲科學是伴隨著自然科學一起發展的。從近代西方現代化發展過程的整體看，自然科學的亮麗花果，事實上是在社會及行爲科學思想的土壤中成長茁壯的；先由社會及行爲科學的發展提升了人的素質，使人的潛能與智慧得以發揮，而後才創造了現代的科學文明。回顧百餘年來中國現代化的過程，非但自始即狹隘地將"西學"之理念囿於自然科學；而且在科學教育之發展上也僅祇但求科學知識之"爲用"，從未強調科學精神之培養。因此，對自然科學發展具有滋養作用的社會科學，始終未能受到應有的重視。從清末新學制以後的近百年間，雖然心理學中若干有關科目被列入師範院校課程，且在大學中成立系所，而心理學的知識既未在國民生活中產生積極影響，心理學的功能更未在社會建設及經濟發展中發揮催化作用。國家能否現代化，人口素質因素重於物質條件；中國徒有衆多人口而欠缺優越素質，未能形成現代化動力，卻已構成社會沈重負擔。近年來兩岸不斷喊出同一口號，謂廿一世紀是中國人的世紀。中國人能否做為未來世界文化的領導者，則端視中國人能否培養出具有優秀素質的下一代而定。

現代的心理科學已不再純屬虛玄學理的探討，而已發展到了理論、方法、實踐三者統合的地步。在國家現代化過程中，諸如教育建設中的培育優良師資與改進學校教學、社會建設中的改良社會風氣與建立社會秩序、經濟建設中的推行科學管理與增進生產效率、政治建設中的配合民意施政與提升行政績效、生活建設中的培養良好習慣與增進身心健康等，在在均與人口素質具有密切關係，而且也都是現代心理科學中各個不同專業學科研究的主題。基於此義，本叢書的出版除促進兩岸學術交流的近程目的之外，更希望達到兩個遠程目的：其一是促進中國心理科學教育的發展，從而提升心理科學研究的水平，並普及心理科學的知識。其二是推廣心理學的應用研究，期能在中國現代化的過程中，發揮其提升人口素質進而助益各方面建設的功能。

出版前幾經研議，最後決定以《世紀心理學叢書》作為本叢書之名稱，用以表示其跨世紀的特殊意義。值茲叢書發行問世之際，特此謹向兩位出版社負責人、全體作者、對叢書工作曾直接或間接提供協助的人士以及台灣東華書局編審部工作同仁等，敬表謝忱。叢書之編輯印製雖力求完美，然出版之後，疏漏缺失之處仍恐難以避免，至祈學者先進不吝賜教，以匡正之。

張春興　謹識
一九九六年五月於台灣師範大學

世紀心理學叢書目錄

主編　張春興
台灣師範大學教授

心理學原理

張春興
台灣師範大學教授

中國心理學史

燕國材
上海師範大學教授

西方心理學史

車文博
吉林大學教授

精神分析心理學

沈德燦
北京大學教授

行為主義心理學

張厚粲
北京師範大學教授

人本主義心理學

車文博
吉林大學教授

認知心理學

彭聃齡
北京師範大學教授

張必隱
北京師範大學教授

發展心理學

林崇德
北京師範大學教授

人格心理學
黃希庭
西南師範大學教授

社會心理學
時蓉華
華東師範大學教授

學習心理學
張必隱
北京師範大學教授

教育心理學
張春興
台灣師範大學教授

輔導與諮商心理學
鄔佩麗
台灣師範大學教授

體育運動心理學
馬啟偉
北京體育大學教授
張力為
北京體育大學教授

犯罪心理學
羅大華
中國政法大學教授
何為民
中央司法警官學院教授

應用心理學
孟慶茂
北京師範大學教授

工業心理學
朱祖祥
浙江大學教授

管理心理學
徐聯倉
中國科學院研究員
陳龍
中國科學院研究員

消費者心理學
徐達光
輔仁大學教授

實驗心理學
楊治良
華東師範大學教授

心理測量學
張厚粲
北京師範大學教授
龔耀先
湖南醫科大學教授

心理與教育研究法
董奇
北京師範大學教授
申繼亮
北京師範大學教授

精神分析心理學

沈 德 燦
北京大學教授

東華書局印行

自　序

行將與讀者見面的《精神分析心理學》，是叢書中最早邀約的書稿之一。猶記 1991 年春，叢書主編台灣師範大學張春興教授來京，與此地同行朋友表達其"提升兩岸心理學學術水準，促進兩岸心理學學術交流"的宏願，並邀約定題，撰寫叢書。當時推舉我撰寫《精神分析心理學》一書，我雖感惶恐，然自忖基於教授《西方心理學史》多年的經驗，理當奮力以赴，於是接受了這項重大任務。

經過漫長的寫作過程，我更深切體認到弗洛伊德精神分析是現代心理學思想中最獨特的一個理論體系，在一百多年的歷史演變之中，其他學派思想各有興衰沉浮，唯獨弗洛伊德的思想屹立不搖。究其原因首在弗洛伊德思想創自長期診治精神病患者的醫療實務，而弗洛伊德本人及其信徒始終未曾脫離治療實踐，且隨著治療的進展，在理論觀念上不斷修正發展，使弗洛伊德精神分析在學理上更加完善，在影響上更加深入人心；其二在於這種心理學思想對人性本質作了深入探究，提出了以情慾爲核心的潛意識控制人的行爲的基本看法，使人類自詡爲理性動物的形象遭受重大衝擊。此精神分析理論影響到人類文化科學各個領域，而不侷限於心理學。無論科學、醫學、文學、藝術、哲學、宗教與文化教育等方面都有無限蘊涵有待申論、挖掘，且難於窮盡。唯本書對博大精深的弗洛伊德及其學派只是從心理學一門學科的形成與發展的眼光來加以詮釋、闡發，嘗試作一種分析說明，而期予我國心理學的開拓創新以一種思考、一種啟示與一種促進，祈能拋磚引玉，為原本多爭議的弗洛伊德與精神分析引來有益的學術交流與交鋒。寫書對作者說來固然是一個總結整理與提升的歷程，出書則將是一個面向廣大讀者專家更為開放與深入學習討教的歷程，當使我深為受用且感激不盡。

在寫作過程中，我要特別感謝車文博教授與何立嬰教授。車教授為我送來他的新作《弗洛伊德主義評論》供我參考。何教授也提供了他對心理學史的研究成果，資我參酌。二者均使我獲益匪淺。

我也要感謝我的學生劉萃俠、楊麗萍、李艷梅、侯玉波、紀麗君、李雯以及楊眉教授。他們先後參與了大綱的擬定和書稿資料最初的搜集與整理。

本書能夠與讀者見面，首先要感謝叢書主編張春興教授和東華書局董事長卓鑫淼先生，是他們為我撰寫本書搭建了舞台，提供了機會。對於張、卓兩位先生提高學術水準，促進學術交流的遠見卓識與所作奉獻甚為欽佩。同時也感謝東華書局編審部先生們的悉心編排，精細校對，使本書在質量上，在貼近讀者上得到了保證。

最後要感謝我的子女，他們使我在美國幾個城市和幾個大學的圖書館裏取得了借閱圖書資料的便捷與異域經驗。我尤其要感謝愛妻，她為我的寫書出書與我一起度過了交織著緊張與激奮的數不清的晝夜。沒有她在我的身邊，很難想像我能在今天來寫這篇自序。

在這麼長的寫作過程中，肯定還借助了不少知心好友的力量，而未能在此一一道及，但求能在本書面世之際，奉上一冊，在彼此感受欣慰之中，共祝人間那種最為美好的情誼。

沈德燦 謹識
二〇〇三年四月於北京大學

目　　次

世紀心理學叢書總序 ………………………………………… iii
世紀心理學叢書目錄 ………………………………………… viii
自　　序 ……………………………………………………… xiii
目　　次 ……………………………………………………… xv

第一編　精神分析學派的創立

第一章　精神分析心理學概述

　　第一節　精神分析心理學及其思想背景 ………………… 5
　　第二節　精神分析心理學的建立與發展 ………………… 13
　　第三節　精神分析心理學的主要代表人物及其學說 …… 19
　　第四節　精神分析心理學在中國的傳播 ………………… 27
　　本章摘要 …………………………………………………… 32
　　建議參考資料 ……………………………………………… 34

第二章　弗洛伊德精神分析理論的形成歷史

　　第一節　弗洛伊德傳略 …………………………………… 39
　　第二節　弗洛伊德精神分析的理論基礎 ………………… 59
　　第三節　弗洛伊德理論的形成與發展 …………………… 63
　　本章摘要 …………………………………………………… 76
　　建議參考資料 ……………………………………………… 78

第三章　弗洛伊德的精神分析理論

　　第一節　人格結構理論 …………………………………… 85
　　第二節　精神動力論 ……………………………………… 95

第三節　人格發展理論⋯⋯⋯⋯⋯⋯⋯⋯⋯⋯⋯⋯⋯⋯⋯⋯⋯103
　　第四節　探索潛意識的方法論⋯⋯⋯⋯⋯⋯⋯⋯⋯⋯⋯⋯⋯106
　　第五節　人格的適應與心理治療⋯⋯⋯⋯⋯⋯⋯⋯⋯⋯⋯⋯117
　本章摘要⋯⋯⋯⋯⋯⋯⋯⋯⋯⋯⋯⋯⋯⋯⋯⋯⋯⋯⋯⋯⋯⋯121
　建議參考資料⋯⋯⋯⋯⋯⋯⋯⋯⋯⋯⋯⋯⋯⋯⋯⋯⋯⋯⋯⋯122

第四章　弗洛伊德精神分析的評價

　　第一節　精神分析理論的實證研究⋯⋯⋯⋯⋯⋯⋯⋯⋯⋯⋯127
　　第二節　弗洛伊德精神分析的貢獻⋯⋯⋯⋯⋯⋯⋯⋯⋯⋯⋯131
　　第三節　弗洛伊德精神分析的局限⋯⋯⋯⋯⋯⋯⋯⋯⋯⋯⋯147
　本章摘要⋯⋯⋯⋯⋯⋯⋯⋯⋯⋯⋯⋯⋯⋯⋯⋯⋯⋯⋯⋯⋯⋯153
　建議參考資料⋯⋯⋯⋯⋯⋯⋯⋯⋯⋯⋯⋯⋯⋯⋯⋯⋯⋯⋯⋯154

第二編　精神分析學派的分裂

第五章　阿德勒個體心理學的理論基礎

　　第一節　阿德勒傳略⋯⋯⋯⋯⋯⋯⋯⋯⋯⋯⋯⋯⋯⋯⋯⋯⋯159
　　第二節　個體心理學產生的歷史背景⋯⋯⋯⋯⋯⋯⋯⋯⋯⋯166
　　第三節　個體心理學的基本思路⋯⋯⋯⋯⋯⋯⋯⋯⋯⋯⋯⋯173
　　第四節　阿德勒與弗洛伊德理論的分歧⋯⋯⋯⋯⋯⋯⋯⋯⋯178
　本章摘要⋯⋯⋯⋯⋯⋯⋯⋯⋯⋯⋯⋯⋯⋯⋯⋯⋯⋯⋯⋯⋯⋯185
　建議參考資料⋯⋯⋯⋯⋯⋯⋯⋯⋯⋯⋯⋯⋯⋯⋯⋯⋯⋯⋯⋯186

第六章　阿德勒的個體心理學理論與評價

　　第一節　人格動力的觀點⋯⋯⋯⋯⋯⋯⋯⋯⋯⋯⋯⋯⋯⋯⋯191
　　第二節　人格結構的觀點⋯⋯⋯⋯⋯⋯⋯⋯⋯⋯⋯⋯⋯⋯⋯202
　　第三節　社會興趣⋯⋯⋯⋯⋯⋯⋯⋯⋯⋯⋯⋯⋯⋯⋯⋯⋯⋯208
　　第四節　心理治療的觀點⋯⋯⋯⋯⋯⋯⋯⋯⋯⋯⋯⋯⋯⋯⋯213
　　第五節　個體心理學的貢獻與影響⋯⋯⋯⋯⋯⋯⋯⋯⋯⋯⋯217
　本章摘要⋯⋯⋯⋯⋯⋯⋯⋯⋯⋯⋯⋯⋯⋯⋯⋯⋯⋯⋯⋯⋯⋯227

建議參考資料 ································ 228

第七章　榮格分析心理學的理論基礎

　　第一節　榮格傳略 ································ 233
　　第二節　分析心理學的理論背景與思想淵源 ·············· 250
　　第三節　榮格與弗洛伊德理論的分歧 ···················· 252
　　第四節　榮格分析心理學的基本假設 ···················· 255
　　本章摘要 ·· 257
　　建議參考資料 ···································· 258

第八章　榮格的分析心理學理論與評價

　　第一節　人格結構觀 ································ 263
　　第二節　人格動力觀 ································ 283
　　第三節　人格發展觀 ································ 291
　　第四節　心理類型學說 ······························ 295
　　第五節　分析心理治療法 ···························· 307
　　第六節　對榮格分析心理學的評價 ···················· 315
　　本章摘要 ·· 320
　　建議參考資料 ···································· 322

第三編　精神分析學派的發展

第九章　新弗洛伊德主義（上）

　　第一節　新精神分析學派的產生 ······················ 329
　　第二節　霍　妮 ···································· 332
　　第三節　沙利文 ···································· 347
　　第四節　弗洛姆 ···································· 362
　　本章摘要 ·· 376
　　建議參考資料 ···································· 378

第十章　新弗洛伊德主義（下）

　　第一節　卡丁納 ………………………………………… 381
　　第二節　埃里克森 ……………………………………… 388
　　第三節　賴　希 ………………………………………… 399
　　第四節　新精神分析學派的貢獻與局限 ……………… 410
　　本章摘要 ………………………………………………… 421
　　建議參考資料 …………………………………………… 423

第四篇　精神分析學派的影響

第十一章　精神分析的晚近發展

　　第一節　精神分析的自我心理學 ……………………… 429
　　第二節　精神分析與兒童發展理論 …………………… 446
　　第三節　精神分析在心理治療中的新進展 …………… 457
　　本章摘要 ………………………………………………… 464
　　建議參考資料 …………………………………………… 467

第十二章　精神分析心理學的影響與評論

　　第一節　精神分析與婦女主義 ………………………… 471
　　第二節　弗洛伊德主義與文學思想 …………………… 482
　　第三節　精神分析和心理史學 ………………………… 493
　　第四節　弗洛伊德精神分析心理學評論 ……………… 504
　　本章摘要 ………………………………………………… 518
　　建議參考資料 …………………………………………… 521

參考文獻 ……………………………………………………… 523

索　引

　　㈠漢英對照 ……………………………………………… 541
　　㈡英漢對照 ……………………………………………… 551

第一編

精神分析學派的創立

　　本書綜述精神分析心理學，共分四編：以弗洛伊德創立精神分析學派為開端，是第一編；第二編探討精神分析學派的分裂，產生了阿德勒的個體心理學與榮格的分析心理學；第三編介紹精神分析學派的發展，即新精神分析社會文化學派在美國的興起；第四編概論精神分析學派的影響，也涉及該學派在理論上和治療實踐上的晚近發展，並對弗洛伊德及精神分析心理學進行全面總結詳論，作為全書的結束。

　　本編為全書的第一編，講精神分析學派的創立，內容包括精神分析心理學概述、弗洛伊德及其精神分析的形成歷史、弗洛伊德精神分析理論的基本概念以及弗洛伊德的貢獻與局限。

　　精神分析作為人類的科學文化思想的結晶，廣及哲學、文學、歷史、社會、宗教、藝術、尤其是教育、醫學、生物學等眾多學科，成為各門科學知識內容的有機部分，或成為這些專門學科的學術思想的理論基礎。本書則著重從心理學的角度，把精神分析作為現代心理學諸多學派之一來向讀者作介紹與評論。

　　精神分析這個學派從創立方法到構建理論，完全是由奧地利精神病臨床醫生弗洛伊德一手完成的，形成了本學派的正宗地位與傳統勢力，也使精神分析與弗洛伊德的名字鑄成一體，難以分開，故本編在第二章與第三章裏專門介紹了弗洛伊德的生平、他的精神分析的形成歷史及其理論的基本概念。

　　不過，精神分析學派畢竟也是時代的產物，它歷經演變，發展到今天，又是派別林立。本編在第一章概述精神分析心理學的建立與發展之後，簡要地介紹了在建設、繼承、發展弗洛伊德精神分析理論方面極有影響的幾位代表人物，如阿德勒、榮格、霍妮、沙利文、卡丁納、弗洛姆、埃里克森及哈特曼，著重說明他們的學說思想與各自的特點。

人們會注意到，弗洛伊德的精神分析不管為其虔誠的追隨者所繼承，還是為其頑固堅決的叛逆者所反對，其所使用的學名術語與基本概念，則是掌握弗洛伊德學說主張的纖網上的節結，理解它、熟悉它，對於領會精神分析的發展、爭論，分辨精神分析亞學派間的異同至關重要。所以，本編的學習無疑將對於以後各編的學習起一種基礎與鳥瞰全局的作用。

此外，本編還介紹了弗洛伊德心理學在國內分為三個歷史階段的傳播，以見它對國內學術思想界影響之深且廣。然而，弗洛伊德的學說思想也有其來源，本編第二章著重說明了弗洛伊德精神分析理論大廈的兩塊基石──潛意識及性本能，從學理上又可溯源到萊布尼茨的微覺論、赫爾巴特的意識閾概念以及蘇格拉底對愛欲的解釋和達爾文的進化論等。弗洛伊德的科學成就在於追隨前人尋思的足跡並結合自己的臨床經驗，開拓了研究潛意識心理的廣闊領域，補充了傳統心理學甚為薄弱的人格心理學和動機心理學，為心理學增添了新的篇章，提供了新的審察視角。

當然，人們絕不會忘記，作為一個精神病醫師，弗洛伊德對人類的直接貢獻在於最初試用心理分析這一種治療精神疾患的嶄新方法，並據此總結理論，以探究人類的本性。前者使弗洛伊德在心理治療方面作出了歷史性的貢獻，後者則以其對人類本性過於悲觀的消極看法，而遭到了各種反對，特別是來自人本主義心理學家的猛烈抨擊。像許多科學偉人那樣，弗洛伊德有他的獨特貢獻，又不可避免地有他的歷史局限。至於弗洛伊德對文學藝術、歷史學、婦女問題等各領域廣泛而深遠的影響，使其名望已超出了心理學。限於篇幅，本書只介紹他在心理學上最為人熟知的論點及其影響。

第一章

精神分析心理學概述

本章內容細目

第一節 精神分析心理學及其思想背景
一、精神分析心理學的基礎概念 5
　(一) 研究對象
　(二) 研究主題
　(三) 研究方法
　(四) 學習精神分析心理學的意義
二、精神分析心理學的思想背景 10
　(一) 社會與文化背景
　(二) 科學背景

第二節 精神分析心理學的建立與發展
一、弗洛伊德精神分析在奧國的創立與發展 14
二、從古典精神分析到新精神分析的過渡與中介 15
三、新精神分析在美國的興起 16
四、自我心理學的建立與發展 17
五、精神分析在心理治療中的新進展 18

第三節 精神分析心理學的主要代表人物及其學說
一、弗洛伊德 19
二、阿德勒 21
三、榮格 22
四、霍妮 23
五、沙利文 23
六、卡丁納 24
七、弗洛姆 24
八、埃里克森 25
九、哈特曼 26

第四節 精神分析心理學在中國的傳播
一、精神分析學說的早期引入 27
二、精神分析學說的評述與批判時期 29
三、精神分析學說廣泛傳播的新階段 30

本章摘要

建議參考資料

精神分析心理學是西方現代心理學中一種很獨特的心理學。這種心理學的學說思想非常殊異，追隨者眾多，影響極大，被稱為西方心理學的第二勢力，是現代心理學的一個重要學派。

精神分析學派 (psychoanalytic school) 是由弗洛伊德（見圖 2-1）於 19 世紀末葉在奧地利創立的，故而也稱為**弗洛伊德學派** (Freudianism)。"psychoanalysis"一詞有兩種譯法：一是譯為**精神分析**(或**心理分析**)，指弗洛伊德對精神病患者治療時採用的一套方法，包括自由聯想、夢的解析及移情等 (張述祖，1983)；二是譯為**精神分析學說**(或**心理分析論**)，指弗洛伊德的人格理論，如心理動力說、人格結構說及人格發展說 (張春興，1989)。

本章是對精神分析心理學的概述。第一節介紹精神分析心理學的基礎概念，包括研究對象、主題和方法，以及學習它的意義。此外，還要介紹它產生的社會歷史背景和學術思想背景。第二節介紹精神分析心理學的建立與發展，著重說明弗洛伊德在奧地利創立精神分析與其後繼者對精神分析的修正與發展。第三節介紹精神分析心理學的主要代表人物與學說，概述其理論思想與特色。本章最後一節介紹精神分析學說在中國的傳播歷史。

本章對精神分析心理學的一般介紹，使讀者對精神分析心理學有個概貌的認識，並有助於了解精神分析學派的來龍去脈。通過本章的學習，要求讀者掌握以下的有關內容：

1. 精神分析心理學與學院心理學有何不同。
2. "psychoanalysis"的含義是什麼。
3. 精神分析心理學的研究方法有哪些。
4. 精神分析心理學產生的背景是什麼。
5. 從古典精神分析到新精神分析的過渡與中介，指什麼。
6. 新精神分析有哪些特點？它對弗洛伊德學說有何修正和發展。
7. 精神分析學說在我國傳播可分幾個時期。20 世紀 70 年代後，它在中國迅速而廣泛的傳播，原因何在。
8. 你對精神分析心理學曾有過什麼認識？學習它有何重要意義。

第一節　精神分析心理學及其思想背景

精神分析心理學是一門什麼樣的心理學？它的研究對象、主題和方法是什麼？學習它有什麼意義？這些是讀者翻開本書首先想了解的問題。本節就圍繞精神分析心理學的這些基礎概念和它產生的社會歷史背景與學術思想背景來分別向讀者作扼要的介紹。

一、精神分析心理學的基礎概念

由弗洛伊德所創立的**精神分析心理學**（psychoanalytic psychology）與通常教科書上所寫的心理學是截然不同的。通常心理學教科書討論的是關於一般常人的心理、意識，內容大都涉及人的感覺、知覺、意識、思維等的認識過程。但精神分析心理學討論的卻是關於病態人的無意識，所寫內容大都涉及人的夢、過失、焦慮、動機衝突、情緒緊張以及人格的病理表現。

同樣是一門心理學，為什麼所談的內容會如此迥異呢？這是因為一般心理學創立的最初目的是為了一種純理論的興趣與學術上的需要，如萊比錫大學教授馮特所創立的生理心理學是在實驗室中產生的，創立生理心理學的目的，是學者們為了效做生理學以實驗方法來研究心理現象，從建立一門獨立學科的角度在理論上去闡明心理的一般規律等等。但弗洛伊德創立精神分析心理學最初卻不是為了這種純學術理論的目的，而是為了作為一名精神病科醫生，在自己開業的診療所裏試圖找到一種治療神經症的有效方法。是為了治療的需要去探究病人致病的原因，從而深入到病人的無意識心理的動機、情緒和人格等問題。

弗洛伊德精神分析心理學除了不同於馮特的生理心理學，而且也不同於鐵欽納的構造心理學、安吉爾的機能心理學、華生的行為主義心理學和魏特海默的完形心理學。這樣，就形成了精神分析心理學與其他上述學院心理學的不同以至對立，成為西方現代心理學的一個很獨特的心理學學派。它有自己的研究對象、研究主題與研究方法，形成了獨具一格的基礎概念。

(一) 研究對象

前面談到的精神分析心理學的研究對象是來就診的精神病患者。這些患者大都是成人患者，能配合精神病醫生的治療，所患主要是成人神經症（尤其是癔症與強迫症）。但到了 30 年代以後，由於治療思想與治療技術的發展，也吸收了兒童患者，所患除了神經症，還包括兒童期神經障礙以及精神分裂症等多種精神病患。

此外，為了更好地探索患者心靈深處問題，精神分析心理治療者也須真正理解自己，能夠正視自己內心被壓抑的問題，獲得必要的洞察體驗。例如新精神分析的代表人物卡丁納就曾接受過弗洛伊德對他的分析；而弗洛伊德本人則通過與弗利斯 (W. Flies) 的頻繁通信，經過痛苦的自我精神分析來克服自己的神經症傾向。所以說治療者自己也是精神分析重要的分析對象、研究對象。它與以患者為研究對象目的是一致的；都是為了從事精神疾病的治療。

(二) 研究主題

1. 潛意識　如果說通常心理學的研究主題是意識，是弗洛伊德所謂的與直接感知有關的心理部分，那麼精神分析心理學的研究主題則是無意識。無意識在精神分析看來，不只是覺察不到、不在意識之中的意思，它還是心理的基礎部分或底層，內容包括個人的原始衝動和各種本能，以及出生後和本能有關的欲望。這些衝動和欲望，不見容於社會的風俗、習慣、道德、法律而被壓抑或排斥到意識之外，而進入無意識領域。但是它們並沒有消失，而是在不斷地積極活動，以追求滿足。所以心理的無意識部分是人們以往觀念與經驗的一個大倉庫，是由超出意識控制的一些驅動力量在那裡進行活動的大本營。因此"無意識"(unconscious) 在弗洛伊德精神分析心理學中被譯為**潛意識**是更為適切的。無意識的概念德國哲學心理學家萊布尼茨和赫爾巴特也都提過，弗洛伊德不只是把這概念引入了自己的學說之中，而且把它作為自己理論體系的基礎，把他的心理學架構完全建築在它之上，成為其心理學的研究主題，著重研究心理的無（潛）意識部分與意識部分的相互聯繫與抗衡的關係，用潛意識的作用來說明精神病患者的症狀以及一般人的精神生活和行為活動。

2. 力比多 力比多是弗洛伊德精神分析心理學第二個基本研究主題。**力比多**在弗洛伊德著作中常用以指心理能，尤其是性本能的能。他認為性的背後有一種潛力，常驅使人去尋求快感，這種快感都直接或間接地和性有關係。除了生殖活動，性還有其他表現形式，如接吻、觸摸，雖不是生殖器官的交媾活動，但也可以產生性的快感。弗洛伊德認為，人的行為都有它的動機，動機決定人的行為，而動機是心理的，主要是由力比多心理能的性本能所驅動、所支配的。如前面談到潛意識內有不為習俗所見容的原始衝動和本能欲望，在弗洛伊德看來主要也即力比多性的心理能在起作用。所以弗洛伊德的心理觀是一種以性欲為中心的心理觀，雖則這性欲的含義是廣義的。弗洛伊德以力比多的發展說明兒童性心理的發展，特別重視他所發現的認為帶有人類普遍性的戀母情結現象。力比多學說的泛性論招致很多議論，如弗洛依德早期追隨者之一的阿德勒認為個體的行為動機不是性欲，而是追求優越的向上意志；另一位追隨者榮格則認為力比多其實指一種普遍的生命力，它可以表現為性欲，也可以表現為營養和生長，弗洛伊德對嬰幼兒表現營養機能的力比多，說成性機能的力比多，完全是一種誤解。

儘管精神分析心理學內部有不同看法，但他們以潛意識為研究主題，探究人行為背後的欲望動機態度則是一致的。這使精神分析心理學對學院心理學產生了很大的影響：其一是改變了心理學過去一種錯誤的看法，認為研究了意識也即研究了全部心理那種片面狹窄的看法；其二是改變了心理學過去只注意感覺理智認識過程的研究，而沒有重視對情感、意志、動機、欲望的研究；其三是使傳統的學院心理學開始認識到研究個人的心理與行為的發生發展歷史的重要意義 (郭一岑，1937)。

（三）研究方法

弗洛伊德雖受過嚴格的自然科學訓練，從事過生理學、神經學方面多年的研究，但在精神分析心理學中卻排斥實驗法。30 年代初美國心理學家羅森威格把所做支持精神分析壓抑論的實驗研究成果寄給弗洛伊德，弗洛伊德在回信中卻表示："我不能對你的實驗給予很高的評價，因為精神分析觀點所依賴的可靠觀察資料獨立於實驗的證實"(高覺敷主編，1995，46 頁)。原來弗洛伊德指"所依賴的可靠觀察資料"，其可靠性在於進行研究中他所遵循的**內在一致性標準** (criterion of internal consistency)，即從材料中某部分所得出的推論，要由材料的其他部分得出的證據加以核對，以便從一個個案中獲得的最終結論建立在事實和推論的互相連結的網絡上 (Hall & Lindzey, 1978)。弗洛伊德就這樣既不收集控制實驗的資料，也不對其研究結果進行統計檢驗，而只是仔細地聆聽患者的敘述，從他自己對病人的敘述和行為的觀察中推導出他的理論，不斷尋求一致性以證實自己的假設 (黃希庭，1998)。精神分析心理學使用的具體研究方法主要有以下幾種。

1. 觀察法 觀察在心理學中係指人們對特定現象或事件有目的、有計畫、周密而系統的感知。**觀察法** (observation method) 是心理學最常用且簡單易行的一種方法，由研究者直接觀察記錄個體或群體的活動，從而分析研究有關因素間之關係。在事先要明確觀察的任務，擬訂觀察計畫，並將觀察所得資料進行準確而詳盡的紀錄，以備整理和分析。精神分析心理學所進行的觀察是一種臨床觀察，由治療者對病人的症狀 (不管其症候看上去多麼微小、古怪荒謬)、口述、沈默、姿勢及一般運動、動作反應特別是表情作細緻的觀察。因為是臨床觀察，它也是一種治療過程，在觀察的同時，也會有治療者對病症的解釋，所以患者對解釋的反應尤其值得重視。為了了解患者得病的經過，它的前因後果，從而深入患者的動機及一般個性傾向，除了臨床觀察，還需結合個案的研究。

2. 個案法 **個案法** (或**個案研究法**) (case study method) 是一種搜集特定個人的各種有關資料，從而得出心理學結論的研究方法。縱向的個案研究是調查研究個體從出生或童年早期開始的系統的傳記或旁證材料，它有助於了解當事人心理和行為發展的特點和影響因素。精神分析家收集特定的心理異常者的有關資料，為了解釋病因，找出有針對性的治療措施。弗洛伊德結合診斷與治療記述過一些著名的個案研究。他和榮格通過臨床治療，廣泛地和病人交談，收集到許多資料，包括病人對夢的陳述，從而提出了有關夢的理論和釋夢技術。個案研究收集資料的內容一般包括當事人從出生到現在的生活史、家庭關係、生活環境和人際關係的特點。例如阿德勒就特別重視個體在家庭關係中的出生順序、兄弟姐妹中的排行次第；沙利文則會特別注意患者的人際關係狀況。弗洛伊德最長久的個案研究卻是他自己，他對自己的觀察與分析，從早年開始一直延續到晚年，幾乎成了一種生活習慣。榮格也曾對自己作了長久的個案研究，記錄在他著名的 82 歲高齡開始口述的自傳《回憶、夢、思考》(1961) 著作內。精神分析心理學家強調早期經驗對神經症及人格發展的重要影響，所以他們重視個案研究是完全可以理解的。

3. 文獻研究方法　文獻研究方法 (analysis of document) 所指文獻是指能提供所研究現象的任何書面材料，如日記、信函、筆記、記錄、自傳、傳記、文學作品等。個案法是對現實的個體的縱向研究，文獻研究方法則不受時間限制，可及於早已過世的歷史人物。所以**傳記法** (biographical method) 就是根據個案的傳記資料對其心理動力特徵進行分析以了解其人格的方法；**心理歷史學方法** (psycho-historical method) 是指在更廣的歷史活動和歷史背景中對個人人格進行分析。這二種方法都屬於文獻研究方法，其研究資料皆來源於有關人物的傳記，其研究視角也都是回溯式的。

許多精神分析學家都採用過文獻研究方法，如弗洛伊德曾運用它研究俄國小說家陀斯妥耶夫斯基 (Dostoevsky, 1821～1881)、意大利文藝復興時期藝術大師達芬奇 (Leonardo da Vinci, 1452～1519) 等歷史人物的生活，探討這些人物的心理動力來證實自己的精神分析理論 (Freud, 1927)。埃里克森也曾運用心理歷史學方法研究甘地，研究甘地一生中發現並解決其同一性危機的發展過程，來論證他的同一性概念和心理社會發展漸成說 (Erikson, 1969)。

4. 文化人類學方法　文化人類學方法 (method of cultural anthropology) "是觀察並搜集自然地存在於世界不同地區、不同自然環境和不同歷史時期人類文化資料以創立並檢驗人格理論的一種研究方法" (黃希庭，1998，159 頁)。在精神分析學家榮格和弗洛伊德看來，人類文化資料能提供我們許多有關潛意識的信息，所以他們重視文化人類學方法，用這種方法來為自己的理論尋找證據。例如榮格根據古代神話、部落傳說和原始藝術中的意象，反復出現在許多不同的文明民族和野蠻部落之中，這些文化現象結合臨床觀察，推斷出共同的原始意象就儲藏在集體潛意識中。弗洛伊德在《圖騰與禁忌》(1913) 一書中採用文化人類學的方法，推論史前人的心理和行為以及當前神經症患者被壓抑的欲望都可以從史前人類弒父之罪的角度來理解。斷言從人類起源到現代，戀母情結一直是人類普遍存在的潛意識。但卡丁納取文化人類學的觀點與人類學家合作，通過對土著文化的研究提出基本人格結構概念，創立了文化與人格相互作用理論，卻批判了弗洛伊德認為戀母情結具有普遍性。可見在使用文化人類學方法時，仁者見仁、智者見智，只有以正確的科學方法論為指導，才能得出合乎實際而正確的結論。

(四) 學習精神分析心理學的意義

精神分析心理學自弗洛伊德創立以來，經其弟子、追隨者及其反對者的不斷修正、充實與發展，除了弗洛伊德正宗的主幹部分之外，還包括了阿德勒的個體心理學，榮格的分析心理學，霍妮、沙利文與弗洛姆等人的社會文化精神分析心理學，以及安娜、哈特曼與埃里克森等人的自我心理學。精神分析心理學以潛意識與力比多為起點，討論了心理動力論，人格形成說，自我發展觀，日益完善了對精神疾病患者病因分析與治療技術，它的影響所及使其成了西方心理學的第二勢力，它的不少概念和分析思路已溶入日常生活語彙和一般思想文化觀念之中。學習這樣一種心理學，其意義與重要性，至少有以下幾點：

1. 精神分析心理學對於幫助我們了解自己、分析別人，更好地適應日趨複雜的社會人際環境，提高我們的心理生活水平與質量，無疑增加了一種視角，提供了某種參考。

2. 精神分析心理學對我們理解周圍病人，幫助其治療，無疑提供了理論基礎和治療技術，這對精神病學及有關的醫務人員、醫生護士，其意義與重要性，更為直接，更能收到觸類旁通之效。

3. 精神分析心理學今天已將其思想學理滲透到人文學科文化思想各個領域之中，為了認識並更好地吸取借鑑西方文化思想，學好精神分析心理學，將使我們更具識別理論的敏感性。

4. 精神分析心理學不同於學院心理學，對心理學工作者或愛好者來說，能融會貫通精神分析心理學的基本內容，將有助於消化吸收普通心理學，更好地建設並發展所從事的心理學事業。

二、精神分析心理學的思想背景

著名的心理學史大師波林說過，"弗洛伊德從哪裏獲得他的觀念呢？這些觀念已存在於文化裏，為他作了準備，就等著他來採取了"(Boring, 1950, p.708)。萊布尼茨的統覺和微覺、赫爾巴特的意識閾限、費希納的無意識思想、流行於 19 世紀 80 年代的無意識思想及哈特曼的無意識哲學都深深地影響著弗洛伊德，使他充分意識到無意識動機的重要，並試圖發現一種研究它的方法。這些將在第二章第二節裏逐一說到。但精神分析學說的產生尚有其社會與文化方面的歷史背景以及與精神分析特別有關的兩門學科的關係，不能不在這裏述及。

(一) 社會與文化背景

1. 歐洲社會與文化處於激變之中　在 19 世紀 80 年代，也就是弗洛伊德獲醫學博士學位開始工作的時期，歐洲在表面上仍是世界的主宰，帝國的權力至高無上。然而實際上社會並不安定，出現了越來越多的跡象表明災難即將來臨。在歐洲隨處都有不滿的情緒，而以移民為可行的出路。根據范因 1990 年的新增補版《精神分析史》所載：在 1820 到 1930 年間，約六千二百萬人離開歐洲，其中一千八百萬人在 1861 到 1920 年間移居到當時被認為是民主堡壘的美國。1854 年克里米亞戰爭，1870 年普法戰爭，暴力對抗的威脅始終不斷。敏感的知識分子嚴厲地批評社會，並與當時的道德標準尖銳地對立。易卜生斥責家庭道德的虛偽，印象派開始在藝術上進行大變革。這一切表明當時的歐洲社會與文化藝術處於激烈的變動之中。

2. 奧國維也納社會中的病態現象　19 世紀末至 20 世紀初，奧國進入資本主義壟斷階段，社會的尖銳矛盾和常年動亂，給人們精神上極大不安和沮喪，導致精神病患者日益增多。尤其是奧國的維也納在文化上仍然由維多利亞女王時代陳腐偽善的道德標準和華而不實的文藝風格占據統治地位，維多利亞文化和宗教竭力反對享樂，尤其是反對肉體快感。因此維多利亞人經常拼命地壓抑私生活中的性欲，或為對神聖天使般婦女懷有淫欲之心而深感內疚與自責。在家長式統治的猶太人的社會裏，宗教氣氛濃厚，社會禁忌嚴格，在男女兩性關係上禁忌更甚，尤其使婦女的性本能受到嚴重壓抑，精神受到創傷，心理充滿矛盾，以致猶太人家庭中神經症與精神病患的發病率日益增高，成為奧國維也納當時突出的一種社會病態現象。弗洛伊德作為一個在維也納成長的猶太人，並且是個從事治療精神病的醫生，他對這種社會病態現象的感受是會比一般人更加深切的。所以黎黑說：

由於弗洛伊德的經驗是用於臨床診治現實的人類問題，他的理論比

起實驗心理學家的理論來說就更多地植根於社會基礎。(劉恩久等譯，1990，287 頁)

(二) 科學背景

在 19 世紀科學技術得到長足進步，比如神經學已成為醫學科學的一個分支，在弗洛伊德開始工作時，對有關中樞神經系統的主要輪廓已經相當了解了。尤其是生物學的發展，達爾文的進化論成為 19 世紀最偉大的科學發現，影響到眾多門類的科學家對自己研究思路的變革。弗洛伊德受達爾文影響勝過對同時代其他任何著名科學家。他的精神分析的許多假設和概念可以說是直接取自進化論的，例如關於發展的思想、變化的過程，以及固著與退化的概念等等。還有在本能論方面，弗洛伊德受達爾文的影響在第二章裡將另有介紹。本小節著重介紹與弗洛伊德形成精神分析關係特別密切的兩門學科的當時的背景。

1. 精神病學的背景　19 世紀後半葉，一種新的**動力精神病學** (dynamic psychiatry) 在法國開始發展起來，它具有以下幾項特點：(1) 催眠術已被採用來研究無 (潛) 意識；(2) 某些關鍵性疾病 (有時稱之為磁性疾病) 如自發夢遊症、嗜睡症、僵直、多重人格與癔症等受到了特別的重視；(3) 對人的心理開始持一種新觀點，把心理看作兼有意識與潛意識兩個方面；(4) 關於神經疾病致病原因的新理論，最初基於一種不可知的液體，很快為**心理能** (mental energy) 的概念所代替了；(5) 心理治療絕大多數靠使用催眠與暗示，同時特別注意到病人與催眠師之間的關係與聯繫。

但是這種新的動力精神病學幾乎完全在官方精神病學機構以外發展。這種精神病學的新思想在法國、德國和美國往往受到學院機構的激烈排擠。這場新舊研究思想的鬥爭，到弗洛伊德開展工作時，還一直延續著。而弗洛伊德的精神分析學說可認為不但吸收了而且也發展了這種新的動力精神病學。

2. 心理學的背景　19 世紀後半葉，心理學在體系完整的聯想心理學的基礎上，在德國正結合感官生理學的實驗研究思路，醞釀建立一門獨立學科的新心理學。1874 年，也即弗洛伊德進入維也納大學醫學院學習的第二年，萊比錫大學的哲學教授馮特出版了《生理心理學原理》，而維也納大學哲學教授布倫塔諾同年出版了《經驗觀點的心理學》。這兩本心理學代表了當時心理科學發展的水平，同時也代表了當時心理學體系的一種對立。馮特主張用實驗方法研究正常成人的心理內容；布倫塔諾的**意動心理學** (act psychology) 則認為心理學對象不是靜態的內容，而是一種動態的意動 (act)，主要的研究方法是觀察，同時認為可以對兒童和變態人進行研究。弗洛伊德在醫學院連續三年都選修了布倫塔諾的課程，使他對哲學發生了興趣，他甚至把小穆勒 (John Stuart Mill, 1806～1873) 的書譯成德文。沒有關於布倫塔諾和弗洛伊德師生二人有關心理學的交往的史料，但從弗洛伊德以後的學術傾向來看，他是受了布倫塔諾的影響，看重對心理的動力方面的觀察，而不看重甚至排斥對心理作靜態的實驗研究。

　　3. 美國的心理學影響　　德國馮特開創的新心理學，注重實驗的觀點也影響了美國心理學家。他們看重量化的實驗研究，要使心理學成為一門真正的"科學"心理學。這種傾向使美國心理學家長期視弗洛伊德為心理學圈外人，雙方格格不入。但是美國心理學之父詹姆斯卻不是這樣。他有廣泛的興趣，1878 年原定要出版的《心理學原理》，討論到人的許多經驗，包括：習慣、感情、自我、意識、意志以及宗教經驗。詹姆斯的這種心理學思想，使他 1909 年在克拉克大學校慶期間，聽了弗洛伊德關於精神分析演講後，即向當時弗洛伊德的學生瓊斯表示："你們的工作是心理學的未來"(Jones, Vol. 2, p.57)。弗洛伊德的精神分析學說得以在國際上享有聲譽，被邀去美國克拉克大學講演是個重要的契機。但也使我們看到美國心理學的奠基人和實用主義哲學的創始人詹姆斯看重心理學對各種經驗現象的觀察，看重臨床應用，則是精神分析所以能在美國最先受到重視，最快得到發展的重要的心理學背景。

第二節　精神分析心理學的建立與發展

　　精神分析是由弗洛伊德一手建立起來的。它是一種治療方法，也是一種理論體系，還是一種推行心理治療與獻身心靈心理學的學派運動。弗洛伊德晚年對早期所建立的精神分析學說有所修正，有所發展；弗洛伊德的追隨者和後來的反對者對精神分析學說也拓寬了研究的領域，深入洞察人類的精神生活的豐富內涵。弗洛伊德生前受到追隨者對其學說思想的宣傳和修正，身後受到學派子弟的推廣和發展。本節就是圍繞精神分析作為治療方法、學說理論與學派運動介紹它從創立到發展的整個過程，勾勒出歷史輪廓，指明其現狀與發展趨勢。

一、弗洛伊德精神分析在奧國的創立與發展

弗洛伊德花了四十多年的時間來建立並發展精神分析理論，掀起並推進精神分析運動。他自 1886 年在奧國維也納開設醫治神經症的私人診所，第二年起開始用催眠術治療，並同布洛伊爾 (Josef Breuer, 1842～1925) 合作治療癔症。1895 年弗洛伊德與布洛伊爾共同發表《癔症研究》，一般認為本書標誌著精神分析學的起點和精神分析運動的正式開始。弗洛伊德由治療癔症探索方法、探尋病因而開始其關於潛意識動機、壓抑、抗拒、移情、焦慮及神經症病因學的研究。所形成的概念都得自他對病人的治療，使用了催眠暗示、宣洩疏導與自由聯想的方法，這些概念與方法構成了精神分析的基礎。1896 年弗洛伊德因為父親病故，促使他回憶幼年生活，開始進行自我分析，從認為神經症是由性創傷經驗引起，進而認為性的發展在病因學中更具重要地位，確定了幼年性欲學說和"伊諦普斯情結"的觀點。1900 年，弗洛伊德繼續了兩年的自我分析之後，出版了《夢的釋義》，被認為精神分析學的初步形成。繼此書之後第二年，弗洛伊德發表《日常生活的心理病理學》。這兩部著作初步完成了精神分析潛意識理論的體系化，表明這種理論不僅適用於說明變態人心理，而且也適用於說明正常人心理。1905 年弗洛伊德寫成《性學三論》和《詼諧及其與潛意識的關係》，第一次系統地探索了自幼年時代起人類性欲發展規律。

弗洛伊德的性欲論導致阿德勒和榮格先後離他而去。他們的背叛，加上殘酷的世界戰爭的刺激，促使弗洛伊德除性本能之外，承認侵犯作為一種驅力的重要性，終於在 1920 年撰寫《超越唯樂原則》，開始研究本能問題，提出了"死之本能"的概念。1921 年發表《群體心理學和自我分析》，開

始系統研究"自我",至 1923 年弗洛伊德發表《自我與本我》,在原先心理結構說的基礎上將人格結構分為"本我"、"自我"與"超我",提出了關於整個人格一種新的理論模式。在 1926～1939 年,弗洛伊德已臨古稀之年,他聲明從精神分析運動隱退,但仍努力於治療和著作。這時期弗洛伊德將注意力集中在治療方法與治療的擴展上,然而,沒有發展出新的方法。他的興趣由治療轉向社會,轉向研究人類文化歷史與宗教等問題,並在著作中闡述他的理論。1928 年發表《陀斯妥耶夫斯基與弒父者》,對陀斯妥耶夫斯基作了精神分析,申論"伊諦普斯情結"在文學中的表現。1930 年發表《文明及其缺憾》,深入研究宗教產生的根源。1932 年發表《為什麼有戰爭?》對社會政治問題試用精神分析理論來加以說明。1934～1938 年撰寫與發表《摩西與一神教》,批判宗教。

從以上的說明可以看出,精神分析原先只是弗洛伊德一種針對精神病患者的治療技術,在他分析病因尋求根治方法過程中逐漸形成一些概念,發展出一套完整的理論,成為既是一種新的動力精神病學,又是一種嶄新的現代心理學。但弗洛伊德的精神分析理論,不止於說明精神病現象和心靈現象,尤其到了晚年,進而用精神分析說明文化宗教、社會政治現象,使這個理論逐漸擴展到社會科學的各個領域,成為影響整個西方文化思想的一種**弗洛伊德主義** (Freudianism),也被稱為**古典精神分析** (classical psychoanalysis) 或**正統精神分析** (orthodox psychoanalysis)。再則,精神分析不僅是一種理論,而且還是一種運動。這種運動從最初起就是面對精神病學肉體派的傳統成見,要推行一種新的心理治療,旨在改善精神病人的治療狀況。後來,精神分析不只是作為一種治療疾病的方法,也作為一種理解人類動機和人格的理論體系發展起來,成為現代心理學的一個學派,一股勢力,"成為在大學院校之外曾經存在並且繼續存在著的一個巨大的獻身於心靈心理學的獨立運動"(黎黑,1990,315 頁)。

二、從古典精神分析到新精神分析的過渡與中介

弗洛伊德的精神分析吸引了不少有獨創精神的人,其中阿德勒與榮格就是兩個突出的人物。他們在追隨歸附弗洛伊德之前,就已各有自己的成就與主見。加入精神分析之後,為宣傳和鼓吹精神分析,組織維也納與國際精神

分析學會起過積極作用，而且分別擔任了學會的主席，對推動精神分析早期的運動起到過促進作用，有過一定的貢獻。尤其是榮格，他身為瑞士一個有地位的精神病學家，並且是個非猶太人，主動加入弗洛伊德精神分析，標誌著來自醫學界和非猶太社會承認的第一個跡象，因此榮格受到過弗洛伊德的熱烈歡迎和特別器重，內定為弗洛伊德自己的繼承人，竭力推薦他當選為國際精神分析學會主席。但由於阿德勒與榮格因為性欲論上與弗洛伊德持不同意見，終於導致破裂，先後建立各自的理論體系與團體，在第一次世界大戰臨近時，精神分析運動內部已形成三方鼎立的局面。

阿德勒的個體心理學與榮格的分析心理學雖反對弗洛伊德過分強調性在致病原因和人格發展中的作用，卻仍沿用精神分析的基礎概念，但是在分析思路上，轉向同時重視社會文化因素，以更好地發展精神分析，故被認為是從弗洛伊德古典精神分析到新精神分析的過渡與中介。他們對精神分析的影響與貢獻是：

1. 阿德勒的個體心理學克服了弗洛伊德心理動力説的偏向，把人的行為動機由潛意識的本能、性欲力比多，轉向以社會興趣為導向的意識的自覺目標的追求；阿德勒對社會因素的強調啟發了霍妮、沙利文、弗洛姆等人的社會文化學派的產生。

2. 榮格揭示了弗洛伊德對力比多概念理解的狹隘性，並據力比多趨向把人區分為內外傾兩個類型。榮格的分析心理學提出集體潛意識概念，擴大且加深了精神分析對潛意識的研究。

3. 除了在精神分析理論上的發展之外，阿德勒與榮格作為精神病學家和精神分析家在治療方面也都較弗洛伊德更加靈活，切合病人實際，發展出一套治療概念與治療技術，迄今仍有影響，也是對精神分析的一種貢獻。

三、新精神分析在美國的興起

在 20 世紀 30 年代原先集中在德國和歐洲的一批精神分析學者，由於德奧等國建立了法西斯統治，被迫離開歐洲移居美國，與美國原有的精神分析學者一起對正統精神分析理論加以修訂和拓展，組織了新精神分析學派。其代表人物有霍妮、沙利文、弗洛姆、埃里克森等。他們的共同特點是強調精神病病因的社會文化因素,重視社會文化因素對人格形成和發展的影響,故又被稱為**精神分析的社會文化學派** (social-cultural psychoanalysis)。它們對精神分析的影響與貢獻是:

1. 新精神分析認為必須突破本能論的局限,不應再視性的問題為神經症的動力中心,而把人際關係視為神經症發病的關鍵因素。它在理論上用社會學觀點替代了生物學的觀點,糾正了弗洛伊德理論的偏頗,在一定程度上改變了人們對精神分析所持的消極、冷漠與反感的態度。

2. 新精神分析學派發展了古典精神分析的理論研究:如弗洛伊德著重研究精神病患者個體的潛意識本我,新精神分析學派則大都重視自我的研究,看重意識在治療中的作用。

3. 新精神分析把發生學方法、人類學方法、調查法等引入精神分析,使弗洛伊德精神分析方法有了新的突破。

4. 新精神分析是由不滿古典精神分析的治療效果而懷疑到它對致病因素的分析,這個學派通過治療實踐,改進療效而且擴大了精神分析治療的適應症,並發展出一套新精神分析療法。

四、自我心理學的建立與發展

弗洛伊德一直以分析"本我"作為治療和建立理論的起點,但在後期思想中開始注重對"自我"的研究,預示了精神分析的自我心理學的萌生。他的女兒安娜將弗洛伊德有關自我心理學的思想加以系統化,於 1937 年發表了《自我與防禦機制》一書,明確地把自我作為精神分析的合法方面予以強調和重視。1939 年弗洛伊德去世那一年,哈特曼出版了《自我心理學與適應問題》一書,標誌著精神分析的自我心理學的正式誕生。哈特曼在書中引入了"無衝突的自我領域",擴展了精神分析的範圍;他將人的適應問題納入其理論,使精神分析走上了更為寬廣的道路;而他的"自我自主性"及其獨立起源,看到了人的能動性,進一步擺脫了弗洛伊德的生物化傾向和機械決定論。哈特曼自我心理學的建立,吸引著精神分析家致力於這種自我心理學的發展。如埃里克森於 20 世紀五、六十年代提出"自我同一性"概念與"心理社會發展漸成說",對精神分析的自我心理學的發展做出了特別重要的貢獻。其他，如施皮茨、瑪勒和雅各布森等人也都以哈特曼自我心理學為出發點，開創了對早期嬰幼兒的實驗觀察，總結了兒童自我形成與發展的全過程，建立了相關的兒童發展理論，對精神分析的自我心理學作出了各自的貢獻。他們把自我心理學與兒童發展理論結合起來，從精神分析由研究成人的變態心理轉向同時注意直接觀察嬰幼兒的活動發展，代表了精神分析心理學的一種新近發展趨勢。

五、精神分析在心理治療中的新進展

精神分析的創立最初是以對精神病患的治療為依據的，所以精神分析的發展也表現在治療方面。如古典精神分析治療認為神經症的病因是伊諦普斯情結，新精神分析治療則認為是基本焦慮、是社會所造成的人際關係壓力，在治療中更強調病人現在而非過去的情況，並以面談作為基本治療過程。到了 50 年代以後，出現了現代精神分析療法，也認為神經症的基本問題是焦慮，病人的焦慮和衝突都有其幼年期的前因，但可由很多原因所造成。由種種原因所引起的恐懼被壓抑於潛意識，這些潛意識的癥結就成為神經症的根源。治療者在心理治療中採用面對面交談的方式，讓病人回憶往事，或分析病人的夢，或用一些特殊的心理測驗，總之採取多種方法，幫助病人認識自己，找到焦慮的早期根源，對潛意識癥結加以領悟，即可達到治療效果。

在適應症方面，現代精神分析治療的範圍有了明顯的擴大。古典精神分析治療對象僅限於成人神經症，現已擴大到兒童期精神障礙、變態人格、性變態、藥癮與酒精中毒、邊緣狀態、精神分裂、抑鬱症以及身心疾病等。在治療中，治療者的態度也由原來弗洛伊德一再強調的中立、被動態度轉變為靈活且積極關注的態度。

精神分析治療在 80 年代的某些新進展，如基於自我（適應）模型的計畫診斷方法的治療，基於人際關係相互作用模式的分析方法治療，以及我國鍾友彬所創立的認識領悟心理療法。這些新進展強調心理治療對患者所持的治療計畫與病理信念，在實證研究基礎上明確治療方案與效果，更加重視患者的認識領悟方面，代表了精神分析心理學新近的發展趨勢。黎黑指出：

> 心理治療在弗洛伊德之前就已存在。在弗洛伊德之後，各種心理療法成批湧現。這些新運動中很多派別，如阿德勒的個體心理學、榮

格的分析心理學都已超出精神分析的範圍；另外一些派別則起而反對精神分析。當今治療神經病甚至是為尋求自我完善的正常人提供的各種心理治療多得驚人，但它們之中仍包括正統精神分析。每一種療法各有自己的概念和方法。雖然它們改善了個體的生活，但沒有什麼流派對西方文化和人類尋求科學地了解自我的目標有過重大影響。(黎黑，1990，315 頁)

第三節　精神分析心理學的主要代表人物及其學說

精神分析心理學是由弗洛伊德締造的，但他的弟子以及一些精神病學家與心理治療家為這門學科的完善與發展作出了許多貢獻。我們根據上一節提到的歷史線索，按精神分析的不同發展階段，列舉主要代表人物，介紹其學說思想的要點與特點，幫助讀者形成對精神分析心理學的初步印象。

一、弗洛伊德

弗洛伊德 (見圖 2-1) 是精神分析心理學的創始人，被譽為精神分析之父。他的經典精神分析學說由以下三大部分組成：

1. 心理結構說　弗洛伊德認為人的心理結構可分為三部分：意識、前意識與潛意識。**意識** (conscious) 是人能認識自己和認識環境的心理部分，在人的注意集中點上的心理過程都是意識的；意識只是心理能量活動的一種浮面的水平 (陳仲庚等，1987)。**潛意識** (或 **無意識**) (unconscious) (註 1-1) 則是不能被人意識的較深的心理部分，包括人的原始本能衝動以及出生後被

註 1-1：unconscious 一字用做形容詞時，可譯為無意識；但用做名詞時是精神分析心理學的特殊用法，以譯為潛意識為宜。

壓抑的多種欲望。這些本能衝動與欲望之所以被壓抑則是因為社會規範不允許它們得到滿足,但它們並沒有消滅,而是在潛意識中積極地活動,不斷地尋求出路以獲得滿足,它們活動的結果可能發生神經症或精神病症狀、夢及過失。在意識與潛意識之間還有一種**前意識** (preconscious),是指此刻雖意識不到,但在集中注意、沒有干擾時可以回憶起來的經驗。那麼,把潛意識中的經驗重新召回到意識中去是很容易的嗎?不,因這些經驗會遇到強烈的**抗拒** (resistance),而抗拒是來自意識的**稽查作用** (或省察) (censorship)。弗洛伊德並認為,目前抗拒某種經驗回到意識的力量,正是從前把這個經驗壓抑到潛意識中去的力量 (高覺敷譯,1984)。

2. 人格結構說 弗洛伊德基於意識與潛意識的概念,在他的重要著作《自我與本我》(1923) 中,提出人格結構的說法。他認為人格是由本我、自我和超我三部分構成的:(1) **本我** (或伊底) (id) 是人格結構的最深層部分,由本能衝動及欲望所組成,只追求快樂和滿足,遵循的是**快樂原則** (或**唯樂原則**)(pleasure principle)。嬰兒最初只有"本我",在成長的過程中,從本我逐漸分化出自我。(2) **自我** (ego) 是人格結構的表層,處於本我和外部世界之間,根據**現實原則** (或唯實原則) (reality principle) 來調節本我。(3) **超我** (superego) 是經社會規範內化而形成的良心、道德及自我理想等。超我和本我處在直接的衝突中,從而引起人的焦慮,致使自我發展出很多**防禦機制** (defense mechanism) 來抵抗焦慮。超我總是阻止或延遲本我得到滿足,自我則是本我與超我的調停者,它既要千方百計使本我得到滿足,又要受超我的監督。

3. 心理動力說 人的行為動機是什麼呢?弗洛伊德認為是潛意識的**本能** (instinct),本能的緊張迫使人去行動,行動的目的便是為了減除這種緊張。弗洛伊德起初把本能分為自我本能與性本能,後又把這兩種本能合併為生之本能,另又增加了死之本能。他以希臘神話中愛神的名字艾洛斯 (Eros) 代表**生之本能** (life instinct),包括饑餓、性欲和口渴等,它們與自我保存和種族生存有關;用死神的名字散那拓斯 (Thanatos) 代表**死之本能** (death instinct),包括破壞、憎恨、攻擊等力量。但弗洛伊德更重視的是**性本能** (erotic instinct)。性本能的活動既包括性行為本身,也包括許多追求快樂的行為及情感活動,這種本能背後的動機性來源或力量則稱為**力比多** (或**慾力**) (libido)。力比多在出生前就已存在,出生後開始發展,其發展的過程可分為五個階段，分別為**口腔期** (oral stage)、**肛門期** (anal stage)、**性器期** (phallic stage)、**潛伏期** (latency stage) 和**兩性期** (genital stage)。但在力比多的發展過程中會出現一些現象，如把力比多指向母親或父親而產生**戀母情結** (Oedipus complex) 或**戀父情結** (Electra complex)；把力比多指向自己、把自己作為愛的對象而產生的**自戀** (narcissism)；把力比多投射於醫生身上而產生的**移情** (transference)；把力比多轉向科學、藝術等活動的**昇華** (sublimation) 等等。當然，在力比多的發展過程中也會出現挫折，如**固著** (fixation)、**退行** (regression) 等，從而成為各種神經症和精神病的根源。

弗洛伊德的學術特點是：堅持自己的觀點，不大容易改變。比如對性在人的行為中的強調，使他的學說蒙上泛性論的惡名，受到批判，並導致學派分裂，但他始終未動搖自己的根本看法。

二、阿德勒

阿德勒 (見圖 5-1) 是奧地利的精神病學家。曾受到弗洛伊德的賞識，成為精神分析早期運動的核心人物。1911 年，由於阿德勒反對弗洛伊德對力比多 (性) 的過分強調，從而與弗洛伊德決裂，建立了自己的**個體心理學** (individual psychology)，亦稱**阿德勒心理學** (Adlerian psychology)。

阿德勒接受德國哲學家尼采 (Friedrich Wilhelm Nietzsche, 1844～1900) 的"超人哲學"的思想，認為人類的一切行為都是受"向上意志"即**權力意志** (will to power) 的支配，人的一切動機，不論好壞，都是追求征服，即阿德勒所謂的**追求優越** (striving for superiority)。但是，如果一個人不顧別人和社會的需要而只追求個人的優越，就可能產生**優越情結** (superiority complex)。阿德勒認為由缺陷或能力等造成的**自卑感** (inferiority feeling) 是人的行為的決定因素，為了克服自卑感，個人就可能進行**補償** (compensation) 或**過度補償** (overcompensation)。由於人的弱點各不相同，社會環境亦不同，所採取的克服自卑感的方式和手段也不同，從而使每個人都逐漸形成了一套自己所特有的行為模式，用以補償個人真正的或想像的自卑感，這套行為模式就是個人的**生活風格** (life style)，它是阿德勒心理學中的一個重要概念。需補充的是，自卑感不一定就促使個體去補償，它也會阻礙個體積極成長，產生**自卑情結** (inferiority complex)，從而造成神經症。阿德勒還認為，出生順序與性格的形成有極大關係。

　　阿德勒在他的個體心理學中強調，人的行為不完全是由生物學的本能力量所決定的，社會力量起著更大的作用，因此他提出了社會興趣理論。其中心思想是：人是社會中的一員，對社會和世界的和諧負有責任。**社會興趣** (social interest) 是一種潛能，是人所固有的社會性動機。社會興趣發展的程度，可以用來衡量一個人心理健康的情況。

　　阿德勒的學說貼近生活，充滿樂觀氣息，闡述的理論多半淺顯易懂，容易為人理解和接受。墨菲認為"阿德勒的心理學在心理學史上是第一個沿著我們今天應該稱之為社會科學的方向發展的心理學體系"（林方等譯，1980，410 頁）。

三、榮　格

　　榮格（見圖 7-1）是瑞士的精神病學家。曾受弗洛伊德的器重，被推選為國際精神分析學會第一任主席。但因在力比多的解釋上與弗洛伊德產生分歧，於 1914 年離開弗洛伊德，創立**分析心理學** (analytical psychology)。榮格不同意弗洛伊德把力比多著重看作是性欲，他認為力比多是個體的普遍生命力，它表現在生長上、生殖上，也表現在其他活動中。榮格根據力比多趨向的不同，把人格區分為**內傾型** (introvert type) 與**外傾型** (extravert type) 兩種類型。

　　榮格把人格結構分為三部分：意識、個體潛意識與集體潛意識。**意識** (conscious) 的核心是自我，自我就是我們所意識到的一切心理活動，如思維、記憶、情緒和知覺等。緊接意識下面的是**個體潛意識** (individual unconscious)，它是由曾經被個體意識到但又被壓抑或遺忘的衝動、願望及模糊的知覺所組成，在一定情況下會被重新喚回到意識。**集體潛意識** (collective unconscious) 是自遠古以來祖先經驗的儲存，它們沒有被個體經歷過，是通過種族遺傳而存在的，故也稱**種族潛意識** (racial unconscious)。

　　榮格曾受宗教神學影響，其學說理論晦澀難懂，帶有神秘色彩。但他提出內外傾人格，影響廣泛，已融入人們的日常語彙。

四、霍妮

霍妮（見圖 9-1）是美國精神分析促進會的創辦人與主席，是新精神分析社會文化學派的主將。

霍妮出生於德國漢堡，曾為柏林精神分析運動的中堅。1932 年移居美國。1939 年自稱應用弗洛伊德理論於臨床實踐達 15 年之久，由於不滿意治療效果而產生了重新評價精神分析的想法。1941 年與正統弗洛伊德學說正式決裂。

在許多方面霍妮不同意弗洛伊德的看法，其中最重要的是她認為弗洛伊德過分強調心理的生物學影響，而忽視社會文化因素的作用。她發現弗洛伊德理論在當時美國經濟蕭條時期完全不適用。在精神病或神經症病因中，經濟因素的作用超過了性因素的作用。因此霍妮認為，國家不同、時代不同，人們所面臨的具體問題與困惑也不同，必須重視社會環境及文化因素對人格發展的作用。

霍妮認為，人生來的主要動機是尋求安全與滿足，避免威脅與恐怖，個體**基本焦慮** (basic anxiety) 的根源就是無助感與恐怖感。兒童的基本焦慮則來源於家庭中父母對兒童的態度和行為，任何事情，只要擾亂了兒童和父母之間的安全關係，就可能引起兒童的焦慮。所以，她治療神經症病人的方法就是研究他們的性格結構，從他們在兒童時期與父母的關係中尋求致病的根源。

霍妮的學說主張體現出一種開創性和批判精神，比如她倡導的基本焦慮論，不但很有獨創的見地，而且就是針對弗洛伊德本能論的一種反動。

五、沙利文

沙利文（見圖 9-2）是新精神分析學派的理論家和重要代表，人際關係說的創始人。

沙利文最主要的思想是**人際關係說** (interpersonal theory)。他認為，**人格** (personality) 就是那些經常發生於人與人之間相互交往的相對持久的行為模式，人只有通過與他人交往才能形成人格，而人格的形成是由於社會力量的作用和影響。如果一個人在發展過程中，他的正常的、滿意的人際關係遭到破壞，那就有可能導致神經症。沙利文以人際關係的理念解釋人格發展與心理失常，從事心理治療，在理論上和實踐上發展了弗洛伊德的古典精神分析，影響極大。

沙利文融合精神病學和其他有關科學知識為一體，其理論顯得龐雜，在表述上有時言詞含混，令人費解。

六、卡丁納

卡丁納（見圖 10-11）是新精神分析學派的主要代表和文化與人格交互作用理論的創立者。

卡丁納是第一個把精神分析學與人類學加以綜合研究的人，他利用精神分析方法以特定文化模式和社會制度（習俗）闡明原始民族的**基本人格結構**（basic personality structure），"為精神分析學和社會人類學合作研究社會制度和個體人格的相互作用開闢了一條有前途的道路"（謝循初譯，1962，179頁）。卡丁納既是精神病學家，又是著名的人類學家，他受弗洛伊德的影響，運用精神分析理論去解析人類的文化現象，同時又運用人類的文化材料來解析人格的形成。他持文化與人格交互作用的觀點，認為同一文化模式影響下的人會有相同的基本人格，特別是父母養育兒童的方式，對人格的發展起著重要作用；反過來，人格的形成又給予社會、文化的傳遞及發展以深遠的影響。

卡丁納通過對土著文化的實地考察與分析研究，提出自己的理論，批判弗洛伊德的本能論、泛性論，據實論理，比較有說服力，也豐富了精神分析社會文化學派的理論內容。

七、弗洛姆

弗洛姆（見圖 9-3）是哲學家、精神分析學家，也是當代西方新精神分析學派的理論權威。

弗洛姆的主要興趣是從大的切面研究社會對人產生的影響，提出社會精神分析說。認為整個社會經濟制度和文化對人的精神起決定作用，有什麼樣的社會，就會塑造成什麼樣的性格。所以他把人的性格分為二部分：**個體性格** (individual character) 與**社會性格** (social character)。前者表明在同一文化集體中各個成員之間的差異；後者指同一文化集體中全體成員所共有的特徵。而在社會中塑造出的社會性格類型有五種：**接納性格**、**剝削性格**、**貯存性格**、**市場性格**及**生產性格** (見第九章第四節)。他著有《逃避自由》(1941) 一書，認為當今社會的特點是人口流動、人際關係疏遠、父母親鼓勵孩子獨立；結果造成人與自然、與他人、與其本性的疏離，使人獲得了獨立與自由之後，卻又在孤獨寂寞的壓力下逃避自由。另外，弗洛姆還提出了人有五大需要：相屬、超越、生根、統合及定向 (張春興，1989)。弗洛姆對弗洛伊德精神分析學最重要貢獻，在於他提出了"社會潛意識"，它是精神分析研究由個體轉向社會的一塊基石。被認為繼榮格的集體潛意識之後，在潛意識理論發展史上樹立了第三個里程碑。弗洛姆認為他所提出的社會潛意識不同於榮格的集體潛意識。後者是一種不能成為意識的普遍存在的精神現象，其中絕大部分是遺傳的；而前者則是在社會壓抑的前提下提出來的，它主要指被社會意識壓抑下去的那一部分內容。

　　弗洛姆接受多種人文學科，尤其是哲學方面的影響，故其在理論上包羅更廣，所受人本主義存在哲學影響更深，自詡其理論為人本主義精神分析。

八、埃里克森

　　埃里克森 (見圖 10-2) 是美籍德國兒童精神分析醫生，是當代精神分析自我心理學知名學者。身為新弗洛伊德學派的重要代表人物，埃里克森強調社會因素與人格發展的關係，而且也強調自我的獨立性；他認為在為本我服務的過程中，自我形成了自己的內容、需要和機能，自我不僅能保證個人適應環境、健康成長，而且也是個人的自我意識及同一性的源泉。

　　埃里克森認為，人的發展是依照**漸成原則** (epigenetic principle) 而進行的，人的整個心理發展過程可分為八個階段，每一階段都存在著發展的矛盾，例如嬰兒期的特點是信任與不信任的矛盾。由於嬰兒是由母親撫育的，他發展了對母親的信任，而這個信任也就是將來信任他人的原始基礎。這八個階段發展的順序是由遺傳決定的，而且每一階段的矛盾能否順利解決是由社會環境決定的。可以看出，弗洛伊德的發展分期是心理的性的更替，埃里克森的分期不以性為標準,而以心理的社會性質為標準。

埃里克森以自我為核心,按漸成原則,提出同一性概念和人格發展階段理論,發展了精神分析自我心理學。也從旁推動了如發展心理學、人格心理學、社會心理學和臨床心理學的理論探討與實驗研究。

埃里克森在他的《青年路德》(1958) 一書中,通過"個人同一性危機與歷史性危機不可分割"的理論和對路德的分析,實現了精神分析學和歷史學的結合,促使心理史學的正式誕生,這是埃里克森的重要貢獻,也是他的特殊影響。

埃里克森在理論闡述上有時含混不清,尤其是對同一性概念被認為始終未能"作出明確的界說"(《中國大百科全書》(心理學卷),1991)。

九、哈特曼

哈特曼 (見圖 11-1) 是精神分析自我心理學的創建人,紐約精神分析學會會長、國際精神分析學會主席、名譽主席。哈特曼於 1939 年發表《自我心理學與適應問題》,標誌著精神分析自我心理學體系的建立。這個體系中的一個首要思想是他把自我看作是自主的,它的機能是適應性的。他試圖把自我的機能從本我內驅力的束縛中解脫出來,使自我具有自己應有的獨立地位。弗洛伊德認為,本我的出現不論在心理學上還是在生物學上都比自我的出現要早;自我是從本我中發展出來,並為本我服務的。但在哈特曼看來,自我與本我是兩種同時存在著的心理機能,自我獨立於本能衝動,但又是與它同時發展的。

哈特曼把自我的**自主性** (automomy) 分為兩級,即先天獨立於本我的非衝突的一級自我自主性及從本我的衝突中發展出來的二級自我自主性。**適應性** (adaptation) 就是一級與二級自我自主的結果;而且適應是一種機體與環境不斷地交互作用的動態過程。

哈特曼的自我心理學理論孕育了大批後繼的自我心理學家,如施皮茨、瑪勒及雅各布森 (見第十一章第二節) 等對兒童自我的發展進行了研究;埃里克森對人整個一生的自我發展進行研究,並把**心理社會** (psychosocial) 因素納入了他的自我心理學理論體系中去。

需要說明的是,廣義的新弗洛伊德主義共包括六個學派,自我心理學是其中的一個學派。它指首先由安娜整理並發揮其父親晚期蘊含的自我心理學思想，到哈特曼完成創建自我心理學體系，以及後繼者施皮茨、瑪勒、雅各布森等人對自我心理學做出各自的貢獻，其中對精神分析自我心理學貢獻最為突出的當然要算埃里克森。所以自我心理學既可指對哈特曼理論的特定稱呼，也可指新精神分析的另一種稱呼法，有待於根據上下文使用的情況來確定其具體所指。此外，近幾年新弗洛伊德主義出現了一些共同的主題，在注意的中心上有所轉移。比如對弗洛伊德思想中有關本我的性與侵犯的基本的本能，較少受到注意，同時本我自身也少了點優勢。這一轉移連同自我機能與"自己"概念的擴展，以至新近的理論趨勢一直被命名為自我心理學，而它的開業者則被稱為自我心理學家。這樣看來，自我心理學一詞的使用範圍顯得越加廣泛了。

第四節　精神分析心理學在中國的傳播

　　弗洛伊德的精神分析是一種對世界具有影響的學說，早在 20 世紀 20 年代國內部分學者即已將其介紹給國人。但弗洛伊德學說在中國的傳播經歷了曲折的過程。本節將傳播歷史過程分為精神分析學說的早期引入，精神分析學說的評述與批判時期以及精神分析學說廣泛傳播的新階段等三個時期向讀者分別介紹。粗略地了解精神分析學說在中國的傳播歷史與現狀，將有助於我們正確估量弗洛伊德及其學說思想對中國的深遠影響。

一、精神分析學說的早期引入

　　1. 文學界最早的轉述　精神分析學說最早介紹到中國是在 20 世紀 20 年代通過文學界的轉述。如 1922 年 3 月 26 日最初發表於《晨報副鐫》題為〈沈淪〉的散文裏，作者周作人講了一段精神分析學說，認為它是"非意識的"一類不道德、不端方文學創作動機的根據。又如 1924 年在魯迅所翻譯的日本作家廚川白村的《苦悶的象徵》裏，關於創作論就專有一節介紹弗洛伊德的精神分析。可見文學界最先重視並向國內介紹精神分析，是因為它被視為文藝思想和創作動機的理論根據。

2. 心理學界系統的介紹　對精神分析學說較有系統的介紹還是出自心理學界。自 20 世紀 30 年代起，國內心理學家不僅翻譯了弗洛伊德原著，也在心理學文庫中把精神分析作為現代心理學的一個重要派別專章來介紹。例如高覺敷在這個時期先後翻譯了弗洛伊德 1909 年在美國克拉克大學的全部講演稿、《精神分析引論》以及《精神分析引論新編》。此外，高覺敷在 1935 年出版的《現代心理學》一書內，還撰寫了〈弗洛伊德心理學〉與〈夢的心理學〉兩章，著重介紹了身為心理學家的弗洛伊德，同時提到了榮格和阿德勒。郭一岑 1937 年出版了《現代心理學概觀》，在該書〈現代心理學的主要派別〉一章內，專節介紹了弗洛伊德，以及阿德勒、榮格與弗洛伊德的意見分歧，但更強調了整個心理分析學對現代心理學的影響。另外由心理學轉向美學的朱光潛在 30 年代先後出版了《變態心理學》和《文藝心理學》，分別從病理心理學和文藝學的角度把精神分析學作為一家之言向國內作了從基本概念到具體方法的甚為詳細的介紹。

總起來看，30 年代國內學者把弗洛伊德作為心理學家來介紹，把精神分析作為現代心理學的一個重要派別或一家之言來介紹，不但介紹精神分析的基本概念，而且介紹它的具體方法，不但介紹弗洛伊德，而且也一併介紹了榮格和阿德勒。這樣，心理學家在當時對精神分析學說的介紹，就顯得更完整也更系統了。

3. 具體應用的最初嘗試　40 年代，優生學家和社會學家潘光旦翻譯出版了靄理士 (Henry Havelock Ellis，1859～1939) 的《性心理學》。在這本書裡有兩點甚為引人注意：(1) 靄理士在這部書裏表明了他對精神分析學說一向採取的同情的態度，但又從來不是這個學派的信徒。他對弗洛伊德的許多作品抱著"始終是友善的，但也常常提出一些批評"的態度。(2) 在該書譯序中潘光旦追溯了他在 20 年代有機會初次接觸了弗洛伊德的精神分析論，並以明代末葉一個奇女子馮小青為所謂**影戀** (或**自戀**)(narcissism) 的絕妙例子，寫了《馮小青考》，1927 年在新月書店出版。可以説這是精神分析學說在我國嘗試具體應用的最早的一個實例 (潘光旦譯序，1987)。

二、精神分析學說的評述與批判時期

從 20 世紀 40 年代末到 60 年代初，國內政治與社會生活處於激烈變動的時期，同時受學習蘇聯等極左思潮的影響，對弗洛伊德學說總的是取評述甚至全盤否定的批判態度。

1.《弗洛伊德和馬克思》一書的廣為流傳 在 40 年代末，英國作家奧斯本所寫《弗洛伊德和馬克思》一書的中譯本在國內學術界相當流行。作者認為馬克思主義對精神分析學說不能完全忽視又不能全然接受，應加以研究和檢選。譯者在譯後記中稱該書原作者為了說明這兩種學說是互相補充的，引書甚多，目的在使讀者可自行看出兩者中間辯證法的統一。這大概是當時譯者曾把該書題名為"精神分析學與辯證唯物論"的緣故。從作者和譯者主張對弗洛伊德和馬克思進行冷靜地比較研究的態度，很為當時處在政治社會生活和思想變革年代的知識分子所接受，他們既想了解弗洛伊德又想了解馬克思，從而使這本書在國內廣為流傳。

2. 心理學界對弗洛伊德學說的批判 在建國初期，以當時蘇聯為榜樣，意圖用辯證唯物的哲學和巴甫洛夫學說來改造舊的心理學，乃出現如威爾斯發表的〈巴甫洛夫和弗洛伊德簡介〉(段淑貞譯，1962) 及〈試從巴甫洛夫學說批判弗洛伊德學說〉(段淑貞譯，1962)。孫曄在《心理科學通訊》發表的〈弗洛伊德學說及其流派的述評〉(1962)，介紹〈國際學術界反弗洛伊德主義的鬥爭〉(1959)。還有唐鉞在《北京大學學報》上發表的〈批判弗洛伊德的心理學思想〉(1960)，從歷史唯物論著重指出弗洛伊德泛性論思想的唯心主義本質。尚有〈精神分析社會學派的人格理論〉(1962) 專門論述了新精神分析的人格理論。

對弗洛伊德學說的功過其實早在 1931 年高覺敷就曾撰文進行過論述，他在〈弗洛伊德及其精神分析的批判〉裏列舉了弗洛伊德對心理學的貢獻，也指出了潛意識說的玄虛、泛性論的荒謬和對神經病症狀起因的失於偏激。可見建國初期的評述更多受當時政治與學術氣氛影響，取更多消極否定的批判態度，明顯表現出受前蘇聯的影響，與心理學界在 30 年代對弗洛伊德及其學說全面論其功過的做法很為不同。

3. 吳偉士《派別》一書中譯本的出版 在這個時期，比較特殊而耐人尋思的是在 1962 年國內還出版了吳偉士原著《西方現代心理學派別》，1948 年的英文增訂版的中譯本，由謝循初譯出。這本書專章敍述了精神分析及其相關學派，除了介紹弗洛伊德早期與晚期的精神分析心理學，還介紹了阿德勒的個體心理學，榮格的分析心理學以及新弗洛伊德主義心理學，提到卡丁納、弗洛姆，著重介紹了霍妮的基本看法。原著對各家之說取兼容並蓄的中間立場；譯本沒有譯序或譯後記，全書無一處表露譯者對精神分析學派的態度。在當時對弗洛伊德一片消極否定的聲響中，譯者卻保持緘默，只如實地轉述原作者中間道路的學術立場，若説這也算一種表態，可謂一種極不尋常的表態。

三、精神分析學説廣泛傳播的新階段

這階段始於 20 世紀 70 年代末 80 年代初，十年浩劫剛結束，全國面臨改革開放新形勢，給科技界學術界帶來了春意盎然的勃勃生機。精神分析心理學在國內傳播逐步升溫以至形成社會上的一股"弗洛伊德熱"。

1. 心理學界的空前活躍 面臨新的歷史時期，首先是一部分從事歷史與理論工作的心理學者，感到有必要對心理學發展有著重要影響的精神分析及相關學派進行全面評價，向專業大學生系統講述學派主張、它的興起與演變，同時引導學生研讀一些原典，以增進對弗洛伊德學説的具體認識。他們組織人力先後編寫出版了《西方近代心理學史》和《西方心理學的新發展》兩本教科書，專章論述了經典與新精神分析學派。同時還配合教科書，譯出弗洛伊德、阿德勒和榮格的三篇論文，收集在 1983 年出版的《西方心理學家文選》一書內。1984 年出版了高覺敷修訂的《精神分析引論》中譯本。1986 年出版了《弗洛伊德後期著作選》，包括：〈超越唯樂原則〉、〈集體心理學和自我的分析〉以及〈自我與本我〉三篇主要著作。1987 年國內重印了高覺敷 1933 年譯的《精神分析引論新編》。同年出版了弗洛伊德《夢的解析》，並由陳仲庚專門寫了"中譯本序言"，説明翻譯出版此書為了批評和借鑒之用。他認為對弗洛伊德學説需要了解研究，也需要分析、批評。

2. 文學、哲學界的大量譯述 在這期間，與心理學界同步進行大量譯述工作的，尚有文學界、哲學界和精神病學界的一批學者。首先引人注目的是重印了朱光潛於 1930 年出版的《變態心理學派別》；此外還出版了阿德勒的《生活的科學》(1987)、榮格的《心理學與文學》(1987) 與霍爾等著的《榮格心理學入門》(1987)，阿德勒的《自卑與超越》(1986)，弗洛伊德的《夢的解析》(1987) 和《圖騰與禁忌》(1986)。與文學有關的弗洛伊德著作則有霍夫曼著的《弗洛伊德主義與文學思想》(1987)，霍爾等著的《弗洛伊德心理學與西方文學》(1986) 等譯作和國人撰寫的《弗洛伊德與文壇》(陳楚，1985)、《弗洛伊德與現代文化》(李錚等，1985) 等著作。對弗洛伊德思想和本人的評論、傳記，或譯或著的也不少。如出版了弗洛姆著的《弗洛伊德思想的貢獻與局限》(申荷永譯，1986) 和《在幻想鎖鏈的彼岸：我所理解的馬克思和弗洛伊德》(張燕譯，1986)；張霽明等譯的《弗洛伊德自傳》(1986)、高宣揚編著的《弗洛伊德傳》(1986)、楊恩寰等的《弗洛伊德——一個神秘的人物》(1986)、汪浩譯的《弗洛伊德主義評述》(1987)。但較有分量的評論文章則要推 1985 年趙璧如發表的〈弗洛伊德和弗洛伊德主義評介〉一文，以及 1989 年王寧的題為〈對弗洛伊德主義與文學的再思〉與范文 1991 年的題為〈關於潛意識的哲學〉的兩篇當時尚未發表的博士論文。

3. 醫學界的臨床總結與組織培訓　精神分析是一種對神經症的心理療法。國內醫學界精神病科的大夫對精神分析學說的傳播作出了自己的特殊貢獻。如長期從事精神病治療的鍾友彬結合多年的臨床實踐所寫的《中國心理分析——認識領悟心理療法》(1988) 一專著，系統地闡述了心理分析的歷史、理論、實踐及其在中國的應用和發展。這本書傳播了弗洛伊德的理論方法，也推動了心理諮詢與心理治療事業在中國的興起。同年在昆明和 1990 年在青島，全國舉辦了兩期"中德心理治療講習班"，由德國漢堡心理分析專家哈格 (A. Haag, 1990) 博士向講習班學員專題報告了"精神分析關於神經症理論的一些基本概念及心身醫學概述"，並在精神分析治療分組會上，結合患者自述向小組學員實地表演並傳播精神分析的具體技術，使弗洛伊德學說在我國醫學界、心理學界的傳播與學習達到了歷史上未曾有過的廣度和深度。

4. 弗洛伊德熱的分析與引導　學術界、文化界和醫學界對弗洛伊德學派著作的大量出版發行，為渴求了解自己、重建人格的青年一代，尤其是大學生們提供了接觸精神分析學說的有利條件，導致弗洛伊德成了社會上的讀書熱和青年學生談論的熱門話題。心理學界為了正確引導,在學術年會上專門討論了形成這股"弗洛伊德熱"的原因和利弊,還專門舉辦各種"弗洛伊德講習班",繼續編譯出版《弗洛伊德原著選輯》(車文博,1989),把它列為高校文科教學參考書。一些從事大學生工作的青年教師,聯繫學生在新形勢下的心態,調查大學生的讀書熱現象和受弗洛伊德影響的程度,並出版了《精神流浪的軌跡》(劉翔平,1991)。這種對精神分析學說在中國傳播境況的引導和研究應該說迄今並沒有結束,而處在不斷深入之中。

　　精神分析作為一種治療方法或一種學說體系有其獨特的風格和特殊的影響。作為一個心理學派別,它在現代心理學中占有不可忽視的地位。但這種心理學歷來存在爭論以至非議。精神分析心理學早在 20 世紀 20 年代即已開始傳入中國,但一度遭到冷落,到如今它卻成為中國社會上的一種時髦。精神分析心理學本身及其歷史命運都是值得研究探討的學術問題,具有重要的理論借鑑意義,同時它密切聯繫臨床治療和健康教育,又具有廣泛應用的實踐意義。精神分析學說在中國傳播的歷史與現況,說明中國學者對人類思想文化的成果不但有及時加以引入介紹的敏感,而且在理論分析上一直持嚴肅端正的科學態度,特別是在具體運用上結合臨床經驗,又有自己的創新。認真總結這些學術經驗,嘗試把弗洛伊德學說全面系統地介紹給國內,提供人們的學習了解和專家學者的進一步研究探討,必將有利於弗洛伊德精神分析學以及現代心理學在中國的健康建設和繁榮發展。

本 章 摘 要

1. **精神分析心理學**的研究對象,主要是來就診的精神疾病患者,起初大多是成人患者,30 年代以後,也包括兒童患者。此外,為了更好地適應治療工作,精神分析心理學也把治療者自身視為其重要的分析對象與研究對象。

2. 精神分析心理學的研究主題：一為**潛意識**，即不能被人意識的較深的心理部分，它包括那些不見容於社會風俗、習慣、道德、法律而被壓抑或排斥到意識之外，仍在積極活動著的個人的原始衝動和本能欲望。二為**力比多**，弗洛伊德主要指由性本能所驅動、所支配的心理能。
3. 精神分析心理學使用的研究方法，主要有**觀察法**、**個案法**、**文獻研究方法**和**文化人類學方法**。
4. 弗洛伊德精神分析學說產生的社會與文化背景是：十九世紀末歐洲社會與文化處於激變之中，當時奧國維也納的社會病態現象突出。
5. 法國的**動力精神病學**、德國布倫塔諾的**意動心理學**以及美國詹姆斯的實用主義心理學，在弗洛伊德精神分析學說的形成與推動方面提供了關係特別密切的科學背景。
6. 弗洛伊德花了四十多年的時間來建立並發展他的精神分析理論，他的學說主要由**心理結構說**、**人格結構說**和**心理動力說**三部分組成。
7. 精神分析原先只是弗洛伊德針對精神病患者的治療技術，在他分析病因尋求根治方法過程中，逐漸形成一些概念，發展出一套完整的理論，成為既是一種新的動力精神病學，又是一種嶄新的現代心理學。
8. 弗洛伊德到了晚年，進而用精神分析理論來說明文化宗教、社會政治現象，使這個理論逐漸擴展到社會科學的各個領域，成為影響整個西方文化思想的一種**弗洛伊德主義**。
9. 阿德勒的**個體心理學**與榮格的**分析心理學**在分析思路上，轉向同時重視社會文化因素，故被認為是從弗洛伊德正統的、古典精神分析到新精神分析的過渡與中介。
10. 阿德勒是**個體心理學**創始人，他認為**自卑感**是個人**追求優越**或權力意志的動力，在**補償**過程中，個體會形成各自的**生活風格**。
11. 榮格是**分析心理學**創始人，他把人格分為**意識**(核心是自我)、**個體潛意識**與**集體潛意識**，並根據力比多趨向的不同，把人的性格分為**內傾**與**外傾**兩種類型。
12. 新精神分析的代表人物有霍妮、沙利文、弗洛姆和埃里克森等。他們的共同特點是強調精神病病因的社會文化因素，重視社會文化因素對人格形成和發展的影響。
13. 霍妮認為，人的主要動機是尋求安全與滿足，恐怖、不安全就會導致焦慮。兒童的**基本焦慮**來源於家庭中父母對待兒童的態度和行為。
14. 沙利文認為一個人的人格只有在人與人之間的關係中才能存在，**人格**就是在人與人之間交往過程中所形成的相對持久的行為模式。
15. 卡丁納是文化、人格互動論者，他認為在同一文化模式下，相同的育兒方式會導致兒童相似的基本人格。
16. 弗洛姆是從大的切面研究社會對人產生的影響，提出他的社會精神分析說。他對精神分析學最重要的貢獻，是提出"社會潛意識"(主要指被社會意識壓抑下去的那部分內容)，它就是精神分析由個體轉向社會的一塊基石。
17. 於 1939 年哈特曼出版了《自我心理學與適應問題》一書，標誌著精神分析自我心理學的正式誕生。
18. 埃里克森以自我為核心，按**漸成原則**，提出同一性概念和人格發展階段理論，為精神分析自我心理學作出了傑出貢獻。
19. 施皮茨、瑪勒和雅各布森等人把自我心理學與兒童發展理論結合起來，使精神分析由研究成人的變態心理轉向同時注意直接觀察嬰幼兒的活動發展，代表了精神分析心理學的一種新近發展趨勢。
20. 精神分析學說在我國的傳播可以分為早期引入、評述與批判以及廣泛傳播三個時期。

建議參考資料

1. 車文博 (1996)：西方心理學史。台北市：東華書局 (繁體字版)。杭州市：浙江教育出版社 (1998)(簡體字版)。
2. 林　方、王景和 (譯)(1980)：近代心理學歷史導引。北京市：商務印書館。
3. 唐　鉞 (1982)：西方心理學史大綱。北京市：北京大學出版社。
4. 高覺敷 (譯，1981)：實驗心理學史。北京市：商務印書館。
5. 孫小禮、樓　格 (主編，1988)：人、自然、社會。北京市：北京大學出版社。

6. 張述祖 (審校，1983)：西方心理學家文選。北京市：人民教育出版社。

7. 張春興 (1991)：現代心理學。台北市：東華書局 (繁體字版)。上海市：上海人民出版社 (1994)(簡體字版)。

8. 郭一岑 (1937)：現代心理學概觀。上海市：商務印書館。

9. 黃希庭 (1998)：人格心理學。台北市：東華書局 (繁體字版)。杭州市：浙江教育出版社 (2001) (簡體字版)。

10. 奧斯本 (董秋斯譯，1986)：弗洛伊德和馬克思。北京市：三聯書店。

11. 劉翔平 (1991)：精神流浪的軌跡。瀋陽市：遼寧人民出版社。

12. Fine, R. (1990). *The history of psychoanalysis* (new expanded edition). NJ: Jason Aronson lnc.

13. Kendler, H. H. (1987). *Historical foundations of psychology*. Chicago: Dorsey Press.

14. Leahey, T. H. (1991). *A history of modern psychology*. NJ: Prentice-Hall.

15. Schultz, D. P., & Sydney E. (1987). *A history of modern psychology* (4th ed.). New York: Harcourt Brace Jovanovich.

16. Woodworth, R. S. (1948). *Contemporary schools of psychology* (revised edition). New York: Ronald.

第二章

弗洛伊德精神分析理論的形成歷史

本章內容細目

第一節 弗洛伊德傳略
一、家教與學生時代 39
二、婚姻與職業生涯初期 42
三、從安娜‧歐病例到釋夢 46
四、精神分析運動的發展與分歧 50
五、晚期的理論建設與探索 53
六、離鄉背井與絕症頑強拼搏 55

第二節 弗洛伊德精神分析的理論基礎
一、潛意識思想的淵源 59
　㈠ 萊布尼茨的微覺論
　㈡ 赫爾巴特的意識閾限
　㈢ 費希納的無意識思想
　㈣ 哈特曼的無意識哲學
二、本能論思想的淵源 61
　㈠ 蘇格拉底對愛欲的解釋
　㈡ 達爾文的進化論

　㈢ 物理學中能量學說的影響
　㈣ 非理性哲學思潮的影響

第三節 弗洛伊德理論的形成與發展
一、精神分析理論的形成 63
　㈠ 癔症研究及潛意識理論的提出
　㈡ 自我分析及夢理論的形成
　㈢ 性欲說及力比多概念的提出
　㈣ 焦慮論述的發表
　㈤ 本能及衝突的理論
二、精神分析理論的修正 72
　㈠ 死之本能概念的引入
　㈡ 本我、自我和超我

本章摘要

建議參考資料

前一章提到的經典精神分析是弗洛伊德一手創立的。精神分析從一開始就與弗洛伊德這個歷史人物的名字相關聯，難怪人們往往把兩者視為同義語。誠然，一種理論學說的產生有其時代社會背景（包括文化思想的知識背景），這是學說產生的客觀基礎，是前提條件，預示著該學說產生的可能性和必需性；但個別偉人獨具慧眼而又能執著努力，則是使這種可能性轉化為現實性的充分條件、主觀因素，同樣不能輕視。精神分析學說的產生正表明了這樣一種歷史性的結合。本章首先略為介紹弗洛伊德其人，接著敘述精神分析的形成，力圖使人物個性的表現和學說的創立在本章的敘述上能夠前後呼應，在某種程度上，反映出歷史的必然；同時，也為本書以後各章的展開，起到奠基與開路的作用。

本章第一節概述弗洛伊德生平事蹟，對弗洛伊德幼年的家境、家教以及青少年時期的求學與接受思想影響做了詳細介紹，是為說明弗洛伊德後來擇業旨趣與理論探索並非完全出於偶然。而其幸福的愛情婚姻生活雖多困頓磨難，卻鼓舞了他從事學術上的刻意追求，令人稱羨不已。從弗洛伊德傳略可見，他的整個生涯是與醫療實踐、精神分析運動的發展，以及精神分析理論的建設分不開的。第二節對作為弗洛伊德精神分析理論基礎的兩塊基石——潛意識與本能論的思想淵源——分別作了說明和探討。第三節總結了精神分析理論的形成歷史以及弗洛伊德對自己理論的修正，包括對死之本能概念的引入以及本我、自我與超我人格結構理論的提出等。通過本章學習，要求讀者掌握以下有關內容：

1. 弗洛伊德自幼的家庭環境與家庭教育是怎樣的。
2. 弗洛伊德在學習成長過程中受過哪些人和哪些思想的重要影響。
3. 弗洛伊德的愛情婚姻生活為什麼值得人們稱羨。
4. 說明弗洛伊德理論的潛意識與本能論的思想淵源。
5. 從精神分析學說的創立來評價弗洛伊德早期醫療實踐的意義。
6. 精神分析從治療技術發展到完整理論是怎樣一步步走過來的。
7. 弗洛伊德認為童年心理的基本內容是什麼。
8. 弗洛伊德晚期對其精神分析理論作了哪些重要的修正。

第一節　弗洛伊德傳略

弗洛伊德一生致力於創造精神分析理論，推進精神分析運動，此一劃時代思想理論，使人類自我形象受到重大衝擊。他的一生歷盡曲折，卻充滿頑強拼搏的勇氣。從弗洛伊德傳略中可看到一個奧地利神經科醫生在實現自己理想、探索人類心靈奧祕的過程中，表現了那種特有的、無與倫比的毅力與智慧品質。

一、家教與學生時代

弗洛伊德於 1856 年 5 月 6 日出生在摩洛維亞境內的一個小鎮——弗萊堡 (現捷克的普萊波)，當時它是奧匈帝國的一部分。父母都是傳統的猶太人，父親雅可布‧弗洛伊德是一個經營平平的毛織品商，母親阿瑪莉‧納丹森是他父親的第三任妻子，比父親小二十歲。弗洛伊德是阿瑪莉生的第一個孩

圖 2-1　弗洛伊德
(Sigmund Freud, 1856～1939) 他把潛意識中被壓抑的欲望，尤其是性欲看作是產生神經症的根源，並提出了移情、自由聯想、釋夢等精神分析技術；他還創立了有關人格結構、動力與發展的精神分析學說，並把其學說滲透到幾乎社會生活的各個領域。

子。雅可布另外還有兩個前妻所生的兒子,他們均已成家。哥哥伊曼努爾和菲力浦都有兒子。弗洛伊德生下來就是個叔叔,他的侄兒侄女一直是他兒時的玩伴。

這個大家庭非常和睦友愛,父親誠實單純,助人為樂,只是經營不善,以至家境不富裕。弗洛伊德繼承了父親單純與誠實的特質。母親是個很賢慧的年輕婦女,她和弗洛伊德非常親密,因此也給弗洛伊德深遠的影響。弗洛伊德一生很敬愛母親,在著作中提到他的自信以及對事業的樂觀態度,在很大程度上是受母親的影響。

弗洛伊德三歲時,因父親生意上的困難,舉家遷至萊比錫,並在一年後定居於維也納。他的兩個哥哥及其家眷則移居至英國的曼徹斯特,在那裏經營毛紡織品。弗洛伊德一生基本上都在維也納度過。在這個大家庭中(他有五個妹妹及一個弟弟)他是最受重視的。父母很重視對他的教育,而弗洛伊德又從小天資聰穎,酷愛讀書。父親雖自身文化教養不夠,但盡可能地幫助弗洛伊德,讓他從小讀《聖經》,帶著他學習社會實踐知識,對他的合理建議也很重視,如弟弟亞歷山大的名字就是讓他取的。父親還常帶著他散步、爬山。因為經濟條件的限制,他們沒有其他形式的運動,散步便成了主要的運動,而且也成了弗洛伊德終身的習慣與愛好。但弗洛伊德仍是很喜歡其他運動,他慢慢學會了游泳與滑冰,並特別喜歡到江河湖海中暢遊。從學會讀書起,弗洛伊德就對歷史和文學感興趣,尤其崇拜拿破崙和迦太基名將漢尼拔。弗洛伊德一生都是個無神論者,對於《聖經》則信仰有限,但從中習得的知識,為他後來研究宗教打下了堅實的基礎。除此之外,父親傳授給弗洛伊德的猶太教法典和猶太教生活經驗的知識,以及弗洛伊德自己對猶太教教義的學習,使他對猶太民族有著根深蒂固的深厚感情。

弗洛伊德九歲時,由於智力過人,以及平時的努力自修和思索,使他以優異的成績通過了中學入學考試而得以直升中學。當時他比標準的中學入學年齡提早了一年。這種學校不同於一般的中學,包括了中學和大學預科,被稱作吉姆那森 (Gymnasium)。他一向都是資優生,在八年制學習過程的後六年,始終是全班第一名。十七歲那年,以全優的成績畢業,父親為了獎勵他,答應讓他去英國旅行一次,兩年後(十九歲)他終於踏上自幼就甚為嚮往的自由之邦。

中學時代弗洛伊德更是博覽群書,有著強烈的求知欲,很少滿足於課本的內容。他經常去尋找更多的課外知識，作更多的作業。弗洛伊德雖然有著深厚的猶太民族感情，但仍善於吸收其他民族的歷史文化。青年時代他就廣泛涉獵許多文豪的作品，尤其是歌德。他還特別推崇莎士比亞，從八歲起就開始看莎士比亞的作品，對許多精華部分弗洛伊德背誦得滾瓜爛熟，對莎翁關於人生要旨的精闢理解更是欽佩之至。弗洛伊德有語言的天分，精通拉丁文和希臘文，熟練法文和英文，還自學了意大利文和西班牙文，對祖宗的希伯來文，當然也很熟悉。不過他最喜歡的還是英文，且始終嚮往英國。

在弗洛伊德中學畢業前的一段時期，正是歐洲及世界歷史發生巨變的時刻，十多年間的政治事件、經濟改革和科學發明無疑豐富與深刻了弗洛伊德的思想與精神。如在普法戰爭期間，14 歲的弗洛伊德密切地關注著局勢，甚至在書桌上一直攤著張大地圖，用小旗作標誌表示戰爭的進展情況，並幻想自己成為一位將軍——像拿破侖或漢尼拔一樣。

優異的成績使弗洛伊德順利進升大學，當時他對行醫並無特別興趣，卻極嚮往從政。但出於對人類的好奇心，加之為達爾文進化論所吸引，以及為畢業前夕接觸到歌德有關自然的美妙散文所打動，最終使他決定作名醫生。

弗洛伊德 17 歲時跨入了維也納大學醫學院。從 19 世紀中葉到第一次世界大戰期間的維也納正處於文化發展的全盛期。哈布斯堡王朝的首都薈集了歐洲著名學者專家，古老的維也納大學也因此成了歐洲著名的高等學府。1875 年，弗洛伊德全家搬至一所較寬敞的房子，於是他擁有一間小房間，其中擱滿了買來及借來的書。他看書達到廢寢忘食的地步，常是邊吃飯邊看書。父母給予他特殊的照顧，唯獨他擁有一盞油燈，其他房間只能點蠟燭。而且妹妹不得不放棄學鋼琴，因為弗洛伊德認為這聲音干擾了他的學習，堅決要求把鋼琴挪走。確實，厭惡音樂是一個維也納人不該有的，他成名以後對於兒女學鋼琴並不反對。但弗洛伊德在家中所獲得的特殊地位與照顧，和自幼就表現出對母愛的獨占欲，以及對弟妹們的排斥竟成為他以後建立精神分析學說的契機。

弗洛伊德的才華很快隨著勤奮與天資展現出來。他不滿足於課本內容，更廣泛地涉獵其他學科的知識，尤其愛好生物學。他把大量時間花在解剖學和生理學上以及克勞斯教授的實驗室裏。作為第一批前往實習的優等生，弗洛伊德參加了全世界第一所動物實驗室，這是著名的動物學家卡爾·克勞斯教授創建的。他在那裏從事關於鱔魚生殖腺的研究。當時鱔魚的生殖腺結構始終是個謎。弗洛伊德解剖了四百條鱔魚，終於在顯微鏡下發現了一種小葉狀的生殖腺結構，還就此發表了他的首篇論文。

弗洛伊德發現自己在生物學方面的天資與才華都很有限，於是不久後，他進入了著名生理學家布呂克 (Ernst Wilhelm von Brücke, 1819～1892) 的生理實驗室。這在他的科學生涯中是具有重大意義的事件。他的事業正是從研究一般動物的生理機能和神經系統開始的。也說明他對人類的精神活動的深刻分析是建立在極其牢靠的研究基礎上的。在布呂克的生理實驗室，弗洛伊德結識了布洛伊爾——維也納著名的內科醫生。布洛伊爾在該實驗室研究膜性半規管，而且在半規管和呼吸道的醫學研究上作出了重大貢獻，是弗洛伊德的前輩和一生的摯友。布洛伊爾認為弗洛伊德勤奮且有天分，很看重他，並給予他許多無私的幫助。

在布呂克實驗室中，弗洛伊德主要從事中樞神經系統的解剖。他在那裏工作六年 (1876～1882)，在這期間發表了幾篇頗有影響的文章，還成為論證神經纖維的結構是由原纖維構成的第一人。他在《神經系統的基本結構》中論證了神經系統的基本單位是神經元，另外也在實驗技術上作了許多重大的革新，如用金氯化物給神經染色等。

在 1880 年弗洛伊德應徵入伍，當時奧匈帝國同沙俄爭奪巴爾幹半島，任何適齡青年都得參軍。弗洛伊德當時在醫院裏服役。無聊的生活給予他寬裕的時間，在那裏他第一次從事翻譯工作。首先把英國哲學家約翰·司徒亞特·穆勒的著作譯成德文。其中論述柏拉圖的部分，使他進一步學習了柏拉圖的哲學，其中"知識即回憶"的學說給了他深刻的印象，啟發他回想童年時代及一切過往經歷。

二、婚姻與職業生涯初期

弗洛伊德於 1881 年 5 月以優異成績通過醫學院的畢業考試，獲得了醫學博士學位。畢業後，繼續在布呂克的實驗室工作，帶著許多的憧憬與希望，酷愛思考的性格使他嚮往從事理論的研究，並盼望在這裏先做助教，再做講師，再做……，但事與願違，一些現實的問題使他不得不一改初衷，從事行醫的實踐工作。最主要的原因是瑪莎。1882 年 4 月在維也納的一個晚上，當時瑪莎和她的妹妹敏娜去拜訪弗洛伊德家。弗洛伊德不知何故竟改變以往逕直走進他房間繼續研究的習慣，居然加入了談話。似乎是上天特意為這個天才安排了一個"成功男人背後的女人"。據說他當時被她削蘋果的手吸引住了，使他情不自禁地坐到桌旁。瑪莎出生於一個篤信宗教的猶太書香門第，嬌弱可愛，有著良好的教養和聰慧的頭腦。瑪莎的父親是著名的奧地利經濟學家斯泰因的秘書，可惜於 1879 年因突發心臟病去世了，家境因而貧寒起來。當時弗洛伊德狂熱地愛上了瑪莎，每天送她紅玫瑰及用多種語言書寫的箴言。不久，瑪莎也愛上了弗洛伊德，兩人感情發展得很快。但是過於狂熱的愛情和弗洛伊德年輕不成熟與不穩定的性格也痛苦地折磨著他。他總是擔心心愛的人被別人奪走，為瑪莎常常妒火中燒，品味了熱戀中的酸甜苦辣。二個月後，兩人就私下訂了婚。由於兩家的家境都比較清貧，為了結婚，弗洛伊德必須增加收入。當時布呂克勸告他放棄理論研究，改行做專職醫生。這一出於實際考慮的轉折帶給他遠超出想像的積極成果，使他最終成為一個天才。

到 1882 年 7 月 31 日他正式到維也納綜合醫院工作，住在醫院裏的單身宿舍，瑪莎常去看他。弗洛伊德對瑪莎的母親始終不滿，因為瑪莎的母親篤信上帝，且信守猶太教教規，嚴格地管教著瑪莎。弗洛伊德鄙視宗教信仰，而且也極力影響瑪莎的信仰。他對瑪莎說"埃力（瑪莎的哥哥）並不知道，我在把你改造成一個異教徒"（高宣揚，1986，56 頁）。事實證明，最終弗洛伊德確實成功了。另外，他還覺得瑪莎的母親太過於冷漠與高傲，難以相處。但瑪莎卻同時保持對母親的尊重，又始終真摯地熱愛弗洛伊德，盡量協調好弗洛伊德與家人的關係。同年聖誕節他們公開訂婚，瑪莎的母親雖然對於弗洛伊德的家貧不滿，但也不得不接受。第二年六月，瑪莎的母親堅決要遷回漢堡，一對戀人不得不暫時分手。從此，兩人幾乎每天一封信，交換著對彼此的激情與思念。當時的分離對弗洛伊德來說是極痛苦的，他不得不更辛勤地工作以望早日與瑪莎結合。弗洛伊德肩負著家庭與事業的雙重壓力，而當時維也納的反猶太人的狀況又阻礙著他的發展，他只有把自己的痛苦和不滿向瑪莎訴說，而她的溫柔與沈靜給年輕而又不夠穩定的弗洛伊德許多安慰與力量，使得他越來越愛這位有主見、有思想的姑娘。他說他以前愛的是她的形象，而如今愛的是她的人格，是真正的瑪莎。儘管弗洛伊德勇敢地研究性與心理的關係，他絕對是一個嚴肅正派的戀人與丈夫。一生深愛瑪莎，忠誠不渝。

時光匆匆流逝，弗洛伊德在綜合醫院辛勤地工作，每天只睡五個小時，他熱愛科學，又為著將來結婚與事業在努力奮鬥著。從 1882 年到 1885 年先後在外科、內科、小兒科、眼科、皮膚病科、耳鼻喉科等部門工作。獲得了廣泛的臨床經驗，在實習期間的最後十四個月中一直在神經病科工作。在神經病科工作期間，弗洛伊德還在可卡因（或古柯鹼）(cocaine) 方面作出重大的發現。發現可卡因具有增強耐力提高心理素質等作用。他當時參考了許多文獻，由於沒有被試，只好在自己身上做起實驗來，他感到了可卡因的那種奇特作用。經過數十次的實驗後，他把結果告訴了好友布洛伊爾。並且不僅在自己心情煩悶的時候服用少量可卡因，也給他的妹妹、瑪莎，以及一些朋友寄去可卡因。將所有的材料收集停當後，他寫了一篇 16 頁長的論文〈論古柯鹼〉，且把這種藥物介紹給眼科醫生柯勒，作為眼科手術的局部麻醉劑，獲得了成功。他父親的青光眼手術也是在這種局部麻醉下進行的。他異常興奮，在信中對瑪莎說：＂只要再來一次這樣的好運氣，我們就可以考慮成家了＂(朱安、姚渝生等譯，1986，193 頁)。1885 年由於他在神經系統疾病方面的研究與治療已經取得了顯著的成果，在布呂克的竭力推薦下，身為一名猶太人的弗洛伊德，被任命為維也納大學醫學院神經病理學講師。不久又因相同原因，獲得了去巴黎做當時最著名的神經病學專家沙科 (Jean-Martin Charcot, 1825～1893) 的學生，有為期半年的獎學金。1885 年 8 月底他結束了在維也納綜合醫院三年多的辛勤工作，前往巴黎，這意味著初期醫學實踐的結束，且邁入一個更加專門的研究領域──神經病學。這次遊學也開啟了他對癔症進行研究的大門，堪為其事業的又一轉機。

沙科是醫學史上空前的神經病學專家，在當時的醫學界被奉若神明。巴黎的薩爾帕坎爾醫院成了舉世矚目的神經病學聖地。在那裏弗洛伊德從神經系統病理學和組織學的研究轉向神經病治療學。也正是在那裏，他第一次看到催眠術的神奇功能，第一次看到精神刺激對於身體的控制作用，以至人的肉體可以不自覺地、無意識地接受精神刺激的擺佈。弗洛伊德參加了沙科的一系列實驗和講演。在那裏他獲得了豐富的實踐經驗，也首次聽說了男性**癔症** (hysteria)。沙科對男性癔症的示範講演最使他著迷。從那時起，弗洛伊德開始思索潛意識存在的可能性，且這種潛意識的精神活動所起的作用是與有意識的思考根本不同的。在巴黎居留時發生了一件重要的偶然事件：在一次晚會上，弗洛伊德聽到沙科斷言，某些病人的障礙都有其性的基礎。此後他對病人的性問題的暗示特別加以注意。同時沙科的學風和對病人的態度深深感染了弗洛伊德，他非常尊敬甚至崇拜這位人物。在薩爾帕坎爾醫院，弗洛伊德專注地研究幼兒的大腦和脊髓的退化現象，同時還為沙科翻譯論文。沙科對弗洛伊德印象很好，經常與他一起討論並改正他法語的錯誤，解決神經病學的疑難問題。弗洛伊德也確實從沙科那裏學來不少寶貴知識，而其中給予他最深刻影響的是沙科關於癔症的理論知識和豐富的實踐經驗。在此之前人們常把癔症看作是一種"偽裝"或"擬態"，更可笑地甚至把它看作子宮的倒錯。當弗洛伊德回到維也納作學習成果報告時，他的男性癔症學說遭到極大的反對，甚至不被准許對男性癔症進行治療。可是自信與樂觀使他不改初衷而繼續研究。但在巴黎學習的後期他發現沙科在癔症的研究中只把其視作神經病的分支，催眠的目的只在於展示他的研究而沒真正關心癔症的治療，且對於其深處蘊含的機理也無意探究。半年學習結束後，弗洛伊德離開了巴黎，途中經過柏林，他停留了幾個星期向阿道夫·巴金斯基學習兒科常見疾病的知識，隨後回到了維也納。回到維也納以後，他正式擔任兒科疾病研究所的神經病科主任。在那裏，他工作了很多年後正式開業行醫了。

於 1886 年 9 月，弗洛伊德回到維也納不久，他與瑪莎終於結束了訂婚後四年的分離等待而結婚了。當時他 30 歲，瑪莎 25 歲。家庭基本上是靠瑪莎親戚資助的二千美金建立的。他們的家設在蘇格蘭環行路上的"安撫樓"，他留出兩個房間作候診室及診療室，餘下的房間作為家居之用。與瑪莎的結合使弗洛伊德非常幸福，以後的五年內，弗洛伊德一方面沈浸在家庭生活的幸福氣氛中，另一方面勤勤懇懇地從事行醫工作，其間只發表了一篇論文，所以他自己對這段時間的工作不太滿意。生活中有甜也有苦，經濟問題始終困擾著弗洛伊德。結婚頭兩年，他們常常因為就診者寥寥無幾而生計困難。儘管瑪莎精打細算，弗洛伊德不得不當掉他的懷錶。幸好後來得到敏娜的幫助才渡過難關。1887 年長女馬蒂爾德的出生，給這個家庭帶來了更多的快樂。瑪莎是個聰慧又善良的婦女，由於她處處表現的忍讓儉樸和顧全大局，生活上的窘迫才不致影響弗洛伊德的工作，而使他在這五年中積累了豐富的臨床經驗，同時也從事了不少催眠療法方面的實踐。1887 年弗洛伊德結識了威廉·弗萊斯，一位耳鼻喉科專家，兩人多年通信交流。尤其是布洛伊爾因反對弗洛伊德的觀點而離開他之後，弗萊斯對弗洛伊德的叛逆與創舉給予極為必要的支持與鼓勵。也是從那一年起，弗洛伊德開始用催眠暗示進行治療。

　　弗洛伊德的工作態度極端認真負責，為挽救一個初生嬰兒的生命，幾天幾夜守候在病人的身邊，終於挽救了這幼小的生命。他常常是每天工作十八個小時，兩個病人間只允許自己休息片刻，這個時候他常去看看家人，或在園裏散一下步。對於出診看病，他從來都是準時趕到。在開業初期，他對眾多病人義診，同樣以認真負責的態度來對待，在病人中贏得了好名聲。但癔症不管在何時，總是他關注的重心。

三、從安娜·歐病例到釋夢

　　在布呂克的實驗室工作時，弗洛伊德就經常與布洛伊爾談論布洛伊爾的病人，其中有一名叫安娜·歐的病人，她在精神分析的發展中起著極端重要的作用。布洛伊爾是用催眠療法治療她的多種癔症症狀，並掃烟囪般地清掃了病人一個個的症狀。一年多的時間內，他每天都去看安娜，但後來由於安娜的移情引起布洛伊爾的懼怕及其妻子的妒嫉，他不得不放下病人，致使安娜病情又有所反復，但她最終還是基本治癒了。布洛伊爾也常對弗洛伊德談起許多病都是因為"床上"的問題。這對弗洛伊德後來的研究很有啟發。

　　弗洛伊德行醫一年後，遇到一個焦慮症患者利薩·普芬道夫夫人，她的焦慮症狀經過了長期的治療仍然無效。弗洛伊德是從別人那裏接管這一病人的。後來發現，普芬道夫夫人結婚十八年，卻還是個處女。她的焦慮症狀就是在婚後第三年開始出現的。以後的行醫又使弗洛伊德發現相似的病案——床上的問題。

　　安娜·歐的病例始終吸引著弗洛伊德的興趣，儘管當時在巴黎請教沙科時沙科斷然否認其研究價值，而布洛伊爾又不願意作更深入的研究，並且總是勸說弗洛伊德要謹慎。在自傳中弗洛伊德道出了他的疑惑，但自信與倔強使他義無反顧地在病人身上嘗試布洛伊爾的方法，他得到許多真實的經驗，也確實治癒了一些病人。但後來弗洛伊德發現催眠術暗示作用的局限，乃於1889 年 7 月前往法國南錫向多年應用催眠術的法國醫生們求教。希波利特·貝恩海姆教授、利波醫生給予他熱情接待和催眠術方面的指導。他上午跟貝恩海姆研習其醫術及病例記錄，下午在利波的診室見習，三個星期的工作使他在臨床工作上，尤其在催眠技術上有很大提高。他學習他們的技術，但發現這兩位醫生仍只限於對症狀的治療而無意於進入人的內心世界去發掘根源。看來上帝是要把這一機遇留給弗洛伊德。但這條道路又是極其難走的，弗洛伊德遇到的阻力是相當大的。好友布洛伊爾與他的分歧越來越大，他的追求也到了高處無人的地步，只有一個人孤軍奮戰，唯有瑪莎的鼓勵與安慰及弗萊斯的熱情激勵給他繼續奮鬥追求目標的力量。

弗洛伊德繼續默默地進行著行醫與研究。在 1889 年長子出生了，為了紀念巴黎的馬丁・沙科，而取名為馬丁。他在 1891 年發表了〈論失語症〉論文，並把它獻給布洛伊爾，但文章的大膽與挑戰反使得布洛伊爾大為生氣，他沒能接受弗洛伊德的好意，因此兩個朋友越來越疏遠了。同年次子奧利弗出生了，一年後又有了幼子歐內斯特。接著的幾年間，又生育了兩個女兒蘇菲和安娜。

於 1893 年，在弗洛伊德的再三堅持與要求下，他和布洛伊爾首次合作發表了《癔症和疏導治療的創傷理論》，這本書沒有激起太多反應。從不氣餒的弗洛伊德接著又獨立發表了一些焦慮、強迫症和癔症方面的小論文。1895 年再度與布洛伊爾合作發表《癔症研究》這本書，被認為是精神分析的正式起點。此書包括安娜・歐在內的五個個案史，以及弗洛伊德對其治療技術的描述，並且在書中頭一次對移情進行描述。這本書並不成功，印出八百冊，但十三年內才賣出六百多本。布洛伊爾本身是很勉強地出版該書的，這本書受到的冷落使布洛伊爾極受傷害和打擊，甚至於不願見弗洛伊德。這次失敗標誌著兩人間友誼破裂的開始。19 世紀的歐洲正處在維多利亞思想的籠罩之下，人們對性很忌諱，大多數家庭不敢過多談性，於是弗洛伊德如此大膽地強調性的理論，也就不可避免地遭到拒絕。

失敗歸失敗，弗洛伊德是頑強的，他繼續著他的研究，而且技術越趨提高。他接觸了許許多多因性方面的問題而致病的病人。在 1896 年，由於一些病人不能接受催眠或深度催眠，且這種方法對於醫生和病人雙方的壓力太大，因此放棄了催眠方法而保留了談話療法，並且逐漸發展了在精神分析方法演化中最重要的一步——**自由聯想**。弗洛伊德同時還逐漸建立了精神分析的體系。

由於弗洛伊德在兒童神經症方面的地位日漸提高，名聲大起，生活也因此稍稍好了起來，一個有著六個孩子的大家庭十分和睦愉快。弗洛伊德很愛妻子和孩子，從不為了錢的關係而放棄全家一起旅遊度假。夏季裏他時常帶著孩子出去度假,帶著他們採蘑菇,教他們野花的知識和玩牌的技巧。他注重孩子的教育,對於他們非常寬容,讓他們自由發展。而自己則生活簡樸,只有三件外衣,三件內衣,三雙鞋子。卻讓孩子們穿著好衣服,認為這樣對於他們的自重、自愛很重要。顯然,這樣的教育方法是很有效的,從他們後來事業的發展不難看到這一點。家庭是弗洛伊德在外面激烈競爭後的休憩之所,這種溫暖與愛給了他許多的勇氣和力量。

弗洛伊德的父親於1896年10月去世。弗洛伊德寫道:"我一直高度地尊敬和熱愛他,他的聰明才智與明晰的想像力已經深深地影響我的生活。他的死終結了他的一生,但卻在我的內心深處喚起我的全部早年感受。現在我感到自己已經被連根拔起來"(高宣揚,1986,100頁)。由此,據弗洛伊德說,就導致他寫了《夢的解析》,此書實際上乃是一種自我分析。弗洛伊德採用內省的方式,來分析自己對父親的懷念,使他的腦海中重演了一幕幕舊日生活的圖畫。他想起舊事越多,越可以在其中發現許多現有的感情和性格的根源;他發現自己在眼前的日常生活中的各種無意識動作、習慣性行為及感情不過是童年時期經歷的翻版。這使他決心進一步回想、分析和研究童年生活。他頻頻詢問母親,打聽其幼年的生活情景。對幼兒的自我分析發展為兒童的"性本能"說及其對於人類一生心理發展的理論。從他與母親特殊的感情及對父親的排他性進一步創立了**伊諦普斯情結**(Oedipus complex)。

在1895年7月23日至7月24日的夜間弗洛伊德作了一個夢,第二天清晨立即把想得起來的夢境記錄下來,並做了解析。這段近萬字的分析成為他的《夢的解析》的一部分,這是夢的解析的起點。當時社會對他的反對越來越激烈,把他的學說稱作"下賤的性變態理論"。但他毫不畏懼,並於1900年出版了《夢的解析》一書。他回顧當時說:這是個孤軍奮戰的時期,什麼事都得自己去做。這本書的出版導致他與布洛伊爾的徹底決裂。

《夢的解析》是建立在弗洛伊德對自己的夢的解析和對病人的豐富觀察基礎上的。他認為人們把壓抑的心理通過夢(dream)來表達,而其中所使用的方式又是極其多樣的。

> 夢,並不是毫無意義的,不是荒謬的,也不以一部分觀念昏睡,而另一部分觀念覺醒為前提。它完全是有意義的精神現象。實際上,它是一種願望的達成,它可以說是一種清醒狀態精神活動的延續,它也是高度錯綜複雜的理智活動的產物。(Sigmund Freud/A.A.Brill

translated, 1913, p.103)

在該書中弗洛伊德用近萬字的篇幅描述他的這個夢,以此來分析和説明夢的意義,來發掘夢所潛含的他的一貫思想,他的願望。由此他在最後提出了心理過程的動力學觀點,還有潛意識、前意識、意識、快樂原則、本我、自我、超我等概念。不過社會當時對這本書的反應很不好。儘管這是弗洛伊德最喜歡的一本書,他在其中傾注了感情和奉獻,對科學的真誠與執著。直至十年之後,這本書才受到了重視。

於 1901 年弗洛伊德出版了《日常生活的心理病理學》一書,其中包含了對**過失**及**遺忘**的描述。他提出,不僅在神經病的症狀中,而且在正常人的日常行為裏,各種潛意識的觀念都為表達而鬥爭著,因而有可能改變思想和行動。弗洛伊德提示説,引起偶然失誤的東西,可能實際上反映了真正的動機,雖然這種動機還未被認識到。該書與《夢的解析》都表明弗洛伊德的理論不僅適用於病人也適用於正常人。

自 1902 年弗洛伊德被任命為副教授。儘管這與他實際的成就與地位不符,但當時反猶勢力相當強,亦屬無可奈何。同年,他與阿德勒、卡丁納、萊德勒、斯泰克爾建立了一個星期三心理學學會。每星期三下午在弗洛伊德的候診室召開,大家共同討論精神分析的問題。這就是著名的維也納精神分析學會的前身。斯泰克爾把每次討論的情況寫成一個書面報告,發表在《新維也納日報》的星期日版上。

到 1905 年弗洛伊德公開發表了少女杜拉的病例報告,書名為《少女杜拉的故事》。早在 1900 年他給弗萊斯的信中曾説:"我有一個新病人,她是一位十八歲的女孩。這個病例為我開啟了無數智慧之門"(高宣揚,1986,175 頁)。這是個極其典型的病例,它吸引了弗洛伊德全部的注意力,在三個月的時間內,他夜以繼日,廢寢忘食地工作。該病病程長達一年之久,弗洛伊德在整理完病歷後一直在思索與分析這個病案。杜拉對父親極為迷戀,但常與母親作對。當她發現父親與另一女士相好時,就拼命與其丈夫接近,充分地體現出她受戀父情結影響的行為。杜拉在這種對抗衝擊中出現了癔症。她出現失語,同時還出現性幻想。另外杜拉在十四歲時曾受過性方面的精神創傷。弗洛伊德從杜拉的病例中得出,所有的心理症患者都是具有強烈性異常傾向的人,這種傾向在他們發展過程中受到壓抑,而進入潛意識。可是潛意識激動勢力要求解放的衝動,總是盡可能地利用已有的發洩通道。弗洛伊德進一步證實了以前工作的結論,即所有癔症的前身都是潛意識中的幻想。而這些幻想多半是性方面的,其產生和演變可以追溯到童年時代的性動力。弗洛伊德在治療杜拉的過程中,達到了預期的目的,結果表明其精神分析的理論和方法基本上是正確的,同時也發現其不足。在〈後記〉中他說到:

> 我只能向讀者保證,我自己研究心理症時並未以任何心理學體系作為框架。我一直在調查我的看法,直到它們適合於解釋我所收集到的事實為止。我因我未曾作出臆測而驕傲;我的理論所根據的資料是經過廣泛與細心觀察而收集到的。(Freud, 1905, pp.153～154)

弗洛伊德在這個病案中顯出高度的智慧、敏銳的觀察力以及深刻的判斷力。他一方面認真傾聽患者的言語,另一方面又不迷信,而更注重事實。這種工作態度和自我批判的精神,給他的理論以及其整個思想體系帶來進步,使它們不斷改進,而最終得到世界的公認。

弗洛伊德於 1905 年發表了《性學三論》,由〈性變態〉、〈幼兒性欲〉和〈青春期的變化〉組成。這三篇文章討論了性異常的病理、心性發展的過程、性動力理論以及性動力在人類行為的種種表現,論證了性動力對潛意識的形成的決定性作用,系統地探索了自幼年時代起的人類性欲發展規律。

《性學三論》與《夢的解析》遂成了弗洛伊德的成名作。

四、精神分析運動的發展與分歧

於 1906 年弗洛伊德開始與榮格定期聯繫。兩人在學術上有許多交流。榮格仰慕弗洛伊德,最終成為他的助手。而弗洛伊德亦認為榮格是個天才,極為賞識,把他稱作"我親愛的兒子",還把他看作自己理論的繼承人。兩人的關係曾是非常親密。1907 年當他們初次見面時,兩人一連談了 13 個小時,當時都興奮激動極了,從此彼此視作密友和同志。但榮格是一位有著獨立見解的精神病學家,不像弗洛伊德那樣強調"性"的重要性,對於弗洛伊德的反對終於壓抑不住而通過著作《無意識心理學》公開發表。1912 年兩人同意終止他們私人間的通訊。1919 年榮格辭去國際精神分析學會的主席職位,退出了學會。此後榮格創立了**分析心理學**並結出了豐碩的成果,獲得許多榮譽與獎勵。榮格與弗洛伊德最大的分歧是在關於力比多的實質問題上。弗洛伊德認為力比多為性愛，榮格則把它看作普遍的生命力，性愛只是其中的一部分。這種分歧使得榮格對弗洛伊德只用性愛去闡述行為作出不同的解釋。

另一位精神分析學家阿德勒，出生於維也納郊區的一個猶太家庭，畢業於維也納大學醫學院。他於 1902 年參加了維也納精神分析學會，成為受人尊重的主要成員。在以後幾年中，發展了一種在各方面與弗洛伊德不同的人格理論。他的方向指向未來，而弗洛伊德顯然是強調過去的。再則，阿德勒強調意識，而弗洛伊德強調行為的潛意識的決定因素。且阿德勒不同意性是動機的原始基礎，相信一般的**自卑感**才是。他強調人與生俱來的內在動力為**權力意志**與**追求優越**。從此，他與弗洛伊德就有著尖銳的分歧。到 1911 年這種分歧達到了頂峰，導致兩人的決裂。弗洛伊德始終都不能真正原諒他。在答覆一位對阿德勒的逝世感到悲痛不已的友人時，弗洛伊德曾稱自己不理解有人對阿德勒的同情。作為一個猶太孩子的阿德勒從維也納的郊區出來，而死於阿伯登，這是一件聞所未聞的經歷，並足以證明他走得太遠了。世人對他曾經在對抗精神分析方面所做的貢獻給了他足夠的獎賞。

儘管弗洛伊德遇到許多反對派，但他的學說在全世界日益擴展。思維活躍，容易接受新事物的美國於 1909 年邀請他與榮格赴美講學。當時正值克拉克大學二十周年校慶，他以一名五歲兒童的病症，論證了癔症與性有關。特別是與幼年的性經驗有關。弗洛伊德並深入淺出地介紹了關於精神分析學說的基本原理。他的演講生動有趣，受到聽眾的歡迎。不過當時的新大陸似乎並不合乎維多利亞式的弗洛伊德的胃口，他覺得那兒缺乏秩序和教養，人們比較粗魯。不過在那兒他還是受到了隆重的接待，也享受了美國的先進科技──電影，並參觀了他朝思暮想的紐約大都會博物館（弗洛伊德一生喜歡收集古董），也拜訪了他在美國的妹妹一家。

美國之行給了弗洛伊德許多鼓勵與力量。在《自傳》中他寫道：

當時我年僅 53 歲，我覺得自己年輕而健康。對那個新世界的短期訪問在各方面激發了我的自尊心。(張霽明等譯，1986，70 頁)

美國之行也為他的理論在美國進一步推廣鋪設了道路，美國心理學家布特南把他的稿子編成《精神分析五講》演講集出版發行。布里爾、瓊斯、布特南三人成了在美國宣傳弗洛伊德學說的最積極的中堅分子。弗洛伊德學說在美國占據了長久的統治地位，也影響了美國的文學與藝術。

　　回到歐洲後，弗洛伊德又忙碌起來。1910 年尤為忙碌的一年，他作出了很多重大的成就，同時也遇到了許多麻煩。1910 年召開的紐倫堡大會是弗洛伊德個人歷史上，也是精神分析學在科學發展整個歷史上的一個重要里程碑。這是精神分析學會的第二次國際會議。從此以後，弗洛伊德成了國際性的知名科學家，他的學說迅速傳播到世界先進國家。一個被稱為"國際精神分析學運動"的國際性學術活動廣泛地開展起來。這次會議也迅速地引起了本身內部的分裂。在一些根本性的重大問題上，弗洛伊德及其繼承人都各自提出了自己的獨立見解。因而在精神分析學這門科學的範圍內，又出現了許多新的理論派別。儘管弗洛伊德盡力斡旋，也挽回不了阿德勒和斯泰克爾等人的退出。1910 年又是弗洛伊德在理論方面的多產期，他提出了自戀理論，還發表了許多著作：《原始語言的對偶性意義》、《戀愛生活對心理的寄託》、《精神分析學論文集》、《愛情心理學之一：男人選擇對象的變態心理》、《列奧納多·達芬奇對幼兒期的回憶》等。最重要的是《關於兒童心理生活的經驗》和達芬奇幼兒期回憶的那部著作。

　　在 1911～1915 年間他又發表了一系列關於精神分析技術的論文，發表了《圖騰與禁忌》，將精神分析學應用於人類學、文化史與宗教學。儘管弗洛伊德忠於猶太民族，從未相信耶和華，但他確實認為信仰宗教的人們是何等愚昧，並想從精神分析的角度來尋找答案，揭露宗教的虛偽本質。這種書的出版自然引起了宗教徒的不滿，學術界對此也反應冷淡，但弗洛伊德依然執著。1912 年，為了促進精神分析學在別的文化科學領域的應用，他籌辦了《意象》雜誌。弗洛伊德正處於事業迅速發展且多產之季。可惜 1914 年第一次世界大戰爆發了，且奧匈帝國是主戰國，弗洛伊德一家隨即遭到很大的影響，這也極大的影響了他的理論在全世界的傳播。當時弗洛依德不得不為在前線的三個兒子擔著心，又為奧地利因經濟惡化通貨膨脹所導致他的存款化為烏有的經濟窘迫而操心。而且他的忠心跟隨者蘭克、查赫、費倫齊等人也參了軍，求診的病人越來越少……不過這倒也成為他一生中最空閒的時期，因此他還是寫下不少論文。隨著戰爭一年年的延長，弗洛伊德的生活面臨越來越多的困難，他得了重感冒，身體逐漸虛弱，六十歲的生日過得很淒慘，連飽肚的食物都沒有。而後弗洛伊德又得了嚴重的風濕病，寫字的時候,手不停地顫抖著,但他在給友人的信中卻說:"我的精神並沒有受到動搖。……這就表明,一個人的精神生活是多麼重要啊!"(高宣揚,1986,258頁)。但惡運接踵而至,1917 年他的下顎癌最初徵兆表現了出來,下顎經常顫抖,而且不時地疼痛。該症與他每天吸二十支雪茄烟很有關係。弗洛伊德總是在上衣口袋中放上幾支上等的雪茄烟,這直到他生命的最後時期,一直是他的習慣。

至 1918 年 11 月大戰終於結束了。於是他又期盼著兒子們平安回來,同時依然勤奮筆耕。在戰爭剛結束,紙張短缺的情況下,弗洛伊德還是成功地出版了《精神分析論文集》第四卷。戰爭的結束,並未帶來真正的和平。弗洛伊德只好不聞窗外事,潛心研究。1919 年愛情心理學中的第三篇論文──〈處女之謎──一種禁忌〉發表了。與此同時,國際精神分析出版社在維也納正式成立,弗洛伊德的其他著作──《一個神經質兒童的故事》(又名《狼人》)、《噁心的東西》和《孩子挨打》也先後出版。但戰爭帶來的經濟困難威脅著這個家庭。兒子、女婿找不到工作,診所病人少得可憐。在 1918 到 1920 年間,冬天買不到燃料,弗洛伊德不得不在零下十多度的嚴寒下守候在診室裏,晚上又要用凍僵了的手執筆寫稿和校閱稿樣。他又不得不靠借款度日了。他給瓊斯寫的信上說:"我簡直不堪回首那最暗淡的日子……我知道你的處境也是很困難……我們正生活在一個很壞的年頭裏"(高宣揚,1986,261 頁)。同時瑪莎的身體也日漸衰弱,重感冒在侵噬她的身體。

戰後一段時間內,唯一使弗洛伊德感到欣慰的是精神分析運動的廣泛發展。由於戰爭,精神病患者的人數增加了。另外,由於許許多多的人在精神上感到空虛、頹廢、悲觀苦悶,促使他們更加重視精神分析學以期從中探索解決心靈苦悶的良策。因此,西歐各國政府、學者和普通人對精神分析學的興趣大大增加了。國際精神分析學會在各國的分會進一步有所發展。1919 年,弗洛伊德終於被提升為維也納大學的正教授,但仍沒有讓他在學校和系裏擔任學術上或行政上的領導職務。

五、晚期的理論建設與探索

自 19 世紀末到 20 世紀初的二十多年間,弗洛伊德的潛意識理論得到了發展,但仍覺得他的理論尚未最終解決"潛意識何以能發生作用"這個根本問題。於是便開始了 20 年代的理論建設。他發現：

> 在心理學中，最緊迫的需要莫過於建立一種穩固的本能理論，然後才可能據此進一步向前發展。(張霽明等譯，1986，77 頁)

於是他發展原來的"性本能"及"自我本能"的主張。認為：

> 人的本能乃是一個本源，一個意向，和一個目的。這種本源是人體內的一種緊張狀態，而它的目的便是消除這種緊張。在從本源到實現它的目的的過程中，本能在心理上變成為能動的力量。因此，我們把它說成是一種向一定方向衝出的一定數量的力。(Freud, 1933, pp.128～129)

通過對各種衝動及其本源的研究，弗洛伊德把**本能**分為**生之本能**和**死之本能**兩類，建立其動力學基礎。當時他發表了一系列的論文，如：〈快樂原則的彼岸〉(1920)、〈一個女性同性戀病例的心理成因〉(1920)、〈群體心理學與自我的分析〉(1921)、〈夢與精神感應〉、〈嫉妒、妄想病及同性戀之某些心理症機轉〉(1922)、〈自我與本我〉、〈幼兒原欲性體系〉和〈有關夢的解釋與實際〉(1923)、〈神經症與精神病〉、〈伊諦普斯潛意識情結的解除〉、〈受性虐待狂的經濟問題〉和〈精神分析概述〉(1924) 等。

另外從 20 年代下半期弗洛伊德又開始研究他一直感興趣的宗教和文學藝術，並用精神分析的觀點來分析其淵源及發展，如圖騰被看作是父親為兒子們提供的一切保護、照顧和恩惠，而使兒子們保證不殺害父親。宗教是由罪惡感及附於其上的懊悔心理所產生，至於道德，則一部分是基於社會的需要，一部分則是由罪惡感而促成的贖罪心理所造成。後來，神的觀念又漸漸代替了圖騰，神不過是父親形象的誇大形式而已。

文藝始終是弗洛伊德的興趣所在，早在中學就讀時，他就迷戀詩歌、文學，而且酷愛寫作，不僅文風優雅且書法很漂亮。在《自傳》中他說道：

> 自從我寫《釋夢》開始，精神分析就不再是一個純粹醫學上的主題了。它在德國和法國一出現，就被廣泛地應用到文學和美學的各個領域，被應用到宗教史、史前史、神話學、民俗學以及教育界等等也隨之開始。……為了滿足自己的非醫學興趣，我時常對這方面有所探索。(張霽明等譯，1986，87～88 頁)

從 20 年代起他開始更多地與羅曼・羅蘭、托馬斯・曼、茨威格、詩人李爾克、威爾斯、薩爾瓦多・達利等藝術家往來。而這些人都在創作上受到精神分析理論的很大影響。弗洛伊德對許多名著進行了精神分析，寫了諸如《陀斯妥也夫斯基及弒父者》、《文明及其不滿》等，後者探討了最廣泛又深邃的問題——人類與宇宙的關係。他認為人生的目的主要是由快樂原則所決定。人類追求幸福，"但幸福乃是暫時的和過渡的。"真正的幸福不可能在現實生活中找到。"戀愛是人類追求幸福的一種較合理的方法"，"而利用宗教來給予人類幸福這一做法是注定要失敗的"（高宣揚，1986，284 頁）。但戀愛也只能得到暫時的幸福。弗洛伊德特別分析了個人欲望與社會環境間的矛盾和衝突，而這一衝突是現代社會無法解決的，因為與幸福相比，不幸福的力量更大一些。這種不幸來自三個無可迴避的來源：肉體的痛苦，外在世界的危險性和人與人之間的相互干擾。從弗洛伊德對人生和宇宙的觀點，我們也可以從中悟到弗洛伊德對於生活的感受，他的內心思想與情感。

這些作品及其他作品（如《幽默》等）奠定了弗洛伊德在文學藝術史上的地位。他因此於 1930 年獲得了德國歌德協會頒發的歌德文學獎。

六、離鄉背井與絕症頑強拼搏

儘管弗洛伊德事業騰飛，人們越來越接受與欣賞他及其學說，他的名聲日漸顯赫，但個人和家庭方面卻遭到了重大的不幸。在 1920 年弗洛伊德的次女蘇菲死去，同年發現他的右顎明顯膨脹，不能及時有效的治療又耽誤了病情。一次草草的小手術後，下顎迅速萎縮，以致難以開口。四個月後，下顎的疼痛越來越嚴重，只有靠止痛藥才能制止痛苦。接著蘇菲的次子，他最鍾愛的孫子海納勒死於肺結核，這個孫子是弗洛伊德認為最聰明的孩子。他於 1923 年 7 月告訴瓊斯說，他遭受了有生以來最沈重的打擊，而且"這種無盡的悲傷已深深地潛入內心深處，分秒不離地伴隨著我的工作。""在我的思想中已經激不起智慧的火花，我已很久沒寫一行字。"對於海納勒之死，弗洛伊德說："給我一次不可言狀的打擊"，"在這之後，我再也不對任何新鮮的事物感興趣"（高宣揚，1986，297 頁）。他又說海納勒之死給他的沈重打擊，轉化為巨大的動力，促使他除了發展科學的雄心以外再也不對其他事物感興趣。他說自己對其他的一切都麻木了，心中唯有一個信念：努力啊，努力，在自己的有生之年，非要達到自己的目標不可。精神的力量是巨大的，人們看到的是精神分析學派組織上的擴大，《弗洛伊德全集》及《自傳》的出版，國際精神分析學會大會頻繁且大規模的舉行。

但災難仍未歇止，他的摯友布洛伊爾和阿伯拉罕於 1925 年相繼去世。他的下顎癌進一步惡化，且又患了心絞痛，於是終於戒掉吸烟的習慣，並每天堅持到郊外散步來鍛鍊身體。因疾病的影響，不得不減少工作時間，治療病人的人數因而大減。當時正值經濟蕭條，通貨膨脹，弗洛伊德又一次陷於經濟危機中。1930 年心愛的母親過逝，弗洛伊德的病情也隨之迅速惡化。弗洛伊德對母親始終懷有極其深厚的情感，母親的愛、信任與她的性格給了弗洛伊德在逆境中奮鬥的自信、勇氣與毅力。母親在他的心目中的地位是無比的。之後，弗洛伊德又動了一次手術，術後不久又得了支氣管肺炎，極度虛弱的身體使他不得不放棄許多重要的活動。

禍不單行，1933 年希特勒上台，這位瘋狂的日耳曼主義者，極其殘酷地迫害猶太人，向科學與文明挑戰。精神分析學派正是靶子，而作為首要人物又是猶太人的弗洛伊德更是靶心了。他的書被柏林納粹當局宣布為禁書，並焚燒了弗洛伊德所有的著作。弗洛伊德怒不可遏地大聲疾呼：

這是人做的事嗎？在中世紀的話，他們肯定會燒死我，而現在，他們只好滿足於燒毀我的書！(高宣揚，1986，303 頁)

到 1933 年底，瓊斯成了原有的精神分析學會委員會的最後一個留在歐洲的成員，除了已故的阿伯拉罕和費倫齊，其餘人都離開了災難中的歐洲。

弗洛伊德並未放棄工作和研究，這段時期他專注於摩西和一神教問題，他在《摩西與一神教》著作裏抨擊了宗教的虛幻性。不過他畢竟不再像從前那樣單純執著，而是把這些文稿都壓著未予出版。1936 年 5 月，弗洛伊德度過了最難忘的八十歲壽辰，並在家中舉行了盛大的慶祝宴會。在接著的六個星期中，收到了從世界各地寄來的賀信和賀電。其中包括托馬斯‧曼、羅曼‧羅蘭、朱利斯‧羅曼、威爾斯、維吉尼亞‧奧爾夫、史迪瓦‧茨威格等人。尤其令弗洛伊德高興的是愛因斯坦的賀信，信中這樣說：

敬愛的弗洛伊德先生：
我感到很高興的是，我們這一代有機會向你這位最偉大的導師表示敬意和祝賀。毫無疑問，你已經輕而易舉地使那些具有懷疑思想的普通人獲得一個獨立的判斷。迄今爲止，我只能崇奉你的素有教養的思想的思辨力量，以及這一思想給這個時代的世界觀所帶來的巨大影響……。(Einstein, 1936)

　　最後信中還附註説，這封信不值得回覆。愛因斯坦如此誠懇恭敬的來信令弗洛伊德極爲感動，他也回信以示感謝。
　　這短暫的幸福之後又是不幸。第二年4月30日，弗洛伊德因病情嚴重不得不離家前往奧爾斯貝爾格療養院，在那裏動了幾次手術。接著於1938年隨著德軍入侵奧地利，弗洛伊德不得不像其祖先那樣離鄉背井，而流亡到恰恰是他自幼就夢寐以求的英國。德軍入侵後不到五天，瓊斯爲了營救弗洛伊德，親自飛往維也納。當時弗洛伊德的長子馬丁已被武裝監禁。瓊斯動用其一切力量來營救弗洛伊德，他通過美國總統羅斯福，以美國的壓力迫使納粹同意弗洛伊德出境。在出境前，維也納精神分析學會召開最後一次會議，決定讓所有的學會成員離開維也納。臨走前，弗洛伊德處理他的文件，燒毀一切沒有價值的文件。當時，他在給倫敦的兒子歐內斯特的信中寫道："在這黑暗的日子裏，我們面前只有兩件值得高興的事情——同大家生活在一起和在自由中死去"(高宣揚，1986，307頁)。1938年6月4日，弗洛伊德同妻子、女兒安娜及兩個女佣人離開了居住了七十九年的維也納。當他離開這個並不很喜歡但卻非常親切熟悉的城市時，心情是很沈重的。對於眼前的一切，只有忍受，他也知道此去一別將永無再見之日了。
　　弗洛伊德離開了災難與窮苦，來到了嚮往已久的自由之土。英國非常歡迎弗洛伊德，給他安排了舒適的住宅，倫敦的報刊熱情地報導了弗洛伊德的到來，英國的朋友紛紛前來拜訪，使他尤爲高興。英國的精神分析專家們，著名的科學家們，以及猶太人協會的代表紛至沓來，美國克利夫蘭市以"全體市民"的名義打來電報，邀請弗洛伊德去那裏安家。另外他還收到了許許多多陌生人的賀信，使他感到自己並非眞正孤立的，而是成功的。但是弗洛伊德始終懷念著維也納，關心著維也納這塊他成長、求學、成家、立業的土地，維也納給終是他心靈的家園。英國的熱情驅走了他的鄕愁。英國國王親自訪問了弗洛伊德，英國皇家學會的三名秘書阿爾伯特・施瓦特爵士、赫爾教授和克里費斯·達維斯帶來了英國皇家學會自 1660 年創立以來代代相傳的珍貴紀念冊，請弗洛伊德在上面簽名。弗洛伊德非常激動地在這本簽有伊薩克·牛頓和查理斯·達爾文的紀念冊上簽了自己的名字。

他的同胞斯蒂凡·茲威格陪同西班牙畫家薩爾瓦多·達利來訪，弗洛伊德與這位天才畫家相互欣賞。達利還為弗洛伊德作了畫像，但他把弗洛伊德的頭畫成一只貝殼。

在 1938 年 8 月 1 日，國際精神分析學會第十五屆大會 (弗洛伊德最後參加的一次大會) 在巴黎召開。由於大家在非專業性的精神分析工作的問題上有分歧，歐洲委員會的成員們向弗洛伊德家座談，直接聽取了他對這個問題的看法。他們忠實地接受了弗洛伊德的觀點，使得有分歧的歐美精神分析學家們取得了一致的意見。

弗洛伊德仍不輟地創作，終於寫完了《摩西與一神教》的最後一部分文稿。但並未能完成《精神分析綱要》。1939 年 2 月，下顎癌已經發展到無可挽救的階段，弗洛伊德發覺自己的死期臨近，急切地期望自己能在去世前見到《摩西與一神教》的英文版。瓊斯夫人夜以繼日趕譯這本書，終於在三月份出版了。

至 1939 年 9 月 19 日，弗洛伊德已奄奄一息了。瓊斯去探望他，當時他的下顎已全部潰爛，痛苦萬分，他伸出手與瓊斯握了握手，然後以很莊重的手勢向瓊斯告別。

同年 9 月 21 日，弗洛伊德對舒爾醫生說："你答應過我，如果我不能堅持下去的話，你將盡力幫忙。現在我萬分痛苦，這樣繼續下去是毫無意義的"(高宣揚，1986，311 頁)。

是年 9 月 22 日，舒爾給弗洛伊德注射了嗎啡，弗洛伊德睡過去了，9 月 23 日午夜，弗洛伊德的心臟停止了跳動。

弗洛伊德歷經坎坷卻輝煌燦爛的一生終於過去，世事已過，勞碌已畢，弗洛伊德進入了安息。而他的思想卻仍在熠熠發光，人們依舊在談論他，學習他，敬仰他。

第二節　弗洛伊德精神分析的理論基礎

弗洛伊德精神分析就實踐而言，是關於精神疾患的一種治療方法；就理論而言，是關於潛意識過程的一種科學探索。這種探索涉及對潛意識實質、作用及其根源的理解，而與性本能密切相關。所以，對弗洛伊德精神分析理論關於潛意識和本能論這兩塊基石進行分析、溯源，是對弗洛伊德精神分析理論基礎的說明，同時也是對其理論淵源的一種說明。

一、潛意識思想的淵源

精神分析學說之所以不同於其他心理學派，正因為它著重探索人的深層精神世界——潛意識。但是潛意識的觀念並非弗洛伊德的獨創，他也不是討論潛意識的"第一個人"。在弗洛伊德之前，既有關於潛意識心理現象的哲學推論，也有把潛意識的思想當作歐洲 19 世紀 80 年代普通人的流行話題的情況，說明精神分析運動在知識上和文化上確實有著先驅者 (Schultz, 1975)。

（一）　萊布尼茨的微覺論

近代德國古典哲學的先驅萊布尼茨 (Gottfried Wilhelm von Leibniz, 1646～1716) 認為，世界是由單子構成的，而單子是從高到低有無數等級的且具有知覺的精神實體。高級的單子具有清晰、明白的知覺稱為**統覺** (apperception)，即對自身內部狀態的反省、意識；而低級的單子只具有模糊、微弱的、未被意識到的知覺，即**微覺** (petites perceptions)。微覺雖小，卻能主動活動，聚集在一起就能被清晰地感知到，正如驚濤拍岸的巨響是由無數細小的水滴聲凝聚而成的一樣。

萊布尼茨在闡述他的單子論時提出了微覺概念，認為微覺是未被意識到的無意識，是始終積極活動著的東西。他指出，堅信在心靈中只有心靈所意識到的知覺，這是偏見的主要來源。他克服了把心理現象與意識現象等同起來的觀點，"是近代第一個肯定無意識現象的人"（車文博，1996，148 頁）。波林指出 "萊布尼茨預示了無意識學說，但是這種學說實際上是由赫爾巴特肇始的。"（Boring, 1950, P.257）。

（二） 赫爾巴特的意識閾限

德國哲學家及心理學家赫爾巴特 (Johann Friedrich Herbart, 1776～1841) 認為，世界是由許多實子構成，實子之間相互作用乃產生觀念。而觀念具有相合相排的力量，時時刻刻占據意識中心的觀念只允許與它自己可以調和的觀念出現在意識之中，而將與其不調和的觀念抑制下去或排斥出去，使人意識不到。赫爾巴特並認為，一個觀念由完全抑制狀態過渡到現實觀念的狀態似乎跳過一個界限，這個界限就是所謂的**意識閾限** (threshold of consciousness)。他認為，此刻在意識閾限之下的觀念，在一定的條件下能出現在意識閾限之上，而原來在意識閾限上的部分觀念則被排擠到了意識閾限之下。在赫爾巴特看來，觀念一經產生，不再消滅，只能暫時受到抑制，所以不存在真正的遺忘。而被抑制的觀念，在意識閾限之下繼續活動，遇到意識中心的觀念與它相和諧時，又會重返意識之中。

一個世紀之後，赫爾巴特從實子論哲學出發，把萊布尼茨的無意識觀念發展成為意識閾限的概念。那些不一致的觀念，根據觀念的相合相排原則，不能在意識中同時存在，被排斥在意識之外，而變成為赫爾巴特叫做被抑制的觀念。它們存在於意識閾限之下，並且類似於萊布尼茨的微覺。黎黑認為"弗洛伊德追隨赫爾巴特，假設存在著一個稱為無意識的心理領域。不被意識到的觀念儲存於此並從這裏不知不覺地影響我們的行為。"（劉恩久等譯，1990，282 頁）

（三） 費希納的無意識思想

德國**心理物理學** (psychophysics) 的創始人費希納 (Gustav Theodor Fechner, 1801～1887) 對無意識思想的發展也有貢獻；他使用過感覺閾限概念。但他與萊布尼茨一樣，傾向於對無意識的觀念作純粹的描述，認為有些觀念為人所意識，另一些不在意識中或稱無意識的。然而費希納對弗洛伊德更重要的影響，是他把心理比作一座冰山，冰山的頂尖部分為意識，最小，約占 1/10；而其餘部分，藏在水面以下，則為無意識心理，約占 9/10。弗洛伊德從費希納那裏借用了這個比擬。他曾稱自己"在許多重要見解上是追隨費希納這位思想家的"(Jones, 1953, p.374)。

(四) 哈特曼的無意識哲學

哈特曼 (Karl Eduard von Hartmann, 1842～1906) 認為無意識是人心理不可分割的部分，是生命的源泉和動力所在。1869 年出版過一本暢銷書《無意識哲學》，在其生前竟整整出了十一版，使無意識成了人們的一種流行的話題。這期間，正是弗洛伊德學醫及稍後發展其理論的時期。無意識觀念在歐洲當時相當普遍，而且每個有素養的人無疑都會熟悉這個觀念。哈特曼認為有三種無意識：控制宇宙中所有自然現象的過程，指導身體過程的生理無意識，以及作為行為根源的心理無意識。哈特曼的無意識，尤其是他的心理無意識的概念與弗洛伊德理論兩者有一些共同之處。

二、本能論思想的淵源

我們知道，精神分析學說是以潛意識活動的存在為前提。而按照弗洛伊德的看法，潛意識是由原始的本能與欲望構成。也就是說，潛意識的核心內容是本能，也正是本能支配著人類的活動，本能是人類精神現象的主要源泉與動力。弗洛伊德認為，潛意識活動不僅表現為人們不易覺察的本能願望，而且它的能量源泉主要來自本能，潛意識活動的終極原因應歸於本能。正如潛意識的觀念並非弗洛伊德的獨創和首創，其關於本能的一些見解，在歷史上也並非沒有先例。可以認為蘇格拉底對愛欲的解釋、達爾文的進化論、物理學的能量學說，以及非理性哲學思潮都曾對弗洛伊德本能論的形成，有過不同程度或不同方面的影響。

(一) 蘇格拉底對愛欲的解釋

蘇格拉底 (Socrates, 470～399 B. C.) 是古希臘著名的智者，他最先對愛欲本能進行了解釋。他認為人類不能擺脫愛欲，愛欲最初表現為使人迷戀肉體的感官欲望，這只是愛欲表現的低級形式；隨著人類自我意識的增強，愛欲逐漸發展為一種對美德的追求，昇華為某種抽象理性的高級形式。

弗洛伊德對性欲的闡述與蘇格拉底所說的愛欲是極其相近的。弗洛伊德認為,雖然性欲源於本能,追求肉體的滿足,但也可以昇華變為對美和藝術等的追求。

(二) 達爾文的進化論

達爾文 (Charles Darwin, 1809～1882) 所創立的**進化論** (evolutionism) 是 19 世紀自然科學的三大發現之一。他認為地球上的物種是一步一步進化而來,而不是像創世紀所說的那樣一次全部出現的。生物進化的原因在於物競 (生存競爭) 與天擇 (自然淘汰),在人類起源過程中,自然選擇和性選擇起了主導作用。本能不僅是適應環境的產物,也是適應環境的工具。達爾文還認為,動物和人在身體和心理上存在著演化發展上的聯繫,兩者只有程度上的差別,而無本質上的不同。

在達爾文之前,人被認為具有靈魂而與動物界截然分開,進化論的出現使人成為自然界的一部分,成為所有動物中的一種。承認這一激進的觀點,就意味著可以遵照生物學的途徑來研究人。

達爾文的進化論對中學時代的弗洛伊德就產生了影響。弗洛伊德在《自傳》中寫道:"當時最熱門的話題——達爾文理論,也強烈地吸引著我。因為這一理論有助於我們在對世界了解上取得巨大進展"(張霽明、卓如飛譯,1987,120 頁)。在弗洛伊德看來,人既然是自然界的一部分,屬於動物的一種,那麼人的心理與行為就永遠要受其生物的性本能所制約。達爾文認為,在人類起源中,自然選擇和性選擇起了主導的作用,弗洛伊德在此基礎上進一步發揮,他認為性本能被壓抑不僅是發生神經症的重要原因,而且也是形成人格和創造社會文化及藝術的重要動力。

(三) 物理學中能量學說的影響

在 19 世紀中葉,德國偉大的物理學家赫爾姆霍茨 (Hermann von Helmholtz, 1821～1894) 提出了能量守恆原理。他認為**能** (energy) 實際上和**質** (mass) 一樣是一個量,它可以轉換形式但量不變,即能不會被消滅。這種學說很快地滲透進每個科學家的思想意識中,如弗洛伊德為醫科學生時的老師布呂克曾認為,生命有機體是一個動力系統,同樣服從化學和物理學的規律。十分欽佩布呂克的弗洛伊德很快就接受了這種觀點,並將之應用於他的本能論、力比多學說以及人格動力學說中去。

(四) 非理性哲學思潮的影響

弗洛伊德的本能論思想，也受到了 19 世紀哲學上非理性思潮的影響。德國哲學家叔本華 (Arthur Schopenhauer, 1788～1860)、尼采 (Friedrich Wilhelm Nietzsche, 1844～1900) 先後提出**生命意志** (will to live) 和**權力意志** (will to power)，把性欲看成是生命意志的核心，"一切欲望的焦點"（車文博，1996，p.456）；尼采認為，生物所追求的首先是釋放自己的能量，生命本身就是權力意志，主張這種生命意志可以創造一切。法國哲學家柏格森 (Henri Bergson, 1859～1941) 則認為，生命機體內部存在著一種特殊的**活力** (vitality)，它具有超自然的力量，正是這種活力激發起生命過程。從上述哲學家的思想中，我們可以發現，所謂"生命意志"以及"活力"都帶有本能的含義，它們都是超越意識的、非理性的，是支配人們活動的基本動力。

第三節　弗洛伊德理論的形成與發展

如上節所述，弗洛伊德精神分析學說的產生有其理論思想的淵源，但就精神分析學說的具體形成與發展而言，主要還應歸功於弗洛伊德身為一名醫生，在其畢生從事精神病的臨床治療中所獲得的直接經驗及其對經驗的理論性探索。這些探索體現了弗洛伊德逐步形成並不斷修正發展其精神分析理論的歷程，也反映出他一生思想的轉變。故本節與第一節"弗洛伊德傳略"在內容上會有重疊交錯，但闡述的角度不同，而可互相參照，加深理解。

一、精神分析理論的形成

自古以來，歐洲各國對於精神病或心理失常廣泛流行著一種傳統的迷信看法，認為精神病或心理失常的病因是"中了邪"，魔鬼附了身。當時的精神病人或心理失常患者常常遭受殘酷無情的迫害。直到法國大革命後，法國

學者皮內爾 (Philippe Pinel, 1745～1826) 首先肯定心理失常是一種疾病，而不是"中邪"，因而應加以醫療，這才逐漸出現了精神病學和神經病學。

弗洛伊德自 1886 年結束臨床實習後，就自己開業治療神經病患者。在臨床的實踐與理論探索中，逐漸建立了精神分析學說。

（一） 癔症研究及潛意識理論的提出

弗洛伊德在就讀大學期間 (1876 年起) 就開始在布呂克領導下的實驗室當助理研究員。在布呂克門下，弗洛伊德受了物理主義的生理學訓練，承認"心理學是有關中樞神經系統的研究，心能就是由大腦細胞所供應的物理能" (高覺敷譯，1981，816 頁)。當時好友布洛伊爾常與他談起安娜・歐這位病人 (見本章第一節)。該病人患有多種病症，如長達六星期中儘管乾渴得無法忍受也不肯喝水；同時不會講本族語 (德語)，而只使用英語；上肢癱瘓、嚴重咳嗽、失眠、焦慮、厭惡感以及視覺和言語紊亂等等。在一年多時間內，布洛伊爾用"掃煙囪"的方法，也叫**淨洗法** (或**宣洩**) (catharsis) 或**發洩法** (abreaction)，即在被催眠狀態中讓病人回憶與病情有關的一切情緒經驗，並且把它通通說出來，說出之後病人覺得心情舒暢，最後恢復到正常，可以喝水了。其他症狀在使用同樣方法後也一一得以治療。這個病例及其治療方法引起了弗洛伊德的關注，成為後來發展精神分析學說的基礎。但當時弗洛伊德的思想仍然停留在布呂克的物理主義水平上。他認為人的心理活動有賴於神經系統所供應的物理能。物理能的水平過高，就需要釋放或宣洩，從而促使神經病的消失。對於安娜・歐這一病案，他就是這樣來理解的。

在 1885 年至 1886 年的半年間，弗洛伊德先赴巴黎向當時著名的神經病學家沙科學習。沙科當時經常舉行一些癔症的演示，他用催眠的方法，或消除一些症狀，或引發一些症狀 (註 2-1)，而且在那裏弗洛伊德首次聽說並觀察了男性癔症。在巴黎學習結束後，弗洛伊德開始這方面的嘗試，後來因不滿自己所作的催眠效果，而赴法國南錫向法國醫生學習催眠技術。這些法國醫生與布呂克等人不同，他們不堅持大腦解剖的觀點，而認為癔症屬機能性的神經病，承認心理病理學為心理學的一個分支。

在法國醫生那裏學得的理論與案例的影響下，弗洛伊德開始修正他的觀

註 2-1：誘發一些症狀，往往為了直接或間接地有益於治療，同時也有助於表明催眠法的作用。

點，他逐漸由生理的病因說趨向心理的病因說，但物理主義中尤其是力和能的動力學概念始終影響著弗洛伊德，使他沿用這些概念來理解和解釋患者的行為。這對於精神分析學說的形成是起了很大作用的。

從 1887 年起，弗洛伊德放棄了原來的電療、水療和按摩治療，而慢慢採用暗示療法，用"掃煙囪"的辦法來治療癔症患者並收到一定效果，但療效不能持久，且有些病人無法對其進行催眠，於是他嘗試使用**自由聯想**。儘管當時治療技巧在不斷提高與發展，弗洛伊德卻仍感未曾把握住人的內心根源。他始終認為**創傷** (trauma) 是神經症的根源。在 1895 年，他和布洛伊爾合著的《癔症的研究》一書出版了，這本書開始出現弗洛伊德獨特思想的萌芽。在書中，他認為癔症的病因是由於在創傷性經歷中激發出來的情緒沒有得到適當發洩所致。由於這種經歷使人不快，這一事件及其伴隨產生的情緒被壓抑下去，即不允許進入意識，或使人回憶不起來。但儘管如此，這一情緒依舊是存在的，而它所引起的沒有得到發洩或被壓抑下去的緊張最終導致癔症症狀的出現。不過這些創傷經歷不為患者所意識。患者只知道自己的病症，卻對這些被壓抑的創傷經歷一無所知。

在《癔症的研究》中弗洛伊德仔細地論證了自由聯想法。他認為催眠對不少患者無效，而聯繫與分析患者的許多零散的念頭則比催眠更為有效。弗洛伊德認為患者應把他頭腦中浮起的任何念頭，無論有多麼瑣碎或無關，都要如實報告，把患者所報告的念頭加以分析後便可揭示其隱含的意義，並發現其症狀的根源。弗洛伊德認為醫生與患者的關係是療效的關鍵所在。他肯定了**移情**的作用，即患者往往把情欲的目標轉向治療者，而對治療者發生戀情。患者對醫生的移情是治療者力量的來源，同時對病人產生威信，並通過堅持要求病人的合作而達到治癒的目的。弗洛伊德闡明了兩個問題。第一：癔症中潛在的問題總是牽涉到性的問題；第二，癔症患者總是試圖來抵抗治療。他們不想知道或不願重新經歷導致他們出現症狀的事件。他們不是簡單地不明其病因，而是拒絕弄清病因。因此治療的效果就在於利用醫生對患者的影響力來克服患者的抵抗。該書初露精神分析作為心理治療的端倪，也顯示了性在致病中的動力效應。可以說是弗洛伊德精神分析學說的起點。

《癔症的研究》問世不久，弗洛伊德撰寫了《科學心理學大綱》，這是一種關於心理學的設想草案，但黎黑說，"這個大綱的確以某種原始而更加廣泛的形式包含了精神分析的許多重要概念"（劉恩久等譯，1990，296 頁）。

例如，弗洛伊德認為，人類動機來源於有機體降低自身緊張狀態的願望。而按照弗洛伊德的數量概念，所有心理和行為作用的目標都是釋放一定數量積壓下來的令人不快的神經張力。這種釋放的需要稱之為"不快原則"，以後又改為**快樂原則**。在大綱中弗洛伊德把心理分為幾個相對獨立的組成部分，它們之間的衝突、需求和調節構成人類行為和思想的基礎。此外，也把神經病學系統按神經生理突觸作用的不同模式分為三個系統。第一個是神經元的知覺系統，第二個是絕大多數心理活動在其中進行的潛意識系統，第三個是產生意識的系統，它通過對真實知覺與幻覺的區別來調節行為。雖然這三個系統並非本我、自我和超我的真正前身，但我們可從中發現弗洛伊德把心理分為各自獨立實體這一分析手段的雛形。

(二) 自我分析及夢理論的形成

在 1896 年，弗洛伊德的父親病故，出於對父親的懷念，使他追憶幼年時代，而逐漸引出了**自我分析** (self analysis)。分析的結果，使他放棄了創傷論的觀點，而確立了幼年性欲說和伊諦普斯情結說。自我分析過程是對童年生活經歷的發掘，它使弗洛伊德發現人類潛意識的基本成分恰恰就是幼年生活的凝聚物。因而有意識的再現幼年生活經歷，將有助於了解潛意識的內容及其形成過程，這是揭示潛意識王國的捷徑。

當弗洛伊德在自我分析中發現自己從小就有親近母親的特殊感情時，發現自己的親母感情具有排他性、獨占性——甚至由此產生妒忌父親對母親的關係時，他得出了一個極其重要的結論，即人從小就有"性欲"，而且這種"性欲"構成了人的最基本的"原欲"。"原欲"是人的一切精神力和生命力的原動力之一，弗洛伊德稱之為"**性動力**"或**性原欲** (或**慾力**) (libido)。由此他進一步得出伊諦普斯情結，並認為這種情結的兩個基本因素是對雙親之一的愛和對另一個的妒恨。弗洛伊德認為這是童年心理的基本內容，也是人類一切複雜的精神現象所由以發展的真正"胚芽"，是個人和種族的"心理生活之樹"的"種子"（高宣揚，1986）。此後，弗洛伊德的精神分析學說始終都以伊諦普斯情結為基礎而完善化及系統化。在此基礎上弗洛伊德通過對自我及病患的分析聯想，不斷發展著他的思想體系。

關於**夢的解析** (dream analysis) 也正是弗洛伊德勤奮好學、不斷探索和水到渠成之自然結果。在 1895 年 7 月 24 日凌晨，當時弗洛伊德與正在懷孕的妻子瑪莎一起在山區度假,他做了一個古怪的夢,當時他一直惦記著這個夢,使他不能專心於任何事。於是他就對此夢進行分析。弗洛伊德曾一度相信,夢是睡眠中的精神錯亂形式,後來他發現自己的夢常與一天或幾天前發生的某種似乎無多大意義的事有關,而他的一些病人也常被各自的夢攪得驚恐不安,並堅持在治療時講述他們的夢。弗洛伊德常常可以從那些夢裏發現一些能反映或在較小程度上表明病人病症的某個側面的線索,他感到夢和潛意識很相似。當天弗洛伊德就獨自在書房裏分析他的夢,結果大大地啟發了他。弗洛伊德發現夢不像其表面看來那樣只是一堆毫無意義的表象,認為夢是通向潛意識的捷徑,是打開人格最深層的鑰匙。在 1900 年出版的《夢的解析》一書中,弗洛伊德闡述了對夢的一個比較系統全面的觀點,認為所有的人都有一些為我們的意識所不容的欲望,我們事實上有意地將這些欲望隱藏或壓抑起來。但這些欲望仍試圖擠入人的意識(思維)中來控制人的行動。睡眠時正是人意識程度較薄弱的時候,這些被壓抑的欲望就在此時活躍於腦中,便成了夢。夢就成了人不可能實現的願望的實現,是人們深深隱藏的欲望的表現。夢的這一特徵為人們探尋潛意識提供了道路。人們可以通過夢來發掘其深蘊的含義和動機。這樣一來,夢與癔症相似,都成為潛意識需要的象徵性表現。同時,也說明神經症患者與正常人並無嚴格的區分。每個人都有不為自己所知的需要,這些需要的實現會引起他們的不安,只是在神經病中,正常的防禦手段失效了,取而代之是神經病症狀。夢和癔症一樣也可以由自由聯想來解讀。同時,他在《夢的解析》裏又說明,每個在夢中發現的被壓抑的欲望都烙有兒童特徵。壓抑形成於童年期並構成成人夢中的隱義材料。個性的根源應追溯到童年,尤其是早年性本能發展的階段。

在 1900 年弗洛伊德開始撰寫《日常生活的心理病理學》也同樣說明在正常人中精神分析學說的運用價值。在該書中,弗洛伊德運用自由聯想分析無意失言和各式各樣的無意失誤,說明這些失言和失誤如何能顯示隱藏的願望和情結。這本書趣味性頗強,他的著作也從此在人群中漸漸流行起來。

弗洛伊德通過對自己失誤、失言的分析和對病人的失誤及失言的分析,得出幾個他相當推崇的原則,並認為它們是可以保證探索潛意識動機的指導原則。理由之一是:凡被禁止的東西一定是被欲望的。例如他由殺死父親是極端可惡的罪行及通奸亂倫又是一典型罪行,得出人們一定隱藏著強烈的潛意識的亂倫欲望。理由之二是:凡是被恐懼著的東西大概都是被欲望著的,

恐懼 (fear) 是潛意識欲望的一種假面具。人在真正危險中當然有完全合理的恐懼，但無理的、過分的恐懼，如神經症患者的恐怖症，需要探索其深部的根源。行為主義者稱這種恐怖為條件性恐怖，但弗洛伊德則揣測恐懼裏藏有潛意識的和被禁止的願望。同理，過分焦慮一個人的平安，可以隱藏一種要傷害這個人的潛意識欲望。

(三) 性欲説及力比多概念的提出

隨著精神分析學說的進一步深入，1905 年弗洛伊德又在《性學三論》中發表了性變態、嬰兒性欲和青春期的轉變三個方面的理論。

在性變態方面，弗洛伊德提出性變態的背後隱藏著某種天生的東西，而且這種東西是和人與生俱來的。所有神經症患者都有性的困擾，神經症患者的病症就是他的性生活。神經症患者以症狀代替了變態的或健康的性生活。

關於嬰兒性欲的論文非常富有革命性，顯示了弗洛伊德的靈感與勇敢。當時處於維多利亞時代的人們對於性諱莫如深，提出兒童有性感覺的觀點無疑是石破天驚。弗洛伊德認為兒童自出生就有性感覺，且不同於成人，它是以**自我**為中心；嬰兒通過吮吸手指而獲得性快感，就是一種方式。兒童早期的性感覺不同於成年人，但它對成年時性成熟卻是非常重要的。出於道德及文明的原因，早期性欲遭到嚴禁而被壓抑下去。這種壓抑力量之強大以致使它擴散到整個早期經歷，並導致性的潛伏期的開始。在**性潛伏期** (sexual latency) 內，性欲暫時消失，而至成熟期復甦。弗洛伊德極為重視這種初期壓抑及其隨後出現的性潛伏期，認為這是文明所不可缺少的。在書中，弗洛伊德提出著名的觀點：**陰莖嫉妒** (或**陽具妒羨**) (penis envy) 以及與此相關聯的**閹割焦慮** (castration anxiety)。弗洛伊德認為，兒童對性抱有強烈好奇心，他們通過自己的研究形成許多特殊的想法。在這些幼稚的想法中，女孩自認是「不完整的男孩」，因為她們沒有陽具。因此女孩對男生有陽具一事，既羨慕又嫉妒，此即**陰莖嫉妒**。在性器期，兒童對父母中的異性產生性的愛戀，如男孩以母親為愛戀對象，對父親產生嫉妒與憎恨之情，但這種想取代父親地位的潛意識傾向，卻又為一種可能會被父親割掉生殖器的恐懼所抑制，此即**閹割焦慮**。弗洛伊德這些觀點歷來都是遭受眾人的批駁，並沒有得到事實依據來支持。

最後一篇是關於成人性欲的問題。青春期標誌著成人性欲的開端，成熟的種種變化使處於休眠狀態的性欲復活。處於這一時期的正常人的性欲指向異性，生殖器官的性交成為性欲的目標。童年期的性本能成了喚起實際性交欲望，如接吻、擁抱等愛撫動作的性驅力。對於性變態者，與某些嬰兒本能相聯繫的快感強烈到足以完全替代生殖器的活動。神經症被成人性要求所戰勝，把他的性需要轉變成為症狀。

弗洛伊德的這三篇論文以及同年寫成的《詼諧及其與潛意識的關係》被認為是他第一次系統地探索了自幼年時代起人類性欲發展的規律(車文博，1992)。

在 1910 年，弗洛伊德提出自戀理論。**自戀** (narcissism) 與伊諦普斯情結同為希臘神話中的典故。美少年納西斯不為美女所動，卻愛上了自己在水中的倒影，卒致憔悴而死，最後變成了一株彎向水面的水仙花。後人以其名字代表自戀。自戀被認作讚美鏡中己身和擁抱己身如擁抱別人而得到性欲滿足。

弗洛伊德認為自戀一定先於對象戀，因為嬰兒最初並沒有對於對象的知覺，只有對自己的一種模糊的自覺。但嬰兒在遇到一個對象來喚起自己的性欲以前，為什麼會自戀呢？弗洛伊德認為性欲是一種本能的力或興奮，是從生理的根源如性激素作用而產生的，是發生在有機體內部的。因為它是內發的，所以要找一個出口，但最初找不到，被阻塞在內部而形成自戀，如嬰兒期喜歡自己的身體，以自己的身體做為慾力的對象從而獲得滿足，如吮吸手指，弗洛伊德稱這種自戀為**原型自戀** (或**初級自戀**) (primary narcissism)。當兒童開始探究環境並發現適當對象時，他(她)的性欲就外導於對象，而且特別外導於母親。這種性欲的外導必然會遭遇到一些拒絕或挫折，從而退回，至少部分退回到自我的內部，由愛戀別人轉而愛戀自己，陶醉於自我想像之中，這種自戀稱做**次型自戀** (或**次級自戀**) (secondary narcissism)。對象戀越多，自戀則越少，反之亦然。性欲在幼兒期以後的正常情況下，則是部分地外導於對象 (人)，部分地留滯於自我，其比例則隨時間和個體的不同而不同。

自戀這一概念很適合弗洛伊德的思想，而由此產生的這一理論也影響了其心理學理論的建構。在第一次世界大戰後，自戀理論被廣泛運用於因戰爭而產生精神疾患者的治療中，確實作出了相當的貢獻。

弗洛伊德於 1915 年引入了一個很重要的概念——**力比多** (或**慾力**) (libido)。他認為所有的行為必須由某種本能所激發。在 1920 年以前，他認為最重要的本能是**性本能** (sexual instinct) ——它產生一種稱為力比多的心理能。力比多從出生就存在，且不斷發展。力比多不能被摧毀，它或者在性行為中得到直接表現，或者受壓抑，或者間接以夢、神經症或其他一些非性行為的形式出現 (轉移)。力比多的正常發展，尤其是童年時代的正常發展，對於成人以後的性和心理健康起決定作用。力比多及其轉移的概念使弗洛伊德在得以解釋幾乎所有行為都是性衝動的衍生物的同時，維持了其早期大綱上確立的簡單的張力降低的動機模式。"正是力比多理論使批評者們堅持說弗洛伊德處處見性。"(劉恩久等譯，1990，304 頁)。

(四) 焦慮論述的發表

弗洛伊德在 1906 年發表〈抑制、症狀與焦慮〉一文，該文中，弗洛伊德論述了焦慮性神經症的研究。**焦慮** (anxiety) 是一種常見的神經症。焦慮即是對危險的恐懼。弗洛伊德提出三種焦慮：客觀的、神經質的和道德的焦慮。**客觀性焦慮** (或**實因性焦慮**) (objective anxiety) 為對真正確實的危險的恐懼；而**神經質的焦慮** (neurotic anxiety) 為對於因表現衝動的欲望而受懲罰的害怕；**道德性焦慮** (moral anxiety) 則是由於良知的畏懼。由於焦慮所涉及的主要是恐懼，而恐懼是弗洛伊德所極感興趣的問題，他認為由此可以保證探索到潛意識動機。因此，在討論神經症和精神病的行為時，焦慮是精神分析中的一個重要的概念。

弗洛伊德認為不管是哪一種類型的焦慮，焦慮總是引起一個人行為緊張的力量，也是促使一個人去減少這種緊張狀態的動力。而自我可以發展起許多抵抗焦慮的保護性的防禦，亦即所謂**防禦機制** (defense mechanism)。例如，一個人通過**自居作用** (或**認同**) (identification) 的機制，以模仿和接受某個模範人物的行為、風格和特徵來增強自己，從而認為自己具有與模範人物同等的能力足以應付引起焦慮的那種特殊危險。可見這種自我防禦機制往往為個體不自覺地被使用，而且它們又往往歪曲或虛構現實。其他還有壓抑作用、昇華作用、投射作用、倒退作用等機制，在此暫不討論，留待第十一章再作系統闡述。

焦慮這種狀態不可避免，但如果某一個體不能適當地應付焦慮，那麼這種焦慮就會變成一種創傷，使他又退回到嬰兒期那種不能自立的狀況。

(五) 本能及衝突的理論

弗洛伊德在 1905 年寫的《性學三論》中自始至終僅涉及了人類的一個驅力——性欲。他認為性欲是決定人類行為的主要成分。但後來弗洛伊德逐漸對這一公式不滿，並開始感到，在人性中除性欲及其相聯的快樂原則外，還有其他驅力，即**本能** (instinct)。他的這一懷疑通過1920 年撰寫的《超越唯樂原則》得到具體闡述。

弗洛伊德把心理世界描繪成一個戰場。為人所不容的記憶或驅力與自我之間的衝突產生了神經症和夢。這一**衝突** (conflict) 起源於人的互不相容的本能需要。在他最初的理論中，他把自我所不能接受的性衝動與自我本身的自我保存本能區別開來，這樣，自我本能便向自我提供壓抑性本能的能量。弗洛伊德改變了相互衝突的本能性質的看法而沒有放棄衝突理論本身。正如他本人多次指出的，本能及衝突的理論是精神分析的精髓，他提出了對本能與衝突的最後看法。

弗洛伊德把本能說成基本上是保守的。它們的目標總是回復到早先的某一狀態，即把張力降低到無張力狀態。一語道破亦即"所有生命的目標是死亡"。因此，每個人都具有目標為死亡，回復到無生命，無機物和生命解體狀態的本能，弗洛伊德稱此為**死之本能**。

同時，人類還有另一生長、繁衍的傾向，性本能就是服務於此。在《超越唯樂原則》一書中，弗洛伊德拓寬了原來較狹義的性本能概念而成為：愛洛斯，生命的捍衛者或稱**生之本能**。按照這種新的解釋，心理活動這一過程就成為生與死之搏鬥，一個尋求回復到死亡，另一個尋求發展、繁衍。

若確有這兩種本能，尤其是死之本能，那它在人類情感和行為上的體現是什麼呢？弗洛伊德按照他推論自戀的方式對這一問題進行論述。力比多是在有機體內部發生的，但能聯結於外在對象，死之本能亦是如此。死之本能多半不表現為一種求死的欲望，而是表現為一種求殺的欲望 (指意欲破壞、傷害)。當它向外表現時，它便成為破壞、傷害、征服的動力。它是仇恨的動機，也是侵犯的本源，它在仇恨和侵犯中充分地表現了出來。當對外界有所破壞時，它沒有必要來毀壞自我，但當向外界侵犯受到挫折時，它往往會回到自我，成為一種自殺傾向。它和力比多一樣活動於人的整個心理活動過程中。它可以是殺人或自殺，也可以通過自我懲罰、自我譴責，以及對敵人的嫉妒、對權威的反抗等形式表現出來。

這種死之本能的觀點與弗洛伊德初期的觀點是全然不同的。弗洛伊德早期把恨僅看作是性欲受挫折後的一種自然結果。比如，對於性虐狂的觀點，弗洛伊德早期視之為一種性欲的變相而改變為死之本能的衍生物。但後來他認為力圖傷害所愛的人的虐待動機，不能從支持生命的生之本能產生出來，而一定是從死之本能發展出來的。愛恨之極至必然是兩種基本動力的融合，而非性欲的變相。任何具體的動機，都是愛恨的交融，建設與破壞的會合。

弗洛伊德死之本能概念，隨著第一次世界大戰和第二次世界大戰的接連發生，世界人民遭受到巨大的災難似乎越顯現其說服力。弗洛伊德對於戰爭本身也是用這種觀點解釋的。

二、精神分析理論的修正

弗洛伊德在理論上圍繞他的人格結構學說，對早期提出的心理地形學在 1923 年《自我與本我》一書中作了修正。其次是引入死之本能概念，對本能的劃分作了修正。這些理論上的修正，一方面是出於理論邏輯上的需要，避免如自我本能和性本能在本源上的矛盾；另一方面是由當時的社會歷史條件所促成，即由於第一次世界大戰的恐怖、殘酷、屠殺和破壞等現象，使弗洛伊德 "深感原先的本能理論難以圓滿解釋"(車文博，1996，467 頁)。這也表明：精神分析從此 "作為一種理解人類動機和人格的理論體系而不只是作為一種治療疾病的方法發展起來"(楊立能等譯，1981，336 頁)。

(一) 死之本能概念的引入

隨著死之本能這一概念的加入，弗洛伊德對自己許多早期的理論進行了重大修改。例如，早期弗洛伊德認為家庭生活完全是由性本能所激動的。乳腺是性欲器官，所以哺乳是性行為，經過擴展，一切育嬰行為都是性行為。兒童由於生在這一以性欲為主導的家庭中，參加它的活動必然也是由性欲激動的，在吃奶、洗澡時是如此，在受到愛撫和保護時也是如此。他對家庭的要求也是性欲要求，甚至會因要求沒有完全滿足而產生反抗和嫉妒，這些都是性欲的產物。性動機統治著兒童在家庭中的全部生活。隨著死之本能的引入，弗洛伊德原先認為的家庭景象改變了。嬰兒生在世界中，具有一種與環境作抗爭的原始進攻傾向。這種進攻傾向便是他的反抗和嫉妒的動力。不過單靠這種進攻傾向，生活在家庭中是不可能獲得滿足，乃另有建設傾向 (生之本能) 起而挽救危機，經由同破壞傾向 (死之本能) 的融合，使行為走向愛與恨的一種有效的平衡。

(二) 本我、自我和超我

在弗洛伊德從動機的自我——性欲兩極學說轉到生死本能兩極學說的同時，對理論作了另一重要的修訂，即關於潛意識學說的修訂。在早期的學說中，弗洛伊德認為人的心理包括意識與潛意識兩個部分，意識部分小而不重要，只代表整個人格的表面，而潛意識則如在水面下的冰山般廣闊宏大。在潛意識中隱藏著許多被克制、壓抑的欲望、想法，而這些被隱藏之物是人類行為背後的內驅力。除意識和潛意識外，同時還有前意識的存在。與在潛意識中的事件不同，前意識中的事件未被積極地壓抑起來，所以易於被召喚到覺醒的意識中。在後期的學說中，他發現以潛意識、前意識和意識三個系統的心理結構來解釋人的心理活動已有不足，而且很可能引起混亂。所以提出以本我、自我和超我的人格結構來替代和包容先前的劃分，而把潛意識、前意識和意識看作是精神過程的三種品質。

需指出的是，弗洛伊德後期的人格結構說並未排斥前期的心理結構說，而只將其包容進來，並在論述本我、自我和超我的內涵、關係和作用時，都融進了有關潛意識、前意識和意識的思想；再者，其人格結構說強調的是心理動力，本我、自我與超我分別為不同的心理動力系統，但三者之間並沒有明確的界限，它們不斷地變動和遷移；而且，除了本我是潛意識之外，自我和超我都兼有潛意識、前意識和意識的性質，這樣，心理活動之間的相互衝突與調和既可在同一心理結構水平之內進行，也可在不同的水平之間進行。

本我 (id) 與早期的潛意識概念相接近，是該系統中最原始、人格中最難接近的部分，也是非理性的，無法被意識到的。本我包括人類本能的性的內驅力和被壓抑的習慣傾向。弗洛伊德說：

> 我們把它叫做一團混沌，一口充滿沸騰的激動的大鍋。當然，本我不知道價值判斷：不知道什麼是好的和什麼是邪惡的，也不知道什麼是道德。(高覺敷譯，1987，81 頁)

本我不考慮客觀現實的環境，而只追求直接滿足，所以只根據**快樂原則**(**或唯樂原則**) (pleasure principle) 來操作，這種快樂原則可以減少緊張狀態。

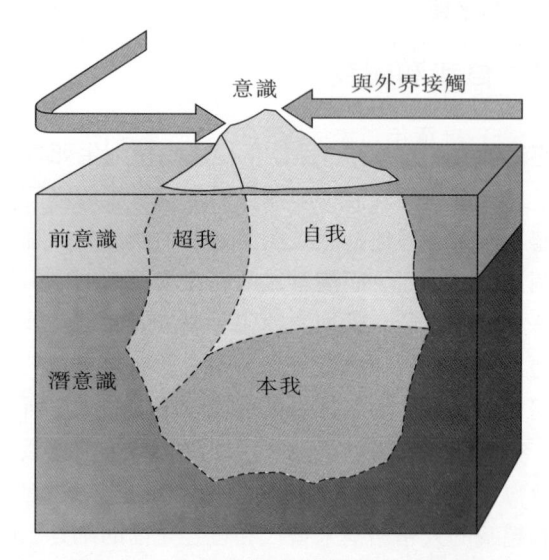

圖 2-2 弗洛伊德的人格結構示意圖
(根據 Healy, Bronner & Bowers, 1930 資料繪製)
從圖中可見到本我完全處在最深層的潛意識水平，而自我和超我則跨越潛意識、前意識和意識三個深度水平。本我、自我和超我的衝突與調和可以在不同的心理結構水平之間進行，也可以在同一水平之內進行。

人的基本心理能即力比多被圍困在本我中，並且是通過減少緊張狀態的意向表現出來。力比多能量的增加導致緊張狀態程度的增加，於是有機體希冀減少張力。這時，它必須和外面的世界進行交換作用，如能量守恆定律，被弗洛伊德經常運用於他的學說構建中。因此本我的需要和現實環境之間必須實行有效力的和適當的聯絡。在這種互動中，自我從本我中發展出來。自我充當本我與外部世界之間的守門員、判斷者。自我所代表的就是通常所熟知的理性與正確的判斷，它和本我的情欲形成鮮明的對照。

本我是盲目躁動的，它缺乏理性和判斷，不顧外部世界的狀態，若要與外界進行和諧交流以獲得舒適的緊張水平就必須自我調節。

自我 (ego) 依附於本我而存在。自我來源於本我，它運作的力量亦來自於本我，它服務於本我，總是力圖使本我得到滿足。自我知道現實，知覺和操縱現實，並參考現實來調節本我。因此自我是按照**現實原則** (reality principle) 進行運作的，它可以暫時放下本我追求快樂的需要，而追尋一種能滿足需要和減少或者解除緊張狀態的適當客體。弗洛伊德把自我和本我的關係比喻為騎士與馬的關係。馬提供能量，而騎士指導馬朝著他想去遊歷的路途前進。

超我 (superego) 自童年早期發展起來，兒童接受了當時父母用一系列獎賞和懲罰所教導的行為規則。"壞的"(即招致懲罰的) 行為成為兒童良知的一部分，而**良知** (conscience) 則是超我的一部分，**自我理想** (ego ideal) 則是超我的另一部分。因此兒童的行為起初是由父母來控制的，但隨著超我的產生，行動就由自我控制來決定了。這就是說，個體本身決定著行為受到獎賞還是受到懲罰。

弗洛伊德說道："由我們看，超我是一切道德限制的代表，是追求完美的衝動或人類生活的較高尚行動的主體"(高覺敷譯，1990，52 頁)。總之，支配超我的是**至善原則** (或**完美原則**)(perfection principle)，正如我們能在心理學上所了解的那樣，超我被描繪成人類生活的高級方向。因此超我和本我處在直接的衝突中。與自我不同，超我不僅力圖使本我延遲得到滿足，而且使它完全不能得到這種滿足。

超我也是非理性的，不過它的非理性不是如本我表現在其本能上，而是表現在道德規則上。超我的某些成分也是與生俱來的。超我的這一特性反映出弗洛伊德的進化論思想。他認為**經驗** (experience) 可以通過基因變為一個人生來就有的遺產。弗洛伊德寫道：

> 在能夠被遺傳的本我中就包藏著無數個自我的殘餘，當自我從本我中形成超我時，它可能只是早先自我形式的復活。因而超我不僅僅是內隱的父母之聲，而且也是古代道德經驗之音。(劉恩久等譯，1990，308 頁)

本我、自我、超我這三個部分在人的心理系統內相互作用，表現出人的不同心理和行為。本我具有欲望，超我禁止並命令自我壓抑本我。自我必須協調這些命令，同時必須顧及外部世界，實現現實行為。如果自我的工作失敗了，隨之而來就是精神疾病，精神分析治療必須指導自我如何戰勝本我。

同時，弗洛伊德在《自我與本我》這本書中，對他曾在《性學三論》中提出的**昇華** (sublimation) 概念進行更深的論述。當時弗洛伊德僅僅把昇華作為在體質上性傾向強烈的人可選擇的出路。在《自我與本我》中，昇華的概念得到修正與補充。昇華是性的力比多轉為中性的心理能量，它通過兒童的自戀來實現。這一無所約束的能量允許自我實現其功能，但它既可以為生之本能服務，也可以為死之本能服務。一方面，自我能夠適應環境，使自己得以生存。另一方面，它像死之本能一樣反對本我的快樂原則。這就使文明進入兩難境地，文明社會對自我不斷提出更多的要求，來控制非道德的本我來追求文明活動，而不是單純的動物性快樂。但這種要求幫助死之本能反對快樂，使幸福的獲得變得更為困難，同樣使處於文明時代的人們處於一個兩難的境地。

　　隨著時間的不斷推移，文明的問題在弗洛伊德心中占據了越來越重要的地位。在通過《超越唯樂原則》和《自我與本我》完成對精神分析學說的修正、潤飾與提高後，他開始把他的注意力轉向了他終生關注的文化與文明、宗教與道德這些方面的研究。弗洛伊德的精神分析學說就此也可以說發展到了頂點。在以後的數十年中，他的理論沒有明顯的改變。

　　自此以後，弗洛伊德把大部分的精力致力於以精神分析學說來分析宗教與道德、文化與文明，從 1927 年一直到他去世為止，他寫出了《幻想的未來》(1927)、《拜物教》、《陀斯妥也夫斯基及弒父者》(1928)、《文明及其不滿》(1930)、《摩西與一神教》(1934) 等著作。弗洛依德的精神分析學說不但更廣泛地為人們所了解與接受，而且影響了文學、藝術，影響了文明與道德觀，也影響了幾代人的靈魂。

本　章　摘　要

1. 弗洛伊德的一生是創建精神分析理論、推進精神分析運動的一生。使人看到一個奧地利醫生在實現自己理想、探索人類心靈奧祕過程中所表現的那種特有的、無與倫比的果敢、毅力與智慧品質。

2. 榮格與弗洛伊德最大的分歧是在關於**力比多**的實質問題上。弗洛伊德認為力比多為性愛；而榮格則把它看作普遍的生命力，性愛只是其中的一部分。
3. 阿德勒不同意性是動機的原始基礎，認為一般的**自卑感**才是。強調人與生俱來的內在動力為**權力意志**與**追求優越**。
4. 對弗洛伊德精神分析理論關於潛意識思想和本能論兩塊基石進行分析、溯源，就是對弗洛伊德精神分析理論基礎的說明，也是對其理論淵源的一種說明。
5. 弗洛伊德的潛意識思想，來源於萊布尼茨的**微覺論**、赫爾巴特的**意識閾限**、費希納的無意識思想以及哈特曼的無意識哲學等。
6. 可以認為蘇格拉底對愛慾的解釋、達爾文的進化論、物理學的能量學說以及非理性哲學思潮對弗洛伊德本能論形成有過不同的影響。
7. 人的**本能**乃是一個本源、一個目的。而本源是人體內的一種緊張狀態，它的目的便是消除這種緊張。在從本源到實現它的目的的過程中，本能在心理上變成為能動的力量。
8. 弗洛伊德認為，**癔症**中潛在的問題總是牽涉到性的問題；而且癔症患者總是試圖來抵抗治療，他們拒絕弄清病因。
9. **自我分析**過程是對童年生活經歷的發掘，通過自我分析弗洛伊德發現人類潛意識的基本成分恰恰是幼年生活的凝聚物。因而有意識地再現幼年生活經歷，有助於了解潛意識的內容及其形成過程，是揭示潛意識王國的捷徑。
10. 弗洛伊德認為**伊諦普斯情結**的兩個基本因素是對雙親之一的愛和對另一個的妒恨。這是童年心理的基本內容。
11. 通過**夢的解析**，弗洛伊德發現夢不像其表面看來那樣只是一堆毫無意義的表象，夢是人們深深隱藏的欲望的表現。由此，他認為夢是通向潛意識的捷徑，是打開人格最深層的鑰匙。
12. **個性**的根源應追溯到童年，尤其是早年性本能發展的階段。
13. 弗洛伊德認為可以保證探索潛意識動機的指導原則是：(1) 凡被禁止的東西一定是被欲望的；(2) 凡是被恐懼著的東西大概都是被欲望著的，**恐懼**是潛意識欲望的一種假面具。

14. 弗洛伊德認為兒童自出生就有性感覺,且不同於成人。它是以**自我**為中心的。
15. 弗洛伊德認為,最重要的本能是**性本能**,它產生一種稱為力比多的心理能。力比多的正常發展,尤其是童年時代的正常發展,對於成人以後的性和心理健康起決定作用。
16. 每個人都具有目標為死亡、回復到無生命,無機物和生命解體狀態的本能,弗洛伊德稱此為**死之本能**。

建議參考資料

1. 弗洛伊德 (張霽明等譯,1986):弗洛伊德自傳。瀋陽市:遼寧人民出版社。
2. 朱 安、姚渝生等 (譯) (1986):心靈的熱情。北京市:中國文聯出版公司。
3. 洪丕熙 (1988):弗洛伊德生平和學說。重慶市:重慶出版社。
4. 高宣揚 (編著) (1986):弗洛伊德傳。北京市:作家出版社。
5. 斯 通 (關穎譯,1987):弗洛伊德:精神分析大師。上海市:上海翻譯出版公司。
6. 楊恩寰等 (1986):弗洛伊德──一個神秘的人物。瀋陽市:遼寧大學出版社。
7. Jones, E. (1953~1957): *The life and work of Sigmund Freud*. New York: Basic Books.
8. Strachey, J. (1976): Sigmund Freud: A sketch of his life and ideas. In A. Richards (Ed.) *The Pelican Freud Library*. Vol. 2, pp. 11~28. Penguin Books.

第二章附錄：

弗洛伊德生平重大事件年表

1856 年 5 月 6 日	在摩洛維亞的弗萊堡誕生。
1859 年	全家遷往萊比錫。
1860 年	在維也納定居。
1865 年	進入"吉姆納森"（中學）。
1873 年	進入維也納大學醫學院。
1876 年～1882 年	在布呂克的生理學研究室工作。
1877 年	最初的出版物：在解剖和生理學方面的論文。
1880 年	應征入伍。
1881 年	畢業獲得博士學位。
1882 年～1885 年	在維也納綜合醫院工作，主要研究大腦解剖，發表了數篇論文。
1884 年～1887 年	研究可卡因的臨床應用。
1885 年	被任命為維也納大學醫學院神經病理學講師。
1885 年～1886 年	在沙科的薩爾帕坎爾醫院學習。興趣首次轉向了癔症和催眠。
1886 年	與瑪莎・伯爾納結婚。開始在維也納開設私人神經病診所。
1886 年～1893 年	繼續從事神經方面的工作，主要是兒童腦癱的研究，寫了一些論文，興趣從神經學漸漸轉移至精神病學。
1887 年	第一個孩子（長女瑪蒂爾德）出生。
1887 年～1902 年	與威廉・弗萊斯成為朋友並開始通信往來。弗洛伊德的信在他死後於 1950 年出版，部分地顯示他當時觀點的發展。
1887 年	在臨床實踐中運用催眠暗示法。
1888 年	開始跟隨布洛伊爾作癔症的催眠疏導療法，且逐漸放棄了催眠而發展自由聯想方法。
1889 年	訪問南錫，向貝恩海姆求教暗示技術。
1889 年	長子馬丁出生。
1891 年	發表〈論失語症〉的論文。
	次子奧利弗出生。
1892 年	幼子歐內斯特出生。
1893 年	弗洛伊德與布洛伊爾首次合作：癔症與疏導治療的創傷理論。
	次女蘇菲出生。
1893年～1898 年	一些小論文的發表。主要是在癔症、強迫症和焦慮症方面的研究成果。
1895 年	與布洛伊爾合作，發表《癔症的研究》：病案史和弗洛伊德對治療技術的描述，包括對移情的初次論述。

1893年~1896年	弗洛伊德與布洛伊爾逐漸出現觀點分歧。弗洛伊德介紹了防禦與壓抑的概念,並介紹了神經症為自我和力比多之間衝突的結果的概念。
1895年	科學心理學的規劃(包括弗洛伊德給弗萊斯的信):一個中途放棄的把神經學的術語用於心理學的嘗試。
	最小的孩子安娜出生。
1896年	開始使用"精神分析學"概念。
	其父去世。享年八十歲。
1897年	弗洛伊德的自我分析,導致了對創傷理論的放棄和對嬰兒性欲及伊諦普斯情結的認識。
1898年	就幼兒性徵發表最初論文。
1900年	《夢的解析》出版,最後一章介紹了弗洛伊德即作者對心理過程潛意識和"快樂原則"的心理動力學觀點。
	撰寫《日常生活心理病理學》,這本書與《夢的解析》表明弗洛伊德的理論亦適用於正常人。
1902年	被任命為副教授。
1905年	《性學三論》的出版,探究了性本能從嬰兒到成熟的發展過程。
1906年	榮格成為精神分析的追隨者。
1908年	在薩爾茨格堡首次召開精神分析國際會議。
1909年	弗洛伊德和榮格訪問美國,作精神分析理論的講演。一個五歲男童的病史分析,確證以前從成人精神分析獲得的觀點,尤其是嬰兒性欲、伊諦普斯情結和閹割焦慮。
1910年	建立自戀理論。
1911年~1915年	發表了一系列精神分析技術的論文。
1911年	阿德勒與弗洛伊德因意見分歧而分裂。
1912年~1913年	發表了《圖騰與禁忌》,將精神分析應用於人類學與宗教學。
1914年	榮格與弗洛伊德決裂。
	發表了《論精神分析運動的歷史》,包括一個關於阿德勒和榮格的辯論章節。
	寫下了他最後一個主要病案史——狼人(直到1918年才出版)。
1915年	寫下了一系列"超越精神分析"的論文,論述了一些基本理論問題。
1915年~1917年	在《介紹性的演講》裏,提供了直到第二次世界大戰的全部弗洛伊德的觀點。
1919年	自戀理論對於戰爭神經症的運用。
1920年	次女蘇菲去世。
	在《超越唯樂原則》裏,首次對死之本能與強迫重復進行清晰描述。
1921年	《群體心理學》發表,為自我系統分析的開始。
1922年	在《自我和本我》裏,改變了對心理結構及功能的認識,並把

	它分為本我、自我和超我。
1923 年	癌症初發。
1925 年	女性發育的修正觀點。
1926 年	《抑制、症狀和焦慮》在焦慮問題上的修正觀點。
1927 年	《幻想的未來》對宗教的討論。
1930 年	在《文明與不滿》裏弗洛伊德第一個對毀滅本能的廣泛研究。
	被授與歌德獎。
	母親去世,享年九十五歲。
1933 年	希特勒在德國掌權,弗洛伊德的書在柏林被公開焚毀。
1934 年～1938 年	撰寫與發表《摩西與一神教》:弗洛伊德的最後作品。
1935 年	成為英國皇家學會名譽會員。
1936 年	八十歲生日。
1938 年	希特勒入侵奧地利。弗洛伊德離開維也納去倫敦。
1939 年 9 月 23 日	在英國倫敦去世。

第三章

弗洛伊德的精神分析理論

本章內容細目

第一節 人格結構理論
一、人格結構的組成 85
　(一) 本　我
　(二) 自　我
　(三) 超　我
二、人格的動力狀態 89
　(一) 能量與本我
　(二) 能量與自我
　(三) 能量與超我
三、心理結構說 92
　(一) 潛意識
　(二) 前意識
　(三) 意　識

第二節 精神動力論
一、弗洛伊德的本能論 95
　(一) 本能的概念
　(二) 派生本能
　(三) 本能的種類
二、弗洛伊德的力比多學說 99
　(一) 性本能的概念
　(二) 力比多
三、焦慮與自我防禦機制 100
　(一) 焦　慮
　(二) 自我防禦機制

第三節 人格發展理論
一、力比多的發展過程 103
二、性心理的發展階段 104

第四節 探索潛意識的方法論
一、弗洛伊德的夢理論 107
　(一) 夢的實質
　(二) 夢的顯像與夢的隱義
　(三) 夢　程
　(四) 釋　夢
二、弗洛伊德的自由聯想 113
三、弗洛伊德的過失論 115
　(一) 過失的定義
　(二) 過失的種類

第五節 人格的適應與心理治療
一、健康人格與心理治療的目標 117
二、精神分析治療法的策略與技術 118

本章摘要

建議參考資料

不知道是弗洛伊德選擇了自己的使命，還是歷史選擇了他，在弗洛伊德之前的思想家中不乏涉及潛意識思想的人，但唯有弗洛伊德吸收前人的觀念並結合自己的治療經驗，提出了潛意識概念，從而奠定了精神分析學說穩固的基礎。弗洛伊德曾說："精神分析一詞……最初指一種治療方法，現在卻成爲一門科學的名稱，即關於潛意識過程的科學"(賀明明譯，1989，45頁)。從這一段話可以看出，潛意識是精神分析學說的核心與支柱。事實也確實如此，弗洛伊德的諸多理論，如心理結構說、本能論、夢論等，無不以潛意識爲基礎建立起來的。而且，精神分析學說之所以不同於其他心理學說，正因爲它著重探索的是人的深層精神世界——潛意識。

　　再則，在弗洛伊德之前也並不乏追尋心理活動動力源泉的心理學家，但唯獨弗洛伊德深受 19 世紀自然科學的最偉大發現——進化論以及能量守恆定律的啟示，並注意到治療實踐中常常碰到的問題——性，從而確定了精神分析學說中人類心理活動的動力：起初爲性欲，進而擴展爲本能。按照弗洛伊德的看法，潛意識是由原始的本能與欲望構成，也就是說，潛意識的核心內容是本能，也正是本能支配著人類的活動，本能是人類精神現象的主要源泉和動力。正是在本能研究的基礎上，弗洛伊德提出了極具特色而又影響深遠的力比多學說。

　　由上述可見，潛意識及本能對精神分析理論大廈的構築是極其重要的。但是，弗洛伊德不僅僅是精神分析理論的創始人，也是一位最有影響的人格心理學家。他的人格結構說和人格發展理論又是融合了潛意識的心理結構說和性本能的力比多學說。本章即以潛意識爲主線，圍繞本能這一動力基礎，將弗洛伊德的諸多理論與概念如探索潛意識的方法論以及有關人格適應與心理治療的概念串起來進行簡明介紹，以便於讀者的理解與掌握。

1. 弗洛伊德的人格結構由哪幾部分組成，各部分的主要任務是什麼。
2. 簡述弗洛伊德心理結構說的內容。
3. 弗洛伊德後期對其早先提出的本能論作了什麼修正。
4. 什麼叫焦慮，它分哪幾種。
5. 什麼叫自我防禦機制，它主要有哪十種形式。
6. 弗洛伊德認爲人格發展有哪幾個階段。
7. 弗洛伊德如何說明夢的實質。

8. 自由聯想法在使用時應注意些什麼。它與催眠療法有何不同。
9. 什麼是過失，為什麼會產生過失。
10. 什麼是精神分析治療的總目標。通常使用的治療技術有哪幾種。

第一節　人格結構理論

　　個體在其遺傳與環境的交互作用下，經由成熟與學習的發展歷程，逐漸建立起來的包括多種特質的統合性人格整體，稱之為**人格結構** (personality structure)。弗洛伊德的人格結構學說是其學說的核心，可分為二個時期，早期提出心理結構說，認為人的心理由潛意識（深層）、前意識（中層）、意識（表層）三個層次所構成。直至 1923 年才在《自我與本我》中正式提出人格結構說，認為整個人格由本我、自我和超我三大系統組成。這是對早期提出的心理結構說的修正與發展。人格結構說既融入了心理結構說的思想，又強調了人格結構說的心理動力。本節從介紹人格結構的組成入手，兼述人格的動力狀態，說明心理能量在本我、自我與超我中的分配與流動。本節最後再簡要地回顧弗洛伊德早期提出的心理結構說。

一、人格結構的組成

　　有關人格結構的論述是弗洛伊德人格理論的一個基本方面。他在晚年明確提出人格由本我、自我和超我三個部分組成。本節對人格結構各組成部分的性質、起源、作用以及進行活動時所遵循的原則，分別進行說明。

（一）本　我

　　本我 (id) 是人格系統中最原始、最隱私的部分，它處於潛意識的深層，是由先天本能、基本欲望所組成，如飢、渴、性，它包括來自對基本生理需要滿足的知覺與記憶的所有欲望。弗洛伊德曾說過，本我是我們人格中最黑暗的不可接近的部分，是貯存心理能量的地方，與肉體聯繫著，肉體是其能量的源泉；蘊貯著人性中最原始、最接近獸性的一些本能性衝動，此等衝動一旦發生即要求立即得到需求的滿足，不受個體意識的支配，也不受外在社會規範的約束。我們叫它一團混沌，一口充滿沸騰、激動的大鍋。本我沸騰著、喧囂著，毫無掩飾與約束地尋求生理的滿足，它不受理智和邏輯法則的約束，也不知道什麼是價值；什麼是好、是壞；什麼是道德。因它與外部世界不發生聯繫，所以只受一種願望的支配，那就是遵循**快樂原則** (或**唯樂原則**) (pleasure principle)，滿足本能的需要。

本我遵循快樂原則進行活動的目的就是消除人的緊張，當有機體的能量沒有釋出而造成不安的狀況時，本我會自動尋求解除緊張，降低能量達到舒適的水平，並且使之盡可能穩定在低水平上。由於緊張是一種痛苦的或不舒服的體驗，而緊張的消除則使人感到愉快和滿足，因此可以說本我的目的是趨樂避苦的。

要達到願望的滿足，本我是如何進行活動的呢？主要有兩種情形：一是靠反射活動和原發過程把能量釋放出來。二是屈服於自我的影響，使能量處於約束狀態，尋機達到迂迴的滿足。因第二種情形主要是自我的活動過程，在此不談。

因人具有感覺系統與運動系統，也就是說人具有多種**反射裝置** (reflex apparatus)，它可通過運動通道立即解除任何傳遞到本我的感覺興奮。例如當一束非常強烈的光線照射在眼睛的視網膜上時，眼瞼會立即閉合，擋住光線。結果光線引起的神經興奮由此得以解除，機體也恢復安定。所以說反射的目的就是自動釋放因刺激感官而產生的能量，從而使緊張消除。

但是，有許多緊張產生之後，並沒有相應的反射活動來緩解。如當胃因飢餓產生收縮時，收縮本身並不能產生食物，除非有食物送到嘴邊，吮吸、吞嚥和消化等反射活動就會自動發生，飢餓產生的緊張也就會消除。若沒有食物怎麼辦呢？因人有知覺系統和記憶系統，在我們注視現實世界中的某物時，就形成知覺；當我們回想起曾經看見過的某物時，就形成記憶意象。感到飢餓時，就會吃東西。經過不斷反復，食物就跟飢餓聯繫起來。假若我們沒有立即得到食物，飢餓也會使我們想起食物，即產生食物的記憶意象。因此，本我中存在著能夠減輕飢餓的事物的意象。這種產生為減輕緊張所必需的事物的記憶意象的心理過程，就叫作**原發過程** (或**原始歷程**) (primary process)。原發過程就是通過形成弗洛伊德所謂的知覺的同一來消除緊張的。所謂**知覺的同一** (identity of perception)，就是本我把記憶意象看成與知覺是一樣的。對於本我來說，回憶起食物就跟吃食物完全一樣。也就是說，本我不能把我們關於對象的"主觀"記憶意象和我們關於對象的"客觀"知覺區分開來。所以，乾渴難熬的旅行者常產生看見了水的幻覺，飢腸轆轆的人常夢見吃東西。

本我在個體發生史上是古老而長存的，它是個體通過種族遺傳繼承的，它在人一生的精神生活中起著最重要的作用。但本我的反射活動及記憶意象的形成，並不能給飢餓的人提供食物，也不能給有性欲衝動的人提供一位伴侶，也就是說，靠本我並不能達到人類生存和繁殖的目的。所以，人不能不考慮外界的現實 (環境)，人不是靠適應它就是靠支配它來從中獲取所需要的東西。這種人與外界之間的"交往"要求形成一個新的心理系統，即自我。

（二）自 我

在弗洛伊德早期的著作中有時指整個的 (精神的) 自我；有時指有組織的一群觀念，這些觀念有些能被意識所容納，有些則不被接受，構成了潛意識的一部分。在現代的用語中，自我最常指弗洛伊德於 1923 年所下的新定義，即**自我** (ego) 代表人格結構的現實部分，位於以生理需要為基礎的原始本能與外部世界之間，是兩者內化了的心理代表。它的主要功能有：(1) 獲得基本需要的滿足，以維持個體的生存；(2) 調節本我的原始衝動，以符合現實環境的要求；(3) 管制不為超我所接受的原始性衝動，以維持三個我之間的平衡和諧。自我的主要任務是使本能的衝動獲得最大限度的滿足，同時又與外部世界和超我維持和諧的關係。為了完成這一任務，自我是按照**現實原則** (reality principle) 來操作的。

現實即存在，現實原則的目的就是推遲能量的釋放，直到真正能滿足需要的對象被發現或產生為止。如餓時得等到發現可吃的食物才張口，推遲行動就是說自我能忍受緊張，直到緊張被恰到好處的行為方式解除為止。設立現實原則並不是要廢棄快樂原則，只是迫於現實而暫緩實行快樂原則。現實原則最終還是引向快樂，儘管一個人在尋求實現時，不得不忍受一些不快。

自我遵循現實原則的主要目的就是要滿足人的現實需要，那麼它是靠什麼活動來達到這一目的的呢？是靠弗洛伊德所說的**繼發過程** (或**次級歷程**)

(secondary process)，這一心理過程是在本我的原發過程之上發展而來的。本我的原發過程是使人能夠對可以滿足需要的事物產生一個虛幻的意象，而繼發過程就是要找到或製造出該物，使其存在，是實在的思考。可見繼發過程就是根據行動計畫去發現或製造現實對象，它正是通常所說的思考問題和解決問題。

從起源上看，自我是從本我中分化出來的，它不能脫離本我而存在，但它在很大程度上是與外部環境相互作用的產物，如自我進行活動所需要的思考與解決問題等能力主要取決於經驗、訓練與教育。

至於自我與外部環境、本我、超我的關係，於後文討論。

（三）超 我

超我 (superego) 是從自我中分化、發展出來的，是人格結構中上層部分，對本我的衝動具有約束作用，專管道德的司法部門，由超我的約束，可使人的行為合於社會道德規範，是個人道德的核心。就像弗洛伊德所說的那樣，超我是一切道德限制的代表，是代表社會和文化規範的部分。

超我由自我理想和良心兩個次級系統組成。**自我理想** (ego ideal) 就是在道德良心之下對自我的管制，確定自我應該怎樣做的標準，它為自我描繪且規定了一個美好的形象。自我用它來衡量自己，並努力去實現它。若自我的行為和意圖符合了自我理想的要求，就會產生自豪感。**良心** (conscience) 是經過社會規範內化而形成的自我約束的力量，規定了自我不該做什麼。它監視著自我的行為與意圖，並對之加以評判；若自我的行為和意念違背了良心，就會產生內疚感與罪惡感。超我遵循**至善原則** (perfection principle)，其目的主要是控制和引導本能的衝動，說服自我以道德目的替代現實目的並且力求完美，使人變成一個遵紀守法的社會成員。

超我也是社會化的產物，是文化傳統的運載工具。弗洛伊德認為，超我發源於自我，是兒童接受父母的是非觀念和善惡標準的結果，由於兒童在一個較長的時期內必須依賴父母而生活，在父母物質與精神的獎勵與懲罰中，兒童逐漸吸收了父母的道德標準，把它們內化為自己內心世界的道德準則，按照父母的願望來控制自己的行為，以爭取贊揚避免懲罰。總之，兒童不僅學會了服從現實原則來趨樂避苦，也學會了使行為符合父母的道德要求，如此即構成超我的內容。可見，傳統的價值觀念和社會理想通過父母傳授給兒童，超我就是這些觀念和理想在兒童人格中的重現。而超我一旦形成，就像父母一樣，用自我理想與良心嚴格地觀察、評判、監督著自我，用它的獎勵（如自豪感）或懲罰（如內疚感）來強迫自我按照它的道德準則行事。需注意的是，除父母外，其他社會因素，如教師、同伴、大眾傳播等也對兒童的超我形成具有影響作用。

總之，弗洛伊德的人格結構說是由本我、自我與超我三個系統組成。但需注意的是，這三個系統之間並沒有明確的界線，它們在整個生命過程中始終處於相互作用、相互融合的狀態。

二、人格的動力狀態

在 19 世紀中葉，赫爾姆霍茨 (Hermann von Helmholtz, 1821～1894) 提出**能量守恆原理** (conservation law of energy)，即能量可以轉換形式，但不能被消滅。當能量在一個系統的某部分裏消失，它就一定會在該系統的其他地方出現。弗洛伊德受能量守恆原理的影響，認為人體是一個複雜的能量系統，它從食物中獲取能量，同時又為種種目的（如呼吸、消化、感知、記憶、思維等）而消耗能量。能量有多種形式，並且可以從一種形式轉化為另一種形式。操縱人格三大系統的能叫**心理能**（或**心理能量**）(mental energy)，它和其他形式的能一樣，可以做功，即進行思維、感知、記憶等。那麼心理能在人格三大系統中是如何分配與流動的呢？是怎樣做"功"的呢？

（一） 能量與本我

本我的能量是用來使人的本能得到滿足，而本能的滿足是通過本我的反射活動（即衝動性行為）及原發過程（即幻想性滿足）兩種方式來實現的。在反射活動中，如排空膀胱、見強光閉眼等，能量是通過機體的運動被釋放的；在幻想性滿足中，能量用於形成本能所需事物的意象。這種個體將其本能性的慾力貫注於某對象上，從而獲得滿足，其所投注的對象可能是人，也可能是事或物，就叫能量的**對象選擇** (object choice) 或**對象性貫注**（或**對象投注**) (object cathexis)。本我正是通過能量的對象性貫注來解除人體的需要狀態，使人回復到平靜，這也是本能的最終目的，也稱為**能量貫注**（或**感情投注**) (cathexis)。

由於本我是極原始及幼稚的，因而不能很好地區分事物。如嬰兒的自我還沒有分化出來，只有本我。當嬰兒餓了而得不到食物時，他很可能把手指頭放進嘴裏。在嬰兒看來，奶瓶和手指頭是一樣的，它們都可以送進嘴裏吮吸。這種本我將不同的事物看成是彼此等同的傾向，就產生了一種曲解性思維，即**臆斷性思維** (predicate thinking)。正因為臆斷性思維的存在，本我投入在對象選擇上的能量並不固定專一，即能量可能輕易地從一個對象轉移到另一個對象上。當本我能量的流動方向被自我或超我過程阻斷時，本能就竭力想衝破阻力，使自己在幻想或行動中釋放出來。如果衝破成功，自我的理性活動過程就遭到破壞，人在說話、書寫、感知、記憶和解決問題等活動中，就會因與現實脫節及本能願望的侵入，而出現各種各樣的錯誤；如果衝破失敗，即本我沒有成功地找到直接發洩本能能量的途徑，自我和超我就接過本我的能量，從事它們自己的活動。

(二) 能量與自我

自我沒有自己的能量，只有當本我的能量改道注入自我中，自我才作為一個獨立的系統開始了識別、記憶、判斷、推理等心理活動。自我形成後，不再像本我那樣地把事物的意象與事物本身看成是同一的，兩者開始被區分開來。這樣，自我就面臨著這樣一個任務，即讓主觀的內部世界與客觀的外部世界彼此協調起來，使精神世界與客觀現實相吻合。於是，本我中的能量就轉移到自我中來，並用於發展現實性思維 (繼發過程)，而取代了本我的幻想性滿足 (原發過程)。

自我從本我獲得能量後，把它們用於何處呢？總的看來，自我的能量有三個流向：

1. 自我把部分能量用於抑制或延緩本我能量的釋放，但本我能量得以釋放，本我始能獲得滿足，其延緩的目的是讓自我能在行動之前制定出一個現實可行的、令人滿意的計畫，讓本能"等一等"再滿足。這種為阻止能量的最終釋放而消耗能量的方式就叫作**反能量貫注** (或**反感情投注**) (anti-cathexis)。反能量貫注與能量貫注是相對立的，自我的反能量貫注作用就與本我的能量貫注作用直接相對立，後者迫切要求立即消除緊張，獲得滿足，而前者要延緩其滿足。至於本能是否能夠立即滿足，就看兩者作用孰強孰弱，誰能占優勢了。

2. 自我把部分能量用來發展心理活動過程，例如感知、注意、學習、記憶、判斷、推理、想像等等，從而使人產生了各種興趣、愛好，生活得更愉快、充實；也使人對自然的控制力與日俱增，促進了整個人類的發展與文化的進步。

3. 自我的能量還用於綜合或整合人格的三大系統，使本我、自我與超我融合為一個統一的組織，以產生協調一致的良好整體。也就是說，自我不僅要根據現實盡可能滿足本我的願望，而且要盡可能與超我合作，從而保證人內心的和諧及與外界的順利交往。

（三）能量與超我

前文已提到，超我是由自我理想與良心兩個子系統構成，分別掌管著獎與罰，其能量來源於本我與自我。

自我理想的奮鬥目標是至善至美，其能量均投入到對理想的能量貫注作用上。如果一個人把大量的能量約束在自我理想中，他就是一個品質高尚的理想主義者。

良心的反能量貫注作用是要阻止本能的能量直接在衝動性行為和幻想性滿足中釋放出來，或間接地在自我機制中釋放出來。也就是說，良心與本我及自我對立，竭力中止行使快樂原則及現實原則，但是本我為了達到滿足本能的目的，有時也可能操縱、矇騙超我。如一個品質高尚的人，其超我也可能靠攻擊那些被認為是不道德的人而使本我得到滿足。而且本我與超我還有一共同之處，即它們的作用都是非理性的，都要歪曲和篡改現實。超我強迫自我按照它主觀認為事物應該是什麼樣子的去認識，本我則強迫自我把世界看成如自己所希望的那樣。

最後需指出的是，人格系統的總能量是一定的，某個系統獲得的能量多了，其他系統所剩的能量就減少了。

人格的動力狀態是由能量在整個人格中的不同分布來決定的，而一個人的行為則取決於所具有的動力狀態。如果大部分能量被超我控制，則他的行為是很道德的；如果大部分能量被自我所支配，則他的行為很實際；如果大部分能量還停留在本我中，那他的行為就具有衝動性。

三、心理結構說

弗洛伊德在其 1915 年撰寫的〈潛意識〉一文中曾詳細論述了**心理結構說**(或**心理地形說**)(psycho-topography)，他把人的心理劃分為三個不同的"區域"或"系統"——表(上)層為意識，中層為前意識，深(底)層為潛意識。精神分析著重研究潛意識，也即心理的深層問題，因此也被稱為**深蘊心理學**(或**深度心理學**)(depth psychology)，並揭示出了三者之間的聯繫。下面就分別介紹這三個概念，以及它們之間的聯繫。

(一) 潛意識

弗洛伊德認為，人的心理就像一座漂浮於海上的冰山，露出水面上的部分是我們可以看得見、感覺得到的各種心理活動，即意識領域；藏於海水下面的大部分則是看不見、無法意識到的潛意識領域；而處於心理結構最表層的意識和最深層的潛意識之間的屏障則是前意識區域；如圖 3-1 所示。

圖 3-1　弗洛伊德心理結構示意圖

潛意識 (unconscious) 處於心理結構的最底層，由各種原始的本能與欲望組成，是生物性本能能量的倉庫，是人類一切活動的動力泉源。這些原始的本能有很強的衝動性，它們時刻在尋找時機，積累能量，衝入意識中，以獲得滿足。但這些本能及衝動因與道德、法律、風俗、習俗等格格不入，而被前意識所施加的稽查作用把它們再壓抑回潛意識中去。所謂**稽查作用**(或**省察**) (censorship)，就是從潛意識層浮現出的慾求或衝動，意識層予以選擇；有的被認可而由行為表現出來，有的被禁止而再被壓回潛意識層。亦即本我受到自我與超我監視管理的歷程。

弗洛伊德對此曾解釋道：

> 每一單獨的歷程都先屬於潛意識的心靈系統。
> ……潛意識的系統可比作一個大前房，在這個前房內，各種精神興奮都像許多人體，互相擁擠在一起。和前房相毗連的，有一較小的房間，像一個接待室，意識就停留於此。但是這兩個房間之間的門口，有一個人站著，負守門之責，對於各種精神興奮加以考查、檢驗，對於那些他不贊同的興奮，就不許它們進入接待室。……前房內，潛意識內的興奮不是另一房子內的意識所可察知，所以它們開始是逗留在潛意識內的。它們如果進迫門口，而為守門人趕出來，那麼它們就不能成為意識的；那時我們便稱它們為被壓抑的。但是就是被允許入門的那些興奮也不一定成為意識的；只是在能夠引起意識的注意時，才可成為意識。因此，這第二個房間可稱為前意識的系統……(高覺敷譯，1984，233 頁)。

(二) 前意識

前意識 (preconscious) 包括兩類內容。第一類是暫時潛伏起來的意識內容。因人的注意廣度是有限的，屬於意識領域的東西並不一定都會被意識到，它們有時還會暫時潛伏起來，在某些特定的條件下再變成意識的對象；第二類是潛意識的衍生物。因潛意識並不是乖乖地接受前意識的稽查，往往會利用它與前意識的直接聯繫 (因前意識起源於潛意識)，而把前意識中的東西拿過來作為自己的衍生物，試圖蒙混過關，繞過前意識的稽查。但是，在前意識系統與意識系統之間還有一道稽查，當意識察覺出前意識中的潛意識衍生物時，會再把它驅逐回去，壓抑在潛意識中。

所謂的**壓抑** (repression)，就是個體把意識所不能接受的衝動、情感經驗等排斥於個人意識領域之外,使其不為自己所覺知,以解除自己心理上的負担與緊張。每當人回憶起痛苦的往事或發生衝突時,常有意地予以壓抑,將其排斥於記憶之外。但是被壓抑的痛苦經驗或衝突,並未真正消失,它只是由意識境界轉入潛意識的境界,而且常設法以偽裝的方式出來活動,以求得暫時或象徵性的滿足。例如夢中行為就是被壓抑的願望趁意識稽查作用低弱時出來活動的現象。"酒後吐真言"也是同樣情形。壓抑是一種重要的防禦性適應方式。它可能幫助當事者控制某些不適當的衝動,減低不愉快經驗的打擊,暫時避免嚴重的困難,待有能力時再來解決和適應。但潛意識中積藏的痛苦經驗與被壓抑的衝動過高,超過了意識管制能力時,個人就會出現心理異常或心理疾病。

(三) 意 識

意識 (conscious) 是心理結構的外表,它直接與外部世界接觸。在弗洛伊德看來,意識只是人的精神結構中很小、很微弱的一部分,它淵源於潛意識。他認為:"精神分析學不能把心理的主體置於意識中,但是必須把意識看作心理的一種性質"(林塵等譯,1986,160 頁)。弗洛伊德認為,意識只是對具有精神性質的心理內容的短暫知覺,即知覺等於意識,而能為意識所知覺到的、具有精神性質的心理內容,主要來自以下兩方面:一是感覺系統對外部世界的感受;二是機體內部所產生的愉快與痛苦的情緒體驗,如,若允許潛意識中的欲望放任自流,機體就會產生愉快的情緒體驗,否則,若被壓抑,機體就會體驗到痛苦的情緒。相應的,意識的作用也有兩方面:一是通過對外部現實的知覺來指導和合理分配運動潛能;二是通過對愉快和痛苦的知覺,調節機體內能量的**移置作用** (見本章第二節第 97 頁),從而控制本能的衝動。

第二節　精神動力論

弗洛伊德的**精神動力論**(或**心理動力說**)(psychodynamics) 著重探究深埋在潛意識中，推動並影響人的心理與行為的動力，此種動力是因個體的人格結構中，本我、自我、超我的功能不同，目的不一，彼此互動(有衝突也有調和)而產生一些內在的動力，繼而由內在動力形成外現行為。他認為動力即是本能。本節敘述弗洛伊德對本能概念的看法與變化。並對在人格活動的動力狀態中起著主要作用的焦慮以及自我為緩解焦慮所運用的各種防禦機制，作扼要的說明。

一、弗洛伊德的本能論

本能論(instinctive theory)是弗洛伊德學說的重要組成部分，也是他的精神動力論基礎，集中表現了他對本能概念的理解，包括對本能根源、目的、對象與動量的理解，同時也表現了他對本能類別的看法與變化。

(一)　本能的概念

本能(instinct)是人體與生具來的一種身體狀況的心理徵象，這種心理徵象引起身體的興奮稱為**需要**(need)。因此飢餓的狀況在身體方面，可說是營養的不足，但是它所表示的心理徵象是需要進食，這種心理徵象成為進食行為的動機。因此本能決定了心理過程的方向。如，性本能決定了感知、記憶和思維等心理過程的方向。雖然本能是對心理起作用的刺激之一，但它有別於也對心理起作用的外部刺激。顧名思義，外部刺激來源於機體外部，而且多是單一的、暫時的，如飛機起飛時的噪音；而本能則是來自機體內部，而且是永久的、重復的，如飢餓，不吃就會難受，吃了不久又會餓。

任何本能都有其根源、目的、對象和動量。

1. 本能的主要根源是人體內部的需要或衝動。一種需要或衝動就是人體的某個組織或器官的興奮過程,這一興奮過程將儲存在機體內的能量釋放出來。如當人飢餓時,體內腸胃器官組織就會興奮,這種興奮所釋放的能量就激活了飢餓本能。

2. 本能的最終目的就是身體興奮狀況的轉移或解除,也就是滿足人體的需要狀態,從而解除由此而產生的興奮和緊張過程。如飢餓本能的最終目的就是消除體內的飢餓狀態。當本能的這一目的實現後,體內有關的能量就停止釋放;同時人在生理和心理上也從興奮變為鬆弛,由緊張恢復到平靜。

也正因為如此,本能被認為是保守的,因為它的目的是讓人回復到受興奮干擾之前的靜止狀態,它的活動路線總是從緊張狀態恢復到鬆弛狀態。但是,本能具有一種固有的極力恢復到先前狀態的衝動,即它總是極力向先前緊張狀態**倒退** (regression),當人體的本能實現其目的,人由興奮、緊張變為鬆弛、平靜時,本能所固有的退行性又使人體由鬆弛、平靜狀態"倒退"到先前的興奮、緊張狀態,從而又使人再次尋求需要的滿足,消除緊張,返回平靜……,本能這種從興奮到平靜,再度興奮,又返回平靜的反復循環傾向叫作**強迫性重復** (repetition compulsion),也就是說本能具有重復性。日常生活中有不少這樣的強迫性重復活動,如覺醒與睡眠之間具有周期性和定時性的輪換交替,一日三餐,性欲滿足後又產生新的性欲等等。總之,本能的目的具有保守性、倒退性和重復性三個特點。

需要指出的是,本能在實現其最終目的之前,往往需要先實現一些從屬的目的,如飢餓解除前,必須先找到食物並送進口中咀嚼、吞嚥等,尋找和咀嚼食物都是為滿足消除飢餓這一最終目的而必須的從屬目的。弗洛伊德把本能的最終目的稱為**內在目的** (internal aim),把從屬目的稱為**外在目的** (external aim)。

3. 本能的對象是指本能為達到其目的所利用的對象或採取的手段。飢餓本能的對象是吞吃食物,性欲本能的對象是性結合,攻擊本能的對象是對人或動物的侵犯。本能的對象和手段往往是不固定的,在人的一生中可以不斷變化著,也就是說本能可以利用許多不同對象和採取多種行動來達到目的。這一點可以從下文弗洛伊德性欲發展的五個階段得到體現。

4. 本能的動量指本能所具有的力量強度,其強弱由本能擁有的心理能量的多少來決定。如飢餓越甚,對心理過程所產生的衝動就越強。一個人非常飢餓時,他的整個心思都集中在食物上,而把其他事置之度外;當一個人墜入情網時也是如此。本能動量的強弱，可以通過一個人在達成本能目的過程中克服多少障礙來加以觀察。

總之，本能的根源就是來自體內的一種興奮過程或緊張狀態，其目的就是釋放和消除這種緊張狀態；為了達到此一目的需藉助一些對象，採取某些手段；如何達成其目的及達成的速度、程度等則取決於本能自身所擁有的能量的大小和強度。

(二) 派生本能

在上文討論本能的對象時曾指出，本能為達到其目的所利用的對象和手段是不斷變化的。如果不能得到某個對象，能量釋放就可能轉移到其他可以獲得的對象上。如在飢荒之年，人們沒有糧食，就拿樹皮充飢，也就是說，本能的能量具有移置的性質。所謂**移置作用** (displacement) 是指能量從一個對象改道注入另一個對象的過程，也就是個體將對某人或某事物的情緒反應，**轉移對象藉以尋求發洩的歷程**。如對母親的愛可能轉移為對妻子的愛；對老闆的怒氣可能轉移到向其他人和物的發洩怒氣。當能量移置時，原本能的根源和目的保持不變，發生改變的只是對象。能量移置後的新本能就叫原本能的**派生本能** (derivative instinct)，它也是一種內驅力，是一種對替代對象的能量釋放，它與原本能具有相同的根源和目的，只是達到目的的手段與對象不同而已。如死之本能的最終目的是死亡，它可以派生出破壞本能、攻擊本能與恨，性本能可以派生出愛等等。

(三) 本能的種類

人到底有多少種本能呢？可以說，人體有多少種需要就有多少種本能。從上文我們可以知道，一種本能就是一種人體需要在心理上的表現。如，模仿本能、遊戲本能、群居本能等等。弗洛伊德對這些人們能經常看到的、特殊而具體的本能並不感興趣，他感興趣的是要透過它們去探索或分出更強大的、根本的、並能始終推動人類活動的原始本能。

生物學的研究表明，食慾和愛慾是有機體最重要的兩種欲求；而且生物受**自我保存** (self-preservation) 和**種族保存** (preservation of species) 兩種意向的支配。根據這兩個生物學事實，弗洛伊德在 1915 年發表的〈本能及其變化〉一文中,把原始本能分為自我本能和性本能。由此可知,有助於個體自我保存的一切原始性衝動均稱之為**自我本能** (ego instinct),如飢餓、口渴、呼吸、排泄等等;同一屬種的個體表現於對異性求偶與交配的行為傾向,此行為取向多係不學而能,且在表現方式上極為類似。此種與種族生存和愛欲有聯繫的本能就是**性本能** (sexual instinct)。

自我本能和性本能雖同屬原始本能,但二者之間仍有所不同。性本能的實現可以延緩,而自我本能較具緊廹性;性本能可以抑制,轉移至潛意識領域,而自我本能欲望卻不能簡單地從意識領域離開,置入潛意識領域;性本能可以昇華,而自我本能一般不能昇華;性本能可以經由轉換或替代的方式求得表現,而自我本能的可變性則極為有限。

在弗洛伊德 1920 年發表的《超越唯樂原則》一書中,又對他早先提出的本能論作了重大修正。他把自我本能與性本能合併為生之本能,另又增加了死之本能。下面就介紹這兩種本能的基本涵義。

1. 生之本能 生之本能 (或生存本能) (life instinct) 是表現為生存、發展和繁殖的一種本能力量,它代表著人類潛隱在生命中的一種進取性、建設性和創造性的活力。生之本能包括自我本能和性本能,如飢餓、口渴、性欲等,它與個體生命和種族生存有關。在生之本能中,弗洛伊德最重視、最認真研究的是性本能,在下文中會進行專門的介紹。

2. 死之本能 死之本能 (或死亡本能) (death instinct) 是表現為生命發展的一種對立力量,它代表著人類潛伏在生命中的一種破壞性、攻擊性、自毀性的驅力。當其能量向外投放時,則表現為破壞、攻擊、挑釁等;當其能量向內投放時,則表現為自責自罪、自我懲罰、自我毀滅等。

弗洛伊德認為,死之本能的終極目的就是回復到恆定不變的無機物。他推測,在地球進化過程中,當宇宙間各種力量作用於無機物並使之變成生物時,死之本能也同時在生物中形成。雖然這些生物所具有的繁殖能力保證了生物的延續,但是死之本能的存在就意味著任何生物個體都不能長生不死。生物的最終命運總是回復到無機物。

不過,生之本能和死之本能以及它們的派生本能是可以互相融合、抵銷或替換的。如睡眠既是減輕緊張狀態 (部分地回復到無機物狀態) 的時候,又是生命過程恢復元氣的時候；生命靠進吃食物維持，同時食物因被撕咬、咀嚼和吞咽而遭破壞；以上這兩個例子都表現了兩種本能的融合。愛是性本能的派生，常常與恨相抵銷；而恨則是死之本能的派生。愛與恨也可以互相替換，出現由愛生恨，由恨生愛的情形。

二、弗洛伊德的力比多學說

弗洛伊德強調性對個體人格發展的重要性，以性學說作為其理論體系的核心。其所謂性的含義極為廣泛，除生殖活動的性本能外，凡能產生快感的都直接或間接地與性有關係，故其理論也被稱為**泛性論** (pansexualism)。力比多為性本能後面的一種潛力，弗洛伊德亦極其重視，並進行了深入而弘廣的研究，從而形成別具特色的力比多學說。

(一) 性本能的概念

性本能 (sexual instinct) 是與個體性欲和種族繁衍相聯繫的一類本能；它的生物學意義在於保持種族的延續。弗洛伊德把人的整個機體看作是一個能量系統，認為這個能量系統中，除了以肉體的生理形式表現的機械能、電能和化學能以外，還有在心理過程中起作用的心理能，並把性本能視為心理能的原動力。他把性本能看作是按照快樂原則驅使人去活動乃至創造的一種潛在因素。

弗洛伊德認為性本能的目的是尋求性快感的實現，使性能量得以發洩、釋放。性對象就是具有性吸引力的異性或自我器官。性的表現具有性常態和性變態兩種。所謂**性變態** (或**性異常**) (paraphilia)，是指性對象和性目的方面的失常，它不採用一般成年異性間的那種生殖器交媾獲得性滿足的方式，而是以其他異常方法獲得性的快感。性變態的表現方式有很多，其中最主要者有以下幾種，如同性戀 (homosexuality)、異裝癖 (或扮異性癖) (transvestism)、露陰癖 (或暴露狂) (exhibitionism)、窺陰癖 (或竊視症) (scopophilia)、施虐癖 (或施虐狂) (sadism)、受虐癖 (或被虐狂) (masochism) 等等。一般來說，性變態是人類性本能未獲得正常發展的結果，尤其是兒童期家庭和周圍環境的不良影響常會導致嚴重的後果。

（二） 力比多

性本能的活動既包括性行為本身，也包括許多追求快樂的行為及情感活動，這種本能背後的動機性來源，即能量，弗洛伊德稱之為**力比多**(或**慾力**)(libido)。它是促使生命本能去完成目標的能量；它是自然狀態的性欲，又是心理的欲望或對性關係的渴求；它是身心兩方面的本能及其能量的表示。弗洛德主要的興趣是在性本能，因此力比多常與性的能量相提並論。

在早期，弗洛伊德把力比多看作是性本能的一種內在的、原發的動能、力量，即**性能** (sexual energy)；在後期，力比多又被定義為一切生之本能的能量。雖然弗洛伊德沒有起一個類似"力比多"的術語來描述死之本能的能量，但生之本能與死之本能之所以可以相互融合、抵消轉換，正是因為力比多作為一種能量可以轉移的結果。也正因為如此，無論是生存本能還是死亡本能，它們的能量或驅力都來自"力比多"，所以弗洛伊德在後期認為："我們可以丟掉力比多這個術語，也可以把它用作一般意義上的精神能量的同義語"(蘇曉離、劉福堂譯，1987)。

力比多生自本我，當力比多向外投注時，會選擇對象，個體所鍾愛的人或物，多半就是引發個體力比多與抒發個體力比多的對象，可能是人也可能是物，均可視為**慾力對象** (libidinal object)。慾力對象是弗洛伊德泛性論重要觀點之一。物理學中的能量可以從一種形式轉換為另一種形式，從一種對象轉移到另一種對象，作為一種能量形式的力比多同樣也具有這種"轉移"的特性，即力比多所貫注的對象是可以轉移的，從而產生一些心理現象。如把力比多貫注於母親而產生的戀母妒父的**戀母情結**；把力比多貫注於父親而產生的愛父恨母的**戀父情結**；把力比多貫注於自己而產生的把自己作為愛的對象的**自戀**；把力比多貫注於醫生而產生的**移情**；把力比多貫注於科學、藝術等活動，把原有的衝動或願望導向比較崇高的目標，用社會贊許的思想和行為表達出來的**昇華**。晚近學者則將慾力對象做廣義的解釋，指做為個體慾力對象的人或物，可能只代表個體的喜愛，未必含有性衝動與滿足的意義。

三、焦慮與自我防禦機制

焦慮是精神分析理論中最重要的概念之一，它在人格發展及人格活動的動力狀態中都起著主要的作用，而且也是弗洛伊德關於神經官能症和精神病及其治療的理論核心。

(一) 焦 慮

1. 焦慮的定義 焦慮(anxiety)是由一連串自我無法控制的刺激引起由緊張、不安、焦急、憂慮、擔心、恐懼等感受交織而成的複雜情緒，如當一個人遇到挫折時，就會出現心神不寧、坐立不安，惶惶然若大難臨頭，卻又說不出所以然來。焦慮與恐懼都是個體面臨不安或危險的情境時產生的反應，在生理上的反應，都顯示心跳加速、呼吸困難、出汗增多等現象；但情境因素並不相同。**恐懼**(fear)多因明確的事物引起，如怕狗、怕地震，引起恐懼的對象是可以指認的，而焦慮的原因模糊，只覺惶悚不安，但未必了解所怕者是何事何物。

2. 弗洛伊德的焦慮學說 弗洛伊德早期和後期對焦慮有不同的解釋，從而形成了早期和後期兩種不同的焦慮學說。

(1) **早期焦慮學說**：它形成於 1890～1910 年，主要包括兩個要點：

①焦慮是由被壓抑的力比多轉變而來，它是神經病人力比多或性欲能量的過度緊張或變形的表現，即本我是焦慮的根源。

②神經症是焦慮的原因，即癔症、強迫症、恐怖症等病人除其特徵性症狀外，往往都伴隨著焦慮。

(2) **後期焦慮學說**：它是在否定早期焦慮學說的基礎上，1926 年所提出的，主要包括兩個要點：

①自我是焦慮的根源。當發現危險情況時，自我所發出的危險信號便是焦慮，當自我防禦機制組織收到信號後，就開始動員與行動起來。

②焦慮先存在為因，神經症其它症狀為果。

3. 焦慮的種類 弗洛伊德根據焦慮性質不同，將焦慮分為以下三種：

(1) **現實性焦慮**(reality anxiety)或稱**客觀性焦慮**(或**實因性焦慮**)(objective anxiety)：即因現實環境中存在的危險和威脅而產生焦慮，此類焦慮是有對象的，在性質上它與恐懼相似。其焦慮原因可為已發生的事故(如親人亡故)，也可為行將發生的事故(如考試前夕)。

(2) **神經性焦慮**(或**多餘焦慮**) (neurotic anxiety)：即當人意識到自己的本能可能導致某種危險而產生的焦慮，它往往是由於害怕在本我內不能控制本能衝動導致發生不良後果而產生的，這種焦慮與危險無太大關係。神經性焦慮可以表現為三種形式：

①**游離性焦慮**(或**自由浮動焦慮**) (free-floating anxiety)：缺乏恐懼對象的一種長期焦慮，個人經常感到焦慮不安，卻說不出怕什麼或究竟會發生什麼不幸；雖知是主觀的過慮，沒有客觀事實根據，但卻無法擺脫。

②**恐怖症**(或**恐懼症**) (phobia)：對某些事物或情境表現莫名的恐懼，例如怕黑暗、怕過橋，縱使當事者明知不致受到傷害，但仍無法自制其恐懼的情緒。

③**驚恐反應** (panic reaction)：即沒有明顯原因而突如其來的反應，例如某人突然變得極度狂暴，開槍襲擊大批素不相識的人。事後他也無法解釋為什麼要這樣做，只覺得自己感到極度不安和緊張，非做點什麼事爆發出來不可。可以說，此人的行為是出於潛意識的衝動，是為了消除本我對自我的壓力。

(3) **道德性焦慮** (moral anxiety)：即當自我意識到來自良心的危險，懼怕因做了或想到某些違反道德規範的事情會受到懲罰而體驗到的罪惡感與羞恥感。它是一種純內心的衝突，亦即因超我約束而生的焦慮。如一個品格高尚的人常常比一個品格惡劣的人體驗到更多的道德性焦慮。

(二) 自我防禦機制

因自我要同時應付本我的驅力、超我的壓力及外在現實的要求，它時時感到來自三者的威脅和危險而產生焦慮。自我承擔的重大任務之一就是要對付這些威脅與危險，以減輕和解除心理緊張，求得內心平衡。自我既可能採取實事求是的方法去控制危險，解決問題，也可能採用否認現實或歪曲現實的方法。後一類的方法就是**自我防禦機制**。

弗洛伊德雖沒有關於防禦機制的專著，但他在不少著作中都論述了防禦機制的問題。安娜·弗洛伊德(見圖 11-1)把散見在她父親著作中的自我防禦機制歸納為下述十種：(1) 壓抑作用；(2) 投射作用；(3) 反向作用；(4) 移置作用；(5) 昇華作用；(6) 倒退作用；(7) 心力內投；(8) 抵消作用；(9)

合理化；(10) 固著。此十種自我防禦機制將在第十一章第一節再詳細介紹，此處不再贅述。

　　總之，自我防禦機制是在潛意識中進行的，是個體在精神受干擾時保持心理平衡的手段，也是正常人及神經症患者都具有的自我保護法，而且幾種機制是可以同時採用的。最後需指出的是，雖然自我防禦機制有助於解除心理緊張、維護內心安寧、保護人格完整、預防精神疾患，但它畢竟是自我對付焦慮的一種非理性形式，它是以歪曲、否認現實來實現的。若過分依賴於自我防禦機制，也就是用在它身上的能量過多，勢必會削弱自我用實事求是的方法來控制危險、減輕焦慮，這樣也就削弱了自我對現實的適應性與靈活性，反而阻礙了人格正常發展；而且，若防禦機制未能奏效，自我便會喪失全部支撐而被焦慮壓倒，導致精神崩潰。

第三節　人格發展理論

　　弗洛伊德重視人格的發展階段問題，他以身體不同部位獲得性衝動的滿足為標準，將人格發展分為五個時期，故其人格發展理論也稱為**性心理期發展論** (psychosexual stage theory of development)。

一、力比多的發展過程

　　弗洛伊德認為，力比多在人出生前就已存在，出生後開始發展。力比多的發展過程，是指力比多能量貫注於人體有關部位的變化和發展的過程。在力比多發展的每一階段都有一個相應的身體部位或區域，成為力比多興奮與貫注的中心，其緊張可以靠一定的操作活動 (如吮吸、撫摸) 而得以解除，這樣的部位或區域被稱為**性感區** (或**動欲區**) (erogenous zone)。由於性感區的操作活動可以解除緊張，因而會使人感到滿足。

　　力比多發展的整個過程，即自出生到青春期，可以分為五個階段：口腔期、肛門期、性器期、潛伏期與生殖期。下面就分別介紹這五個階段的特點及其對心理與人格形成所產生的影響。

二、性心理的發展階段

1. 口腔期 口腔期(或口欲期) (oral stage) 約從出生到一歲半，是個體性心理發展的最原始階段，其原始性的性力集中在口部；靠吮吸、咀嚼、吞嚥、咬等口腔活動，獲得快感與滿足。若口腔期嬰兒在吮吸、吞嚥等口腔活動中獲得了滿足，長大後會有正面的**口腔性格** (oral character)，如樂觀開朗，即**口腔性樂觀** (oral optimism)。反之，若此時期的口腔活動受到過分限制，使嬰兒無法由口腔活動獲得滿足，長大後將會滯留下不良影響，此種不良影響又稱**口欲滯留** (oral fixation)，長大後將會有負面的口腔性格，如**口腔性依賴**(或**口欲性依賴**) (oral dependence)，它是一種幼稚性的退化現象，指個體遇到挫折時，不能獨立自主地去解決問題，而是向成人(特別是向父母)尋求依賴，有一種返回母親懷抱尋求安全的傾向。又如口欲施虐(註3-1)、及悲觀、退縮、猜忌、苛求等負面口腔性格。甚至在行為上表現出咬指甲、菸癮、酗酒、貪吃等。

2. 肛門期 肛門期 (anal stage) 約一歲半到三歲，動欲區在肛門。在這一階段，由於幼兒對糞便排泄時解除內急壓力所得到的快感經驗，因而對肛門的活動特別感興趣，並因此獲得滿足。在這段時間裏，父母為了養成子女良好的衛生習慣，多對幼兒的便溺行為訂立規矩，加以訓練。如果父母的要求能配合幼兒自己控制的能力，良好的習慣可以因而建立，從而使幼兒長大後具有創造性與高效率性。如果父母訓練過嚴，與兒童發生衝突，則會導致所謂的**肛門性格** (anal character)。一種是**肛門排放型性格** (anal-expulsive character)，如表現為邋遢、浪費、無條理、放肆、凶暴等；另一種是**肛門便秘型性格** (anal-retentive character)，如過分乾淨、過分注意條理和小節、固執、小氣、忍耐等。因此，弗洛伊德特別強調父母應注意對兒童大小便的訓練不宜過早、過嚴。

3. 性器期 性器期 (phallic stage) 約三～五歲，亦有人劃分為三～六

註 3-1：**口欲施虐** (oral sadism) 指個體不自覺地咬人或咬壞東西的口腔傾向。按精神分析解釋，此一現象與嬰兒階段口腔期發展不良有關。

歲，動欲區是外生殖器。兒童在三～五歲時，認識到兩性之間在解剖學上的差異和自己的性別，力比多集中投放在生殖器部分，性器官成了兒童獲得性滿足的重要刺激，表現為這個時期的兒童喜歡撫摸生殖器和顯露生殖器以及性幻想。這一階段，兒童表現出對性的好奇，由此產生了一些複雜的心理狀況。開始時，男孩總是認為男性和女性的生殖器是一樣的，當男孩偶然發現女性的這種器官不一樣時，他先是試圖否認自己這種感覺的真實性，繼之，男孩對異性洩露的這種可能性感到恐懼，並且由於男孩在玩弄自己的生殖器時受到成人閹割的威脅，因而形成了**閹割焦慮** (castration anxiety)，即男孩在潛意識裏時常有被切除掉性器官的恐懼。相反，這一時期的女孩發現自己缺少男孩那樣的性器官而感覺受到損傷，對男孩有陽具一事，既羨慕又嫉妒，產生了所謂的**陰莖嫉羨 (或陽具嫉羨)** (penis envy)。

此外，在這一階段，兒童的性愛對象也發生了轉移。幼兒最初的性愛對象是自己身體的某一部位，此時則把力比多的興奮向別人身上轉移。由於母親為幼兒提供了生理上的需要和滿足，因而成為兒童的最初的性愛對象。在此基礎上，特別是男孩，總想要獨占母親的愛，父親則成為和自己爭奪母親的愛的一個對手。因而，男孩對父親產生敵意，形成了戀母仇父的**戀母情結** (Oedipus complex)。此時的女孩則對自己的父親愛戀，母親則被視為多餘的人，並總希望自己能取代母親的位置。女孩子的這種戀父嫌母的傾向，弗洛伊德稱之為**戀父情結** (Electra complex)。但作為競爭對象的父親或母親都十分強大，因害怕閹割等懲罰，最終以男孩向父親認同，女孩向母親認同而使心理衝突得以解決。

兒童把父母作為自己性愛的對象，這一現象也對兒童的人格形成產生主要的影響。兒童把自己和父親、母親等同起來，在行為上模仿父母，因此男孩的性格很像父親，女孩的性格很像母親。另外，在性器期很容易發生力比多的停滯，以致造成許多行為問題，如攻擊和各式各樣的性偏離等。

4. 潛伏期　潛伏期 (latency stage) 約六～十二歲，此時期的性力受到了壓抑。這是由於道德感、美感、羞恥心和害怕被別人厭惡等的心理力量的發展，這些心理力量與兒童時期的毫無掩飾的性力衝動是對立的。這種發展一半歸於家庭教養和社會的要求，另一半則由於軀體的發育。這一時期的性衝動暫時停止活動，兒童中止對異性的興趣，傾向多和同性者來往。這個時期的最大特點是對性缺乏興趣，男女兒童的界限已很清楚。但是性力的衝動並沒有消失，而是轉向今後社會生活所必須的一些活動——學習、體育、歌舞、藝術、遊戲等。這是通過昇華作用的機制實現的，也是性力在發展過程中的一種更有目的的作用。兒童在此時期若遇到不良的引誘，就會產生各種形式的性偏離。

5. 生殖期 **生殖期**(或兩性期) (genital stage) 是青春期到成年期，亦是性成熟期，其特徵是異性愛的傾向占優勢。這時候性力發生以下兩項基本轉化：(1) 生殖區的主導作用超過了其他性感區的作用；(2) 性快感出現了一種新的位相——**最終快感** (end pleasure)，這是最主要的性目的，與前些階段的**先前快感** (pre-pleasure) 正好相反。先前快感只能引起緊張，它只是嬰幼兒的性欲，在青春期及以後的成人生活中只起輔助作用。

弗洛伊德堅信病人表現出來的那種神經病的障礙，在兒童時代的經驗中已經產生。因此，他是首開強調兒童發展之風的理論家之一。弗洛伊德按力比多能量貫注於人體有關部位的變化和發展，把性心理 (人格) 發展分為上述五個階段。關於兒童的性，尤其戀母情結的提出，最為引起新精神分析學派的不滿。但弗洛伊德的信徒卻認為這個情結不僅在精神病的產生中起著重要的作用，而且在個體的正常發展上也有重要的影響。這表明古典精神分析與新精神分析的區別正是在對力比多 (性) 的性質、地位與作用的理解上存在著嚴重的分歧。

第四節　探索潛意識的方法論

弗洛伊德之所以能夠揭開潛意識之謎，既由於他對前人學說思想的批判吸收，也要歸功於他對精神病的醫療實踐。他從與病人的治療中得到啟發，不斷摸索總結，一方面消化吸收同行前輩的經驗，一方面又在自己身上分析尋思，進而推廣到對日常生活的細緻觀察，形成了一套探索潛意識行之有效的方法。例如他把釋夢、自由聯想以及分析失誤失語等不起眼的過失現象，都用為探究潛意識的手段。本節介紹他的這些方法,尤其是關於他對夢的觀點與解釋。

一、弗洛伊德的夢理論

弗洛伊德在 1900 年出版《夢之解析》一書,是為夢的系統理論之始。按弗洛伊德的理論,其要點可歸納為以下五項:(1) 夢是失去記憶的復現;兒時不復記憶的事,可能成為夢之內涵;(2) 在失去的記憶中,多數是失意或痛苦的,因不願記憶而將之推出意識之外,並壓抑在潛意識之內;(3) 夢之內容不合邏輯,多帶有幼稚與幻想色彩;(4) 夢之起因多數與本能性的性欲衝動有關;(5) 夢是在偽裝形式下隱藏欲望的實現。夢理論不僅是精神分析學說的重要組成部分,而且也是精神分析學說有別於其他學說的一個重要標誌。**釋夢**不僅成為精神分析的一種重要方法和技術,而且也使人能夠更深入地了解潛意識的性質、功能、活動特點及潛意識與意識的關係。

(一) 夢的實質

夢 (dream) 是睡眠時所發生的一種心像活動。弗洛伊德認為"夢是一種完全合理的精神現象,實際上是一種願望的滿足"(Strachey,1976,p.200)。有些夢一目了然是願望的滿足,而有些夢的願望則往往以各種方法掩飾著而難以辨認。所以,夢是由高度錯綜複雜的心智活動產生的。

夢中所要滿足的願望來源於何處呢?弗洛伊德認為,它可能來源於四個方面:

> 第一,願望在白天可能已經激起,並由於外部環境而未得到滿足,這樣就給夜間留下一個受承認和未滿足的願望。第二,願望在白天可能已經出現,但卻受到反對,這樣就給夜間留下一個未滿足和受壓抑的願望。第三,願望可能與日常生活沒有多大關係,而屬於只有夜間才從心中受壓抑材料中醒來的那些希望。……審視所有的夢之後,我們立刻就會把夜間呈現的實際的願望衝動 (如飢渴刺激和性欲) 作為夢願望的第四個來源。(張燕雲譯,1987,514 頁)

第一種願望起源於前意識,第二種是從意識中被趕到潛意識中去的,第三種位於潛意識系統。但不同來源的願望所具有的價值與力量是不同的。

> 夢的來源實際上是潛意識的。
>
> 意識的願望只有在成功地喚起一個類似的潛意識願望去加強它時，才能有效地激發起夢。……這些潛意識願望總是活躍的，每當發現有機會把自身與來自意識的一個衝動相聯繫，並把自身較大的強度轉移到後者較小的強度上時，它們便準備去表現自己。(張燕雲譯，1987，516 頁)

同樣，如果前意識的願望得不到潛意識的援助，也無法產生夢。

(二) 夢的顯像與夢的隱義

既然夢是願望的滿足，有時我們便不免會把生活中的痛苦、恐怖、焦慮帶入夢境，難道痛苦、恐怖、焦慮的夢也是願望的滿足嗎？弗洛伊德認為：

> 要想避開這些顯然不可回避的反駁也並不困難。這只需指出我們的學說並不基於對夢中出現的表面內容的評價，而是涉及到隱藏在夢中的思想內容就行了。(Strachey，1976，p.215)

也就是說，人醒時接觸到客觀的外界環境，獲得了豐富的感性材料，經人腦加工成為個人的經驗和表像。在睡眠狀態下，這些經驗和表像中的一部分重新呈現出來，就成了夢的內容，稱為**夢境** (dream content)。由於人在入睡後與外界的相互作用減少到最低限度，中樞神經系統的生理活動迥殊於清醒時，經驗和表像往往被重新組合，組合的方式與清醒時很不相同。因此夢的內容雖取材於現實生活，但夢的情景卻常顯得離奇古怪。同時人的某些需要和願望，體內某些生理刺激在醒時均受到抑制，也會直接或間接通過夢境得到一定程度的表現。因此夢境之內含有兩個層面，即顯像與隱義，**夢顯像**（或**顯性夢境**）(manifest dream content) 就是夢中所見的人、事、物以及所有活動，它是夢中顯示出來的表面內容，且是當事人所能記憶並加以陳述的夢境。形成它的材料常來源於最近發生的和無關緊要的印象、嬰兒期的體驗、睡眠時的體內外的刺激。**夢隱義**（或**潛性夢境**）(latent dream content) 就是隱藏在夢中的思想內容、意念，它可能是潛意識的願望，或者是正常心理活動的遺留物。因而夢的內容帶有象徵性。潛意識動機多屬本我層面之性衝動或攻擊衝動，此種衝動因受自我與超我的管制，不能直接由行為表現，因而轉化為可以被接納的另一層面。潛性夢境中只是一些象徵性的事物與活動；當事人多不了解其意義。

弗洛伊德認為夢的顯像與隱義的關係猶如謎面與謎底、譯文與原文之間的關係。具體來說，有以下幾種關係：

1. 以部分代替全體　如弗洛伊德自己曾夢到寫文章討論一種植物，夢中的"植物學"這個成分代表了弗洛伊德在同事間相互幫助中出現的糾紛和衝突，以及責怪自己在嗜好上消耗太多時間的全部思想 (張燕雲譯，1987)。

2. 暗喻　如做夢者將他所認識的某女子由溝渠中拉出來，暗喻著他選取了她並喜歡她。

3. 以意像代替思想　如以"夢登高山以望遠"的意像代替"夢者自以為是一個評論者"的思想。

4. 象徵關係　意指夢顯像元素是隱義的具體表現，它們有著固定的關係。例如：皇帝或高貴人物是父母的象徵，長形直豎之物如手杖、竹竿、蛇等是男性生殖器的象徵，箱子、櫃子、洞等是女性生殖器的象徵，乘車出遊是死亡的象徵等等。

夢顯像與夢隱義為什麼不一樣呢？弗洛伊德認為，這是由於夢的**稽查作用**的存在。他假定，"在每個人心中都存在兩種精神力量 (亦稱傾向或系統) 作為夢形成的主要原因。其中一種構成夢所表達的願望，而另一種對這個夢願望實行檢查制度"(張燕雲譯，1987，135 頁)。為什麼要檢查呢？因為產生夢的潛意識多是不被社會贊許，受自我抑制的一些邪念、衝動，如利己、戀母情結、過度的性欲等。那麼這些願望怎樣才能通過夢而得到滿足呢？這就需要偽裝 (註 3-2)，所以說，夢就是"一種 (抑制的、受壓抑的) 願望的 (偽裝的) 滿足"(張燕雲譯，1987，151 頁)。那麼，這些潛意識的願望是如何偽裝，成為夢的顯像的呢？這就要看夢是如何工作的。

註 3-2：**偽裝** (或**變相**、**曲解**) (distortion) 在精神分析論解釋為防衛方式之一；個人本我的衝動不為超我接受而遭到壓抑後，在夢中以偽裝方式浮現 (張春興，1989，203 頁)。

(三) 夢　程

夢程(或夢的工作) (dream work) 就是把潛意識中被壓抑的願望進行偽裝，成為夢中顯示的情境和人物的過程。正因為潛意識願望不能通過稽查作用，所以只有經過喬裝打扮才能混過稽查進入夢境，得到滿足。而這個偽裝的任務就由夢程來完成，所以說夢實際上就是夢程的產物。要有效地釋夢，就必須要了解夢程是怎樣把隱義轉變為顯像的。

弗洛伊德認為，夢程是在潛意識系統中進行的，它首先要從意識裏取得必要的思想材料，然後根據潛意識願望和稽查者的要求對材料進行加工。其加工過程是採取原始人類和幼兒時期的原始思維過程而進行的。夢的工作方式主要有凝結、移置、象徵、潤飾四種。

1. 凝結　凝結 (condensation) 是指把豐富的隱義凝合成內容簡潔的夢顯像。弗洛伊德曾寫道：

> 在把夢內容與夢思想加以比較時，第一件顯而易見的事情就是一個驚人的凝結工作已經完成。與夢思想的豐富性相比較，夢內容是貧乏的、無足輕重的、簡潔短小的。夢，寫在紙上只有半頁，而對夢的分析，則需要它的六、八、甚或十二倍。……通常，我們對夢的凝結程度估計不足，當揭示出的夢思想被認為是夢的全部材料時，持續的釋夢工作卻又發現了隱藏著的更深的思想。……因此，嚴格說來，凝結的程度是無法確定的。(張燕雲譯，1987，261~262 頁)

那麼，這種凝結工作又是如何實現的呢？弗洛伊德認為重要的有以下三種：(1) 某種隱義的成分完全消失；(2) 隱義中的許多成分，只有一個片斷進入顯像中；(3) 某些同性質的隱義成分在顯像中混合為一體。

那麼，通過凝結後的夢其顯像與隱義之間有什麼關係呢？亦即有的書中所譯的夢內容與夢思想之間的關係如何呢？弗洛伊德通過夢的分析認為：

> 夢內容的每種成分都證明是過度決定的——也就是說，它在夢思想的聯繫中能多次出現。

不僅夢內容的成分由夢思想決定出現數次，而且每個夢思想在夢中都由幾種成分表現出來。……因而，在夢形成過程中，……是整個夢思想接受了某種精心製作。……夢的成分由整個夢思想產生，其中每個成分在與夢思想的關係上都顯示出具有多重決定性。(張燕雲譯，1987，266 頁)

也就是說，夢的隱義與顯像具有複雜的關係。一個夢顯像中的成分可同時代表若干個隱義的成分，而一個隱義成分又可化為若干個顯像中的成分。兩者之間是很難找到一一對應的關係；而且凝結後的夢顯像是整個夢隱義的精心複製，是一個新的統一體，所以夢中出現的人物常常是把兩個或更多個人的實際相貌結合起來，組成一個合成人物 (composite person)，而且夢中也常出現可笑的、稀奇古怪的詞彙組合物。

2. 移置 所謂**移置** (displacement)，就是使夢顯像的元素與隱義的成分在重要性、強度、大小和性質等方面予以置換，使兩者不再具有任何相似性，以便更好地瞞過稽查者。所以弗洛伊德認為"夢的移置是由這個檢查制度、精神內在的防禦所造成的"(張燕雲譯，1987，289 頁)。移置作用主要有兩種方式：(1) 一個隱義的元素不以自己的一部分為代表，而以較無關係的他事相替代，其性質近於暗喻；(2) 其重點由一重要的元素，移置於另一個不重要的元素之上。正因為移置作用的存在，在夢中常常是甲變為乙，男變為女，以悲代喜、上下易位、是非顛倒，從而使夢的內容變得面目全非，隱晦難懂。例如夢者經常夢見別人為同性戀者。經過分析，原來他本人的潛意識中有同性戀的衝動，這種衝動在夢中表現出來，為了逃避心理檢查，把自己的衝動移置到了別人身上。

3. 象徵 所謂**象徵** (symbolization)，就是把夢的隱義用與其具有相同性質或有所關聯的符號間接地表現出來。如所有長形物體，如棍子、樹幹、雨傘、刀子、匕首、長矛等均代表男性；小箱子、櫃子、爐灶、洞、船、房間、各類容器等普遍代表女性。"夢運用這種象徵對其潛隱思想進行偽裝的表現。這樣在所運用的符號中，當然有許多符號總是不變地或幾乎不變地意味著同樣的事情。但是……夢者也能根據自己的意志利用任何事物來作為一種性的符號，雖然這件事物並不普遍予以使用。……這就是說，夢的象徵雖是典型的卻也有各自的差異"(張燕雲譯，1987，330～331 頁)。因為夢符號往往具有許多的和不同的意義，所以，在釋夢時只有聯繫上下文才可能提供正確的意義。

4. 潤飾　所謂**潤飾**(或**再加工**) (secondary elaboration)，就是對夢顯像進行再加工，使其在表面上看來是合乎邏輯的、正確的，是一個連貫的整體。例如夢者常在夢的主要框架中添加些情節使夢的顯像更為完整、有序，但添加的部分卻與夢的隱義內容無關。這種加工往往破壞了夢材料的次序和意義，使夢顯像不能簡單地等同於夢隱義。

(四) 釋　夢

所謂**釋夢**(或**夢的解析、析夢**) (dream analysis)，就是利用某些方法與技術剝掉夢顯像的偽裝，以了解夢隱義的真實面目。它與夢程方向相反，夢程是把夢的隱義通過偽裝、混過稽查成為夢顯像，而釋夢則是去除夢顯像的偽裝，以了解夢隱義。既然，釋夢是一種技術，則有自己的原則、方法和程序，下面就作簡單介紹。

1. 釋夢的原則與方法　弗洛伊德不僅對自己和患者的夢作過大量示範性分析，並且詳細說明夢的解釋原則和方法。

(1) 要把夢的內容分析為各個部分。因為夢是凝縮的混合體，所以釋夢時要把它還原為各個組成部分，並以各個部分作為注意的目標，而不管它是合理的或荒謬的、明白的或含糊的。

(2) 要了解夢者的生活經歷、興趣愛好以及日常瑣事。因為夢只是重現過去，夢境中的材料是來自近日或早年的生活經驗，它們是潛意識的代替觀念，所以只有了解夢者的過去經歷，才能對夢的各個成分的來源及內涵有所了解，並根據這些代替觀念尋求它背後的隱義。

(3) 要利用**自由聯想**。因為夢顯像的偽裝是在潛意識中進行的，夢者不能直接意識到夢的隱義，因此，需要通過聯想予以揭露。釋夢時應該讓夢者所有的觀念自由進入頭腦中，至於聯想所喚起的代替觀念是否合適則不必多慮，必須耐心等待所要尋求的那些隱藏的潛意識思想自然而然地出現。

(4) 利用象徵知識。因為有少數夢完全不能引起聯想，即使有聯想也不是我們所需要的，這時就要利用夢顯像的元素與隱義之間的固定的象徵關係的知識予以探明隱義。弗洛伊德認為夢裏的許多象徵對夢者而言是唯一的。但是，有幾類象徵對每個人來說是通用的，例如手杖、傘、竹竿等象徵為男性生殖器；坑、穴、箱子、口袋等象徵為女性生殖器等等。

2. 釋夢的程序 弗洛伊德曾提出四種程序供人選擇：

(1) 按照夢成分產生的順序進行聯想。

(2) 從夢的中間取出某些特別的成分開始解釋工作，比如可以選擇最吸引人的片斷或選擇最清晰、感覺最強的部分；或者，從夢中某些說出的詞句著手以期導致現實生活中所說出來的哪些話。

(3) 從完全沒有被注意的明顯內容開始，詢問夢者，在他心中所聯想到以前的事件有哪些和他剛才所描述的夢有關聯。

(4) 如果夢者已經很熟悉解釋的技術，可以避免給他任何指導，讓他自己去決定，他要開始聯想什麼。

至於弗洛伊德是如何釋夢的，讀者可翻閱他的原著《釋夢》(或譯《夢的釋義》、《夢之解析》)。

二、弗洛伊德的自由聯想

聯想 (association) 是一種簡單而普遍的心理現象，指觀念與觀念的聯合或聯結。自古以來，它一直受到哲學家和心理學家們的重視。聯想以其形成和發生的條件可分為諸如接近、相似、對比等各種聯想。霍布斯 (Thomas Hobbes, 1588～1679) 根據聯想發生時是否受到某種欲望和目的，有意的引導而歸類出後人所稱的**控制聯想** (controlled association) 與**自由聯想** (free association)。很明顯，自由聯想屬於一種不給予任何思路限制或指引的聯想。弗洛伊德把這種自由聯想的現象運用在他的心理治療實踐中，作為去除病人心中積鬱，揭示病人內心衝突及其潛意識活動的一種手段或方法，創造為精神分析治療的自由聯想，是他的一個重要發明與歷史功績。

1. 自由聯想的產生 當弗洛伊德在向法國巴黎以及南錫的名醫學習之後，採用催眠暗示療法和"掃烟囱"的辦法來治療癔症患者，雖收到一定效果，但療效不能鞏固，特別是有些病人無法進入催眠，接受治療。弗洛伊德想起：在南錫時，看到被催眠的人醒來後，不能再回憶起他在催眠狀態中所做的一切。但是經過醫生再三鼓勵，也能逐漸被回憶出來。據此，弗洛伊德決定不用催眠法去挖掘患者忘記了的情緒體驗，改使患者在覺醒狀態下，身心放鬆地隨意思想，把想到的念頭立即毫無保留地說出來。弗洛伊德記下這些念頭，然後對它們進行分析。這就是弗洛伊德嘗試使用的自由聯想，後來成為精神分析的典型方法。

2. 自由聯想的執行　　為了順利執行自由聯想，首先要製造閒適輕鬆的環境和氣氛，使病人不受拘束，真正感到自在放鬆，使聯想翩然而生。同時在進行前，醫生要讓患者答應將聯想到一切的全部講出來。為了鼓勵病人自由聯想並把想到的都講出來，弗洛伊德對病人說：

> 你會注意到，當你把各種事情關聯起來時，你就會有各種思想。你可能會認為這些思想都是無關緊要的胡思亂想，因而不想把它們講出來。但是，你必須丟掉一切顧慮，把呈現在你腦子裏的思想精確地講出來。……最後，你決定不能忘記你已許過的諾言，絕對保證誠實，要毫無保留地把一切都講出來，不管講出來是多麼難堪，多麼令人不快。(文一等編譯，1988，28 頁)

3. 執行自由聯想的心理治療不同於催眠治療　　在催眠治療中，患者處於半睡眠狀態或潛意識狀態，被動接受醫生主動的暗示與引導。在自由聯想的心理治療中，患者則是在清醒狀態下，處於身心十分放鬆的情況，任憑浮想的出現與繼續；而醫生則要耐心等待病人聯想的呈現，注意傾聽病人對聯想的敘說，取被動靜觀的態度，只是在患者發生聯想困難時，可予提示，給患者進行自由聯想起個頭或接上聯想線索。自由聯想結束後，醫生要回憶並分析病人的聯想內容。

4. 自由聯想的作用　　自由聯想是精神分析的一種治療手段，同時也是揭示潛意識的一條認識途徑。作為治療手段，自由聯想在進行過程中，病人毫無拘束地恣意遐想，並將所思所感和盤托出。這在一定程度上能起到精神宣洩的作用。另外，從病人自由聯想中，可以了解到他注意的中心、感興趣的事物與經歷，了解到病人的個人生活。並通過對自由聯想內容的分析，顯示疾病症狀的令人費解的本質。往往病人出現的念頭彼此似乎沒有關係，但每個聯想與前面進行的一個聯想是有意義地聯繫著的，總是在聯想的一條連續鏈上的。那鏈會顯示出患者的心理史以及他現在心理的組織情況。因此，自由聯想有助於對疾病的診斷。再則自由聯想受到阻抑，往往由於淺層潛意識的表露受到了干擾，自我防禦機制在起壓抑的作用，所以也能給醫生提供考察病情的線索與啟發。

自由聯想之所以能成為揭示潛意識的一條認識途徑，這是因為，在弗洛伊德看來，受壓抑的思想、觀念並非意味著它已消失了。它只是被排擠到潛意識中，而且總是力求表現自己。在身心放鬆環境適宜的情況下，它們仍有機會通過自由聯想，得到某種表現，而使細心又有經驗的分析醫師能很快地捕捉到它們。總之，由於意識與潛意識雖然有著嚴格的劃分，但相互間也絕非孤立隔離，而是處於一種動態的和相互制約的聯繫之中，乃使某種意識中的聯想觀念之出現，在一定程度上暗示了潛意識中被壓抑的情緒（癥結）欲望與致病癥結，從而存在著某種可為醫生利用分析病因與根治病情的治療因素與治療線索。

在自由聯想中，依然有抵抗、移情等重要現象，而主要優越之處在於病人對所發生的事是意識到的。在自由聯想中，困難往往在於去接近原始創傷經驗，但一旦達到了，病人就能很理智地來對待它。對弗洛伊德說來，克服抵抗又能理性地沉思早期創傷經驗是精神分析治療的目的。正因為如此，他說過，名副其實的精神分析僅僅始於催眠被停止使用之後 (Heidbreder, 1933)。弗洛伊德對自由聯想法的使用比喻為考古學家發掘一個被埋葬了的城市，他們只有從很少的幾片碎片中來查明那城市的結構與性質。同樣地，自由聯想提供了僅有的潛意識的幾個破碎的閃現，而正是從那些閃現中，精神分析家就得斷定一個人的潛意識心理的結構與性質 (Hergenhahn, 1992)。

三、弗洛伊德的過失論

過失與夢一樣，都是正常人的心理活動，也都是潛意識的活動表現，不過夢是在睡眠中產生，而過失是在清醒狀態下產生而已。1904 年，弗洛伊德發表了《日常生活的心理病理學》一書。在此書中，他對正常人在日常生活中所發生的過失行為進行了分析，揭示了過失中潛意識的根源與意義，論證了潛意識及其活動的存在。

(一) 過失的定義

所謂**過失**(或**失誤**) (slip)，就是在日常生活中，由於心理衝突而產生的微小的、不重要的、暫時的錯誤動作。在人的潛意識領域中，各種各樣被壓抑的觀念、欲望或衝動，其能量並沒有消失，總是千方百計地以各種方式來表達自己，甚至以迂廻的、偽裝的或象徵性的途徑來表達。除藉助於神經、精神病的症狀和夢境外，在我們的日常生活中就有多種失誤的行為，如説錯話、寫錯字、掉了東西以及偶然的遺忘等，都是真實的潛意識動機的表達。

弗洛伊德認為，過失產生的原因是兩種不同意向相互牽制的結果，也就是由兩種不同意向相互干擾引起的。或者說，人在心理活動過程中意識力量與潛意識力量發生了衝突，潛意識力量要突破意識力量的壓制，而意識力量則竭力壓制潛意識力量的活動，最終兩者妥協，產生了過失行為。

(二) 過失的種類

通過對過失的觀察和分析可以發現個人心理生活的隱情，揭示個人隱藏的真正動機。弗洛伊德把日常生活中的過失行為分為以下三類：

1. 口誤、筆誤、讀誤及聽誤　**口誤**(或舌誤) (slip of tongue) 是指在說話時當事者無意中說出不適當的、不相干的、甚至錯誤的語句。比如弗洛伊德曾舉的一個例子：某澳洲眾議院議長在致開幕詞時說：諸位先生們！我有幸介紹某某先生來參加我們的會議，我就此宣布會議"閉幕"！其實，他本應說"開幕"，可是潛意識中他不願意開會，盼著會議能早點兒結束，所以就說成了"閉幕"。**筆誤** (slip of pen) 即指在書寫時當事者無意中書寫失誤。同理讀誤、聽誤即是唸錯了字、聽錯了人家說的話等等。弗洛伊德認為當事人犯的此類失誤，正是當事人壓抑在潛意識中意欲表達的真正意思。因此此類失誤常被精神分析師視為當事人心理問題的線索。

2. 遺忘　遺忘 (forgetting) 是指把原本熟悉的印象、決定、人名以及預定好的計畫全然忘記的情形。弗洛伊德曾舉這樣一個例子：一位年青人在數年前因討厭妻子的冷漠，而經常與其發生衝突。一天妻子送他一本書，他致謝後順手一放就未再翻閱。數月後，偶然想起這本書，卻怎麼也找不著。大約六個月後，年青人的母親因病住院，其妻精心服侍。某夜，年青人懷著對妻子感激之情，走近書桌，打開抽屜，那本消聲匿跡的書，竟呈現在他面前。書失而復得，其背後反映的是年青人對其妻子感情上的轉變。動機既已消失，遺忘之物便可尋得 (高覺敷譯，1986)。

3. 誤放、誤取及失落物件　比如熟悉的東西突然找不著了；誤拿了本不該拿的東西。此種失誤，儘管有著不同理由和目的，如對此物不再喜歡、物品太陳舊，對贈送此物的人有不愉快的感覺或不願憶起與此物有關聯的情節，但都有一個共同的遺失願望。弗洛伊德曾舉一個例子：一位青年，數日前收到一封姐夫嚴厲責備他的信。數日後，青年遺失了一枝他心愛的筆，而這枝筆正是他姐夫送給他的。弗洛伊德分析說，這位青年在潛意識裏對姐夫有不滿的情緒，藉遺失筆以滿足此種願望。

總之，在弗洛伊德看來，透過對失誤行為的分析，發掘潛意識的動機，從而揭示過失行為的真正目的與意義。但需指出的是，弗洛伊德曾聲明其理論 "只可用以解釋日常生活中的一部分過失" (高覺敷譯，1984，40 頁)。

第五節　人格的適應與心理治療

弗洛伊德的精神分析是心理治療的理論也是心理治療的方法，目標是為了使患者克服失調狀態，重建健康人格，提高其適應水平。本節將擇要說明健康人格與心理治療目標，以及弗洛伊德精神分析的心理治療策略與技術。

一、健康人格與心理治療的目標

弗洛伊德認為，一個心理健康的人，他的人格結構的本我、自我與超我三大系統，應形成一個統一而和諧的組織結構，它們的密切配合使人能夠有效而滿意地與外界環境交往，以滿足人的基本需要與欲望。反之，當三個系統相互衝突時，人就會處於失調狀態。他既不滿意外部世界，也不能滿足自己的基本需要與欲望。這裏的關鍵是要鞏固人格結構中自我的地位，充分發揮自我在人格結構中的中介與協調作用。

同時，弗洛伊德精神分析關於人格發展的理論說明人格障礙也往往由於個體性心理發展不夠充分，不能從性心理發展的一個階段順利過渡到下一個階段所造成。例如不能解決戀母情結的男孩就會認同於他的母親，之後則會以與自己同性的人作為愛的對象來追求。按弗洛伊德的看法，這是同性戀的一個原因。

根據以上所說，精神分析治療的目標有兩個：一是使潛意識浮上意識層面；二是強化當事人的自我，使其行為更能依據現實理性地控制本能衝動，而非受到眾多本能的牽引。因此成功的治療不僅是要解決問題，還應加入學習新行為，希望經由精神分析的歷程使當事人的人格結構有明顯的修正，以徹底改變當事人之人格。

二、精神分析治療法的策略與技術

精神分析治療法 (psychoanalytic therapy) 是一種主要針對精神疾患的治療，是一種在時間上拖得很長的治療，往往要延續 2～5 年。醫生與病人每週有幾次會面，每次會面約 50 分鐘。病人半臥在躺椅上，醫生坐在病人的側後方。這樣的安排為了有助於病人放鬆，而可盡量避免因看到醫生而產生分心。醫生對病人切忌把自己的觀點、意見強加於病人，而持一種冷靜與客觀的態度，這是弗洛伊德再三強調的一條原則。其次是鼓勵病人盡可能地多講，並且注意傾聽病人的敘說，尋找其洩露的潛意識內容。

精神分析治療法的一個基本假設是：人格障礙所表現的症狀是深埋著的衝突的表現，必須設法使當事人暴露衝突，以便揭示致病的原因。治療過程中主要的干預策略是讓病人通過對病因的**頓悟** (insight) (即允許當事人對自己以往情緒上的困擾、動機上的衝突，在無拘無束的情境下，盡情地傾吐，並作自我檢討，當檢討反省至某一程度時，當事人將會有茅塞頓開之感)，去解決其潛意識的內心衝突。為此，通常使用以下幾種治療技術：

1. 自由聯想 自由聯想是精神分析心理治療中最常用的方法之一。醫生指示病人自由地說出浮上心頭的所有思想、感情和衝動，不管它們是多麼愚蠢、荒唐、不合情理，甚至猥褻下流。因為人們早已習慣於審查並篩選他們所說的，此一心理卻為自由聯想帶來困難與阻礙。但是治療過程中那種寬容的、不加評判的閒適氣氛，會使患者慢慢地能夠自由反應。運用自由聯想技術，除了鼓勵患者充分談出以便去掉各種抑制，還要會使各聯想之間建立有意義的聯結，最後則要使潛意識材料帶入意識之中。在患者進行自由聯想時，醫生要保持沉默與中立，只是當患者想不出或說不出來時，也可略加提示，如讓他談自己的夢、童年的經歷、過去生活中印象最深刻的事物等等。這種自由聯想技術是促使患者自由地表現自我，並將潛意識過程中的情結或矛盾衝突從意識表層顯露出來，以便做為進一步分析的資料與根據。

2. 析夢技術 析夢是通往當事人潛意識題材的重要途徑。在析夢時，患者說出了一個夢的意識內容，然後讓患者對說到的內容進行自由聯想，從而使醫生識別出其中的潛意識的意義。可見，在實際治療過程中，析夢與自由聯想這兩種技術往往是交互或結合進行的。

3. 失誤分析 在精神分析治療中，治療者為了尋求和觀察當事人的潛意識材料，對於所謂**行動倒錯**(或**表意失誤**) (parapraxis)——錯誤的動作如口誤、錯放物品、或遺忘了人名——是重要的線索，不可放過。弗洛伊德在《日常生活的心理病理學》裏談到他在心理治療中，常常要面對的口誤去發現他們雖然想竭力隱藏，卻無意地暴露了的思想內容。在這種情況下，弗洛伊德認為，那失誤真是幫了大忙。他舉了個很有趣的例子，說道："患者講到了姑姑，後來卻稱她為"我的母親"，或者把丈夫稱作"兄弟"，而且還都不曾注意到說錯了。於是，他們引起我注意到了這樣的事實：他們對這些人都已經"認同"了"(Freud in Brill, 1938)。

4. 移情分析 **移情** (transference) 在心理治療中往往指病人將潛意識內對某一特殊對象 (如父親、母親或情人、仇人) 的情感，轉移到治療者身上。對治療者產生愛的感情為**正性移情** (positive transference)，產生恨的感情為**負性移情** (negative transference)。"產生移情尤其是正性移情後，病人聯想順利，表現合作，症狀減輕或消失。……負性移情只要解釋引導適當，也有利於治療"(鐘友彬，1991，169～170 頁)。當事人對治療者的態度，可藉以觀察當事人以往與別人的情感關係，甚至可以提供當事人重新經驗各種以前不敢碰觸的情感。透過移情分析，當事人將會顯露自己在潛意識裏深藏的情感意念及欲望。但若未經精神分析訓練的治療者，由於未能發現和正確解決自己潛意識中所存在的矛盾衝突癥結，也可能在心理治療過程中出現**反相移情** (countertransference)，指治療者將自己潛意識內的特定對象的某種感情，轉移與認同於病人，由此就會產生不良後果而導致治療失敗或發生糾葛 (車文博，1992)。以上說明移情是治療中一種常見的技術，治療者必須對它學會進行正確的分析。

5. 抵抗分析 抵抗 (resistance) 是指任何對抗治療進展及防止當事人揭露潛意識材料。因此心理治療的抵抗，乃是當事人排斥將壓抑的潛意識素材浮現出來，比如過分暴露或突然暴露當事人潛意識內使自我感到痛苦的矛盾衝突或精神創傷經歷，當事人就會產生抵抗這種自我防禦機制。治療者應及時向當事人指出抵抗是他企圖逃避矛盾，它阻礙對潛意識材料的挖掘，不利於對病因的根除。治療者對抵抗的分析，和對當事人的鼓勵，有助於當事人克服抵抗，使治療得以繼續向前進展。

6. 解釋技術 解釋是與以上各點聯繫著的重要技術。**解釋** (interpretation) 包括向當事人指出、描述並說明在自由聯想、夢、移情反應，以及抵抗中所表現的他們行為的意義，以澄清其觀念。解釋還需要選擇適當時刻。也即應選在這樣的時刻：潛意識材料正接近於覺知，同時當事人已打算去接受令人感到痛苦的領悟。

精神分析是一種漫長的治療，往往要延續好幾年。肯德勒指出，其原因有三個：(1) 當事人必須學會自由聯想這種困難的技術；(2) 當事人對找回潛意識材料有一種內在的抵抗，因為回憶被壓抑的記憶與感情會產生焦慮；(3) 當事人與治療者必須建立一種密切的、親密的關係，如眾所周知的"移情"關係，以便複製當事人曾經有過的與一個重要人物 (如父親或母親) 的那種關係。而移情是精神分析的核心過程，因為它為當事人提供機會去重新經驗他們性心理發展的創傷，並有機會去改進由創傷所引起的心理上的損害 (Kendler, 1987)。肯德勒這段話雖然是針對精神分析療程所以這麼長的一種說明，卻為我們掌握這種心理治療的基本特點提供了很好的概括，所以我們引用它作為本節的扼要的小結。

本 章 摘 要

1. 弗洛伊德在 1923 年出版的《自我與本我》一書中正式提出他的人格結構說，認為整個人格由本我、自我和超我三大系統組成。這是對他早期提出的心理由潛意識、前意識、意識組成的心理結構說的修正與發展。
2. **本我**處於潛意識的深層，由本能欲望與衝突組成，它所遵循的是**快樂原則**，即趨樂避苦。
3. **自我**是人格結構的現實部分，它遵循的是**現實原則**，用**繼發過程**來調節本我、超我與現實三者的關係。
4. **超我**是人格結構中專管道德的司法部門，由**自我理想**與**良心**兩個次級系統所組成；它遵循的是至善原則，對自我的行為與意圖進行監督、評判與獎懲。
5. 人體是一個複雜的能量系統，操縱人格三大系統的能叫**心理能**。
6. 弗洛伊德人格心理學著重探究深埋在潛意識中，推動並影響人的心理與行為的動力。
7. 潛意識活動的根源與動力是**本能**。本能是人體內部固有的一種內驅力，它決定了心理過程的方向。
8. 任何本能都有其根源、目的、對象和動量。本能的動量是指本能所具有的力的數量和強度。
9. 弗洛伊德把本能分為**生之本能**與**死之本能**。生之本能是表現為生存、發展、繁殖的一種本能力量，它包括**自我本能**與**性本能**。死之本能是潛伏在生命中的一種破壞性、攻擊性、自毀性的驅力。
10. **力比多**是性本能的一種內在的、原發的動能和力量，即**性能**。其整個發展過程，自出生到青春期可分為五個階段：**口腔期**、**肛門期**、**性器期**、**潛伏期**與**生殖期**。
11. **焦慮**是一種對來自個人內外部的判斷不明確的某種危險的痛苦體驗。它分為**現實性焦慮**、**神經症**及**道德性焦慮**三種。它們是分別由來自現實、本我及超我的威脅、壓力引起的。

12. **自我防禦機制**是自我在對付本我的驅力、超我的壓力和現實的威脅而引起焦慮時，潛意識所採用的措施及手段，以減輕和解除心理緊張，求得內心平衡。
13. 夢的**顯象**就是夢中所見的情景及人物，是夢中顯示出來的表面內容，也稱為**夢境**；夢的**隱義**則是隱藏在夢中的思想內容、意念；兩者常是不一樣的。
14. **夢程**就是把潛意識中被壓抑的願望進行偽裝，使其成為夢中顯示的情景和人物的過程。它主要有**凝結**、**移置**、**象徵**及**潤飾**四種方式。
15. **釋夢**就是利用某些手段與技術剝掉夢顯象的**偽裝**，以了解夢隱義的真實面目，它與夢程方向正好相反。
16. **自由聯想**屬於一種不給予任何思路的限制與指引的聯想，使病人身心放鬆地隨意思想，並把想到的毫無保留地說出來。
17. **過失**就是在日常生活中，由於心理衝突而產生的微小的、不重要的、暫時的錯誤動作。過失產生的原因是由於兩種不同意向相互干擾、牽制的結果。
18. **健康人格**是指由本我、自我和超我三大系統形成一個統一而和諧的組織結構，並能密切配合，使人能夠有效和滿意地與外界環境交往，以滿足人的基本需要和欲望。

建議參考資料

1. 布倫納 (楊華渝等譯，2000)：精神分析入門。北京市：北京出版社。
2. 弗洛伊德 (賀明明譯，1989)：弗洛伊德著作選。台北市：唐山出版社。
3. 弗洛伊德 (張燕云譯，1987)：夢的釋義。瀋陽市：遼寧人民出版社。
4. 弗洛伊德 (高覺敷譯，1984)：精神分析引論。北京市：商務印書館。
5. 車文博 (1992)：弗洛伊德主義論評。長春市：吉林教育出版社。
6. Hall, C. S., & Lindzey, G. (1978). *Theories of personality* (3rd ed.). New York: Wiley.

7. Strachey, J. T. (1976). *The interpretation of dreams*. The Pelican Freud Library, Vol. 4

8. Tyson, A. (1975). *The psychopathology of everyday life*. The Pelican Freud Library, Vol. 5

9. Moore, B. E., & Fine, B. D. (1990). *Psychoanalytic terms and concepts*. New Haven: The American Psychoanalytic Association & Yale University Press.

第四章

弗洛伊德精神分析的評價

本章內容細目

第一節　精神分析理論的實證研究
一、弗里德曼關於閹割與戀親情結的研究　127
二、麥克愛爾洛埃等人關於性象徵的研究　129
三、精神分析實證研究的特點與要求　130

第二節　弗洛伊德精神分析的貢獻
一、弗洛伊德精神分析的理論價值　132
　(一) 弗洛伊德潛意識理論的價值
　(二) 潛意識對個體和社會的作用
　(三) 潛意識的生理基礎
　(四) 人格結構說的理論價值
　(五) 強調人格發展的內部因素與早期經驗
二、弗洛伊德精神分析的實踐意義　142

　(一) 夢的解釋
　(二) 心理治療的自由聯想
三、弗洛伊德精神分析理論的廣泛影響　144
　(一) 對文學藝術領域的影響
　(二) 其他影響

第三節　弗洛伊德精神分析的局限
一、弗洛伊德在理論上的局限　147
　(一) 潛意識基礎論
　(二) 泛性論
　(三) 本能論
二、研究對象與研究方法的局限　150
　(一) 研究主題與對象上的局限
　(二) 研究方法的局限

本章摘要

建議參考資料

歷史學家認為，有史以來因思想上的革命，促使人類重新體認自我形象者，有三人：16世紀哥白尼著有《天體運行論》推翻地球中心說，使人類自命為地球主人的形象受到第一次衝擊；19世紀達爾文創生物進化論，打破人類自認為萬物之靈的假相；20世紀弗洛伊德潛意識控制行為的人性本質觀，使人類自詡為理性動物的形象，受到第三次衝擊。弗洛伊德思想對人類文化影響之大，由此可見。

弗洛伊德是偉大的，但要對他及其思想作出恰當評價卻是件十分困難的事。在所有的現代心理學派別中，弗洛伊德所倡導的精神分析學派是最有影響、引起轟動與爭議最多的一個。弗洛伊德以其堅忍不拔的毅力和極大的勇氣衝破了維多利亞時代人們的種種禁忌，使心理學從神壇上走進人們的生活之中。他不僅對心理學理論的發展作出了重大貢獻，而且也在心理治療的實踐中取得了豐碩的成果。

弗洛伊德的精神分析從問世到現在，已經歷了將近一個世紀的演變，他所領導的精神分析運動引起了西方世界的一次"革命"。弗洛伊德在歐美各國不僅贏得了眾多的信徒，孕育了繁多的流派，而且滲透到西方的社會、生活、思想意識和科學文化等各個領域，給現代文學、藝術、美學、哲學、心理學、社會學以及人類學中的許多流派烙上了自己的印記。

但弗洛伊德也是20世紀以來西方世界最受爭議的思想家之一。近七、八十年以來，他的精神分析招致了種種懷疑、冷遇、詰難和批評。即使在他最輝煌的時期，這些批評也沒停止過。弗洛伊德的局限集中在他對人性及心理動力問題的看法，而正是這些局限導致了古典精神分析學派的分裂以及新精神分析學派的產生。本章探討以下問題：

1. 精神分析實證研究的目的是什麼？這種研究有何特點。
2. 弗洛伊德的精神分析對心理科學的發展產生了什麼深遠的影響。
3. 弗洛伊德的精神分析在心理治療方面作出了哪些歷史性的貢獻。
4. 如何正確估計潛意識問題的研究現狀、研究前景與研究價值。
5. 應該如何評價弗洛伊德主義作為一種思潮對文學藝術、歷史、哲學各領域的廣泛影響。
6. 弗洛伊德精神分析的局限是什麼？產生這種局限的原因何在。

第一節　精神分析理論的實證研究

精神分析理論因其立論新異與影響廣泛，於是引起一些學者特別是崇拜弗洛伊德的一批學者試圖開展實證研究來驗證他的學說主張，使他的理論更具有科學性。這些研究包括對弗洛伊德各個基本觀點作實驗的研究，也有對精神分析治療效果作量化的評估。它們被收集在《弗洛伊德理論中的事實與幻想》(Kline, 1972) 及《弗洛伊德理論的實驗研究》(Eysenck & Wilson, 1973) 兩部書內。下面舉兩組具體研究，以示對精神分析理論進行實證研究之一斑。

一、弗里德曼關於閹割與戀親情結的研究

1. 關於閹割情結的研究

(1) **假設**：閹割情結在五歲的性器期較為明顯，成長至潛伏期，閹割恐懼將會減退，到青春時期性器官成熟的生殖期又會重新明顯起來。

(2) **方法**：將三個不完整的"閹割故事"交給孩子讓他們完成劇情。故事內容是"關於象的故事"：一個孩子走進遊戲室，發現他心愛的玩具，一隻象被毀壞了。問孩子，他想到那隻象發生了什麼事。這裏假定五歲與十三歲的孩子比起其他年齡的孩子會因害怕洩露出閹割情結而較少講到例如掉了尾巴等情境。另外研究顯示，閹割焦慮越高者，提到閹割故事也越少。

(3) **結果**：男孩在五歲與十三歲中比其他年齡的孩子顯著地在故事裏避免講到有關切割之類的情節。

女孩的戀親情結在性器期和潛伏期沒有差別，但超過 75% 的女孩有閹割恐懼。

2. 關於伊諦普斯情結的研究

(1) **方法**：

①把兩個故事交給孩子去編完：一個孩子與他的一個雙親在一起，過得很快活，然後遇見了另一個雙親，為什麼"在家"的雙親臉色變了？

同樣的故事情節，但把雙親的角色倒換一下，須孩子去編完它。
②呈現三個類似主題統覺測驗 (TAT) 的圖畫：
a. 對男孩：父與子正靠著樓梯站著，在他們附近有輛玩具車。
   對女孩：父與女靠著樓梯，有個玩具娃娃。
b. 母親與孩子。
c. 父親與母親。
(2) **取材**：
①直接問孩子喜歡父親還是母親。
②分析圖畫主題。
③對行動傾向與精神分析一般象徵性反應進行分析。
(3) **結果**：
①直接提問：在兩種性別中無顯著差異。不同性別孩子對每個家長同樣喜歡。
②編故事：孩子遇見與自己同性別家長更多於在倒換了雙親角色的故事裏。
③主題分析：
a. 男孩對父親人物有更多衝突的主題，正如女孩對母親人物有更多衝突的主題。差異顯著水平為 .001。
b. 女孩多於男孩設想那個當父親的人物對玩具取某種正面的行動。顯著差異為 .001 水平。
c. 女孩多於男孩（.001 顯著水平）設想男的人物上樓梯而且進了屋，這再次有力地支持了弗洛伊德理論中關於性交、交媾的象徵的說法。

弗里德曼這個實驗研究被認為有 307 足夠大的取樣。他以圖畫和故事組成一種投射技術用在這裏，很清楚，也很合理地根據了精神分析的理論。克萊恩 (Kline) 認為這個研究可得出三個要點：

1. 它用經驗表示問卷法 (向孩子直接提問) 對伊諦普斯與閹割情結的研究是不適合的。
2. 它很好地證明了男孩存在一種閹割情結。
3. 它很好地證明了男孩和女孩都存在戀親情結。

二、麥克愛爾洛埃等人關於性象徵的研究

弗洛伊德在《釋夢》裏談到過夢的顯像具有象徵性。象徵化是夢程 (夢的工作) 之一。了解夢顯像所隱含的真實意義，就需要了解顯像所象徵的事物，這是釋夢的基礎。

1. 麥克愛爾洛埃 (McElroy) 根據弗洛伊德假設：以圓形代表女子生殖器，尖形代表男子生殖器，將 12 項測驗 (每項包括一個圓形，一個尖形) 讓蘇格蘭地區的 380 個男孩和 399 個女孩指出每一項測驗裏的兩張圖，他 (她) 喜歡哪一張。按照弗洛伊德理論所預期的：男孩會偏向圓的形狀，而女孩會偏向尖的形狀，而這種喜好傾向的程度會隨年齡增長而更趨明顯。看來麥克愛爾洛埃的研究支持了弗洛伊德理論。但這個研究的作者也自認為有待改進，因為有的項目 (形狀) 對男孩或女孩可以引起不同聯想而影響選擇。

2. 賈霍達 (Jahoda) 為了改進上項實驗，在加納一種不同的文化背景中來重復這個研究。以 858 位中學少年 (年齡幅度大約 12～15 歲) 為被試，另外找 278 個情況類似的被試作進一步補充實驗。因為加納孩子的性活動的限制比蘇格蘭孩子 (McElroy 的樣本) 少得多，所以對形狀喜愛的性別差異不明顯。事實上 12 個項目中只有 5 個有性別差異。賈霍達認為排除其它選擇可能性，只有精神分析理論的象徵主義才是作為性別差異來選擇的唯一可能性。所以，克萊恩認為這兩個實驗都支持了弗洛伊德的象徵主義的弗洛伊德理論，特別是圓形代表女性性器官而尖形代表男性性器官。在加納的跨文化研究排除了其他解釋。所以，總的說來，弗洛伊德理論得到了支持。

3. 艾森克與蘇也夫 (Eysenck & Soueif, 1973) 對此持不同看法，也做了類似研究。他們以埃及學生為被試 (451 男，445 女；平均年齡 20 歲；正學習美術或一般藝術課)。他們從 Birkhoff 一組 90 個多邊形中找出第 14，71 與 75 代表陽莖象徵；其中第一個是長而尖的，後兩個有著伸長而突出的特點。多邊形 16 與 30 選為女性象徵，因為它們是圓的。多邊形 32 與 63 也選為女性象徵，是卵形或橢圓形，它更像女性生殖器。所有 90 個多邊形以 7 點量表來評定：7 是最喜歡，1 最不喜歡。所做 7 個多邊形的平均分、標準差以及 t 考驗顯著水平，見下表。

表 4-1：對男子與女子多邊形的平均等級評定

圖形編號	象徵性別	男子被試	女子被試	P 值
14	男性	2.54±1.82	2.28±1.66	.05
71	男性	3.05±1.84	2.45±1.61	.001
75	男性	4.26±1.74	3.91±1.78	.01
16	女性	3.36±1.84	3.62±1.85	.05
30	女性	2.38±1.59	2.48±1.57	n.s.
32	女性	3.53±1.85	3.42±1.83	n.s.
63	女性	3.24±1.76	2.78±1.70	.001

註：n.s. 意謂沒有顯著差異

　　從上表可見：男性象徵顯著者統統為男子所偏好，與假設的預期正好相反。對女性象徵有兩個在男女上無顯著差異 (n.s.)，其他兩個一為男的所偏好，另一為女的所偏好。據這些數據而言，它們並不支持弗洛伊德的研究，倒是很大成分支持了相反觀點，至少對男性象徵來講是如此，即男子傾向於偏好象徵他們自己性別的形狀。非弗洛伊德派 (non-Freudian) 的象徵主義並未受到這些數據的責難，但艾森克認為："任何一種形狀要成爲性部位的象徵，需要有一種特別的背景 (如在劇院裏，或在一個聚會的場合)，否則是不能把形狀象徵性地用來作解釋的"（Eysenck & Wilson, 1973, p.238）。

三、精神分析實證研究的特點與要求

　　從上述兩組及其他研究來看，精神分析理論的實證研究具有以下特點或應掌握的要點：

　　1. 提出適當的研究假設　精神分析的理論如夢論、心理結構論等都比較龐大且空泛，為方便研究，首先須根據弗洛伊德理論提出與之相關的可以量化、操作與進行觀察的具體假設。對這種具體假設的證實或證偽，雖不能直接解決精神分析的總體理論，但至少能從部分方面得到證明或說明。這樣的研究增多了，或系統化了，也就有望逐步接近對精神分析整個理論的科學論證了。

2. 選擇適當的方法 精神分析所著重探究的是人的潛意識、深層的心理。而這種心理的表現，由於受到抵抗、壓抑等自我防禦機制的影響，一般顯得比較曲折。若是對被試使用直截了當的詢問法，往往很難得到真實可信的反應。選用看圖畫、講故事等類似主題統覺測驗 (TAT) 這樣的投射法，可能更為合適。另外，要對不同風俗、制度、育兒習慣的群體成員作跨文化的比較研究，以期得到所需要的大量資料。同時，除了選用信度效度高的人格調查量表，也可利用快速眼動、皮膚電反應、腦電活動等生理指標作為測查被試心理的參考。總之，通過多種方法結合使用，以為研究的互相印證，對弗洛伊德理論的實證研究會是一條比較可行的途徑。

3. 要在被試人數上有足夠大的樣本，才能使統計數據有依據的基礎 克萊恩書中列舉了一些不能用的研究結果，不少是由於樣本太小而不足信、不足取。

4. 結論的作出須特別謹慎 克萊恩指出，不能肯定精神分析的一項研究結論，其失敗原因往往不在於精神分析理論本身，而在於研究方法上的不適當。他在書的末尾表示："精神分析理論不是籠統地給保存下來，而是要經過嚴格客觀的研究，看哪些部分是真的還是假的，哪些需作調整。但本書表明它的很多部分已經得到了確認"（Kline, 1972, p.359）。

第二節　弗洛伊德精神分析的貢獻

從上一章所述，弗洛伊德在理論建樹方面，以潛意識學說為基礎，提出了系統的人格理論，包括人格結構與人格發展的理論，以及探索潛意識的方法論如夢論、過失論等，這些理論又是為指導其臨床治療實踐服務的。所以弗洛伊德精神分析的貢獻既有理論方面，又有實踐方面。此外，精神分析還對文學藝術、歷史學等學科領域有著廣泛的影響，構成了弗洛伊德理論另一方面的特殊貢獻。這三方面的貢獻正是本節所要闡述的內容。

一、弗洛伊德精神分析的理論價值

　　弗洛伊德的古典精神分析理論具有重大的理論價值，這些理論不僅揭示了一個新的心理學領域，而且也系統地說明了人格發展的動力，使心理學從馮德的實驗路線中解脫出來，體現了其獨特的應用價值。可以說，弗洛伊德的理論在 20 世紀初所形成的幾種心理學理論中是最有影響力的。

(一)　弗洛伊德潛意識理論的價值

　　古典精神分析學說的理論核心有兩個，一是**潛意識**，一是**性本能**，二者奠定了弗洛伊德在心理學史上的地位。真正說來，有關潛意識的思想，在弗洛伊德以前就有了，萊布尼茲、赫爾巴特、費希納、哈特曼等人早就對之提出過論述，比如萊布尼茲的**單子論** (monadology) 就曾指出由單子所構成的意識觀念具有不同的等級，單子越高級，它的意識觀念就越明白。人的觀念有明白的，也有曖昧的，這種曖昧的觀念實質上就是潛意識。赫爾巴特受萊布尼茲的影響，進一步提出**意識閾限**（見第二章第二節）的概念。他認為，一個觀念由完全抑制狀態過渡到現實觀念狀態要跳過一個界限，這個界限即所謂的意識閾限。在意識閾限之下的觀念，在一定條件下能出現在意識閾限之上，而原來在意識閾限之上的觀念也能被排斥到意識閾限之下。赫爾巴特的思想是弗洛伊德潛意識理論的重要基礎。費希納和哈特曼也從不同的角度都對意識與潛意識進行了分析。但是，他們之中沒有一個人能夠像弗洛伊德那樣，把潛意識放在重要的地位加以強調，使之成為自己學說中的一個重要支柱。弗洛伊德聲稱，心理如果只有意識而不包括潛意識，那就不能成為完整的系統。在他看來，潛意識不僅在數量上多於意識，而且其質量和作用也比意識要重得多、大得多，是決定人類行為的真正內驅力。

　　弗洛伊德的最大貢獻就在於他發現並論證了潛意識的存在，那麼弗洛伊德究竟是如何作出論證的呢？

　　1. 思維與存在之間的不一致性　　弗洛伊德指出，我們認為一件事，比如我們的行為，是以愛、獻身感、責任心為動機的，但我們卻不知與此相反，這件事的發生可能是受著權力欲、自我虐待、依賴性等潛意識的驅使。

弗洛伊德的發現在於我們所認為，並不必然與我們的存在完全一致，一個人對自己的看法很可能常常與他們的真實存在差異很大。而在過去的傳統中，思維和存在被認為是同一的，或者在哲學唯心主義的極端形式中，只有思想(理念、語法) 是真實的，而現象世界本身並不具有真實性。實際上弗洛伊德潛意識概念的歷史性意義正在於此。儘管他本人是一位理性主義的擁護者，但通過把大量的意識思維貶低為欲望的合理化，弗洛伊德終於摧毀了理性主義的根基，使潛意識在人格結構的地位得到了鞏固與加強。正是由於弗洛伊德發現了思維與存在的不一致性，他不僅在哲學上和大眾觀念中削弱了西方理性主義傳統的基礎，而且在倫理學領域內也產生了深遠的影響。

2. 意識與潛意識之間的聯繫　弗洛伊德認為，意識和潛意識並不是截然斷開的，在二者之間還有一個聯繫的紐帶——前意識。弗洛伊德認為，前意識就是在潛意識中可以回憶起來的經驗，潛意識則是無法回憶的。意識只是前意識的一部分，從前意識到意識或者從意識到前意識的轉化都是轉眼間的事。而從潛意識回到意識中卻是很困難的事，因為意識和潛意識之間壁壘分明，很難逾越。

弗洛伊德提出的潛意識概念，是對傳統心理學重理輕欲，重意識而輕視潛意識的反抗。他強調對行為深層動機的探討，重視情緒的動力學，擴大了意識的範圍，發現本能欲望被排擠到了潛意識的領域裏去了。他的這些設想在神經病患者所表現的症狀中獲得了證實，因而逐步構成了他的理論體系。

3. 潛意識對人的重要影響　弗洛伊德的許多論述都是圍繞著潛意識展開的。他早期和布洛伊爾治療癔症時就曾經發現病人不能意識到自己的一切情緒體驗。患者在催眠狀態下如果能夠回憶起與自己有關的病症經驗並且向醫生和盤托出後，心裏就會感到舒暢，病也就好了。弗洛伊德據此認為這是由於患者經歷過的情緒經驗受到壓抑，被排擠到意識之外，潛伏到潛意識之中了，因此產生了病症，而解除病症的關鍵便是去挖掘這些潛意識欲望的意義和作用。

(二) 潛意識對個體和社會的作用

意識的意義是大家早就熟悉的，但潛意識的意義與作用之受到重視卻是由弗洛伊德開始。弗洛伊德認為意識是與直接感知有關的心理部分，潛意識則包括個人的原始衝動和各種本能，以及出生後和本能有關的欲望。這些衝動和欲望由於違背了風俗、習慣、道德和法律而被壓抑或排擠到意識閾限之下；但是，它們並沒有消失，而是在不自覺地積極活動，追求滿足，成為人格發展的原始動力。弗洛伊德用潛意識的本能衝動來解釋個體和社會，不僅要說明個體的心理活動和人格發展，而且還用它來說明許多社會現象。弗洛伊德所倡導的潛意識理論在個體和社會的發展中的確有著重要的作用，但也不能過分誇大它的作用。下面對潛意識的作用進行具體的分析。

1. 潛意識在個體認知過程中的作用 首先，潛意識是人們認知客觀現實的一種不可缺少的形式。我們所處的世界包含著豐富龐雜的信息，儘管人腦不斷保存和增加著日益增多的信息量，但由於人們受信息加工能力的限制，因而人們認知世界的形式也就不可能是單一的，而是多樣的，除意識之外，潛意識也起了重要作用。

(1) 許多科學家都引用了人腦刺激痕跡復活潛意識現象：例如，有個名叫文斯洛烏的人講了這樣一個例子：一個不識字的女僕，患了急性瘧疾，在她說囈語的時候，反覆地說些拉丁語和希臘語的句子；同時還帶有相應的情感，語調慷慨激昂。周圍的人認為這位姑娘被魔鬼附身了。後來，經過診斷弄清楚了這個莫名其妙的景象。原來，這個姑娘曾被一位老牧師收養，這位牧師在讀自己所喜愛的書時有個習慣，讀書時順著通向廚房的走廊慢慢地走來走去，而這個姑娘本人雖然對這些句子不太理解，但她卻無意中記住了它們。對神經系統相應部位的痛刺激，可促進病人所具有的知識的再現，而這些知識的存在她本人還不知道 (車文博，1987)。

類似的事件表明，人不僅有潛意識的識記，而且還有潛意識的再現。這一切都同人腦中痕跡的保持和恢復有著直接關係。

(2) 潛意識通過直覺和靈感，能夠在人們的認知過程中發揮作用：所謂**直覺**是"無需清楚的推理和理由，人直接洞察事物本質或特性的一種認識能力"；**靈感** (inspiration) 是"在人的認知過程中，突然產生一些新的觀念和思想"(范文，1991，96 頁)。靈感、直覺在文學藝術、科學創造中的作用是很突出的。例如俄國化學家門捷列夫在腦中突然閃現元素體系的例子。門捷列夫有一天動身離開彼得堡，去辦與元素周期律研究毫不相關的事情。他坐在候車室內等待上火車，沒有考慮任何與他出差有關的事情。然而，就在此時他的腦中突然閃現了元素體系的思想。又如，愛因斯坦在回憶他在 1905

年 6 月寫作相對論的情景時說，在這之前，他已經進行了好幾年的思考和研究。然而，那個決定一切的念頭卻是突然出現在腦中的。一天晚上，他躺在床上，對於那個折磨著他的謎，心裏充滿著毫無解答希望的感覺，沒有一線光明。但突然黑暗裏透出了光明，答案出現了。

上述例子都說明了直覺、靈感現象的存在，那麼直覺、靈感又是如何形成的呢？可以說，潛意識是直覺與靈感的生成之母。直覺、靈感的孕育需要一個過程，這個過程是發生在潛意識之中的。在這個過程中，潛意識的各因素之間是相互作用的，並與意識發生種種聯繫。在人的大腦中，存在著主體沒有覺察到的信息儲存、加工、整理、創造等過程。因為在潛意識的認知和情感上升到意識之前，主體對它是毫無覺察的，而當它們在一定刺激之下，突然上升到意識時，滲透到當時的感覺、知覺、表象中時，直覺、靈感已經發生了。

(3) 潛意識活動還能促進人們有效地進行學習：近年來，心理學家、教育學家除注意擴大人的心理活動的意識領域外，還特別重視發揮潛意識領域的作用。保加利亞心理學家格‧洛扎諾夫發明了快速教學法，其原理就是在潛意識狀態中使用暗示法進行教學。近十年來，出現了一門新科學，即為教育服務的暗示法的科學——提示法。聯合國教科文組織在索菲亞舉行了教學提示法國際會議，有六十多位代表參加。一批毫無外語知識的人，經過三天學習，開始能夠使用一定數量的英語詞彙。在學生保持鬆弛的狀態下，教師用一種特殊的語調多次重復要學的詞和句子。這種方法可大大節省時間，如原來 289 個學時的教學內容，現在可以在 160 個學時教完。在催眠、半睡眠等潛意識狀態中，利用提示法，可加快記憶速度 (車文博，1987)。

2. 潛意識在社會生活中的作用　潛意識不僅在個體的認知過程中起著參與作用，而且在社會生活中也起著重要的作用。我們先來介紹弗洛伊德的有關論點。

弗洛伊德高度評價了潛意識在社會生活中的作用。他的精神分析的第二個命題就是：

> 認為性的衝動，廣義的和狹義的，都是神經病和精神病的重要起因，這是前人所沒有意識到的。更有甚者，我們認為這些性的衝動，對人類心靈最高文化的，藝術的和社會的成就作出了最大的貢獻。(高覺敷譯，1984，第 9 頁)

首先，弗洛伊德認為潛意識是社會形成的基礎。弗洛伊德曾說："群體的本質在於其中存在著力比多聯繫"，"……群體中每一個成員都受到力比多兩方面的束縛，一方面與領袖（基督或統帥），另一方面則與群體中其他成員聯繫在一起……"（賀明明譯，1986，236～237頁）。可見，弗洛伊德認為人與人之間的社會關係，歸根結底是性愛的關係。在弗洛伊德看來，愛的核心是性愛，此外，還包括對父母、子女、朋友等的愛，這後一類愛也是性愛本能的表現，只是它們原來的那種要求兩性結合的目的被轉移或抑制了。弗洛伊德因而把性愛分為兩類，一類是其目的未受抑制的愛，即性愛；另一類是其目的受到抑制的，此類受到抑制的愛所表現出來的情感聯繫，正是集體中把眾人聯繫在一起的紐帶。

至於群體中每個成員與領袖的關係，弗洛伊德則採用認同機制來加以解釋。弗洛伊德認為，成人的超我是建立在兒童與父母的認同基礎上的。超我又被稱為"自我典範"，它是引導兒童追求完美、高尚的標準，兒童最初的自我典範是父母的形象，隨著兒童的不斷發展，兒童的自我典範的範圍就越來越大，從父母擴大到教師、領袖、英雄等，進而變成了對權威和領袖的崇拜。弗洛伊德進一步指出，由於群體中的各個成員均以一個特定的人物為其自我典範，對他寄予了父親般的情感，這種群體成員認同對象的一致，導致了群體成員間差別的減小，形成了一個群體所有成員特有的共同性、一致性以及對同一領袖的"父愛"聯繫。因而最終形成了部落、教會、軍隊、國家等社會形式。

此外，弗洛伊德還認為社會的發展是潛意識矛盾鬥爭的結果。弗洛伊德從生物學的觀點出發，把人的本能分為生之本能和死之本能。生之本能以愛為中心組成社會統一體，而死之本能則是個人對全體、全體對個體的敵意，它破壞著人類的統一體。因而，文明與本能永遠對立，在矛盾中發展。

在弗洛伊德看來，人類的本能既創造了人類的文化，也創造了戰爭。他認為，人類文化起源於性本能，是性本能壓抑、昇華的產物。只有在昇華作用中，人的本我的本能衝動才既符合超我及社會的高尚理想，也獲得自身的滿足，因而，使性本能及其破壞的本能的能量改變方向而消耗在對社會有用的方面。昇華作用為本能衝動開闢了一條代用渠道，使這種衝動得到滿意的發洩出路。因而文明的進步是以壓抑和昇華作用為代價獲得的。弗洛伊德認為戰爭是不可避免的，它植根於人的死之本能，是破壞衝動向外界的轉移。

這就是說，戰爭的發生有其生物學根據。整個人類的歷史就是由生之本能與死之本能之間的衝突與鬥爭所構成的有節奏的戲劇。

以上是弗洛伊德從生物學觀點出發，對潛意識的社會作用做的分析。

（三） 潛意識的生理基礎

潛意識作為一種心理過程，是要以一定的生理機制為基礎的。當代腦科學的研究證實了潛意識的存在，也揭示出潛意識在心理活動的作用。

美國腦科學工作者麥克林對大腦不同層次的結構進行了專門研究，他把解剖方面的成果與人腦進化的歷史結合起來，揭示了大腦的辯證發展過程。他的研究結果表明，人腦共有三個層次，由外到裏有著不同的結構和功能。最外層的新皮層是尼人到智人階段進化的產物，主管智力、辨別力、抽像力和計算力，相當於人的意識部分；新皮層下邊是緣腦，它是由哺乳動物遺傳下來的，它控制著情感；緣腦的裏邊是爬行動物腦，根源於爬行動物，人的本能、原始衝動皆源於此，它相當於潛意識部分。介於新皮層與爬行動物腦之間的緣腦，介於意識與潛意識之間，不能硬性劃分。麥克林的研究結果為潛意識的存在找到了生理基礎和歷史進化的根據 (註 4-1)。此外，一些學者通過測定腦對各種閾下刺激的電反映也證實了潛意識的存在。美國心理學家謝佛林及其同事 (張傳開等，1987)，以一百多人作為受試進行一系列實驗，測算大腦對不同種類的閾下信息的反應的大小。實驗是這樣進行的，把一個詞或一張圖畫以千分之一秒的速度呈現在屏幕上，然後測試所引起的誘發電位。圖像閃現後，要求被試說出所有能聯想起來的與圖像有關的詞。實驗結果表明：如果閃現一張有意義的物體圖像，被試顯示的誘發電位，強於見到一張無意義物體的圖像。同時，有意義的物體圖像更能使人產生自由聯想。例如，一張蜜蜂圖比一張幾何圖的閃現，引起被試更強的誘發電位，以及更多的自由聯想，人們從蜜蜂聯想到"昆蟲"、"螫針"、"蜂蜜"等詞。實驗還發現，被認為會抑制自己不愉快經驗的被試，對有意義物體顯示出的大腦反應比一般人小，相應的自由聯想也比一般人少，這些人被稱為"受壓抑

註 4-1：關於麥克林的研究參見〈爬行動物的腦〉，載於《世界科學》，1981 年第 10 期，轉引自車文博 (1987)《意識與無意識》一書，第 23～24 頁。這兒提到的尼人指尼安得特人 (Neanderthal man)——已絕種的石器時代原始人，智人 (Homo sapiens) 指現代人類。引者註。

者"。許多類似的研究也證實了此項實驗。上述實驗表明了人腦的潛意識的思想和情緒是相當活躍的，它們形成了我們注意的中心，但我們一般是會加以壓抑的。

此外，根據現代神經生理學研究的成果，可對潛意識的生理機制作如下的分析：

首先，潛意識反映的是大腦皮層較弱興奮部位、第一信號系統沒有同語詞自覺聯繫起來的一種活動。潛意識活動的形式是利用無條件反射和條件反射中的第一信號系統，它還沒有與條件反射系統中的第二信號系統的語詞自覺聯繫，這是它與意識活動方式的最大區別。我們知道，大腦皮層活動是受優勢法則支配的。人的意識活動是以語言為中介的，在大腦皮層上所形成的一個優勢興奮中心的反射過程；而人的潛意識活動，則是以具體刺激物為動因，是在大腦皮層上未被完全抑制的區域和興奮較弱的區域所產生的一種反射過程。巴甫洛夫指出，處於大腦皮層較低興奮狀態的"這些部位的活動就是我們主觀上稱作無意識的、自動的活動"（車文博，1987，第 47 頁）。由於大腦皮層是受**優勢法則** (law of advantage) 支配的，對強的特性的覺知就抑制住了對弱的特性的覺知，因而，弱的特性只能成為一種潛意識。

其次，潛意識主要是大腦右半球非言語思維的活動。割裂大腦的實驗發現，在把不可抑制的癲癇病患者大腦兩半球之間相互連接的纖維切斷後，不僅在治療上獲得成功，而且對意識和潛意識的活動機制也有所揭示。在"裂腦人"身上，左右手的動作往往相互矛盾，例如一隻手放下盤子，另一隻手又拿起來。這說明並存著兩個"自我"：既存在著意識的自我，也存在著潛意識的自我。這表明大腦兩半球雖然是一個完整的統一體，但卻又有不同的功能。人的言語思維主要以左半球為物質本體，而人的非言語思維主要以右半球為物質本體。當然，這種劃分不是絕對的，潛意識主要以右半球為物質本體但不僅僅局限於右半球，與左半球也是有聯繫的。使人感到興趣的是，提出"右腦革命"(right-brain revolution) 的美國布萊克斯利，在他的《右腦——對無意識心理及其創造能力的新理解》(Blakslee, 1980) 裏稱：

> 弗洛伊德首創的"意識的"心理過程和"無意識的"心理過程的概念，對解釋人類行為是有助益的。這些概念的特徵，分別與我們所了解到的關於右腦與左腦的知識驚人地相似。我們對右腦的知識，或許也能使這些概念提高到超出推想的境界而進入自然科學的試驗

領域。(傅世俠、夏佩玉譯，1992，第 22 頁)

第三，潛意識反映的是人腦未被意識到的定勢的功能狀態。所謂**心理定勢** (或**心向**) (mental set)，是指主體狀態的模式對以後心理活動趨向的制約性。前蘇聯心理學家烏茲納捷 (H. H. Yshanse, 1880～1950) 曾做過以下的實驗。他給被試按順序將兩個體積不等的球放入被試手中，讓被試重復感知大小不等的兩個球 10～15 次，然後再把兩個大小相等的球放到被試手中，要被試比較。結果發現，不同的被試都把兩個大小相等的球感知為大小不相等的球 (車文博，1987)。

此外，美國心理學家盧欽斯 (Luchins, 1946) 的量水定勢實驗也證明了無意識對解決問題的影響。這個實驗是以水桶量水的方式計算算術題，從而了解定勢的存在。如下表所示，D 為所求水量，A、B、C 為盛水工具，要求被試設法運用盛水工具，量出要求水量。實驗設計的巧妙之處在於第一至五題均可採用 $D=B-A-2C$ 的方法；第六題也可沿用此法，同時還有另一簡捷方法：$D=A-C$；但第七題僅有 $D=A-C$ 一法可用。實驗結果表明，受試者在解答前五題後，幾乎全部用 $D=B-A-2C$ 方法解第六題，而第七題，有三分之二受試因無法跳出前面五題解法造成的定勢而放棄。盧欽斯的實驗有力地證明了人們無意識形成的思維定勢，對解決新問題的不良影響，而這影響又是自己意識不到的 (張春興，1991)。

上述兩個實驗都表明了人們的一種定勢，也就是說，一定心理活動所形成的準備狀態決定著同類後繼心理活動的趨勢。如何解釋這種定勢現象呢？

題 號	水 桶 容 量			所 求 水 量
	A	B	C	D
1	21	127	3	100
2	14	163	25	99
3	18	43	10	5
4	9	42	6	21
5	20	59	4	31
6	23	49	3	20
7	28	76	3	25

它實際上是人的潛意識心理過程的一種產物。定勢是一種整合，而整合是一種不自覺的心理過程。巴甫洛夫曾指出，大部分神經過程是潛意識的，生理的過程往往就是潛意識自我調節的過程。在這種生理過程基礎上產生的心理過程，也存在著這種無意識的自我調節現象。人的生理過程與心理過程是不可分割地聯繫在一起的，既然生理過程存在著知覺不到的自我調節活動，那麼在生理基礎上實現的心理過程存在潛意識現象也是可以理解的。

第四，潛意識是在腦幹中央，由很多錯綜複雜的神經網構成之**網狀結構** (reticular formation，簡稱 RF) 相對失去控制下的思維活動。腦幹的網狀結構在神經系統中十分重要，起著一種"喚醒"整個大腦皮層的作用，也被稱為**網狀激動系統**(或**網狀激活系統**) (reticular activating system，簡稱 RAS)，它是一個強化概念與維持意識的系統，它控制著大腦皮層的覺醒狀態。意識的思維活動，一般是在"網狀結構"控制下進行的，而潛意識的活動，則是在"網狀結構"相對失去控制的狀態下進行的。

綜上所述，潛意識反映的是大腦皮層較弱興奮部位，第一信號系統沒有同語詞自覺聯繫起來的一種活動，它主要是大腦右半球非言語思維的活動，它是人腦未被意識到的定勢的功能狀態，是腦幹"網狀結構"相對失去控制下的思維活動。

(四) 人格結構說的理論價值

在潛意識理論的基礎上，弗洛伊德提出**人格結構**學說，這是第一個系統地論述人格構成的理論。

弗洛伊德認為，人格是由**本我**、**自我**和**超我**三部分構成的。其中本我是最原始的、與生俱來的、潛意識的結構部分。它是由先天本能和基本欲望組成的。本我是貯存心理能量的地方，它總是希望能夠盡快地得到滿足。自我是意識的結構部分，它處在本我和外部世界之間，根據外部世界的需要而活動，它的心理能量大部分消耗在對本我的控制和壓抑上。但自我的力量不足以控制本我，於是人格結構中又發展出了超我，它以道德和良心制約著本我和自我使人格的發展始終處於平衡狀態。弗洛伊德強調，當這種平衡關係遭到破壞時，就會產生神經病。可見，弗洛伊德的人格結構理論的價值不僅在於它第一次系統地論述了人格的構成，而且也指出了這種結構被破壞後的後果。弗洛伊德把人格看作多維度、多層次的動力系統，有一定的合理性，它已成為當代人格心理學的一種重要觀點（黃希庭，1998）。

（五） 強調人格發展的內部因素與早期經驗

弗洛伊德非常強調內因與幼年期的經歷對人格發展的影響，這種思想為心理學增加了新的內容。18 世紀法國著名的思想家愛爾維修和盧梭都強調教育對人的影響，前者認為教育是萬能的，教育可以改變一切人，環境和教育對人格的形成與發展起著決定作用。無論什麼人，只要給予一定的條件、環境，就可以按照一定的目的把他培養成教育所要求的人。盧梭則主張進行自然教育，主張讓孩子走進大自然。他的名著《愛彌兒》(1762) 就體現了他的教育思想。這本書尖銳地批判了舊的等級教育制度，主張人應該回到近於自然的狀態，應該給兒童以自然的教育。暫且不論他們二人的差別，單從共同點上看，愛爾維修和盧梭在教育培養人方面，強調感覺的作用，看重現實的外在條件，則是無二致的。

與他們相反，弗洛伊德非常強調內因的作用，他認為來自人本身的力比多能量才是人格發展的決定因素，並且這種發展呈現出階段性，每一個階段都有自己的特點。如果某一個階段的發展不完善，就會產生力比的**固著**，並因此而產生人格的異常。

在弗洛伊德強調內因的同時，他還強調了童年期的經驗對人格發展的作用。他認為在人格發展上有三個階段起著決定性的作用：**口腔期、肛門期**和**性器期**。在這三個階段內，他們不僅掌握了適應社會生活的技巧，而且對兒童性別特徵的形成及成人後的性生活都是非常關鍵的。一個人對生活的態度和對他人的看法以及他的基本人格定型都是在童年期形成的。從時間上講，大約在六歲以前。

弗洛伊德關於童年早期意義的發現包括幾個方面。他認為嬰兒期就有了性（力比多）的衝動，雖然還不是準確的生殖器的性慾，而是集中於口腔、肛門和皮膚等**性感區**的快感，弗洛伊德稱之為**前生殖器的性慾** (pregenital sexuality)。弗洛伊德認為中世紀人們所描述的"天真無邪"的兒童純屬虛構，並指出，從出生起，孩子就具有許多天生的前生殖器性質的力比多活動。

在弗洛伊德時代，天真無邪的兒童對性一無所知的神話仍居統治地位；而且，人們意識不到兒時的經驗，尤其是童年早期的經驗，對其人格的發展以及與之相關的整個命運具有何等重要的影響。但由於弗洛伊德的研究，這一切都全然改變了。他通過許多臨床實例來闡明早期事件,尤其是具有創傷性質的事件是如何影響構造兒童人格的,在這點上,弗洛伊德假定:一個人的人格在青春期之前就已固定且不再改變。弗洛伊德指出,一個兒童如何認知、如何面對世界以及一些在成人看來微不足道的小事,將深刻地影響兒童的發展以及在以後形成精神病的症狀。弗洛伊德認真地考察兒童以及發生在他們身上的事,其認真程度使人相信,在這些童年早期事件中,已經找到了所有進一步發展的鑰匙。大量臨床資料表明了弗洛伊德對這一問題觀察的正確與明智。

可見,弗洛伊德關於力比多和人格發展的理論為我們從人本身的內部因素去理解人格的發展提供了一條思路。儘管在具體的理解上弗洛伊德有許多錯誤,但這一思路無疑是可取的。

二、弗洛伊德精神分析的實踐意義

正如已講過的,精神分析學說不僅是一種人格理論,而且也是一種心理治療技術,它所倡導的一系列治療方法與技巧,為精神病的治療作出了巨大的貢獻。從某種意義上講,弗洛伊德的精神分析是心理學發展過程中最偉大的創舉,他的成功、榮譽均來自他對心理治療實踐的貢獻。

在弗洛伊德之前,精神醫學界對精神病的看法分成兩派:肉體派和精神派。肉體派認為腦器官的障礙是行為異常的原因。精神派則主張從精神或心理方面尋找原因。但總的說來,19世紀的精神病學是肉體派占有優勢。但隨著精神病治療工作的發展,更多的人開始相信情緒緊張比腦損傷更易引發異常行為。梅斯麥爾 (Franz Anton Mesmer, 1734～1815)、沙科和讓內 (Pierre-Marie-Félix Janet, 1859～1947) 等人就是這種思想的支持者。弗洛伊德受他們的影響,繼承了他們的催眠治療法,並創造性地加以改進,提出了**自由聯想**。同時,弗洛伊德也把潛意識的夢與心理治療結合起來,獨創了**釋夢**的方法。他的這兩種方法為心理治療實踐提供了新的途徑。

(一) 夢的解釋

弗洛伊德在自己的治療實踐中發現,夢是通向潛意識的一條迂迴道路。通過夢的解釋,可以發現神經症患者的被壓抑的欲望,因此夢的解釋也可成為治療神經病的一種方法。

弗洛伊德是一個決定論者，他認為心理活動具有嚴格的因果關係，沒有一件事是偶然的。心理界和物理界一樣，無所謂機會，所以夢也決不是偶然形成的聯想，夢是願望的滿足。他發展了一種全面的釋夢理論，認為在睡眠的時候，由於**稽查作用**的鬆懈，這些被壓抑的願望會以偽裝的方式乘機闖入意識而成為夢，所以夢的內容並非被壓抑欲望的本來面目，還得加以分析解釋才能尋得真正的根源。弗洛伊德把夢境分為兩個部分：**夢顯像**和**夢隱義**，夢顯像類似於假面具，夢隱義則是被假面具所掩蓋的欲望。夢以四種方式工作：**凝結**(幾種隱義以一種象徵出現)、**移置**(被壓抑的觀念或情緒換成一個不重要的觀念，但在夢中占有重要位置)、**象徵**(用具體的形象來表示抽象的夢境)、及**潤飾**(對夢的顯像加以整理，使其條理化以掩飾真相)。弗洛伊德認為，要想真正了解夢，就必須對其加以解析，揭開其偽裝，尋求其真正的含義。此部分在第三章第四節已有詳細的介紹。

弗洛姆在談到弗洛伊德的偉大發現時曾說道："如果弗洛伊德沒有創造一種精神病理論及其治療方法，他將仍然是人類科學中最傑出的精英之一，因為他發現了釋夢的藝術"(申荷永譯，1986，80 頁)。眾所周知，任何時代的人都曾試圖解釋夢的奧秘。人們早晨醒來時，所記得的稀奇夢境能是些什麼呢？曾有過許多釋夢的方法，其中有些建立在迷信與愚昧思想的基礎上，如中國古代的周公解夢，另一些卻具有對夢的蘊涵的深刻理解。這種理解在猶太法典的記述中被精彩地表述出來："一個未經解釋的夢就像一封未曾拆開的信"。此語道出了這樣一種認識，夢是我們自己傳送給自己的信息，我們為了理解自己就必須理解夢。作為夢的解釋予以系統化和給予科學基礎的第一人，弗洛伊德為我們理解夢提供了工具。

更為重要的是，弗洛伊德把關於夢的理論與釋夢技術創造性地運用到心理治療的實踐中去，為治療工作提供了一條新的途徑。這種方法以承認人類經驗中象徵的豐富性為前提，再現了這些象徵背後的意義。

當然，弗洛伊德在這個問題上有著許多的混亂與錯誤，其中最主要的有兩個方面，第一是他對夢的解釋無法證明其正確與否，第二是他以性的各種象徵來揣測夢的隱義令人失望，他也因此而招致了許多批評；但客觀地講，他把夢的解析技術創造性地用於心理治療本身，便是對心理治療領域的重大貢獻。

(二) 心理治療的自由聯想

自由聯想是弗洛伊德在臨床實踐中逐步發展起來的，它是弗洛伊德對心理治療實踐的另一偉大貢獻。弗洛伊德稱自由聯想為精神分析的基本原則，它是弗洛伊德研究潛意識，診斷和治療精神病的主要方法之一。

弗洛伊德創造性地使用了自由聯想技術，對心理治療實踐產生了巨大的影響。實際上，洛克和休謨很早就對聯想現象作過分析。但在弗洛伊德的著作中，聯想才被賦予了全新的意義和應用。在治療過程中，弗洛伊德通過讓病人進行自由聯想而出人意料地深入到病人的個人生活史之中。他據此相信通過這種揭露可以顯示出疾病的令人費解的本質。此外，弗洛伊德在病人的自由聯想中也發現了病人對於治療過程的抵抗這一極為重要的因素，同時以此解釋了治療的屢屢失敗，尤其是使用催眠暗示治療的失敗原因。他還在病人的反抗聯想中看到了記憶紊亂的原因，這在心理治療中形象化為割斷觀念 (cutting off ideas) 或者中斷連續 (disrupting continuity)。

在弗洛伊德的治療實踐中，與聯想相關的經驗從理論上講是很有價值與啟發性的。這些經驗使弗洛伊德最先在醫學心理學領域獲得了對潛意識經驗的證明，也就是說，獲得了對潛意識記憶材料連結體（象徵性）和人格結構的證明。

三、弗洛伊德精神分析理論的廣泛影響

精神分析理論不僅是心理學的一次革命，而且在許多領域內產生了廣泛的影響。有人甚至這樣評價這種影響：凡是用弗洛伊德所提供的理論對某一既定領域進行考察和研究時，便必然會形成新的見解和觀點，而這種新的見解和觀點，就可能使這一領域的發展出現新的希望。這種影響不僅體現在我們已經講過的心理治療領域，而且體現在文學、宗教、倫理學和歷史學領域的實踐中。

(一) 對文學藝術領域的影響

精神分析理論對文學藝術的影響連弗洛伊德本人也已經意識到了，他在《自傳》中寫道："自從《夢的解析》一書問世以後，精神分析再也不是純

粹屬於醫學的東西了。當精神分析出現於德國和法國的時候,它已被應用到文學和美學上"(高宣揚編著,1986,271頁)。

可見精神分析從一開始就對文學藝術產生著影響。弗洛伊德並不醉心於文學藝術,但他與當時許多文學家、詩人、藝術家交往甚密。這些人包括羅曼·羅蘭、托馬斯·曼、茨威格、李爾克等人。這些交往,一方面為弗洛伊德直接探討文學藝術問題提供了機會,另一方面也使這些藝術家從弗洛伊德那裏學習或接受了精神分析理論。弗洛伊德對象徵主義詩人李爾克的影響就是一個典型的例子。1915年,李爾克拜訪了弗洛伊德,並與弗洛伊德談得很投機。在弗洛伊德的影響下,李爾克對藝術有了更深入的理解。他認為"真正的藝術"不是直接反映現實生活,而是以夢幻的浪漫主義形式表現作家個人的內心世界。這是象徵主義的一個基本思想,而這種思想無疑受了精神分析的啟發。象徵主義強調,作家的王國實際上是深沈的夢境,他關心的不是現實生活,而是自己的內心世界,特別是內心深層的潛意識活動。所以他們的作品帶有深厚的非理性或反理性的色彩。他們歌頌黑暗、回避光明,公然主張藝術的目的是"超越現實",用非理性的夢幻世界來取代現實的世界。所有這一切都受到了弗洛伊德文藝思想的影響。

弗洛伊德的文藝思想到底是怎樣的呢?實際上,弗洛伊德的藝術觀點始終貫穿於他的精神分析理論之中。弗洛伊德認為,人的潛意識是違反道德和倫理的,因此必須放棄在現實生活中獲得滿足的願望而退縮回來,不得不從享樂主義原則回到現實主義原則;而想像的、幻想的王國卻是一個避難所。藝術家就像一個有精神病的人那樣,從一個他不滿意的現實中退縮回來,鑽進他自己所想像出的世界中。他的創作、藝術作品,正如夢一樣,是"潛意識"願望獲得一種假想的滿足,同樣是一種性欲衝動宣洩的方式。不僅自己這樣,他們還利用作品引起他人同樣的感受,也使他人從這種夢幻世界中獲得滿足。當然,藝術家又區別於精神病患者,這種區別主要體現在藝術家不僅能在自己的想像王國中創作,他也能走出自己的王國重新回到現實生活中來。按照弗洛伊德的思想,一切頹廢的,宣揚性欲的作品,實際上是人的性衝動的一種表現。

儘管弗洛伊德的這些思想如同他的整個精神分析大廈一樣缺乏堅實的基礎,並且沒有充足而嚴密的科學證明,但他卻受到諸多文學家、藝術家的盛讚。可以誇張地說,隨便翻開西方任何一本文藝評論的書,我們都能找到弗洛伊德的名字或看到他的影子,因為許多藝術家正是以這個理論所提供的原則去指導自己的創作實踐。

(二) 其他影響

弗洛伊德的精神分析理論不僅作為一種心理學流派對心理學的發展起了巨大的推動作用,而且在當今資本主義國家裏,特別是在美國,**弗洛伊德主義**(Freudianism)和**新弗洛伊德主義**(neo-Freudism)作為一種哲學思潮在一般意識形態中都得到了廣泛的傳播。它不僅影響了西方當代的文學藝術,而且對宗教、倫理學、歷史學也產生了深遠的影響。他的著作《圖騰和禁忌》可以說是這種影響的代表。弗洛伊德根據一個古老的希臘神話創造了**伊諦普斯情結**,並用這個概念解釋了子女對父母由於性愛而產生的錯綜複雜的矛盾情感。他把這個虛構的概念應用到社會科學領域,把社會的發展和宗教、道德的起源歸結為"伊諦普斯情結"的產物。他在《圖騰和禁忌》中寫道,史前時代的人生活在按父權組織起來的部落裏,

> 一個充滿暴力和嫉妒的父親將所有女性都擁為己有,然後,驅逐他已長大的兒子們。……有一天,那些被父親驅逐的兄弟們聚合在一起,殺害並吞食了他們的父親,於是,此種家長統治的部落方式終於結束。……圖騰餐也許可說是人類最早的慶典儀式,它正是一種重復從事及慶祝上述值得紀念和殘酷事件的行為,它是往後所謂的"社會結構"、"道德禁制"和"宗教"等諸多事件的開始。(楊庸一譯,1975,176~177 頁)

弗洛伊德的精神分析還認為,宇宙的知識不是得自天啟,而是得自理智的觀察,他認為科學有批判宗教的權力,科學的敵對勢力尤以宗教為甚。哲學與科學只能引起少數人的興趣,宗教則可影響人類最強烈的情緒,以致宗教信仰深入人心。不僅如此,他還對宗教的起源、宗教與靈魂論的關係、宗教對人類的威力以及宗教中福善禍淫的說教都作了饒有趣味的論述。在此基礎之上,他指出了宗教的欺詐性:"宗教斷言只要人們完成某些倫理的義務就將予以保障和幸福",然而"有時狡猾凶惡之人反能得到世上一切可欲之物,而聖潔賢士卻兩袖清風,一無所得。"黑暗冷酷的勢力卻決定了人的命運,而宗教所稱的"統治人世善惡的賞罰制度似不存在"(高覺敷譯,1987,

134頁)。總之，弗洛伊德是維護科學而反對宗教的。

毫無疑問，弗洛伊德主義的影響是廣泛的，儘管一一敘述這種影響是很困難的事，但誰也無法否認這些影響。關於弗洛伊德精神分析理論的廣泛影響，尤其是對婦女心理學、東西方文學及歷史學方面的影響，本書在第四編第十二章第二節論述，這裏從略。

第三節　弗洛伊德精神分析的局限

弗洛伊德的精神分析理論，如上一節所說，有很大貢獻。但同時，它也有嚴重的問題和不足。主要表現在他所宣揚的潛意識基礎論、泛性論和本能論。心理學界特別尖銳地批評精神分析學派在研究對象與研究方法方面的局限。本節將介紹弗洛伊德精神分析的這些局限。

一、弗洛伊德在理論上的局限

弗洛伊德在理論上的失足、局限以至錯誤和他在科學上的獨創、開拓與影響不但形成鮮明的對比，而且兩者恰好是密切聯繫著的。以下從三個方面就此作些分析與說明。

（一）　潛意識基礎論

很多人都承認弗洛伊德重視潛意識，並把它作為科學的對象給予系統的研究，是順乎歷史潮流，非常有遠見，且體現了他在追求人類知識方面的一種極其可貴的獨創與開拓精神。同時，他通過自由聯想、釋夢和分析過失等途徑，對潛意識的表現和性質作了具體的論述，有所發現，功不可滅。但他把潛意識看得過重，高估其作用與地位，因而有失偏頗。比如他認為："潛意識是真正的精神現實"，"必須把潛意識當作精神生活的一般基礎"；"潛意識是包含了較小的意識範圍的更大範圍"；"撤消對意識性質的過高評價是真正洞悉精神事件過程所必需的開端"(張燕云譯,1987,570～571 頁)。這樣,弗洛伊德把潛意識看作心理的實質,居於精神生活的核心與基礎地位,而把意識貶斥在一邊,完全處於精神生活的次要的、從屬的地位,就很難使人接受,因為它與人們現實感到的心理生活的主要方面不相符合。何況弗洛伊德對潛意識的結論又是從夢境與過失現象的分析推論而達到的,更使人難於信服。這一點弗洛伊德本人是覺察到的,故在介紹其過失心理學時曾稱:"用小小的跡象作研究的指導,像我們在這方面所常作的那樣,也不無危險"(弗洛伊德著,高覺敷譯,1984,第 46 頁)。

俗稱"人為萬物之靈",這靈就意味著人有語言,會思維,能自覺行動而區別於萬物,成為萬物之首。如果把潛意識理解為人們精神生活的一種值得重視的補充形式與方面,那是無可厚非的。但像弗洛伊德那樣把潛意識抬得過高,竟理解為人們精神生活的一種基礎與核心,而貶斥了意識對人的精神生活和行為活動的調節指導的作用,無異於把人看作盲目被動的人,一無自覺主動性可言,就很難對人的本質特點作出一種合乎實際的理論概括。

(二) 泛性論

對性態度的變化標誌著我們時代進步的另一潮流,弗洛伊德對此無疑有著特殊的貢獻。性心理學家靄理士曾專門撰文說到過這一點,並指出:"不管我們最終會對精神分析作為一種技術方法怎麼設想,但它對於普遍承認並接受生活中性的地位這一方面是曾經作過極端的強調"(Ellis, 1939, p.317)。弗洛伊德對性的強調是眾所周知的,在一定程度上,他的強調是合理的,有過歷史功績的。但他從力比多理論出發,把個體的一切行為及其發生發展,都看成與性有關,或出於個體早期性欲受到壓抑所致,甚至把人類社會組織的變遷、宗教的起源和科學藝術的創造,都用一種性的眼光去看待它,用伊諦普斯情結去解釋它,就陷落到一種泛性論的錯誤。弗洛伊德談性而至於離奇、乖謬,不但"體面人"為之憤怒,常人、一般科學家不能接受,即使精神分析學家同行內也有人不能不為此感到欠妥,而要起來反對,直至另立門戶。薩哈金在他的《心理學歷史與體系》(1975) 一書中對弗洛伊德作最後評論時稱:"發人深思的是:使弗洛伊德理念得以永存的人中,更有影響的卻是那些與弗洛伊德正好相對立的一些人,包括榮格、阿德勒、弗洛姆、霍妮、沙利文,這些人都傾向降低弗洛伊德主義的性的味道"(Sahakian, 1975, p.260)。

榮格承認性欲是生病的基本要素之一，而且把性欲看作造成精神病發展的重要因素。通過研究，他還發現病人及健康人的幻想中存在著眾多的性象徵，往往與性欲的作用有關。但榮格仍然強調不應把性驅力理解為人生的唯一基礎。弗洛姆則認為人的性衝動和它們的受壓抑，只是現實的一個狹小部分。確定無疑的是，整個壓抑現象是一個社會現象 (Fromn, 1986)。

弗洛伊德把從對神經症患者的研究得出的有關性的情結概念與結論，擴大應用在嬰幼兒的攝食、排便等的生理活動中，甚至推廣應用到人文學科領域中，違反了具體對象應作具體分析的實事求是的一般科學原則。弗洛伊德對於無論是生理現象、心理現象還是社會現象都應用同一規律，同一思維模式，也即他的泛性論去加以分析說明，雖然引起過一般人與不同學科專家的重視與爭論，因而使弗洛伊德及其精神分析產生了較大的影響，但它在理論上的局限與錯誤始終是明顯存在著的。

(三) 本能論

弗洛伊德提出本能論，強調潛意識情感欲望對人的心理及其發展的推動作用，固然是受了 19 世紀哲學上非理性思潮的影響，但是從歷史的眼光來考察，它對心理學一貫重理輕欲的傳統倒也起到糾偏的作用。就科學標準而言，弗洛伊德並沒有像巴甫洛夫那樣對本能有個十分明確的概念，可據此對本能進行客觀的研究 (Wells, 1960)。弗洛伊德認為："本能是最為不確定的，而在工作中又是不能須臾忽視它們的"。只要一說到有機體的本能，弗洛伊德就會"把它看成心理研究中最重要的同時又最模糊的成分"(Jones, 1953, p.40～43)。弗洛伊德從生物學觀點看待本能，把本能看作是心理和身體兩者的邊緣概念 (Freud, 1954)。可以認為，本能是身體的，由於它的刺激來自體內某個器官；同時它又是心理的，因為能使人感到某種性質的本能的興奮。例如性本能，在心理上會出現某種感覺，性興奮，而它又是從身體的性器官部位發出的。總之，按照弗洛伊德的看法，本能乃是不同的身體器官的需要在心理上的反映。

雖則弗洛伊德認為本能是最不清楚的，但他重視本能，強調本能，並對本能加以歸類卻極其明確。他毫不含糊地認為本能基本上只有兩種：生之本能 (主要是性本能) 與死之本能 (表現為破壞與侵犯)。因為他把對本能的重視和歸類與他的力比多理論結合一體，試圖用以說明人的心理與行為的根本動力。弗洛伊德的這種理論探索在其同時代的英國心理學家麥獨孤就曾作過嘗試，所不同的是麥獨孤先後認為基本本能有 12 種以至 17 種之多 (Rundin, 1984)，弗洛伊德則只歸為 2 種，而特別看重性本能的地位與作用。麥獨孤的本能論曾經轟動一時，但當今涉及人類行為的問題，除了弗洛伊德學派，心理學家已普遍不接受這種本能主張。

誠然，本能對人的活動是有影響的，但是，如果誇大了本能的作用，以它為主宰人的整個活動的決定者，那就過分強調本能而將人混同於動物，降低為動物，突現了人的自然屬性，從理論上是把本能絕對化，把人本能化、生物化，無視於人的社會性的實質。

弗洛伊德的本能論也在實踐中產生了消極影響。因為按照他的理論，既然人有死之本能，表現為破壞與侵犯的天性，那麼犯罪與戰爭也就是不可避免的了。這樣，在客觀上不啻為現實社會中的破壞和侵犯行為進行辯護，提供了理論依據。

綜上三個方面的剖析來看弗洛伊德理論的不足與局限，可歸結為弗洛伊德在人性問題上的錯誤。人類本性、人性，原是個具體的、現實的、歷史的範疇，不同社會、不同時代、處於不同地位的人，會具有不同的心理面貌和心理特徵，這就是具體的人性及其變化發展。所以人性問題是個繁複變化的綜合性問題，有待多種學科從多種角度作具體的、歷史的與現實的不斷深入探討。而弗洛伊德則希望通過他的臨床分析與生活觀察，以潛意識基礎論、泛性論和本能論三者相結合，得出關於人性的過於簡單的、抽象的、普遍適用的理論，正是魯迅先生在〈文學與出汗〉短文中所曾指出的，是對"一種萬古不變的人性"的追求，則難免要落空的 (魯迅，1981)。

二、研究對象與研究方法的局限

弗洛伊德精神分析理論在其研究對象與研究方法上受到了心理學界的批評：在研究對象與主題方面受到人本主義心理學家最嚴厲的批評，在研究方法與外部效度方面則受到了實驗心理學家一再的責難。下面分別予以說明。

(一) 研究主題與對象上的局限

正如前一小節所指，弗洛伊德精神分析理論以神經症患者為對象，圍繞潛意識這個主題，研究它的性質、作用與變化，也即專門研究變態人的深層心理。雖則這種研究是有意義的，但不可否認它的局限性。人本主義心理學主要創建者之一馬斯洛 (Abrahan Maslow, 1908～1970) 一貫反對精神分析這種根據臨床案例來研究人的心理的做法，他批評說：

> 如果一個人只潛心研究精神錯亂者、神經症患者、心理變態者、罪犯、越軌者和精神脆弱者，那麼他對人類的信心勢必愈來愈小，他會變得愈來愈"現實"，尺度愈放愈低，對人的指望也愈來愈小，……因此對畸形的、發育不全的、不成熟的以及不健康的人進行研究，就只能產生畸形的心理學和哲學。(車文博，1996，550 頁)

研究不健康的人必然會產生畸形心理學這樣的推論是否妥當，是可以商榷的。但馬斯洛在此表明了人本主義心理學強調研究健康人的心理或健康人格，則是無可厚非的。不過，弗洛伊德以研究病態人心理來代替或推論對正常人心理的研究，是以偏概全，是沒有足夠的外部效度的。

(二) 研究方法的局限

在具體收集資料方面，實驗心理學家批評，弗洛伊德顯然是在那些不系統的未加控制的條件下進行的。弗洛伊德對每個病人說出的東西，他不是客觀地一字不差地做記錄，而是在看過病人幾小時之後才寫記錄，並研究這些記錄。有些原始資料 (病人自己說的話)，由於當時回憶的遲想，以及大家都知道的那種歪曲和遺漏，必定有所錯漏。因此，資料只包含弗洛伊德記憶中的東西。在回憶過程中弗洛伊德根據自己的意見重新解釋這種未加工的資料也是可能的。在進行抽象推論時，他可能本著自己的意願去尋找那些支持他的假設的材料。換句話說，他可能已經記住原來的話，但只登記他願意聽的東西。因此，弗洛伊德重新組織的材料沒有正確地反映當時的實際材料。對於原始材料本身還有一個更基本的批評：即使保留下一份完全的記錄，但還是不能斷定病人說出的東西的確實性或真實性。弗洛伊德根本沒有試圖確定他的病人所作報告的準確性，因而批評者認為，關於所描述的事件，他應該詢問病人的家屬或朋友來證實報告的準確性。因此，弗洛伊德建立理論的基本步驟——收集資料，很可能描述得不完全，不完善和不正確。

到了下一步，即根據資料進行抽象的推理和概括，沒有一個人確切地知道弗洛伊德是怎樣進行的。弗洛伊德的著作和他的結論，既不包括做結論時所依據的資料、分析資料時所用的方法，也不包括關於他的經驗材料的系統說明 (Hall & Lindzey, 1970)。其結果，實際上不可能按照弗洛伊德的原始設計重復他的任何研究。弗洛伊德不願意完全遵照科學報告的慣例來介紹自己的材料，使人們對精神分析的科學性留下許多疑點 (Hook, 1960)。更有甚者，因為弗洛伊德並不主張他的資料的數量化，所以要斷定他的研究結果的可靠性或在統計學上的意義是不可能的。例如，在多少病例中，他發現了妄想狂與同性戀之間的聯繫，癔症與口腔期固著之間的聯繫？他研究了多少個某一特定類型的病人？把一個病人歸為某個特定的臨床分類所使用的方法和依據的標準又是什麼？這許多類似性質的問題使量化研究取向的心理學家十分困惑 (Hall, Lindzey, & Campbell, 1998)。

弗洛伊德精神分析由研究方法的不嚴謹且帶有某種神祕性引起人們對其整個研究的科學性產生了懷疑。一些極端的看法甚至認為弗洛伊德所做的事業充其量是一種偽科學而已 (Begley, 1994 & Crews, 1996)。心理學史家則認為不能只用行為主義的實驗標準來衡量精神分析 (Schuhz, 1976)。有一部分熱心於弗洛伊德精神分析的學者，自五十年代起，就開始嘗試用實驗研究來驗證並支持弗洛伊德的理論 (Kline, 1972)。也許他們之中有人感到了弗洛伊德在科學的方法學與理論構建上的薄弱，而有意做些彌補不足的工作，以便"對弗洛伊德所構建概念的堅信不是基於信仰，而是基於證據。" (Eysenck & Wilson, 1973, p.xi)。

本 章 摘 要

1. 精神分析理論的實證研究包括對弗洛伊德各個基本觀點作實證研究，也有對精神分析治療效果作量化的評估，其目的試圖以此來驗證弗洛伊德的學說主張，使他的理論更具有科學性。
2. 弗洛伊德的精神分析心理學對心理科學的發展產生了深遠的影響，他不僅發現了潛意識，提出了完整的人格結構理論，而且提供了一條從人的內部看待人格發展動力的思路。
3. 弗洛伊德的貢獻也體現在他對心理治療的貢獻上，他創造性地運用**釋夢**和**自由聯想法**使心理治療有所突破。
4. **潛意識**是人們認識客觀現實的一種不可缺少的形式。一些事實表明，人不僅有潛意識的記憶，還有潛意識的再現；潛意識還通過**直覺**和**靈感**在人們的認知過程中發揮作用；潛意識還能促進人們有效的學習。
5. 弗洛伊德認為潛意識是社會形成的基礎；社會的發展是潛意識矛盾鬥爭的結果。
6. 近來腦科學的研究表明，潛意識反映的是大腦皮層較弱興奮部位，第一信號系統沒有同語詞自覺聯繫起來的一種活動；它主要是大腦右半球非言語思維的活動；它是人腦未被意識到的定勢的功能狀態；是腦幹**網狀結構**相對失去控制下的思維活動。
7. 古典精神分析的影響遍及文學藝術、宗教、倫理學以及歷史學和哲學等領域，為這些領域的發展提供了理解新思路。
8. 弗洛伊德精神分析有許多局限，這不僅體現在他對人性問題的看法上的潛意識基礎論、泛性論和本能論，而且他構建理論的方法也受到了人們的批評。

建議參考資料

1. 申荷永（譯）(1986)：弗洛伊德思想的貢獻與局限。長沙市：湖南人民出版社。
2. 車文博 (1987)：意識與無意識。瀋陽市：遼寧人民出版社。
3. 車文博（主編）(1992)：弗洛伊德主義論評。長春市：吉林教育出版社。
4. 何　瑾等（譯）(1986)：人格心理學導論。海口市：海南出版社。
5. 金初高（譯）(1985)：馬克思主義對心理學說的批評。北京市：商務印書館。
6. 張傳開、章忠民 (1987)：弗洛伊德精神分析學述評。南京市：南京大學出版社。
7. 傅　鏗（編譯）(1988)：精神分析學的過去與現在。上海市：學林出版社。
8. Boring, E. G. (1957). *Historical introduction to modern psychology* (2nd ed.). New York: Appleton-Century-Crofts.
9. Grinstein, A. (1990). *Freud at the crossroads*. Madison, Connectiut: International Universities Press.
10. Kline, P. (1972). *Fact and fantacy in Freudian theory*. London: Methuen.
11. Ritvo, L. B. (1990). *Darwin's influence on Freud: A tale of two sciences*. New Haven and London: Yale University Press.

第二編

精神分析學派的分裂

本編包括阿德勒的個體心理學與榮格的分析心理學共四章內容。阿德勒曾為弗洛伊德的精神分析所吸引，成為弗洛伊德的追隨者，是精神分析學派初創時期的一個核心成員，擔任過維也納精神分析學會主席。榮格讀了《夢的解析》後，對弗洛伊德發生了興趣，經過通訊會晤，榮格深受弗洛伊德的器重，並與弗洛伊德共同創立國際精神分析學會，任第一任主席。阿德勒與榮格這兩個對學派極有影響的人物都離弗洛伊德而去，自立門戶。他們所建立的個體心理學與分析心理學標誌著從組織上到理論上與弗洛伊德正統精神分析的徹底分裂。但這並非精神分析學派唯一的一次分裂。此後，學派不斷有爭議，出現分裂。本書第九、第十章將要講到的美國新精神分析社會文化學派就是 20 世紀 30 年代從正統精神分析學派分裂出去的。而該學派興起不久很快又從內部出現了新的分歧和新的對峙。故學者認為"組織分裂是全世界的精神分析的特點。它們是精神分析這門學科本身的遺傳因素的症候"（高覺敷，1982，400 頁）。我國心理學史家孫名之則認為"精神分析本是一門經驗學科，分裂是理論分歧的結果，不能視為遺傳因素"（高覺敷主編，1987，343 頁）。

的確，分裂是由於理論上的分歧。就本編介紹的精神分析的第一次分裂而言，理論分歧涉及對弗洛伊德學說的一些基本概念（如力比多、潛意識）的不同看法。這些不同看法又都可歸結為對人的不同看法和由此產生對病因與治療所持觀點和態度的不同。例如阿德勒把人看作社會的、主動的、有明確目標意識的人的觀點，正好是與弗洛伊德所堅持的對人的泛性論的生物學觀點針鋒相對的；榮格在許多方面是兼容阿德勒和弗洛伊德兩者的，但他對力比多、潛意識抱有更加寬泛、廣義的理解，是弗洛伊德所不能接受的。今天，人們或許會覺得在弗洛伊德與阿德勒、榮格之間的分歧未必如此絕對、嚴重，而到了無可調和的地步。這是因為我們隨著時代的進步，早已把當時對立的見解綜合容納在一起加以吸收，幾乎成為常識，如把人理解為既是生物的，又是社會的，是自然與社會高度統一的有機體，其理自明，很少人會持異議。這正反映了今天的進步和當時歷史條件下，人們包括像弗洛伊德這樣偉大的學者，思想仍受到極大的束縛，似乎是難以避免的歷史現象。也正因為如此，使人感到阿德勒、榮格能夠突破陳見，敏感於弗洛伊德的問題，不顧名望，甘於冷落，只為堅持自己的一種理論追求，是十分勇敢、有膽識且難能可貴的。

　　本編的內容還說明：分裂不僅是一種歷史的必然，而且絕非一件壞事。首先，弗洛伊德雖因堅持己見，把阿德勒、榮格趕出精神分析領域外，但這樣大的一次分裂衝擊，多少使弗洛伊德對自己的理論問題反思，有助於他日後對精神分析理論的改進。其次，阿德勒和榮格擺脫了弗洛伊德的束縛，各自從不同角度發展自己的精神分析理論，使精神分析在批判和修正中得到了完善，而更為廣大群眾所接受。第三，精神分析作為一種精神病的醫學治療理論和方法，阿德勒和榮格分別發展出一套治療技術與防治措施，迄今仍為人們所廣泛採納，在精神病治療與心理衛生事業的防治上影響深遠。

　　本編另一引人注意的內容是：阿德勒與榮格處在同一社會歷史背景下，且與弗洛伊德和精神分析的關係上有十分類似的經歷，但他們兩人所建立的心理學理論體系卻是如是地不同。此當與他們個人所受不同家庭影響，不同教育背景，以及個人對哲學與科學的選擇方向與理解角度上的不同有關。這種種不同導致他們理論特色的不同。例如阿德勒從小貼近現實生活，他闡述的理論多半淺顯好懂；榮格受過宗教神學的薰陶，他的理論晦澀難懂，帶有神祕色彩。而他們各自理論上對不同學科的影響與貢獻也極不同：阿德勒理論對於社會心理學、家庭教育與學校教育的影響深遠；榮格則更廣泛地影響了宗教哲學、文化人類學和心理歷史學。

　　現代心理學試圖用自然科學的方法研究人的意識，這是過去科學史上未曾有過的；精神分析開始對潛意識作系統的研究，這更是科學史上的創舉。正因為研究對象複雜，而研究歷史又短，使現代心理學與精神分析必定會有不同角度的探索，而產生理論上的爭論、分歧，以致組織上的分裂。故舒爾茨對學派爭論、學派分裂作了歷史分析，並認為有助於學派的成熟。

第五章

阿德勒個體心理學的理論基礎

本章內容細目

第一節 阿德勒傳略
一、不幸的童年 159
二、學習成長與擇業 160
三、步入精神分析的圈子 162
四、背離精神分析 163
五、成年後的主要經歷及成就 163
　　㈠ 人生經歷
　　㈡ 去世及影響
　　㈢ 著　作

第二節 個體心理學產生的歷史背景
一、時代背景 166
　　㈠ 社會條件
　　㈡ 時代精神的衝擊
二、思想淵源 167
　　㈠ 哲學方面
　　㈡ 科學方面

第三節 個體心理學的基本思路
一、個體心理學的基本前提 173
　　㈠ 人是不可分割的整體
　　㈡ 人不是被動的機器
　　㈢ 人的成長離不開生活目標
二、個體發展的制約因素 176
　　㈠ 機體的遺傳與環境因素
　　㈡ 社會性因素

第四節 阿德勒與弗洛伊德理論的分歧
一、對人格的意識和潛意識的看法不同 178
　　㈠ 意識與潛意識
　　㈡ 自我的重要性
　　㈢ 對夢的看法
　　㈣ 對早期生活的看法
二、對人格發展問題的看法不同 182
　　㈠ 本能因素與社會因素
　　㈡ 對補償作用的看法不同

本章摘要

建議參考資料

阿德勒本是古典精神分析學派的中堅，是弗洛伊德理論的捍衛者，但身為一名致力於探求人類發展動力的心理學家，他卻難以接受弗洛伊德的某些觀點。阿德勒根據多年的臨床治療經驗指出，力比多以及種族遺傳等神秘的先天性自然力量並不是精神生活的決定因素，只有社會因素和個人生活的經驗才決定著人格發展的方向。阿德勒此種重視社會因素對人類心理的影響，以及環境、教育的作用，發展成與弗洛伊德不相同的人格理論。其人格理論的特點是重視人格的統一性，主張從統整的觀點來了解人類，強調人類的行為皆有目的；了解人類追求目標的方向遠比了解其過去要重要；人是理性的動物，在自主意識的支配下，能決定自己的未來，創造自己的生活；同時更能發展出各具特色的生活風格來表達自己的人生目標。

但是弗洛伊德拒絕接受阿德勒對於精神分析的修正，更不能容忍阿德勒的"背叛"。於是阿德勒便與幾名追隨者一起宣布脫離正統精神分析，創立**個體心理學**，這一新的理論體系，是精神分析學派內部第一個反對弗洛伊德的心理學理論體系；是以生物學為定向的本我心理學轉向以社會文化為定向的自我心理學；是古典精神分析向新精神分析轉變的中介。一般認為阿德勒的個體心理學思想是以後人本心理學的先驅。

從史學的角度看，阿德勒的理論是古典精神分析向新精神分析轉折的中介。它既是阿德勒對哲學與現實思考的結果，也是他與弗洛伊德觀點對立的直接產物。主要是對人格的意識和潛意識的看法不同，以及對人格發展問題的根本看法迥異。個體心理學設計出一條獨特的思路，首先把人看作不可分割的整體和具有主動性的個體，並由生活目標推動著它的成長，把遺傳、環境和個體的創造力結合起來，表達了人們對自身積極性的一種樂觀的看法，受到了人們普遍的歡迎。

學習本章應掌握以下幾方面的內容：

1. 阿德勒的早年經歷對其成年後的學術活動的影響。
2. 阿德勒提出個體心理學的時代背景與思想淵源。
3. 阿德勒個體心理學對個體（人）的最基本認識。
4. 阿德勒與弗洛伊德的理論分歧。
5. 個體心理學對個體發展制約因素的看法。

第一節　阿德勒傳略

阿德勒 (Alfred Adler, 1870～1937) 是 20 世紀奧地利著名精神病學家，是精神分析學派代表之一，是個體心理學創始人，也是人本心理學的先驅。出生於維也納郊區的一個猶太商人家庭。

維也納不僅是世界音樂之都，而且在 19 世紀後期也是歐洲重要的經濟文化中心之一。除了音樂的吸引力外，藝術和科學也聞名世界。維也納以其輝煌的歷史和閃耀的文化吸引著世界各地許多有為的青年。

一、不幸的童年

阿德勒生於音樂、藝術氣息濃厚的維也納，並沒有人們所想像的那樣幸福。實際上，他的童年充滿了種種的不幸。出生時身體就一直不好且患有軟骨病，直到四歲時才能自己走路。五歲時又得了嚴重的肺炎，並差點因此而喪命。後來在街上玩耍時又被車撞傷兩次。對於這一連串的不幸，阿德勒回憶說：

> 五歲那一年我得了肺炎，家裏請來了一個醫生。他告訴我父親不會再有照顧我的麻煩了，因為我已沒有活下來的希望。我頓時渾身感到一種極可怕的恐怖。過了幾天當我好了之後，我就斷然決定要成為一個醫生，可以更好地抵禦死亡的危險，並要有比我的醫生更高明的能力來對付死亡的危險……自此之後，成為一個醫生的決心從未離開過我。我再也不能設想自己去選擇其他別的職業。即使藝術那麼誘人，而且儘管我在各種音樂方面都有相當的能力，也不足以改變我所選擇的道路。我堅持走下去，那怕在我和我的目標之間還存在著複雜的眾多的困難。(Bottome, 1957, pp.32～33)

從此段回憶中可以看出，童年的阿德勒在心理上始終籠罩著對死亡的恐懼和對自己軟弱無力的憤怒，而這種童年經歷對後來的職業選擇與心理學思

图 5-1　阿德勒
(Alfred Adler, 1870～1937)
奧地利著名心理學家，精神分析學派的主要代表，個體心理學的創始人。他認為，自卑感通過補償作用對優越與權力的追求是個體生活的根本目標，也是個體人格發展的基本動力。

想的形成產生了巨大的影響。在個體心理學思想中關於人格發展的思路正是他個人奮鬥與成長的軌跡。

阿德勒的父母共有六個孩子。阿德勒排行老二，上面有一個表現很出色的哥哥，這對他的生活產生了很大影響，因為他總是覺得自己生活在哥哥的影子底下。阿德勒的童年有點自卑，幼年時患有軟骨病，使他有點駝背，不能像其他孩子那樣自由活動。從身體的外形上看，阿德勒身材矮小，相貌平平，而哥哥卻很健壯，且長得英俊瀟灑，這與他形成了鮮明的對照，他甚至有一種感覺，即自己永遠無法與哥哥相比。儘管阿德勒外表並不討人喜歡，但隨和的性格卻也使家人和同伴喜愛；父親就很喜歡他。兒時的阿德勒很少靜下來，他不喜歡待在家中，而是整天在外面玩耍。在孩子們的遊戲中，他經常輸給哥哥，但卻有一種永不服輸的精神，總是試圖立個新紀錄以超越哥哥。這種好強爭勝意志堅定的性格給他帶來了榮譽，但更多時候帶來的卻是失敗的痛苦。

二、學習成長與擇業

阿德勒從小就受到了良好的家庭教育。由於生活在維也納，因而音樂也就成為他生活的一部分。他的父親非常寵愛阿德勒,並經常帶他去欣賞音樂會。父親對阿德勒寄予很大的期望,希望阿德勒能在科學或藝術方面有所成就。有一次父親對阿德勒說:"你必須不相信任何事",意思是說:"對任何事,永遠不要輕易信以為真,除非是由你自己發現"(車文博,1992,716頁)。這句話後來成了阿德勒一生的一個原則,而後與弗洛伊德的分離以及對待其他心理學理論的方式無不受這一原則的影響。

　　阿德勒五歲時就讀於一所離家較近的小學,由於在各方面表現平平,因此小學生活並不是很愉快。但堅強的性格,使阿德勒始終朝著自己的目標前進,而且並沒有因此而放棄自己的追求。1879 年,也就是九歲的那一年,他有幸進入了弗洛伊德在 14 年前就讀過的一所相當好的中學。剛入學時,阿德勒的成績很不好,幾乎是班上最差的學生之一。同學們很看不起他,甚至連老師也覺得他將來難有作為,而向阿德勒父親建議,說讓阿德勒當一名製鞋工也許更合適。但父親並沒有這樣做,而是鼓勵阿德勒不要氣餒,要相信勤能補拙。在父親的幫助與鼓勵下,阿德勒靠自己的勤奮,成了班上進步最快的學生。有一次,他解決了連老師也覺得難的數學題,令老師與同學刮目相看。從此,他也成了班上最優秀的學生之一,這更加強了他的自信心,更加堅定地向自己的目標邁進。

　　成為醫生是阿德勒很早就選定的職業。通過不懈的努力,1888 年終於以優良的成績考入了維也納醫學院,在以後的七年中,他系統地接受了醫學教育,於 1895 年獲得醫學博士學位。在該院短暫實習之後,於 1896 年的 4～9 月應徵入伍,在匈牙利軍隊的一所醫院中服了半年兵役。1897～1898 年又重新回到維也納醫學院繼續深造。學習結束之後,於 1899 年在維也納開了一個自己的診所。最初做的是眼科醫生,後來又轉向內科診治。也許在別人看來,阿德勒是依靠自己的努力,實現了童年時期的理想,但這並未帶來多大的快樂,他越來越清楚地意識到自己的內在目標乃是:揭示人性發展的奧秘。慢慢地,他的診所開始接待有各種心理疾病的患者。這些人主要來自下層社會,其中也有一些有名的演奏家、畫家和藝人。在治療過程中,阿德勒發現,這些富有創造技巧的藝術家們,常常是在克服童年時身體上的弱點和意外事故的基礎上,發展了他們的傑出才能。而這一發現,給阿德勒以極大的啟發,個體心理學最初的思路即來自於此。

三、步入精神分析的圈子

阿德勒在中學時就已經接觸了哲學、心理學、政治經濟學和社會學。在維也納醫學院，也經常去聽有關心理學和哲學的講座，並借閱了許多這方面的書籍。他對病理解剖學有特殊的興趣。另外，還對現實的社會問題和社會狀況投入了極大的精力。大學時，他不像其他學生那樣圍著教授轉，而是熱衷於社會活動。他曾以一個旁聽者參加了一個學生社會主義小組的活動。據斯坡伯（Monés Sperber, 1905～ ）回憶，阿德勒在 1898 年以前曾參加過"學生社會主義同盟"，並讀過馬克思的《共產黨宣言》、《政治經濟學批判》以及馬克思的一些早期哲學著作。此外，他還非常關注女權運動與社會改革，相信追求人類生活的改善是社會發展的根本要求。

在 1898 年，阿德勒從維也納醫學院畢業後的第三年，寫出了自己的第一本著作《裁縫業工人健康手冊》。在這本書中，他全面地分析了製衣工人在健康問題上所面臨的危害，並強調不能孤立地考慮人的問題，必須把健康與整個環境聯繫起來考慮這一原則。儘管此時阿德勒才 28 歲，但已經開始從整體的角度來看待人的問題。這預示著他以後的學術思想將具有獨特的個性傾向。

於 1900 年，阿德勒面臨學術生涯的重要轉折點。在此之前，他的興趣主要是在一般的醫學領域裏研究精神病理學的症狀。這一年，弗洛伊德出版了《夢的解析》，這本書使阿德勒受到了極大的震憾。他在反覆閱讀了幾遍之後，寫了一篇書評，公開支持弗洛伊德的主張。這使弗洛伊德非常感動，因為在當時弗洛伊德遭到許多人的反對與批判，而阿德勒卻能夠站出來維護精神分析，不僅說明了他的遠見卓識，而且也體現了他的勇氣。於是弗洛伊德寄給他一張明信片，除了表示感謝，還邀請他和另外三人一起討論精神分析問題。阿德勒接受了邀請，從此便成了弗洛伊德學派的一員。由於討論會一般在週三舉行，因此又稱為"星期三精神分析協會"。在別人看來，阿德勒無疑是弗洛伊德的得意門生，但阿德勒卻從未承認過。他從一開始就認為自己只是這位偉人的年輕同事，而不是弟子。他們的討論促進了精神分析的發展，阿德勒也因此擴大了自己的影響。

四、背離精神分析

約在 1910 年前後，隨著阿德勒對精神分析的進一步研究，他開始背離弗洛伊德的精神分析。儘管阿德勒也是精神分析協會的創始人之一，但他卻從未贊同過弗洛伊德的心理疾病的性的病原學理論。早在 1907 年，阿德勒就發表了〈器官缺陷及其心理補償的研究〉一文，其中顯露出對弗洛伊德的不滿。他試圖建立一個只用心理學術語或文化心理學觀點的精神病理論，在這篇文章中，他將人格發展的基礎從性因素擴大到整個機體的特徵。1908 年，他又發表了關於"自卑感"以及作為過度補償的〈男性的反抗〉一文，文中以一種新的價值觀念取代驅力的概念。之後，阿德勒很快又修正了**男性的反抗**這一概念，取代它的就是後來我們所熟知的**權力意志**或**追求優越**。

由於觀點上的分歧，阿德勒與弗洛伊德的關係逐漸緊張。起初，弗洛伊德想儘量緩和兩人之間的矛盾。1910 年，他甚至想通過請阿德勒擔任維也納精神分析協會的首任會長來促使阿德勒回心轉意，但阿德勒並未因擔任這一職務而改變自己的主張，相反地，這恰恰給了他一個更好的機會，便於宣傳自己的主張。1911 年，阿德勒公開批評弗洛伊德強調性因素的理論，他認為人格的發展並不決定於本能的生物性因素，而是社會力量作用的結果。

弗洛伊德不能容忍阿德勒的"反叛"，他馬上召集門人弟子開會，會上請阿德勒就自己的觀點作一些說明，然後讓大家就此做出評判。最後大家認為阿德勒既然不贊成精神分析，那麼也就沒必要再留在這個圈子裏。於是在大家的"督促"下，阿德勒辭去了維也納精神分析協會主席及雜誌編輯的職務。他及其盟友宣佈退出精神分析協會，並正式與弗洛伊德決裂。同年，他在維也納組織了"自由精神分析學會"，以與弗洛伊德的精神分析協會相抗衡。一年之後，阿德勒又創辦了一本雜誌，大力宣傳個體心理學理論觀點。

五、成年後的主要經歷及成就

（一）人生經歷

阿德勒的人生閱歷非常豐富，他參加過第一次世界大戰，當時職為一名軍醫為奧地利軍隊服務。他曾經負責一個專治患斑疹傷寒的俄國病房,戰爭的殘酷及傷者的痛苦留給他深刻的印象。他還訪問了戰火中的兒童醫院,那些無辜的小生命所受的痛苦讓他心碎,也讓他深深地思考這樣的問題:人類的未來到底在哪裏?第一次世界大戰結束後,阿德勒的思想產生了一個重要的變化,他給個體心理學增加了一個重要的概念:**社會興趣**,並且把自己的全部精力都投入此一目標——探索發展人類的社會興趣。他認為人類必須培養這一潛能,從而建立起責任感並關心同伴與社會。可見阿德勒社會興趣概念的提出與其戰爭經歷是分不開的,而這一概念提出的目的就是想通過培養人類的社會興趣來避免戰爭這一歷史悲劇的重演。

阿德勒的這些努力,使他與思想激進的社會主義者的觀點有些相似,因而遭到學派內部一些人的反對。許多人退出了個體心理學派,維也納學術界也不再支持他的主張。儘管如此,阿德勒並沒有灰心喪志,反而把工作重點由理論構思轉向實際應用,想通過實踐來驗證、推廣並發展個體心理學的觀點。事實證明,他這樣做取得了成功,個體心理學在實踐上的影響遍佈維也納。戰後,阿德勒曾被選為一個工人委員會的副主席,他通過工作關係結識了一些社會民主黨的官員,由於社會民主黨是當時的執政黨,因此通過這些關係,阿德勒和他的學生成功地在維也納的三十多所國立中學建立起了個體心理學診所。診所主要針對兒童,指導兒童解決學習與生活中所遇到的種種問題,同時也對教師工作進行指導。當時這些診所辦得非常出色,以致有人認為維也納地區在 1921~1934 年間青少年犯罪記錄明顯下降與之有關。

阿德勒失去了學院派的追隨者,這更激勵他去貫徹實施他所真正贊同的心理學。阿德勒很重視心理學的應用,並把自己的理論應用於兒童教養及教育和日常生活中。同時,他把教師和一般民眾看作傳播個體心理學思想的對象,並以一種通俗易懂的方式演講,因而大受歡迎,其聲望也與日俱增。從 20 年代起個體心理學引起了世界上許多人的注意,他們從世界的各個角落來到維也納,在阿德勒的指導下學習。阿德勒也曾到世界上許多國家講學。1926 年,他應哥倫比亞大學的邀請第一次來到美國,自由的學術氣氛與蓬勃向上的精神使他漸漸愛上了這個國家。1934 年,阿德勒全家移居美國,他受聘於長島醫學院,擔任醫學心理學教授。之後,他進一步完善了個體心理學體系,並使之廣為傳播。

阿德勒有一個美滿幸福的家庭,這對於他的事業有很大的幫助。1897

年，他和羅莎結婚。羅莎是個激進的學生，生於莫斯科一個很有特權的猶太人家庭。婚後共生有四個孩子，其中女兒亞歷山大、兒子科特均繼承父業，後來成了阿德勒派的心理學家。

(二) 去世及影響

阿德勒於 1937 年應邀去英國講學，由於長期勞累，心臟病突發，而逝世於蘇格蘭的阿伯登大學，享年 67 歲。

對於阿德勒的死，弗洛伊德表現得極不大度。這是可以想像得到的。舒爾茨曾有一段生動的描寫，敘述弗洛伊德與阿德勒關係緊張，而且一直未能和解的情況。他在《人格理論》中寫道：

> 在 1910 年之前，阿德勒雖然身為當時維也納精神分析協會的會長和該協會新雜誌的合作編輯，但他對弗洛伊德理論的評擊卻與日俱增。弗洛伊德寫道："我現在和阿德勒在一起的日子惡劣透了"。1911 年，阿德勒與精神分析斷絕了一切關係，而去繼續發展他自己的理論體系。弗洛伊德在他以後的年代裏對阿德勒始終懷著敵意和嫉恨。他稱阿德勒是個侏儒，說"我把一個侏儒變巨大了"，阿德勒回擊說，侏儒站在一個巨人的肩膀上能比這個巨人看得更遠。弗洛伊德則反唇相譏：這對一個侏儒而言也許如此，但對這巨人頭髮裏的一隻虱子而言，那就另當別論了。(Schultz, 1976, p.50)

可以看出，弗洛伊德對阿德勒是多麼輕視、鄙薄。與弗洛伊德相反，奧爾波特、勒溫和馬斯洛等人卻非常尊敬並懷念阿德勒這位巨人。馬斯洛在他的《存在主義心理學探索》一書中把阿德勒列在"第三勢力"心理學家中的首位 (Maslow, 1968, p.ix)。

(三) 著 作

阿德勒著作等身，其中包括《既是醫生，又是教育家》(1904)、《論神經症性格》(1914)、《器官缺陷及其心理補償的研究》(1917)、《理解人類本性》(1918)、《個體心理學的實踐和理論》(1927)、《精神病問題》(1929)等。他的代表作是《自卑與超越》(1931)，此書的原名是《生活對你應有的意義》。阿德勒從不同的側面論證了個體心理學的基本觀點與思路。

第二節　個體心理學產生的歷史背景

任何一種學說思想都不會憑空產生，它總是特定社會條件的產物，特定時代精神的反映。作為一種思想體系，它的產生深受哲學與科學的影響，會更明顯，而個體心理學也不例外。它的產生不但有社會時代的原因，而且吸收了哲學與科學思想的新進展。為了更好地掌握個體心理學，了解其產生的歷史背景與思想淵源是十分必要的。

一、時代背景

（一）　社會條件

於19世紀末20世紀初，整個世界處於急劇變化之中。一方面，資本主義經濟迅速發展，並從自由競爭發展到壟斷階段，物質文明達到空前的繁榮；但另一方面，在經濟快速發展的同時，各種社會矛盾卻日益加劇。針對這些矛盾，各式各樣的社會思潮隨之湧現出來。無政府主義、空想社會主義以及科學社會主義等都在尋找解決社會矛盾的途徑。阿德勒所生活的維也納正在蒙受這一世界潮流的洗禮，他同那個時代的所有人一樣，也經歷著由政治與經濟的劇變所引起的社會動盪。

首先，舊的社會制度的弊病日益顯露，人們心目中所信奉的宗教已失去了神聖的光環。不論是基督教還是天主教，都無法在鐵的事實面前再去讓人們相信：在上帝面前還會有人人平等。

其次，資本主義社會呈現出種種病態，始終籠罩著戰爭陰影。因此，怎樣認識和指導人類生活道路，促進人類的健康發展便成了時代所提出的共同問題。對於這一問題，有政治、經濟、思想、文化和心理各個角度的回答。儘管從不同角度看問題的方式不同，但他們的目的卻只有一個：促進社會與人類自身的全面發展。

許許多多的理論產生於這個動盪不安的年代。自然科學繼續向前發展，物理學、數學領域的進步使人類對客觀物質世界的認識更加深入。社會科學出現了許多新的領域，關於人類自身的知識也日益豐富。陳舊過時的理論不斷地被新的理論所取代。阿德勒的個體心理學理論正是在這種背景之下產生的，也反映了一定的社會需求。

(二) 時代精神的衝擊

大約在19世紀末，出現了一些新的學科，它們認為不用生物學和物理學的參照架 (註 5-1) 也能觀察人。這些學科包括人類學、社會學和社會心理學等。儘管它們的出發點和所研究的層面不同，但卻都在尋找支持下述主張的證據：人是包括他所處的環境在內的種種社會勢力和社會制度的產物。這些新思想的締造者認為，應該把人看作社會性的動物，而不是看作嚴格的生物學上的動物來加以研究。

人類學家通過研究各式各樣的文化，發現弗洛伊德所假設的神經病的症狀和禁忌，並不具有普遍性。例如他們發現，在一般的社會中，亂倫是道德所不允許的；但是有的社會中，卻並不存在這樣的禁忌。再者，社會學家和社會心理學家發現許多人類的行為，與其說是由本能的生物學因素所引起，不如說是受社會制約的結果。比如從一個人的成長過程中就能很清楚地看出來，遺傳的行為已為社會所完全修正，個體經過社會化的過程而成為一個真正的社會人。

最後，時代的理智精神修正了人對於他本身的概念。但是，弗洛伊德使他的一些追隨者失望，因他繼續強調人格發展決定於本能的生物學因素。結果，這些人便決定不再受傳統的約束，而開始背離正統精神分析，沿著同社會科學所提供的方向及路線重新建立精神分析的理論，阿德勒就是這一方面的傑出代表。

二、思想淵源

個體心理學的創立，不僅有其社會時代的背景，而且有著深厚的思想淵源。這種思想淵源主要表現在哲學和科學兩個方面。

註 5-1：**參照架** (或**參照架構**) (frame of reference) 即對某種意見、態度或信仰從事判斷時，採用某種標準做為個人判斷依據者，此一標準即為參照架構，或參照標準。

(一) 哲學方面

個體心理學與哲學有著緊密的關係。在阿德勒的著作中，常常能看到康德、尼采、法興格等人的名字，阿德勒常常以他們的思想作為自己理論的依據，並經由自己的理解來吸取這些哲學思想的精華。

阿德勒在探討影響心理發展和個體生命活動的因果性因素和目的性因素間的關係時，開始認識到弗洛伊德的理論缺乏說服力。他不贊成弗洛伊德對心理現象所持的決定論的僵化立場。他認為與弗洛伊德的決定論思想相比，榮格關於潛意識心理過程具有目的性的思想更值得信賴。不僅如此，他還在自己的理論思想中進一步把目的論同因果決定論相對立，更為明顯地暴露出阿德勒想要超越弗洛伊德對人格發展動力精神分析解釋框架的意圖。阿德勒認為，承認一切心理活動的因果性，是流傳於許多哲學家之中的一種錯誤。在阿德勒看來，在心理學中不應講因果性或決定論，因為人的本能和衝動都不能成為研究個體心理活動時基本的解釋原則。要說明人的行為、個體的心理反應以及生命活動的過程，就必須了解個體的活動目的，因為人的心理活動決定於他的目的，人的所有行為都是建立在力求達到目的的基礎之上。

阿德勒在這一問題上的絕對立場，只是針對弗洛伊德所強調的本能與性因素，但並沒有否認心理與行為之間的因果關係。阿德勒認為在解釋發展的機制和個性社會化時，因果聯繫起著決定性作用。他確信人格發展的原因是個體力求克服本身生理的不完善而體驗到的"自卑感"。

對人格內部心理活動的意義、個體隱藏潛能自我擴張的原因、個體力求達到最終目的等的說明，僅僅從心理學角度是無法論證的，對這些問題的深入分析必然會涉及到哲學領域。阿德勒對目的論的強調也是他對這些問題進行哲學研究的結果。

1. 亞里士多德的終極目的 目的 (purpose) 問題一直是許多思想家感興趣的，並且也是各種哲學學派多次爭論的中心問題。概括地說，在哲學史中試圖從兩方面來解決這一問題：一是認為"存在即目的"，強調自然界存在的萬物是目的的本源；二是認為"意志自由"，強調人的活動具有主觀能動性。在這個問題上，阿德勒同亞里士多德的哲學傳統有內在聯繫。亞里士多德認為，任何事物只有當它的內部本質，即其由最終目的所決定的內部組織被闡明時,才能被理解。阿德勒個體心理學對個體活動目標的強調,無疑受到了亞里士多德的影響。

2. 法興格的彷彿哲學 阿德勒也把新康德主義者法興格 (Hans Vaihinger, 1852～1933) 的彷彿哲學融入於個體心理學之中。**彷彿哲學** (philosophy of the as-if) 的核心是虛構主義。按照法興格的觀點,人是靠虛構的觀念而生活的。這些虛構的觀念包括潛意識和意圖,它們在現實生活中並沒有副本,如人"生而平等"、"善有善報"等等觀念。這些觀念僅僅是輔助性的構造,並非真實的世界,但在我們處理日常事務中卻起著重要的指導作用。阿德勒吸收了法興格的思想精華,認為目的本身就是一種虛構,人彷彿是借助這種虛構在世界的混沌中與自身存在的混沌中辨別方向。虛構本身就是一種特殊的心理成分,這一心理成分造成對理解自然存在和社會存在本質的錯覺。

阿德勒認為,借助彷彿哲學就可以了解人的活動的個體環境與人的生活目的。這一哲學能夠建立起一種虛構的模式,人就是借助此模式辨明生活方向,對特定的情境選擇相應的適應方法。儘管有時這種虛構的目的很荒誕,但它們仍然具有決定性的意義。此外,這種最終目的並不是現實地存在著,因此用揭示隱藏的因果聯繫無法發現它,但它卻無時無刻不體現在個體的行為活動中。

阿德勒由於承認存在著某種目的論的力量,它是人的機體內部固有的並給個體的一切活動指明方向的力量,他提出了虛構目的論的觀點。根據這一觀點,每一個個體在潛意識地使用彷彿哲學時,都在自己內部制定著生活的目標,並用它來指導個體的行為路線、個性哲學和生活風格。

可以看出,阿德勒的**虛構目的論**的觀點具有主觀唯心主義的性質。按照這一觀點,人的精神生活的發展與生命活動的展開,只是通過其藉以達到最後目的的內部計畫來實現。這個內部計畫似乎很重要,它的起源可以追溯到幼兒時期。幼兒藉助於自己的想像力創造出自己最初的虛構,這些虛構 (fiction) 是從與自卑感的鬥爭中掙脫出來的願望,是兒童構築通向未來的橋樑,也是他創造自己以後行動的指導路線的最早嘗試。阿德勒甚至認為,在虛構和現實中如果不遵循彷彿哲學,就無法在潛意識願望的基礎上建立起兒童的生活計畫。

3. 尼采的行動哲學 個體心理學也與尼采哲學中的權力欲思想有著緊

密的內在聯繫。尼采 (Friedrich Nietzsche, 1844～1900) 是德國哲學家，他的哲學思想是當時廣泛流行的一種思想體系，它反映了資產階級對社會危機的認知和理解。尼采的哲學是行動哲學，他聲稱這種哲學的目的是使個人的要求和欲望得到最大限度的發揮，是人間至高原理，是一切價值之源，存諸自我，努力奮鬥以滿足其本能者，為人生的真正目的。尼采認為，權力是生命意志的最高目標，是一切行為的基礎和動力；自然界與社會中的決定力量是意志，歷史的進程就是權力意志實現其自身的過程。所謂**權力意志** (或**求強意志**) (will to power) 即是人生的目的在於發揮強力，"擴充自我"。他曾寫道："我發現哪裏有生命，哪裏就有追求權力的意志，即使在奴僕的意念中，也有想成為主人的願望"，"世界的本質就是權力意志"(夏基松，1985，82 頁)。彷彿早就料到阿德勒同弗洛伊德之間會發生一場爭論，尼采曾經指出，人在自己的活動中既不尋求滿足，也不回避滿足，因為無論是前者還是後者，只是人們追求無限權力的結果，"權力意志"才是人的創造性本能存在的最深刻的本質，是人的一切行為表現的基礎。

　　阿德勒繼承了尼采的這一思想，他曾明確表示過自己對人性的觀點與尼采是一致的。但隨著阿德勒思想體系的發展，他的這種觀點也出現了相應的變化。尼采的權力意志有欺弱抗強、渴望統治與爭取權力的一面，也有不斷創新與完善充實自己的一面。阿德勒的追求優越在最初意義上是支持權力意志(見第六章) 概念的。他在病人身上看到了追求權力和統治的不健康的一面，而在健康人身上看到了互助、創新和充分發展的一面。阿德勒所強調的是後者，這是一種**向上驅力** (upward drive)，所以後來阿德勒用**追求優越**的概念來進一步明確他的思想。他認為：這種追求優越可以在每一個個體中發現，並且充溢於每一個個體。在這裏可以看出，阿德勒否定了尼采權力意志概念的那種渴望統治、渴望權力的一面，而吸收了其不斷創新、表現和發展自身的一面。阿德勒進一步還把追求優越看作是人類永恆的普遍現象，每一種心理現象都表現著它並以它為基本推動力。

　　4. 帕斯卡關於偉大與渺小的思想　　個體心理學認為，人格的發展起源於**自卑感** (見第六章)。而阿德勒關於自卑感的論斷，在一定程度上繼承了帕斯卡 (Blaise Pascal, 1623～1662) 關於具有理性力量和不健全體質的人的偉大和渺小的思想。在帕斯卡看來，環境的制約和外界的種種壓力，使人意識到了自身的缺陷，並因此對自己感到憐憫。但帕斯卡沒有否認這種自卑感，相反，他辯證地指出：人感覺到自己是渺小的，正因為他意識到了自己的渺小，因而他也是偉大的。但與帕斯卡不同的是，阿德勒並沒有簡單地承認人的身體組織的缺陷，而是進一步指出：個體的完善、生命的創造力以及人的偉大，正是由於補償缺陷這種精神力量運動的結果。因此，弗洛伊德的性慾說的地位在阿德勒那裏被**補償作用**所取代，它刺激著個體的生命運動，是人的一切活動，其中包括藝術活動的基礎。

(二) 科學方面

1. 進化論 在19世紀，自然科學發展的最大成就之一是達爾文生物進化論的提出，儘管在此之前，拉馬克 (Jean Baptiste Pierre Antoine de Monet Lamarck, 1744～1829) 也提出了以"用進廢退"為中心的進化論，但與達爾文相比，他的理論不僅缺乏足夠的證據，而且也無法解釋自然界的許多現象。達爾文在收集了大量的證據之後提出了"物競天擇，適者生存"的觀點。他認為一個有機體假如在一定的環境中能獲取所需的食物和抵禦敵人，它就是"適者"。它必須生存並發展，直到它能繁殖傳種。同時，"適者"也包括對環境的順應，也就是說那些在特定環境中的適者才能生存。

這種"適者生存"的觀點對於西方科學思想界產生了巨大的影響，生物學、生理學和心理學都直接或間接以此種觀點作為科學依據。其中心理學更加強調個體對環境的適應問題，這些問題包括環境對人格發展的影響、個體在成長過程中遺傳因素的作用以及早期經歷的重要性。

進化論 (evolutionism) 對阿德勒的影響是極為深刻的。阿德勒早期的侵犯驅力、向上驅力等概念，都有達爾文的生存競爭的痕跡；甚至社會興趣概念，也是人類在順應環境的進化過程中必須產生的。在阿德勒看來，人天生就是社會性的存在，也只有在社會中發展相應的社會興趣才有健康的人格發展。達爾文指出，從來沒有發現較弱的動物是獨立存在的，人也是如此。阿德勒推論說：

> 既然社會在追求順應中起著主導作用，那麼心理器官從一開始就是以社會條件為考慮的，它的全部能力是在一個具體的社會生活的組成部分的基礎上發展起來的。(Ansbacher, 1956, p.129)

因此，人天賦就有社會責任感，為了發展人類存在所需要的高度合作的社會文化，必須有意識地喚醒和發展這種潛能。

2. 結構主義 在這一時期的許多科學分支上，都發生著觀念的更新。其中最為突出的變化就是實證主義 (註 5-2) 被結構主義 (註 5-3) 所取代。從科學史上看，實證主義曾經對自然科學的發展起了重大的推動作用，它使有關上帝的神話在自然的事實面前無法立足。但是，隨著人們對自然認識的進一步深入，這種從孤立立場看問題的原則卻成了科學發展的障礙。以物理學的發展為例，古典物理學從質點運動出發研究運動的一般規律，但卻不能說明電磁運動的特徵。因此，新型的"場物理學"便誕生了。而這種更新，也反映到對人的研究上。從個體本身的觀點以內省法研究其自覺意識經驗的結構主義便取實證主義而代之。生物學、醫學和心理學都傾向於把人作為一個有機整體來研究，許多心理學家已不滿足於傳統的元素分析的研究途徑。格式塔心理學是這一時期整體論的代表。阿德勒接受了這一整體論 (註 5-4) 思想，認為人的"身和心兩者都是生活的表現，都是整體生活的一部分"(黃光國譯，1984，19 頁)。個體心理學就是以整體的概念來理解其相互關係的。

阿德勒廣泛吸收了這一時期新的科學概念，並以自己獨特的理解方式，把這些觀念融進了自己的理論體系，對心理學的發展產生了深遠的影響。

註 5-2：**實證主義** (positivism) 指哲學與科學上的一種主張。實證主義者認為，知識或科學只限於可以觀察到或經驗到的事實；除此之外，一切屬於內省或形而上學的抽象知識，既不能視為科學也不能視為哲學，主張以具體事實代替抽象觀念 (張春興，1991)。

註 5-3：**結構主義** (或構造主義) (structuralism) 認為客觀對象是雜亂無章的，只有通過人所提供的模式才能獲得對象自己有秩序的結構。因此，結構本身是先驗的，是人的無意識的產物。他們還認為，結構作為一個整體是封閉的，它通過內部自行調整進行變化，一切語言、社會關係、經濟制度以及人的思維活動都是其中派生。

註 5-4：**整體論** (holism) 為對人性解釋的一種主張。持整體觀者認為，對人類行為的解釋，必須從整個人去看，不能單以片面行為或反應，做為普遍推論的根據。

第三節　個體心理學的基本思路

心理學史家墨菲盛讚阿德勒是第一個沿著社會科學方向發展心理學理論體系的人。他曾說道：

> 弗洛伊德學派的心理分析學對文化人類學研究成果的逐漸適應過程以及由此引起的生物學因素同社會力量結合起來的努力很是費了一番功夫，而阿德勒學派的體系卻那麼隨便而又自如地滑入一種社會理論，竟使人絕不會認為有必要去寫一本書表明個人主義 (註 5-5) 的概念同社會科學的概念怎樣才能協調起來。(林方等譯，1980，410頁)

從一定程度上講，個體心理學理論是一種社會心理學理論，因此它所關注的是人的社會性一面，其基本思路除了體現在人格發展的觀點上，也可以從以下幾個方面得到說明。

一、個體心理學的基本前提

許多著作從英文名稱直譯阿德勒心理學為"個體心理學"，且常被誤解為是研究個體或個別差異。實際上阿德勒是採用 "individual" 一字的拉丁文原意，指人的不可分割性 (indivisibility)，是把人作為一個整體來看待 (荊其誠，1991)。為了避免誤解，近期阿德勒學派中也有人提出改稱這個心理學體系為**整體心理學** (holistic psychology) (Mosak, 1994)。如此並未完全表達阿德勒的原意，但為了不引起混亂，在此也沿用個體心理學這一譯法。阿德勒宣稱："個體心理學是一門具有確定題材的科學，而且不會有任何的妥協，這種不妥協並非締造者的意圖，而是產生於自然的邏輯" (Adler, 1929, p.V)。**個體心理學** (或**個別心理學**) (individual psychology) 強調人是

註 5-5：此處個人主義 (individualistic) 這一譯語之原意，應是指個體心理學而言——引者註。

一個不可分的生物有機體，人的心理也是一個整體，不能分解為各個單一元素；人的各個組成部分是為了一個共同的目的而主動地合作。對作為個體的人而言，下面這些看法是個體心理學的基本前提。

(一) 人是不可分割的整體

把人作為一個整體以便與物理化學中的原子概念相區分，是 19 世紀生物科學思想的一大進步。隨著科學發展，人們開始認識到，有機界和無機界的物質運動遵循著不同的規律。生命現象不可能僅僅用物理化學原理說明，**還原論** (reductionism) (將複雜事象經分析簡化，由最基本元素的性質去了解整體事象變化原理的理念) 和**機械論** (mechanism) (認為宇宙間之一切變化，純為機械性活動，不具任何目的) 不能解釋生命現象的運動規律。有生命的機體是一種統一體，不論有意識或無意識，它都是作為一個整體，是為了達到某種特殊目的而活動的。人是一種社會生物，作為生物界發展的最高形態，它的存在與發展也表現出這種整體性。

這一思想被阿德勒吸收到他的心理學研究當中，從而使個體心理學成為一種和**原子論** (atomism) (社會學上的一種學說。謂欲了解社會團體必先研究構成團體的個人) 相對立的理論體系。在個體心理學中，阿德勒指出"個人"是一個整體的人，是一個與他人和社會和諧相處，追求與社會理想一致的人。他借此強調了人與社會的統一。人有目的，人追求社會生活，因此，從本質上說，阿德勒的心理學既不是物質還原論的心理學，也不是弗洛伊德看重生物本能因素的心理學，而是一種傾向社會目的論的心理學。

(二) 人不是被動的機器

於 18 世紀法國哲學家拉美特利 (Julien Offray de la Mettrie, 1709～1751) 為了反對宗教的神話，提出了"人是機器"這一命題。拉美特利以腦的機械作用來說明人的思想與意識，認為人就是機器，根本不需要靈魂。為了論證自己的思想，他先把人還原為一條精蟲，然後再把精蟲變為人和毛蟲變成蝴蝶進行對立來說明這種機械的變化。認為人同動物相比，只不過這部機器"多幾個齒輪"、"多幾條彈簧"而已，完全抹煞了人的社會性和能動性，陷入機械唯物主義的錯誤境地。對於同樣的論證事實，阿德勒卻從中看到人和機器的本質不同。人的機體起始於一個受精卵，這一事實說明機體的每一部分都是由一個細胞生長發育而來,這和一部機器由一些分離的部件組裝而成具有完全不同的性質,最根本的差異在於這是發展,而不是拼合。

阿德勒由此進一步說明生命運動的特徵。一部機器是不能自己運動的,必須有外界的力去推動它,需有持續的能量輸入,它是被動的。但作為生命界最高形態的人,從內到外,從生到死都是處於連續不斷的運動之中。對於這種連續不斷的運動,重要的不是理解它的驅動力,而是研究它運動的方向和形態。在心靈的運動中,目標和對目標的追求是普遍現象,從根本上講,這種成長性的運動是不完善向完善、再由完善向優越發展的過程。因此,人和一部被動的機器主要的不同在於人是主動的,是自身行為的發動者。人能主動地理解和運用外部條件達到自身目的,而不只是對外部刺激做出被動性的反應。正如阿德勒所說,重要的事情不在於人有那些天賦,而在於人運用這些天賦做什麼。

(三) 人的成長離不開生活目標

個體心理學非常重視生活目標對人的影響。所謂**生活目標** (life goal),是泛指個體希望在日常生活中欲獲得的東西,或所欲達到的成就。阿德勒認為,在現實生活中每個人都在追求一定的目標,儘管追求的目標不盡相同,但這種追求本身卻有一個共同的特徵——都是為了克服低下,上升到優勢狀態。阿德勒指出,人一生的成長都離不開生活目標,如果沒有關於某個目標的知覺,人們就不能思考、感受、意願或行動 (張述祖,1983)。

阿德勒從兩個方面論述了生活目標的意義:

1. 目標具有指導作用　阿德勒相信,在錯綜複雜的現實中,一切的精神活動都是依靠以前所設定的目標而獲得一個方向。每一種精神現象,只有存在著目標指向時,才可能被人領悟和了解。任何時候,如果失去目標,心理生活必將是混亂不堪的,而行為也必定與現實格格不入。他進一步指出,人所有的精神動力都受生活目標的控制與指導,所有的情緒、情感、思維、意志、動作、夢以及心理病理現象,都貫串於統一的生活計畫之中。

2. 目標具有預知作用　阿德勒認為,目標的預知作用對了解與控制人的行為非常重要。如果我們知道了一個人的目標,也就會知道將要發生什麼事,也就能根據他的目標勾畫出他的行動軌跡,從而對發生在他靈魂中的事有所了解。相反，一個人如果沒有目標定向，就會對自己的未來一片茫然。舉例來說，一般情況下，我們不會料到一個遭受巨大痛苦的人會把樹和繩子聯繫起來，可是，一旦我們知道了他想要自殺的目的，就會非常準確地料到那個特殊的思想序列，以致把繩子等物品從他的身邊拿開。

總之，阿德勒強調人的整體性、能動性及生活的目的性。正是由這一前提出發，引伸出個體心理學關於人格動力的觀點、人格結構與人格發展的觀點。這些內容將在下一章進行介紹。

二、個體發展的制約因素

阿德勒在研究機體器官缺陷與心理自卑感的關係時發現，身體及其發展水平是影響人格發展的一個重要因素。同時還發現社會環境所造成的壓力和影響也在人的心理中產生自卑感，而這種自卑感又會反作用於身體，在機體機能的發展上有所體現，因此社會環境也是一個重要的影響因素。

（一）機體的遺傳與環境因素

阿德勒認為機體缺陷會造成心理補償的傾向，這體現了人格的發展與機體遺傳因素之間的聯繫。但自卑感不是機體天生的副現象，只是機體無能的直接經驗。這種經驗的作用，受外部環境和人的主觀態度的影響。在阿德勒看來，天生的機體方面不足，和外部世界的要求之間是相互聯繫的。它們共同造成人的自卑感，造成心理緊張，並使人把注意力集中在這一焦點上。同時，由於人的處境是會變的，世界的要求也經常變化，因此遺傳和環境在個體的發展中只有相對的意義。它們提供了人格發展的可能性、限度和引力。

阿德勒承認每個人生來就具有與他人不同的遺傳特徵，不同的潛能。但正像前面曾提到過的，阿德勒反對誇大遺傳的作用，認為在人格的發展中，重要的不是強調生來具有那些天賦，而應強調的是以這些天賦做了什麼。在這裏，阿德勒還提出**活躍程度** (degree of activity) 這一概念，用以說明個體發展的力量、氣質等特徵。阿德勒認為，正如物理的運動有方向和速度兩個特徵一樣，心理的運動也有相當於方向和速度的兩個變量。一個是相當於方向的社會興趣，另一個是相當於運動速度的活躍程度。物理運動的速度由能量決定，心理運動的活躍程度也是由能量決定的，例如一個好動的或在家裏待不住的孩子，在活躍程度上要高於一個喜歡坐在家裏看書的孩子。活躍程度不僅在一定程度上反映了個體的遺傳特徵，而且更為重要的在於它與社會興趣相結合，對人的整個生活起制約作用。至於環境的影響，阿德勒的觀點也是強調人的獨特性，他認為即使對相同的環境，不同的人所採取的適應方式也會不同。為了把遺傳與環境統一起來，阿德勒又假設了另一種力量："個體的創造力"，他指出正是創造力因素把人的潛能與環境的要求統一起來，促使每一個人克服生活困難，向優越的目標邁進。

總的說來，機體、遺傳與環境因素相互作用，制約著整個人格發展的方向與力度。

（二） 社會性因素

阿德勒很強調社會性目標與意識在人格發展中的意義，他認為個體在追求個人優越感的同時，也在發展著自身的社會意識。並且人生來就具有一種為他人、為社會的潛能。發展這種潛能不僅是社會和諧的要求，也是個體人格健康的標誌，他把這種潛能稱為**社會興趣**（見第六章第三節）。

社會興趣是阿德勒晚年才提出的。此概念的提出與他的思想轉變和人生經歷有很大關係。在理論創作之初，他以神經症患者推論正常人，因而提出了侵犯驅力、權力意志等強調人的自私驅力的概念。但這種忽視社會動機的觀點受到了嚴厲的批評，因而使他不得不改變自己的方向，強調人的社會性與社會興趣。同時，阿德勒的人生經歷也使他認為人類社會的發展必須建立在廣泛社會興趣的基礎上。與弗洛伊德一樣，阿德勒也親身經歷了第一次世界大戰。但是他們從戰爭中引伸出來的結論卻完全不同。弗洛伊德從戰爭中看到了人類的死亡本能，他認為死亡本能的導向外部是戰爭的根源。而阿德勒卻從戰爭的苦難中看到了人類的命運，他相信人類要想幸福地生活，避免戰爭悲劇的重演，就必須有意識地發展自身的社會興趣。

歸納起來，在這眾多的因素中，遺傳因素提供了個體發展的可能性；環境因素則為個體發展提供了引導性、現實性；社會興趣決定發展的方向與品質；活躍程度決定發展的力度；而創造性力量猶如一個超級心理場，把這些因素匯集起來指向一個運動目標。從另一角度看，遺傳因素、環境因素、社會因素以及活躍程度都是比較客觀的因素，而個體的創造力是重要的主觀因素。正是在主觀創造性與各種客觀因素的相互滲透、相互作用和整合的過程中,人格發展的豐富性和多樣性得以展現。可以認為,阿德勒個體心理學理論對人格發展中制約因素的看法有一定的合理性,但他始終沒有看到這一切因素的現實聯繫的基礎是人的實踐活動,人對自身的認知和解放也離不開現實的實踐活動。因此,在對待個體心理學之時,我們應該既看到其合理的一面,也注意分析其不足之處。

第四節　阿德勒與弗洛伊德理論的分歧

個體心理學的產生不僅有其社會背景與理論基礎,同時也是阿德勒與弗洛伊德決裂的直接結果。個體心理學可以說是阿德勒批判並發展精神分析理論的產物。但在弗洛伊德看來,阿德勒的所作所為是一種公然"背叛",他不容忍阿德勒對自己觀點的修正批判,以致於不願承認阿德勒理論與自己理論的共同之處。如果要想深入地了解個體心理學理論,就必須詳細分析阿德勒繼承、批判與發展弗洛伊德精神分析理論的思路。

只要我們稍加留意,就會發現阿德勒與弗洛伊德的決裂,並非精神分析內部的權力之爭,而是兩個人在研究立場、研究方向和研究途徑上相互對立的結果。分歧的原因主要表現在以下兩個方面:

一、對人格的意識和潛意識的看法不同

(一) 意識與潛意識

弗洛伊德認為,精神生活包括兩個主要方面:意識的部分和潛意識的部分。意識部分小而不重要,只代表人格的外表面,而廣闊的潛意識部分則包含著隱藏的種種力量,這些力量是人類行為的原動力。此外,在意識和潛意識之間還存在著前意識,這種前意識與潛意識中的事件不同,前意識中的事件沒有被積極壓抑起來,所以它易於被召喚到意識中來。

阿德勒在一定程度上接受了弗洛伊德的看法，但對於在意識和潛意識哪個更重要這一問題上，他堅決反對弗洛伊德的觀點而強調意識的作用。他認為人是一種有意識的生物，人與動物的根本不同在於人能對自己的需要及活動動機有一個清醒的認識。比如在與他人交往與實際生活中，人經常會發現自己的長處與不足，正是這種意識才使人們在克服缺陷中實現人格的發展。

弗洛伊德想通過分析人過去經歷過的但現在處於潛意識層次的事件來尋找個體行為的原因，他相信過去的經歷對人的行為有重大的影響。這種思想有著廣泛的影響，比如電影《愛德華大夫》、《沈默的羔羊》就是這一思想的藝術化體現。但阿德勒則更強調人的未來意識——即為自己所設置的目標對人的行為有更大的影響。阿德勒深信，與人的過去經歷相比，個體面向未來的生活目標決定了人格發展的方向及方式。為自己所設定的目標而奮鬥，就能改變和影響一個人的行為。

對於意識與潛意識之間關係的看法，阿德勒也不同於弗洛伊德。在弗洛伊德看來，意識與潛意識過程之間的相互作用範圍是不可調和的抗爭舞台；阿德勒則認為意識和潛意識的過程在心理結構中構成了各種聯繫的統一和交錯，因此，人們在認識意識過程時所用的方法，在解釋潛意識過程中也同樣適合。對阿德勒來說，潛意識是未被理解、未被認識的東西，潛意識的欲望是意識的直接現實，只是它的意義未被人們所徹底了解。阿德勒更進一步指出，意識與潛意識不是對立的，它們就好比是個體存在的兩個對抗性層面。只要我們不了解有意識的生活，它就變成潛意識的生活，而只要我們了解了潛意識的傾向，它就變成有意識的傾向。

（二）　自我的重要性

儘管弗洛伊德後來修改了意識與潛意識的兩重區分，而把人格結構劃分為本我、自我和超我三部分，但他強調的重點仍然未變，仍然相信潛意識主導著人的生活。弗洛伊德指出，潛意識的**本我**是人格中最難接近的部分，它的內部包含了人類本能的性驅力和被壓抑的習慣傾向，並按照快樂原則支配著人的行為，是人格發展的原動力。**自我**是從本我發展而來的，它不能脫離本我而單獨的存在，並依照現實原則幫助本我滿足欲望。**超我**則依照道德原則調節著個體的行為。在這三個部分中，本我是力量的泉源。對於弗洛伊德的這種修改，阿德勒從未表示過贊同。

阿德勒認為，人格是一個統一的整體，是不可分割的。即使能劃分，那強調的重點也不應該是本我，而應該是依現實原則行事的自我。自我並不像弗洛伊德所說的為本我服務，它本身具有積極性和能動性。阿德勒在對人的本性的理論研究中和治療神經症的醫學實踐中，都是從這一原則出發的。在治療方面，他依靠患者在消除自己疾病症狀上的主動作用，指出醫生只是通過直觀深入患者的內心世界，揭示病人的生活內部，而最後的治療則是由在醫生幫助下認識自己生活道路並能在此基礎上改變自己行為的病人去做。

　　無論是在理論上還是在實踐中，阿德勒都把人看作是自己個人的生活道路、自己本質力量內部發展計畫的創造者，並且最終都把自己看成是一個統一、完整的人。對他來說，每一個個體，都是人的存在的獨特性，是由自己的自我所創造形成的。因此，個體既是一幅圖畫，又是一位畫家。它是自己本人的個性的畫家，但是，作為一個畫家，它既不是一個未犯過錯誤的工作者，也不是完全了解理性和肉體的人，更確切地說，個體是一個軟弱的、最能犯錯誤的和不完善的人。但是，這一弱點在一定意義上卻成了改變人的力量。阿德勒相信，人認識自己的缺陷使他能夠通過"追求優越"的補償達到人的存在的最終目標：獲得一個創造性自我。

(三) 對夢的看法

　　夢是弗洛伊德非常強調的一種潛意識現象。他相信夢是對欲望的滿足，因此，通過分析一個人的夢就可以揭示人的潛意識欲望。與弗洛伊德相比，阿德勒沒有過分地強調夢的作用，但也並未否認夢所起的作用，只是他們兩人揭示夢這一現象的目的不同。

　　弗洛伊德認為，夢不僅反映了被壓抑的願望，而且反映了在現實中無法滿足的欲望。因此，要想了解個體真正的動機，就可從夢中尋找它的蛛絲馬跡。但是，在分析夢的時候，弗洛伊德卻把夢帶出了科學範圍之外。他假設夢遵循著一些和日常思維法則迥然不同的規律。弗洛伊德這些觀點從根本上掩蓋了人格的一貫性。

　　阿德勒與弗洛伊德的觀點不同，認為夢是人類心理活動中最富創造性的一部分，從夢中我們能發現人們的期待與目的——即生活目標。阿德勒還發現，夢和清醒時的生活並不是相互對立的，它必然與生活中的其他行為和表現相符合、相一致。夢與**生活風格**(見第六章第二節)有著緊密的聯繫，一方面它反映了個體的生活風格，另方面它也有助於生活風格的建造與加強。當我們面臨著生活中的難題時，夢的工作就是幫助我們去應付這些困難，並在一定程度上提供解決問題的辦法。夢的目的便是支持生活風格，並引起與生活風格相適應的態度和行為。當現實的情境與生活風格相差很遠時，夢能起到支持生活風格而抵制常識的作用。我們經常能發現這樣的事：如果個體面臨了一個他不希望用常識來解決的問題時，他便能夠用夢所引起的感覺來堅定他的態度。夢把個體的生活風格與當前所遇到的問題聯繫起來，以便在解決問題時可以保證生活風格的相對穩定性。因為生活風格是夢的主宰，所以它必定會引起個人所需要的感覺。

（四） 對早期生活的看法

阿德勒與弗洛伊德一樣，也非常重視早期生活對個體發展的重要意義，但他在許多方面卻不同意弗洛伊德的觀點。

弗洛伊德認為，早期的經歷對於個體的成長至關重要，因此特別強調它對兒童發展的價值。他相信，成人的人格模型在很早的生活時期已經形成，並且幾乎在五歲前後就完全形成了。同時，弗洛伊德也想用自己的治療事實向人們表明：病人所表現出的那種神經病的障礙，在兒童時代的經驗中已經產生。為了說明這種早期經歷或童年期創傷的重要性，弗洛伊德提出了最著名的力比多論：認為幼年期力比多衝動受到打擊形成創傷會導致終生後果。

阿德勒反對弗洛伊德對早期經歷的如此重視，儘管他也認為早期經驗對人格的形成與發展的價值，但所強調的內容則與弗洛伊德卻完全不同。

1. 阿德勒反對弗洛伊德的力比多論及戀母情結等概念 阿德勒認為早期經驗之所以重要，主要在於它對生活風格的形成有很大的影響。這種影響會以生活故事的形式存在下來，並影響人的一生。生活故事的中心是個體未來的目標，而不是情結。阿德勒指出，與生活風格相適應的生活故事對個體的發展與適應生活的方式是極為重要的。在現實生活中，個人往往反復地用它來警告自己或安慰自己，使自己始終把力量集中於自己的生活目標。當面臨新的環境時，生活故事能向個體提供經驗和活動的規則。

2. 阿德勒強調早期的可教育性 弗洛伊德把人格的發展分為幾個階段，認為這些階段的順利過渡是人格健康發展的保證。阿德勒則強調教育對兒童發展的重要影響，而所謂的教育則包括家庭教育及學校教育。家庭教育不僅使兒童學會了生活的技巧，而且也使兒童的合作能力得到發展。學校教育以知識與技能教育為主，使兒童進一步掌握進入社會生活所需要的東西。不論家庭教育還是學校教育，最終的目的都是為了使兒童能順利應付生活的三大問題：社交、職業與戀愛 (見第六章第一節)。從這兩點我們不難看出，在對早期生活的看法上，弗洛伊德強調的是它的潛意識方面，而阿德勒則重視其可以有意識地加以利用和發展的一面。

二、對人格發展問題的看法不同

在人格發展動力問題上，阿德勒與弗洛伊德的分歧是個體心理學產生的根本原因。弗洛伊德把人格發展的動力歸結到性因素上，而阿德勒則從社會制約性中去理解人格的發展。他們的對立主要表現在以下幾個方面：

(一) 本能因素與社會因素

1. 弗洛伊德的本能論　在心理學史上，弗洛伊德是**本能論**的主要代表人物。弗洛伊德認為，人格發展的所有能量都是從本能中獲取的。本能是一種給心理過程發佈指示的天生條件。例如，性本能指導著知覺、記憶和思維這些心理過程，最終達到性的滿足的目的。

弗洛伊德認為，本能有其來源、目標、對象和原動力。本能的主要來源是身體上的需要或衝動；它的最終目標是解決身體需要的問題；本能的對象是幫助達到目標的對象或方法；而本能的動力則是指本能的能量，其大小取決於本能所占的能量。所有這些，都是本能所必需的。

關於本能的種類問題，弗洛伊德做了兩類劃分，一類是生之本能，另一類是死之本能。**生之本能**是人類生存和繁殖必須加以滿足的所有需要的心理代表，其中的性本能對人格的發展起著決定作用。**死之本能**的最終目標是歸復到無機物質的恆態。弗洛伊德深信，人類一切的心理與行為，包括破壞與戰爭，都起源於本能。在所有的本能中，弗洛伊德十分強調性本能的作用。他在治療過程中發現，病人迫使自己壓抑的內容，大部分由對性的記憶和想法組成，這就是他提出力比多理論的最初依據。他指出性欲望的重要意義對成人和兒童都一樣。後來，弗洛伊德又擴展了力比多概念的範圍，認為力比多不單是精神病人行為的動力，也是所有人行為的動力。

2. 阿德勒對社會因素的強調　弗洛伊德的本能論是建立在生物學基礎之上的理論。隨著社會科學的繼續發展，人們越來越清楚地認識到，依靠本能因素去揭示人類行為的原動力是注定要失敗的。尤其對於弗洛伊德的泛性論，就連他的門人弟子也不贊成。阿德勒和榮格因在此問題上不能接受弗洛伊德的觀點而退出精神分析。其中阿德勒改變了弗洛伊德力比多概念的方向，把它由生物學轉到人類社會生活中最活躍的競爭上。他所創立的個體心理學在 20 年代基本上變成一種關於集體行動的理論，一種應用於青少年犯罪問題、教室情境和社會運動的理論。阿德勒對社會因素的強調可從三個方面加以說明。

(1) **重視家庭環境**：與弗洛伊德的泛性論相比，阿德勒更加注重社會因素對人格發展的影響。個體從出生時起，就受到家庭中其他人的影響，這種影響對人的健康發展至關重要。母親是第一個對兒童產生影響的人，兒童的合作能力與簡單生活技巧都來自母親的教導。另外，父親對兒童的生活態度與方式有相當大的影響。在阿德勒對人格研究所做的特殊貢獻中，最有價值的是對出生順序的看法。他認為**出生順序**在一定程度上決定了人的性格。

(2) **重視學校教育**：阿德勒認為，家庭教育不能完全滿足個體發展的需要，個體要想獲得更進一步的發展，就必須接受學校教育。學校對於兒童來說是一種新的生活環境，兒童不僅從中學習適應生活的知識和技能，而且也通過與老師、同學接觸而進一步培養了自己的合作能力，從而為解決人生三大問題打下良好的基礎。

(3) **重視社會運動**：阿德勒非常看重社會運動對人的影響，他對爭取女權運動和社會主義做出了卓越的貢獻。他在拋棄了弗洛伊德關於基本的男性和女性心理學的全部觀點後指出：生物學的分化相對地講並不重要，與權力有關的社會因素才是重要的。實際上，男性和女性心理學是一種社會秩序的純人為現象，在這種社會秩序中家長在家庭的地位是與軍事、經濟和政治權力分不開的。

對於社會主義，阿德勒也投入了極大的熱情。他認為社會主義是大多數人為擺脫苦難遭遇而必然採取的一種反應，只有通過社會主義運動，才能使人擺脫奴役，而成為真正自由的人。阿德勒對社會運動的關注，從一個側面也表明了他對影響人格發展的社會因素的重視。

(二) 對補償作用的看法不同

補償作用在弗洛伊德的學說中是一個嚴格的生物學概念。弗洛伊德在論證性發育不全時就曾經指出，這類病人有一種補償缺陷的需要。一般來說，在解剖結構上的陽性或陰性缺陷，能夠在一定程度上由於其他特徵表現得更"陽性"或更"陰性"些而得到補償。

阿德勒進一步發展了弗洛伊德的這一思想。他認為，補償作用的範圍不只是限於生理方面，而是適用於任何一種體質上的缺陷，任何器官發育不全都會伴隨著補償，比如一隻眼睛有缺陷的人，另一隻眼睛會變得更敏銳；視覺存在缺陷的話，聽覺就會變得較發達等等。

更為重要的是，阿德勒進一步把補償作用推廣到社會生活領域。他認為人最重要的補償器官是**中樞神經系統** (central nervous system) (即人體的腦和脊髓的合稱)，因為只有通過中樞調節的學習才能更好地適應現實的社會生活。動物的補償作用局限於生物學水平，而人類的補償作用最主要地表現在社會適應方面。最有說服力的就是古希臘的狄摩西尼 (Demosthenes, B.C. 384～322)，他本來有嚴重的口吃，後來通過刻苦訓練這一補償過程而成為最偉大的演說家。貝多芬有聽覺缺陷，也由於補償作用和超補償作用而成為著名的作曲家。同樣，歷史上有許多著名的人物如凱撒、亞歷山大、拿破崙、羅斯福等，也都曾克服嚴重的器官缺陷而達到超常的成功。阿德勒進一步指出，個體有更多的方法可以用來補償自己的不足，這些不足包括體質的、社會的和智力的，補償方法可以通過行為表現，通過對未來的預見以及通過對環境的控制等等。

對**補償作用**看法的分歧是造成阿德勒與弗洛伊德背離的最根本的原因。補償作用在弗洛伊德的理論體系中只是精神分析的邊緣線索，而在阿德勒手中已成為理解人的心理的主要原理之一，並且作用的範圍也由生物水平上升到社會水平。

總之，弗洛伊德和阿德勒在理論觀點上的分歧是十分明顯的。他們不僅在意識與潛意識作用的問題上不能達成共識 (弗洛伊德強調潛意識的決定作用而阿德勒強調潛意識的同時，也重視意識的作用)，而且在有關心理發展動力問題的細節上也針鋒相對。在弗洛伊德，人的行為被解釋為本能或性的組成部分；而在阿德勒，則被解釋為追求權力與優越，並且這種對優越的追求是通過補償作用而實現的。

本 章 摘 要

1. 阿德勒的一生是輝煌的，他先是作為弗洛伊德學派的中堅受到人們的尊敬，後來又是作為個體心理學的創始人而被載入史冊。
2. **個體心理學**的產生有它的原因和背景，時代精神的衝擊加上社會條件的成熟為它的產生提供了現實的基礎。
3. 個體心理學的形成在思想理論上深受法興格的**彷彿哲學**，尼采的行動哲學及**進化論**、**結構主義**等的影響。
4. 阿德勒與弗洛伊德對意識與潛意識的看法不同，阿德勒在不忽視潛意識的同時，更加看重意識的作用。
5. 在對待人格發展的問題上，弗洛伊德堅持本能因素，而阿德勒則強調社會因素。
6. 阿德勒對社會因素的強調可從三方面得到說明：(1) 重視家庭環境；(2) 重視學校教育；(3) 重視社會運動。
7. **補償作用**在阿德勒手中已成為理解人的心理的主要原理之一，並且作用的範圍也由生物水平上升到社會水平；而在弗洛伊德的理論體系中它卻只是精神分析的邊緣線索。
8. 個體心理學有三個基本前提：人是不可分割的整體，人不是被動的機器以及人的發展受其目標的指引。
9. 阿德勒認為，自我並不像弗洛伊德所說的為本我服務，它本身具有積極性和能動性。阿德勒在對人的本性的理論研究中和自己的治療神經症的醫學實踐中，都是從這一原則出發的。
10. 阿德勒認為，從夢中我們能發現個體的生活目標。夢一方面反映了個體的生活風格，另一方面，它也有助於生活風格的建造與加強。

11. 在對早期生活的看法上，弗洛伊德強調的是它的潛意識方面，而阿德勒則重視其可以有意識地加以利用和發展的一面。
12. 在阿德勒對人格研究所做的特殊貢獻中，最有價值的是他對**出生順序**的看法。他認為出生順序在一定程度上決定了人的性格。
13. 阿德勒從兩個方面論述了**生活目標**的意義：首先，目標具有指導作用；其次，目標具有預知作用。
14. 阿德勒認為，人生來就具有一種為他人、為社會的潛能。發展這種潛能不僅是社會和諧的要求，也是個體人格健康的標誌，他把這種潛能稱為**社會興趣**。
15. 在眾多的因素中，遺傳因素提供個體發展的可能性；環境因素則為個體發展提供引導性、現實性；社會興趣決定發展的方向與品質；活躍程度決定發展的力度；而創造性力量，則把這些因素匯集起來指向一個運動目標。

建議參考資料

1. 吳偉士 (謝循初譯，1962)：西方現代心理學派別。北京市：人民教育出版社。
2. 車文博 (主編) (1992)：弗洛伊德主義論評。長春市：吉林教育出版社。
3. 阿德勒 (黃光國譯，1984)：自卑與超越。台北市：志文出版社。
4. 阿德勒 (蘇克等譯，1987)：生活的科學。北京市：三聯書店。
5. 荊其誠 (1990)：現代心理學發展趨勢。北京市：人民出版社。
6. 雷 賓 (李今山等譯，1988)：精神分析和新弗洛伊德主義。北京市：社會科學文獻出版社。
7. Adler, A. (1917). *A study of organ inferiority and its psychical compensation: A contribution to clinical medicine.* New York: Nervous and Mental Disease.
8. Adler, A. (1927). *The practice and theory of individual psychology.* New York: Harcourt, Brace & World.

9. Adler, A. (1930). Individual psychology. In C. Murchison (Ed.). *Psychologies of 1930*. Worcester, Mass.: Clark University Press.

10. Adler, A. (1935). The fundamental views of individual psychology. *International Journal of Individual Psychology*, 1(1), 5~8.

11. Adler, A. (1939). *Social interest: A challenge to mankind*. New York: Putnam.

12. Ansbacher, H.L., & Ansbacher, R.R. (Eds.) (1956). *The Individual psychology of Alfred Adler: A systematic presentation in selections from his writings*. New York: Basic Books.

13. Orgler H. (1973). *Alfred Adler: The man and his work, triumph over the inferiority complex* (4th ed.). London: Sidwick & Jackson.

14. Sperber, M. (1974). *Masks of loneliness: Alfred Adler in perspective*. New York: Macmillam.

第六章

阿德勒的個體心理學理論與評價

本章內容細目

第一節 人格動力的觀點
一、自卑感與補償作用 192
　(一)自卑感的定義及其形成與作用
　(二)補償作用
　(三)自卑情結
二、追求優越 196
　(一)虛構目的論
　(二)人格發展的目標
　(三)追求優越的內涵
三、創造性自我 201

第二節 人格結構的觀點
一、生活風格的定義 203
二、影響生活風格形成的因素 203
三、生活風格的發展 204
四、生活風格的作用 205

第三節 社會興趣
一、社會興趣的定義 208
二、社會興趣與生活意義 210
三、社會興趣與追求優越 211

第四節 心理治療的觀點
一、揭示心理患者的生活風格 213
　(一)出生順序
　(二)最初記憶
　(三)夢的解釋
二、建立社會興趣的心理治療模式 215

第五節 個體心理學的貢獻與影響
一、對精神分析的積極影響 217
二、對心理治療的廣泛影響 218
三、對心理學的貢獻與影響 219
　(一)對人格心理學的貢獻
　(二)對心理學學科發展走向的影響
四、在教育領域的貢獻與影響 223
　(一)家庭教育
　(二)學校教育
五、對個體心理學的評論和結語 224

本章摘要

建議參考資料

前章已經談到，由於不能接受弗洛伊德的主張，阿德勒便和他的幾位盟友一起脫離了古典精神分析學派，創立了個體心理學理論體系。

阿德勒的個體心理學體系由幾個主要概念組成：追求優越、自卑感、補償作用、生活風格和社會興趣。阿德勒用這些概念說明了人格發展的目標、動力和途徑，通過個體整個的發展再現了社會因素的作用，生動地描繪了個體成長的軌跡。

個體心理學從人的整體性和能動性出發，認為人各有自己的追求目標，奮力以求實現，但都是為了克服自卑感，志在上升到優越狀態，超越並支配別人。這種自卑感不管是由實際的身體缺陷、損傷引起的，還是由主觀感受到的心理或社會無能引起的，正是人格發展的基本動力，它借助補償作用去追求優越的生活目標。在補償過程中，個體形成了獨特的生活風格，生活風格反過來又制約著個體進一步的補償活動。另外，個體在追求優越的同時，也發展著自身的社會興趣。

阿德勒在人格理論與研究方面的貢獻是卓越的，甚至是顯赫的。同時，個體心理學的影響又是十分廣泛的，不僅在傳統的心理治療領域取得了極大的成功，而且在一定程度上改變了人們對教育，尤其是對家庭教育的看法。對於整個心理科學，它也產生了極大的影響。儘管個體心理學的許多觀點今已不再被人贊成，但作為這種心理學體系與學派的創始人阿德勒卻仍為世人所推崇。

心理學史家墨菲評價阿德勒的個體心理學為心理學中沿著社會科學方向發展的第一個理論體系 (Murphy, 1972)。阿德勒的影響遠比我們所估計的要大。介紹並分析阿德勒及其個體心理學，不但有助於了解他在整個精神分析運動中的特殊地位及重要影響，而且還有助於我們總結心理學沿著人文學科方向演變的歷史進程。

學習本章應掌握阿德勒個體心理學：

1. 關於自卑感、追求優越與創造性自我的概念。
2. 關於生活風格的概念。
3. 關於社會興趣的概念。
4. 關於心理治療的觀點。
5. 對心理科學發展的積極意義。

第一節　人格動力的觀點

在個體心理學理論中，動力問題是首要的問題。阿德勒從一開始就反對弗洛伊德性本能的觀點，而是從人與外界的關係來理解這個問題。

最初，阿德勒把人與外界的關係理解為人對外界的侵犯，因而提出**侵犯驅力** (aggressive drive) 的概念，認為人格的發展就是受它的驅使，為滿足而戰。但阿德勒的侵犯驅力概念與弗洛伊德性驅力概念不同。這一驅力不是作為直接依附於器官和它所傾向取得的快樂來理解的，而是作為從屬於代表一個聯繫各種驅力的**超級心理場** (superordinated psychological field) 的總體來理解的。侵犯驅力是個人在求生求勝的內在驅力驅使下，欲超越別人的表現；它是由環境要求與驅力力量的關係來激發的，並且它的目標是由原始驅力的滿足以及文化和適應來確定的。這樣，驅力便成為整個人格的一部分，它從人格整體中，從超級心理場中得到它自身的方向，並且能同自我相一致的人格一起在文化與順應中變化。

後來，阿德勒從這種侵犯驅力概念中又發展出了**男性的反抗** (masculine protest) 的概念，泛指個體通過具備更多男性品質，使自己變得更有權力的現象。這一概念進而又把人格發展的動力理解為對自卑感的克服。早期，阿德勒把侵犯性和力量看成是克服自卑感的主要工具，但由於受當時文化條件的影響，阿德勒把虛弱、懦怯、順從等特性等同於女性；把侵犯和力量、勇敢、自由等特性等同於男性，為了克服自卑，因此有力求男性化的傾向。

最後，阿德勒系統地發展了**自卑感**的觀點，認為不僅實際的身體缺陷和損傷會引起自卑感，而且主觀感受到的心理或社會的無能也會引起自卑感。兒童受自卑感的驅使，追求更高水平的發展，當他達到此水平後，又會開始感到缺欠，並再一次發動向上的追求優越。阿德勒認為自卑感不是變態的跡象，而是大多數人之所以進步的原因。下面即介紹阿德勒人格動力觀點中的基本概念。

一、自卑感與補償作用

在阿德勒早期的理論中,是把自卑感與身體缺陷聯繫在一起的。若身體上有缺陷,如虛弱、多病、笨拙、醜陋、殘疾等,在生活中將會遇到許多困難,受到輕視或侮辱,因而產生自卑感。後來阿德勒從強調身體缺陷轉而強調主觀上的自卑,擴大這個概念的範圍,認為自卑感起源於個人生活中所有不完全不完美的感覺,因而人都有一定程度的自卑。自卑是所有個人成就背後的主要推動力。一個人有了自卑感,就想完成某事來克服此種自卑感,成功之後得到短時的滿足,當看到別人的成就時,又感到自卑,又被驅使爭取更大的成就,由此周而復始,永無終結。

(一) 自卑感的定義及其形成與作用

1. 自卑感的定義 自卑感是個體心理學中一個最基本的概念。阿德勒認為,當個體面對困難情境時,一種無法達成目標的無力感與無助感,對自己所具備的條件及作為表現感到不滿與失望,對自我存在的價值感到缺乏重要性,對適應環境生活缺乏安全感,對自己想做的事不敢肯定,這就是**自卑感** (inferiority feeling)。按阿德勒的理論,自卑感是人類的普遍現象,而且也是正常現象。

對自卑感的強調,是個體心理學的特色之一。阿德勒不同意弗洛伊德關於動機的原始基礎集中於性因素的說法,而認為普遍存在的自卑感才是行為產生與發展的最原始決定力量。

2. 自卑感如何形成 對於自卑感的形成,阿德勒認為它肇端於幼年時的無能。他說:

> 如果我們把這種挑釁的態度(對權力與優越的追求)追溯到兒童時期,我們總會碰到這個突出的事實,意即:貫穿生命發展的整個時期,兒童都擁有一種關於他對父母以及普遍世界的自卑感。由於他的各種器官的不成熟,他的獨立性的缺乏和不確定,也由於他必須依賴更強大的體力以及附屬於別人的頻繁而又痛苦之感,一種不勝任的感覺就發展起來,以致在整個一生它都會有所暴露。這種自卑感就是他作為一個兒童,所以要連續不斷的浮躁不安,渴望進行活

動,扮演各種角色和別人比鬥氣力,預料未來的情景以及他在身體上和心理上進行準備的原因。兒童的整個潛在的教育可能性就是依存於這種不充足之感。……他的衝突的態度反映於他的自卑感內;只有他把衝突看作一種補償才會永久地消除他現在不充足的條件,並且將會使他把自己想像得上升到了別人之上。這樣,這個兒童就達到了安置一個目標、一個想像的優越目標的地步。藉此,他的貧乏就轉變為財富,他的附屬性就轉變為支配性,他的苦難就轉變為幸福和歡樂,他的無知就轉變為智慧,他的絕望就轉變為藝術的創造。兒童感到他的不安全越久而且越明確,他因身體的弱點或者顯著的心理弱點遭受的痛苦越多,他對生活的價值就覺察得越清楚,他所安置的這個目標就將越高,並且他對它的堅持就將會越忠實。
(Adler, 1929, pp.13~14)

從上面一段論述中可以看出,阿德勒認為自卑感起於依賴成人撫育的嬰兒期,在成人的保護與管理之下,嬰兒的心目中,成人是偉大的、萬能的,自己是渺小的、無助的;為了生存,自己必須依賴成人的慈愛和憐憫,不論是想吃奶、想爬起來、想弄乾淨身子或是想得到心愛的玩具,都得依靠成人的幫助才能完成。這就是說,在與他人的最初交往中,嬰兒就體會到了無能與自卑。以後漸長,一方面對需要滿足的追求力不從心,更加重了兒童的自卑感,而這種自卑感是後來各種內心衝突及與他人競爭的心理根源。

3. **自卑感的作用** 阿德勒認為自卑感對個體人格的發展有積極與消極兩種作用。從積極面看,個人在自卑心理作用之下,如能處理適當,可將自卑感轉變為奮發上進的內在動力,力求補償缺陷,淬勵奮發,取得成功,是健康的表現。例如狄摩西尼在海邊口含石子練習演說,以糾正自己口吃的毛病,最終成為希臘的演說家。但若處理失當,因自卑而逃避現實,終而在不知不覺中養成不敢面對現實的習慣,甚而導致對社會、對世界的敵對態度,像這種因自卑感(意識的)而轉變成內在(潛意識)心理傾向,即稱為**自卑情結**,自卑感一旦轉變為自卑情結之後,就會阻礙個體人格的正常發展。

自卑感本身並不是一種變態,這是人類因無法解決所面臨的問題時的一種情感體驗。它對個體起有利的作用,也對社會起有利的作用,因為它使得個體始終尋求改善。面對無限的宇宙,人類正是因為感到自己的無知,覺得自己渺小,所以他們才致力於科學,以便使用更理智的思維方法去應付環境。

可以說，我們人類的全部文化都是以自卑感為基礎的。

(二) 補償作用

1. 補償的定義 補償作用 (compensation) 從廣義上說，補償即以成功的行動替換原先失敗的行動，或對原來行動的不足之處加以補充，使之完美。更確切的說，補償即指個人由於生理上的缺陷或其他方面的不幸給精神上造成很大的痛苦，感覺到低人一等，從而奮發圖強，發揮個人其他方面的優勢，使一定能力的缺陷由其他高度發展的能力所彌補。阿德勒認為，人不是被動的，而是一個有意識的統一體。當自卑感產生時，人們會設法去克服它，以滿足自己求得優越的願望。故簡而言之，個體對自卑感的對抗就叫做補償作用。補償作用就是推動一個人去追求優越目標的基本動力。

2. 補償的途徑 由於機體是作為一個整體單位進行活動的，因而補償作用可有兩條途徑：(1) 覺知到自己的生理缺陷後，集中力量在低劣的器官上發展其功能，如體弱者通過持久的體育鍛鍊以增強體質，例如羅斯福從事畜牧，以補救自己贏弱的身體，卻成為一位有名的騎師兼探險家。(2) 承認自己的某種缺陷，發展自己的其他機能以彌補缺陷，如失明者發展聽覺與觸覺來進行彌補，如名作家海倫凱勒，自幼因病失明且失聰，但訓練敏銳的觸覺來溝通，不但克服自己的生理障礙，且奉獻一生幫助與她情況相同者及援助一些需要特殊幫助的人。

3. 補償的性質 為了擺脫自卑感以求得優越感，人們就千方百計地去追求權力，想要勝過別人，更想要支配別人或凌駕於他人之上。這種補償有的是現實的，如羅斯福、亞歷山大、拿破崙等，阿德勒喜歡用拿破崙的個性作為例子。他認為，作為統帥的拿破崙，他的特殊能力在一定程度上是由於他從幼年起就有特別強烈的自卑感，而自卑感引起了力圖取得優越地位的欲望。在拿破崙童年時期的最初的四、五年中，這種自卑感就以好勝的目的表現出來，並調整著他的意志和行動。除了積極的作用，阿德勒也看到了補償作用的消極性質，在很多精神失常的患者身上，這種消極作用表現得更加明顯。阿德勒認為：

> 邏輯、生活的意志、愛情、人類的同情、合作和語言都是產生於人類社會生活的需要。神經病患者的一切計畫都是自動地指向後者

(即人類社會生活──引者)的反面的，這種人力爭孤立，並且貪享權力。(Adler, 1929, p.24)

正是由於這種孤立與對權力的貪婪，使他們背離了生活的正常軌跡，會以幻想方式去超越自己，以消滅因自卑感而帶來的痛苦，此種心理作用，阿德勒稱為**補償觀念** (compensation idea)。如阿德勒所說：

這樣，疏遠現實，神經病患者就過著一種想像和幻想的生活，並且應用很多策略來使他有可能躲避現實的要求，並希求達到一個會使他免除任何社會勞務和責任的理想境界。(Adler, 1929, p.23)

4. 超補償作用　個人在某方面有缺陷時，為了克服缺陷，付出過分的努力，這種過度誇張的補償作用稱之為**超補償作用**(或**過度補償**) (over-compensation)。在阿德勒看來，身體器官上的缺陷確實造成了很多障礙，但是這些障礙是可以擺脫的。如果主動運用意識的力量去克服困難，則器官有缺陷的人也可能會和身體正常的人一樣獲得成功。從許多的例子中我們不難看出，器官上有缺陷的人，儘管遭受到許多困擾，但他們卻經常比身體正常的人有更大的成就。而這一切都是補償與超補償作用的結果。但是補償與超補償的另一結果，是缺陷非但未能克服，反而矯枉過正，像身材矮小者，希望藉運動改變自己的體型，但因過分操練而造成運動傷害。

超補償作用一方面產生了藝術的創造力，另一方面，也是神經症產生的根源，這種過度的誇張使人脫離了現實的生活軌跡，而用一種不真實的態度去應付生活的三大問題，他們錯解了生活的意義，歪曲了人類真正的愛情與同情，也使自己陷入了貪權與孤獨的境地。

(三)　自卑情結

每個人都有不同程度的自卑感。在現實生活中，由於人的能力有限，也由於生活條件的複雜以及各種社會勢力的壓制，我們常因自己的目的難以達到，而覺得自己渺小、無力。同時也認識到自己的地位必須加以改進，因為長期地忍受這種卑微之感，會使我們的自尊心受到傷害，甚至產生人格的裂變。阿德勒稱這種情況為**自卑情結** (inferiority complex)。他從兩個方面對自卑情結作了系統的說明。

第一，自卑情結是以個人自卑觀念為核心，由潛意識欲望和情感所組成的一種複雜心理，這裏所提的自卑觀念的範圍很廣，主要是指個體認為自己本身或自己所處環境不如他人的觀念。

第二，自卑情結是指一個人由於不能或者不願進行奮鬥而形成的文飾作用。而這種文飾作用又會加深個人的自卑感，使個體愈加顯得悲觀、失望與逃避。

二、追求優越

（一）虛構目的論

維亨格爾認為個人生涯受其自身想像塑造的情節所指導，使生活更具意義和組織性。儘管這些主觀信念在現實中並不存在，但對個人企圖解決生存中的問題卻非常有幫助 (Vaihinger, 1911)。阿德勒受到維亨格爾此一思想的影響，提出**虛構目的論** (fictional finalism)，即指導行為的中心目標是個人虛構出來的，並將之作為人格的統一原則。他說道，一個人所做的每一件事都與最終的虛構目標相聯繫。在我們的生活中可以常聽到此種虛構目的，例如"如果我能取得博士學位，就能踏上康莊大道"、"一旦有足夠的錢，我就會十分幸福"、"具有重要地位，才能被人接納"、"假如能娶一位賢妻，生活就更有意義"等等，這些假設反映出追求安全感的自我觀念，也就成為奮鬥目標。此種虛構目標指導行為的觀點，使阿德勒的理論擺脫了弗洛伊德的決定論。

阿德勒一開始便假設，個人前進的方向及奮鬥的目標，顯示他是重視人的未來，不過他也沒有忽視過去經驗的重要性，並認為個人的過去經驗，現今處境及未來發展方向等都會影響個人的決定。

根據阿德勒虛構目的論的觀點，健康的人和精神病患者間的重要差異在於：健康的人會依照環境情況來調整他的虛構目的，而精神病患者，卻不惜一切代價固執地抱持他們的虛構目的，無視現實情況的改變。

（二）人格發展的目標

阿德勒強調目標的作用。他認為人的全部心理表現都是由目標定向的，每個人都在努力追求自己的目標,把全部的心理表現都結合到這個目標上,那怕是虛構的目標。這個目標到底是什麼呢?阿德勒認為人所追求的目標就是一種優越,它包含著完滿的發展、成就、滿足和自我實現。人的追求總是指向優越,並且最終追求的是一種自卑感中的補償和創造。對此,可以從阿德勒的動機等級圖中看出來 (見圖 6-1)。

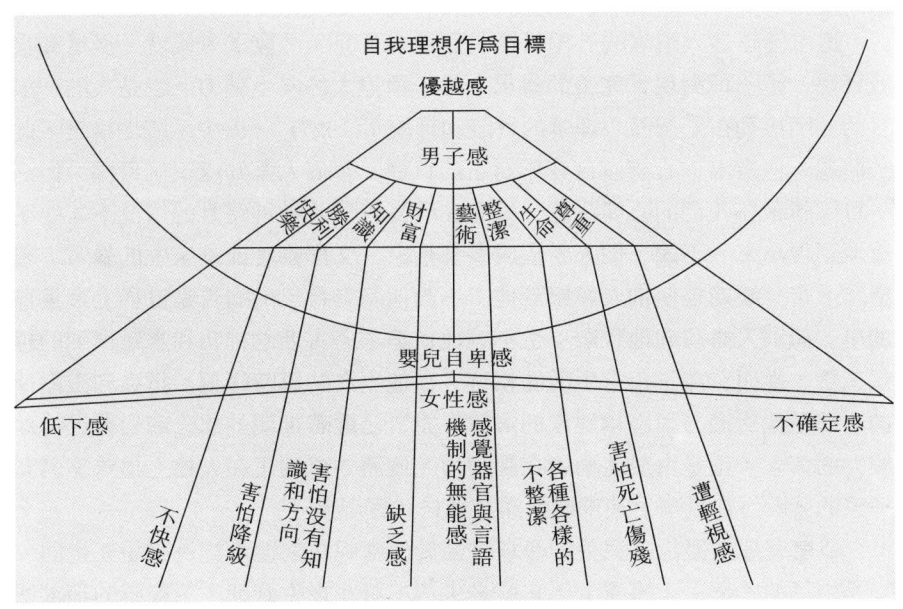

圖 6-1 阿德勒的動機等級圖
(採自 Adler, 1916, p.73)

在圖中,阿德勒強調與低下感和不確定感相聯繫的自卑感支配著人的心理生活。作為一個人的存在,就意味著具有自卑感,而且不斷地要求你去克服它,只有克服了它之後,才會有輕鬆感、價值感和幸福感。這種自卑感和向優越的努力是正常的、內在的,是人的行為的動力因素。有了自卑感,人也有了補償的需要,不斷地補償而又不斷地發現新的自卑,於是又向新的優越努力。一方面感到自卑,一方面又有優越目標的引導,這樣一推一拉的過程持續不止,便是一個人發展的基本動力。

(三) 追求優越的內涵

1. 定義 在阿德勒看來，人具有尋求優越的動機，人總是力圖從低劣地位上升到優越地位，從失敗到成功，從自卑到優越和完美，這是人類普遍的基本活動動力，例如步行羨慕坐車，坐車又羨慕搭飛機，從兒童早期開始一直持續一生，這種動力就叫**追求優越**(striving for superiority)。

追求優越是人追求的一種目標，它包含著完滿的發展、成就、滿足和自我實現，是一種對現實完美的尋求，是一種偉大的向上驅力，也是人的一般目的。阿德勒在《個體心理學的實踐和理論》(1927)一書中系統地論證了此一問題。他指出：心靈以自尊作為它的目標。每個人都知道這個目標，但這一目標隱藏在我們的心靈深處，只有在欣喜若狂或精神錯亂的情況下才能明確地顯現出來。不論一個人希望成為藝術家、文學泰斗或是家中的暴君；希望和上帝交談或是使別人屈服於他；不論他認為自己的痛苦是世界上最重要的事，而別人必須向他致敬；也不論他在追求著古老的神明和永難達到的理想王國，從而背離了正常生活的軌跡。在他生命的每時每刻，指導和激勵他的，都是他對權力與優越地位的渴望，對自己嚴若神明的想法和對自己特殊魔力的信念。正是由於這種內在驅動力，個體才達到了在人格上追求完美和完整的發展，在世事上追求成就滿足與自我實現。

那麼這種對優越或完美的尋求來源於何處呢？阿德勒認為它是天生的，它是生活的一部份；事實上，它就是生活本身。從生到死，對優越的追求促使著人們從一個階段發展到另一個更高的階段。正如阿德勒所說：

> 我開始在每一心理現象中清楚地看到對優越的尋求。它與身體的生長並列地發展著。它是生命自身的一種固有的需要……。我們所有的機能都朝著這個方向前進；無論是正確的或是錯誤的，它們總是為了征服、安全、增長而鬥爭。從負到正的衝動永不停止的。從低級向高級的欲求永不休止。哲學家和心理學家不論構想出什麼樣的前提──自我保存，快樂原則，追求平等，所有這一切，雖然表達得不清楚，但都是力圖表現這種巨大的上進的內驅力……這正是我們思想的基本範疇，是我們基本的推理結構……也是我們生命的基本事實。(Adler, 1930, pp.398～399)

在阿德勒的個體心理學理論中，這種對自尊與優越的追求是內在的，是一切進步的基礎。這種追求不僅體現在個體水平上，而且存在於一切文化的歷史發展中。它引導著人和種族永遠不斷地進步。

2. 生活的三大問題 在人的生活中，會遇到三個方面的問題：社交、職業和戀愛。阿德勒相信在這三方面的問題當中，追求優越以不同的面目表現出來，對人的生活產生重大的影響。同時，對這三方面問題的良好適應也是人格健康發展的標誌。

(1) **社交**：三大問題中社交問題出現得最早。在社交問題上，對自尊與優越的追求也是個體生活的基本目標。由於社會是複雜的，個體必須不斷學習或修正各種社會行為組型與生活方式，以求符合該社會的標準與規範，避免成為一個被社會隔絕，被生活艱難擊倒而束手無策的人，為了達到這一目的，個體會採取各種各樣的方法，不論是順從與固執、直率或是言不由衷，最終的目的都是為了要勝過別人，贏得他人的尊敬或取得成功。兒童對社交問題的順應便是他將來應付其他問題的原型。

(2) **職業**：伴隨著個體的成長，職業問題也開始出現。能否使興趣與職業相適應，能否在職業中盡情發揮潛能，成了個體追求優越的標準。母親是第一個影響其子女對職業興趣發展的人，她在孩子的童年時期對孩子的教育與感化，將對孩子成年後的職業興趣與生活範圍有相當大的影響。但對孩子職業興趣的培養真正是從學校開始的。學校所傳授的知識及所提供的訓練，為少年兒童未來從事職業打下了堅實的基礎。學校也已經注意到自身在這方面的重要性，除了提供各種器官協調性訓練之外，也開始強調興趣對職業成就的重要影響，這種興趣與訓練以及一般學科的教學是同樣重要的。阿德勒發現，從兒童早期開始這種訓練，是非常有成效的，這種效果在天才身上尤為明顯。

(3) **戀愛**：我們生活於兩種性別的環境裏，所以必須訓練自己對待異性的態度。倘若具有自卑情結或優越情結，當面對愛情時，就不能客觀面對問題，荒謬地讓性關係表現為自卑感或優越感的滿足，例如以傲慢自大、頑強和具攻擊性的征服態度來對待伴侶，以發洩其情緒。如果這種事經常發生，我們會發現很多人所追求的伴侶，實在是一個犧牲者。在愛情與婚姻的實際情況中，需要一種格外的同情心，認同於另外一個人的特殊能力，學習如何用對方的眼睛來看、用對方的耳朵來聽、以及設身處地為人著想，如此才能正常地滿足家庭與婚姻生活之本能。因此阿德勒認為愛情與婚姻關係唯有繫於整個平等的基礎上才能幸福圓滿。

總之，個體心理學把人類生活分成了三大類。第一類是和他人之間的關係問題，即社交問題，第二類是與愛有關的各種問題，第三類是與職業有關的問題。這三類問題貫串了人的一生，當一個人在某一類問題範圍中有適應失調的情形時，將很難跨越至另一範圍，倘若個體對社會交往的態度是壓制與控制他人，那麼在戀愛的問題範圍內將會利用性欲為控制他人的工具。人格在這三類問題上的發展就是追求優越的結果。

3. 人生追求的一般方向　　人生的追求多種多樣，最一般的追求有以下幾個方面：

(1) **快樂**：快樂是弗洛伊德本我所遵循的原則，阿德勒繼承了此觀點，認為對快樂的追求是人格發展的基礎，也是生活的目標之一。

(2) **德性或道德**：它源於弗洛伊德的超我概念。弗洛伊德認為，在人格的三個層次中，超我受道德原則的支配。阿德勒進一步發展了道德原則的作用，認為對至誠之性之德性或具有正直、善良品性之道德是個人追求的目標之一。

(3) **權力與尊重**：從權力意志中可以看出阿德勒對權力是何等強調，他認為每個人在克服自卑的同時，始終在追求著權力。只有擁有了權力，個體才能過真正有意義的生活。同時，個體也希望自己能得到社會的承認，受到他人的尊重，我們許許多多的行為與努力都是為了達到這一目的。

(4) **勝利或成就**：取得勝利、獲得成就是補償作用的結果，也是個體所追求的生活目標之一。人們都想用自己的成功或成就證明其自身的價值。

(5) **知識與財富**：個體追求物質與精神生活的富有，以使自己獲得真正的快樂。人們學習前人積累下來的知識，並用獲得的知識去解決生活中的問題，同時，物質上的支持不僅能使人達到自己的目的，也能從一個側面反映一個人的能力與成就。

(6) **藝術與創造力**：人總是追求美與善，而藝術是創造美的主要手段。因此，人們便通過藝術來表現自己的價值。同時，藝術成就又需要人的創造力，人只有通過全面發揮自己的創造力才能達到藝術與現實的完善。

以上六類基本的追求，從不同側面反映了個體對優越的追求。然而從方向上看，所有的追求不外兩大類，一類是帶有社會興趣或社會情感的追求，這是正常的有效用的追求；另一類是沒有社會興趣的追求，或個人優勢的追求，這會導致失敗，是無效用的追求。

4. 優越情結　阿德勒後期主張人們不斷追求的是優越和完善。他把追求優越作為生命的基本原則，並進一步從強調個人優越轉向強調社會優越和完善。而這種追求優越和完善又是來自於天生的，所有人出生時就具有這種需要。阿德勒相信追求優越對人是有益的，但若過分注重和獲取自己的需要而忽視他人的需要，則易產生優越情結。所謂**優越情結** (superiority complex) 是指懷有優越感的人，其自覺之優越條件並不真實，只是以優越感來掩飾其自卑感的心理。**優越感** (superiority feeling) 即指個人過分誇張自己的優點或條件 (如相貌、學歷、財富、社會地位等)，藉以貶低別人，從而提升自己的心理傾向。其實，懷有優越感的人，其自覺的優越條件，未必是客觀真實的。自身未具有真正優越條件而卻懷有優越感者，從心理學的觀點來看，此種人可能是由於內心空虛而表現的一種防禦作用。換言之，此種人所以表現優越感，其用意乃是用以掩飾自己的缺點。有優越情結的人表現為專橫跋扈、自負自誇，缺乏社會興趣，不被人喜歡。

阿德勒的權力意志或追求優越作為一種普遍適用的理論，是一個中性概念，它在各人身上的具體表現不同才有是非之分。而人的追求很容易被引入錯誤的方向，以致習慣上把優越的概念理解為對他人的強勢，把權力的概念理解為對他人的壓制，而不是理解為一般性的克服困難的優越、在專業熟練與勝任等意義上的權力。這往往引起了人們對阿德勒學說本身的誤解。

三、創造性自我

阿德勒在晚年提出創造性自我這一概念。心理學家霍爾認為此一概念是阿德勒作為一位人格理論家的最高成就。

創造性自我 (creative self) 是指人格中的自由成分，它促使個體在能夠選擇的生活風格和追求目標之間，自由選擇對自己最有效用、最適合的一種組合。阿德勒曾說：

遺傳只賦予人能力，環境只提供人印象。這些能力與印象，以及人"經驗"它們的方式——也即人對這些經驗作出的解釋——都是磚塊，而只有人對待生活的態度，才決定其與外界的關係。(Adler, 1935, p.5)

阿德勒認為，人類不是被動地接受由環境與遺傳簡單作用的結果；相反地，每個人都可以自由地選擇環境與遺傳作用的影響，按照自己獨特的方式將它們加以組合。因此，即使兩個人的遺傳與環境相似、個人的人格結構相似，也絕不會存在兩個完全相同的人；甚至同一家庭中也沒有兩個完全相同的人。又像有生理缺陷者，有的人可以經過補償作用，成為對社會極有貢獻者，但也有人終其一生陷於自艾自怨的可憐情境。在阿德勒看來，差別即在於創造性自我的不同。

阿德勒的創造性自我是按照自己的創造性，構建獨特的生活風格，是塑造人格中有意識的主動力量，而人格是直接參與自己的命運，並自己決定與外界的關係，提高了意識的地位，更加重視自我。與弗洛伊德認為命運係被動地由過去經驗和本我所決定者完全不同。

創造性自我賦予生活以意義，為生活製造目標，並且製造達成目標的手段。總之，創造性自我體現出人生的主動原則 (Hall et al.,1998)。

第二節　人格結構的觀點

補償作用是人格發展的基本事實，而補償作用的實現卻與個體的生活有密切的聯繫。在阿德勒看來，人的追求優越與權力的崇高目標是普遍存在著的。個人有多種多樣的行為可以用來達到這個目標。這樣，不同的人用以追求優越的方法也各不相同。這就涉及個體心理學的另一個重要內容，即有關生活風格的問題。

一、生活風格的定義

生活風格(或**生活方式**) (life style) 意指個體在其環境中所表現的獨特生活型態與方式，如面對問題時的處理方法、對生命作貢獻的希望。個體的生活主要在於克服嬰兒期無助的感覺並追求優越，最終的目的是提高個人的價值，為個人帶來安全感。為了達到這個目的，各人所採用的手段也大相逕庭，因而形成了不同的生活風格；這也是個人行為表現中所顯現出的動機、特質、興趣、價值等明顯獨特的組合體。簡言之，生活風格就是個體追求優越的方法。

生活風格是由創造性自我發展並建立起來的，大多形成於兒童的四歲或五歲之前，個人據以集合經驗，漸漸塑成自己所獨有的特質，也形成了個別人格的獨特性，因此生活風格表現了一個人人格的整體性和獨特性。每個人都有其個別的生活風格，正如我們不能發現兩片樹葉完全一樣，我們也無法發現兩個人絕對相同。

二、影響生活風格形成的因素

阿德勒指出，生活風格是在兒童時代初期內形成的，他寫道：

> 在生命的第四和第五個年頭，出現了起原型作用的生活風格，這種生活風格具有抓住生活的特殊方法、征服生活的戰術、合作能力的水平。(Adler, 1930, p.403)

每個兒童形成什麼樣的生活風格有賴於他的家庭環境與幼年經驗。這種早期形成的生活風格會牢固地保持下來，並且難以改變，這就為應付以後所遇到的生活問題提供了規則。生活風格並不是由遺傳而強授予個人的，主要是由兒童所處的家庭環境，如家庭的社會地位、經濟狀況、家庭結構、兒童在家庭中的處境、兄弟姐妹的多少、及**家庭氣氛** (family atmosphere，指家庭成員間的情緒關係) 等所決定的。例如英雄豪傑的子女，因預期不能做出父輩所成就的偉大業績，往往便形成了不十分努力前進的生活風格，而非常貧窮人家的子女，也許外表能力都不差，卻經常懷有卑微的態度。被寵壞的兒童占有欲甚強，被冷落的兒童較為怯弱。長子處事多持保守的態度，次子與之相比則顯得爭強好勝。因此生活的態度、對生活的企圖，都是從這種特殊的情境中磨練出來的。除了家庭因素之外，鄰居的特性和各種社會的壓力也決定著兒童形成什麼樣的生活風格。個體心理學所說的生活風格實際上就是一種兒童面對幼年挫折經驗的方法。每一個人用以對付生活困境的方式是不同的，個體歸納、概括了自己所用的方法，並使之固定下來，便成為自己人生目標所特有的持續存在的生活風格。

可以看出，阿德勒像弗洛伊德一樣，也強調生命早期在形成人格上的重要性。在生命最初的四、五年時間裏，個體忙於構建自身心理的整體性，他利用由遺傳得來的材料和從環境中獲得的印象，並將它們修正，以配合對優越的追求。在第五年末了，兒童的個性已經形成。他賦予生活的意義、追求的目標、趨近目標的方式、情緒傾向等等，也都已固定下來，也就是說，生活風格已初步形成。

三、生活風格的發展

兒童發展生活風格的主要途徑是模仿，兒童往往把自己周圍環境中最強的、最有感染力的人作為自己的模仿對象，如父親、母親。一個人基本的生活風格，雖然在兒童四、五歲時形成，以後不易變更，但卻能導入比較實用的及社會的方向，所以從五歲以後，則以學校學習和職業社會二階段為主，學校學習為第一階段，進入職業社會為第二階段；兩個階段健康的發展形成對完美目標的追求。

1. 學校階段 當孩子離開家庭，進入學校，便面臨著社會生活的一種新試驗，這種實驗會顯現出他發展中的任何錯誤。他業已形成的生活風格並不完全適應於這種的生活情境。現在，他必須在一個比以前更為廣闊的場合裏與人合作，如果他在家中受寵慣了，他很可能不願意離開那種受人保護的家庭生活而與別的孩子打成一片。因此，對於被寵壞的孩子，學校生活的第一天裏便能看出其社會感覺的限制。他可能又哭又鬧，吵著要回家。他對學校的一切，包括老師都不感興趣，老師說的話，他根本聽不進去，因為他始終都在想著自己。

在學校裡，個體生活風格的發展與學校教育有密切的聯繫。阿德勒説，學校是家庭的延長。因為父母不能完全負擔起對子女的教育，不能使他們適當地解決生活的各種問題，所以學校教育便顯得必不可少。

總之，學校生活對生活風格的發展起著重要的作用。沒有人能像老師那樣清楚地了解孩子們的心理。老師看到了孩子們心理上的許多層面，孩子們在家庭生活中所造成的錯誤是會持續下去，還是會被糾正過來，完全是掌握在老師手上。教師是人類未來的象徵，他們的貢獻是無法估計的。

2. 職業階段　　離開學校，進入職業生活時，個體的生活風格便進入了第二個發展階段。業已形成的生活風格能否與現實的職業情境相適應，是個體所面臨的又一重要問題。我們在學校的種種努力，都是為了能順應以後的工作。工作所要求的各種技能，有時會與我們的興趣產生矛盾，這時，有兩個解決方法，一是改變自己的興趣，使其適應職業；再一是堅持自己的興趣與生活風格，而選擇適合自己的工作。但後者往往難以做到，其結果常常是因無法達到自己的目的而產生人格的偏離。

實際上，阿德勒並不主張追求個人的優勢，正相反，他強調的是追求有效用的一面——即符合人類一般利益的一面。後來，他的兒子科特·阿德勒用圖表示個體生活風格的形成發展與人生追求目標的密切關係 (見圖 6-2)。

可見，阿德勒是把完美的追求作為生活風格的正常發展，他所說的完美指的是與社會利益的結合，稱為**健康的生活風格** (healthy style of life)。健康的生活風格可以使人逐步達到完美並與他人協調相處，為社會發展作出貢獻。如果為了逃避生活問題而追求個人的優勢，則其生活風格是建立在自私自利的基礎之上，它與社會目標相抵觸，將會導致各種失敗，例如酗酒、墮落到犯罪、自殺等，阿德勒稱為**錯誤的生活風格** (mistaken style of life)。

四、生活風格的作用

不論是在學校階段還是職業階段，都可能出現病態的發展而導致失敗。任何一個正常的人，都可能是在健康與病態之間交替選擇，這是人格發展的規律，也是生活風格發展的規律。生活風格反映了個體的獨特性，從一個人的生活風格中我們可以了解他的過去、現在和將來。

弗洛伊德強調性因素在人格發展中的重要性，阿德勒沒有否認這一點，

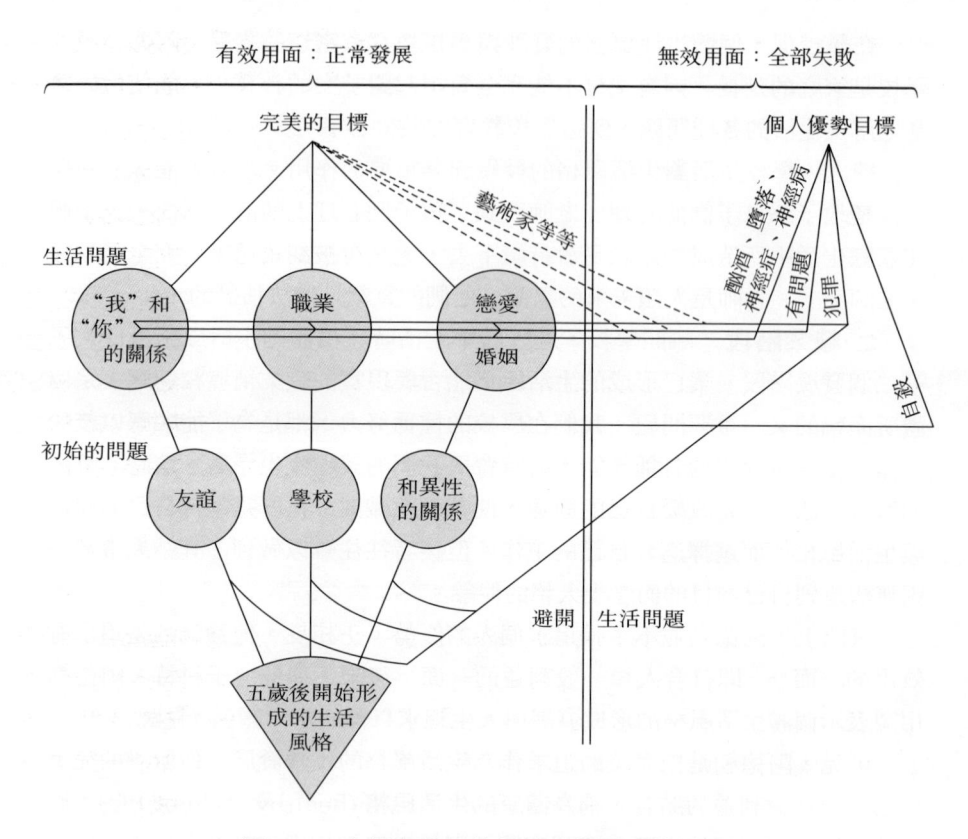

圖 6-2　人類有效用的行為和無效用的行為

(採自林方，1989，55 頁)

說明：
1. 雙直線的左邊說明由五歲後形成的生活風格，在完美目標的追求下，個體就能相繼通過正確解決初始問題和生活三大問題，而達到完美的目標，符合社會有用的一面，個體生活風格得到了正常發展。
2. 反之，如雙道直線右邊所示，個體避開生活問題，只顧追求個人優勢目標，最終只會導致各種失敗，於社會無益，於個人則是完全失敗。也就沒有個體生活風格的正常發展了。
3. 人的成長過程中，個體也可能在追求完美目標與個人優勢目標之間不是那麼順直，發生種種曲折，就可能出現虛線所表示的從無效用面轉向有效用面，對社會有益，在行為上同樣是屬於有效用的。或實線不是直線向上而橫折進入無效用面，避開生活問題，逕向追求個人優勢目標，則雙道直線右邊的實線（折線）最終也都導致全部失敗的個人結局。
4. 圖中左上角"我"和"你"的關係可理解為社交關係或社交問題。

但他認為性因素在兒童生活中不像弗洛伊德所說的那麼重要。在兒童的生活風格之中，權力意志是無時不在的。性因素在生活風格上占有相當的位置，但若視為個人生活的中心，便言過其實了。阿德勒說：

> 性欲的成分，若不就其與生活風格的關係而言，便無法確定其價值……。我們只有在了解了一個人的生活風格之後，才能真正了解他強橫的性生活。(Adler, 1929, pp.13～14)

對於治療工作者來說，去了解病人的生活風格將會對治療工作起極為重要的作用。揭示病人的生活風格，於本章第四節再詳細討論。

個體心理學不同於古典精神分析很重要的一個方面，在於阿德勒十分重視人格發展的過程與途徑。阿德勒認為，個體受自卑感的驅使，去追求優越的生活目標，這一切都是借助補償作用來實現的，而在達到目標的過程中，生活風格起著非常重要的作用。

生活風格與人格發展過程緊密相關，起著制約性的作用。它代表著一個人對生活的基本態度，決定著個體發展的方式和水平。它既是補償過程的產物，同時又制約著進一步的活動。

阿德勒認為生活風格是人克服自卑感追求優越的手段，但在現實的追求中，每個人達到目標的方式卻各異，並且每個人特有的這種反應型式是相對固定的。因此，生活風格具有獨特性，人人不同。生活風格包含著一套行為方式，個體藉助於它就能去補償自身真實或想像的自卑，這種形成於生活早期的行為方式為個體解決以後的生活問題提供了準則。從一定意義上講，個體心理學思路對 60 年代凱利 (George Alexander Kelly, 1905～1967) 的個體建構理論產生了很大的影響，凱利的個體建構 (註 6-1) 在一定程度上再現了生活風格這一概念。

註 6-1：凱利認為，每個人通過他的簡明的思維模式來看待他的世界，這些思維模式是解釋世界的一些方式，他稱之為構念。每個人都在創造他自己的構念以應付現實世界，這就是**個體建構** (或**個人構念**) (personal construct)，它是個體用以預測事件的主要工具。凱利認為，個體通過與現實的交互作用，不斷建立、鞏固、修正並發展個體構念系統，使人"不必要把他自己逼進死胡同，不必要被環境所困禁，也不必成為他自己的自傳 (即以往經驗——作者註) 的犧牲品"(Kelley, 1955, p.15)。可見，凱利的個體建構著眼於人的認知方式，阿德勒的生活風格著眼於人的行為方式，但兩者都用以說明人格的形成變化，強調了個體的自由選擇性與積極能動性，都抱著對個體未來發展的樂觀向上的基本態度，兩者有一致的地方。所以霍爾稱："凱利的假設，在許多方面，使人想起了阿德勒的看法"(Hall, 1998, p.413)。

第三節　社會興趣

從以上的分析可以看出，個體心理學非常強調生活風格在人格發展中的主導作用，我們也知道阿德勒關於人格發展的觀點：克服自卑，通過補償作用獲得優越。那麼，在個體生活風格的形成與發展中，是不是只有個體對優越的追求在起作用，或者說，人們是不是只顧追求個人的目標，而忽視社會性目標呢？

阿德勒提出社會興趣對上述問題作了系統的回答。他認為，人並非單純的生物，而是一種社會動物，因此人的存在不僅是為自己，也是為他人，為社會。

西方心理學者在探討人與社會關係的問題時就涉及到了人的社會興趣，並提出了幾種不同的看法。有些學者認為，人生來自私只為自己，社會興趣僅僅是一種表面現象，是人對自己自私天性的一種掩蓋或壓抑。很顯然，這種觀點太過極端，很難被人接受。第二種是對第一種觀點的修正，持這種觀點的學者認為，人有自私的和希冀美好社會的兩種驅力。人一方面為自己，另一方面也在為社會做貢獻，人生就是對這兩種驅力的競逐。阿德勒在第二種觀點的基礎上，提出了自己的看法。他認為，個體在追求個人目標或優越的同時，也發展著自身的社會興趣，從根本上講，社會興趣是一種先天的統一動力，是人的最基本傾向。但社會興趣不完全是天生的，而是一種先天的潛能，是一個人一生中必須有意識地培養和發展的潛能。

一、社會興趣的定義

阿德勒認為每個人都有一種關心他人與社會的潛能，這種潛能不僅指對自己的親人、朋友的情感，而且這種情感的發展可以擴及全人類甚至整個宇宙。阿德勒把這種潛能稱為**社會興趣**(social interest)，也稱為**社會情感**(social feeling)。社會興趣雖有合作、人際和社會關係、與群體認同、感情移入等等廣泛的內容，但其終極意義就是個體幫助社會達到完美社會這一目

標 (Hall & Lindzey, 1970～1978)。社會興趣不僅在個體生活風格和人格結構的形成中起著定向作用，而且保證了個體乃至整個社會的健康發展。對於這一定義的理解，有兩個方面必須加以注意。

第一，社會興趣是一種先天的潛能而並非人的本能。20世紀初，麥獨孤 (McDougall, 1908) 提出的**本能論** (instinctive theory) 風行一時。他認為個人和團體的行為都發自人的本能，這些本能是一切思想和行為的基本源泉和動力。但阿德勒沒有順著本能的思路去理解社會興趣，相反，他認為社會興趣作為一種先天因素是很微弱的，只有在適宜的社會生活環境中才能發展成熟。在社會興趣的培養和發展方面，家庭教育起著很重要的作用。初生兒最初進入的家庭環境非常重要，母親在這方面能起關鍵的作用。母子間的感情交流能促使兒童的社會興趣得到初步的健康發展，然後又擴大到對父親、兄弟姐妹以及同輩的關心。在進入學校和社會以後，社會興趣是決定學習和事業發展方向的關鍵因素。從遺傳和環境的關係上看，社會興趣有遺傳的因素，但最重要的還是在環境作用下形成的。

第二，阿德勒的"社會興趣"是一個既有廣度，又有深度的概念。他的社會不限於人的社會，也泛指一般的聯結，泛指一切與人有聯繫的對象。社會興趣可以超越人類的範圍，擴及動物、植物、無生命物，最後擴及至全宇宙。正如他所說：

> 社會情感實際上是一種宇宙情感，是宇宙萬事萬物密切相關的一種反映，它存在於我們內部，是我們不能完全消除的，而且它使我們有能力把感情移入我們身外的東西。(Adler, 1939, p.60)

社會興趣概念的深度是指時間上的縱深。社會興趣作為選擇生活風格的指導原則，它指向的是未來的理想社會。阿德勒說，它絕不是指某一眼前的社區或社會，也不是指某一政治或宗教形態，而是指一種目的——全人類的理想社會，進化的終極完成。

由於具有廣度和深度，因此，社會興趣作為一種力量不是對人的約束和壓抑，而是對人的一種促進和解放。它使人不是停留在不完善的現實中，不是中斷演化過程，而是不斷追求進步，追求未來更美好的社會。

二、社會興趣與生活意義

　　個體心理學反對弗洛伊德的性因素說。阿德勒認為人並非單純的生物，而是一種社會的生物。人的存在不同於動物。動物僅僅為了生存，而人類生活於"意義"的領域之中。

　　我們是為什麼而活？生活的意義又是什麼？這些問題與人生經歷密切聯繫。如果在我們面前沒有困難的阻礙，那麼很少人會想到這些問題。但是，當我們遇到困難、遭受失敗的時候，往往會發出這樣的疑問。

　　人是社會性動物，人的存在不是單一的，每個人都要和他人發生關係。主要有三條重要的聯繫：第一種聯繫是，我們居住在地球這個貧瘠星球上，無論做什麼事，我們的行為都是我們對人類生活情境的解答；第二種聯繫是我們活著，必然要和社會發生聯繫，個人為自己的幸福、為人類的福利，所採取的最重要步驟就是和別人發生關聯；第三種聯繫是性別的聯繫，愛情與婚姻即屬於這種聯繫。阿德勒認為，生活中的每一個問題幾乎都可以歸納於職業、社交和戀愛這三個主要問題之下。因此，生活的意義是對同伴發生興趣，作為團體的一分子，為人類幸福貢獻出自己的一份力量。從這個結論出發，阿德勒認為，所有的失敗者——神經病患者、精神病患者、酗酒者、罪犯、問題少年、自殺者、墮落者、娼妓等——之所以失敗，就是因為他們缺乏從屬感和社會興趣。他們賦予生活的意義，是一種屬於個人的意義，他們的興趣也只停留在自己身上。

　　因此，阿德勒進一步指出，生活的意義是：對團體對社會貢獻力量。更具體地說就是奉獻、對別人發生興趣和互助合作。

　　生活的意義並非全是積極性的，有些情境下人往往將錯誤的意義賦予生活。這些錯誤主要產生於三種幼年時期特別不佳的狀態：

　　1. 身體缺陷　阿德勒認為，身體或器官缺陷乃是自卑感產生的主要原因，為了彌補這種缺陷，個體會通過補償作用追求優越的生活目標。另一些人並沒有去追求這種積極上進的生活，而是濫用自己的弱點，強迫別人接受自己的支配。從被攻擊型的兒童、纖弱的女孩和多病的人們身上經常可以看到這種現象。而且，他們以後還會不斷使用同樣的方法，直到他們的生活計畫和生活騙局被清楚地揭露出來為止。

2. 受到驕縱 這在兒童身上表現得尤為明顯，由於父母或其他人的寵愛和驕縱，兒童往往會養成以自我為中心的習慣。不論做什麼，都會要求別人為自己服務或順著自己，他不會想到別人和社會，也不會主動地去發展與別人的關係。傲慢放縱，任性而為就造成了兒童極強的挫折感，很難適應現實生活。

3. 被忽視 人之所以與別人交往，主要是這種交往能滿足個體的許多需要。但是，在社會生活中，如果一個人發現自己存在的價值被別人所忽視而不被期望時，往往會曲解生活的意義，對他人、對社會變得毫無興趣且不信任，充滿委屈與敵意，甚至會出現病態攻擊。

總之，從這三種情境中出來的兒童，因殘缺地長大，害怕受到攻擊，為逃避問題而永遠學不會獨立自主。他們幾乎都需要幫助，以修正他們對待生活意義的偏差態度。

三、社會興趣與追求優越

阿德勒認為，追求權力與追求優越是個體根本的生活目標，也是個體人格發展的動力。但是，個體並非只顧自己的生活，他們時時刻刻也關注社會的目標。這種關注來自他的內心，來自對未來美好社會的嚮往。正如阿德勒所說：

> 這個觀點的目的乃是贏得一種加強了的現實感，發展一種責任感和用一種相互的善意感代替潛伏的憎恨。所有這一切，只有通過有意識地發展一種共同福利感和有意識地去摧毀那追求權力的意志才能夠獲得。(張述祖，1983，407頁)

在談到社會興趣與追求優越的問題時，阿德勒認為，了解個體的個性、人的內在本性，就意味著去揭示人所處的自然的和社會的環境。正是從這意義上講，一方面，人是軟弱的，缺乏自衛能力，有缺陷的生物人，他試圖用"優越的尋求"來補償自己的自卑感；另一方面，作為社會人，他具有同整個人類、整個宇宙相關的"宇宙情感"。正如阿德勒認為的那樣，人存在於這種緊密的聯繫之中。個體心理學恰恰是追求這一目的，以揭示潛意識追求優越的本質，個體之間的社會聯繫和以人種的社會從屬情感為基礎的人類團結。這裏主要的標準是社會興趣（或社會情感），它表示社會共同體中人與人之間的聯繫、宇宙關係中的人與人之間的聯繫。阿德勒的看法是，只有藉助於"社會興趣"，才能有效地衡量心理生活現象。

社會興趣是了解人的一個重要標準，但並不是唯一的標準，另一個重要的標準就是潛意識的追求優越。在個體心理學中，正是它們二者代表了人類存在的兩種最重要和最普遍的因素，代表著決定人的心理發展、它的生命活動方向而形成的兩個傾向。它們也代表著為揭開個性的內心世界、個體的社會心理特徵和人的行為動機而設定的兩種構想。

社會興趣的範圍非常之大，它不僅包括個體之間相互聯繫的情感，或反映人的性格特徵的情感，而且還包括人對整個生活的評價態度，甚至對宇宙的情感。阿德勒重視認同感及同理心，每一個人都能從他人的角度去看自己和世界，與他人分享的程度以及關懷他人的程度是心理健康的指標。從社會法規、社會文化道德和社會規範的觀點來評價生活情境。法的關係、倫理及美學的評價，都建立於社會興趣之上，因為不論是從理論上還是從實踐上，"生活的一切問題都具有社會價值"（Ansbacher, 1956, p.153）。個體心理學的使命就是去幫助人認識這些價值，並以適當的方式去適應生活情境。

這樣，"社會興趣"和"追求優越"被引向同一軌道上了。在阿德勒的觀念中，把補償人的缺陷的功能給了社會興趣，也給了追求優越。他強調社會興趣是對人天生缺陷的真正和必要的補償。在阿德勒看來，正是由於有了社會興趣，才使個體能適應各式各樣的生活情境，這種適應在社會層次上和心理層次上都是可以實現的。由此，我們可以發現社會興趣和追求優越這兩個概念屬同一序列性質。它們都產生於人的缺陷感和無能為力的基礎上，兩者的作用都是作為最初的刺激，以發展適應自然界和社會的機制。

按照阿德勒的構想，社會興趣應當是個體心理學這一大廈藉以建立的奠基石，是劃分這一學說與弗洛伊德精神分析的界限的出發點。但可惜的是，阿德勒想弄清生物因素和社會因素之間的相互聯繫的全部企圖，不僅沒有一點結果，而且最終甚至適得其反，它們非但沒有證明個體心理學同古典精神分析理論基礎的差別，反而證明兩者的同質性。在阿德勒那裏，潛意識的追求優越和社會興趣雖然在形式上有所不同，但它們之間卻是具有血緣關係，二者都與個體生理上抑制不住的衝動有聯繫，是與弗洛伊德的潛意識欲望相似的。因此，在考察人的心理發揮作用的生物的和社會的決定因素方面，把個體心理學同古典精神分析完全對立起來確是相當勉強的。

第四節　心理治療的觀點

安斯貝切曾說過：個體心理學是一種關於人格和心理病理學的理論，也是一種心理治療的方法 (Corsini, 1984)。無論是古典精神分析還是新精神分析，在分析人格 (個性) 的同時，也探索著更為有效的心理治療方法。作為兩種精神分析轉折中介的個體心理學，在這一方面無疑是相當成功的。個體心理學在人格分析上重視對患者生活風格的揭示；在治療方法上重視對患者社會興趣的提高，其目的在於了解患者，改進患者的自我適應水平，表現了阿德勒心理治療最顯著的特色。

一、揭示心理患者的生活風格

個體心理學強調認知而非潛意識的過程，把人看作是完整的具有獨特性的個體，他的獨特性表現出自小形成的一套應付生活環境的反應型式，亦即**生活風格**。生活風格包括個體對他人的態度、個體的認知方式 (原型或圖式) 以及生活的價值觀與信念等等。為了取得心理治療的良好的效果，了解並闡明患者的生活風格可以洞悉隱藏的想法與解釋，使當事人發現這些負面的思想及其對生活的限制。故在治療初期，作為一種了解和診斷的輔助手段，心理治療者對患者做一些規定的"生活風格評定"。包括從以下幾方面入手來揭示患者的生活風格：

（一）　出生順序

家庭關係包括雙親與子女的關係，以及兄弟姐妹之間的關係。阿德勒特別強調家庭關係中當事人的**出生順序** (birth order)，認為它對了解患者的生活風格至關重要。阿德勒認為，每個人在家庭環境中出生順序不同，家庭中的心理地位就會不同，因而生活的經歷也不同，結果便形成不同的人格與不同的人際互動形式。在一個家庭中，第一個出生的兒童在家裏受到的關懷最多。但當第二個孩子出生後，他便不得不讓位，結果頭一個出生的兒童可能感覺到不安全而敵視別人。因此罪犯、神經病患者和酒精中毒者往往是頭一個出生的兒童。第二個出生的兒童常常有強烈的野心、叛逆心和忌妒心，他總是試圖在各方面勝過別人。但與第一個或最小的兒童相比，他比較容易與人合作，適應得也更好些，因為他自呱呱落地，便和另一個孩子分享父母的關懷。最小的兒童受到的刺激多，競爭的機會也多，他經常發展得最快。但他們常常被嬌慣壞了，因而多半在兒童期和成人以後都有行為上的問題。總之，在阿德勒治療法中，家庭動力 (特別是手足關係) 是治療過程裏的重要部分，雖然我們應注意不要將人群刻板分類，但是阿德勒的理論提醒我們一件事：因幼時兄弟敵對情形所形成的人格傾向，將會影響人一輩子。

（二） 最初記憶

所謂**最初記憶** (first memories)，是指那些對個人有重大影響的早期生活經驗。由於人的記憶具有主觀選擇性，故從當事人許多發生過的事件中，唯獨只記住某些特定事物，而這些被記住的特定事物便構成了當事人的"生活故事"，生活故事正反映了當事人今天生活中的看法和生活風格。根據孟羅 1955 年的說法，最初記憶"實際上是今天廣泛使用的投射測驗法最初的嘗試"(Mosak, 1984, p.17)。生活故事之所以重要不在於它曾經發生過，而在於它被記住了。阿德勒問過 100 多位醫生的最初記憶，多數是嚴重的疾病或家庭成員的死亡。從生活故事裏可以了解當事人的生活目的和對生活的基本態度，也可以探究由生活故事所投射出來的當事人的生活風格。何況最初記憶、生活故事在當事人心理治療過程期間往往會隨當事人的變化而發生改變，故在心理治療中正可借以衡量治療的進展與結果 (Gibson, 1985)。但以往的心理治療忽視了對當事人最初記憶的積累與分析，因而也就丟掉了一份非常有價值的心理治療資料。

（三） 夢的解釋

阿德勒斷言，夢是人類心理活動最富創造性的一部分，並認為夢表現了個體對所面臨生活問題的態度，通過**夢的解析** (dream analysis) 可以掌握有關個體生活風格的大量訊息。這與弗洛伊德把夢視為欲望的滿足的看法恰好大相逕庭。

阿德勒揭示了夢與生活風格的聯繫。他認為夢與清醒時的生活並不是相互對立的，它與生活的其他內容相符合、相一致。夢是生活風格的產品，它也必然有助於生活風格的建造和加強。夢的工作就是應付我們面臨的難題，並提供解決的方法。夢的目的是支持生活風格，並引起適合於生活風格的感覺，同時抵制常識的要求。如果個體面臨了一個他不希望用常識來解決的問題，他便能夠用夢所引起的感覺來堅定他的態度。如一個結婚前尚在躊躇的人，夢見在兩國交界的地方被人留難。這個夢是在處理清醒時未能解決的問題，表示做夢者對這個問題的根本看法。個體通過夢，把自己的生活風格與當前的問題聯繫起來。生活風格是夢的主宰。阿德勒進一步指出：每一個夢都是自我陶醉，自我催眠，它的全部目的就是引起一種讓我們準備應付某種問題的心境。總之，由個體的夢和個體對夢的解釋可以發現，他受生活風格指引，以某種特殊的方式成功地貫徹其生活風格。

另外，通過詢問與觀察也可了解當事人的生活風格。如詢問他的喜好、所崇拜的英雄、所選擇的職業等等，都可能提供有關他的生活風格的線索。他的站立、走路和坐的姿勢，握手的方法，甚至睡眠的睡姿都可以表現他基本的生活態度。"直挺仰臥是有遠大抱負的表現；蜷臥如刺猬，則不像是個勇敢有為的人；……凡俯臥的人都是剛愎自用反抗一切的人 (Adler, 1930, pp. 398~399)。生活風格處處都有表現，雖然這種種的表現可能使分析者產生誤會，但實際上，個體心理學是根據人的許多行為特徵來斷定個人特性的。

二、建立社會興趣的心理治療模式

阿德勒認為心理疾病都是由於錯誤的生活風格所致。而生活風格的錯誤之所以產生，是由於人們過於追求個人的權力與優越，而缺乏足夠的社會興趣。當個體缺少社會興趣而面臨無法解決的困難時，心理上就會出現失調。

尤其當個體受到失敗的威脅時，一些症狀"可用來保護其自尊心，並為他的那種錯誤的、自我中心的生活風格找藉口"(Ansbacher, 1969)。

　　阿德勒試圖通過提高當事人的社會興趣來達到治療的目的。在治療過程中，治療者向當事人揭示人性的需要，通過各種方式鼓勵當事人在應付生活問題時，做出有意義的選擇。治療者的任務按照治療過程可歸納為以下四個方面：

　　1. 治療者以同理心與當事人建立起相互信任與尊重的關係，如此將使當事人感到被了解與被接納。
　　2. 幫助當事人了解，決定其生活風格的信仰、情感、動機與目的，探索當事人各層面的生活功能，以進行初步的評估。
　　3. 幫助當事人洞察他們的生活風格，並體察他們原本錯誤的目標與自我挫敗的行為，使當事人不再受限於這些謬思之中。
　　4. 幫助當事人通過自我努力重新定向，將了解化為行動。鼓勵當事人正視其優點、內在資源以及自作抉擇的勇氣。

　　阿德勒的心理治療模式體現了個體心理學對人的看法及其基本假設，諸如：(1) 人是可以改變的；(2) 人不了解自己，心理治療就是一個使人了解自己的過程；(3) 治療者要與當事人保持合作；(4) 揭示症狀和行為的目的是治療的關鍵；(5) 治療者的陳述應當傳達一種相信人的內在力量的感覺；(6) 治療者應當促進人的歸屬感；(7) 大部分的心理治療是改正錯誤的社會價值；(8) 通過治療能為善良的行為和有效的應付策略提供一個模式。

　　可見，阿德勒治療模式之所以取得成功，其治療方法之所以能具有較大靈活性，是因為阿德勒的個體心理學假定人類的動機受社會因素影響，人類應為自己的感情、思想、行為負責，個體是自己生活的創造者，而不是一個無助的犧牲者。他認為，人類會朝著目標與目的前進，面對未來，而不是沈溺於往昔。它在心理治療方面的成績與影響，構成了個體心理學貢獻的一個不可忽視的方面。

第五節　個體心理學的貢獻與影響

一、對精神分析的積極影響

　　阿德勒以與弗洛伊德分裂為代價，勇敢地提出了個體心理學理論。與許許多多新理論的開創者一樣，他的貢獻不在於是否能真正解決他所面臨的問題，而在於以自己敏銳的目光看到這些問題並提了出來。拉特納指出，阿德勒最先揭示了精神分析理論的人為性與脫離實際、脫離生活。他的批評第一次動搖了弗洛伊德結構的基礎，如關於性的理論和不真實的戀母情結。而阿德勒的一些思想觀念則包含了為深奧心理學進一步發展提供了最有價值的種子 (Rattner, 1983)。

　　從心理學史的學派角度看，個體心理學是古典精神分析學派向新精神分析學派轉化的中介。首先，阿德勒曾經是弗洛伊德學術團體中十分積極的一員。因此，他在諸如研究對象、術語及部分方法上與弗洛伊德有相通之處。但另一方面，二者的理論基礎、主導意向及研究思路上卻存在很大差異。阿德勒沿著社會方向發展了自己的理論體系，並且日益遠離弗洛伊德，連弗洛伊德也承認，與榮格相比，阿德勒走得更遠 (張霽明，1986)。

　　阿德勒個體心理學中所強調的重點與弗洛伊德的精神分析很不同，也正是這些不同的強調方面給精神分析帶來了新的氣息，使人耳目為之一新。以引起阿德勒與弗洛伊德分歧的關於陽具嫉羨之爭為例：弗洛伊德認為它是婦女嚮往能有陽物的一種普遍的、天生的欲望；阿德勒則提出**男性的反抗**來代替**陽具嫉羨**，認為是由於社會過於重視男性，導致一些女子希望與男子一樣有個平等的甚至更高的地位。可見，阿德勒力圖克服弗洛伊德的偏頗，突出了人的社會性和主觀能動性，強調在人身上起決定作用的是人的社會性意識，而不是根源於生物本能的、盲目的潛意識。

　　阿德勒個體心理學含有許多開創性的東西，他被稱為"自卑情結之父" (Ansbacher, 1984)。而"自卑情結"一詞現已膾炙人口了 (Boring, 1950)。

阿德勒把補償作用進行了系統的擴展，使它變成理解神經症的一種主要的而不是邊緣的線索 (Murphy, 1972)。作為經典體系之一，個體心理學被認為對理解人性與提高深奧心理學理論與實踐兩方面都作出了重大貢獻 (Rattner, 1983)。他的一些開創性的理論，給新精神分析學派帶來了尤為積極與直接的影響。例如，阿德勒強調人格的社會性因素，就影響了社會文化學派的霍妮、沙利文和弗洛姆等人。霍妮在談到"追求優越"時承認自己曾得益於阿德勒。她還評論過阿德勒，說他是精神分析學家中最先把"追求優越"看作一種綜合的現象，而且指出了它在神經症中的重大意義。阿德勒把人們面對生活任務分為"是"、"但是"及"否"三種態度，霍妮借此提出了趨向人、背離人和反對人三種神經症適應模式 (見第九章第二節)。阿德勒強調自我的力量，哈特曼、埃里克森等就是受其影響而系統地提出了自我心理學理論 (見第十一章第一節)。有人說："(社會) 文化學派即使不受阿德勒的直接影響，但它在精神病學思想由生物的轉向社會的這一改造上，至少也是以他為先鋒的"(Alexander, 1966, p.86)。

總之，個體心理學影響了精神分析內部兩方面的發展：一是扭轉了精神分析的方向，使精神分析不再依賴於自然的生物因素，而是強調人的社會性和社會因素的作用，為爾後新精神分析學派的研究開了先河。二是提高了自我在精神分析中的地位，使自我成為精神分析研究的重要內容，並為自我心理學的形成奠定了某種基礎。正如范因在《精神分析史》一書中所稱："阿德勒的一些看法代表了一種萌芽期的自我心理學"(Fine, 1979, p.81)。

二、對心理治療的廣泛影響

個體心理學強調人的意識性、選擇性，克服自卑、追求優越與社會興趣是阿德勒心理學的最重要概念也是他的心理健康的標準。故阿德勒設定的治療者的工作目標是重新組織病人的認知，以及使病人能表現出更多的合於社會有用的行為。阿德勒在心理治療當中，強調自尊、同情和平等的重要性，使羅杰斯受到很大影響而創立了當事人中心療法。莫塞克曾稱：羅杰斯的治療不同於阿德勒，但兩者根據的假設卻極相似 (Mosak, 1984)。

阿德勒在治療中重視與病人的分析討論，把對病人的分析解釋與評價看作一種積極的治療過程，以增進病人頓悟、認識自我。故埃利斯曾強調個體心理學與合理-情緒心理學之間的相似處,稱:每次重溫阿德勒,使自己十分驚訝個體心理學的主要原理與自己的合理-情緒心理治療竟是多麼相似(Ellis, 1971)。另外,《貝克心理學百科全書》還提到:早在認知行為療法於70年代後期風行之前,阿德勒學派早已指導他們的病人從事一些治療以外的任務,來改變他們的信念、感情和習慣。他們經常指定病人去扮演一些角色,從而感到成功、美麗或者得到鼓勵、快樂等等為病人所欠缺的感覺(Gibson, 1985)。

看來,個體心理學對心理治療工作起了極大的促進作用,影響了之後的許多治療方法和技術的發展,甚至影響了整個精神病學。正如米洛在紀念阿德勒百年誕辰一文中所說:"如果沒有阿德勒先鋒的熱情,幾乎不可能有整個社會精神病學"(Meerloo, 1970, p.60)。

三、對心理學的貢獻與影響

個體心理學是一種很特別的心理學體系。阿德勒根據總體論,圍繞對心理與行為的主體,提出了他關於人的獨特的看法,成為他體系的前提。心理學是關於人自身的科學,心理學從總體上研究人是它的人格(或個性)心理學,所以阿德勒對心理學的貢獻具體深入方面是有關人格的研究與理論,而對心理學廣泛影響的方面則涉及心理學的學科性質與學科發展的走向。下面分別予以闡述。

(一) 對人格心理學的貢獻

阿德勒對人格心理學的貢獻是多方面的,有關於具體研究的,更多的是在人格理論上。心理學史家墨菲評價阿德勒關於家庭排行的具體研究,他指出:阿德勒揭示了出生順序對形成個體生活風格的重要作用,是對個性研究所做的特別有意義的特殊貢獻(林方等譯,1980)。

阿德勒心理學在幾十種人格理論中是很獨特的,它不但包含對人的各種行為——正常的和失常的——的簡潔概括的說明,而且在內容上還包含一種生活哲學。它重視從社會的含義上看待人,理解人。霍爾說:

> 阿德勒強調人格和行為的社會決定因素,這雖為弗洛伊德和榮格所

不齒，也許這是阿德勒對心理學理論的最大貢獻。正是由於阿德勒的這一強調，使心理學家把注意力轉向了社會變量的重要性上，而且在一段時間有助於發展社會心理學這個需要鼓勵和支持的領域。
(Hall, Lindzey & Campbell 1998, p.127)

阿德勒對人格理論的第三個貢獻是他提出了創造性自我的概念。弗洛伊德的自我 (ego) 只是服務於天生本能的一種心理過程；阿德勒的自我 (self) 則是高度人格化的主觀系統，它解釋有機體的經驗，並賦之以意義。更有甚者，這種自我還搜尋甚至創造經驗，以促使個人獨特的生活風格得以實現。這個創造性自我對精神分析來說完全是新概念，它補償了古典精神分析極端的"客觀主義"——它的人格動力學幾乎完全建立在生物需要和外界刺激之上。而阿德勒這個自我概念在近年關於人格的確切表述上起著重要作用。阿德勒對於承認自我是行為的重要原因這個新趨勢方面，意義重大。

霍爾還說，阿德勒心理學的另一個特點是它強調人格的獨特性。他認為每個人在動機、特徵、興趣以及價值方面完全是獨特的，在人的每個動作中都帶有他自己特有的生活風格的印記。

最後，阿德勒使意識成為人格的中心，這也使阿德勒成為自我取向心理學發展中的一個先驅。在阿德勒看來，人是一個有意識的存在，他一般都清楚自身行為的理由，也意識到他的卑微，意識到他為之奮鬥拼搏的目標。更重要的是，他是一個有自我意識的個體，會計畫並指導他的行動，並清楚那些行動對他自身的自我實現的意義。這種說法正好與弗洛伊德理論完全背道而馳。在弗洛伊德的理論中，意識被降低到一種實際上並不存在的狀況，成為只不過是在潛意識大海上飄浮著的一種泡沫而已 (Hall, Lindzey & Campbell 1998, p.128)。

還應該提到阿德勒個體心理學關於人格發展的動力問題的看法。心理學史上對影響行為因素長期爭論不休的三種看法有：(1) 遺傳決定論；(2) 環境決定論；(3) 遺傳與環境相互作用論。阿德勒傾向於第三種觀點，而又加以發展。他指出，克服自卑和追求優越需要創造性自我。創造性自我是每個人都有的先天秉賦，是按個人在自由意志下選擇自己的命運；是傳遺和環境以外的第三個因素，它把個人先天的潛能和環境的影響結合起來，形成一種克服生活障礙和追求優越目標的運動，這就是人格發展的軌跡。人的天賦創造力是自由的，但它受遺傳與環境的影響，三者相互作用，從童年期開始，使一個人逐漸選定一條生活道路和一種生活風格。選擇的結果形成人格的結構，其中創造性自我是決定的因素，因為個人的遺傳和環境方面要由創造性自我來整合才能發揮作用。可見，阿德勒的個體心理學不僅提出了人格發展動力及其軌跡問題的獨特見解，而且改變了人們對遺傳與環境問題的看法。

(二) 對心理學學科發展走向的影響

自 1879 年馮德在萊比錫大學設立第一座心理實驗室，一百多年來雖諸說紛呈，學派林立，但其主流一直被按照自然科學的模式發展著。這種主流心理學崇尚實驗與實證，遵循因果決定論原則，著重對心理或行為的簡單過程作基本規律的純科學研究。弗洛伊德開創的精神分析心理學自成體系。它以潛意識歷程為對象，著重動力的研究，在一定程度上打破了主流心理學獨霸天下的格局。它不是從大學院校，而是從精神病診療所產生和發展起來，不再憑藉實驗手段收集資料與驗證假設，作純科學的研究，而努力使心理學與臨床實踐的應用密切結合起來，形成了心理學中的一支突起異軍。但是，由於弗洛伊德的古典精神分析沿襲著機械的、因果決定的、自然科學的思想與標準，從事他的臨床研究，並沒有完全擺脫馮德以來現代心理學的框框。從研究對象、方法上，從結合應用上，它與現代心理學有了區別，但在追求心理學的客觀性與自然科學性上與馮德心理學並無異趣。

阿德勒則與弗洛伊德很不同。阿德勒的個體心理學被認為是心理學史上第一個沿著社會科學方向發展的心理學體系 (Murphy & Kovach, 1972)。但阿德勒與弗洛伊德的不同，從根本上說並非起自對心理學學科性質的不同看法，而是起自對心理學研究對象或主體──人──的對立的看法。也可以說，前者的不同只是後者對立的結果而已。之前也曾提過，弗洛伊德把人看作由潛意識為主導，受盲目的本能衝動控制的生物有機體，由理化能量法則與已往經驗所決定，故是個悲觀的、有缺陷的、完全被動的人；阿德勒把人看作由統一目標所指引，克服自卑、追求優越，有著無限社會興趣潛能的有意識、主動地面向現實與社會而積極參與的人。正因為阿德勒把人從總體上看為一個社會的人，他的個體心理學也就是一種社會心理學，把人的一切行為放在社會含義上去加以理解。阿德勒在自己的心理學體系裏強調以至引進主流心理學竭力迴避的諸如"意義"、"價值"、"責任"、"自由選擇"與"生活理想"等概念，這就使他很自然地走上了一條沿著社會科學和人文學科方向發展的心理學道路，被認為是存在主義、人本主義心理學派的先驅 (Mosak, 1984)。

雖說阿德勒學派的主要興趣是在臨床與教育方面，但個體與群體行為的整個領域一直是該學派審視的對象。再則，由於阿德勒以自卑感、追求優越與社會興趣為其心理學的理論支柱，個體心理學在應用上也就遠遠超出了弗洛伊德古典精神分析比較狹隘的範圍，變成了一種關於集體行動的理論，一種應用於青少年犯罪問題、教室情境和社會運動（如女權運動）的理論（林方等譯，1980）。阿德勒注重生活實際，從提高社會興趣入手，用通俗講演或讀物，如《理解人類本性》及《生活對你應有的意義》引導人們努力向上追求，他的個體心理學成了關於人性知識的大全 (Rattner, 1983)，既是一門科學，又是健康有益的哲學，挽救著處在信仰危機的一代人，這是其他心理學理論體系所不及的。考西尼在談他對個體心理學的個人體會時說：

> 我所需要的是組合了科學與哲學、可感受的、有意義的、全面而又完整的東西。……我很快發現個體心理學填補了一個空虛，給了我一種對人性的理解，優於其他所有的理論體系，它還通過"社會興趣"這個概念，給了我一種生活哲學。(Corsini, 1982, pp.256～257)

這也從一個側面反映了阿德勒心理學得以廣為傳佈與深入人心的原因。

阿德勒把心理學引向社會科學方向發展的歷史意義是不能低估的，因為心理學研究的對象，人的心理的主體本是個自然與社會高度綜合的統一體，若單單從自然科學方面研究心理學不但從理論上說並不全面，從實踐上使心理學研究符合物理科學的規範無異是削足適履，並由於不強調也不著重廣泛應用，難以得到社會支持，從而得不到很好發展，使學科在前進道路中往往遇到挫折產生危機感。我國心理學史界評論說：

> 心理學本來並非屬自然科學，但自馮德創建科學心理學的一百多年來，許多人卻沿循自然科學的模式，特別是按著物理科學的規範來要求、設計、建構和考驗心理學。其結果深感心理學和自然科學的模式相距甚遠，對心理學難以成為自然科學式的科學而感到悲觀。(車文博，1996，p.644)

心理學若能顧到從自然到社會、理論與應用全面的發展，當能克服學科危機，一掃悲觀失望的論調。

四、在教育領域的貢獻與影響

　　個體心理學不僅提供了一種心理治療模式，而且也揭示了制約人格發展的各種教育因素。阿德勒堅信，通過各種教育就可使個體順利解決生活的三大問題：社交、職業與戀愛，從而更好地應付社會生活。

　　阿德勒在教育領域的貢獻與影響反映出他對個體心理學的廣泛應用。按照個體心理學的精神，教育最重要的目標是培養孩子的合作能力，訓練他成為一個好的隊員，能主動積極地參與社會生活。阿德勒斷言："兒童的可教育性得自於他的先天的、分化了的和成長著的社會興趣的廣度"（Ansbacher, & Ansbacher, 1956, p.138），而社會興趣正是一種必須加以發展的潛能。

（一）　家庭教育

　　個體心理學首先強調家庭教育的重要性。阿德勒指出，從出生之日起，個體就必須接受家庭教育，它包括了所有基本生活技能的學習。最早的影響來自母親，她不僅是孩子生存的依靠，也是孩子合作能力的啟發者，是她搭起了孩子通往社會生活的橋樑。她通過言傳身教，教育孩子如何發揮潛能，並發展與別人的良好合作關係，以便促進人格的健康發展。孩子各種基於遺傳的行為傾向，都被母親加以修正、訓練、教育而變得與生活相適應。因此母親的教育是孩子能否順利生活的最初保證。

　　父親是家庭教育中與母親同等重要的人。父親的教育不僅限於如何適應環境，更重要的是，他用自己的實際行動來證明自己的能力，而這種影響對子女往往是終生的。許多孩子在一生中都把父親當作偶像。孩子的責任感，在很大程度上是與父親的教育分不開的。

　　按理説，家庭是成長中的個人能夠最好地發展的社會環境。但是阿德勒注意到家長未對自身的教育角色有所準備。他説："不幸的是誰也不會否認父母既非好的心理學家，又非好的教師"（Adler, 1992/1927, p.223）。迫切需要改變這種狀況，因為家庭教育對一個孩子的心理生活的建造來説是最重要的因素。孩子總以父母為榜樣。所以最重要的事情是對雙親的教育活動給予十分小心的指導（Rattner, 1983）。

(二) 學校教育

阿德勒特別強調學校教育的作用。他認為學校是家庭的延長。假如父母能夠負起對孩子教育的責任，讓他們能夠適當地解決生活的各種問題，那麼也就沒有必要接受學校教育。但家庭永遠做不到這一點，因為不論是從內容上還是從廣度上，學校教育提供的知識永遠是家庭教育所不可比擬的。

注意兒童的困難，糾正父母的錯誤，是學校教師的工作。在學校教育之始，大多數兒童已經有了一定的思想準備，以便去應付廣闊的社會生活；有的則沒有這種準備。當走進新的學校環境時，他們會舉棋不定，畏縮不前，表現出對生活缺乏信心。這些兒童並非心智低下，只是在社會生活的適應問題面前猶豫不決。教師的地位最適合於幫助他們應付眼前的新情境。

教師要做的事情與母親所做的一樣——和學生聯繫在一起，並對學生發生興趣，而絕不能只用嚴厲的懲罰。如果想要引起學生的注意，教師就必須先了解這個學生以前的興趣，並使學生相信：他在該興趣上能獲得成功。因此，從學校教育開始，教師就應該發現孩子對世界的看法，以及孩子的特長等，以便在教育當中結合多種手段，使教學既傳授了知識，又培養了孩子的興趣。當然，只有教師自身是個健康、平衡、很懂得心理的人，才會像一個朋友那樣去接近孩子，傳給他們在他自己身上已經喚醒的社會感情。

一句話，阿德勒對學校在孩子情感與智力發展上的重要性評價甚高。上學是孩子生平頭一次參加社會測驗和實驗，表明他對生活的準備進展到了什麼地步。在學校裏，孩子有無數次的機會來糾正自己在家庭教育中所受的錯誤影響。為此，必須放棄學校只顧傳授知識，而不注意對孩子個性的培養。個體心理學認為學校教育最重要的任務是發展孩子的社會興趣 (Rattner, 1983)。阿德勒在這一方面也做了許多實際工作，他及其學生在維也納的幾十所學校裏開設了"兒童指導診所"，同時還為教師提供諮詢服務。他的工作不僅在當時受到人們的歡迎，而且對以後的學校教育產生了深遠的影響。

五、對個體心理學的評論和結語

與弗洛伊德的古典精神分析相比，阿德勒是前進了一步。舒爾茨認為：

> 阿德勒提出了關於人的一種更令人滿意和樂觀的概念。他強調了社會因素的重要性……這種態度加強了已經增長著的對社會科學的興趣，也加強了更為傳統的精神分析開始重新確定研究的方向，以便使它的原則更能應用於不同文化條件下的不同的行為方面。(楊立能等譯，1981，371頁)

阿德勒在批評弗洛伊德性因素說的基礎上，提出了關於人格發展的個體心理學理論，闡明人格發展並非源於生物因素，而主要決定於社會因素。用阿德勒的話來說就是：人格的發展是個體通過補償作用克服自卑感，獲得權力意志與優越地位，形成獨特的生活風格，並培養自身社會興趣的過程。

阿德勒提出追求優越的權力意志概念使人的個性增加了目的性、主動性和創造性因素；他提出的自卑感與補償作用的概念使我們看到了人格發展的根源與途徑；他提出的生活風格的概念為我們理解人提供了參照；而社會興趣的概念則使我們充分了解了人格發展的目標和方向。此外，阿德勒還提出創造性自我的概念，否定了遺傳與環境的決定論，這就成了從精神分析走向人本主義心理學的重要環節，把心理學的研究和理論提到了一個新的高度。但阿德勒的理論也有許多不完善的地方。

1. 矯枉過正的偏向 首先，他在批評弗洛伊德學說的過程中，出現了矯枉過正的偏向。例如，他否定遺傳的天資因素，在人格形成的系統觀上是有缺陷的，有的地方與當代生理心理研究在人格的自然因素方面背道而馳。

2. 過分簡單化的傾向 其次是，過分簡單化的傾向。儘管個體心理學是一種較為實際的理論，但也嚴重地低估了人類行為的複雜性。比如，過於誇大自卑感與補償作用，並企圖以此解釋人的一切行為。再如，對異常生活風格的選擇阿德勒認為常常是由童年期的一兩個關鍵事件引發的，諸如兄弟的出生順序或某種器官的缺陷。大部分現代心理學家不同意這種觀點，他們發現心理病理學的原因更可能被過分限定了。再則，阿德勒的整體論觀點也導致了人們的一些疑問，特別是焦慮這一概念。神經症的焦慮一般都涉及個人的強烈痛苦，因此，幾乎不可能把這種情緒痛苦如阿德勒那樣，僅僅看作獲得他人注意的手段。由於這些原因，以及過分強調人格的自我決定方面，阿德勒的理論被認為是過分強調了自我的能力。心理分析學家們認為，即使一個病人有意識地選擇新的生活目標，努力去達到這些目標並減少來自於病態的次級目標，這些努力可能仍然被相反的強大潛意識力量所消弱。

3. 對人的社會性理解的主觀抽象化　阿德勒在闡述人格發展制約因素時，特別著重個體的出生順序，卻忽視現實社會關係對塑造人格的極其重要的作用，而且始終沒有看到眾多制約因素的現實聯繫的基礎在於人的實踐活動。這是對人的社會性理解的表面化與抽象化的表現。阿德勒還認為，要了解人的心理，揭示其人格特點，就必須先了解他的生活目標。而這種目標有的是現實的，更多的則是虛構的。明顯地，這種觀點把人的存在變成了觀念上的存在，人的行為受虛構的目標所指引，而不是以客觀必然性來認識和指導人的行為，難免會帶有主觀的盲目性。最後，對於阿德勒提出的反映人的社會性實質的"社會興趣"與"追求優越"，由於它們都是一開始就作為人類存在的要素，於是，阿德勒得出最後的結論："社會興趣是天賦的，克服缺陷的渴望也是天賦的"(Ansbacher, 1956, p.134)。表現出阿德勒對於"社會興趣"、"追求優越"的解釋，是以另一種形式重復了弗洛尹德關於人的潛意識欲望的天賦性觀點。就這一點而言，個體心理學對人的存在的社會制約性的強調，不過是精神分析學說的一種比較溫和、貌似更加合理而容易為人接受的不同提法而已。霍爾在他的《人格理論》一書裏曾表示：

> 從某種含義來看，則阿德勒在他的觀點上的生物學化正如同弗洛伊德和榮格，他們三個人都認為人有一種先天的性質來形成其人格：弗洛伊德強調性，榮格強調思想原型，而阿德勒則強調社會興趣。(Hall, Lindzey & Campbell, 1998, p.127)

因此，就像古典精神分析一樣，個體心理學對人的自然方面與社會方面也都未能作出科學的解釋，這不能不說是個體心理學的一種不足與局限。

吸取個體心理學的經驗教訓，我們應從人的整個社會生活的角度去研究人。既要充分認識人的主觀創造性，又要充分認識人的存在的客觀基礎。只有在現實與實踐的意義上全面地把握人，才能得出關於人的真正令人滿意和樂觀的概念。

總括起來講，阿德勒的個體心理學無疑是成功的。它不僅在治療與教育領域作出了卓越的貢獻，而且對整個心理學的發展有著積極的廣泛的影響。對個體心理學，我們應該吸收其合理的精華，克服其不足的方面，從而使它成為我們認識人，認識世界的一種有效工具。

本 章 摘 要

1. 個體心理學關於人格發展的基本觀點包括三個方面：人格發展的基本動力、人格發展的目標、人格發展的途徑。
2. **自卑感**是人人都有的一種情緒，它起源於童年期的弱小和無助。自卑感不僅與人的身體缺陷有關，而且與許多精神的和社會的因素有關。
3. 個體能通過**補償作用**克服自身的自卑感，並達到優越地位。這種補償可以是真實的，也可以是想像的。
4. 補償作用有一定的範圍，當超出其作用範圍之時，過度補償作用便產生了。這種**超補償作用**，能使人獲得更大的成功，但有時卻使人脫離生活的現實，甚至以產生心理疾患（如神經症）為代價。
5. **追求優越**是阿德勒個體心理學的中心概念之一。阿德勒認為對優越的追求是人的心理發展的基本動力，是人的一切外部表現的內部推動力。
6. 個體生活所面臨的問題可以分為三類：社交、業和職戀愛。對這三類問題的良好順應，是人格健康發展的保證。
7. **生活風格**是人格發展的產物，同時也制約了人以後的發展，它為人的發展提供了一個原型，影響了人格發展的多方面。
8. 人格發展的重要目標，就是培養個體的社會興趣。**社會興趣**既是一種關心他人與社會的先天潛能，也與個體的權力意志以及對生活意義的理解有著內在的聯繫。
9. 個體心理學認為制約個體發展的因素包括兩個方面：社會因素和機體的遺傳與環境方面的因素，兩者缺一不可，其中社會性因素的範圍更廣。
10. 個體心理學影響了精神分析內部兩方面的發展：一是扭轉了精神分析的方向，使其不再依賴於自然的生物因素，為爾後新精神分析學派的研究開了先河；二是提高了自我在精神分析中的地位，使自我成為精神分析研究的重要內容。
11. 個體心理學揭示了心理患者的**生活風格**，建立起一種心理治療的社會興趣模式，對心理治療工作起了極大的促進作用，影響了它之後的許多治療方法和技術的發展，甚至影響了整個精神病學。
12. 阿德勒對心理學的貢獻具體深入方面是有關人格的研究與理論，而對心理學廣泛影響的方面則涉及心理學的學科性質與學科發展的走向。
13. 個體心理學首先強調家庭教育的重要性，認為母親的教育是孩子能否順利生活的最初保證；而孩子的責任感，在很大程度上，與父親的教育分不開。個體心理學特別強調學校教育的作用，認為學校教育最重要的任務是發展孩子的社會興趣。
14. 阿德勒理論的不完善處如他在批評弗洛伊德學說過程中，表現出矯枉過正的偏向；此外，個體心理學有過分簡單化的傾向，以及對人的社會性理解的主觀抽象化。

建議參考資料

1. 沈德燦 (1981)：關於西方心理學史的學習與研究。見舒爾茨著楊立能等譯：現代心理學史附錄 411-423 頁。北京市：人民教育出版社。
2. 林　方 (1989)：心靈的困惑與自救——心理學的價值理論。瀋陽市：遼寧人民出版社。
3. 馬文駒、李伯黍 (主編) (1991)：現代西方心理學名著介紹。上海市：華東師範大學出版社。
4. 馬斯洛 (李文湉譯，1987)：存在心理學探索。昆明市：雲南人民出版社。
5. 孫名之 (1987)：弗洛姆的精神分析社會心理學。湖南師範大學社會科學學報，1期，82～88 頁。
6. 陳澤川 (1983)：人本主義心理學的人格觀。心理科學通訊，5 期，50～55 頁。
7. 潘　菽 (1959)：關於心理學的性質的意見。見潘菽心理學文選 140～145 頁，南京市：江蘇教育出版社。

8. Adler, A. (1918). *Understanding human nature*. (W.B. Wolfe, trans.). Greenwich, Conn.: PremierBooks, 1957.

9. Adler, A. (1929). *Problems of neurosis: A book of case histories*. London: Kagan Paul, Trench, Truebner and Co.

10. Adler, A. (1930). *The education of children*. Chicago: Henrey Regnery.

11. Adler, A. (1935). Prevention of neurosis. *International Journal of Individual Psychology*, 1 (4), 3~12.

12. Robinson, D.N. (1995). *An intellectual history of psychology* (3rd ed.). Madison: The University of Wisconsin Press.

13. Schultz, D. (1976). *Theories of personality*. Monterey, CA: Brooks/Cole Publishing Company.

14. Wertheimer, M. (1987). *A brief history of psychology*. New York: Holt, Rinehart & Winston.

第七章

榮格分析心理學的理論基礎

本章內容細目

第一節　榮格傳略
一、童年的世界　233
二、少年的探尋　238
三、職業的選擇　242
四、職業生涯　244

第二節　分析心理學的理論背景與思想淵源
一、社會歷史背景　250
二、思想淵源　251
　(一) 哲學方面
　(二) 科學方面

第三節　榮格與弗洛伊德理論的分歧

一、力比多　252
二、潛意識　253
三、人格發展　254
四、夢的分析　254

第四節　榮格分析心理學的基本假設
一、精神的整體性　255
二、對立原則　256
三、關於人的歷史性　257

本章摘要

建議參考資料

榮格是弗洛伊德追隨者當中最難理解，也最具爭議性的人物。由於他興趣廣泛，其中包括考古學、唯心論、神學、東方哲學、西方哲學、占星術、宗教等，涉略領域甚廣，所以對榮格而言，生命力是具有全然精神品質，有創造性之生活力量。他把宗教與靈魂等弗洛伊德尚未注意到的重要問題，援引入分析心理學的領域中，以致其中一些概念帶有濃厚的宗教神秘色彩，較難理解。

通常一個人的觀念、學說、思想都是與他個人生活經歷、人格特質、環境背景等密切相關。為了更容易理解榮格的分析心理學，首先了解榮格的生平故事是必要而恰當的。

榮格這位"先知式的人物"辭別這個世界已超過四十年了，他在八十二歲高齡口述的自傳《回憶、夢、思考》讀來讓人有生動鮮明之感。這本自傳敘述了榮格生活中大量的內心體會和外在體驗事件，談及了其不可思議的旅行，並描述了他神秘的塔樓。這位年逾古稀之年的老人對自己一生的回顧，對我們試圖準確地認識、理解他及其學說無疑是重要的導引，它為我們開啟了一個不可替代的視角來了解榮格。

榮格曾經追隨弗洛伊德並受器重，但因理論上的重大分歧而自己建立了分析心理學。分析心理學的產生雖是榮格與弗洛伊德對立的產物，但也有其理論產生的社會歷史背景與思想淵源。主要是吻合了當時社會要求非理性的時代精神，以及哲學和科學兩方面的來源或依據。

本章第三節討論了榮格與弗洛伊德在力比多、潛意識、人格發展等方面的重大理論分歧，其中對力比多概念的不同見解，正是導致榮格從古典精神分析學派中分裂出來另立門戶的重要原因之一。本章第四節則介紹了榮格分析心理學的幾個基本假設，以幫助讀者對榮格晦澀難懂理論的理解。

學習本章內容，須注意把握以下一些要點：

1. 榮格幼年的經歷對他分析心理學體系的形成有怎樣的影響。
2. 弗洛伊德對榮格的影響表現在哪些方面。
3. 分析心理學產生的社會歷史條件。
4. 分析心理學產生的思想淵源。
5. 榮格與弗洛伊德在理論上有哪些重大分歧。
6. 榮格分析心理學有哪些基本假設。

#　第一節　榮格傳略

榮格 (Carl Gustav Jung, 1875～1961) 是瑞士著名精神病醫生，分析心理學的創始人。出生於瑞士鄉村新教牧師的家庭，受過嚴格的醫學訓練，畢生從事人類心靈奧秘的探索。對弗洛伊德學說進行了修正和補充，提出極有影響的集體潛意識概念。平生著作極豐，其研究涉及人類文化思想廣泛領域，在表述上具有神秘晦澀的特色。榮格晚年的自傳《回憶、夢、思考》幫助我們理解他的一生——潛意識自我實現的故事。

一、童年的世界

榮格曾說自己不是救世主，有趣的是美國學者莫阿卡寧在其著作《榮格心理學與西藏佛教》中卻這樣敍述了榮格的出現："佛陀之後二千五百年，距今約一個世紀前，在遠離印度的地球的另一面，出現了榮格"(江亦麗、羅照輝譯，1994，36 頁)。1875 年 7 月 26 日，榮格出生在瑞士東北部康斯坦

圖 7-1　榮　格
(Carl Gustav Jung, 1875～1961) 瑞士著名心理學家和精神病醫生，分析心理學的創始人，畢生致力於人類靈魂及其深處奧秘的探索，對研究人類的潛意識心理作出了巨大的貢獻，他所提出的集體潛意識觀點突破了弗洛伊德的潛意識研究思路與領域。

斯湖畔的鄉村凱斯維爾。榮格的名字取自他的祖父——巴塞爾大學的醫學教授，一位博學的天主教醫生兼法官。

榮格的父親是一位瑞士鄉村的新教牧師，同時是一位研究東方國家和古代典籍的學者。作為一個神職人員，他一生恪守著"不該思想，只應信仰"的教條，其心靈卻受著難以壓抑的對信仰懷疑的折磨。他性格內向，充滿矛盾。在榮格看來，他的父親善良、寬容、坦蕩而又因循。對他常是慷慨仁慈的，但也會脾氣暴躁；當父親發起脾氣時，榮格會悄悄躲進自己秘密安全的世界。在他父親生命的後期，長年精神消沈，萎靡不振，使家人處於抑鬱之中，所以 1896 年父親的去世對家人可謂是一種解脫。儘管如此，他對榮格的一生仍有很大的影響。榮格說童年時"父親"一詞使他聯想到的是信賴。他一生都對父親深切懷念。83 歲的榮格還記得兒時，父親抱著病中的他踱來踱去，唱著父親學生時代的老歌。還記得父親教他拉丁文，記得父子間熱烈的爭論，……。當親友們期望榮格繼承父親的信仰和職業時，父親卻未給他鼓勵，而是聽任了他自己的探尋。

與父親不同，榮格的母親外向、強悍。在榮格六個月時，因父親被派到萊茵瀑布邊上的小鎮洛芬當牧師，所以全家就住進了當地的一所牧師宅舍。在那裏，由於父母婚姻的不和諧，母親在榮格三、四歲時 (1878 年) 因神經失調住進巴塞爾醫院幾個月，榮格由一位老姨媽和女僕照管。榮格說：

> 母親的離去使我深深地感到痛苦。從那時起，有人一講"愛"字，我就有一種不信任感。在一段相當長的時間裏"女人"在我的心中引起的是一種固有的不可靠的感覺。(馮國彬、楊德友譯，1988，23頁)

即使如此，榮格仍然認為母親是個十分仁慈的人，對人友好、生性愉快又有明顯的文藝天賦。榮格確信母親有兩種人格：其一是不抱惡意並賦有人性，其二是神秘詭譎。這第二種人格只是不時有所顯現，但每次顯現都是出人意料，使人害怕。

因為母親的兩種人格之間有著巨大的差異，使得兒時的榮格經常做些有關母親的憂心忡忡的夢。母親在白天是可愛的，到了晚上就變得難以理解。

在這種情形下，母親就是榮格稱做"自然精神"的代表。他說自己也有這種好古的天性，但在榮格的身上是與其天賦聯繫在一起的，即把人和萬物按其本性來加以看待的天賦。他對母親的不信任也是由於她的分裂人格的影響，第一人格與第二人格表現的往往不一致，否則，母親會是一個妙不可言的健談者。

榮格的父親和母親是很不相同的兩個人，他們像許多人一樣，依習俗的要求維繫著表面的婚姻，但卻經常發生衝突。榮格說：

> 這種必須明確表示支持哪一方的情形對我性格形成是不利的。為了從他們的衝突中超脫出來，我不得不充當一個超級仲裁人的角色，無可奈何地判斷父母的是非。這使我產生了某種妄自尊大的情緒；我的自信本來就不穩，現在更不穩了，忽而膨脹，忽而收斂。(馮國彬、楊德友譯，1988，47 頁)

雙親的個性和不和睦對他的影響是深刻而持久的，並且反映在榮格的個性及思想觀點中。榮格是內向的。母親的不可信賴，父親的緘默，使榮格無法將內心的矛盾衝突和懷疑表露在他們面前，而父母間的分歧、對立又把榮格的忠實在二者之間撕裂了，榮格後來的心理學術語第一號人格(personality no.1) 以及第二號人格(personality no.2) 顯然與他父母人格的影響有關。而他長期堅持的設想是，如果做父母的注意他們自己的問題，孩子們的問題就會迎刃而解，無疑有其幼年的經驗在裏面。

榮格的童年也沒有什麼玩伴。兩個哥哥在他出生前就夭折了，作為家中獨子的他，到九歲時才有一個小妹妹。但那時榮格已經習慣了獨自的遊戲及冥想。

榮格喜歡按自己的方式玩，不願別人來打擾。記得七、八歲時，他特別喜歡玩磚頭，用磚建塔。稍後的時期，喜歡玩火；還常坐在一塊石頭上苦思冥想"石頭"與"我"的問題。大約十歲時，榮格在一根尺子的一頭刻了一個約二英寸高的小人，染成黑色後，鋸下來，放在鉛筆盒裏，又給小人找了一塊黑石頭，把它們悄悄放在禁止人上去的閣樓上。每當不順心時，就會想起這個秘密的小人，而得到安慰。雕刻木頭小人的事件是他童年的高潮，也是它的終結。六歲時，榮格開始上學，找到了他的玩耍伙伴。但他們使榮格的自我發生了異化，覺得內心的安全受到了威脅。榮格回顧童年經歷認為心中藏有秘密，對他性格的形成影響巨大，認為是他童年時代的本質特徵。

在榮格的生命中，似乎有另一個內在隱秘，一個更為真實的世界，在那個世界裏，大自然的神奇壯麗、奇異的夢、驚人的幻象、甚至連神秘的石頭也是一致的、和諧的。大自然一直令榮格神往和快慰。榮格猶記得，他躺在樹蔭下的兒童車裏，看著太陽在樹葉和花叢中閃爍。這也許是榮格生活中最早的記憶。

榮格還記得姨媽帶他看阿爾卑斯山的情景，一個美好的夏天傍晚，他看見沐浴在夕陽中的阿爾卑斯山脈，那是他第一次看見阿爾卑斯山。而當榮格隨母親去圖爾高，第一次凝視康斯坦斯湖藍色的湖水時，湖水的廣闊無垠和不可比擬的瑰麗令他有說不出的喜悅和迷醉。因此下定決心，要一輩子生活在湖邊。榮格覺得，沒有水，根本就沒有人能夠生存。而他的一生也真的總是近水而居。榮格一生都保持了與大自然的親近，或許大自然為敏感、脆弱又容易受傷害的榮格提供了避難所，同時，也給了他力量和靈感。

夢，在榮格的童年及以後的生活中都是十分重要的，他通過一些驚人的夢，過著充滿豐富想像的生活。榮格在《回憶、夢、思考》中敘述了他最早的夢的記憶。那時榮格約三、四歲。大約八十年後，榮格這樣講述那個縈繞榮格多年的夢：

> 我們的住宅孤零零地立在洛封城堡附近，教堂司事農場的後面，有一大片草地。夢中的我正站在這片草地上。突然我發現了一個黑色的、長方形的、石砌的洞，我過去從未見過這樣的洞。我好奇地走過去，朝裏面窺視，看見有一排石階一直通下去。我遲疑了半天，還是膽戰心驚地走下去。洞底走不多遠有一個圓形的拱門，門上掛著一塊又大又沈的綠色帷幕，那幕好像是用加工過的錦緞製成的，顯得十分氣派。好奇心驅使我很想看看幕後邊是什麼，於是我便掀開了它。在暗淡的光線下，我的面前出現了一個大約三十英尺長的長方形的屋子，屋頂呈拱形，由加工過的石頭砌成，地面鋪著大石板，中間還鋪著一條紅地毯，從門口一直通到一個低低的平台，平台上放置著一個金光燦燦的寶座，座上也許有一塊紅色的墊子，那豪華的派頭簡直就像童話中描寫的寶座一樣，寶座上立著一個什麼東西，最初我以為是個樹椿，大概有十二到十五英尺高，一英尺半到二英尺厚，它十分高大，幾乎頂到了屋頂。後來才發現，它的成分挺有意思，它不是由木頭，而是由皮和肉組成的，頂上有一個圓圓的，像人頭那樣的東西，上面沒有臉，沒有頭髮，頂端有一隻眼睛，一動不動地盯著屋頂。

屋子裏很亮，可是沒有窗戶，也沒有其他光源，頭頂處是一片燦爛的輝光。座上的那個東西雖然沒有動，可我總覺得它隨時可能會像一條蟲那樣向我爬過來。我害怕得全身都僵了，這時我聽見從外面和頂上傳來了母親的聲音："看看它吧，那就是吃人的怪物！"母親的喊聲使我怕上加怕，我嚇出了一身冷汗，醒來後還怕得要死。此後，有好多晚上我都不敢睡覺，生怕再做這樣的夢。(馮國彬、楊德友譯，1988，29頁)

當時的榮格並不能明瞭這夢的含義。很久以後他才意識到那東西是男性的生殖器。幾十年後，他才懂得那是一種古老的祭儀中被人崇拜的偶像。榮格講："不管怎麼說這個夢裏的生殖器對我來說就是一個說不出名字的神，它一直留在我直到青年時代的記憶裏，只要有人過分強調地說到耶穌，它就出現在我腦海中"(馮國彬、楊德友譯，1988，30頁)。因為這種聯想，這個夢使得耶穌對榮格從未變成真實的存在，從未被接受，也使他愈加不願進天主教堂。但聖誕節時例外，只有聖誕節他能夠熱烈地去慶祝。

對這個夢的逐步認識不禁令榮格自問：

我的心中到底是誰在講話？是誰的意識創造了那些景象？究竟是一種什麼樣的超級智力在起作用？……誰同我講過這些事情？誰談起過這些我完全不知道的問題呢？誰把上蒼和地下同時結合在我的心裏，造成了我後半生激情澎湃的生活的基石？除了那個既來自上蒼又來自地下的陌生的客人之外又有誰呢？(馮國彬、楊德友譯，1988，33頁)

這些問題的解答可以在榮格"原始模型"和"集體潛意識"的概念裏得到，那個"陌生的客人"就是集體潛意識。

榮格認為，是藉著兒時的夢，他開始了解集體潛意識，他的理智生活正是以夢所表現的潛意識作為開端的。

除了夢，夢中的事物，隨黑夜而來的幻象，也是榮格幼年記憶的內容。有一天晚上，榮格看見一個模糊的影子從母親的房門出來，那影子的頭離開了脖子，在它的前面浮動，就像一個小月亮。突然，又出現了另一個頭，那頭又離開了脖子。約七歲，榮格得了假性哮喘，一次發作時，他看見頭上有一藍色的光圈，像滿月那麼大，裏面有許多金色的小人來來去去，他認為他們大概是天使。各種不斷出現的幻象,減輕了榮格對窒息的恐懼。

榮格的幼年也經歷過傷痛和死亡,它們形成了一些影響很深的印象。有一次榮格摔下了樓梯,還有一次摔倒在火爐腿的一個角上,傷痛、流血及留下的疤痕令榮格印象深刻。一次過萊茵瀑布橋時榮格險些掉下去,幸虧女僕及時抓住了他。榮格認為這些指明了潛意識中自殺的衝動,或者是對生在這個世界上的一種極力的反抗。

居住在萊茵瀑布邊上,常有人淹死。榮格不到四歲時,有一次,一個從岩石上沖下來的孩子的屍體被抬進了牧師宅舍的洗衣房,榮格不顧母親的嚴厲禁止,悄悄溜去看,他望著水槽裏流著的細細的血和水,覺得這事特別有意思。

榮格保留著為淹死的人舉行葬禮的生動記憶。教堂司事挖坑,挖出一堆堆棕色的土。板著面孔,穿黑禮服、戴高帽、著黑靴的男子抬著黑色的木盒子。父親身穿牧師的長袍,聲音洪亮地主持儀式。榮格聽說被埋掉的人被上帝召到他那裏去了,對這個問題的思索造成了榮格精神上的第一次創傷。榮格開始懷疑上帝,把耶穌和那些埋葬死人的陰鬱的黑衣人聯繫了起來。許多年,榮格對黑衣教士的恐懼都難以克服。

榮格一家搬遷到惠寧根後,當地的一場洪水沖走了十四、五個人,洪水消退後,一些屍體插進了泥沙裏,只有六歲的榮格不顧一切地跑去看,他看見一個半截掩埋在沙土裏的男人的屍體。還有一次他去看人們宰殺一隻豬,看得興高采烈。這些經歷對榮格是有刺激性的,卻嚇壞了榮格的母親,令她十分擔憂。

我們看到童年時代極其好奇的榮格有傷痛、喜悅和許多驚懼,更多孤獨的遊戲和冥想,而陪伴他的那些不可傾吐的夢、幻想和永遠不能背叛的秘密是不是注定了他後來的生活道路呢?無論如何,童年世界是永恆的。

二、少年的探尋

童年的許多記憶是朦朧的。隨著見識的擴展,少年的榮格體驗到更明顯激烈的衝突和矛盾。榮格想認識自我,想了解上帝,也想找到自己、上帝和世界間的和諧,這無疑是榮格畢生都在做的,但卻是在少年時代的尋求中明晰起來。弗爾達姆 (Frieda Fordham, 1903~1988) 認為,榮格中學時代的兩次經歷，以驚人的方式顯示出他後來發生的變化。第一番經歷涉及精神方面的小插曲。第二番經歷是他十二歲那年突如其來的一次尖銳的精神衝突。

十一歲那年，榮格離別了鄉村的伙伴，進了巴塞爾大學預科，真正進入了"大世界"。榮格目瞪口呆地了解到他的闊綽的新同學們曾經爬上蘇黎世附近閃閃發光的雪峰，還去過大海。第一次，榮格意識到自己的家是多麼貧窮，他開始以一種不同於以前的眼光看待父母，也開始理解父母的辛苦。

不久，學校開始令榮格厭倦。榮格認為與他寧可花費在繪戰役圖和玩火的時間相比，學校占據的時間太多。神學課是難以言傳地枯燥。數學課是一種徹頭徹尾的恐懼，因為榮格找不出數字實際上為何物。榮格說：

> 我的一生始終有一個謎，即毫無疑問我能夠進行正常運算，卻不知何故我永遠也不能設法在數學中辨清方向。我尤其不能理解有關數學和我本人所具有的道義上的懷疑。(馮國彬、楊德友譯，1988，52頁)

榮格以完全無能為由免修了繪畫課，因為他只能畫激發起他的想像的東西。榮格還討厭體操，這與他有某種身體上的膽怯有關，而這膽怯是與對世界及其潛力的不信任相連的。榮格以學習失敗和無能為由擺脫了這些負擔，而將獲得的時間用於玩耍和閱讀。

十二歲那年，對榮格來說是決定命運的。1887年初夏的一天，中午放學時，一個男孩猛然將榮格推倒在路邊石頭上，感覺打擊的瞬間，榮格腦中閃過以後自己再不用上學的念頭。那以後每當上學或做功課時，榮格就昏厥發作。他有六個多月沒有上學，自由地做喜歡的各種事，終日埋頭於神秘世界之中。但榮格覺得他離開人越來越遠了，隱約地他感覺到良心的痛苦。一天，好奇使榮格聽到父親對他前途的憂慮，擔心他因病而不能自謀生活。榮格如遭雷擊，決心用功學習。他立即開始用功，克服了昏厥，幾個星期後返回了學校。榮格就是在那時明白了什麼是神經病。神經病成了榮格的又一秘密，並在他身上誘發出一種非同尋常的勤奮。榮格說：

> 在危機時期導致我誤入歧途的，是我對孤獨的熱情，我對寂寞的嗜好。在我看來，大自然充滿了奇蹟，我又想浸漬自然的奇蹟之中。每一塊石頭、每一株植物、每一件東西都似乎是栩栩如生，妙不可言。我浸入自然之中，好像爬入自然的精髓之中，脫離開整個人類世界。(馮國彬、楊德友譯，1988，58頁)

榮格認為同一時期,他的另一重要的經歷是前往巴塞爾的途中,他獲得深刻的印象:

現在我是自己了!

在這個時刻,我碰見了我自己。在此以前我也存在著,但只是一切發生在我身上,而現在則是我發生在我身上了。現在我知道:我現在是我自己,現在我存在著。在此之前我是按照別人的意志去做這做那;現在我是按照我的意志去做。在我看來,這個經歷極其重要新穎:在我身上有了"權威"。(馮國彬、楊德友譯,1988,58頁)

榮格覺得他實際上是兩個不同的人。其中一人是學生,領會不了代數學且對自己完全沒有把握;另一個則是重要的,具有高級權威,一個不可小覷的人,有勢力有影響,是個生活在 18 世紀的老人。

雖然榮格發現他愈來愈不可能對耶穌採取一種明確的態度,但從十一歲起,他卻開始對上帝的觀念感興趣起來。榮格喜歡向上帝禱告,認為那是種沒有矛盾的祈禱。

上帝並沒有因為我的不信任而變得複雜起來。而且,祂不是個穿黑袍的人,不是畫上的耶穌,畫上的耶穌服飾華麗,人們對他的舉止司空見慣。相反,上帝是一個獨一無二的存在,我聽說,不可能對他形成正確的概念。(馮國彬、楊德友譯,1988,59頁)

這一上帝令榮格很滿意。但榮格十二歲時發生的一個突如其來的難以控制的幻象打碎了這種認識。

那是一個美好的夏日中午,榮格來到大教堂廣場,他想世界是美麗的,教堂是美麗的,是上帝造成了這一切,上帝坐在上方,在遙遠的藍天上的一個金御座上……但突然鬱塞、麻木使他不敢想下去了。他怕犯下最可怕的反對聖靈的罪愆。經過三天極端痛苦的思索,榮格決定鼓起全身之勇氣想下去。於是榮格看到在寶座的下面,一塊其大無比的糞塊掉了下來,落到了那閃閃發光的新屋頂上,把它擊得粉碎,把那大教堂的四壁也砸了個粉碎。

榮格如釋重負,彷彿體驗到了一種透徹感。以前所不明白的許多事情,現在變得清楚了。即上帝在對人的勇氣進行考驗時,反對恪守種種的傳統,而不論其何等神聖。一個人要是執行了上帝的意志,他便可以放心:自己走的是正確之途。榮格說這種體驗使他知道了上帝的恩惠是怎麼回事。

可是這種體驗也使榮格更感自卑,他想理解"上帝的天恩",但榮格無法從《聖經》、父親以及做牧師的舅父、叔父們那裏得到幫助。

榮格不敢對他人講自己的體驗。榮格說:

> 我整個的青春期,便可根據這一秘密來加以理解。它使我產生了一種幾乎難以忍受的孤獨感,在這些年我所取得的一大成就就是我抵制住了想要把它與別人談一談的誘惑。這樣,我與世界的關係的格局便已經是預先就定好了的:今天仍跟以往那樣,我是一個孤獨的人,原因就是我懂得一些事情,而且還一定會把別人所不懂得的甚至不想知道的事情加以暗示。(馮國彬、楊德友譯,1988,73頁)

這一時期,榮格開始結交朋友,學習成績也好了起來,以後幾年甚至名列全班第一,但榮格發現第二更使人愉快,他討厭競爭。學校裏的經歷並不總是愉快的,十五歲時,一次吵架使榮格發現了一些同學對他的敵對態度,七個同學埋伏起來突然攻擊他,他勇敢地反擊。那以後,無人理睬也無人敢欺侮他了。又一次,榮格用心完成的作文,雖然老師認為是寫得最好的,但卻不相信是他寫的,認為是抄來的,並指責他撒謊。這令榮格極其悲憤,也更感孤獨。這些事令榮格認為真實只在"上帝的世界"裏存在。

在榮格十六歲到十九歲的這段年月,使他陷入困境的迷霧慢慢消散,他所獲得的更豐富的知識逐漸滲入或壓制了那直覺的預感的世界。他開始系統地探究他感興趣的問題,特別是哲學,古希臘哲學家的思想吸引了他。但他探索的最大發現是叔本華。叔本華是第一個提到這個世界是痛苦的人,他還提到了混亂、情欲、邪惡。榮格贊同叔本華對世界所作的陰暗的描述,但卻不喜歡他的解決辦法。康德的著作,特別是《純粹理性批判》使榮格深思,榮格從康德的知識論那裏獲得了比叔本華的悲觀世界觀還要大的啟發。這使榮格對世界和人生的態度產生了一種革命性的改變。他甚至鼓起勇氣公開說出自己的觀點。但又一次因作文評議而打擊了他,使榮格再次遁入"上帝的世界"。

榮格顯然經歷了一般孩子不曾有的困惑和痛苦。霍爾認為:

> 他顯然是一個不同尋常的孩子,就像他以後將成為一個不同尋常的人一樣。但是許多具有和他同樣氣質的孩子,卻始終沒有顯出任何

卓越之處。他們往往流於幼稚膚淺，或者成了精神病患者，要不就是在種種怪癖中消磨了自己的一生。(馮川譯，1987，第 9 頁)

三、職業的選擇

中學快畢業時，對榮格來說，選擇一種職業是迫在眉睫的事情。但好長一段時間他下不了決心。那時，榮格對科學的興趣正日漸增高，但他似乎更喜歡歷史和哲學，還想成為一個考古學家。榮格的父親十分焦急，認為榮格對可以設想的一切都感興趣，卻不知自己要的是什麼。隨著大學入學考試的逼近，榮格決定學自然科學，這一突然作出的決定與這時榮格作的兩個夢有關，夢使他認為應了解大自然及周圍世界。這時，榮格也認識到他必須在將來能掙得他的生活費用，因此，他必須埋頭於某一確定的事情中，沒有錢，就無法獲得從事科學生涯所需要的那種訓練，榮格最後的選擇是醫學，他認為醫學至少是與科學性的科目結緣的。上大學的費用是一個痛苦的問題。榮格的父親籌集了一部分，另外，父親替榮格向巴塞爾大學申請到了定期生活津貼費。父親的名聲使他受到了照顧，但他卻覺得很丟臉，因為他從不指望從"上層"的人們那裏獲得好處。

隨後的日子，榮格為第一人格和第二人格的問題所吸引，從第一人格和第二人格的角度分析自己。

榮格認為，儘管人類擁有各自的個人生活，然而，我們在很大程度上卻是其歲月以世紀為單位來計算的一種集體精神的代表者、犧牲者和促進者。"我們的生命至少有一部分是生活在好幾個世紀裏──這個一部份，只供我自己利用並給它起了個名字叫'第二人格'。它不是一種個人的玩物，這種情形可以由西方的宗教所證實"(馮國彬、楊德友譯，1988，154 頁)。

這段日子裏，榮格也更多地了解了他的父親。進入巴塞爾大學後，榮格加入了父親以前所屬的一個佩戴彩色徽記的兄弟會。榮格大學一年級時，父親趕來參加了兄弟會的一次遠足，並發表了一篇異想天開的演說。榮格認識到，在父親畢業之後，他的生活停止不前了。從前，他在大學一年級時，跟榮格一樣，也是個充滿熱情的青年。後來，一切對他來說卻枯萎了，變得充滿了辛酸。遠足後不久，父親的健康情況惡化起來了。1895 年秋末，他臥床不起，1896 年初便去世了。

父親去世後，榮格所作的有關父親回家的夢，是一次榮格無法忘卻的體驗，並促使榮格開始思考人死後怎樣生活的問題。

隨著父親的去世，榮格繼續讀大學的困難便產生了。他母親的一些親戚建議他謀職養家。結果是，最小的舅舅和一位叔父共同資助部分學費，其餘的部分則靠榮格當助教及幫一位老姑媽轉賣古董而掙得。榮格在這段窮困的日子，懂得了珍惜價錢便宜的東西。

在大學裏，榮格不只學習了科學知識，還在兄弟會裏就神學和心理學方面作了幾次講演；進行過許多熱烈的討論，爭論叔本華和康德的問題等。在一位同學父親的藏書室，榮格無意中找到了一本論述精神性現象的小書，這本書敘述了唯靈論的起源，它消除了榮格最初的懷疑，覺得童年時代的那些故事的材料是可信的。唯靈論者的觀點和著作給榮格的生活增添了另一個新天地。榮格還閱讀了康德的《一個看見鬼魂的人的夢》等。後來，榮格開始閱讀尼采的著作，他認為《查拉圖斯特拉如是說》便是尼采的《浮士德》，而且尼采的第二人格是病態的。這引起了榮格的自我反省。

學完引論性的課程以後，榮格成了解剖學課程的助教。隨後的一個學期裏，他被指定講授組織學課程。接下來的兩個學期是臨床學習。1898 年，榮格開始認真考慮想要成為一個醫生，決定專修外科還是內科，但後來榮格在期末考試後，卻需要盡早謀個醫生的職位來養活自己，因為由學費形成的沈重債務令他痛苦。

然而，接下來的暑假發生了幾件事，這些事情注定要影響榮格的職業選擇。第一件事發生時，榮格正在自己的房間溫習功課，突然聽見聲聲巨響，像手槍射擊似的。他快步衝進傳出聲音的房間，看見母親正目瞪口呆地盯著桌子，順著母親的目光，他看到餐桌從邊緣到中心裂了一條縫，而且不是沿著榫眼裂開的，而是裂縫直穿堅硬的木材。榮格嚇呆了，這風乾了有七十年的硬胡桃木桌子怎麼會在這高濕度的季節爆裂開呢？這種事使榮格認為一定有他還不了解的古怪的事情。

第二件事發生在大約二星期後的一個傍晚。這一次的震耳欲聾的響聲來自餐具櫃的方向，榮格發現是一把切麵包的刀子崩成了幾塊碎片，刀把躺在四方形麵包籃的一個角落，其餘的三個角落各有一片刀刃。第二天，榮格拿著崩碎的刀子去問刀匠，刀匠仔細看過後，認為刀子沒有毛病，鋼也是沒問题的,肯定是什么人故意把刀弄成了碎片。刀子的崩断同桌子的炸裂一样令荣格大惑不解。

几个星期之后,荣格听说亲戚们中有一个十五岁半的降神者,举行降神会,荣格立刻想到家中发生的古怪现象,猜想也许与这位降神者有关。于是开始参加每星期六傍晚在亲戚家举行的降神会。荣格的博士论文,列举了对这位降神者观察的结果。这次的体验使荣格获得了一种心理学上的观点,并认为,对于人的心灵,他已发现了一些客观的事实。

这些事件使荣格对心理学和心理病理学感到兴趣,但他仍对是否学内科犹豫不决,这时发生的一件事使荣格决定了学精神病学。返校后,为准备国家考试,荣格阅读埃宾编写的精神病学教科书 (Ebing, 1886),这本书的序言中,作者把精神病称为"人格之病",荣格十分激动,他清楚了,精神病学才是他的唯一目标。荣格说:

> 只有在这里,我的兴趣的两股激流才能汇流到一起,形成一条水流并冲出一道河床来。这里是经验性的天地,与生物学和精神性的事实存在着共性,这样一个天地我一直在寻找,可是却一直没找到。这里终于有了一个天地,一个大自然和精神的冲撞变成了现实的天地。(冯国彬、杨德友译,1988,188 页)

当荣格将决定告诉老师时,他看到的是惊异和失望,他的朋友们既惊诧又想不通他为什么要牺牲很有前途的医学生涯,去从事精神病学这样一种荒唐的职业。荣格的那个老创伤——觉得自己是个不受欢迎的人且与别人疏远的感觉——又再次痛了起来。但荣格知道,没有什么人或什么事能使他偏离他的目的,这是命里注定的事。

期末考试结束的当晚,荣格去看了《卡门》,平生第一次,他让自己享受了上剧院看戏这一久已渴望的奢侈享乐。第二天,他登上火车,前往慕尼黑和斯图嘉特作短暂的旅行。在斯图嘉特,荣格拜访了姑妈弗劳·雷玛·荣格,姑丈是个精神病学家。这次拜访被荣格看成是他和童年怀念的永诀。

四、职业生涯

在 1900 年 12 月 10 日,荣格在苏黎世的伯戈尔茨利精神病院谋得了助理醫師的職位。從此,開始了他不平凡的職業生涯。

伯戈爾茨利是歐洲最負盛譽的精神病院。這個醫院的院長布洛伊爾(Eugen Bleuler, 1857～1939)因長於治療精神病並發展了精神分裂症理論而聞名全世界。榮格慶幸自己能在布洛伊爾的指導下工作。

榮格很高興能到蘇黎世工作,在巴塞爾那幾年,已使榮格覺得巴塞爾沈悶乏味,而蘇黎世的自由氣氛,使他不會被簡單地歸入某一類人之中。

在伯戈爾茨利精神病院工作時,為了習慣精神病院的生活及風氣,榮格一連六個月,把自己關禁在那猶似修道院的四壁之內;為了熟悉精神病患者的思想與心理,他一面觀察病人,一面閱讀精神病學著作。當時所謂正常性的病理變異令他十分著迷,這使他得以深入地洞察那具有總括性的心靈了。在伯戈爾茨利精神病醫院工作那幾年是榮格的學徒時期,吸引他的興趣,並使他急迫地想要解決的問題是:精神病人的內心裏到底發生了什麼事呢?在這點上,弗洛伊德的觀點指明了對個別病例進行密切調查和了解的道路,對榮格顯得極為重要。而這一時期,他接受了一些引起他極大興趣的病例。他認為對精神病進行治療時,必須提出觸及整個人格的種種深刻問題。

榮格不只向布洛伊爾學習。他還於 1902 年去了巴黎,跟法國精神病學家讓內 (Pierre Janet, 1859～1947) 學習了幾個月。但對榮格思想影響最大的是弗洛伊德。1900 年,《夢的解析》一出版,榮格就讀了這本書,認為它對於年輕的精神病學家是靈感的源泉。

榮格於 1903 年與埃瑪·羅森巴赫結婚。埃瑪是一個賢慧的女子,既順應丈夫的性情又不失自己個性。她協助榮格的工作一直到 1955 年去世,她還從事了一項關於聖杯的研究工作,可惜沒能完成就去世了。

於 1905 年,榮格在蘇黎世大學擔任了精神病學的講師,並成為精神病診所的高級醫師。同時他還有私人診所,而且病人頗多,因為忙不過來,1909 年他放棄了診所的職位。但他卻保持教授之職到 1913 年,他講授心理病理學,弗洛伊德精神分析學和原始人心理學。

為了對精神病患者的心理反應進行研究,1904～1905 年間,榮格在精神病診所建立了一個精神病理學實驗室,他與幾個學生一起採用語詞聯想方法測驗情緒的生理表現等。部分論文在美國期刊上發表後,使榮格在美國贏得了聲譽。1909 年他受邀至克拉克大學講學,並被授予"榮譽法學博士"的頭銜。

在這個時期，榮格一直在認真閱讀弗洛伊德的著作，1906 年他把自己的一本著作《早發性痴呆的心理學》(註 7-1) 寄給了弗洛伊德。1907 年，弗洛伊德邀請榮格到維也納作客。兩人一見如故，暢談了 13 個小時，弗洛伊德的人格對榮格產生了很大的影響，榮格在後來的信中寫到，弗洛伊德是他遇到的第一個對他來說真正重要的人 (Charet, 1993)。這樣他們開始並保持了六年的友誼。兩人每週通信。1909 年，弗洛伊德也受到克拉克大學的邀請，他們又在一起共度了七週的旅途生活。由於弗洛伊德的堅持，榮格當選為國際精神分析學會的第一任主席。弗洛伊德在給榮格的一封信中，稱榮格為他的過繼長子和繼承人。但榮格卻不像弗洛伊德所希望的那樣。從兒童時代起，榮格就是一個獨立性很強的人。榮格說：

第一，這種事情不合我的天性；第二，我不想犧牲我的思想的獨立性；第三，這樣的榮耀是我所不歡迎的，因為這只會使我偏離開我的真正目的。(馮國彬、楊德友譯，1988，269 頁)

弗爾達姆 (Fordham, 1966) 認為榮格與弗洛伊德之間確實有一些根本的區別。弗洛伊德關注的主要是精神病症的結構特點，但榮格感興趣的卻是精神病人或者正常人的心理傾向。這些傾向代表了在心理及精神病症當中那些最古老的因素，並且掩蓋了有意識的思想及行為模式，這些傾向還能成為創造性的源泉。榮格在古老的神話素材當中找到了一個相當豐富的源泉。弗洛伊德也清楚的意識到了心理的那些"古老遺跡"，並像榮格一樣想到了它們是能夠遺傳的。這個研究方向與榮格的宗教興趣特別吻合；但弗洛伊德卻致力於兒童性心理的研究。弗洛伊德在研究他的病人的個人歷史中，終於弄清楚了潛意識動機的問題，但榮格認為還應該走得更遠一些，必須對一般的歷史作考察，認為沒有歷史就不能夠有關於潛意識的心理學。對於基督教這種統治歷史舞台如此長久的宗教，榮格試圖做的，是通過信仰找到一種新關係，它可以與侵入了一切領域並改變了人類前途的科學知識相比擬。

榮格於 1912 年出版了《力比多的變化與象徵》。他認為，總括來說，亂倫的欲望並不涉及字面上的行為，而是創生出一種精神發展。這種看法與

註 7-1：《早發性痴呆的心理學》是榮格的一本著作，原文為 The psychology of dementia praecox, 後來稱為精神分裂症心理學。

弗洛伊德的理論完全背道而馳，他們之間的決裂已在所難免。榮格自此脫離了精神分析運動。

隨後的時期，榮格處於孤獨的境地，並陷於一種混亂動搖的狀態。他放棄了他在大學裏開設的課程，認為自己在思想認識上還只是一堆疑團然而卻去教年輕的學生是不妥當的 (Aniela Jaffé, 1979)。他把時間花費在分析自己所做的夢和所產生的幻覺上。而這一時期裏，他也有過一些給人以強烈印象的夢和幻覺，它們常常伴隨著狂暴的情緒和難以忍受的精神緊張。這個時期，他還像孩子遊戲那樣用積木和收集來的石塊搭房子、教堂、橋樑，最後合成一座座小村莊。這種活動有助於引導新思想並發現理智的規律。榮格對他的每一種幻想、幻覺、夢及思想，進行觀察及嚴格的系統分類。他作出有意識的努力，以誘導出一種表象，他用由表象講話的方法，與夢中的表象建立意識上的聯繫。"可以說，他在混沌之中創造了一種秩序，在想像世界與瘋人世界之間他認出了一種相似性" (Fordham, 1966, p.137)。榮格認為，瘋人的世界構成了"神話的創造性想像的表象，即想像。但我們的理性主義的紀元，似乎已不再與想像打交道" (Jung, 1963, p.188)，人們再也看不到想像的價值了。

經過三年的沈寂之後，1916 年開始，想像機制及對想像的理解變成了一本本書，一篇篇文章。榮格在《自我及潛意識的辨證》中闡述了人們會用潛意識來做些什麼。1921 年出版了《心理類型》，討論了他與弗洛伊德和阿德勒的性格差異，更重要的是他提出了著名的性格類型說。在 1928 年出版的《心理能量說》，是他特別看重的一本書，這本書形成了他的力比多理論。通過與漢學家魏列姆的友誼，榮格熟悉了中國的《易經》和煉丹術。他與魏列姆合寫了《金花之秘》，榮格在這本書中陳述了他自己為產生出曼達拉 (註 7-2) 形式所作的嘗試。1940 年榮格的《心理學與煉丹術》出版，這本書被列為他最重要的著作之一。

註 7-2：曼達拉 (或曼荼羅) (mandala) 為梵語，意譯為"壇場"，是佛教徒在誦經或修法時安置佛像、菩薩像的地方。即在修法處畫一個圓圈或建立土壇，認為可防"魔眾"侵入。後密宗把佛像、菩薩像畫在紙帛上，此種象徵性的圖形，就稱曼荼羅。曼荼羅可由圓形、四方形或四位體的東西象徵性的呈現，藉由四和四的倍數擺放；不論其結構形式如何，它們都有一個中心，榮格認為這個中心隱含的意義是精神中的自身原形，象徵著目標、中心點或精神整體狀態的自體，個人的曼荼羅便體現了他的人格，因此每個人都應該創造出一個自己的曼荼羅 (哲學辭海，242 頁)。

榮格一生當中作過多次旅行，到過許多不同的國家和地區，這也得益於他出色的語言才能和天賦的交流理解能力。除在瑞士、英國、美國等國舉辦講座，也去過一些原始的部族。在出訪活動中，他對各種文化有著持久不衰的興趣。有一次，他參觀新墨西哥州，研究普爾布拉的印第安人，他說印第安人談到他們的宗教時表情會改變到讓他吃驚的程度，他的好奇心得到了極大的滿足。1920 年到非洲北部旅行時，他以為與阿拉伯文明的相遇顯然留下了強烈的印象。榮格在當地人平靜的外表下感到了一種他不能理解的不安與騷動。1925 年他去了肯尼亞和烏干達，他是想悄悄地逃離歐洲，找尋失去了的自己的靈魂。1938 年他受英聯邦政府的邀請，得以前往他嚮往已久的東方國家印度。但他與這種極為不同的異國文化的接觸十分謹慎，他避開了"聖人"，只與接待他的印度教教師進行了一次長談。榮格認為印度教徒融合了"惡"且不以此為"失面子"，這使他們失去了由內心的衝突和緊張所帶來的心理能量。佛教的廟宇和儀式也深深地打動了榮格。

儘管榮格經常出訪鄰國，並對基督教的歷史及其發展有著深厚的興趣，但他一生中從未去過羅馬。他覺得那個舉世無雙的地方的氣氛對他來說是過於強烈了。坦率地說，他受不了對羅馬產生的聯想。有一次，他終於計畫前往羅馬，卻在去買票時暈倒了，此後，他再也沒有動過去羅馬的念頭。

在 1922 年，榮格在蘇黎世湖畔的波林根自己買下的產權裏修建了一所避暑別墅。第一座圓形房屋是在 1923 年竣工的；1927 年再給它增加了一個中央性的結構和一些塔式的附屬建築物；1932 年又將塔形的附屬建築物進行了擴建。在四年以後，榮格又依其設想給整個建築添加了一個庭院和一個靠近湖邊的涼亭。而塔樓的二樓是榮格私人的供其退居的房間。事實上，在榮格老了之後，他每年幾乎有一半時間要留在波林根的塔樓裏工作和休息 (Aniela Jaffé, 1979)。1955 年，榮格的妻子去世後，他又在塔樓的上方加蓋了一層，突凸出來，用以代表他自己。榮格說："我是在猶如作夢的情形下把它建造成的"，他很滿意於這些結構形成了"精神的完整性的一種象徵" (馮國彬、楊德友譯，1988，381 頁)。

榮格於 1944 年跌傷了腿，之後又發作了一次心臟病。在休養的幾個月裏他經歷和體驗了無數的幻覺、迷狂和夢。同時，他明白了對現存事物的肯定和接受是多麼地重要。這次患病之後，他的工作又開始了一個富有成果的時期。

榮格的妻子逝世後，他的女兒們輪流陪伴和照料他。榮格忠實的秘書雅菲幫助他處理來自世界各地的大量信件。雅菲是榮格不可少的朋友和助手，她一直留在榮格身邊直至榮格 1961 年 6 月 6 日長辭人世。

榮格，這位高大、活躍、優雅、令人難忘的獨一無二的奇人，沿著一條無可抗拒的道路走過了他的一生。他往往被人們看作**分析心理學** (analytical psychology) 的創建者、弗洛伊德的弟子、及至精神分析學派的叛逆，但這是不夠全面的。霍爾曾言：

> 從他所受的教育看他是一位醫生，然而他卻不曾有過一般意義上的醫療實踐，相反倒是作為一個精神病醫生，先是在精神病院和診所裏看病，爾後則自己開業。此外他又是一個大學教授。多年以來他一直屬於弗洛伊德的精神分析學派，後來與弗洛伊德關係破裂，他又形成和發展了自己的一套心理分析理論。最初，他把自己的理論稱為情結心理學，後來又稱為分析心理學。這套理論不僅包括一整套概念、原理，而且包括治療心理疾患的方法。榮格並不把自己的職業活動限制在診療所裏，他還運用自己的理論，對大量的社會問題、宗教問題和現代藝術思潮作批判的分析。他是一個學者，有著驚人的淵博知識，能夠與自己的母語德語同樣流暢地閱讀英語、法語、拉丁語和希臘語的著作。他還是一個很有天賦的作家，曾於 1932 年獲蘇黎世城文學獎。此外，他又是忠實的丈夫、慈愛的父親，是見多識廣的瑞士公民，政治上主張思想自由和政治民主。
> (馮川譯，1987，26 頁)

這一切，榮格無疑都當之無愧。但他首先是一位心理學家，並將作為心理學家為人們所懷念。

榮格生前獲得了許多榮譽。自他逝世以後，他的影響越來越大，越來越多的人閱讀他的著作，對他的思想、觀點感興趣。榮格曾暗示說，科學探索的更高、更複雜的形式，將來總有一天會使他的最為抽象的概念體系得到證實。榮格並認為一種創造性的突破也許會整個改變我們目前所認識的科學事業。也許未來的變易會令人嘆服地印證榮格的觀點。

第二節　分析心理學的理論背景與思想淵源

榮格的分析心理學如同阿德勒的個體心理學，有其理論產生的社會歷史背景與思想淵源，現分別作如下扼要介紹。

一、社會歷史背景

榮格所處的年代是 19 世紀末到 20 世紀上半葉 (1875～1961)。這個年代在西方，工業社會發展到了頂峰時期，生產技術與自然科學日新月異。從這方面看，社會重視和強調的是人的智力和理性，憑借著人的理性意識發現物質運動的規律，並創造出物質財富和物質文明。但是，這一時期社會階級不斷分化，出現了多種階層，伴隨著制度化的宗教的衰敗，特別是第二次世界大戰，希特勒為首的納粹這一瘋狂群體的出現，人們普遍感受著精神困境的來臨，而改良主義消極的結果，使人更覺得工業社會不能保障個人的自我表現。這一切又使重視意志願望的非理性主義的產生與漫延有了宏觀社會根源。德國哲學家叔本華 (Arthur Schopenhauer 1788～1860) 認為意志是絕對的、根本的；智力只不過是作為滿足意志需要的一種手段。他還曾試圖證明：沒有必要把意志看成一種有意識的機能 (林方譯，1980)。這種要求重視非理性，要求召回心靈深處的情欲本能，成了西方一代哲人叔本華、尼采的主導思想。

榮格處在西方社會這樣一個理性與非理性對立、衝突劇烈化的時代，也正是叔本華、尼采時代的繼續。他們考察問題的角度也就具有一致性和繼承性。凱德勒在《現代心理學歷史基礎》一書中說：榮格曾受哥德、叔本華、尼采著作很深的影響 (Kendler, 1987)。可以認為，榮格一生專心致志於潛意識的研究，並強調對心靈深處情結的探討，在一定程度上都與他所崇拜的叔本華、尼采的思想有關，也與榮格當時社會要求非理性的時代精神是相吻合的。

二、思想淵源

(一) 哲學方面

　　榮格分析心理學的思想淵源應追溯到公元前三、四百年的古希臘柏拉圖哲學，因為榮格理論的基本概念集體潛意識的原型就是得自於柏拉圖的理念(伊底耶) (idea)。榮格說：集體潛意識的"原型這個詞就是柏拉圖哲學中的理念"。理念是柏拉圖世界觀的基石，它是一種形式、一種範型，具有先驗的、抽象的、共相的性質。榮格則認為原型作為集體潛意識的內容，從來沒有在意識裏出現過，因而不是通過個體經驗得來的，同時由於遺傳的先天傾向，又能使個人的行動在類似情況下，與他的祖先的行動相類似。可見，榮格不只是借用柏拉圖哲學的一個詞語而已，在內涵上理念與原型兩者是有共同一致的含義的。

　　其次，柏拉圖在《理想國》中所表達的政治理想和對於相應的靈魂三等分的構想體現了他在整體中追求各組成部分的協調、和諧和平衡的思想，對榮格也是有啟發的 (車文博，1996)。我們看到，榮格往往以潛意識為基礎，重視其與意識的協調平衡，並在心理類型功能的全面發展上，在求得理智與情感欲望的平衡上，以及在恢復心理疾病患者的心理健康的治療觀上都可以看出榮格思想源遠流長，可追溯至古希臘哲學王國。處在理性與非理性對立和衝突劇烈的時代，榮格選擇了柏拉圖哲學，吸取其理念精神來面對時代，並在柏拉圖的理想國中尋求共鳴。

(二) 科學方面

　　除了哲學思想，科學思想的進展對榮格擬定分析心理學的架構無疑提供了重要的參考。例如他曾以物理學和力學中的能量定律和熵定律來類比力比多和心理能的活動規律。但是對榮格影響最深的還是在生物進化論方面。其中關於生物進化機制的看法，當時有一種看法認為前一代通過經驗所獲得的特徵能夠遺傳給下一代，而不需要下一代的重新獲得。所謂習性成為本能，被稱為獲得性法則，或拉馬克學說 (註 7-3)。另一種觀點認為，進化是通過

註 7-3：**拉馬克學說** (Lamarckism)：法國博物學家拉馬克 1809 年在《動物學哲學》一書中最先提出生物進化的學說，提出器官用進廢退，獲得性狀的遺傳理論，後稱為拉馬克學說。與當時占統治地位的物種不變論者進行激烈的爭論 (哲學辭海，282 頁)。

基因的變異而進行的,有利於個體對環境適應的變異,傾向於代代相傳;而不利於適應生存和再生的變異,則被淘汰了。榮格綜合了兩種進化機制 (觀念) 的認識,指出由一代或數代獲得的經驗能夠通過沈澱為原型 (習性成為本能、原型),遺傳給後代。而變異或一系列變異會導致和增強一種原型存在的可能和現實性,這樣在基因的變化上可以傳給延續的後代。總之,原型的產生和發展是可以得到機體進化的同樣解釋的 (車文博,1992)。

以上表明,從哲學與科學兩方面都能看到榮格分析心理學思想的來源或依據。

第三節　榮格與弗洛伊德理論的分歧

榮格接受過弗洛伊德精神分析的思想啟發,但在許多方面確也有他獨特地與弗洛伊德理論上的分歧或差異,主要表現在以下幾個問題上。

一、力比多

在力比多概念上,榮格與弗洛伊德的主要分歧在於對力比多的解釋。弗洛伊德堅持力比多是人格動力本源,人的一切活動都受性驅力所推動,都帶有性的色彩。榮格認為這樣理解力比多顯得過於狹窄,不足以說明人的各種活動。榮格吸收法國生命哲學家柏格森 (Henri Bergson, 1859～1941) 關於有生命物質的一切活動均由其內部所具有的非物質的活力或生命力所支配這樣的看法,把**力比多**理解為一種普遍的生命力。榮格說:"力比多,較粗略地說是生命力,類似於柏格森的活力"。榮格擴大了力比多的內涵,把弗洛伊德力比多的性的含義與作用降低為全部力比多或內驅力的一個組成部分。榮格還以力比多在不同活動領域的投入與消耗說明人的活動傾向及活動的發展。如愛好打球與愛好讀書的人在力比多投入與消耗上是不同的;兒童期與中年期的人在力比多投入與消耗上也是不同的。榮格以此說明了人的活動與心理的發展，而抵制了弗洛伊德把人的活動與發展統統歸結為只具性的性質的力比多的表現與發展。

二、潛意識

榮格與弗洛伊德都重視潛意識，但是弗洛伊德看到的是潛意識的陰暗消極的一面；榮格則強調要理解潛意識，發揮潛意識的積極作用。榮格在潛意識問題上與弗洛伊德最大的不同之處，是他把潛意識分為個體的和集體的兩種。榮格認為**集體潛意識**是心靈的一部分，它有別於個體潛意識就是由於它的存在不像後者那樣來自個體的經驗，因此不是個體習得的東西。**個體潛意識**的內容曾經一度是意識的，但因被遺忘或壓抑，而從意識中消逝；至於集體潛意識的內容則從來沒有在意識裏出現過，因而不是由個體習得的，是完全通過遺傳而存在的。個體潛意識的內容大部分是**情結**，集體潛意識的內容則主要是**原型** (Watson, 1979)。

按照榮格的說法，可以認為個體潛意識類似於弗洛伊德的前意識，它的材料很容易被意識所利用，因而在個體潛意識與自我之間存在著大量的相互作用。再則，個體潛意識中的情結要消耗個體大量的心理能量，因而它們干擾正常的活動和記憶，妨礙心理的正常發展，揭示它們、消除它們是很有必要的。但集體潛意識及其原型是不能直接觀察的，只能通過對在夢裏、幻想裏以及精神病患者的幻覺與妄想中所表現的象徵的分析理解來達到。為此，榮格曾赴非洲、亞利桑那、新墨西哥等地考察原始人的心理，並從各方面收集原型資料，包括他自己的夢和幻想、藝術品、精神病人的幻覺等來支持他的集體潛意識理論。可以看出，榮格的集體潛意識擴大了弗洛伊德對潛意識的研究領域，是對弗洛伊德潛意識理論的一種發展。然而把自己所創始的精神分析看成是一種"教義"的弗洛伊德是不願意看到，尤其是由他的"叛逆者"所作出的這種發展的。所以密西阿克和塞克斯頓說："榮格不接受弗洛伊德力比多的性理論，弗洛伊德則不同意榮格的集體潛意識理論" (Misiak & Sexton, 1966, p.394)。

三、人格發展

　　榮格關於個人人格的發展概念,也是他同弗洛伊德意見分歧很重要的部分。弗洛伊德按**因果律** (law of causality) 來看待人格的發展,嚴格按照個體早期經驗解釋成人時的人格,也即"往後"看,從個體早期生活中去尋求形成成人人格的因素,人格是由過去事件決定的。榮格也承認個人的甚至種族的那種歷史上的過去事件對形成人格的影響,但認為不能只限於這一點。因為已往的經驗、事件是過去的歷史,無法改變,如果由過去機械而簡單地決定今天的人格,只會使人產生悲觀失望的情緒,因為過去了的事件、經驗是無法改變的。他認為在個人人格發展的問題上,應該由目的論來補充因果論,才能對人格發展有個完整的了解。**目的論** (teleology) 認為人的行為總是有它的目的,目的對人的行為起"引導"、"牽引"作用。榮格認為,過去經驗的"推動"作用和未來目標的"牽引"作用對影響人的行為而言是同樣重要的。為要了解人,除了解他過去的經驗,還須了解他對未來目標的追求。因為榮格認為人格不只是由過去的事件所形成,而且也由未來事件,由他的目標和抱負所形成。他的人格理論具有前瞻性,注重人的未來。舒爾茨說:"人總是在創造著、追求著,為未來獲得某種東西而努力,也即完成榮格所說的自我實現的最後目標"(楊立能等譯,1982,362頁)。阿德勒強調個體發展中對優越目標的追求,所以他說在弗洛伊德和榮格的體系中,他寧願選擇後者,主要是因為阿德勒與榮格對人類都抱有一種樂觀主義的態度,而與弗洛伊德的悲觀主義態度形成了顯明的對比。

四、夢的分析

　　榮格像弗洛伊德一樣十分重視對夢的分析,但他們之間對夢的理解卻存在很大的差異。首先,弗洛伊德把夢看作以偽裝形式表達一種被壓抑幼年的性的願望。因此夢有顯像與隱義,夢常常會含糊不清難以理解,甚至具有欺騙性。榮格不同意弗洛伊德把夢的顯像和夢的隱義區別開來,認為夢的內容是正面顯現著的。故在分析夢時主張貼近夢的內容進行直接聯想與分析,而不是像弗洛伊德那樣,讓夢者作過於遠隔、過於間接的自由聯想。其次,夢的重要來源是潛意識。但榮格認為潛意識不光是由意識所喚醒的記憶，還有從未被人意識到的完全嶄新的思想和創造性的觀念。故夢可能有預示未來的作用。第三，我們在本書下一章談到：榮格發展了一種夢的目的理論，他認為夢是在產生一種本質上同**意識自我**的立場對比的觀點。如果意識自我的態度是明顯扭曲的，夢就會強烈地表現出相反的態度。例如一個在意識生活中極力抑制性情感的人，可能會有頻繁的性夢。赫根漢說：

> 榮格認為夢的最重要作用之一是對人格中削弱的部分進行補償。例如，若不給暗影在意識中表達自己的機會，那它將通過夢來表現自己，表現暗影的夢往往包含魔鬼、邪惡、非道德衝動等內容。因此，探查人格發展不良部分的一種方法是分析夢的內容。(赫根漢著，文一等編譯，1988，46 頁)。

第四節　榮格分析心理學的基本假設

榮格為探索人類心靈的奧祕，孜孜不倦地從事治療實踐和理論研究，留下了豐富的精神遺產。但因所論抽象，被認為晦澀難懂。如果能了解榮格在理論探討上的一些基本假設，也許這種情況會有所改變。

一、精神的整體性

榮格認為精神現象只是一個囊括一切的整體的一部分。而這個"囊括一切的整體"常常是他的興趣所在。榮格一度被**完人** (full person) 這一觀念所迷住，所有個人只是它的反映。在這個整體的背景下，精神現象也是整體性的，精神的整體性概念是榮格在研究中總是或多或少地明確遵循的指導原則。在榮格心理學中，**精神** (或**心靈**) (psyche) 的含義並非是恆常不變的，作為一個整體的人格常被稱為精神，而作為人格整體的精神正是榮格力比多理論的基礎。當弗洛伊德認為可把精神分割成它的基本組成部分並在孤立的驅力機制和過程這一基礎上解釋整個個體的時候，榮格為了用整體觀念精確計量和理解這一特殊現象而設想了人格整體性。榮格在面對自己精神中存在的東西的過程中，認識到在精神中存在著一個組織核心，它一般不為自我所知，這導致了**精神整體** (totality of the psyche) 的學說。在精神整體中，分裂傾向和統一趨勢之間的張力構成了**精神動力學** (psychic dynamics) 的基礎，由於這一張力，對立物不僅不會分離，且顯現出統一的傾向。

二、對立原則

對立原則 (principle of opposites) 係指人格的每個組成部分都有一個與之相反的對立部分，在榮格的著作中這一原則隨處可見。在分析心理學的理論體系中每個概念都有一個與之相對立的概念；如意識與潛意識的對立、內傾與外傾的對立、女性對男性、肉體對心靈、誘發性對目的性、進步對退步、思維對情感、感覺對直覺、理解對直觀等等。榮格在〈分析心理學的基本假設〉一文中曾表示：

> 自然和精神之間的衝突，不過是精神生活固有矛盾的反映。由此所揭示的物質的和精神的方面之所以顯得相互衝突，歸根結底是因為我們不懂得精神生活本身具有的性質。……我們必須把這種東西放在相互對立的方面加以考慮，以便能夠完整地把握它。(馮川譯，1987，46 頁)

可見，榮格的理論體系中對立概念的出現，絕非出於一種偶然巧合，它似乎與牛頓的"作用力與反作用力相等"的物理學密切相關，也與黑格爾辯證法哲學的"每件事物內部都蘊含著它的對立面"這一論點有關。很顯然，對立原則在榮格理論體系中的運用是基於他對精神生活的一種辯證的理解，也可認為是他在分析心理學體系中融入了牛頓及黑格爾的科學哲學思想的結果。榮格認為生活的目的乃是為了在這些完全對立的事情中尋求一種均衡，並使它們在一生中得以表現，這是一個說來容易做來難的任務。這種對立的綜合是人們一直夢寐以求的，然而卻很少有人能夠做到。關於這些對立的重要性和它們間的衝突，榮格是這樣說的：

令人悲哀的事實是，人類的現實生活是由各種無情的相互對立的合成物構成的——白天與黑夜、誕生與死亡、幸福與痛苦、善良和邪惡等等。我們甚至還不能確定哪一種會必然戰勝哪一種，是善良必然戰勝邪惡呢，還是快樂必然打敗痛苦。生活是一個戰場，它一直而且永遠是一個戰場。一旦它不再是這樣的話，那就意味著生命的終結。(文一等編譯，1988，34 頁)

三、關於人的歷史性

圍繞心理的主體——人，從弗洛伊德、阿德勒到榮格，各人都有基本的理解。弗洛伊德把人看作生物的人，以性本能為驅動人的活動的基礎；阿德勒批判弗洛伊德強調生物性與本能決定論過於窄化，而把人在本質上看作是一個社會的個體，突出人的社會興趣的地位與價值；榮格不反對人的生物與社會方面的觀點，但更注重人的歷史性。個體生命的經歷與記錄，當然是個人的歷史，但榮格不止於人的這種個體的歷史性，他更看重作為世代相傳的人的生前的、祖祖輩輩的歷史性。正是這種先驗的、遺傳的、歷史的積澱，構成了榮格集體潛意識的原型。從另一方面看，榮格不僅重視值得回顧的個人這樣的歷史性，也重視可供個人前瞻的未來遠景。所以，在榮格看來，作為心靈主體的人，正是處於這種無窮歷史長河之中承先啟後的中介，既承繼了久遠的祖先，同時又發展著目前的自身。掌握了榮格關於人的歷史性的基本觀點，他著作中的玄虛神祕的色彩，也許會變得不再那麼濃重了。

本 章 摘 要

1. 榮格是瑞士著名精神病醫生，分析心理學的創始人，畢生從事人類心靈奧祕的探索，對弗洛伊德學說進行了修正和補充，提出極有影響的集體潛意識概念，平生著作極豐，其研究涉及人類文化思想廣泛領域。
2. 榮格一生專心致志於**潛意識**的研究，並強調對心靈深處**情結**的探討，在一定程度上都與他所崇拜的叔本華、尼采的思想有關，也與榮格當時社會要求非理性的時代精神是相吻合的。
3. 榮格思想源遠流長，可以追溯到古希臘哲學。處在理性與非理性對立、衝突劇烈化的年代，他選擇了柏拉圖哲學，吸取其理念精神來面對時代。
4. 科學思想對榮格擬定分析心理學的架構無疑提供了重要的參考，如物理學中的**能量定律**和**熵定律**，但對榮格影響最深遠的是生物進化論和拉馬克學說。
5. 榮格接受過弗洛伊德精神分析的思想啟發，但在許多方面確也有他獨特地與弗洛伊德理論上的分歧與差異，主要表現在以下幾個問題上：(1) 力比多；(2) 潛意識；(3) 人格發展；(4) 夢的分析。
6. 分析心理學的基本假設之一是精神的整體性。榮格認為，在**精神整體**中分裂傾向和統一**趨勢**之間的張力，使對立物不僅不會分離，且顯現出統一的傾向。
7. 榮格著作中每個概念都有一個與之相對立的概念，如內傾與外傾、感覺與直覺等等，這絕非出於偶然巧合，而是體現了他的**對立原則**這一基本假設。
8. 榮格不僅注重個人的歷史，更看重世代相傳的人的生前的、祖祖輩輩的歷史性。正是這種先驗的、遺傳的、歷史的積澱，構成了榮格集體潛意識的原型。

建議參考資料

1. 斯托爾 (陳靜、章建剛譯，1989)：榮格。北京市：中國社會出版社。
2. 榮　格 (劉國彬、楊德友譯，1979/1988)：回憶、夢、思考——榮格自傳。瀋陽市：遼寧人民出版社。

3. 車文博 (主編) (1992)：弗洛伊德主義論評。長春市：吉林教育出版社。
4. 霍　爾等 (馮川譯，1973/1987)：榮格心理學入門。北京市：三聯書店。
5. 弗雷-羅恩 (陳恢欽譯，1989)：從弗洛伊德到榮格。北京市：中國國際廣播出版社。
6. 墨菲、柯瓦奇 (林方、王景和譯，1972/1982)：近代心理學歷史導引。北京市：商務印書館。
7. 莫阿卡寧 (江亦麗、羅照輝譯，1994)：榮格心理學與西藏佛教。北京市：商務印書館。
8. 赫根漢 (文一等編譯，1988)：現代人格心理學歷史導引。石家莊市：河北人民出版社。
9. Charet, F. X. (1993). *Spiritualism and foundation of C. G. Jung's psychology*. New York: State University of New York press.
10. Frey-Rohn, L. (1990). *From Freud to Jung: A comparative study of the psychology of the unconscious*. Boston & Sheftesbury: Shambhala publications.
11. Humbert, E. (1983). *C. G. Jung*. Paris: Editconp universitaires.
12. Ranos, K. P. (1992). *Carl Gustav Jung: Critical assessments*, V.4. London and New York: Routledge.
13. Samuels, A. (1985). *Jung and the post Yungians*. London: Routledge & Kegan Poul.
14. Van der Post, Laurens, (1975). *Jung and the story of our time*. New York: Pan Theon Books.

第八章

榮格的分析心理學理論與評價

本章內容細目

第一節　人格結構觀
一、意　識　263
二、個體潛意識和情結　264
　㈠ 個體潛意識的概念
　㈡ 情結的一般概念
　㈢ 情結的種類
　㈣ 情結聚合力的測定
三、集體潛意識的概念　270
四、原　型　274
　㈠ 人格面具
　㈡ 陰　影
　㈢ 阿尼瑪
　㈣ 阿尼姆斯
　㈤ 智慧老人

第二節　人格動力觀
一、力比多及精神能量　283
二、等值原則　284
三、均衡原則　286
四、精神能量的前行和退行　288
五、精神能量疏導　290

第三節　人格發展觀
一、人格發展的概念　292
二、人格發展的階段　292
三、榮格論青年與老人的不同　293

第四節　心理類型學說
一、外傾型與內傾型　295

二、心理功能　297
三、個體的心理類型　302
　㈠ 外傾思維型
　㈡ 內傾思維型
　㈢ 外傾情感型
　㈣ 內傾情感型
　㈤ 外傾感覺型
　㈥ 內傾感覺型
　㈦ 外傾直覺型
　㈧ 內傾直覺型

第五節　分析心理治療法
一、釋　夢　308
　㈠ 夢的來源
　㈡ 夢的目的與功能
　㈢ 夢的分析
二、語詞聯想測驗　312

第六節　對榮格分析心理學的評價
一、榮格分析心理學的貢獻　316
　㈠ 對精神分析心理學的貢獻
　㈡ 對心理學的促進與啟發
二、榮格分析心理學的局限與不足　319

本章摘要

建議參考資料

榮格脫離佛洛伊德之後所自創的心理學理論，稱為**分析心理學** (analytical psychology)，其要義為：(1) 強調人有理性，反對佛洛伊德將力比多視為純屬性衝動或生之本能的看法；認為力比多可提升為文化創造的動因，可促使人性超越至象徵性的層面；(2) 雖然承認潛意識是支配行為的內在因素，但又提出個體潛意識與集體潛意識，兩者合而支配人的行為；(3) 在本我、自我、超我三者中，強調現實性的自我才是人格結構的中心；(4) 自我具有兩極性的特徵，一為外向性，一為內向性。因為在發展期個人與環境交互作用的結果，終而形成外向與內向不同類型的人格。在榮格的分析心理學體系中，以人格心理學的論述最為著名。

　　本章是對榮格分析心理學理論的全面介紹和扼要評論，共有六節內容。第一節在人格結構觀上著重闡述榮格心理學中最重要的部分：意識自我、個體潛意識、集體潛意識。霍爾（馮川譯，1987）認為，榮格對集體潛意識的發現使他成為 20 世紀最卓越的學者之一，還認為通過集體潛意識確立了精神在進化過程中的位置，更是心理學史上的一個里程碑。第二節通過對力比多基礎與原理所作的系統闡述，說明了榮格的人格動力觀。第三節介紹榮格的人格發展觀，簡短地敘述他所劃分的人格發展階段，附帶介紹榮格對青年和老人的具體分析。第四節要探討的即是榮格最有影響的關於外傾與內傾的態度、心理功能以及它們所組合成的心理類型的問題。榮格認為發現人的心理的巨大差異，是他一生中最了不起的經驗之一。第五節闡述榮格對心理治療以及夢的觀點，並介紹他的語詞聯想測驗作為進行潛意識探索不可缺少的工具。本章的最後一部分，則要對榮格分析心理學給予評價，指出榮格對精神分析心理學與心理學分別作出的巨大貢獻。

　　本章主要討論以下的問題：

1. 怎樣理解集體潛意識，什麼是原型。
2. 什麼是情結？測定情結的聚合力的方法有哪幾種。
3. 榮格的力比多概念。
4. 外傾型者和內傾型者有哪些突出的特點。
5. 四種心理功能各自的特徵。
6. 榮格關於心理治療有哪些基本觀點。
7. 榮格怎麼理解夢？他對夢的解釋有哪些特點。

8. 榮格的語詞聯想測驗有哪些特點和作用。
9. 語詞聯想測驗的發現對心理治療有怎樣的影響。
10. 你認為應該怎樣恰當地評價榮格分析心理學。

第一節　人格結構觀

榮格分析心理學以**心靈**代表整個人格，是指我們生命的全體，由三部分組成，即意識、個體潛意識與集體潛意識（圖 8-1）。意識的核心是自我，個人潛意識的內容大部分是情結，集體潛意識的內容則為原型。下面將概論榮格的人格結構。

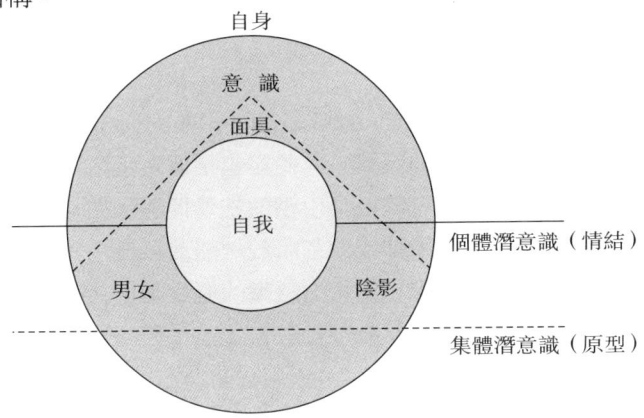

圖 8-1　榮格的人格結構圖

一、意　識

意識（conscious）是人格結構中最頂層的部分，泛指我們所知曉的一切東西，包括知覺、記憶、思維、情感等，生下來就具有的先天傾向，其職責是使個體了解每天生活中發生的事，保持自我同一感和時間連續感，期能良好地適應周圍環境。

自我 (ego) 是意識的中心，榮格的人格理論中所指的自我，與弗洛伊德的自我相近似，但其功能卻不相同。他認為自我不是從原始性本我分化出來的，也不是位於本我和超我之間，僅發生中介作用。自我有其獨立性、連續性與統合性；此三種特性是個體自幼在生活經驗中逐漸發展形成的。自我之內雖也有意識與潛意識之分，但兩者並非彼此衝突，而是互相調合，潛意識扮演補償意識的角色，只要意識態度太過偏執，潛意識就會自動地顯現，以矯正失去的平衡。一個自我發展正常的人，也就是人格健康的人。

二、個體潛意識和情結

榮格認為人格結構的第二層是個人潛意識，而個人潛意識的內容主要是情結，情結對個體生活具有至關重要的影響。

(一) 個體潛意識的概念

個體潛意識(或個人潛意識)(personal unconscious) 是位於潛意識的淺層部分，鄰近於意識自我的區域。其內容包括個人生活中從意識境界被壓抑下去的所有記憶、衝動、慾望以及模糊的知覺等。例如一些不適於覺醒意識的痛苦意念和思想就會被壓抑或被忽略於個體潛意識中。由於個體潛意識存在於潛意識的淺層，所以來自個體潛意識的偶發事件隨時有浮出意識的可能，且它與意識自我之間產生大量的交互作用。

(二) 情結的一般概念

1. 情結的積極意義　榮格由語詞聯想測驗發現了潛伏在潛意識精神裏的情結，從此著力研究情結，以致在一個時期榮格心理學也被稱為**情結心理學** (complex psychology) (Stein, 1984)。

榮格認為，凡使個人致病的因素中往往包含著治癒的種子。苦惱情感的經驗、精神創傷，總之與情結相關的生活態度，這些都可以當作有利條件來加深個人見識，使之變得更清醒，以及完善他的人格。因此榮格表示，情結的作用是可以轉化的，它既可以成為人調節機制中的障礙，也可以成為靈感和創造力的源泉。如藝術家之所以對創作具有強烈的激情，就是因為他有一種強有力的情結。潛意識情結如果僅僅被看作是有害與痛苦情境的結果，那便失去了積極意義。人的尊嚴要求把它看作心理進步的起點，由它引導人去有意識地面對內心隱藏的對立物，即包含其中的是和不是。榮格指出，情結是精神生活的焦點和節點，失去它們，精神活動就必然會產生致病的停滯。

情結具有如此重要的作用，它不但進入了心理學，並匯入了我們的日常用語。那麼，要怎樣描述和定義情結呢？它有哪些特性，人們對它的認識程度又如何呢？

2. 情結的定義 對情結（complex）可以採納的一般解釋是：潛意識內挾有情感力量的觀念集團（唐鉞，1982，255 頁）。但由於情結的複雜性，要對它下一個十分確切而簡括的定義是很困難的。榮格曾稱："情結這東西，……是一種經常隱匿的，以特定的情調或痛苦的情調為特徵的心理內容的聚集物"（成窮、王作虹譯，1991，49 頁）。榮格在塔維斯托克的講演中對情結又作了如下的表述："情結是聯想的凝聚──一種多少具有複雜心理性質的圖像──有時具有創傷的特徵，有時具有痛苦的和不同凡響的特徵"（成窮、王作虹譯，1991，76 頁）。這種凝聚現象乃由心理結構的特殊性，即同一情調的某些觀念參與到某些基本核心中來的傾向使然。

簡而言之，情結是指被壓抑或被忽略的情緒性的觀念（例如憂傷情緒的意念）；此等觀念平常存在於潛意識境界，一旦表現於行為，多帶有反常的性質。情結往往是由個人情感經驗中的一個重大傷害而產生的。這種傷害被埋進潛意識裏，會在人的意識裏固著於一個特殊的觀念形式上，這些觀念變得充滿情緒色彩，並總是影響他的思想、感覺和生活。當我們說某人具有某種情結時，意思是指他執意沈溺於某一課題，如權力、成就、名望、追求完美等，並將大量的時間、精力花在此一課題甚而與此課題有關的活動中，而無法自拔，如戀母情結、性愛情結、權力情結等等。

3. 情結的特點 情結是個人潛意識內的感情、思想、知覺和記憶等一組組心理內容的叢集，是一個有組織的集合體；它有自己的驅力，可以強而有力地控制一個人的思想與行為，能干擾意志的意向，攪亂意識的過程，例如當我們在關鍵性時刻，往往猶豫不決，遇到重大問題時，遲遲不敢作答，這都是情結的干擾。情結的行為有如獨立體，它們能自由決定出現或消失，可以在短時間內因住意識，或是用潛意識來影響言談與行動。情結具有磁性作用，可使許多有關的經驗附著於其上，形成強大的力量，甚至可以像單獨的人格一樣作用。"是一種類似自我的東西,有某種意志力"(成窮、王作虹譯,1991,77 頁)。

斯托爾認為:情結概念重要之處,在於它孕育著榮格關於精神可以分裂為不同人格部分的思想。他指出:"孩提時期,榮格就認爲他母親和他自己都至少擁有兩個人格。現在通過研究病人,他得出了'每個人都有很多人格'的結論。"他進而指出:通過情結的考察,"榮格意識到,精神分裂症患者的思想和概念喪失了兩種意義的粘著力:既不能在意識中凝聚,又斷絕了與環境的聯繫"(陳健、章建剛譯,1989,31 頁)。這樣的兩點是榮格十分關注和執著的。

4. 情結的內在統一性 從一開始,榮格的心理學就朝向了精神結構的整體,注重精神因素之間的聯繫。這種觀點繼續指導著榮格對情結的研究,在情結的研究中,他看到情結是一個更高的精神統一體,並顯示了一種主要由情調和觀念 (註 8-1) 的完全結合所引起的穩定性和結構。榮格始終認識到情調和觀念之間的堅固聯繫。

在榮格把情結稱為"更高單元"之後,在 1907 年,榮格又提出,不論內容,情結的每一小部份都再生了 (情結) 整體的情調,而且每一情感 (affect) 又滲透在整個觀念群 (the entire mass of the idea,即情結) 中。他用華格納的音樂相類比,認為:

> 作爲一種情調的主旋律指示出一個對於戲劇性結構至關重要的觀念情結。每當這一或那一情結受到某人做的或說的東西刺激時,相應的主旋律就體現在它的一種變調之中。普遍的精神生活正是如此:主旋律是我們情結的情調,我們的行爲和情結是主旋律的變調。(陳恢欽譯,1989,20 頁)

羅恩認為,榮格把情結當做精神單元這一概念在榮格心理學研究中注定是非常有生命力的。"他從中看到了精神整體結構單元的基礎。這是一個雙重概念:它揭示出了'更高單元'自身及其同精神整體的關係之間的密切聯

註 8-1:**情調** (feeling tone,在榮格的著作中有時也以 affect-tone 的形式出現):情結作為潛意識內挾有情感力量的觀念集團,是帶有感情色彩的,即對人、事、物或情境接觸時所意識到的情感性經驗,例如從愉快到不愉快一連串的情感改變。情結所具有的這種情感性經驗,榮格稱之為情調 (作者注)。**觀念** (idea) 即由感官獲得知覺經驗後所形成的認知作用。

繫"(陳恢欽譯，1989，20 頁)。另外，一系列現象也證實了榮格的這種假設。例如，在力比多的轉變和象徵中，榮格描述了呈現情感和思想總體的"原始思想"和"原始意象"。與此相似，原型意象表明了意象與本能間的聯繫。

(三) 情結的種類

1. 急性情結和慢性情結　榮格認為情調情結（註 8-2）是精神背景的核心要素。從對精神病的研究中他覺察到情結是真正的病態起因。很多病例中，精神分裂症具有反常的強烈情感內容，它們對精神生活有一明顯的群集效果，在發病時就變得穩定下來。

榮格認為只有高強度情結才具有創傷的特性。"它缺乏真正人的標記，它失去平衡和理性，是打破人的正常秩序的一種自然現象"(陳恢欽譯，1989，16 頁)。凡牽涉到強烈感情的情結，總會引起意外和無法估量的效果。這在包含著個人的完整思想和感情的情感狀態中表現得特別真實。人格中的變換常常是後果嚴重的，主要表現在精神功能受阻以及興趣下降。情結可以變得如此難以抑制以至它同化了更多的聯想，並常把自我納入其支配之下。"凡不適合情結的東西都一掠而過，……只有適合情結的東西才產生情感，並被精神所同化"(陳恢欽譯，1989，17 頁)。

我們知道強烈的情感有時可由急性事件所引起，如危險的恐懼感威脅，意外的死訊等。與急性狀態相關的情感強烈的情調情結，可稱為**急性情結**(acute complex)，往往具有創傷的特性。

榮格通過幻想和宗教體驗發現了另一種情結，它們的顯著特徵就是長期效應以及持續很多年的情感穩定性，亦即有一個連續主動的情調，這便是**慢性情結**(chronic complex)。這對榮格來講是一種實質性的觀察，並使他認識到經驗情結和內容的性質，及情結的感情性質是情感的決定性方面。這種認識的意義在於它為潛意識現象的經驗主義研究提出了嶄新的觀點，從此經驗的內在內容被認為是重要的。榮格認為主體的整個情感狀況，他的心理架構及特殊心理對於引起特定病理後果是極為重要的。

註 8-2：在《語詞聯想研究》(Jung, 1904～1906) 一書中，榮格提出了**情調情結**(feeling-toned complex) 一詞，專指"潛意識中具有情感色彩的觀念集團"，後來"情調情結"這個詞縮短為"情結"(complex) (Jolande Jacobi, 1973, 39 頁)。這兒使用情調情結一詞只是為了便於說明急性情結和慢性情結，有意突出情結的感情性質而已。

2. 意識情結和潛意識情結 榮格認為情結也有能被意識到的，這時我們就能覺察到它，並可通過意識行為對其進行改正和控制。榮格認為，比覺察更為重要的，是努力 (無論它有多大成效) 將情結引進意識之中。這"努力"他意指意識和潛意識的一種相互滲透。

榮格認為，意識情結比較簡單，而潛意識情結則比較麻煩。後者是潛伏的，被掩藏的，對它的存在我們全然不知。榮格也像弗洛伊德那樣，認為情調情結的多數是潛意識的。不過榮格認為潛意識不必然是由於對以前意識內容的壓抑，它也可能由於新近的內容在潛意識背景下被聚合的，因而它們對意識是陌生的。

有不同等級的潛意識存在，從相對潛意識到相對獨立和自主狀態，一直到那些確實著魔，即完全的潛意識狀態，事實上有一大群潛意識情結存在，而且錯綜複雜。潛意識程度越高，情結就越難以改正和控制。人們更為關注的顯然是潛意識情結，它的表現好像一個獨立自主的存在。

3. 個人情結和非個人情結 全部個人內容是對生命期間所發生的事件的回憶錄，它們與個人的生命過程密切相關。情結中與**個人內容** (personal content) 有關，依賴個人經驗的情結就是**個人情結** (personal complex)。我們在語詞聯想測驗與情結部分所談到的例子都可看作個人情結的例證，這些被個人壓抑的情結都反映了他們過去的經歷。

非個人內容 (impersonal content) 主要產生於精神的永恆原始根源，完全獨立於自我及個人記錄。與可以歸因於個人經驗的回憶錄相對應。

這些非個人的內容對所有的人都具有相同的意義，具有時間的無限性，它們與意識相分離，由於它們陌生、穩定不變、迷惑、強烈等特性，似乎屬於遠遠超出了個人生活領域的深層。它們不依賴於個人經驗。情結中與非個人內容有關，且超越了個人生活領域的情結，即為**非個人情結** (impersonal complex)。榮格曾這樣描述非個人情結中那些迷人的觀念：

> 它們是從創造性的精神生活領域中產生的，在那兒個人轉瞬即逝的心靈就像植物一樣生長、開花、結果和生籽，然後枯萎和死亡。觀念產生於某種大於個人的東西。人不能創造他的觀念；而我們可以說，人的觀念創造了他。(陳恢欽譯，1989，32 頁)

這些非個人情結隱藏在人類的潛意識之中，以我們難以覺察的方式影響著我們的生活。

（四） 情結聚合力的測定

我們知道，**情結**是由一個居中的或核心的心理要素所組成。圍繞著這一要素聚集了大量次要的聯想。這些聯想的數量，便是測定情結的聚合力或群集力的尺度。聚合力越大，情結所具有的精神能量或心理值就越大。舉例來講，如果某人有做"鐵腕人物"情結，那麼這一情結的核心，即統治他人的需要，就會把許多相關的經驗和聯想聚攏起來。這一聚攏來的心理將包括像英雄崇拜，以名人自居，承擔別人不願承擔之責任，尋求贊許，事必躬親，盡力表現自己等等。每一新的經驗都要被這一領袖情結所同化。如果某一情結有比另一情結更強的同化力，這一情結也就擁有較高的心理值。

榮格認為可採用三種方法來測定情結的聚合力：直接觀察和分析推論、情結表徵以及情緒反應。

1. 直接觀察和分析推論　上面剛剛提到的一些舉例可認為是通過一種對有意識的行為的直接觀察來測定情結的聚合力。但有時情結並非通過有意識的行為來展示其特徵的，往往通過夢及偽裝等未被意識到的形式來顯現。因此必須注意觀察搜集有關的旁證以揭示其真實意義。分析推論的意義就在於此。如某人與他人相處時可能表現出非常卑微恭順，但人們不久就發現，這樣一個人卻似乎總能夠達到自己的目的。他屬於那種口頭上說"不要為我操心"，而結果卻是讓大家都來為他操心的人；或者像這樣一位母親，她先是為了家庭而犧牲了自己，接著就因為自己健康不好而受到家人的照顧和遷就。這些人以微妙的方式達到了控制別人（權力情結）的目的，而又可以不遭致任何責難，因為他（她）總是"那樣"富於自我謙讓和自我犧牲的。

又如，一個人大喊大叫地對某一事物表示強烈反對時，很可能恰好隱藏著他對這一事物的強烈興趣。分析心理學家懂得，不能完全相信那些表面上冠冕堂皇的話，而應該看見隱藏在背後的東西。可見，直接觀察與分析推論相結合才容易掌握情結，並測出其聚合力的大小。

2. 情結表徵　任何行為的反常都可能標誌著某種情結，這種反常可視為**情結表徵**（或情結指標）(complex indicator)。例如，當一個人錯用母親的名字叫喚自己的妻子時就提示我們，他的母親情結已吞噬和同化了他的妻子。情結也可以表現為對某些非常熟悉的事情喪失記憶這樣一種反常現象。這是因為被壓抑的記憶與一種潛意識情結有某些聯繫而沈沒在潛意識之中。此外，對於某種情境過分誇張的情緒反應，也標誌著這一情境與某種情結之間存在著一定聯繫。榮格的**語詞聯想測驗**就是通過對語詞反應特點的研究，推算某種情結在心理值上的強度的。

榮格認為，如果一個人出現過度補償，這時想要發現其隱蔽的情結就比較困難。**過度補償** (overcompensation) 是指一種核心情結被另一暫時擁有更高心理值的情結所掩蓋。而這種情結之所以有更高的心理值，是因這人故意把他的心理能從"真正的"情結轉移到另一種"偽裝的"情結上。如一個因自己身上的女性氣質而有自卑情結的人，由於過度補償的產生而對別人身上的女性氣質非常敏感並過分指責。過度補償的另一表現是一個人因為有強烈的內疚情結而故意去犯罪。這種人總是渴望被人懲罰和逮捕，以便緩解他的內疚情結。

3. 情緒反應 情緒反應 (emotional response) 是指在某種情緒狀態下所引起的機體內部與外部的變化。前已提及，過分誇張的情緒反應往往標誌著一種潛在的情結。榮格在進行詞語聯想測驗時，為了了解情緒表現曾同時測量脈搏變化、呼吸活動和皮膚電阻，當上述變化在給出一個詞的同時被測出，表明這個詞已接觸到某種情結。這時，可用同一範疇的其他詞作為刺激繼續測驗，看能否喚起同樣的情緒反應。

最後，關於榮格分析心理學的情結理論，應該提到**精神衝突** (psychic conflict)，因為情結和精神衝突的關係十分密切。榮格認為，人的精神世界中的衝突，特別是**道德衝突** (moral conflict) 是造成情結的根本原因之一。反過來說，當情結——尤其是**創傷性情結** (traumatic complex)——強度增加時很可能成為張力和衝突的導火線。榮格認為：衝突是所有神經症的先決條件。但從整體人格的角度考慮，衝突是生命和發展過程中不可避免的，它沒有必要非得解釋為消極的東西。

三、集體潛意識的概念

鑑於集體潛意識概念所遭遇到的誤解，榮格在其〈集體潛意識的概念〉

一文中試圖通過："(1) 給這個概念下一個定義，(2) 描述它在心理學上的意義，(3) 解釋用以證明它的方法，以及 (4) 舉出一個例子"（馮川、蘇克譯，1992，94 頁），來消除人們的誤解。

榮格在定義中通過與個人潛意識的比較來闡述**集體潛意識** (collective unconscious)。認為：

> 集體潛意識是精神的一部分，它與個人潛意識截然不同，因為它的存在不像後者那樣可以歸結為個人的經驗，為個人所獲得。構成個人潛意識的主要是一些我們曾經意識到，但以後由於遺忘或壓抑而從意識中消失了的心理內容；集體潛意識的內容從來就沒有出現在意識之中，因此也就從未為個人所獲得過，它們的存在完全得自於遺傳。個人潛意識主要是由各種情結構成的，集體潛意識的內容則主要是原型。

> 原型概念對集體潛意識觀點是不可缺少的，它指出了精神中各種確定形式的存在，這些形式無論在何時何地都普遍地存在著。（馮川、蘇克譯，1992，94～95 頁）

榮格列舉了神話研究、原始人類心理學、比較宗教學中的相似概念證明原型觀點並不是孤立和毫無證據的。榮格指出：

> 我的論點就是：除了我們的直接意識——這一意識不僅具有完全個人的性質，而且我們相信它是我們唯一的經驗精神，儘管我們也將個人潛意識作為對它的補充而加以研究——還有第二個精神系統存在於所有的個人之中，它是集體的、普遍的、非個人的。它不是從個人那裏發展來的，是通過繼承與遺傳而來的，是由原型這種先存的形式所構成的。原型只有通過後天的途徑才有可能為意識所知，它賦予一定的精神內容以明確的形式。（馮川、蘇克譯，1992，95 頁）

在上述的定義中，我們能夠明確地認識到榮格認為集體潛意識是在潛意識的深層，既不為個人所自知，也不屬個人所獨有，是人類在種族演化中長期留傳下來的一種普遍存在的原始意象。榮格稱此種原始意象為原型。集體潛意識就像是電腦中的唯讀記憶器，是在製造過程中即予以永久建構，乃供讀取之用，於正常作業之際無法予以改動。在塔維斯托克講演中，榮格說：

在我第一次接觸到這些內容（集體潛意識的內容）時，我對它們是否屬於遺傳很感疑惑，……為了解決這個問題，我去美國研究純種黑人的夢，使我感到滿意的是，這些夢的意象與所謂血緣或種族遺傳無關，也不是通過自身經驗獲得的。這些意象屬於一般人類，它們具有一種集體的性質。(馮川、蘇克譯，1992，38 頁)

榮格借用聖·奧古斯丁的話把集體模型稱為**原型**。原型意味著模式（印跡），是一類在形式和內容上都包含神話主題的遠古特徵。

按照榮格的觀點，集體潛意識中存在著神話模型，正是這些模型產生出那些不能歸結為個人的心理內容，這些內容甚至可能與做夢者的個人心理相牴觸。比方說，兒童的夢常有令人震驚的東西，你會問：一個孩子怎麼可能做這種夢呢？榮格認為，我們的心靈有其歷史，正如我們的身體有其歷史。例如，人的闌尾，人知道自己為什麼會長闌尾嗎？但這卻是人生而有之的東西。我們的潛意識心靈，像我們的身體一樣，是一間堆放過去的遺跡和記憶的倉庫。

我們所有的人都一樣，有著不能加以分離切割的整體性，反映了心靈基本共性的"心靈的基本構造"所攜帶的"遠古心靈的痕跡"：集體潛意識，作為祖先生活的一種貯蓄，它們不僅隱藏著父親、母親、孩子以及妻子的個體經驗，預定了個人將以什麼方式對生活經驗作出反應；而且隱藏著本能，尤其是飢餓和性欲影響下所產生的整個精神痕跡。這些先天傾向，決定了人作出與祖先同樣的反應，如對蛇與黑暗的恐懼，並不需親自去經驗。

由於超自然性和超個人意義的集體潛意識包含從祖先遺傳下來的生命和行為的全部模式，因而，意識精神的全部功能是由潛意識結構預先形成的，意識為潛意識所引導。但集體潛意識卻不從屬任何專斷性意圖，不受意志的控制。它們在你的身上彷彿不存在，實際上卻起著作用。我們在他人而非自己身上看到它們。當集體潛意識受激發而變得活躍時，我們便會對發生在他人身上的某些東西有所意識。集體潛意識可以以夢、幻象等方式表現在個人身上；而當集體潛意識在更大的社會團體內積聚起來時，結果便是大眾的瘋狂，成為一種可能導致革命、戰爭或類似事物的精神瘟疫。這種情況的典型例子是德國人對猶太人的迫害、屠殺。但集體潛意識的表現並非完全是破壞性或創傷性的。榮格認為，集體潛意識是驅力和本能之源，也是將創造性衝動和集體原始意象結合起來的人類思想感情的基本形式之源。榮格所舉的例子，達芬奇的那幅聖·安妮和聖母瑪利亞與兒童基督的畫就表現了"雙重母親"(註 8-3)——這一在許多領域都存在的母親。

在說明集體潛意識在心理學上的意義時，榮格指出醫學心理學強調精神的"個人"性質，但若對我們的想像、知覺和思維產生影響的先天的、普遍存在的形式因素——集體潛意識研究是存在的，那麼我們就必須將它們納入心理學的解釋之中，並對所謂的個人病因論予以更尖銳的批評。他說若把列奧納多的例子移至神經症的領域，假設有一個有戀母情結的病人，那麼病人神經症的原因在於雙重母親原型的復活。我們知道，就通常的情形而言，母親往往被視爲善良的保護者，能予人以安慰和充分的愛，但就真實的情形來說，母親難免不冷落或不施暴於她的孩子。如此的誘因，便可能導致雙重母親原型的復活。即在病人的想像中，母親的形像被分裂成全善和全惡的兩部分，從而使病人表現出神經症的症狀。但一個原型何以會具有如此大的決定力，以致竟能產生一種創傷性效果呢？榮格說，對這一點，如果我們考慮一下隱藏在人的神話和宗教領域內的巨大力量，原型作爲病源的重要性就顯得不那麼荒唐突兀了。他認爲，在無數的神經症病例中，騷亂的原因都起於這樣一種事實，即病人的精神生活缺乏上述力量的配合。如果問題在於存在著一種普遍的不適應，或者存在著一種相對大量地產生神經症的有害條件，那我們就必須承認有聚集的原型在其中起作用了。他說"受控於原型的人絕對會成爲精神錯亂的犧牲者"(馮川、蘇克譯，1992，100 頁)。

榮格認爲，

> 生活中有多少種典型環境，就有多少個原型。無窮無盡的重復已經把這些經驗刻進了我們的精神構造中，它們在我們的精神中並不是以充滿著意義的形式出現的，而首先是"沒有意義的形式"，僅僅代表著某種類型的知覺和行爲的可能性。當符合某種制定原型的情景出現時，那個原型就復活過來，產生出一種強制性，並像一種本能驅力一樣，與一切理性和意志相對抗，或製造出一種病理性的衝突，也就是說，製造出一種神經病。(馮川、蘇克譯，1992，101 頁)

註 8-3：雙重母親：是榮格所說的一種母親原型，這一原型具有兩極性，好母親是聖母瑪利亞，生育、守護、滿足孩子的一切需要；母親原型的消極方面，壞母親是邪惡的女巫、惡龍、饕餮的形象或危機四伏的險境，甚至墳墓、海洋等，可能威脅和傷害其孩子。

從這裏我們能了解榮格的觀點,即原型的復活是神經症的病因。

通過對集體潛意識概念的了解,我們能認識到標誌精神中種種先存、確定形式的原型是集體潛意識至為關鍵的部分,正是原型決定了集體潛意識區別於個人潛意識的種種特性。榮格幾乎把他整個後半生都投入到有關原型的研究和著述中了。集體潛意識的發現擴大了人們對人的精神與心理的了解。下面我們便來討論原型的諸問題。

四、原　型

在《集體潛意識的原型》中,榮格指出**原型** (archetype) 一詞最早是在猶太人裴洛談到人身上的"上帝形象"時使用的。他認為原型是一種原始意象。代代相傳,成為人類累積的經驗,此等種族性的經驗,留存在同族人的潛意識中,成為每一個體人格結構的基礎。面對類似情境時,大家都會不自覺地以類似方法去反應。世界上不同民族文化中都有神話、寓言、夢的解析及藝術作品等,這些東西在基本上都表達人類對神、對大自然、對動物、對英雄人物、對生命及對死亡等多方面反應時所表現出來的原型。榮格表示:

> 原型這個詞就是柏拉圖哲學中的形式。為了我們的目的,這個詞既適宜又有益,因為它向我們指出了這些集體潛意識的內容,並關係到古代的或者可以說是從原始時代就存在的形式,即關係到那些自盤古時代起就存在的宇宙形象。(馮川、蘇克譯,1992,53頁)

榮格在考察了體現和表達原型的諸多意象及形式後認為,原型從根本上說是一種潛意識的內容,當它逐漸成為意識及可以察覺時便發生了改變,並且從其出現的個體意識中獲得色彩。另外,雖然原型的詞義從它和神話、秘密傳授以及童話之間的關係來看,是足夠清楚的,但當我們試圖確定何種原型屬於"心理學性質"時,事情就變得比較複雜了。

在《論潛意識心理學》中,榮格認為原型不僅是常常重復的典型經驗印象,而且它們同時又像重復上述經驗的那些主動者一樣憑經驗而行動。因為當一個原型出現於夢、幻想或生命中,它經常帶有某種影響或能力,它憑藉這一影響或能力發揮超自然或迷人的效應,以及激勵行動。

斯托爾認為,"原型這個詞已經用得比較普遍了,但要給榮格使用的這個術語下一個恰當的定義時卻是非常困難的"。他對原型所做的解釋為"原型就相當於母詞或多變模型，它不等於任何製定文化中產生出來的現象，但構成了從所有文化中產生出來的所有現象的基礎"（陳靜、章建剛譯，1989，46頁）。

霍爾對原型的表述則頗為簡單："原型這個詞的意思是最初的模式，所有與之類似的事物都模仿這一模式。它與 prototype 是同義詞"（馮川譯，1987，44頁）。

從上述有關集體潛意識及原型的闡述中，我們可以有這樣的印象：原型作為一種先定形式，允許人們獲得不同的經驗；原型具有極大的情感意味，並表現出超自然的特性，而成為本能和創造之源；原型有其自主性，不受個體意志的控制，脫離了一切個人特徵；原型是普遍的，每個人都繼承著相同的基本原型意象。原型表現出重復、穩定、規律、迷惑的性質。另外，原型雖然是集體潛意識中彼此分離的結構，它們卻可以以某種方式結合起來。如英雄原型與魔鬼原型結合，就可以產生"殘酷無情的領袖"這種個人類型。原型的各種不同組合，是造成個體人格差異的因素之一。

原型亦是非個人情結的來源。事實上，原型乃是情結的核心，原型將與之相關的經驗吸引在一起形成一個情結。情結從這些附著的經驗中獲取了充足的力量之後，可以進入到意識之中。原型只有作為充分形成了的情結和核心，才可能在意識和行動中得到表現。

在探討證明原型存在的方法時，榮格認為，既然原型被認為是能夠產生某些精神形式的，我們就必須討論在哪裏和怎樣才能獲得表現這些形式的材料。他指出，夢自然是主要的來源，其優點在於它們是不自主的、自發的，其性質沒有被任何有意識的目的所歪曲，因而是純粹的潛意識心理的產物。所需材料的第二個來源可以在積極想像中發現，積極想像一詞指的是由蓄意專注狀態下產生出來的一系列幻想。最後，原型材料的一個有趣來源還可在妄想症的妄想中、在恍惚狀態中的幻想中、以及在 3~5 歲兒童早期的夢中找到。儘管這類材料可被大量地發現，但除非人們能夠從神話中引證出與這些材料相似的東西來，否則它們便是毫無價值的。

榮格認為，人生中有多少典型的情境就有多少原型。原型的數目在理論上是無限多的，榮格識別和描述過大量的原型，但在實踐中，有一些原型對形成人們的人格和行為更為重要，榮格對它們特別重視，這些原型是人格面

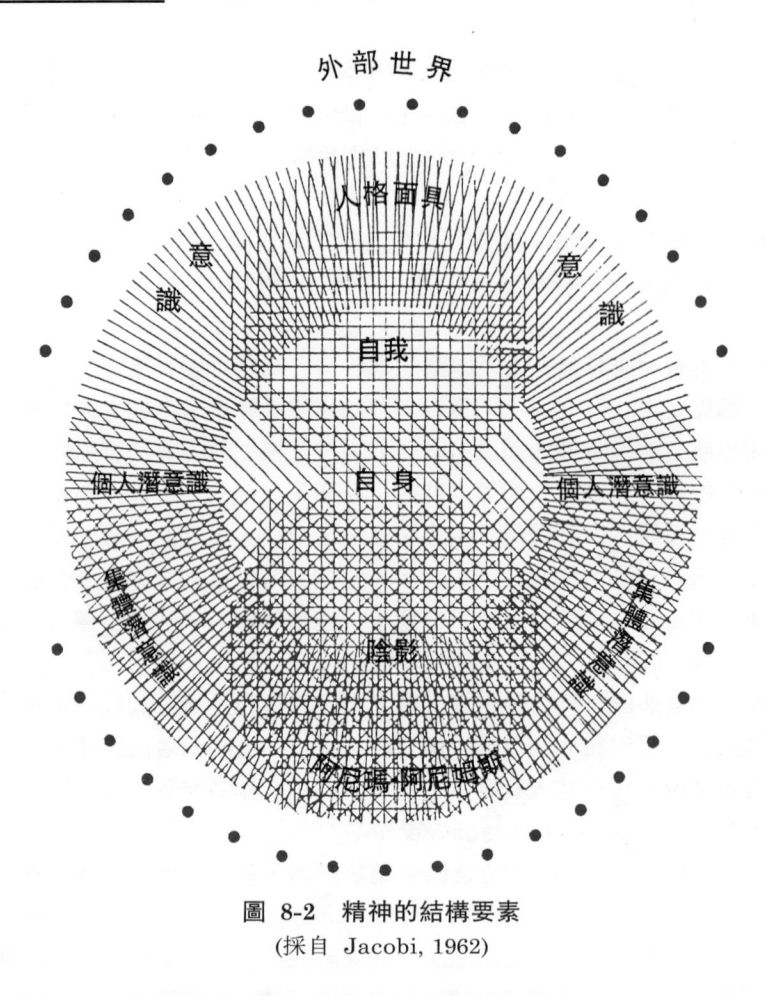

図 8-2　精神的結構要素
(採自 Jacobi, 1962)

具、陰影、阿尼瑪、阿尼姆斯、智慧老人 (圖 8-2)。

(一) 人格面具

人格面具 (或人物) (persona) 一詞的原義是古代戲劇當中演員所戴的面具，用來表明他所扮演的角色。在榮格心理學中，人格面具作為一種原型，使人們傾向於把自己塑造成社會所期待的那種樣子，以一種被認可的方式為人行事。它是一個人公開展示的一面，其目的在於給人以良好的印象，以獲得社會贊許。這一公開展示的面相，也許並非他真實的本性，所以是人格面具了。

一切原型都要有利於個體和種族的進化才可能成為人的固有天性，人格面具對人的生存也是必需的。它保證了人與人之間和睦相處，在人格面具前與人格面具後之間造成一種折衷。使人能夠達到個人目的，取得成就，例如一位公司職員，上班時要戴符合職員身分的面具，下班後就可以從事滿足自身願望的活動，一方面受人格面具的支配，另一方面滿足其他精神方面的需要。因此，人格面具是適應社會生活及公共生活的基礎。在生活中，一個事業家在公眾前必須展現其堅實的魄力，充沛的精力；一個職業婦女，不只要表現得精明能幹，還要穿著入時，符合身份；而一個妻子，應是一個家庭主婦、母親、友伴，符合她丈夫的地位所要求於她的一切。若非如此，就會產生某種混亂，不能達到社會期待的、要求的，人就變成異類，會因與眾不同而引起不信任。

　　人格面具是人格這個多面體的一個面，每個人都可以有多個面具。一個學生在學校裏戴一個面具，放學回家後戴另一面具，與朋友一起時又戴上另一面具。所有這些面具的總和，構成了他的人格面具。他不過在以不同的方式適應不同的情境，這種適應機制實際上乃是一種與生俱來的原型的表現。

　　人格面具在整個人格中的作用既可能是有利的，也可能是有害的。一方面，那些不注意發展人格面具的人會有一種舉止特異，與大眾扞格不入，如好頂撞人易引起衝突等，對於他們在團體中的人際關係會感到適應困難。另一方面，如果一個人過份熱衷和沈湎於自己扮演的角色，人格的其他方面就會受到排斥。這種受人格面具支配的人，會逐漸與自己的天性相異化而生活在一種緊張的狀態中，因為在他過份發達的人格面具和極不發達的人格其他部分之間，存在著尖銳的對立和衝突。一個人的自我，認同於人格面具而以人格面具自居時，稱之為**人格膨脹**(inflation)。這種人一方面會因自己成功地充當了某種角色而驕傲自大，企圖將這種角色強加於人，造成他人痛苦；另一方面這種人本身也是受害者，當達不到預期要求和標準時，他會自怨自艾，承受自卑感的折磨。榮格曾研究過過度膨脹的人格面具所造成的不良影響。發現病人多為一些有很高成就的中年社會名流，他們遭遇人格面具過分膨脹所造成的危機，在功成名就之時，突然覺得自己的生活毫無意義。為了取得社會成功，他們背棄了自己的本性。治療便需抑制膨脹的人格面具，讓整個人格均衡和諧發展。總的說來，扮演某種角色，採用某種人格面具時，宜有所節制，才不致迷失自己。

(二) 陰　影

　　陰影(或暗影) (shadow) 係指人性的陰暗面，或指人性的獸性面。陰影原型是人類原始性格的遺留，人類陰影原型常表現在違反社會規範或犯罪行為。榮格認為每一個人、每一團體、每一種意識形態都有他們的陰影面。

　　與人格面具令人們表現出的社會期許的那些特性相反，在我們的潛意識中還有我們的另一面，陰影面，它的作用使得人不論是對自己還是對別人，都不像所表現的那麼道貌岸然。我們都比自己所表現的更貪婪、更放蕩、更好嫉妒，乃至會犯下令人髮指的罪行。因為潛意識中，我們原始的、不受控制的、動物性的那方面在作祟。

　　榮格說：

> 在意識的王國裏我們是自己的主人，我們似乎就是'因素'(神、創造) 自身。但一當跨過陰影的門檻，我們深感恐懼地發現自己原不過是看不見的因素的客體而已。這絕不是令人愉快的認識，什麼都不會給我們帶來比這更大的幻滅了，我們發現了自己的無能為力。
> (馮川、蘇克譯，1987，73 頁)

　　陰影在我們潛意識中，比其他任何原型都包含更多人的最原始、基本的動物性本能。由於其在人類進化史中具有極其深遠的根基，它可能是一切原型中最強大最危險的一種。它是人身上所有最好和最壞的東西的發源地，而這些東西特別表現在同性間的關係中。在歐洲人的夢中，陰影通常表現為一種與夢者同性別的，帶有不祥意味的形象。

　　由於陰影是一些野蠻的欲望，是與社會常規、我們的理想、個性不相容的情緒和激動，是令我們覺得羞恥而寧願否定其存在於我們身上的東西，所以我們總是試圖控制、壓抑它們的顯現。一個成功地壓抑了自己天性中陰影面的人，將會顯得文雅，但他也必須為此付出高昂的代價，他削弱了他的自然活力和創造精神，削弱了自己強烈的情感和深邃的直覺。榮格強調，沒有太陽就沒有陰影，陰影是不可避免的，而且，沒有它，人就不完全。一種完全沒有陰影的生活很容易流於淺薄和缺乏生氣。

　　榮格作為一名醫生，照料過深受精神錯亂折磨之苦的人們，在實踐中他體會到，試圖將陰影面完全壓抑是徒勞無益的。他認為，人應該找到一種面對他的陰影面生活的妥善辦法，我們如果能夠看見陰影，並且承認陰影存在的事實，那麼問題的一小部分就已經得到解決，至少我們已經把個人潛意識挖掘出來了。如果我們採取一種建設性的態度，是可以將陰影的破壞性的原始力量變為創造之源，變為活躍生命的動力的。

與此類似，霍爾曾樂觀地認為：

> 當自我與陰影相互配合、親密和諧時，人就會感到自己充滿了生命的活力。這時候自我不是阻止而是引導著生命力從本能中釋放和輻射出來。意識的領域開拓擴展了，人的精神活動變得富有生氣和活力；而且不僅是精神活動，就是肉體和生理方面也是如此。因此也就毫不足怪，為什麼富有創造性的人總是顯得充滿了動物性精神，以致世俗的人們往往把他們視為古怪的人。在天才與瘋狂之間，的確存在著某種聯繫。極富於創造性的人，他的陰影隨時可能壓倒他的自我，從而不時地使他顯得瘋狂。(馮川譯，1987，58頁)

陰影作為集體潛意識的原型，蘊藏了人的基本的和正常的本能，是具有生存價值的現實洞察力和正常反應力的源泉，在緊急的時刻，可能會令人化險為夷。這亦是陰影不容忽視的一個方面。

(三) 阿尼瑪

阿尼瑪(或**陰性基質**) (anima) 是在男人身上的女性特質，是男人在漫長歲月中與女人交往時所獲得的經驗沈積，藉此男人可以了解女人。按照榮格的觀點，陰影是人在潛意識之水中照見的自己，所以男人的陰影是由另一個男人來人格化，而女人的陰影則由另一個女人來人格化。但潛意識陰影的後面，還有隱隱的活物出現，榮格稱之為阿尼瑪的神奇女性。榮格說："不管是男性還是女性身上，都伏居著一個異性形象" (馮川、蘇克譯，1992，78頁)。阿尼瑪便是男人身上的潛在的女性形象。而且由於生物基因使男人向男性一方發展，形成的女性性格處於從屬的地位，所以阿尼瑪通常是停留在潛意識之中。

在男人的潛意識當中，通過遺傳方式留存的女人的集體形象，使他得以體會女性的本質。但借助這種方式，男人只能作為一般現象來體會女人，因為阿尼瑪是一個原型。所以儘管有許多女人從外表看很像這個原始模型，這個原型卻不以任何方式再現一個特指的女人。榮格認為每個男人心中都攜帶著永恆的女性形象，這不是某個特定的女人的形象，而是一個確切的女性心象。這一心象根本是潛意識的，是鏤刻在男性有機體組織內的原始起源遺傳而來的要素，是我們祖先有關女性的全部經驗的印記或原型，它彷彿是女人所曾給予過的一切印象的積澱……由於這種心象本身是潛意識的，所以往往被不自覺地投射給一個所愛的人身上，它是情感好惡的主要原因之一。由此我們可以了解，阿尼瑪於不知不覺中就會極大地影響到一個男人對女人的選擇，影響到他對某個女人是喜歡還是討厭。

在一個男人的生活當中，只有通過與女人的實際接觸，心象才能夠變成有意識及有表現性的。男人對女人的最初經驗始終是最重要的，這就是他對自己母親的經驗；是她把他養育成人，並對他有最顯著的影響：某些男人一輩子也不能成功的擺脫母親的吸引力。但孩子的經驗有一種明顯的主觀性特點，這不僅僅是母親的行為方式強加給他的。每個孩子心目中形成的母親形象並不是一個真實模特兒的精確複製；這個形象是由產生一個女性形象──阿尼瑪的天賦能力構成和渲染的。

在這之後，男人把阿尼瑪原型投射到吸引他的不同的女性身上。這就導致了永久的誤解，因為大部分男人並沒有意識到他把自己內心的女人形象投射到了一個並不相像的人身上；大部分難以解釋的戀愛關係和失敗的婚姻都是由這種原因產生出來的。不幸的是這種投射不能通過理性手段加以控制。阿尼瑪作為集體潛意識的原型所具備的屬性，在男人描述他們眼中有價值的女人的每個年齡階段都表現並再現出來。在各個時期，只有輕微的變化。但某些特點是恆定的，如年輕、聰慧、美貌等。

阿尼瑪最具特徵的一面，是智慧。"儘管她是生活混亂的促動力，但某種奇怪的意義附在她身上，這是種神秘的知識或者潛藏的智慧，它與阿尼瑪自身的非精靈的性質形成了最為奇異的對照"（馮川、蘇克譯，1992，81 頁）。阿尼瑪是"智慧的女人"，在她那一切對人類命運的殘酷戲弄後面隱藏的目的彷彿反射著"一種生活之律的優越知識"。至此，榮格為阿尼瑪畫的像才趨近完整吧？

由於阿尼瑪所擁有的精神價值和智慧，在一個男人的生活中，阿尼瑪不僅僅在女人身上的投射為形式表現出來，也不僅僅表現在創造性活動當中，它更多地表現在那些幻想和幽默當中，表現在預感和激情的爆發當中。

另外，由於社會文化傳統對性格一致性的重視，男人身上的"女人氣"往往會遭到嘲笑，阿尼瑪原型往往得不到充分發展。而阿尼瑪原型在一個人身上的過分發展則可能導致他顯得兒女情多風雲氣少，一些有易裝癖或同性戀傾向的人，往往與此有關，極端者甚至想通過醫療手段使自己更像女人。

(四) 阿尼姆斯

阿尼姆斯(或陽性基質)(animus)是女人身上的男性特質，藉此女人可以了解男人。是女人身上與男人身上阿尼瑪相對的原型，與阿尼瑪相似。阿尼姆斯源自女人由遺傳獲得的關於男人的集體的形象；女人在生活中與男人們接觸交往所獲得的男性的經驗；最後是她自己身上潛在的男性本源。

女人身上的阿尼姆斯在非常局勢下(如戰爭中)，會有積極表現，婦女們會理所當然地代替男子承擔起大部分屬於男子的職能來。在家庭環境中，婦女的這種活動表現得更加完善。婦女對人際關係的把握一般來說是男人所不及的。

對女孩子來說，父親是阿尼姆斯形象的化身，而這種聯想對她的精神產生了深刻而持久的誘惑，她在思考和行動的時候，會不斷引用父親的話，並照他的方式來行動，有時候一直持續到了成熟年齡。

在正常的發育過程中，阿尼姆斯被投射在幾個男性形象上面，而這種投射一旦實現，一個女人便把某人看作確實是她所認為的那樣一個人，即使這個人實際上完全不是她所預期的那樣子。阿尼姆斯能夠被人格化為各種男性形象，從最低級的一直到最有才智的，這要取決於婦女自己的進化過程。阿尼姆斯有時會作為一個小男孩出現在夢中。阿尼姆斯區別於阿尼瑪的特點之一是，阿尼姆斯傾向於在男人的集合形式下面表現出來。

阿尼姆斯的積極作用表現在，它給予婦女勇氣以及有時必須要有的好鬥性。從它所引用的看法中，真正想了解弄懂那看法的婦女可以從中吸取許多教益。實際上，阿尼姆斯能促進婦女對知識及真理的追求，並把她領向自覺自願的活動，但她必須學會認識阿尼姆斯，並把它控制在適當的位置。

值得注意的是，榮格認為既然男人人格中有女性的成分存在，女人人格中又有男性的成分存在，那麼對雙方來說，充分意識到自己人格中的異性成分都是有好處的。對於一個男人來說，否認、貶低自己精神中的女性傾向就是否定自己人格中的重要部分，這是不幸的。另一方面，一個男人過份看重自己的女性特徵也是同樣的不幸。因此，適當調整理想觀念和現實之間的關係是必要的。

另外，阿尼瑪和阿尼姆斯的影響要比人格面具和陰影的影響難於把握。只有少數人能懂得他所涉及的到底是什麼。但若能學會區分它們，是有助於更好地認識自己及了解他人的。

有關阿尼姆斯和阿尼瑪，應提到斯托爾的看法。他認為阿尼姆斯是不易界定的，原因有二：榮格自己是個男人；阿尼姆斯是以多重而非單一的男性形象顯現自身的。斯托爾將阿尼姆斯描繪成一群注定要在海上飄泊，直到上帝最後宣判降臨的荷蘭水手或陌生的流浪漢，他們的身世神秘莫測，行跡變化多端，似乎永遠置身於激動人心的生活之中。斯托爾認為阿尼姆斯和阿尼瑪的完全投射要求與投射對象保持一定的距離。另外，他指出："榮格沒有說明，他的描述僅僅來自並適用於那些與異性隔絕或從來沒有成功地與異性建立聯繫的人們"（陳健、章建剛譯，1989，69頁）。斯托爾的這些看法對於我們了解阿尼姆斯和阿尼瑪，無疑是有參考價值的。

（五） 智慧老人

智慧老人可以看作潛意識中具有普遍人類經驗的人格化表現形式。榮格稱之為**智慧老人**(wise old man) 或者**智慧的原型** (archetype of meaning)。在夢中及象徵中，智慧老人會以英雄、行醫人、救星、魔術師、巫師、國王等等形式出現。智慧老人具有非凡的洞察力、無限的知識和智慧。當人們遇到難以解決的問題或陷入道德困境時，智慧老人會以象徵的形式給以啟示和引導。

作為"一切先知之父"的智慧老人以潛意識的方式進行最古老的思維，而且它的最古老的思維形式是一種自主的活動。智慧老人具有兩面性，因為使對立面相互依存的傾向是潛意識的一大特徵。

智慧老人也代表了對人格的一種嚴重威脅，在它活躍起來時，一個人會輕易地自以為擁有"瑪拉"（註 8-4) 這種表現得不可思議的超自然力，並且有無限智慧。而事實上並非如此，他並不擁有智慧，這智慧只是潛意識的一陣呼聲，面對存在，而服從於有意識的批評和判斷，以此智慧老人才能獲得

註 8-4：瑪拉 (mana) 也譯瑪那，原係大洋洲原始宗教用語，一種超自然的神力。

其真正的價值。如果一個人相信他有此能力，他便面臨危險了，人格會受到某種破壞。但他若能心平氣和地傾聽潛意識，並懂得只是潛意識的潛能在藉著他起作用，他便會免受潛意識的欺騙，而能使他的人格得到健康、充分的發展。

人格中的這幾種主要原型，會產生衝突和對抗，如果過於激烈，就會導致人格崩潰，成為精神病或精神官能症。但這種衝突要是能為人格所承受，則會為創造力提供動力。然而，這幾種對立的原型又可以透過超越功能而統一、綜合起來，人的這種天賦功能，將導致一種平衡、整合的人格。

總之，榮格對於集體潛意識原型的發現，開闊了人們對精神和人格的視野，無論在理論還是實踐上都有著重大的意義。

第二節　人格動力觀

榮格不僅系統地論述他的人格結構觀，而且還詳述他的人格動力觀。在他看來，人格的發展是由人格動力所推動的。榮格認為人的整個人格或精神是一個相對的封閉系統，且是不斷變化的動力系統，其動力源泉則是精神能量，精神能量在整個精神系統中的分配是按等值原則、均衡原則等決定的。

本節是對榮格力比多和精神能量所作的系統的闡述，體現了分析心理學獨具特色的見解。通過本節內容，可以使我們了解到分析心理學關於人格動力的基本觀點。

一、力比多及精神能量

榮格基於精神的整體性假設，把人格看作一個精神整體，設想力比多為一種不同於生物本能的、不拘泥於具體現象的、沒有任何明細程序的意志，一種可以在情感、愛戀、性慾以及理智等觀念中得以表述的、連續的生命衝動。也即第七章第三節所說的把力比多看作是一種普遍的生命力，類似於柏格森的活力。在榮格看來，力比多包羅極廣，既可概括弗洛伊德的力比多性的欲力，也可容納阿德勒的追求優越的向上意志，總之，包羅了作為推動個體人格發展的所有動機。為進一步解釋力比多的變化、轉移及其轉化，榮格又提出了精神能量概念。他設想將力比多視為具有物理性能的一種精神類似物，即**精神能量**(或**心理能量**) (psychic energy)，榮格用精神能量一詞取代了力比多，在他看來，精神能量自成系統，按自己的規律活動。它足以普遍表述精神領域中的效應活動。榮格把飢餓、侵略和性的諸種本能看作是精神能量的諸多表現方式。榮格還認為，精神能量來源於人們身體新陳代謝的過程中所曾有過的那些體驗。類似食物的消耗和轉化，人的經歷和體驗也被精神所"消耗"並轉化為精神能量。精神能量可以在許多不同的管道流動，包括生理的、心理的、精神與道德的。假如某一個管道堵塞住了，它便會改變方向，流向另一管道。能量流向轉變的目的與功能，在於保持整體精神的平衡。此外，榮格為了對精神能量的數量值進行估計，還提出了**心理值** (psychic value) 的概念，指用來衡量分配給某一特定心理要素的精神能量的計量尺度。當一種觀念或情感被投入很高的心理值時，意味著這種觀念或情感擁有相當的力量來左右和影響一個人的行為。

二、等值原則

精神能量在整個心理結構中如何分配，以及怎樣從某一心理結構向另一心理結構轉移是力比多理論必須解決的問題。

在自然科學中，能量概念的應用首先要注意能量守恆的原理 (註 8-5)。但榮格認為，在一個封閉系統中全部能量守恆不能直接應用於心理學。因為將精神領域的封閉系統完全獨立出來是不可能的，因此，榮格在能量的兩大基本原理之中選擇了等值來說明能量的轉換。

榮格相信，**等值原則** (equivalence principle) 完全符合這樣的事實，即在實踐經驗中人們永遠不會遇到完整系統，而只遇到局部系統。他將等值

註 8-5：**能量守恆** (conservation of energy) 亦稱能量不滅定律。自然科學中關於物質運動的最重要的普遍定律之一。它可表述為：在任何與周圍隔絕的物質系統 (孤立系統) 中，不論發生什麼變化或過程，能量的形態雖然可以發生轉換，但能量的總和恆保持不變 (理科辭海，75 頁)。

原則理解為精神能量的各種量（表現形式）之間的能量關係：

> 力比多的特定量消失以後，緊接著就出現另一種形式的同等價值。……特定數量的能量因為造成某種條件而被消費或消耗了，而相同數量的能量將以同樣或其他形式出現於別的地方。(江亦麗、羅照輝譯，1989，160 頁)

換言之，等值原則要說明的是，如果某一特定心理要素原來所固有的精神能量減退或消逝，那麼與此相等的精神能量就會在另一心理要素中出現，例如我們對某個人、某個嗜好或是某個領域的研究失去興趣，先前所投注於這方面的精神能量便會轉移到其他新的部分。精神能量不過是從一個位置轉移到了另一個位置，或由一種形式變為另一種形式。實際上，它也可能分散到幾種心理要素之中去，而且，轉移本身並不消耗能量，人格之中的能量不斷地在進行重新分配。

榮格強調，把等值原則應用於實例絕非易事，因為從來就沒有出現過這一法則的清晰事例。然而，在心理治療中發現等值的類似物是有可能的。榮格指出，當移情作用減少或消失時，會顯現夢和幻想象徵這些等值替代物。顯然，精神活動是不會停止的，如果它沒有做這件事情，那麼它就是在做另一件事情。我們知道，某種興趣的喪失總是意味著新的興趣產生。一個人不熱衷於圍棋了，因為他迷上了武俠小說。即使在夢中，心靈也仍然活動著，白天用於意識與行動的精神能量，夜晚就轉移到夢境裏去了。

但有時，一定的精神能量好像真的消逝了，而且沒有轉變為其他活動。這時，精神能量實際上是從意識中的自我轉移到個人潛意識或集體潛意識中去了。構成潛意識這兩個層面的各種心理結構，為了要進行活動，本身也是需要能量的，而且常常需要很大的能量。我們知道，潛意識中的活動是不能直接觀察到的，只能從一個人的行動去加以推測。一個典型的例子是，精神能量從意識向潛意識的轉移，往往發生在子女脫離其父母開始獨立生活的時候。這時在子女的潛意識中就開始了對某個可以代替其父母的人的幻想。這種潛意識的幻想或遲或早會投射和外化到現實生活中的某個人身上，他可能是一位老師，一名教授或者父母的老朋友。這種轉移說明潛意識的心理值同意識的心理值有著怎樣相同的特徵。潛意識心理值對於人的行為的影響通常是不那麼劇烈，因而也往往是不明顯的。但這種影響卻隨時隨地發生作用。

它影響到我們做夢的內容，甚至造成恐懼症和強迫症這些神經精神病徵，以及幻覺、錯覺和逃避現實的極端退縮行為等精神病症狀。它同樣也適用於犯罪和戰爭、偏見和歧視、藝術和神話、宗教和神秘主義等社會現象。

榮格還指出，在能量從一種心理要素轉移到另一種心理要素的過程中，一種心理要素的特徵也將部分地轉移到另一種心理結構之中。兩種心理要素之間或許存在某種相似性，但有著本質的不同。

以等值原則為基礎，當一種心理要素不能完全吸收另一種心理結構的能量時，剩餘能量就會跑到潛意識中去。

某一心理系統若過份發達，就會盡可能地從其他系統那兒奪取能量。當能量被牢固地束縛於某一心理系統時，要奪走它是十分困難的。但若不是這樣，或能量正從一系統向另一系統流動，要奪走它就十分容易。

榮格認為，等值原則也適用於潛意識內容被轉化為象徵的情況。從象徵意義的觀點看，意象轉化或翻譯成象徵的過程涉及到一種精神類似物的潛意識創造，而這種類似物具有比原有意象更大的吸引力。這種意象通過將能量從本能向精神水平上升而產生的曲線來顯示它們的力量。從能量觀點看，它們是原有意象的等值物，即它們至少具有跟原有意象同樣的價值強度。

將等值原則應用於象徵轉化是榮格心理學的獨到之處。他強調等值類似物轉換常常包含著一個從較低價值形成物向較高價值形成物的轉化，或者從另一角度看，是對隱含於象徵之中的未知意義的發現。

而潛意識的象徵轉換所以能夠發生，榮格認為是精神具有自然的"製造類似物傾向"（陳恢欽譯，1989），這是精神特權的一種，這一傾向造成了潛意識和意識觀念的恆久平等。創造精神類似物中最重要的是類似意象（如洞穴）應當巧妙地同潛在驅力（如對母親的迷戀）相協調，或者說它應該稍稍抑制原有意向。或者我們不妨這樣來表述上面的涵義：每當類似觀念符合精神結構並因此同注定要變化的東西協調時，古老意象都會有引起能量轉換的功能。

三、均衡原則

在榮格強調等值原則重要性的同時，他感到也須承認**熵定律** (entropy principle) 的心理學效應。

在物理學中，熵定律是用來說明能量流動的方向。兩個不同溫度的物體接觸，能量總是從溫度高的物體傳向溫度低的物體，直到兩個物體的溫度相等；兩個容器間水的流動總是從高水位流向低水位，直到水位相同。兩個物體一旦相互接近，能量總是從較強的一方轉移到較弱的一方，直到達於一種平衡狀態。熵定律的作用總是導致力量的均衡。這也適用於精神系統內的能量轉移的情況。

榮格在一定範圍內採用了熵定律對精神能量的動態過程進行解釋。他認為，整個心理系統中能量的分配，是趨向於在各種心理結構之間尋求一種平衡。簡言之，若兩種心理值有著不同的強度，精神能量就趨向於從較強的一方轉移到較弱的一方，直到雙方趨於平衡。單純從熵定律的作用考慮，它制約精神系統中能量交換的目標是使系統內能量的絕對平衡。但這一目標是永遠不可能完全實現的。其一，若這一目標實現了，就不存在能量交換，整個精神活動豈不停止了？其二，精神系統並非一個完全封閉的系統，總會有外部世界的能量加入進來，從而打破平衡。而事實也是如此，緊張、衝突、壓抑、焦慮等都標誌著精神的不平衡。過強的不平衡（強烈衝突、緊張等）會導致人格崩潰等神經症。

榮格指出原來在能量上不等的兩種心理結構或心理值（一種能量很高，另一種能量很低），它們在能量上的平衡化可以導致一種強烈持久的綜合。這種綜合將使得兩種心理結構難以彼此分離。在榮格看來，只要衝突最終獲得解決，兩種結構之間達到某種平衡，這種平衡就很難受到外來的干擾。這很符合榮格的**對立原則**，他認為：

> 能量概念隱含著兩極性概念，因為能量流動必然要以兩種不同的狀態，或兩極為前提，否則它們就不可能流動。每個能量現象……都由一對對立物所構成；開始和終了、熱和冷、早和晚、原因和結果等等。(陳恢欽譯，1989，166 頁)

他認為，對立物的兩極化是生活現實的一個特徵，人的全部活動都由對抗傾向所決定，而對立物之間的平衡傾向是人類存在的基本原理。

由於精神生活的複雜性，平衡往往是短暫的，更多的時候是衝突始終在進行，對立面也難以結合。

來自外部世界的刺激，可能因為給人的精神帶來新的能量而造成心理的緊張和壓力。正常情況下，新增加的能量可以為人的精神所接納而不致發生嚴重的心理失調。但若因能量配置不平衡，人的精神先已處於不穩定狀態；或外來刺激過強而難以駕馭，人就可能建造一種封閉的外殼來自我保護。榮格在精神病人身上觀察到一種情緒反應遲鈍，病人對刺激不會作出任何情緒反應，當設法穿破這種精神的外殼時，才會導致強烈的情感爆發。許多正常人也都有保護自己不受外來干擾的種種辦法。

均衡原則也可以解釋年輕人的狂躁和老年人的寧靜。榮格認為大家談論的"青年人的感情活動"讓位於"成年人的平靜安寧"，"同懷疑鬥爭"之後的"確定信念"，"擺脫內部張力的寬慰"等等，這就是每個人都具有的不自覺的能量觀點。其實年輕人的騷動是由於來自外部世界和身體內部的大量精神能量同時湧入他的精神系統，對這些突然湧入的大量能量，熵定律不能很快就發生作用，給以充分的配置。各種不同的心理值不能迅速達到均衡狀態的原因在於，不斷獲得的新經驗在不斷產生並創造新的心理值，熵定律雖在不停地作用，但剛達成的平衡可能馬上又被打破，所以緊張、衝突總難消除，便以狂躁的形式表現出來。至於老年人的寧靜，實際上與年齡無關，而是老年人已經有過各種各樣的經驗，並和諧地融入到其心理結構中，造成了寧靜。任何新的經驗比之他整個精神所擁有的全部能量，不過是極少的一點，不會引起什麼波瀾。

四、精神能量的前行和退行

心理動力學中另外兩個重要的概念是精神能量的前行和退行。

力比多的自然運動是由向前和向後的兩部分組成，差不多與潮汐的運動相類似。當海潮推進到遠處後，便會退回。榮格將響應意識要求的向前運動稱之為**前行**(progression)。前行關乎對環境的主動適應，指獲得那些能夠使一個人的心理適應能力得到發展的日常經驗。而響應潛意識要求的向後運動則稱之為**退行**(或退化作用)(regression)。退行涉及與內在需要的適應。當力比多不受阻礙地作用著的時候，退行便是對立於前行的那一極的，如同睡眠對應於覺醒，根據對應場的規律，退行應該在一項運動當中最後改變成為前行。

由於環境和經驗都在不斷變化，一個人的進步也就是一個持續不斷的過程，因而適應的過程也就永遠沒有止境。力比多的前行可以說是與外部世界的要求同步的。從生命開始的那一刻起，人就按照他的先天傾向以一種特殊的心理功能去把握世界。由於以一種特殊的方式作為開端，精神活動在方向上就是片面的，當這一心理功能的片面性占據了太大的優勢和太強有力時，在它的進程中，它便會把一切經驗和能量都盡可能地吸收到自身中來。但有一天，這種優勢功能不再能夠應付和適應環境時，就需要有一種新的心理功能。在此情況下，那種優勢心理功能中力比多的前行就會停止，而將精神能量用於發展所需要的新的心理功能。那麼如何實現這一轉變呢？當一種占優勢的心理功能變得無效，所需的新的心理功能又未發展起來時，往往需要對各種混亂無序的心理值重新加以協調。為了恢復力比多的前行，兩種彼此對立的心理功能就必須聯合起來，相互作用、彼此影響，以避免各種心理功能在其發展中的不平衡和不協調的產生。

這時力比多的退行就會發揮作用。退行意味著在一個被集中與被引導的精神活動周期之後，向一種夢幻狀態的回返，或者意味著向發展以前階段的回返。通過對立面之間的相互作用，這些對立面逐漸被退行的過程剝奪了心理能量。力比多的前行把能量賦予心理要素，力比多的退行則把能量從心理要素拿走。整個發生衝突的危機期間，由於退行的作用，對立雙方都喪失了精神能量，這樣新的心理功能才能夠逐漸得到發展。也即力比多才可能在新的心理功能上前行。

退行作用使潛意識中的心理功能得以激活，當它剛剛到達意識領域的時候，在形式上顯得有些粗糙和陌生，身上還帶著地層深處的淤泥。這種被激活的功能會面臨適應外部世界複雜任務。一旦新的心理功能在適應過程中取得了初步成績，力比多的前行就又一次重新開始了。通過前行的作用，新的心理功能會日益形成自己的確定感和自信心。

心理的適應作用並非僅僅對外部世界所發生的事件作出適應，一個人同時還必須適應自己的內心世界，榮格認為一個人只有當他適應了自己的內心世界，也就是說，當他同自己保持和諧的時候，他才能以一種理想的方式去適應外部世界所提出的需要；同樣，也只有當他適應了環境的需要，他才能夠適應他自己的內心世界，達到一種內心的和諧。這兩種適應作用的相互依賴，意味著忽視其中的一種也就必然損害到另一種。要達到身心和諧協調，前行作用和退行作用同樣都是必要的。

退行作用的另一優點，是它激活了潛意識中擁有豐富智慧的原型。這種古老的智慧往往保證了一個人能夠成功地解決他在現實生活中所面臨的種種迫切問題。榮格主張人應該周期性地退回到自己的內心深處，以便從潛意識中獲得新的能量和智慧。

五、精神能量疏導

精神能量同物理能量一樣，也可以轉變、轉移和疏導，可以被導向某種方向。在等值原則中，我們曾講到潛意識內容的象徵轉化，形成象徵正是能量疏導的重要方式。

力比多是一種天生的、本能的能量，為生命服務是它先於一切的目的，但當力比多超過了達到本能目的所需要的一個特定數量時，那些剩餘的能量就會轉化為創作，並為文化目的所利用。而能量的這個方向成為可能，始於人們把它轉移到與本能對象的一種相似物上面，即**精神能量疏導** (canalization of libido; canalization of psychic energy)。而且這種轉移不能由簡單的意志活動來構成。

其實本能能量頗似瀑布，其運動始終有它固有的方向和坡度，且不被轉換，也難於為人類所用。

> 正像水電站模仿瀑布並從而獲得能量一樣，人的心理機制也模仿本能，從而能夠將自然能量應用於特殊的目的……本能能量被疏導到本能對象的類似物之中，這樣就實現了本能能量的轉化。(馮川譯，1987，103 頁)

類似物即象徵。**象徵** (symbol) 的產生要經過在潛意識中的一段時間孕育，產生的象徵能夠吸引力比多，同時為它提供天然的疏通渠道。象徵永遠也不會是有意識地製作出來的，而慣常以一種自然流露方式出現，或在夢中顯現。

精神能量疏導的一個好例證是榮格引述的瓦特山第部族的春祭儀式。他們在地上挖了一個洞，用荊棘圍繞洞口，使它看來像一個女性生殖器，他們圍繞著這個洞跳舞，手執的長矛則是男性生殖器的象徵。他們一面舞著，一面把矛向洞的深處插去，同時口中喊著："不是洞，不是洞，是……"(馮川譯，1987，105 頁) (註 8-6)。整個春祭儀式過程中任何參加者都不該看著女人，而所有的女人都要迴避在一定距離之外，否則力比多就不能順利地流入大地母親的身體裏去。無疑，這是一種能量的疏導，是以舞蹈和模仿性行為的方式，把能量向本能對象的類似物 (洞) 轉移。

我們還可以引證許多例子來說明這種精神能量疏導。如祈雨、驅魔、準備作戰等。所有這些儀式的繁瑣和複雜表明，將精神能量從日常生活習慣的方向轉移到一種新的活動上來，需要付出多大的努力。所有這些儀式的意義和價值就在於，它把人的注意力轉移到了將要進行的工作和將要完成的任務之中，因而也就增加了成功的機會。

榮格說，力比多的這種蛻變從文明的黎明時期開始就通過象徵不斷地進行著，並且來自於深深根植在人類天性中的某種東西。在時間的長河裏，我們已經成功地從本能釋放出了一定的能量，而且我們的意志還發揮了作用；然而，要讓這些能量釋放如我們所喜歡相信的那樣有效，我們仍然需要有通過象徵變形的能力。榮格注意到現代科學是原始巫術的派生物。我們知道煉金術乃是現代化學的起源。通過把能量從人的本能引導到本能的科學象徵之中，人類已經能夠改造整個世界。

第三節　人格發展觀

榮格認為，個人人格總是不斷向前發展的，除了過去經驗對人格的影響之外，一個人總是為著未來的目標而奮鬥不息，以求達到人格各方面的和諧完善。上一章在第三節談到榮格與弗洛伊德在人格發展理論上的分歧時，已涉及本節該談的**目的論**問題。本節則補充介紹榮格人格發展的概念、關於人格發展的階段的看法以及在釋夢中對青年和老人所作的不同分析。

註 8-6：用荊棘圍繞洞口的洞之所以被喊成 '不是洞'，是因為在這種儀式中，洞只是女性生殖器的一種象徵——作者註。

一、人格發展的概念

榮格認為，人格發展是經過個體化、超越功能的成長歷程。在成長發展歷程中，重要的是將兩極相對的內在動力，逐漸趨於調和，並偏向較成熟的一方，如潛意識能量漸減，意識能量漸增；壓抑的情形漸減，昇華的情形漸增；非理性的成分漸減，理性成分漸增。個體發展由內外的兩極對立達到兩極融合的地步，即表示其人格發展臻於成熟。

1. 個體化 要達到人格內部的協調，首先必須充分了解人格的構成成分。榮格把人格各部分分化稱之為**個體化** (individuation)。個人藉著個體化來不斷了解和整合人格的所有構成成分，以成為真正的自己，亦即一個獨立且與人格整體不可分割的完整個人。

2. 超越功能 隨著人格各構成成分不斷地被認識和揭示，個體內在就有一種天賦功能，在揭示各種人格結構部分時，對之進行協調，使內在對立系統成為統一，此種天賦功能即為**超越功能** (transcendent function)，這種超越功能將導致一種平衡、整合的人格。

故只有當人格各部分經個體化才能被充分理解，再通過超越功能把他們完全協調起來的時候，這個人才可能是自我實現的。

二、人格發展的階段

人格發展的階段問題，在榮格的理論中不像在弗洛伊德理論體系中占有那麼重要的地位。另外弗洛伊德是依據力比多的性本能來確定幼年兒童的發展階段，榮格則依據力比多作為一種普遍的生命力的指向，即依據它在不同階段消耗在哪些活動上來確定發展階段的。榮格認為，人格發展可概括為以下三個階段：

1. 兒童期 (從出生到青春期) 在這個時期的前半段，兒童的力比多主要消耗在各種為生存所必須的技能上，例如吃、喝、排泄、說話、走路等等。在 5 歲之後，兒童的力比多開始逐步指向與性有關的活動上，到青春期達到高峰。

2. 成年早期　這個階段從青春期開始，一直延續到大約 40 歲，是個性外傾時期。可以想見，在這一個階段中，力比多主要指向諸如學習職業技能、結婚、撫養孩子、工作等等活動上。以其充沛的精力去接受和應答外界的刺激，並在各自的社會領域裏，努力地顯示自己的才華，以求獲得社會的肯定和獎賞。而且，這時的男性和女性都在積極地發展著與自己性別相適應的個性品質。這個階段的傾向是精力充沛、衝動、有激情和外向。

3. 中年期　大約從 40 歲起到生命結束，個體的個性發生轉變，由外向轉為內向。這主要是因為長期追求的理想，並未得到圓滿實現，因而感到壓抑和苦悶。中年期的個體把自己的精力從外部世界轉向內心世界，常常思念和評價自己前半生生活的意義。而且，榮格還認為這時期的男性和女性均表現出某些異性方面的品質，男性不再雄心勃勃，卻較關心情感問題和人際關係；而女性的進取心卻比以前有所提高，並表現出獨立性。當個體進入老年期後，更是常常感到心理緊張，他們時刻被精神上孤獨和死亡的威脅所困擾。

榮格的人格發展理論強調，人類個體生命週期的前半生和後半生，其個性是沿著不同的路線發展。榮格認為，生命的"早晨"和生命的"黃昏"同樣都充滿著意義，只是它們的意義有所不同而已。

三、榮格論青年與老人的不同

榮格認為，如果兩個人做完全相同的夢，而做夢者一個是青年，一個是老人，那麼使他們感到心神不寧必將是兩種迥然不同的問題。榮格用這樣一個例子來說明這樣的問題。曾經，一個謹慎拘束、內傾型的青年和一位性格剛毅勇猛，曾有過冒險經歷，但已病得不能自理的老人告訴榮格他們所做的一個同樣的夢。夢中，夢者率領一群青年人騎著駿馬，穿越荒野。夢者騎馬越過一條漲滿了水的深溝，避免跌入深溝的危險。但除去夢者之外，餘者全部落水。榮格認為，這個夢是在告訴那青年人他應該做什麼；告訴老人的則是他正在做的一切。夢鼓勵青年人要大膽果斷，而警告那老人，他心中依然時隱時現的冒險精神，正是他病症的首要根源。

榮格有這樣一個觀點，認為弗洛伊德學說和阿德勒的學說常常更適合於解釋年輕人的心理。在生命的成長期，青年男女應予本能應有的重視，允許本能在社會可以認可的模式上起作用，因為，此一時期，性的需要和自我表現的需要是占支配地位的衝動。而地位及智力成就的取得常是以犧牲性衝動為代價，如長此以往，心理病症因此而發生，用弗洛伊德的童年期性起源的理論進行解釋就是合適的。如果一個失敗者，覺得自己處處受壓制的人，企圖通過自我表現對他的失敗、受壓制作出補償，那麼用阿德勒的理論進行說明是有效的。因此榮格在治療中也應用弗洛伊德和阿德勒的理論對病症進行解釋。榮格說：

> 一位年輕人的生命特色主要包括一般性的揭開序幕及奮力邁向終站兩點；其心理症的來源通常都可歸諸於他在該過程中的躊躇與退縮兩現象。(黃奇銘譯，1987，136～137 頁)

對於一些年紀較大的病人來說，弗洛伊德和阿德勒的方法便不適用了。上了年紀的人，其生命的特色乃是節制其精力，其成就已成定局，難以再創高峰，但仍然妄想固執已成過去的年輕時的抱負，正是心理病症的原因。這類人，需要的就是轉變其追尋的方向，放棄那年輕時的夢想。榮格的方法對治療這類病人是更合適的。榮格的方法的形成也得益於這類的病人。

榮格發現，許多病人，在進入後半生時，往往出現了一種轉變，心理症亦在此時發生，這是因為病人不能認識或順應這種轉變之故。榮格認為，每一種心理病症都有某種目標，是對生活中所取的片面態度進行補償的企圖，是潛意識中那些受壓抑、忽視的方面試圖引起意識的注意。榮格認為，在人的後半生，文化或精神的衝動要比性及自我表現的衝動重要得多，所以那些已取得社會地位、成功的病人會覺得生活空虛，毫無意義，正是由於前半生被潛抑的衝動在潛意識之中起作用，想為其力比多的釋放找到一條途徑。對這類的病人，引導其尋找生命的新的意義，正是榮格的理論的一個極重要方面。我們知道，榮格將一部分人引向了宗教，而另一些不能回歸或產生不了宗教信仰的人則走向追求**自我實現** (self-actualization)，即精神的各種組成部分被認識與被充分表現時出現的一種心理平衡及和諧的狀態。

雖然這裏只是舉榮格在釋夢與心理治療中對青年與老人的分析，但已可看出榮格十分重視人格的不同年齡特點，重視對不同發展階段人格在診斷與治療上各有所取的不同的對應處置。值得注意的是，榮格特別重視老人對精神生活的追求，以及在分析時，貫穿著他的力比多的能量學說。

第四節　心理類型學說

　　自 1921 年榮格寫了《心理類型》，1923 年出版了該書的英譯本，心理類型的內外傾的區分，逐漸廣為人知，如今已成為人們日常生活詞彙。榮格在該書所寫〈前言〉中稱："這本書是我在實用心理學領域內將近 20 年工作的成果。它是從精神病學實踐和神經症治療中所獲得的無數印象和經驗中，從與社會各階層人士的交談中，逐漸形成的一種知識結構。"正因為榮格對心理類型的見解源自醫療實踐和廣泛的生活實踐，所以它能為廣大群眾所接受。本節在描述了外傾型與內傾型態度人格類型之後，結合四種心理功能，對個體的**心理類型** (psychological type) 作了更為細緻的區分。

一、外傾型與內傾型

　　作為一名精神病醫生，榮格從對神經症的治療以及日常與各種人交往的經驗中，特別是對弗洛伊德和阿德勒以不同觀點處理同樣材料這一現象的思考中，逐漸認識到不同的人會提出不同的人格理論。他發現，弗洛伊德屬外傾型人格，因而他發展了一種強調外在客觀現象的人格理論，認為客體是最為重要的，例如性客觀等；阿德勒屬內傾型人格，他的理論強調的是內在的主觀意志力，主體總是占首要地位。

　　榮格認為，人在面對生活時持有兩種基本的態度，態度是指個體對自己對世界的看法及行動取向，在態度型之下，人格分為內傾型與外傾型，這兩種態度人格類型顯著而普遍被採用，很有典型性。他說：

> 有一種人當他面對一件事時，其反應總是像無聲地說了一個"不"字，總要稍微躊躇一下，等到想出了辦法後才去採取行動；另外有些人在相同的情況下則會馬上採取行動，其行為方式是自然的，顯然是對自己行為的正確性有極大的自信。於是前者和一件事的關係是否定的，而後者則是肯定的。……前者和所謂的內向性者相稱，後者和外向性者相符合。(黃奇銘譯，1987，136～137 頁)

1. 外傾型 榮格認為人與人之間存在著個別差異，大致上可分為內傾和外傾兩種態度，這兩種態度並存於一個人身上，只是以其中某一傾向占優勢來決定其類型，如果外傾占優勢就是外傾型，反之則為內傾型。所謂**外傾型** (或外向型) (extravert type)，其力比多的流動是向外部的物體和事件，即投向外部客觀世界受到外部客觀的因素刺激和引導。表現為對人、物、及事件的興趣，與事件、人和物的關係是依附性的。如果這種態度在一個主體那裏已經成為習慣性的，就稱之為**外傾型者** (或外向性格者) (extravert)。外傾是由一些外界因素所導致，受外界環境的影響很大，故外傾型者易於陷入對象之中，有喪失自身獨立性的危險。這種人具有開朗、直率、隨和的天性；容易適應各種環境，常會不加思索地冒險闖入各種生疏的環境之中，並表現出信心與鎮定；能迅速與外部世界建立起各種聯繫，而將所有可能的疑慮置於腦後。出於天生喜歡對立的傾向，偏好與人爭辯。總之，對外傾型者而言，客觀世界是重要的。

2. 內傾型 內傾型 (或內向型) (introvert type) 與外傾型是相對應的心理類型，其力比多是向內部流動，並集中於主體的主觀因素上，對之發生最大的影響是"內心的需要"，或者說，對探究和分析自己的內心世界感興趣，注重內心體驗，抵制外部影響，看待事物的準則以主觀因素為依據。當這種態度在一個主體那裏已經成為習慣性的，便稱之為**內傾型者** (或內向性格者) (introvert)。這種人具有躊躇、多慮、退縮的天性，更願思考而不願行動；他們不願與他人交往、建立聯繫，顯得冷漠、孤僻、不合群，總是從對象面前規避，充滿戒心並喜歡躲藏在懷疑的審視背後。由於堅持維護自身的獨立性，他們始終不會陷入對象中去，但可能喪失與對象的聯繫。對內傾型者來說，重要的是他的主觀世界。

這兩種類型的人都輕視和低估對方，在對立的兩種態度上只看到對方否定的方面，而看不到肯定的方面。如此，會在兩種態度之間產生出永久的誤會，甚而造成對不同生活模式與價值作出對立的哲學表述和矛盾的心理學表述。在《心理類型》中，榮格描述了這兩種類型的態度在歷史上的影響，以及對哲學和宗教發展影響的方式。在〈美學中的類型問題〉一文中，榮格明確地指出了外傾和內傾對藝術形式的影響及對應，認為"抽象和移情，內傾和外傾，是適應和自衛的機制"(馮川、蘇克譯，1992，230頁)。若聯繫到精神分析的觀點，現在我們可以確定弗洛伊德學說的態度是外傾的，阿德勒是內傾的，榮格因其學說對內心世界，特別是集體潛意識的興趣亦是內傾的。

顯然外傾和內傾這兩種基本的態度並不能確定出好壞、高下，矛盾和爭執的產生很大程度上是由於"誤會"。榮格認為，絕對的外傾或內傾是不存在的。當我們說一個人是外傾或內傾時，意味著他通常所持的有意識的態度與前一種或後一種態度有關。而且一個人所持的態度不是固定不變的，他可能在某些時候是外傾的，另一些時候是內傾的，如一個內傾的人，偶爾也會對他感興趣的某個東西表現出一種可貴的積極和熱情來。榮格認為一個已獲得平衡的行為包含了相等的外傾性和內傾性，但這種情況並不多見。通常的情形是一種態度得到了發展，而另一種卻停留於潛意識之中了，這潛意識之中的態度有時也會表現出來，所以，不過是一種態度傾向對另一種占據了優勢而已。榮格認為，只有當外傾機制占優勢時，我們才把此種行為模式叫做外傾型。沒有一個人完全生活在一種特定的模式上，許多人的態度是在外傾和內傾這兩極之間搖擺不定的，性格特徵並非無可更改的。

另外，榮格認為，一個人屬於哪種性格類型與他童年時期養成的態度有關。事實上，某些原因促使我們設想一種態度可能是天生的。這種天生的態度，由於父母、教師及社會的影響而可能發生改變。同一家庭，有的孩子是外傾型，有的卻是內傾型。外傾型的孩子對周圍的環境能迅速適應，對周圍的對象及他支配事物的能力會予以異常的注意，是家長和教師眼裏受歡迎的孩子的典型。被認為"適應良好"，這得益於他的開朗性格。內傾型的孩子有時是很不幸的，由於外傾的孩子善於與人交往，會令他們相形之下黯然失色。家長會為他們感到不安，因為他們羞怯靦腆，小心疑懼，其實內傾的孩子同樣是正常的、聰明的，他們喜歡靜觀和思考，過著想像力豐富的生活。榮格堅持，對一個人天性的任何強制性改變都是有害的，他深信如父母要求子女改變的影響真的發生了作用，往往注定了要使得這孩子在今後的生活中成為神經症患者。父母應尊重子女，提供子女按天性發展的條件和機會。

二、心理功能

在大致界定了外傾和內傾兩種不同的態度之後，人們還會觀察到這樣的現象，一個內傾的人在處理一件事時未必與另一個也是內傾的人相同，而所以如此，是由於這兩個同為內傾的人的優勢心理功能不同。

心理功能 (mental function) 即決定個人如何看待世界，如何處理各種信息與經驗，泛指一切認知性的心理活動歷程。在榮格的心理類型學說中，心理功能具有與外傾和內傾同等重要性。榮格說：

> 外傾和內傾僅僅是人類諸多特徵之中的兩種。不過，通常它們相當惹人注目，而且極易分辨。譬如，若是一個人去研究一些外傾類型的個體，他很快就會發現，他們彼此之間在許多方面皆不相同，因此，外傾就成了一種膚淺的、過於空泛的標準，以至於不能真正成為一種特徵。這就是為什麼在很久以前，我就試圖尋找某些更具體的基本特徵——那些可以用來為人類個體明顯有限的類型賦予某種秩序的特徵。(張月譯，1989，50 頁)

> 這類事實總是使我感觸倍深，即：只要能夠不去使用理性，數量驚人的個體會永遠不使用他們的理性，同樣數量的人應用了他們的理性，但卻以一種愚蠢透頂的方式來應用了他們的理性。……然而，很快我就清晰地認識到，那些運用他們頭腦（理性）的人是依靠思想生活的人——即運用自己的智力本領使其自身適應生存環境、與他人和睦相處的人。同樣，那些不依靠思想生活的聰明人，則是依靠情感去尋覓並找到自己生存之道的人。(張月譯，1989，51 頁)

從以上的敘述中，我們可以看到除了外傾和內傾這兩種態度人格類型之外，還有更具體的可為人類個體類型賦予某種秩序的基本特徵，如思想、情感，而思想、情感正是榮格心理類型中的兩種心理功能。榮格發現，人們依賴的心理功能有四種，即感覺、思維、情感和直覺，這些功能同時可以適用於外傾和內傾的人。

1. 感覺 感覺 (sensation) 是感官的功能，由感官接受的刺激直接去衡量世界，重事實，少理性，被視為非理性功能。榮格認為感覺是一種實在的功能，即通過感官給予我的、我對外部事實意識的總和來解釋感覺。榮格說："感覺告訴我的是某物存在，它並不告訴我某物是什麼以及與之有關的他物，它僅僅告訴我某物存在"（成窮、王作虹譯，1991，8 頁）。

2. 思維 思維 (thinking) 是由具有邏輯的觀念所組成，以冷靜客觀和合理的態度去應付周圍的環境或尋求解決問題的答案。"思維以其最簡單的形式告訴你一個東西是什麼。它給事物以名稱"(成窮、王作虹譯，1991，9頁)。榮格認為思維是對事物加以理解和判斷的理智功能。

3. 情感 情感 (feeling) 是一種價值判斷的功能，以感情為基礎去衡量一切，強調主觀看法與價值，引起快樂者為善，引起痛苦者為惡。"情感告訴你一件事合意還是不合意。它告訴你一件事物對你有何價值"(成窮、王作虹譯，1991，9頁)。榮格認為，人們的反應總難免帶有某種感情色彩。

榮格認為像思維一樣，情感也是一種"理性的功能"。因為二者都需在認知後作出判斷。思維是就觀念間的聯繫作出判斷，情感是對愉快或厭惡、美與醜的體驗等作出判斷以確定事物的價值。榮格說：

> 所有能夠思維的人都絕不相信情感是一種理性功能，而認為它是最無理性的。但請你們稍加忍耐並認識這個事實：人不可能在各個方面都盡善盡美。如果一個人在思維上完美無缺，那他絕不會在情感上也如此，因為兩者不可同時得兼而總是互相妨礙。因此，如果你想以一種真正科學的或哲學的冷靜方式進行思考，你就得撇開各種情感價值。你不可能同時為情感——價值所困擾，否則，你會感到對意志自由思考的重要性遠勝於對虱子的分類。可以肯定，如果你從情感角度考慮，上述兩類對象不僅作為事實而且作為價值都是不相同的。價值並不是理智的立腳點，但它們存在，而賦予價值則是一種重要的心理功能。如果你想得到世界的完整圖景，你就必須考慮到價值，否則你就會碰到麻煩。(成窮、王作虹譯，1991，9~10頁)

不知榮格的闡述是否已令讀者信服情感也是一種理性的功能。

4. 直覺 直覺 (intuition) 是在沒有實際資料可以利用時，只憑直覺的經驗即決定自己的行動；不考慮行為後果，對事情的判斷缺乏理性，與感覺同樣被視為非理性功能。關於世界的完整圖像，不能缺少時間這一範疇，直覺便是在時間這一範疇上對世界的把握。即人們通常講的預感。榮格用一個例子來說明直覺：

> 如果你是一個藝術家或古舊家具商，你預感到某件作品出自 1970 年某大師之手，你有一種預感即那是一件傑作。或你不知以後的賣價如何，但你預感它會上漲。這就是那被稱為直覺的東西，這是一種預見，是一種奇妙的能力。(成窮、王作虹譯，1991，10頁)

榮格還指出，直覺功能使你看見實際上還看不見的東西，你事實上做不到，但直覺能力能夠做到，你也信任它。直覺是一種在正常情況下不會用到的功能，但你若在非洲中部，你計算不出繞過樹叢時會否碰上犀牛，然而你有一種預感，這預感說不定會救你的命。在陌生又無規律可循的情況下，人們就會依靠直覺這種功能。

榮格說："我認為直覺是一種知覺，這種知覺並不是在感官的支配下精確動作的，它通過潛意識而起作用。"他同時說："我不知道它是如何工作的"(成窮、王作虹譯，1991，12頁)。但認為直覺事實上是很自然的功能，是完全正常的東西，也很必要，因為它能彌補我們的缺陷——不能知覺到、想到或缺乏現實感的東西。

心理功能通常是由意志控制的，但也能以不自覺的方式起作用，替你思想，替你感覺，你卻無法控制它們。正如感官功能一樣，心理功能也有其特有的能量。人們不能對四種功能中任何一種加以指派。沒有人能說："我不要思想"。他免不了要進行思想，因為投入每一種功能中的特定能量總要表現自己，而且它不可能轉變為他物。

四種心理功能中占主導地位的功能給每一個體以特有的心理狀態。舉例來講，如是一個主要運用理智的人，那他屬於不會出錯的那種人，據此推測其情感狀態，當思維成為主導或至上的功能時，情感必然處於一種次要的地位。榮格用一功能十字圖（圖 8-3）來說明此一規則。

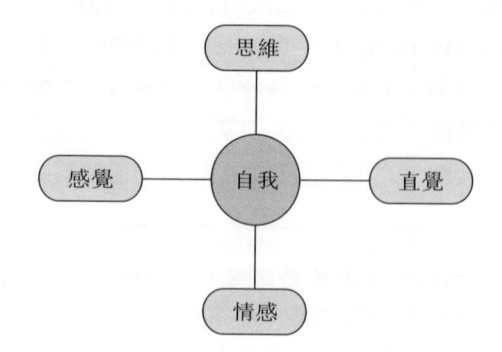

圖 8-3　心理功能十字圖
(根據 1991 成窮、王作虹譯繪製)

圖的中心是自我，它有可以使用的一定能量，即**意志力** (will)。在思維功能占優勢的情形，意志力被導向思維。這樣，情感就必須放在下端，因為這種情況下它是一種次要功能。為何如此呢？榮格假定，思維和情感這兩種不同的功能是互相衝突的。當你思想時，你必須排斥情感，因情感最能干擾你的思想；而依情感價值下**判斷**的人則把思維擲於一旁。榮格認為"一個人不可能在同一時間內以同樣完美的程度擁有這兩種對立的功能"(成窮、王作虹譯，1991，14 頁)。

感覺和直覺的情況也是如此。感覺時，注意力集中於一點，觀察的常是細節部分；處於直覺狀態時通常不再注意細節，而是針對整個事物。二者難以同時得兼，因為一種功能的原則排斥著另一種功能的原則。榮格說："這就是何以我要把它們看作對立物的緣由"(成窮、王作虹譯，1991，15 頁)。

根據上述假定，我們可以得到四種功能配合的類型：思維型、情感型、感覺型和直覺型。思維型，即四種功能中發揮作用最大的是思維功能，思維功能是主導功能。思維型的人，愛思考，好求知，時時留心環境中的事物及其自身問題並尋求答案。然而其情感通常難以被洞察，這並非意味著他沒有情感，他會說："我有強烈的情感。"我們可以這樣來理解，由於情感功能不發達，思維型的人控制情感能力差，所以易受情感的控制、影響。

前面我們講思維是主導功能時，情感處下端，是次要功能。榮格說：

> 通常，次要功能有這樣一個性質：它不可為人的意識所區分。能被意識加以區分的功能必然是由意圖和意志所控制的。如果你是一個真正的思想家，你就能用意志來指導思維，你就能控制思維，你不是自己思想的奴隸，你能夠思想別的東西。你可以說："我能思想全然不同的東西。"但情感型的人卻永遠做不到這一點。因為他不能擺脫他的思想。思想占有了他，或者說他被思想所占有。思想對他有極大的誘惑力，因為他害怕思想。(成窮、王作虹譯，1991，17 頁)

我們可以了解，情感對於思維型的人，正如思想對於情感型的人。思維型的人害怕被情感所攪住，因為他的情感有一種古老的性質，他是自己情緒的受害者。榮格認為思維型的人害怕陷入情網是對的，因為毀滅他們的東西正來自情感。

情感型的人與思維型相反。屬於情感型的人，若無約束，他是絕不允許自己被思維擾亂的。因為他的思維能力低下，不能很好地為意識所控制。

同樣的情況也適用於感覺型和直覺型。直覺型的人總是為事物的真實所困擾；從現實的觀點看，他是失敗者；他要做的是把握生活的可能性。"他是這樣一種人：在一塊土地上耕耘播種，但不等莊稼成熟又去另闢新地。他身後是已耕的土地，眼前永遠是新的希望，結果卻沒有什麼收成"(成窮、王作虹譯，1991，16頁)。

感覺型的人是在既定的現實中生活，對他來說，一個事物若是實在的，那就是真的。榮格對感覺型和直覺型的對比是頗有趣的，在感覺型看來不可缺的實在，對直覺型的人來說是謬誤或不應該的存在，在直覺型人看來應該存在的是別的事物。感覺型的人缺乏棲身的一個斗室時，便會慊慊欲病；但若讓直覺型的人棲身於這斗室，他唯一要做的事就是如何出去，對他而言，這既定的情景就像是一座監獄，必須打碎它以便走向新的可能性。

至此，我們已了解了外傾和內傾這二種基本態度類型及四種心理功能類型。關於態度類型與功能類型可以理解為：後者表明個體是如何吸收並形成其經驗材料的；而前者則顯示著個體的一般心理態度，涉及"力比多"——榮格所謂的心理能量——的流向問題 (Jacobi, 1973)。可以想見，一個直覺型的人既可能是外傾的，也可能是內傾的；而一個內傾型的人，他占主導地位的心理功能亦可能是四種中的任一種。態度和心理功能的組合可以形成八種不同的心理類型。這有助於我們對個體有更細緻的區分。

三、個體的心理類型

(一) 外傾思維型

外傾思維型 (extraverted thinking type) 的人思維定向於外部客觀世界，對事實有興趣，極大地為客觀思維所吸引，客觀思維是其生命中最重要的活動。他們將感覺、情感置於一旁，不予理會，"以堅持這樣一個事實，即這種思想流動從客觀的已知材料出發，以重返這些材料為目的，並處於與主體的恆定關係之中"(劉韻涵譯，1988，28頁)。即外在現實是其思維的起因也是目的。

這種類型的人以男性居多，典型的例子是科學家，他們為激起其熱情的領域而貢獻畢生的精力，他們的目標是找到解釋自然現象的理論和規律。達爾文、愛因斯坦等是這類型的典範。

這種類型的人因其重視邏輯、秩序、原則，相信自己的"生活規律"是絕對真理，會把自己的意見強加於人。他憎恨不合理性，排斥情感，對人性的弱點缺乏理解，忽視人際關係中的藝術，所以會顯得刻板、冷漠、無情和傲慢。若過分壓抑情感，則情感會作為補償以反常的方式來影響他，造成痛苦和挫折，或變得專制、固執、自負、迷信，且不接受任何批評。極端的例子就是所謂的"科學狂"。

(二) 內傾思維型

內傾思維型 (introverted thinking type) 的人思維定向於主體和主觀性過程上。對事實不感興趣，而對觀念感興趣。其主要品質是具備看待事物的新方法，能製造出一些問題和理論來，開拓新的視野和觀點的深度 (劉韻涵譯，1988)。外界事實不是目的，只是說明其觀念的例證而已。

內傾思維型仍以男性為多，典型的是哲學家或存在主義心理學家。因專心於內心的實在，使他們對外部世界很少注意，對周圍的人、事往往心不在焉，會引起不合時宜的注意。與人在一起時羞怯而沈默寡言或反應突兀。獨處時會忘了自己身在何處。

內傾思維型與外傾思維型的人有許多相同的特點。為了思維不受干擾，他們也排斥感情。因關注內在世界、耽於冥想，忘掉他人而顯得冷漠無情。不理解、不體諒他人，因其根本未注意過，極端的情況下他會因完全割斷與現實的聯繫而致成為精神病患者。他們易變得頑固執拗、剛愎自用，且敏感易怒，有時壓抑的情感會以變態和狂熱的方式影響其思維並體現在作品中。

(三) 外傾情感型

外傾情感型 (extraverted feeling type) 的人情感功能占優勢且受客觀外在標準所制約，會被環境所控制，對環境能良好適應，與世界是協調的。女性中更易找到這型的人。因固守已有的價值觀念，有歷史感和傳統感；對人際關係特別有興趣，善於處理尷尬場面，息事寧人，使社會及家庭生活得以維持、協調；是令人愉快的客人，亦是團體活動中受歡迎的人；有道德感且真誠助人。外傾情感型中的優秀者是熱情、能幹、有魅力的人，另一極端則不免淺薄、虛偽、浮誇賣弄、矯揉造作，已失去了人情味。因其壓抑思維功能，這種類型的人思維能力不發達。另外，這類型的人往往能自然地找到不錯的配偶。

(四) 內傾情感型

內傾情感型 (introverted feeling type) 的人受主觀因素所支配，關注內在的情感。內在情感是由一些原始的情感意象所激發的，所以會表現出原始的、不同尋常的和創造性的特點。因為這種類型的人不關心外部世界，其適應性也很差。與外傾情感型的熱情友善不同，這類人天生有一種叫人不解的行為方式，顯得古怪反常。這種類型也多見於女性，雖常常會給人冷漠無情之感，實則不然，他們只是缺少表達，在內心有著強烈的情感，對人的痛苦也不乏同情，其情感表現正可用水靜則深來形容。他們有時神情憂鬱、壓抑，但有時也給人以內心恬靜，怡然自得之感，有一種神秘的魅力。內傾情感型的創造性會表現在詩歌、音樂之中，也會表現於傾注在子女身上的富有犧牲精神的深情裏。

(五) 外傾感覺型

外傾感覺型 (extraverted sensation type) 的人其感覺取決於他們面對的客觀對象的性質，對外部世界的把握正如它所看到的那樣，一隻貓就只是一隻貓，他不會加以權衡、評價。對他來說，唯一重要的是感官的對象。這類人以男性居多，他們對積累外部世界的經驗有興趣，現實、實用，按生活的本貌看待生活。他們常常易於接近，快活，善於享樂。這類人沒有理性，情感一般也是淺薄的，生活只是為了獲得一切能夠獲得的感覺。他們中極端的人可能墮落成難以滿足的追求感官享樂的人或浮誇的唯美主義者。依感覺的差別，他們可能沉溺於不同類型的嗜好，而有變態的、強迫性的行為。

(六) 內傾感覺型

內傾感覺型 (introverted sensation type) 的人其感覺由某一特定瞬間的主觀現實所決定。感覺受內心狀態的影響很大，彷彿出自心靈深處。感官經驗是更重要的，對象則退居第二位，甚至微不足道。此類型中男性也很多見，許多藝術家、音樂家即屬此類。同其他類內傾型的人一樣，遠離外部現實世界，耽於自己的主觀感覺之中。有時他們會不堪承受源源而來的各種印象，需要時間吸收、理解這些印象，常被集體潛意識表象所糾纏，以為看見了一些並不存在的人、物。他們多為一種標誌著內傾特徵的東西難於表達而感苦惱，認為唯有借助藝術，才可能表現自己的種種感覺經驗，但他們創作的作品往往缺乏任何意義，因為同外傾感覺型相同，他們也沒有理性，情感功能不發達。外表看來，他們安靜、隨和、執著、自制，實則由於思想、感情的貧乏，他們往往並不有趣。

（七） 外傾直覺型

外傾直覺型 (extraverted intuitive type) 的人依靠他們的直覺能力來生活，總是試圖從每一客觀情境中發現各種可能性。不斷地從外部世界中尋找新的可能性對他來說是極重要的，新奇的事物才是他生存的營養。他忍受不了那些已成事實、為人熟知的事物，會頑固地反對；他不尊重風俗習慣，對他而言也沒有什麼宗教法律是神聖不可侵犯的；當他專注於追尋新的事物時，會對他人的情感和信念無動於衷，但他也有建立在他"直觀合理"看法上的道德和信念。他喜歡冒險，肯為未來犧牲一切，他認為"坐失良機"只因膽怯軟弱。他"只知耕耘不問收穫"，因他追逐新的事物的特性讓他幾乎不可能把一件事做到底，所以他很輕易地把自己的生命虛耗在一連串的直覺上，他毫不吝惜地把自己的發現、創新拱手讓人，而自己最終一事無成。這種類型的人與他人的關係十分脆弱，不是靠得住的朋友，他會有許多興趣和愛好，但很快就會放棄掉，同時他也是不會憂愁的人。

（八） 內傾直覺型

內傾直覺型 (introverted intuitive type) 的人致力於從內在的精神世界中尋找可能性。"內向直覺的世界是集體的潛意識，是晦暗不明的經驗的背景，即所有那些對於外向來說主觀的、奇特的、異乎尋常的東西"（劉韻涵譯，1988，38 頁）。榮格說，當內傾直覺占優勢時，它的特殊性便創造出了一個本原人的類型，即內傾直覺型。這種類型中包括了夢想家、神秘主義者、幻想家等稀奇古怪的人，一些藝術家也屬此類型。內傾直覺型的人視自己為不被理解的天才，卻被別人視為不可思議，因為他們局限於自己的直覺有感知的東西，遵循著構成其問題的感受行事，與現實和傳統都沒有聯繫，不可能有效地與他人交流溝通。

　　內傾直覺型的人若是個幻想家，他會在直覺的冥想中自得其樂，在幻想中確定自己；若是個有創造性的藝術家，他會最擅長從感知到造形的變化，或者他會以他的藝術"向世界，向絢麗多變的色彩展示一些非凡的奇異的事物，這些事物既莊重而又平庸，美而又怪誕，崇高而又滑稽"(劉韻涵譯，1988，40 頁)。榮格認為，除了藝術家是當然的正常人，其他人，若不能達到把體驗與生活聯繫起來，就是瘋子。其實，生活在幻想中對他們還不夠，他們必須找到在一個集體裏能被承認的恰當的表述，但在當今世界這幾乎不可能。正常情況下，這類人只是奇特，但完全無害，可是他們被內心的幻象緊抓不放，就可能產生問題。

　　上面我們描述了八種心理類型，但我們必須注意到每一種類型的模式都是典型的極端的模式。在生活中，我們很難在一個特定個體身上確認一個絕對純粹的類型，人類天性的複雜不是那些簡單精確的分類可以涵蓋的。事實上，我們見到的每一個體都難以確切地說符合某個類型，常見的是他既內傾又外傾，並能同時利用四種不同的心理功能，只是各自所占的比例不同。不難理解，唯因如此，人們才對生活有良好的適應性。從理論上說，具有完美適應性的應該是這樣一種人，在他們身上，內傾與外傾具有良好的平衡，四種心理功能沒有哪一種的加強是以削弱另一種為代價的，它們作為必要的條件，都具有同等的效力。但事實並非如此，雖然人的精神作為一個統一的整體總在追求著協調和平衡，但我們看到的各種心理成分之間始終存在著不平衡。基於存在的不平衡，心理類型的劃分才有其應用的價值。了解人的類型特徵對理解、協調人際關係，教育培養兒童，指導職業選擇都是有幫助的；心理醫生為了治療的目的，無疑更需要了解病人屬哪種類型。

　　在我們的社會生活中，不免要與各種類型的人打交道。當你碰到一個外傾型的人，若你知道這一類型的人善於交際，主動熱情，你可能就不會為其對你的熱情幫助而莫名其妙了；當你與一個內傾型的人來往，若了解他們喜歡獨處，生性敏感，可能就不會太多打擾他，免得令其局促不安了。但往往我們注意不到這許多，而導致了人際間的猜疑、衝突等。尤其不妙的是，內傾和外傾這兩種類型的人，互相很不理解，慣於只看對方的弱點，外傾型的人視內傾者為可悲的利己主義者，內傾型的人把外傾者看作膚淺的偽君子。若了解了各自的特點是否會多些理解，少些指責呢？

另外，婚姻和戀愛中彼此的性格類型也是需要考慮的。不能簡單地認為相反的性格類型與相同的性格類型相比就更合適或更不合適。合適與否取決於這種結合造成的是彼此性格的互補還是衝突。若一個內傾思維型和一個外傾情感型的人結婚，彼此因對方恰好表現了自己人格中受壓抑受忽視的方面而在共同生活中得到一種補償和滿足，他們的結合就可能是和諧美滿的；若彼此反感、排斥對方的態度和功能表現，那結果就可以想像了。榮格指出，如果有人以為他可以在婚後改變對方的性格，不僅辦不到，還是危險的。同樣，也不能武斷地認為相同性格類型的人就能有美滿的婚姻。雖然共同的興趣、愛好、理想、志向可能使他們的關係更和諧，但也存在這樣的危險：他們的共同興趣可能導致未來的優勢態度和功能更加發達，對別的態度和功能的抑制加強，以致過分的壓抑造成受壓抑的成分以毀滅性的方式爆發出來。榮格認為，和諧注定只能建立在個體人格之中，不可能建立在希望從他人得到補償的結合上。理想的友誼和婚姻，只能在那些各種態度和心理功能都很好發展的人之間，才能建立起來。

　　選擇職業時，考慮一下自己的性格是否適合，對一個人事業的發展也是極其重要的。若一個內傾思維型的人去當演員，一個外傾情感型的人去做牧師，都是難以想像的，他們的選擇無異於自我折磨。人們應該選擇適合自己性格的職業。內傾型的人避開選擇推銷員、外交官之類的職業，恐怕是明智的。外傾型的人最好別做會計、文字校對的工作。思維型的人可以做教師及設計人員，情感型的人則需避開這些職業。感覺型的人會是很好的警察、消防員。直覺型的人可能是很好的修理工，卻不宜做流水線上的工人。可以認為，長期從事與自己性格相衝突的職業，會影響心理的健康，甚至會造成嚴重的精神疾病。

第五節　分析心理治療法

心理治療 (或**精神治療**) (psychotherapy) 是指用心理學方法去治療心理

疾病。人格適應良好與否往往是衡量心理健康的一把尺。因此,作為一種心理治療的方法,榮格在他的分析心理學中不僅討論了如何認識、消除患者的心理病症,還著重探討了怎樣引導患者發展他的人格。我們知道,**分析心理治療法** (analytical psychotherapy) 是靈活多樣的,不但應用自由聯想和釋夢;也要了解病人的過去和現在;還應用繪畫、泥塑、雕刻等技巧以及通過與患者討論幻想和夢等途徑來揭示潛意識,發展病人的人格。分析心理治療法的最大特點在於它能根據患者的年齡、發育程度、氣質及不同的心靈需要來確定治療的具體做法,在治療時不拘一格,體現出對待治療的一種開放性的態度。榮格晚年時說的一段話能很好地表現這一點。他說:

> 在 60 年的臨床經驗中,我所積累的有關人類本性的知識教導我,應該把每一個案都視為一個新的個案,在每一個案中,我首先應該做的是,找到具體的治療方法。有時,我毫不遲疑地去對童年的事件和幻想進行詳盡而細緻的研究;有時,我則從頂端開始研究,儘管這意味著高飛直入最為稀奇古怪的玄思冥想之中。一切皆取決於對於個體病人的無語言的認識,取決於追隨病人的潛意識向著智慧之光探索的足跡。一些個案需要這種方法,而另一些個案則需要另一種方法。(張月譯,1989,60頁)

榮格對心理治療這樣的一種不拘泥於某種方法,不斷探索的態度無疑是有啟示意義的。本節著重介紹榮格有關夢的一些基本觀念、釋夢的做法以及語詞聯想測驗在心理診斷中的應用。

一、釋　夢

有關夢及夢的分析的觀點可謂紛繁多樣,但其中最具革命性和震撼力的無疑是弗洛伊德的《夢的解析》。這本關於夢的經典之作也同樣震撼並影響了榮格,在分析心理學中夢無疑占據了一個重要的位置。可以認為夢對於榮格探索、認識人類精神深處的潛意識領域是重要的,對榮格找到消除病人精神痛苦的方法,引導病人人格的健康發展和完善也是重要的。

(一) 夢的來源

在榮格看來，夢的重要性或意義突出地表現在夢與潛意識的關係上。簡言之，榮格認為潛意識是夢的重要來源之一。不只真實生活中被意識覺察到的內容會出現在夢中，潛意識中的情結、原型等也會出現在夢中，他把夢稱作潛意識與人的交談。

在討論實際臨床治療中應用夢的分析的一篇文章裏，榮格認為潛意識的存在是對夢的分析是否有意義的關鍵。他認為，如果缺少了潛意識的觀念，"夢只能算是一種造化的惡作劇、一種白天發生過的事情所留下來的記憶的殘餘，以及一堆聚集在一起的無聊的東西"（黃奇銘譯，1987，17 頁）。幸運的是，相當多的人由於注意到人在催眠狀態下的表現，以及遺忘等事實，已經相信既有意識得到的內容，也有意識不到的內容，相信潛意識的領域是存在的。既然有潛意識的存在作為夢的來源，那麼通過夢來探索人的潛意識的領域，就給夢的分析賦予了真正的意義。

另外，由於夢以及幻想中新異現象的存在，榮格認為潛意識並不像過去人們認為的那樣僅僅是往昔歲月積澱的貯藏之地，它同樣也滿滿地蘊藏著未來的心靈情境和觀念的胚芽。榮格通過夢的分析看到了這樣的事實，即除了從久遠的往昔歲月中意識所喚醒的記憶之外，那些從未被人意識到的完全嶄新的思想和創造性的觀念，同樣能夠在潛意識那裏表現它們自身。它們宛若蓮花一樣，從心靈的幽暗深處生長出來，構成了閾限下心靈的一個重要的組成部分。這種發現使榮格找到了他進行心理學研究的嶄新途徑，也使榮格的分析心理學具有了甚多獨到之處，當然同時也引起了廣泛的爭論。

潛意識作為夢的重要來源，潛意識之中那些蘊藏未來的、創造性的思想觀念，當然也會表現在夢中。也許正因為這些內容的存在，夢才可能有預示未來的作用。總之，榮格認為正是潛意識中那些創造性的內容，使夢的分析更為有意義了。

榮格認為，夢是潛意識內容顯現的最常見，也是最重要的形式。一般來講，潛意識領域的任何事件都會以夢的形態向我們展現，而在夢中，個體潛意識的內容得以表現；集體潛意識中的各種原始意象也以原始的象徵方式顯現出來，它們並不是作為理性的思想出現的，而是作為象徵性的意象浮現出來。因為潛意識在夢中的顯現，心理學家才能夠通過夢的研究去對意識的心靈事件的潛意識方面進行探索,在認識潛意識的同時,協調解決意識與潛意識之間的衝突,消除心理病症。

(二) 夢的目的與功能

弗洛伊德認為,夢的基本目的是偽裝或壓抑幼年的願望(這願望通常為性的),使之在不引起焦慮的情況下表現出來,所以藉睡眠中的夢來表達這願望。榮格發展了一種更有心理學特點的夢的目的理論,他認為夢不僅僅是潛意識的實現需求、性需求、攻擊需求的外顯而已,也強調夢能幫助人去準備未來,具備平衡人格極端的功能。這種理論把夢當作是心理治療過程中的重要部分。榮格認為夢的功能主要有二:一是**補償作用**(compensation),即對精神中被忽視部分,改以其他的活動方式來代替,例如,一個在意識生活中極力抑制性情感的人,可能會有頻繁的性夢;一個意識人格極為害羞的人,可能做非常活躍和具攻擊性的夢。二是預示未來,因為集體潛意識是全人類具有的共同經驗的沈積物,這種經驗的反應存在著一種由遺傳得來的先天傾向,當集體潛意識的內容在意識中不被認識時,它們就會通過夢、幻覺等表現出來,所以大多數人只有利用研究夢的內容來了解自己,事實上,根據榮格的觀點,既然潛意識象徵基本的人性,因此人類能通過研究夢來充分了解自身的未來。

因為夢的語言是象徵性的語言,夢是難以理解的,要想理解夢,人們必須了解那些出人意料的象徵蘊涵著怎樣的意義,並據此對夢提出解釋,即道出夢的象徵性語言所要表達的真實意義。

(三) 夢的分析

榮格對夢的分析的觀念也不同於弗洛伊德。榮格同意弗洛伊德的假設,即夢的出現並不是偶然事件,夢與意識思想和生命問題之間有著種種關聯。但卻不贊同弗洛伊德使用的自由聯想的方法,認為自由聯想會導致對夢的解釋遠離夢的內容,應將注意力集中於有關夢本身的諸聯想上。他的這種看法是源自此一思想:

> 夢具有某種它自身的獨特的、意義更重要的功能。通常,夢具有一種明確的、顯然是有目的性的結構,它暗示一種潛在觀念或意圖。顯然,在一般情況下,後者往往不易馬上為人直接理解。(張月譯,1989,11頁)

榮格認為，若想認識、理解某一個體的整體人格的心靈生命過程，就要了解該個體的夢及扮演著重要角色的夢的象徵性意象。舉例來講，可以用來象徵性行為的意象無以數計，一個人可能夢到將一把鑰匙插入鎖中，夢到揮起一根鐵棒或大錘打破一道門，這些意象中的每一部分都可視為性的隱喻。但事實是，為其自身目的服務的夢者的潛意識，只選擇了一種意象，可能是鑰匙，也可能是鐵棒或大錘。真正該弄清楚的是，為什麼夢者的潛意識不是選擇了鐵棒，而是鑰匙呢？有時對這種選擇的理解可能會導致一個人發現，夢意象所表現的根本不是什麼性行為，而是某種全然不同的心理學含義。所以，榮格指明：

> 只有夢的明確且顯而易見的材料，可以用來為夢釋義。夢有其自身的特定範圍。夢自身的具體呈現告訴我們，什麼是隸屬於它的、什麼是遠離它的、與它毫不相關的材料。(張月譯，1989，13頁)

對於分析者來說，盡可能準確地獲得夢的特定要旨，具有至高無上的治療學上的價值。這便要求分析者放棄主觀的暗示等。

榮格認為，夢的分析並非完全是一種可以學得的技巧。如果人們把夢的分析作為一種機械的技巧來處理，那麼做夢人的個體心靈人格便會喪失，治療的問題就被還原成為一個簡單的問題：與夢的分析相關的兩個人中的哪一位——分析者還是做夢的人——將控制另一方？由於不願將自己的意志強加於他人，所以榮格放棄了催眠療法。他希望治療的過程是病人的健康人格形成的過程，而非其暗示僅僅具有短促效果的過程。他所追求的是保護並維護病人的尊嚴和自由的權利，以使病人可以依照自己的意願去生活。作為一個分析者，要想理解另一個人的夢的意義，就必須犧牲本人的偏愛，放棄自己的成見，否則，就難以深入了解病人的心理狀況。治療過程中，對病人的理解比分析者理論構想的實現更為重要。總而言之，榮格認為我們不可能為夢的分析制訂出一般的法則。同時榮格指出，夢的目的彷彿是補償意識心理的缺陷，或者矯正意識心理的扭曲變形，他認為，這種設想開闢了在探索具體的夢的本質時最有希望的途徑。

總之，在榮格看來，夢是心理治療中信息的客觀來源，所以他在治療中常利用夢來診斷病情。同時，釋夢又是榮格探索潛意識、進行心理治療的最重要的方法之一。

榮格認為，釋夢分為客觀與主觀兩種水平：客觀水平的釋夢是將夢境與現實生活相聯繫，以發現夢中內容的含義；主觀水平的釋夢則採用綜合的方法，將夢中的一切影象（如場景）情節（如問題發展和結果）都當作夢者主觀心理活動的象徵，揭示夢境與原始意象的關係。釋夢時究竟取何種水平，須視夢的內容和夢者的情況而定。釋夢者必須具備敏銳的直覺並對夢的深層含義保持一種開放的態度。

以上是我們對榮格關於夢的來源、夢的功能、及對夢的分析等一些基本觀念所作的簡單的介紹。

二、語詞聯想測驗

榮格說，有二種方法可以使我們接近人的潛意識這一黑暗領域。語詞聯想測驗正是其中之一。

語詞聯想測驗(或**單字聯想測驗**) (word-association test) 是用一個詞彙表作刺激，每一張表通常有一百個詞彙。告訴被試，要他在聽到和理解了刺激單詞後儘快地說出他聯想到的第一個詞。當確信被試已聽懂要求後，就開始測驗。刺激和反應之間的間隔用秒表計時。在念完一百個單詞後，可以進行下一個測驗，即把那些刺激單詞再念一遍，讓被試重復他先前的回答。由於記憶在一些地方的失靈，他第二次作出的回答可能不準確或發生錯誤。

一般說來，當一個刺激詞讀出後只要這個詞在情感色彩上是中性的，被試都會迅速答出一個反應詞。但有時卻並非如此，而是出現另外一些情形。榮格說：

> 當測驗失敗時，或被試出錯時，你卻能學到些別的東西。你問一個連孩子都能回答的簡易單詞，而一個智力很高的人卻不能回答。這是為什麼呢？因為那個單詞擊中了我稱之為情結的東西，這情結是一種經常隱匿的、以特定的情調或痛苦的情調為特徵的心理內容的聚集物。這個單詞有如一枚炮彈，能穿透厚厚的人格偽裝層而打進暗層之中。例如，當你說"購物、錢"這類詞時，那些具有"金錢情結"的人就會被擊中。(成窮、王作虹譯，1991，49頁)

從這段話中我們可以了解在聯想時會出現一些帶有情緒聯繫的回憶或意念，因而造成不同的反應，不是反應時間過長就是沒有反應。這表示，這個詞觸到了所謂情結的要害。同時也正是通過語詞聯想測驗中的失敗，榮格揭示出在潛意識的黑暗領域中存在著情結，它們隱匿著，不為人所知，也不為自己所知，當它被語詞或某種事物觸動的時候，便會產生古怪而不合邏輯的應答或情緒反應，造成失誤。

　　榮格總結了顯出測驗失誤的指示物（或稱干擾），稱之為**情結指標**（complex indicator），即在語詞聯想測驗時，如果受試對某一單詞的反應特別費力，或勉強反應而顯得面紅耳赤時，即隱示情結所在。反應時間的延長在實踐上最重要，從計算被試的平均反應時，可判斷某一詞的反應時是否過長。另外一些包括：不遵照指示，反應超過一個詞；重現單詞時有誤；用表情、笑、手腳或身體動作、咳嗽、口吃等行為作出反應；只用"是"或"不"做答的不充分反應；不對刺激詞的真正意義作出反應；對相同單詞的習慣性運用；使用外語；當記憶在重復測驗中失靈時所發生的缺陷；完全缺乏反應。

　　所有這些反應都不受意志的控制，被試對此也並無知覺。因此，這種測驗不僅發現了一些被試所具有的情感傾向的線索，還證明一個人有可能對某些與他密切相關的東西毫無意識。不管被試是否遵守測驗規則，都暴露了他自己的潛意識在起作用，似乎潛意識中的情結不能對觸動無動於衷，而必須作出反應來發揮它自己的作用。

　　榮格用一個圖表說明了聯想測驗的結果及其揭示作用。在反應 7、8、9、10 刺激詞中，我們看到的是一連串的干擾，7 是很關鍵的一個刺激詞，但被試毫無意識，隨後的三個長反應時是因考慮 7 而受到影響。反應 13 是一個孤立的干擾。反應 16～20 中，又出現了一連串干擾。榮格指出，在這個特定的例子中，涉及潛意識情緒的致敏作用和敏感的強化作用。當一個緊要的刺激詞引起不可遏止的情緒反應時，而下一個緊要刺激詞恰好出現在這復發性情結反應範圍內，假如前面的反應是一串無關痛癢的聯想，這時的反應便容易產生比人們期待的更為強烈的效果。這叫做**復發性情緒的敏感效應**（sensitizing effect of a perseverating emotion）。關於這種效應，可在處理犯罪案件時利用。圖 8-4 表示的是榮格的一位大約 35 歲的正常被試在接受聯想測驗時作出的反應時記錄。通過與他的干擾反應相應的幾個詞：刀子、長矛、打、尖的、瓶子，榮格揭示給我們這樣一個故事。

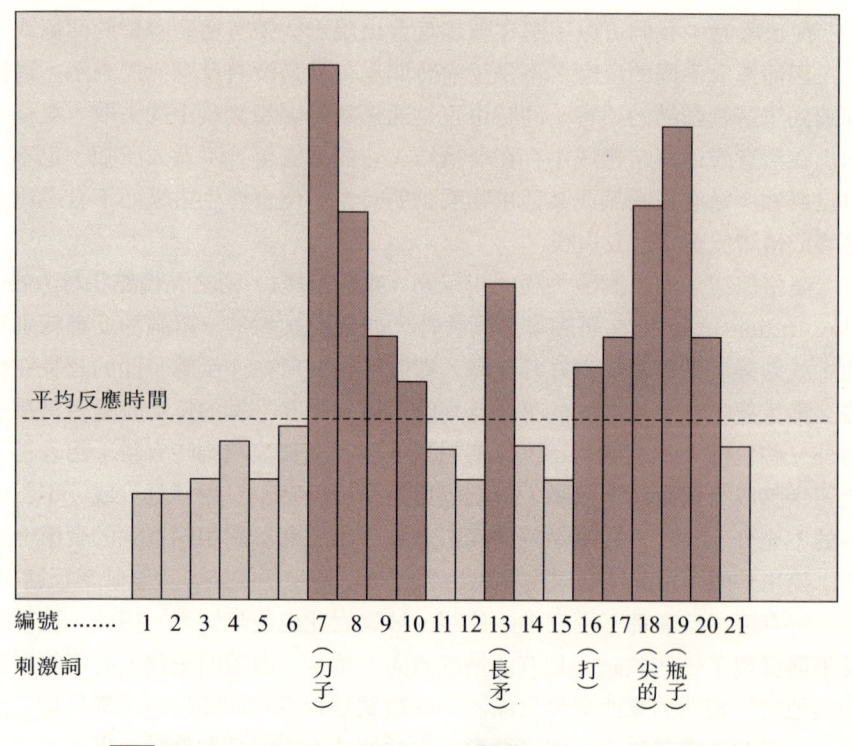

[图表：语词联想测验反应时间柱状图]

编号	1	2	3	4	5	6	7	8	9	10	11	12	13	14	15	16	17	18	19	20	21
刺激詞							（刀子）						（長矛）					（打）	（尖的）	（瓶子）	

□ 表示沒有干擾跡象的反應　　■ 表示有干擾跡象的反應

＊柱的高度代表反應時的長短，可試與平均反應時間作比較

圖 8-4　語詞聯想測驗
(採自成窮、王作虹譯，1991，51 頁)

榮格對被試說：我不知道你曾有過如此不愉快的經歷。
被試盯著榮格說：我不懂你在談些什麼。
榮格說：你明白，你曾喝醉過並有以刀傷人的不愉快糾葛。
被試問：你是怎麼知道的？(成窮、王作虹譯，1991，52 頁)

之後，被試道出了整個事情。他出身於一個單純、正派、受人尊敬的家庭，他出國時，有一天因醉酒與人發生爭吵，便拔刀刺傷對方，結果坐了一年牢。他怕這件事給他的生活罩上陰影，所以沒告訴他的家人。榮格碰巧發現了他的這個秘密。

榮格認為，對精神病學家來說，在許多情況下，病人來就診時都是有一個未說出來的故事，而這個故事一般說來都無人知曉。這故事是病人心中的秘密，也就是他的情結。知道了秘藏的故事，便等於掌握了治療的關鍵。醫生的職責便是去找出這個關鍵。而語詞聯想測驗能發現患者心中的情結，治療者便可以通過分解，消融這些情結，使患者重新恢復身心健康。

最後應該提到：榮格分析心理學的治療家們都十分重視夢者在覺醒時對夢境的聯想，並將其收集起來，作為對夢的材料的補充，以便與其他材料一起進行深入分析。但他們在做法上總是竭力避免從治療者主觀設想出發，讓夢者一味地對夢境作過於遠隔、過於間接的自由聯想，而是要求夢者緊貼夢境 (有時甚至只是針對夢中某個單獨的意象) 說出他最先想到或最先出現的觀念 (Hall, 1983)。從這裏，也足以反映出榮格心理治療的那種開放性的基本態度。

第六節　對榮格分析心理學的評價

榮格這位"先知式人物"，在這個風雲變幻的世界上度過了八十六個春秋。在其漫長而充實的一生中，為豐富和加深人們對心靈世界的認識和理解做出了卓越的貢獻。作為一個心理醫生、真誠的探索者和睿智的思想家，他對大眾的昭示作用是難以估量的。即使在今天，評估榮格所創建的分析心理學，判斷榮格其人、其思想對我們生存世界的影響仍然為時過早。正如斯托爾在 1973 年出版的《榮格》一書中所寫："榮格直到 1961 年才逝世，要對他為我們的人性概念所添加的內容給予最後的評價還為時過早"(陳靜、章建剛譯，1989，160 頁)。時隔 30 年後的今天，斯托爾的話仍然適用。

比之以往，在今天的中國我們可以找到更多榮格著作的中英文譯本，得見更多的有關介紹論述榮格的書刊和譯著。榮格的分析心理學似仍處於發展之中，同時，"聰慧而善良的榮格主義之友"亦在增加。也許不久的將來人們對榮格會有更多的理解，而非惑然於他的神秘。人們看到，榮格因所論主題玄虛"神秘",而頗受指責,同時也使他為此而難免感到困擾。榮格反對被稱為"神秘主義者"。他暗示說,科學探索的更高更複雜的形式將來總有一天會證實他的甚至最不具體的概念體系。"一種創造性的突破也許會整個改變我們目前所認識的科學事業"(劉韻涵譯,1988,266頁)。科學的發展是否有助於揭去榮格"神秘"的面紗?目前的跡象還難下定論。但無論如何,上述榮格所作的暗示是值得重視的。

本節按照全書編寫的宗旨,著重從心理學的學科發展的含義,嘗試對榮格分析心理學的貢獻與局限作一簡要的評論。

一、榮格分析心理學的貢獻

(一) 對精神分析心理學的貢獻

榮格的分析心理學作為弗洛伊德古典精神分析的直接的對立物,與其說是一種學術分裂的產物,毋寧說是一種學術發展的產物。劉耀中在他的《榮格、弗洛伊德與藝術》一書中說得好:"弗洛伊德打開了那扇心理學的門,但為心理學帶來光亮的卻是榮格"(劉耀中,1989,第2頁)。劉氏在這裏所說的心理學特指肇始於診斷和治療精神疾患者著重研究潛意識現象的精神分析心理學而言的。隨著時代變遷和心理治療實踐的進展,從弗洛伊德到榮格,精神分析心理學有了很大的變化發展。眾多的研究者對弗洛伊德和榮格的理論進行了比較、剖析,二者的理論觀點雖多共同之處,但無論從精神分析心理學的研究主題、範圍,還是從方法上看,榮格都超越了弗洛伊德,榮格在1914年創立的分析心理學,在許多方面修正並發展了弗洛伊德的精神分析理論,而這是動力心理學 (註 8-7) 的重要組成部分。

1. 深入並擴大對潛意識的研究 弗洛伊德和榮格都對潛意識進行了研究,但榮格對潛意識的闡釋遠遠超出了弗洛伊德的狹窄範圍。在弗洛伊德更重視潛意識生物本性的時候,榮格把握的則是潛意識的象徵本性,認為潛

註 8-7:**動力心理學** (dynamic psychology):指心理學研究的一種取向,而非指心理學的一個學門。所謂「動力」,係指個體行為的內在動力,或謂產生行為的原因;亦即指驅力、需求、動機等對個體發生的促動作用。因此,凡是探討個體行為原因的心理學,或是以驅力、需求、動機等為研究題材的心理學,都可以稱為動力心理學。

意識不只是個人早期生活特別是童年生活中受壓抑的心理內容，也不僅僅限於性欲範圍，不限於個人的方面。榮格認為，潛意識同人類的整體發展歷史有關，是人類精神發展的縮影、倉庫；潛意識不全是消極的、破壞性的、卑污低下的，它同樣也是積極的、創造性的、高尚的。榮格提出了集體潛意識的概念。他認為，或多或少屬表層的含有個人特性的個人潛意識有賴於更深的一層，即集體潛意識；集體潛意識不是來源於個人經驗，不是從後天中獲得，而是先天就存在的。集體潛意識與個性心理相反，具有所有地方和所有個人都有的大致相似的內容和行為方式，組成了一種超個性的共同心理的基礎。集體潛意識的觀念貫穿榮格分析心理學的全部理論體系，是他的理論的最重要核心，導致了榮格與弗洛伊德在許多問題上的不同看法。

2. 發現集體潛意識中的許多心理原理　　榮格在他的研究過程中發現了集體潛意識中的許多心理原型。他認為原型是構成集體潛意識的最重要內容，是一切心理反應的具有普遍一致性的先驗形式。對這種先驗形式，可以從心理學、哲學、美學、神話學、倫理學等不同方面去理解。原型作為心靈的底蘊，在診療中它具有治癒力，在藝術中它具有創造力，在人格發展中它是指向，在非理性行為中它又具有破壞力。原型可以被認為是構成了各門科學的啟發動力。因此，榮格強調原型不只具有認識論上的意義，而且涉及想像、情感、直覺等一切心理活動。榮格的研究者認為，榮格這樣做，實際上是要為包括潛意識在內的人的感性爭得地位，把人的心理聯結為一個整體並從而深入追尋其基礎到人的自然本能和具有普遍一致性的原始心理結構。因此，榮格的理論被認為在傳統哲學的基礎上豐富和深化了對人性、人的本質的理解，涉及到了對人存在的深邃態度，表現了榮格精神和心靈的偉大。

3. 發展力比多概念的理解和運用　　榮格對力比多實質的理解也與弗洛伊德不同。弗洛伊德主要把力比多理解為性愛，榮格則把力比多看作普遍的生命力，性愛只是其中的一部分。進而，榮格根據力比多的指向，把人分成了**內傾型**和**外傾型**兩個基本類型，又從**感覺**、**思維**、**情感**、**直覺**四個方面解釋人格的基本功能，構成一種複雜的類型理論。

4. 產生心理治療的持續影響　　有關心理治療，榮格和弗洛伊德之間也存在著根本的分歧。弗洛伊德方法重要之點在於追溯精神病症的兒童期根源。墨菲等認為，弗洛伊德從始至終本質上是一個職業醫生，以自然科學為依據進行工作，認為心理過程就其一切方面來說是一種進化現實的表現（林方等譯，1980)。因此，弗洛伊德總是傾向於從過去尋找病因。與弗洛伊德不同，榮格認為只是尋找童年的精神創傷，甚至會產生不是治療而是摧殘的後果，他始終堅持在精神病症中尋找建設性因素。弗爾達姆認為：

> 榮格的特殊貢獻首先表現在他堅持主張人們不應該把精神病症看作某種完全消極的東西，要是我們能做到最後理解它，就將為心理發展的新可能找到一種啟示。其次，在人類天性當中，除開性與自我實現之外還有其它的重要衝動，在生命的第二個一半裏，文化或精神衝動要比前述兩種衝動越來越顯得重要。榮格的第三個貢獻是認為應該在現在，就像在過去那樣，找尋精神病症的原因，也應該在力比多為克服某種障礙，並繼續一個新的發展階段受到挫折當中去找原因。(劉韻涵譯，1988，96 頁)

榮格認為，在治療方面，唯一的方法是依據患者的年齡、發育程度、氣質等修正治療手段。另外，榮格強調心理治療是建立在兩個人之間的關係上面，關係是主要因素，理論和方法只是輔助的。榮格的心理治療體現了榮格分析心理學在觀點和方法上的靈活性和多樣性，對心理治療產生了持續的影響，迄今仍在引導著治療實踐。

(二) 對心理學的促進與啟發

就具體方面而言，有以下三點，值得特別提到：

1. 提出心理類型學說 榮格從心理學的角度提出心理類型學說，是人格心理學主張類型說的先驅者之一。如今榮格提出的內傾型和外傾型人格已融入人們的日常語彙，這是他的分析心理學的又一影響廣泛的貢獻。內傾和外傾的觀念，在精神病學、心理學及在廣大讀者的思想中像野火一樣蔓延。榮格提出人們依賴的四種心理功能，就個人而言，從橫向看，是功能相互補償的機制，從縱向發展看，是從單向演化為多種功能的平衡、和諧的發展，以實現人格的整體性。榮格提出心理類型以後，在評價心理發展水平時，類型成了一種新的指數。榮格心理類型學說對心理學發展的廣泛意義在於重視了心理學研究主體的心理發展與個別差異，肯定了其現實的合理性及實施教育指導的針對性。

2. 拓展心理學研究的對象與領域　榮格的分析心理學無疑拓展了心理學研究的對象與領域，他把潛意識視為構成人的統一的精神整體不可缺少的組成部分，從潛意識與意識相互對立補償的關係中，明確提出了集體潛意識與原型這些新概念，使人認識到對潛意識的內容、作用與根源進行研究的必要性、可能性與合理性。

3. 對心理學跨文化與本土化研究的啟發　榮格認為，為了理解人類心理，必須考慮到有不同種類的社會、國家和傳統的事實，與此相關聯，人們必須從不同的立場觀點出發去解決人的心理問題。這反映在他的分析心理學體系更具有文化人類學的色彩，對於今天在心理學中開展的跨文化比較研究或本土化研究也是一種思想啟發。

二、榮格分析心理學的局限與不足

當然，榮格的學說思想也有使人難於把握與接受的地方。例如，在心理學研究對象問題上，榮格所強調的心靈，其實質所指是不明確的。在榮格正確地提出該注意研究潛意識的同時，有過於強調潛意識在個體整個心理與行為活動中的地位與作用，而有失偏頗。同時，過於強調文化歷史對個體人格的積澱而忽略了社會現實條件的客觀存在對人的意識的決定影響，在潛意識與意識、意識與存在之間擺錯了位置，以致顛倒了關係。這對心理學科學研究可能會帶來某種危害。

其次，榮格由分析治療精神疾患得到的認識概念，由個體的精神失調問題推廣到整個社會問題，以至世界性戰爭等複雜的社會歷史問題的解釋與解決，顯得缺乏社會歷史背景的客觀現實或社會存在的依據，把有客觀規律可循的社會歷史現象試用主觀的心靈現象去加以解釋與理解，難免不落入主觀空想與武斷臆造之嫌，而為有科學見識的心理學家所不取。

本 章 摘 要

1. 在榮格的分析心理學體系中，以人格心理學的論述最為著名。他認為人格結構具有三個層次：**意識、個人潛意識和集體潛意識**。
2. **集體潛意識**是精神的一部分，它的內容從未出現在意識之中，從未被個人所獲得，完全得自遺傳。集體潛意識的內容主要是原型。
3. **原型**具有極大的情感意味，並表現出超自然的特性，而成為本能和創造之源；原型有其自主性；原型是普遍的；原型有重復、穩定、規律、迷惑的性質；原型可以彼此結合起來；原型是非個人情結的來源。
4. 有一些原型對形成人們的人格和行為是十分重要的，它們是人格面具、陰影、阿尼瑪、阿尼姆斯、智慧老人等。
5. **人格面具**使人們傾向於把自己塑造成社會所期待的那種樣子，以一種被認可的方式為人行事。人格面具在整個人格中的作用既可能是有利的，也可能是有害的。
6. **力比多**是一種不同於生物本能的，不拘泥於具體現象的，沒有任何明細節目的意志，一種可以在情感、愛戀、性欲以及理智等觀念中得以表述的、連續的生命衝動。
7. **心理值**是指用來衡量分配給某一特定心理要素的精神能量的計量尺度。當一種觀念或情感被投入很高的心理值時，意味著這種觀念或情感擁有相當的力量來左右和影響一個人的行為。
8. 榮格用**等值原則**說明能量的轉換。等值原則表明如果某一特定心理要素原來所固有的精神能量減退或消逝，那麼與此相等的精神能量就會在另一心理要素中出現。轉移本能並不消耗能量。
9. 能量轉移的方式之一是把能量向本能對象的類似物轉移，即**精神能量疏導**。形成象徵正是能量疏導的重要方式。
10. **情結**可以解釋為：潛意識內挾有情感力量的觀念集團。榮格認為，情結是一個更高的精神統一體，並顯示了一種主要由情調和觀念的完全結合所引起的穩定性和結構。

11. 強烈的情感有時可由急性事件所引起，如危險的恐懼感威脅，意外的死訊等。與急性狀態相關的情感強烈的情調情結，可稱為**急性情結**，往往具有創傷的特性。
12. 測定情結聚合力的方法有三種：直接觀察和分析推論、情結表徵、情緒反應。
13. 榮格依據力比多消耗在哪些活動上來確定人格發展的不同階段，他區分了兒童期、成年早期和中年期。榮格認為人到中年是人格發展的最重要階段。他還特別重視老人對精神生活的追求。
14. 人對生活有內傾和外傾兩種基本態度。**外傾型**，力比多向外流動，投向外部客觀世界。**內傾型**，力比多向內流動，集中於主體的主觀因素，對人發生最大影響的是內心的需要。許多人的態度是在外傾和內傾這兩極之間搖擺不定的。
15. 一個人屬於哪種性格類型與他童年時期養成的態度有關。態度可能是天生的，並因父母、教師及社會的影響而可能發生改變。榮格堅持，對一個人個性的任何強制性改變都是有害的。
16. **感覺**是感官的功能。**思維**是對事物加以理解和判斷的理智功能。**情感**是一種價值判斷的功能。**直覺**是在時間這一範疇上對世界的把握，即人們通常講的預感。
17. 兩種基本態度和四種心理功能的組合可以形成八種不同的心理類型。我們很難在特定個體身上確認一個絕對純粹的類型。
18. 分析心理學在治療上的最大特點在它能根據患者的年齡、發育程度、氣質及不同的心靈需要來確定治療的具體做法，在治療時不拘一格，體現出對待治療的一種開放性的態度。
19. 榮格認為潛意識是夢的重要來源之一。不只醒時發生過的被意識覺察到的內容會出現在夢中，潛意識中的情結、原型等也會出現在夢中。
20. 榮格發展了一種夢的目的理論，他認為夢是在產生一種本質上同意識自我的立場形成對比的觀點，並把這個過程稱為**補償作用**。
21. 夢的語言是象徵性的語言，要理解夢，就必須了解夢中那些出人意料的象徵蘊涵了怎樣的意義，並據此對夢提出解釋，即道出夢的象徵性語言所要表達的真實意義。
22. 通過**語詞聯想測驗**中的失敗，榮格揭示出潛意識的黑暗領域中存在著情結，它們隱匿著，不為人所知，也不為自己所知，當它被語詞或某種事物觸動時，便會作出反應，造成失誤。

23. 榮格提出**心理類型**學說，促進了心理學關於心理發展與個別差異方面的研究，他的分析心理學拓展了心理學研究的領域，使人認識到對潛意識的內容、作用與根源進行研究的必要性與可能性。榮格心理學體系的文化人類學的色彩，對心理學中的跨文化比較研究或本土化研究也是一種思想啟發。

建議參考資料

1. 榮　格 (成窮、王作虹譯，1991)：分析心理學的理論和實踐。北京市：三聯書店。
2. 榮　格 (馮川、蘇克譯，1992)：從弗洛伊德到榮格。北京市：三聯書店。
3. 榮　格 (黃奇銘譯，1987)：現代靈魂的自我拯救。北京市：工人出版社。
4. 榮　格 (馮川、蘇克譯，1992)：心理學與文學。北京市：三聯書店。
5. 榮　格 (張月譯，1989)：人及其表象。北京市：中國國際廣播出版社。
6. 霍　爾 (馮川譯，1987)：榮格心理學入門。北京市：三聯書店。
7. 羅　恩 (陳恢欽譯，1989)：從弗洛伊德到榮格。北京市：中國國際廣播出版社。
8. 唐　鉞 (1982)：西方心理學史大綱。北京市：北京大學出版社。
9. 車文博 (1996)：西方心理學史。台北市：東華書局。
10. 弗爾達姆 (劉韻涵譯，1988)：榮格心理學導論。瀋陽市：遼寧人民出版社。
11. Allison, R. (1980). *Minds in many pieces*. New York: Ranson, Wade.
12. Bllis, E. L. (1986). *Multiple personaling: Allied disorders and hypnosis*. New York: Oxford University.
13. Forham, M. (1986). *Exploration into the self*. London: Karmac Books.
14. Hall, J. A. (1983). *Jungian dream interpretation: A handlbook of theory and practice*. Toronto: Inner City Books.

15. Meier, C. A. (1984). The theory of complexes, In C. A. Meier (Ed.). *The unconscious in its empirical manifestations.* Boston: Sigo.

16. Robetson, R. (1987). *C. G. Jung and the archetypes of the collective unconscious.* New York: Peter Lang.

17. Ronos, K. P. (1992). *Carl Gustav Jung: Critical Assessments V2,3.* London & New York: Routledge.

18. Sharp, D. (1987). *Personality Types, Jung's model of typology.* Toronto: Inner City Books.

19. Slephen, B. (1987). *The Oxford book of dreams.* New York: Oxford University press.

20. Whitmont, E. (1982). *In Jungian analysis.* Illinois: Open Court Publishing.

第三編

精神分析學派的發展

　　新弗洛伊德主義有廣、狹兩義。廣義而言，凡是在一些基本概念、原則和方法方面並沒有脫離弗洛伊德的體系，而同時又對古典 (正統) 弗洛伊德主義有所變通、修正和擴充的理論，均屬於新弗洛伊德主義的範疇。它主要包括六個學派：(1) 阿德勒的個體心理學，(2) 榮格的分析心理學，(3) 安娜弗洛伊德為開端的自我心理學，(4) 霍妮等人為代表的社會文化學派，又稱為社會弗洛伊德主義，(5) 英國的克萊因學派，(6) 瑞士的存在 (主義) 分析學派。狹義而言，阿德勒的"個體心理學"和榮格的"分析心理學"二者是古典弗洛伊德主義轉向新弗洛伊德主義的過渡和中介。而美國的社會文化學派則屬於新弗洛伊德主義的特有範疇。它是 20 世紀 30 年代以後在美國興起，以霍妮、沙利文等人為代表的新精神分析學派，是精神分析學同美國社會學、社會心理學等理論融合的產物。人們通常所說的新弗洛伊德主義，所指的正是這一內涵。本編所要介紹的也正是這個新精神分析學派。然而，這個學派的代表人物各自所提出的理論重點各有不同，使得這個學派只是一個因其共同強調社會文化因素而被人稱為學派的鬆散結合，而不是一個嚴密的組織。在其形成之前和初期，沙利文、霍妮、弗羅姆等人尚能在一起切磋，但既成學派之後，反而互相攻訐、磨擦，不再以少數幾人的思想為中心，彼此共同服膺，而維持成為一學派，所以在心理學史及外國心理學辭典上，稱其為**新弗洛伊德主義** (neo-Freudism)，而不稱其為新精神分析學派。本編第九、十章的標題即取新弗洛伊德主義，講的是狹義的新弗洛伊德主義 (或新精神分析)，即新精神分析學派或謂精神分析的社會文化學派。介紹了霍妮、沙利文、弗羅姆、卡丁納、埃里克森和賴希六位新弗洛伊德主義的代表人物。

　　就本編所述新弗洛伊德主義代表人物而言，他們的理論雖各不相同，但都是治療家,承認弗洛伊德精神分析對他們的影響,並通過各自的醫療實踐修正弗洛伊德泛性論主張,以強調社會文化因素為特色,提高治病療效,發展精神分析理論。故從精神分析運動發展歷史的角度來看,新弗洛伊德主義既可以作為精神分析的一個新學派,評其功過;也可以作為一個治療學派,對其在病因觀、治療策略和心理衛生的預防推廣計劃方面,總結其貢獻與影響。本編最後一節就是這麼寫的。

我們在本編內再次看到精神分析的治療與理論是緊密聯繫的:治療的探索、改進,促使理論的形成發展,而理論的形成發展又回過頭來指導、及影響治療的實務。霍妮在《精神分析新途徑》引言中稱:她應用弗洛伊德理論於臨床實踐達 15 年之久,由於不滿意治療效果而產生了重新評價精神分析的想法。她指出,社會學觀點正在替代解剖生理學的觀點,人際關係成為導致神經症發病的關鍵因素,精神分析必須突破本能心理學的侷限,性的問題不應再被視為神經症的動力中心 (Horney, 1939)。弗洛伊德在維多利亞時代的奧國社會受過解剖生理學的訓練,將性本能的問題視為神經症的動力中心;霍妮處在帝國主義時代的美國社會,受社會學的影響,把人際關係視為神經症發病的關鍵因素。古典的精神分析、新精神分析以及由前者轉變、發展為後者,具體情況雖然不同,卻都反映了時代、社會的特點與要求。其中被治療家所吸收所重視的現代科學技術知識與思想,在這一形成轉變過程中產生不小的作用。這對弗洛伊德是如此,同樣的,對霍妮也是如此。

從這樣的角度來看新弗洛伊德主義,很明顯的是同中有異。雖然他們處在同一時代和同一社會,對精神分析持有相同社會文化的研究與治療取向,卻因各人在學科領域的接觸不同而表現迥異。如霍妮接受社會學影響,卡丁納接受人類學影響,沙利文接受社會心理學的影響,埃里克森接受心理學歷史學的影響,賴希接受政治學與西方馬克思主義影響,弗羅姆接受多種人文學科,尤其是哲學方面的影響,故在其理論上包羅更廣,所受人本主義與存在哲學影響更深,自詡其理論為人本主義精神分析,預示著古典精神分析經由阿德勒強調社會因素轉向新精神分析,並將進而由強調社會文化科學的精神分析轉向強調存在哲學的存在分析。總之,揭示精神分析的發展歷程,看到促使精神分析轉變的內外因素與機制,從發展過程來看待弗洛伊德一手創立的精神分析,也許能使我們更好地領會本編兩章內容的實質。

第九章

新弗洛伊德主義(上)

本章內容細目

第一節 新精神分析學派的產生
一、新精神分析學派產生的背景 329
　(一) 社會及經濟因素
　(二) 時代思潮的衝擊
　(三) 弗洛伊德理論的局限
　(四) 臨床診療實務的發現
二、新精神分析學派的特色 331

第二節 霍 妮
一、霍妮簡介 332
二、基本焦慮論 335
　(一) 基本焦慮的來源
　(二) 基本焦慮與神經症的關係
三、神經症理論 338
　(一) 對基本焦慮的適應
　(二) 真實自我、現實自我和理想自我
　(三) 文化與神經症
四、評 論 346
　(一) 在批評弗洛伊德學說方面的貢獻
　(二) 在神經症理論方面的貢獻
　(三) 霍妮學說的局限

第三節 沙利文
一、沙利文簡介 348
二、人際關係說 349
　(一) 人際關係與人格
　(二) 緊張與能量轉移

　(三) 人格化與自我系統
　(四) 經驗方式
　(五) 人格的發展
三、關於精神分裂症和神經症的理論 358
　(一) 精神分裂症和神經症的成因
　(二) 心理治療的技術
四、評 論 361

第四節 弗洛姆
一、弗洛姆簡介 362
二、社會精神分析說 364
　(一) 個人與社會
　(二) 人的需要
　(三) 社會潛意識
　(四) 社會性格
　(五) 愛的理論
　(六) 占有和存在
三、評 論 374
　(一) 貢 獻
　(二) 弗洛姆學說的局限與問題

本章摘要

建議參考資料

精神分析學派創立後，逐漸形成了一個越來越受到廣泛注意和承認的學派，並不斷地發展演變著。弗洛伊德的追隨者雖然或多或少地接受了弗洛伊德的理論，但又不肯亦步亦趨地跟在他們的鼻祖身後。阿德勒和榮格率先離經叛道，繼而又有一批精神分析學者紛紛著書立說，對弗洛伊德的觀點進行修正。這些人中的大多數最初集中在德國和歐洲各國。20 世紀 30 年代後，由於德奧等國建立法西斯的統治，他們被迫離開歐洲，來到美國，與美國原有的精神分析學者組織了新的學派——新精神分析學派。這一學派延用弗洛伊德精神分析的概念、術語與方法，對神經症患者的病因由一味強調生物本能方面轉向重視社會文化因素，毋寧說是對古典精神分析的一種揚棄與發展。他們主張改用社會學的觀點去探索精神現象，注重文化、社會條件、人際關係、個人與社會的關係等因素對心理的形成及發展的影響。新精神分析學派的代表人物不是由德國轉移到美國的，就是在美國土生土長的，所以有人說新精神分析學派係古典精神分析的美國化。從本編兩章介紹的新精神分析學派代表人物的學術思想來看，美國心理學重視實際、強調實用，把心理運作看作是調節個體適應周圍環境的一種機能或工具，這種機能主義的學術傾向時有體現，表明所謂"美國化"涵蓋著極為豐富深刻的含義。本章在敘述新精神分析學派產生的背景以及這個學派的特色之後，對該學派三個有影響的代表人物霍妮、沙利文和弗洛姆的主要經歷、著作及其學說主張分別作介紹，著重說明他們作為心理治療家對神經症的理解，在其成因和治療見解方面，與弗洛伊德精神分析傳統的觀點有何不同。通過學習，希望讀者掌握並思考本章述及的一些問題：

1. 新精神分析學派興起的時代社會背景與精神分析學內部的理論原因。
2. 新精神分析學派有哪些特色。
3. 霍妮、沙利文及弗洛姆的主要經歷與著作。
4. 霍妮的基本焦慮說與她的神經症理論的關係。
5. 沙利文如何將其人際關係說體現在他對精神病的分析治療上。
6. 弗洛姆的社會潛意識理論與榮格的集體潛意識學說有什麼不同。
7. 從愛的理論來看弗洛姆對人性問題的基本主張。

第一節　新精神分析學派的產生

弗洛伊德於 1939 年逝世後，誰也無法代替弗洛伊德而左右精神分析發展的方向。精神分析的追隨者開始對弗洛伊德的古典精神分析理論加以修訂和拓展，**新精神分析學派** (neopsychoanalytic school) 因而形成，並被稱為**新弗洛伊德學派** (neo-Freudian school)。其代表人物有霍妮、沙利文、弗洛姆、卡丁納和埃里克森等。此學派的共同特點在於強調社會文化因素對人格形成和發展的影響，故又被稱為**社會文化學派** (sociocultural school)。

一、新精神分析學派產生的背景

新精神分析學派的出現有其深遠的社會根源和歷史背景，可以說是時代的產物。

（一）　社會及經濟因素

在 20 世紀 30 至 40 年代，資本主義國家經歷了有史以來最嚴重的經濟危機，結果導致生產萎縮、市場蕭條，大批企業破產，無數勞動者失業。這些社會現狀對人們心理造成巨大的壓力，致使精神疾患發病率急劇上升。同時，處於第二次世界大戰的戰火之下，許多人流離失所，由此造成的心理創傷，也導致了更多精神病的發生。顯然這些患者的致病原因不是弗洛伊德的性理論所能解釋的，而是反映了當時社會上的各種複雜因素，其中以經濟因素為最突出，這促使精神分析學家從社會本身去尋找心理動力。此外，資本主義的發展和科學技術的進步使人們的傳統文化觀念、道德模式，尤其是性觀念都發生了重大改變，這也促使人們去思考：如果性不是唯一的心理動力，那麼推動心理發展的動力到底是什麼？

（二）　時代思潮的衝擊

新精神分析學派的產生也是時代思潮衝擊的結果，主要包括哲學、社會學和人類學的影響。哲學中人格主義強調人格在社會發展中的決定作用，存在主義對一些心理現象進行哲學解釋，法蘭克福學派對資本主義社會持批判態度。另外，社會學與人類學在文化與跨文化研究中也取得迅速進展。這些都促使精神分析學家面向社會，把人看成是社會性的動物，並開始重視社會文化以及政治、經濟對人的影響。

(三) 弗洛伊德理論的局限

促使新精神分析學派產生的直接原因，是弗洛伊德理論自身的局限和弱點。弗洛伊德在早期提出了病因源於性的主張、潛意識說及力比多說。從1900年到1910年期間，弗洛伊德放棄了神經症產生於性創傷的觀點，但仍舊強調本能內驅力而忽視環境的影響。榮格和阿德勒在這些基本觀點上先後背離了他。榮格賦予力比多和潛意識以更廣泛的意義，認為性只是驅力的一種。阿德勒則反對弗洛伊德的生物決定論，認為人的行為不是由生物學的本能力量而是由社會力量所決定的。他雖承認兒童早期經驗對性格形成的影響，但認為對兒童成長具有決定性意義的是社會的環境，特別是家庭環境，其中母親的教育尤為重要。儘管阿德勒第一個提出社會因素在人格形成中的決定作用，但他所說的"社會"只是指家庭環境，而不是家庭之外的社會，因此心理學史上並不認為阿德勒屬於新精神分析學派。但弗洛伊德理論自身存在的問題導致更多的精神分析學家從更廣泛的意義上思考人自身的發展，這一點則是無庸置疑的。

(四) 臨床診療實務的發現

在30年代中期，精神分析學家日益認識到治療者與神經症患者之間相互影響的重要性，從而認為應當在人與人之間的關係以及人與社會的關係中去探討神經症以及人格發展的原因。同時在治療過程中，也應當與患者共同努力去矯正那些早期建立起的不良人際關係。霍妮、弗洛姆、沙利文等人都對此做出了貢獻。霍妮根據社會科學的發展和她自己對病人的經驗，對神經症提出廣泛的文化的解釋。弗洛姆認為，人在出生時比其他動物有更少的先天決定的行為，人通過學習和文化訓練來獲得適應環境的方法，神經症的產生是由於人所處的文化產生新的需要的結果。沙利文也認為人格是由於社會勢力作用於人而形成的。由此我們可以看出，精神分析經由他們而從力比多說發展演進為文化說了。

應當指出的是，作為一個學派，新精神分析的代表在各自的研究領域及各自理論的著重點間各有不同。所以，這個學派僅是因其強調文化社會因素而被人稱為學派的鬆散結合，並不是一個嚴密的組織。

二、新精神分析學派的特色

之所以被稱為**新精神分析學派**，是因為他們的理論保留了弗洛伊德學說中一些最基本的概念，如潛意識、壓抑及抵抗、精神決定論、移情作用以及自由聯想法等。新精神分析學家在各自理論中所保留的弗洛伊德概念不盡相同，提出的基本焦慮、原始恐懼、逃出自由等概念也名稱各異。但有一點是共同的，即新精神分析主要是對弗洛伊德的理論進行批評和修正。參照霍爾和林賽在 70 年代初的看法，新精神分析學派對弗洛伊德理論的修正大體可以歸納為以下幾點。其實，這幾點也可視為新精神分析學派的特色。

1. 重視自我 把**自我** (self) 看成是人格更為獨立的部分，重視自我的整合和調節作用。在弗洛伊德的理論中，自我是本我的助手，而新精神分析學則認為，無論從機能還是起源上，自我都不附屬於本我，兩者在遺傳和發展過程中有各自的起源。自我是負責智力發展和社會發展的一種理性指導系統，有自己的能量來源和動機目標。

2. 強調社會文化因素 強調社會和文化因素對心理和行為的影響。弗洛伊德強調本能的作用；新精神分析學則著重社會文化因素的作用。他們並沒有像社會心理學家那樣徹底拋棄弗洛伊德主義，而是通過社會文化因素對心理結構的影響來說明人格的形成。

3. 重視早期經驗 重視個體早期經驗的重要性，強調家庭環境和童年經驗對人格發展和病因的重大作用，並且以直接研究兒童獲得第一手資料，如運用觀察法與實驗法直接對兒童發展過程進行研究。而弗洛伊德對早期經驗的研究是以病人對童年經驗的回憶為依據。

4. 引入非精神分析方法 非精神分析方法，如發生學方法、人類學方法、調查法，甚至實驗法都被應用於新精神分析學中。這也是對弗洛伊德傳統精神分析方法的突破。

5. 傾向於性善論 弗洛伊德主張性惡論，他的潛意識或本能充滿著不可告人的罪惡欲望。新精神分析學者則傾向於性善論。比如由弗洛姆看來，人在本質上是善的、理性的，惡的原因在於社會；真正的問題不是人先天的破壞性，而是社會的改造，要使其適合於正常的人性。

新精神分析學派，是阿德勒為其開了先河，霍妮則是其中的主將，而學派的最後發展歸結於弗洛姆之手。下面將分兩章詳細介紹霍妮、沙利文、弗洛姆、卡丁納、埃里克森以及賴希的理論和觀點。

第二節 霍 妮

霍妮移居美國後，通過治療實踐的總結，走上了精神分析的新途徑，脫離了弗洛伊德的正統思想。本節圍繞她的基本焦慮論，介紹她對神經症系統完整的看法，反映出她對古典精神分析的批判與發展。

一、霍妮簡介

霍妮 (Karen Horney, 1885～1952) 出生於德國漢堡。她的童年生活並不幸福，父母親都不很喜歡她，父親認為她貌不出眾、智力平常，母親則較喜歡她的哥哥。少女時代，霍妮因對一位醫生印象深刻，而立志要成為一名醫生。中學畢業後，她隻身前往柏林，進入柏林大學醫學院研讀醫學和精神病學。1913 年獲得醫學博士學位。1914 年起，在柏林精神分析研究所接受精神分析訓練，師從亞伯拉罕——他是弗洛伊德的得意門生，是柏林及德國的精神分析治療和精神分析運動的開創者。1918 年結束精神分析訓練後，留在該研究所工作，同時一邊私人開業。1920 年開始成為柏林精神分析運動的中堅。希特勒執政後，霍妮由於不堪忍受納粹黨徒對猶太人和進步人士的迫害，於 1932 年移居美國，並成為芝加哥精神分析研究所副所長。兩年後在紐約設立私人診所，並在紐約精神分析研究所任教。1938 年入美國國籍。此間，她與阿德勒、沙利文、弗洛姆等人常有往來並相互影響，加上她自己的臨床實踐經驗，遂逐漸對弗洛伊德學說產生懷疑，其觀點主張日益偏離弗洛伊德主義。1941 年被紐約精神分析研究所取消職業精神分析醫生的資格，至此她與正統弗洛伊德學說正式決裂。之後不久，創辦了美國精神分析促進會，並親自擔任該會主席，直至 1952 年 12 月 4 日在紐約逝世。

霍妮的主要著作包括：《我們時代的神經症人格》(1937)、《精神分析的新道路》(1939)、《自我分析》(1942)、《我們內心的衝突》(1945)、《神經症與人的成長》(1950)，以及她去世後由學生整理出版的《女性心理學》(1967)。

圖 9-1 霍 妮
(Karen Horney, 1885～1952)
霍妮出生於德國漢堡，在柏林完成精神病學和心理分析的訓練。移居美國後，她脫離正統的弗洛伊德主義，放棄弗洛伊德的本能論，轉向強調文化和社會條件對人的行為的影響。

霍妮最初也是一位正統弗洛伊德主義者。但到了美國後，她發現弗洛伊德的理論不適合於美國社會所面臨的問題。當時美國正處於經濟蕭條時期，人們關心的主要問題不是性問題，而是諸如失業、房租、食物、醫療費用這類具體問題。霍妮認為，既然不同國家、不同時代的人所經歷的問題有很大的差異，那麼這肯定是由文化差異造成的，而不是像弗洛伊德假設的那樣是由性因素決定的。個人在社會中所經歷的事情決定了他是否產生心理問題以及產生什麼樣的心理問題，心理衝動和心理問題是由環境條件造成的，而不是如弗洛伊德所假定的本我、自我和超我之間的衝突所造成的。因此，霍妮背叛了正統弗洛伊德主義，把戀母情結、本我和超我等精神分析概念完全拋棄，放棄弗洛伊德的本能論，轉向**文化決定論**。

弗洛伊德認為，女性由於先天生理上的特點，生來就有自卑感，同時也缺乏正義感。他還認為女性命中注定具有某些人格特徵，如性的矛盾情緒。對此，霍妮表示強烈反對。她的許多文章都在重新詮釋戀母情結、陰莖妒羨和閹割焦慮等概念。霍妮把戀母情結解釋為神經質衝突、基本敵意和基本焦慮的表現。她認為，男女兩性的心理差異，不是先天解剖學差異所造成的，而是由文化因素決定的。

弗洛伊德的生物學傾向使他缺乏社會學傾向，往往會把社會現象歸結為心理因素，又把心理因素歸結為生物性因素。把文化看作是生物性驅動的結果，視文化和心理現象是由這些生物性驅力受到壓抑或得到昇華而產生的；原始驅力受到強烈壓抑得不到昇華就會導致神經症，而對這些生物驅力壓抑得越強烈，文化的發展程度越高。根據弗洛伊德的此一理論，個人與個人間及文化與文化間的性格差異，都是因為對不同種類的驅力加以額外限制、施加程度不同的壓抑所致。霍妮則認為，性格的差異並不存在於壓抑的程度和文化發展的程度之間，而是存在於個人衝突的性質和文化困境的性質之間。霍妮認為，弗洛伊德理論僅僅來自他對一種文化區域所作的觀察，其結論正確與否尚值得懷疑。

霍妮一方面否定了弗洛伊德的本能驅力、戀母情結、力比多等術語和觀點，另一方面又堅持弗洛伊德的基本術語，如潛意識、壓抑、抵抗、防禦機制等，也堅持弗洛伊德的基本方法，如了解對個人有決定意義的影響事件從而理解其人格結構。同時，霍妮堅持弗洛伊德的基本立場，即從心理環境分析心理現象，分析人的發展。她毫不隱瞞自己的這一立場，並且聲明自己的學說是建立在弗洛伊德奠定的基礎之上。對於弗洛伊德理論的弊端和局限，霍妮認為是由於弗洛伊德深受當時科學主義傾向的影響和屈服於當時的壓力而造成的。懷著對弗洛伊德偉大成就的尊敬，她呼籲繼續鞏固弗洛伊德所奠定的基礎，共同完成精神分析的使命，使精神分析既成為一種治療實踐又成為一種理論方法。霍妮並不想建立一種解釋和說明人性固有的普遍傾向的學說，只是想尋求對人格結構的合理解釋。

二、基本焦慮論

基本焦慮論 (basic anxiety theory) 是霍妮倡導的一種理論，它是針對弗洛伊德的本能論的一種反動。認為：個體行為的基本動機並非原始性的性衝動 (生之本能) 與侵犯衝動 (死之本能)，而是由出生後受環境壓力的影響逐漸形成的基本焦慮所支配。霍妮並認為個體為了減輕基本焦慮的痛苦，逐漸形成未必是合理的適應的行為方式。霍妮指出，如長期負荷某種壓力的焦慮，則會形成一種需求，神經症 (性) 需求，這種需求得不到滿足，難免形成心理衝突，甚至導致心理疾病。可見，基本焦慮是霍妮對神經症理論的基礎：它從根本上說明了神經症的起因，不同於弗洛伊德的說法。下面分述基本焦慮論的兩個要點：基本焦慮的來源，及基本焦慮與神經症的關係。

(一) 基本焦慮的來源

霍妮在《我們時代的神經症人格》(1937) 一書中指出，心理患者是由不良的人際關係所導致，更具體地說，神經症行為是根源於不良的親子關係上，這一論點與弗洛伊德的觀點比較一致。霍妮承認人格是在童年早期發展起來的，也強調早期經驗對人格發展的重要性，但她不接受弗洛伊德關於性心理發展階段的思想。霍妮與阿德勒一樣，相信年幼兒童都具有無能和自卑的感覺。霍妮認為兒童有兩種基本需要，即**安全需要** (safety need) 和**滿足需要** (satisfaction need)。這兩種基本需要必須依賴父母或其他成人才能得到滿足。

霍妮承認早期兒童是無助的，是依賴父母或其他成人的，但這未必會導致心理問題。無能與自卑只是產生神經症的必要而非充分條件。霍妮認為兒童與父母的關係有兩種基本類型：(1) 兒童從父母那裏得到真正的慈愛和溫暖，安全的需要得以滿足；(2) 父母對兒童漠不關心，厭惡甚至憎恨，兒童的安全需要受到挫折。在前一種情況下，兒童正常發展，而後一種情況則會引起神經症。

霍妮把父母破壞兒童安全感的行為稱為**基本邪惡** (basic evil)，下面這些父母行為就是"基本邪惡"的例子。如對孩子漠不關心、遺棄、厭惡子女，明顯偏愛某個孩子，懲罰不公正、奚落、愚弄、羞辱孩子，等等。如果父母以上述一種或多種行為對待兒童，兒童將對父母產生**基本敵意** (basic hostility)。兒童一方面依賴父母，一方面又對父母抱有敵意，心理衝突便由此產生。由於兒童無力改變這種不幸的處境，只能壓抑敵意，以期得到父母的照顧。這種壓抑是受無助感、恐懼感、愛或罪惡感驅動的。因為無助而壓抑基本敵意的兒童似乎這樣說："我不得不壓抑我對你們的敵意，因為我需要你們"。因恐懼而壓抑基本敵意的兒童似乎在說："我不得不壓抑我的敵意，因為我害怕你們"。

很不幸，因父母造成的基本敵意並不局限於針對父母，相反，它會產生泛化以至針對他所接觸的每一個人。至此，兒童將確信每件事、每個人都是潛在的危險，兒童開始體驗到基本焦慮。

（二）基本焦慮與神經症的關係

霍妮認為，前文所提到的所有因素都可以使孩子壓抑他的敵意並最終導致焦慮。那麼，幼年焦慮必然會導致神經症嗎？霍妮認為，對於神經症的形成，幼年焦慮是一種必要因素，但並不是其充分的原因。例如及早改變不利的周圍環境或通過各種形式抵消不利因素的影響，都可能防止形成某種神經症。但如果生活環境不能減少焦慮，則這種焦慮會持續下去並不斷發展。兒童會形成對一切人的不信任感和懷恨態度。由此霍妮提出了**基本焦慮** (basic anxiety) 的概念。她說：

> 由我上面提到的這些因素所導致的狀況，或由類似的種種因素所形成的狀況，是一種在內心中不斷增長，到處蔓延滲透的孤獨感，以及置身於一個敵對世界中的無能為力的絕望感。這種對於個人環境因素所作出的這種尖銳的個人反應，會凝固且具體化為一種性格態度。這種性格態度本身並不構成神經症，但它卻是一塊合適的肥沃土壤，從這塊土壤中任何時候都可能生長出一種特定的神經症來。由於這種態度在神經症中發揮著根本性的作用，所以我給它一個特別的名稱：基本焦慮。它與基本敵意是不可分割地交織在一起的。
> (Horney, 1937, p.89)

霍妮認為，儘管焦慮的表現形式以及為對抗焦慮而採取的防禦性措施對個體來說是多種多樣的，對不同個體來說也迥然相異，但基本焦慮則大致是相同的，有的只是程度的差別。霍妮談到：

我們或許可以粗略地把它描述為一種自覺渺小、無足輕重、無能為力、被拋棄、受威脅的感受，一種彷彿置身在一個一心要對自己進行謾罵、欺騙、攻擊、侮辱、背叛、嫉恨世界中的感覺。(Horney, 1937, p.92)

霍妮說，事實上人們並不知道自己的焦慮，他們通過種種方式竭力擺脫這種局面，因為他們知道焦慮顯然是非理性的，是最折磨人的。現代西方文化中逃避焦慮的四種方式為：

1. 第一種方式是把焦慮合理化，通過逃避責任來逃避焦慮　主要表現在於為自己的非理性和軟弱辯護，不是在真正危險到來的時候，而是在自己內心感到有危險時作出應付的決策，以體現自己的能力。例如，告誡孩子不能接受陌生人的禮物，理由是最近有人利用糖果誘拐孩子。

2. 第二種方式是根本否認焦慮的存在　霍妮認為，這種方式在增強自尊心方面可能具有心理價值，但事實上並沒有改變人格的基本動力結構。對神經症病人來說，它甚至可能使其喪失解決情緒紊亂的能力，因為既然焦慮不存在，也就沒有必要去解決焦慮。

3. 第三種方式是麻醉自己，解脫焦慮　可以是刻意地染上服用麻醉藥的惡習，但還有更多其他的做法。如使自己沈迷於某些事情以迴避或暫時忘掉焦慮；如通過生物性麻醉，通過社會活動或拼命埋頭工作，擺脫焦慮；以及通過強迫性手淫或其他性關係等等。

4. 第四種方式是避免一切可能導致焦慮的處境、思想或感受　由於這是一個自覺的過程，所以也是最徹底的逃避方式。例如，一個害怕在晚會上可能受冷落的姑娘，可以通過讓自己相信她本來就不喜歡社交活動，來避免參加這個晚會。

霍妮認為，**焦慮**是"對受到壓抑的衝動的恐懼"而導致。如果一個人壓抑一種衝動，心中就會產生恐懼，感受到一種危險，從而導致焦慮。霍妮在這一點上不同於弗洛伊德。弗洛伊德認為焦慮是由"對衝動的恐懼"與"對性衝動的壓抑"所導致。霍妮反對把性衝動視為焦慮的特殊來源，認為任何一種敵對衝動在受到壓抑後都可能成為產生焦慮的根源。霍妮承認童年經驗的重要,但認為從早期的焦慮到成年的怪癖"有一條不間斷的反應鏈",成年的焦慮不是幼年焦慮的重演,而是"發展"。

三、神經症理論

霍妮的神經症理論在以其基本焦慮論為基礎,有系統地說明神經症的驅動力量、十種神經症需要(或神經症傾向)和三種神經症適應模式,並結合神經症的病因與治療,對人自身的基本存在形態作了分析。霍妮還從文化決定論出發,探討衡量神經症的雙重標準,從而得出關於神經症的定義。以下分別介紹這些內容。

(一) 對基本焦慮的適應

霍妮繼承弗洛伊德的動力學思想,認為要準確地把握整個人格,就要認識其內在的潛意識動機;要把握神經症的性格結構,就要認識神經症的驅動力量。她說:"任何了解人格的努力都必須揭示該人格的基本驅動力量;任何了解失調人格的嘗試必須揭示導致失調的驅動力量"(Horney, 1942, p.40)。霍妮認為,人際關係失調使個體喪失安全感而產生焦慮,因而對己無信心、對人多懷疑、對環境充滿憂慮與不安。為了對抗焦慮,個體發展出**神經症性格**(neurotic character)。這樣看來,神經症的驅動力量目的不在於獲得滿足和避免挫折,而在於獲得安全和避免焦慮。霍妮把神經症的驅動力量稱為**神經症需要**(或**神經質需求**) (neurotic need) 或稱為**神經症傾向** (neurotic trend)。神經症需要或神經症傾向,也即防禦焦慮的模式 (Sehultz, 1975),實際上是個體對付基本焦慮的策略或方法。

霍妮把焦慮看成是神經症的動力中樞,指出現代人的焦慮是由現代社會造成的。現代社會是建立在個人競爭的原則之上的,孤立的個人不得不與同一群體中的其他人競爭。競爭與隨之而來的敵意、恐懼、孤獨、軟弱、不安全感,使人充滿焦慮。反之,基本焦慮又會引起人無依無靠等不良感覺,於是人們傾向於努力減少它,使之保持在最低限度。霍妮說:

> 撇開表面現象而深入到有效地產生神經症的動力系統中,我們會發現,所有神經症存在著一個共同的基本因素,這就是焦慮,以及為

對抗焦慮而建立起來的防禦機制。無論神經症病人的人格結構有多麼複雜，這種焦慮始終是產生和保持神經症過程的內在動力。(Horney, 1937, p.23)

神經症傾向是為了消除基本焦慮而形成的防禦性策略或措施。霍妮說：

神經症傾向代表著為不利境遇所產生的生存方法。兒童必須發展它們是為了逃避不安全感、恐懼感和孤獨感。(Horney, 1942, p.45)

神經症傾向的基本要素是潛意識的。(Horney, 1942, pp.40~41)

個體可以意識到神經症傾向追求的結果，而且會把它看作是自己的優良品質。例如，個體有對愛的神經症需要，他會認為他具有的是善良和友愛的品質。也許他還會意識到他有對愛的需要，但是卻意識不到這些追求為什麼會控制他，以及在什麼程度上控制他並影響、決定他的生活。神經症傾向的顯著特徵是它們的強迫性，不能隨著條件的變化而變化。首先，神經症傾向的目標得到的是盲目的追求，對目標的追求幾乎不考慮現實和實際的自身利益。其次，神經症傾向的受挫會導致焦慮反應。從影響上看，神經症傾向會促使人發展出一系列相應的認識、情感和行為方式，如對他人、對自己評價不當，對他人評價失去真實的價值和標準。

霍妮曾提出十種神經症傾向或神經症需要，用以解釋人在生活中如何以非理性方法去保護自己，以免感受到基本焦慮。這些神經症需要不只是神經症病人才有的，正常人也具備其中幾種或全部。與正常人不同的是，神經症病人缺乏靈活性，不能隨條件的變化從追求一種需要的滿足轉向追求另一種需要而忽略其他需要。另外，神經症病人滿足需要的方法也與現實不相稱，強度上不成比例，在具體運用上不加選擇，當需要得不到滿足時，又激起更強烈的焦慮。霍妮提出的十種神經症需要如下：

1. 對友愛和賞識的神經症需要　具有這種神經症的人依靠他人的友愛生存，他們特別需要得到別人的賞識。他們會不加選擇地需要取悅於他人和需要他人的喜歡或稱讚；會主動地迎合他人的期待；以他人為中心，認為順從他人的願望和看法是唯一有價值的事情；深怕自作主張；害怕他人的敵意或害怕自我內在的敵對感。

2. 對支配其生活的伴侶的神經症需要 有這種需要的人要求附屬於某人,以得到他的保護,並滿足其生活需要。他們完全以伴侶為中心,對愛的評價過高,期待愛會解決所有的問題;害怕離異,害怕孤獨。

3. 對狹小生活範圍的神經症需要 有該需要的人極其保守,不願嘗試或要求什麼,以避免失敗。他們輕視現有的才能和潛力,視謙虛為最重要者;他們保持不引人注目和處於從屬地位;極力節省;害怕提出任何要求;害怕具有或表達奢望。

4. 對權力的神經症需要 具此種需要的人崇拜權力,輕視弱者。不尊重他人的個體性、尊嚴及情感,只關心他人的從屬性;害怕局面失去控制;害怕軟弱無力。

5. 利用他人的神經症需要 這種人總想利用別人,同時也擔心被別人利用。

6. 對社會認可的神經症需要 這種人生活只是為了受人們注意或被肯定,其最終目標是為了獲得威望。例如他們很希望在新聞媒體中出現自己的名字。

7. 對稱讚的神經症需要 有這樣需要的人希望別人按照他自我想像來看待他,而且非常需要別人的恭維和吹捧。

8. 對抱負和個人成就的神經症需要 這種人極力想要成為著名的、富裕的、重要的人物,於是不顧一切地去追求。

9. 自我滿足和獨立性的神經症需要 這樣的人極力避免對任何人負責任,不願有任何束縛。他們從不需要任何人;害怕需要他人,害怕束縛,害怕奴役,害怕親密的關係。

10. 對完美無缺的神經症需要 這種人對批評極為敏感,極力想成為完美無缺的人。他們堅持不懈地追求完美,對可能的缺點反覆思索和自責;害怕出錯,害怕被批評或指責。

神經症病人把注意力完全放在一種需要的滿足上,而不顧其他重要的生活需要。於是,神經症病人會陷入一種惡性循環:越是把注意力放在一種需要的滿足上,其他重要的需要越是得不到滿足,他就越感到焦慮;焦慮越多越強,他就越是以單一的策略即通過滿足單一的神經症需要來減輕焦慮,而不斷循環,情況日趨惡化。

霍妮在她的《我們的內心衝突》(1945) 一書中，把十種神經症需要從人的指向性活動的角度概括為三大類型，每類都代表一種特殊的性格。它們分別是：

1. 趨向人 (moving toward people)　這種適應模式包括上述前三種神經症需要。霍妮又把這種類型稱為**依從性格** (compliant character)。這種性格的人似乎在內心裏說："如果我順從，我就不會受到傷害"。在表面上是親近人，而在潛意識中卻是藉依從消除焦慮感。

> 這種類型的人需要得到他人喜歡、想念、期望和愛慕，並希求獲取他人承認和歡迎、贊許和賞識，渴望他人需要自己，渴望成為對他人、尤其是對某個特別人物來說是重要的不可或缺的人，想要得到他人的幫助、保護、照顧和指導。(Horney, 1945, p.51)

2. 反對人 (moving against people)　包括上述第四到第八種神經症需要。霍妮把這種類型稱為**攻擊性格** (aggressive character)。這種性格的人似乎在內心裏說："如果我有力量，沒有一個人能夠傷害我"。他們總是以"我能從中得到什麼"的立場看待任何事情，力求獲得權力、威望、對人的支配及個人成就等等。這種人認為周圍世界充滿虛偽和敵意而全力地反抗，他們不相信別人的同情和善意。他們想要成為強者和戰勝別人，憑藉控制和攻擊他人，通過權力、成就、優越、占有、剝削、掠奪來獲得安全感。他們表現為自戀、自傲、自大，用心於爭強、報復、征服，盡力去操縱、支配和統治，藉以攻為守策略來取得別人的重視。

3. 背離人 (moving away from people)　這種適應模式包括上述第九和第十種神經症需要。霍妮稱這種類型為**退縮性格** (detached character)。這種性格的人內心似乎在說："如果我後退，任何人都不能傷害我"。他們內心強烈要求與別人保持一定距離，在任何情況下，不與別人發生情感上的聯繫，既不與他人合作友好，又不與他人對立競爭。他們退縮到自己無人能滲透進去的圈子中，獨自生活。他們常常超然物外，成為生活的旁觀者，以孤立自己、與世無爭來獲得安全感；藉離群以保安全。

霍妮認為，這三種適應模式基本上是相互獨立的。例如，一個人不可能同時採取趨向人和背離人的活動。對於神經症者和正常人來說，這三種適應模式都是相互衝突的，但是對正常人而言，這種衝突引起的情緒緊張並不像神經症者那樣強烈。所以，正常人具有更大的靈活性，因為他們能隨著條件的變化來取捨適當的適應模式，而神經症者僅僅運用其中一種來應付一切生活難題，不管這種模式是否合適。因而神經症者非常呆板，不能靈活運用各種適應模式來減少和克服焦慮。與正常人相比，他們不能有效地處理生活問題，嚴重者陷入惡性循環加深焦慮。

十種神經症傾向或簡化的三種神經症類型是個體為消除基本焦慮而採取的原級防禦，神經症病人會將其作為必不可少的生活方式，他們不是去駕馭這些需要或策略，而是受其駕馭。這給病人帶來許多生活問題和內心障礙，但病人卻固執地維護它們，為其辯解。霍妮說："這些自我辯解我想稱之為次級防禦。它們的目的不僅在維護各種造成問題的因素，而且還在於保障整個神經症結構"(Horney, 1942, p.71)。

為幫助理解，關於十種神經症需要和三種神經症適應模式之間的關係，以"解決"神經症衝突為例，可總結為表 9-1：

表 9-1 霍妮神經症衝突的解決

解決衝突的方式	懇求愛而抹煞自我	要求強勢,控制他人	希冀自由,孤立退縮
神經症適應模式	趨向人 (依從性格)	反對人 (攻擊性格)	背離人 (退縮性格)
神經症需要	1. 友愛和賞識 2. 支配自己的人 3. 狹小生活範圍	4. 權力 5. 利用別人 6. 社會承認和榮譽 7. 讚揚和恭維 8. 個人成就	9. 自我滿足 10. 完美無缺
神經症(病理)信念	如果我順從，我就不會受到傷害。	如果我有力量，沒有一個人能夠傷害我。	如果我後退，任何人都不能傷害我。

(根據赫根漢《現代人格心理學歷史導引》(1988) 一書，第 65 頁，作部分修改)

(二) 真實自我、現實自我和理想自我

霍妮的人格理論不同於弗洛伊德。弗洛伊德把人格分為本我、自我和超我。而霍妮則是把人格看成完整動態的**自我意象** (self-image)。它不是弗洛伊德所說的**自我** (ego)，在霍妮看來，它是人自身，代表他對自己的看法。由於個人生活經驗不同而有三種不同的自我意象：一是潛在的；一是理想化的；另一是實在的。據此霍妮把自我意象分為三類，即：真實自我、理想自我和現實自我。霍妮認為：**真實自我** (real self) 是"我們自身活躍的、獨特的、一己的中心，是唯一能夠和需要發展的部分"(Horney, 1950, p.155)。真實自我是每個人生長和發展的根源或原始力量，它推動人們去實現自己的潛在素質。由於人在各方面的條件不同，每個人的發展也會不同。故而霍妮又把真實自我稱為**可能的自我** (possible self)。**理想自我** (idealized self) 是："存在於不合理的想像中的意象，或是自我系統指使我們應該成為的意象"(Horney, 1950, p.158)。霍妮認為，理想自我是個體為了逃避內心衝突，保持自身完整統一而想像出來的自我意象，它是虛偽的，無法實現的，霍妮又把它稱為**不可能的自我** (impossible self)。**現實自我** (actual self) 則是"一個人在某一特定時間內所擁有或表現的一切的總稱，包括軀體的或心理的、健康的或神經症的"(Horney, 1950, p.158)。它代表個體的現狀，當我們想了解自己目前的情形時，我們接觸到的就是現實自我。

霍妮從理想自我入手，揭示神經症發展的內心過程。對每一個人來說，都存在著現實自我與理想自我的差異。正常人的理想自我與現實自我關聯密切，不會有太大的距離。他們把理想自我作為目標，把現實自我作為發展自己、展望未來的基礎，現實自我變化了，理想自我也隨之變化，且隨著理想自我的實現，一個新的理想自我就會產生並取代原來的理想自我。所以，正常人理想自我既與現實緊密相連，又是動態變化的。而神經症病人的現實自我與理想自我之間則存在著曲解和偏差問題。首先他們對自己的現實自我印象是扭曲的，他們的全部生活都是基於這樣的假設，即現實自我是卑賤的、可鄙的。其次，他們的理想自我與現實自我相脫節，其理想自我並非現實自我的適當延伸，而只是非現實的、無法實現的夢。

神經症病人總是把理想自我信以為真，相信自己是理想的人物，藉以掩飾真實自我。"理想自我"雖然可以暫時緩解內心焦慮，但終將不可避免地

與現實自我發生衝突，於是受到新的挫折，引起新的焦慮。在霍妮看來，理想自我與現實自我的矛盾是神經症的一個主要衝突。霍妮認為，神經症的起因，是潛意識的衝突。它的症狀，是病人採取一些極端的保護手段。精神分析治療者的任務，就在於揭露這種內部衝突，把它引導到意識中來。為了克服抵抗，達到引導的目的，霍妮仍舊採用精神分析的技術，如對夢的解釋，以了解病人的潛意識過程；運用自由聯想，使潛意識的過程進入意識；分析移情，以了解病人與其他人的關係等等。

霍妮認為，心理治療的目標是在現實自我與理想自我之間建立合理的、符合實際的關係，使病人接受自己的現實自我，並在此基礎上提出自己未來的、合理的目標。霍妮對人改變自己的能力持樂觀的態度，這與弗洛伊德的悲觀主義態度恰恰相反。霍妮說：

> 弗洛伊德關於神經症及其治療的悲觀主義來源於他對人類本性和成長的錯誤觀念，他堅持人注定要受難或毀滅……我自己的信念是人有希望並且有能力發展自己，使自己成為相當完善的人……我相信只要是活著，人就能改變自己。(Horney, 1945, p.19)

儘管霍妮將兒童早期視為人格能否正常發展的關鍵期，但她相信早期經驗的後果是可變的，甚至在一生中都有發生重大變化的可能性。多數人有自我解決情緒問題的能力，他們在生活中學會了如何解決問題、減少衝突、保持現實自我與理想自我關係的合理性，並使患者接受現實的自我就是他們自己，從而形成一種切合實際的未來目標。治療者的作用只是幫助神經症病人學會正常人所採用的適應生活的方式，並在治療結束後繼續使用這些方式。霍妮強調病人在治療過程中的參與作用，認為病人自身的內在建設性力量就是一種治癒力量。她還認為，治療者本人也必須是個建設性的人，且清楚地了解自己的終極目標是幫助病人找回自我。病人認識自己、了解自己是發展的起點。但霍妮指出，僅有理智的覺醒是不夠的，還必須在情感上體驗到，這才能使之成為病人自己真實的了解。霍妮認為精神分析治療不僅具有醫療價值，能夠幫助病人克服障礙和束縛，而且也具有人性的價值，能夠幫助病人達到盡可能的進一步發展。

(三) 文化與神經症

從**文化決定論** (cultural determinism) 出發，霍妮指出，人的內心衝突是時代文化內在矛盾的表現，文化中的內在矛盾構成典型的神經症衝突的社會文化基礎。所謂文化的內在矛盾有三個方面：一是競爭與仁愛、個人主義與基督教謙卑精神的矛盾；二是不斷刺激起來的享受欲望與這些享受實際上不可能實現的矛盾；三是個人自由與其實際受到種種束縛之間的矛盾。霍妮認為，這些深藏在文化中的矛盾，在神經症病人身上表現為攻擊傾向與妥協傾向的衝突；自我擴張、自我吹噓與個人軟弱感之間的衝突。神經症病人以付出人格上的巨大代價——扭曲自己的人格，來解決這些困境。霍妮看到，在現今文化中，這種病態的防禦機制和內在動力支配著整個人格結構，最終成為一種帶有普遍性的生活方式。她得出結論：神經症病人正是我們當今文化的副產品。

霍妮提出衡量神經症的雙重標準，即文化標準和心理標準。關於**文化標準** (cultural criterion)，霍妮說："我們關於什麼是正常的概念，完全取決於特定社會強加於其成員身上的行為和情感標準"(馮川譯，1988，第6頁)。霍妮認為社會文化是心理行為的決定因素，於是賦予神經症以文化內涵。在不同文化背景中，存在不同的心理行為模式。在某一個文化背景下被認為正常的心理行為，在另一個文化背景下可能被看作是異常的。這一點已得到文化人類學研究的證實。即使是相同文化背景下，隨著時代的變遷，一個時代被認為很正常的心理行為模式，在另一個時代可能會被視為異常的。也就是說，不同的文化及不同時代的文化都把符合自己標準的心理行為看作是人性的正常表現。反之，神經症也就是對文化或當時文化通行的心理行為模式的偏離。霍妮指出，在實際生活中，存在著偏離文化規定的心理行為方式卻並未真正患有神經症的情況，也存在表面上符合現時的心理行為方式卻實際患有嚴重的神經症的情況。因此，還應有衡量正常與異常的心理標準。

霍妮認為，必須透過神經症的表面症狀，深入到神經症心理構成上，才能概括出神經症的共同特徵。神經症所共有的心理因素就是焦慮和為對抗焦慮而建立起來的防禦機制。這不但使神經症病人缺乏自發性，具有強迫性，而且使自己成為自身發展的障礙。事實上，共同的文化背景會給人們共同的心理影響，文化造成的生活環境會導致焦慮，也會提供消除焦慮的保護性或防禦性措施。對神經症病人來說，他們的焦慮不僅是文化環境造成的，他們的防禦措施還對其人格具損害作用。霍妮認為必須同時使用文化標準和心理標準來確定神經症，如果只利用心理標準來考察神經症，就會把事實上並不存在的普遍化的正常或異常強加給不同的文化；如果只考慮文化標準，就會忽略神經症的心理特徵而失去了共同的依據。根據這雙重衡量標準，霍妮提出**神經症**(或**神經官能症**) (neurosis) 的定義：

> 神經症是一種由恐懼、由對抗這些恐懼的防禦機制、由為緩和內心衝突而尋求妥協解決的種種努力所導致的心理紊亂。從實際的角度考慮，只有當這種心理紊亂偏離了特定文化中共同的模式，我們才應該將它叫作神經症。(Horney, 1937, pp.28~29)

四、評　論

霍妮曾是柏林精神分析運動的中堅，移居美國後，成為社會文化學派的一名主將，是個很有開創性的人物。對她的貢獻與局限作如下簡述：

(一) 在批評弗洛伊德學說方面的貢獻

霍妮曾受正統精神分析的訓練，但她根據社會現實和自己的臨床實踐，對弗洛伊德學說作了全面的檢討，開創精神分析的社會文化學派，國外學者在評論霍妮的學說時，對此都作了肯定。如雷賓說：霍妮對弗洛伊德的觀點進行批判，其目的首先就是為使精神分析沿著她認為最有前途的方向順利發展，這就是以文化定向和社會定向為方向 (李金山譯，1988)。

沃爾曼認為：霍妮對心理學理論和貢獻是相當大的，這是由於她引進一種強調社會因素的人格的模式 (Wolman, 1960)。

雖然說霍妮的人格理論在清晰性上，內部一致性上，都比弗洛伊德的理論稍遜一籌，但舒爾茨稱："許多人都感覺到簡單地接受或是拒絕弗洛伊德的理論比試圖再建造一種理論——像霍妮做過的那樣——要更容易些" (Schultz, 1975, p.344)。霍妮發現正統弗洛伊德主義理論不適用於她在美國所面臨的問題，因而改變了自己的觀點。赫根漢認為：在那個時代與弗洛伊德信條相背離，並不是一件容易的事情：那需要霍妮的勇氣、智慧和創造性

(文一等譯，1988)。

(二) 在神經症理論方面的貢獻

霍妮反對弗洛伊德把人的行為動機和導致神經症的病因歸諸性本能的解釋，而提出基本焦慮論以及十種神經症需要和三種適應模式，被認為這在臨床方面有用，使治療家感到興趣 (Brammer & Shostrom 1977)。霍妮還提出心理治療的目標是在現實自我和理想自我之間建立一種合理的、符合現實的關係，並認為人可以改變自己的能力、改變早期經驗的後果，加上霍妮關於人有可能避免神經症衝突的樂觀主義，對此舒爾茨說："受到擺脫了弗洛伊德理論的悲觀主義的許多人的歡迎"(楊立能等譯，1982，p.376)。

此外，霍妮提出衡量神經症的雙重標準，即文化標準和心理標準的看法是很有見地的。她根據雙重衡量標準，提出的神經症的定義，也是比較全面而深刻的。同時，通過對定義的說明，也充分體現了她作為新精神分析學家的基本思路和特色。

(三) 霍妮學說的局限

霍妮的理論如同其他精神分析學家阿德勒提出的個體心理學理論與榮格提出的分析心理學理論一樣，都是基於臨床觀察，支持其理論的科學證據不多，故其理論的科學性與合理性受到懷疑。當然，也有人認為這不應該當作一種對霍妮理論的批評。一個理論可以在許多方面有用，例如在治療過程中可以起指導作用，霍妮的理論肯定能產生這樣的作用。

其次，霍妮長期受正統精神分析訓練的影響，她的觀點與弗洛伊德雖有很大差異，但她並沒有完全地拋棄弗洛伊德的思想。可是，這也容易理解，因為霍妮畢竟還是一位精神分析家，並且是一位新弗洛伊德主義者而已。

第三節　沙利文

沙利文融合精神病學與社會科學，是人際關係論的創始人。他以人際關係的理念解釋人格發展與心理異常,從事心理治療,在理論上和實踐上發展弗洛伊德的精神分析理論,影響極大。本節著重介紹沙利文的人際關係論以及其神經症理論與治療。

一、沙利文簡介

沙利文(Harry Stack Sullivan, 1892~1949)祖籍愛爾蘭,生長於美國。他於 1913 年進入芝加哥大學學醫,1917 年獲得醫學博士學位。他曾在華盛頓聖伊利莎白醫院工作,這使他有機會觀察到大量精神分裂症的病人。之後,他前往馬里蘭的夏普德和伊奧奇普拉特醫院,在此研究了人們彼此溝通及相互理解的困難,並注意到社會領域中各種力量的相互作用,於是他把現代物理科學概念引入社會科學中,發展出被稱為交際研究的操作性方法。他還研究精神分裂症病人交際的言語防禦機制,以及強迫性言語和緊張焦慮。他在 1949 年出席世界健康聯盟會議時病逝於巴黎。

沙利文曾鑽研過精神分析理論和技術,在醫療實踐中他體會到弗洛伊德的本能說和泛性說及其療法的不切實際,於是轉向社會和文化因素的作用,強調人際關係的影響,從而形成其精神分析的人際關係說。沙利文被認為是第一個提出社會決定論的心理學家,是第一個社會文化派精神分析理論家。

沙利文深受當代哲學思潮的影響,並吸收當代自然科學的某些觀點,企圖將精神病與其他學科,如自然哲學、人類學、生物學、語言學、行為學等結合起來。以他自創的科學方法和人際關係的心理過程為主要參數,來建構他自己的理論體系。約翰遜(Johnson, 1964)為沙利文的《精神病學與社會科學的融合》一書作序,稱讚沙利文將精神病學的豐富理解體現於實際的人際關係的能力,因而能對精神病和社會科學產生一種新的吸引力。沙利文自認為他走向動力的精神病學是受了三個人的影響:他的基本概念脫胎於弗洛伊德;他接受懷特(William Alanson White, 1870~1937)的精神病學的動力觀點;在科學方法論方面接受了梅耶爾的**心理物理學**(psychophysics)(研究刺激的物理屬性如物之重量與光之強度等與感覺反應之間關係的一門科學)概念的影響。另外,實用主義、存在主義、邏輯實證主義、操作主義等當代哲學思潮,美國的機能主義心理學(或功能主義心理學)、新行為主義以及完形心理學的某些概念和觀點,在沙利文的思想體系中都有反映。

圖 9-2 沙利文
(Harry Stack Sullivan 1892～1949) 沙利文生長於美國，1917 年獲芝加哥大學醫學博士，曾鑽研過精神分析的理論和技術。他拋棄了弗洛伊德的本能論和泛性論，強調人際關係在人格發展中的作用，創立了人際關係理論。

　　沙利文生前只出版一本心理學著作，即《現代精神病學概念》(1940)，去世後才成為有影響力的人物。在他去世後，他的同事將他的許多演講記錄、筆記和手稿加以整理編輯出版了《精神病學的人際理論》(1953)、《精神病會談法》(1954)、《作為人的一種過程：精神分裂症》(1962)、《精神病學與社會科學的融合》(1964)、《平民精神病學》(1972) 等書。

　　沙利文的人際關係說對於當時美國的精神分析理論產生很大的影響。范因 (Reuben Fine, 1979) 在《精神分析史》一書中指出沙利文有兩個主要貢獻：一是證明精神分裂症是可以治癒的；二是強調迄今仍被人忽視的作為人格重要方面的自我系統。

二、人際關係說

　　人際關係說(或**人際關係論**) (interpersonal theory) 是以人際關係發展為主線來探討人格發展的理論，也被稱為**人際關係學派** (interpersonal school)。下面圍繞人際關係論介紹沙利文人格理論的各個組織部分。

(一) 人際關係與人格

沙利文的社會文化決定論觀點就體現在他的人格學說中。沙利文認為，**人格**就是那些在社會情境中與人相處時經常表現的行為模式，它們能表明人的生活特性。也就是說，人格成為一個中間變量，從一個人與其他的人和物有關的行為中推論而得。人生來就處於一種複雜多變的人際關係當中，沒有人能長期脫離和他人的關係而不發生人格退化。因此，人格只有在人際關係中顯現，人格也只能在人際關係 (特別是與影響他最大的重要他人間) 為主的社會化歷程中發展。沙利文提出"重要他人"的概念，是用來說明影響人格發展的對象，不僅是現實生活中的人，也可能是記憶、幻想的意象，文學作品中的或理想化的人物形象。按沙利文的此一觀點，當一個人患了精神分裂症，他就會陷入個人內部的幻想世界，這時他保持的是他幻想中人格化的人際關係。如果只研究個人本身而不研究與之交互作用的人際關係，是無法探究其個性的形成和發展的。

沙利文把人際關係相互作用的單位稱為**情境** (situation)，每個情境都是一種人際關係，這基本上是指人際情境。沙利文通過把所有的行為基本上都看作是人際的，而把個人與社會情境合在一起。沙利文認為，人格是重復的人際情境的相對持久的行為模式，重復的人際情境是一個人生活的特性。人格無法脫離人際關係而存在，它是在人際關係中表現出自身的。人際關係包括與真實的或想像的他人的相互作用，還包括與人創造的傳統、習俗、發明及制度的相互作用。在沙利文看來，人格作為假設的存在是從造成行為的基本人際關係中抽象出來的。因此，他實際上把人格化解在人際關係和社會關係之中。

(二) 緊張與能量轉移

沙利文認為人有一種朝向心理健康的趨向或驅力，同時是由減少內部緊張的願望所驅動的。理想的人的狀態是完全的平衡，沙利文稱其為**絕對的欣快** (absolute euphoria)，是一種非常幸福的狀態，沒有任何內部的缺乏或厭惡性的外部刺激。相反的狀態則是**絕對的緊張** (absolute tension)，是類似於一種恐怖的狀態。然而，絕對的欣快和絕對的緊張實際上並不存在，人們大部分時間都是處在該維度兩端之間的各種不平衡狀態。沙利文提出，造成緊張有四種主要原因：即生理化學的需要、睡眠的需要、焦慮以及表達溫柔體貼的需要。

1. 生理化學的需要 是指性欲、排泄的需要以及食物、水、氧氣等的缺乏，這些生理化學需要導致一種內部的不平衡狀態，隨著我們意識到的緊張，因而促使我們消耗能量，以獲得滿足的體驗。

2. 睡眠的需要 沙利文認為，緊張也可由睡眠的需要產生，它不同於生理化學的需要。沙利文表示覺醒與睡眠之間的時相變化是繼續生命所必要的，故人與高等動物為了生存的需要，在一定時間內有一定量的睡眠，尤其是嬰兒，更需要大量的睡眠。但生命處在睡眠時相，並非處在一種沒有緊張的欣快狀態之中，而是處在一種很特殊的緊張狀態之中，且只有依靠睡眠才能使緊張解除。

3. 焦慮 焦慮是一種緊張的經驗，是由於個人的安全受到實際或想像的威脅所致。

這種不愉快的情感在強度上變化很大。在它的最極端時，焦慮類似於敬畏、懼怕、恐怖和厭惡，沙利文稱其為**可怕的情感** (uncanny emotions)，焦慮可以由環境中的騷亂引起，例如，一個突然的巨響或明顯的威脅。但是焦慮最主要來源涉及到兒童與母親或撫養者的關係。沙利文說："當撫養者表現出焦慮的緊張時，就會引起嬰兒的焦慮"(Sullivan, 1953, p.41)。

在生命的前幾個月裡，嬰兒與撫養者分享一種特殊的情感關係，嬰兒能夠通過一種情緒感染的方式（即沙利文所說的**移情**）來意識到母親或撫養者的情感狀態。如果撫養者在與嬰兒的接觸中充滿著愛，那麼嬰兒就會感受到欣快，如果撫養者在各方面均變化無常、缺乏愛心，那麼嬰兒就會體驗到焦慮。這種焦慮會在嬰兒的成長過程中影響其人際關係和人格發展。具安全感的人際關係，沙利文稱之為**人際安全** (interpersonal security)，人際安全是重要的人格發展動力，也是緩解焦慮最好的方式。

4. 表達溫柔體貼的需要 當母親或撫養者看到嬰兒啼哭不已時，都有一種衝動，想儘快滿足嬰兒的需要解除他的痛苦。在這種衝動下，緊張也隨之產生，此種緊張藉由對嬰兒表達了溫柔體貼而得到舒解。因此人具有一種表達溫柔體貼的能力。當嬰兒感受到撫養者的溫柔體貼，也能逐漸培養起表達溫柔體貼的能力。這也是嬰兒最初的重要人際關係，如果撫養者對嬰兒的痛苦以焦慮來回應,那麼嬰兒的溫柔體貼的能力就會被抑制。

儘管沙利文贊同減少緊張的人格模型,但拒絕心理能量的概念,他認為人類有機體把物理能量,而不是力比多轉化為滿足需要的行為。為強調人格是一個動態的過程,沙利文把上述的能量轉移稱為**動能**(或**精神動力**)(dynamism)。他給動能下了兩種定義:一是動能為"一種相對持久的能量完形,它是在人際關係的獨特過程中表現自身的"(Sullivan, 1964, p.35);二是動能的"相對持久的能量轉換模式,它不斷地成為活的有機體的特性"(Sullivan, 1953, p.103)。前一個定義強調人的社會性方面,後一個定義則可為生物學家或生理學家所使用。但兩個定義都強調生命的流動和變化進入不可分辨的模式。沙利文認為,動能可以採取各種形式,包括了外顯的行動或談話,隱蔽的幻想,以及部分或完全的無意識過程。例如:憎恨的動能涉及把能量轉化為通過敵意來減少緊張的行為。個體可能會攻擊或侮辱某人,有謀殺的幻想,以及形成無意的破壞的願望。動能在某種程度上可由學習和成熟改變,因此,行為常常在不同的情況下有不同的表現。

(三) 人格化與自我系統

1. 人格化 在沙利文學說中,**人格化** (personification) 涉及人格發展的一種過程,指個人對別人和自己的一種意象。這種意象由習得的情感和信念組成,常常與現實並不完全對應。例如,一個母親可能至少在某種程度上錯誤地知覺了她的孩子。她也許形成一種更像她希望孩子成為的,或被她以前的孩子所影響的那種人格化。嬰兒從母親的溫柔體貼和滿足需要的行為逐漸發展一個好母親的人格化,也從母親給予挫折和引發焦慮的行為形成一個壞母親的人格化。這些人格化多少是不精確的,部分原因是由於嬰兒知覺和解釋環境的能力是有限的。事實上,嬰兒起初沒有意識到好的和壞的母親的人格化指的是同一個人,儘管兩者重要的部分最終融合為一個複雜的整體。

人格化的非理性方面在刻板印象的情況下是顯而易見的。小孩子通常形成和自己相反性別的人是討厭的這種刻板印象,而有偏見的個體把一個特定群體中的成員不正確地人格化為具有共同的消極特點。而且,那種非理性在一個人對自己的人格化中也是明顯的。

2. 自我系統 成長中的嬰兒大約在 6 個月時,開始把自己想像為一個單獨的和獨特的實體，它通過恰當的人格化來組織這個訊息。沙利文把人格分成以下兩類：即**自我系統** (或**自我體系**) (self-system) 和**自我動能** (或**自我動力**) (self-dynamism)。自我系統部分來自於自己身體的經驗形成的一些現象，例如吮吸拇指幫助嬰兒區分自我和他人，因為它產生了吮吸和被吮吸的獨特感覺。然而，自我系統大部分來源於**重要他人** (significant others)，例如：父母或教師的評價。我們必須學會超越我們的動物起源而能與其他人相處，所以嬰兒早期無條件的母親的溫柔體貼最終被培養兒童適應社會的獎懲系統所代替。

在嬰兒期晚期和兒童期，溫柔體貼被用作對期望行為（如在排泄訓練上成功）的一個能夠減少焦慮的獎賞。而可怕的姿態、母親的焦慮、懲罰、甚至缺乏溫柔體貼，都作為對兒童錯誤行為的能夠引起焦慮的一種懲罰。這就形成了組成自我系統的兩種人格化：與減少焦慮的獎賞相聯繫的"好我" (good-me)，與增加焦慮的懲罰相聯繫的"壞我" (bad-me)。像嬰兒的好母親和壞母親的概念一樣，"好我"和"壞我"人格化最終融合為一個單一的實體，早期的焦慮經驗越強烈，自我系統就會越堅固。兒童期的強烈焦慮導致**非我人格化** (not-me personification) 的產生，它是一種通常無意識的、陰暗的、和可怕的人格方面。非我人格化包含著連壞我人格化也不能處理的事情，所以它就被無意識地從一個人的自我人格化中分裂出去，**分裂** (dissociation) 指的是事情完全脫離了自我，再怎麼思索該個體也無法意識到他確實"做過"這個、"相信過"那個、"有過"這樣的要求。非我人格化總是在意識之外，但它能在做夢或心理失調的幻覺中進入意識，兒童的惡夢或精神病患所見到的"惡魔"反映的便是分裂的、非我的動能。總起來看，人們對於自己的印象可以有上述"好我"、"壞我"與"非我"三種不同的情形。其中"好我"對自己有助於安全感，"壞我"無助於安全感，但兩者通常是存在於意識中，為當事人所察知的；"非我"則對自己具有威脅性，故被希望分裂出去，不屬於自己而將之藏於潛意識之中 (黃堅厚，1999)。

自我系統的主要目標是減少焦慮，使兒童與父母相處融洽並滿足他的需要。沙利文指出，自我系統通過一種**選擇性忽視** (selective inattention) 來達到這個目標。也就是說，如果自我系統遇到了威脅其穩定性的信息，它會簡單地忽視或拒絕不一致的信息，繼續像以前那樣工作。選擇性忽視偶然也有其有利的方面，例如，當一個人通過集中注意於身邊的工作而避免分心時。但是，選擇性忽視基本上是不利的，因為這種忽視妨礙了我們從失敗和弱點中學習的能力；這些信息資源對自我系統是威脅的，所以它們可能不被注意。由於自我系統採用選擇性忽視來對抗焦慮，所以自我系統特別難以改變。這種堅固性幫助我們避免令人不快的人格改變，但同時也代表了建設性成長的絆腳石。

(四) 經驗方式

沙利文認為，人類經驗完全是由緊張、動能和需要滿足所組成。認知經驗是在個體成長基礎上隨著與外界的相互作用逐漸形成的。但這種認知經驗在個體發育成長過程中是如何演變的，這就是經驗方式所要討論的問題。按照沙利文的看法，將個體成長的認知經驗大致上分為三種不同的方式，依次為：原始經驗方式、平列經驗方式和綜合經驗方式。

1. 經驗的原始方式 指出現在嬰兒自出生到第 7 個月之間的原始經驗。在這種原始方式下，個體經驗最粗糙，也最簡單。它是有機體的一組離散的原始感覺，且與環境發生交互作用的身體末端 (包括嘴、肛門、尿道、生殖器等等) 有關。原始方式經驗的嬰兒所感覺的都是瞬間狀態，對這狀態之前或之後的區分是後來才會有的。嬰兒只是模糊地感覺到早些或晚些的狀態，但認識不到它們之間的聯繫；也覺察不到自己作為一個實體與世界是分開的。換言之，他感覺的經驗是混沌一片，未分化的，沒有明確界限的。對與自己沒區分開的世界，這時的嬰兒是以自我中心來看待它的。此外，原始的經驗不可能有任何種類的符號交流。

2. 經驗的平列方式 隨著嬰兒的發展與成熟，到了大約第 8、9 個月時，原先未分化渾為一體的經驗被分裂為各不相連的零碎經驗。各種各樣的經驗並無關係，沒有邏輯聯繫。所經驗到的一切被認為是自然地發生的，不作思考與比較。因為沒有建立聯繫或關係，所以，從一個觀念到下一個觀念也就沒有"思維"的邏輯運作。在平列的方式下，經驗被作為一種瞬間的、無聯繫的狀態，缺乏對因果關係的理解。這期間嬰兒已開始講兒語，有了語言經驗，開始覺察出自己和外界的主要區別，但仍持自我中心，能夠區分時間的類別，但總起來看，是把經驗平列著，看不到相互之間的聯繫。

3. 經驗的綜合方式 開始於兒童 12 到 18 個月。兒童通過人際活動與社會經驗逐漸學會語言的"一致有效"的意義。兒童的綜合經驗使他能夠利用社會所接受和理解的語言來交流，兒童也能夠理解慣常的因果概念，利用語言來說明產生結果的原因。還能夠綜合過去、現在和未來，自我中心的現象已不存在，人際接觸變得越發重要。總之，在這種方式下，經驗是按邏輯關係的次序組織在一起了。

從以上對沙利文關於三種經驗方式的介紹，可以看出個體在不同發展階段對經驗有不同的內部加工。第一種經驗方式是基礎，為後兩種經驗方式的形成或出現創造前提；第三種經驗方式則為個體脫離自我中心，面向社會，運用語言工具，進行人際交往提供心理條件。所以，經驗方式是沙利文人際關係說的一個十分重要的組成部分，同時也反映了沙利文人格理論重視經驗組織和語言作用的特色。

(五) 人格的發展

沙利文認為，人的自我系統的調節和整合功能，能使人的潛能向完善的方向發展，使人格發展具有連續性。但人格發展也是具有階段性的，他根據大約與某種能力成熟的相當年齡將人格分為幾個階段，個人必須達到某種能力的成熟才能意識到外界環境中的種種人際關係，從而加以適應。這幾個階段分別是：

1. 嬰兒期 （出生～18個月）這個階段開始於出生後幾分鐘，持續到言語能力的成熟。這時期的嬰兒明顯地受母親的溫柔體貼和焦慮的影響。口腔區帶在這個階段最為重要，因為它與呼吸、餵奶、哭、吮吸手指等功能密切地聯繫。餵奶為嬰兒提供了人際關係中最初的原始經驗。嬰兒學會對"好乳頭"和"壞乳頭"(註9-1)這樣的外部線索進行區分。哭在此時期是嬰兒最有效滿足需要和減少焦慮的方式。哭通常能夠帶來嬰兒期望的安慰，這有助於嬰兒發展預見力以及對原因和結果的理解。也就是說，嬰兒將得出這樣的結論："當我感到痛苦時我哭，這產生了緩解痛苦的某些變化"(Sullivan, 1953, p.72)。

註 9-1： "好乳頭"指母親能在嬰兒階段溫柔地提供奶水使嬰兒意識為是好乳頭。"壞乳頭"指極其焦慮與緊張母親的乳頭，嬰兒感受到那種很不愉快的緊張氣氛，而使他對母親的乳頭產生躲避反應。

在嬰兒期中期，自我系統開始發展。這主要由兩個因素：吮吸拇指對身體的探索，以及無條件的母親的溫柔、體貼到獎罰訓練。此外，昇華也發端於這個時期。在 12～18 個月時，語言的運用以模仿環境中的聲音開始了。這代表著平列模式的出現，引入了人格發展的第二個階段。

2. 兒童期　(18 個月～約 5 歲) 在兒童期，父母的懲罰促進自我系統的壞我 (bad-me) 方面的成長。只要父母通過足夠的獎賞和溫柔體貼，即可幫助好我 (good-me) 人格化的發展，就不會產生大的傷害，有助於安全感的行為。但如果兒童對溫柔體貼的需要不斷地被父母的焦慮、煩躁，或敵意所拒絕，壞我成份將最終支配自我系統。兒童就會發展出**惡意的轉化** (malevolent transformation)，它是人格發展中的一種扭曲，兒童會懷疑他人均是有敵意的，形成不可愛的非理性信念。有這種惡意的兒童可能是調皮的，行為像一個惡霸，或者更消極地表達忿恨。這種轉化也損害了兒童與其他人的關係，特別是與家庭之外的權威人物的關係。兒童期的另一個潛在問題是孤獨，它是由於父母不能加入兒童的遊戲造成的。孤獨的兒童求助於過多的白日夢。這抑制了兒童區分幻想與現實的能力。

在兒童期，好母親和壞母親的人格化開始融合為一個單一的實體，由於我們的語言只有一個單一的詞代替這個重要的人。這時，父親加入母親作為一個權威，使兒童形成父親的人格化。性別的知識也開始發展，男孩或女孩希望像同性別的父母一樣。沙利文認為，這種認同不是因為戀母情結，而是由於大部分父母對同性別的小孩更感滿意，並且以贊許和溫柔體貼獎勵符合那種性別的典型行為。

3. 少年期　(6～8 或 9 歲) 少年期開始於兒童需要玩伴時，這發生在上學的時候。沙利文認為，教育系統可能糾正，發生在嬰兒期和兒童期父母所犯的嚴重錯誤。這種好的人格改變是可能的，因為在每個發展階段的開端，新成熟的能力將會使行為發生重大變化，因此自我系統也就更容易改變。

少年須學習適應教師等新的權威人物的要求、獎賞和懲罰。他或她觀察到權威人物是如何對待其他少年的，繼續發展能夠減少焦慮和保持自尊的昇華；學習與同輩相處，並且介入競爭與和解的社會過程。學校也涉及社會性的內團體和外團體的形成，帶來少年被同伴排斥的痛苦。因此，少年期是這樣一個時期：由於其他人的存在，世界開始變得複雜。它以少年在人際關係上的無經驗的嘗試為特徵，這反映少年對他人的個人價值感極不敏感。

綜合的經驗方式在這時居支配地位。此外，父母在少年心中開始失去上帝似的地位，形成更具有人性的，難免有錯誤的人格化。理想的情況是，在少年末期，少年獲得與其他人相處的足夠知識。這包括精確了解人際間關係及恰當的相處之道。

4. 前青年期 (9～12 歲) 這個階段的特徵在於對同性親近的需要的發展。沙利文認為，這個時期的密友關係是非常重要的，因為它代表一種類似於愛的情感的首次出現。事實上，密友的影響可能足以改變個體從前一階段帶來的人格扭曲和可能變得堅固的自我系統。因此，一個有效的密友關係可以幫助改變一些錯誤的觀點。例如：驕傲自大，過分依賴，一個人應當被每個人喜歡的觀念。它甚至可以糾正一個惡意的轉化。反之，與同性交往的困難常常是由於在前青年期不能發展這種重要的密友關係。

5. 青年前期 (13～17 或 18 歲) 青年前期開始於身體發育出現性徵以及強烈的情欲動能的出現，這導致與異性成員發展密切關係的需要。這個時期的情欲主要是通過生殖器區帶表達的。

沙利文認為，因為我們的文化使我們在尋求情欲活動中面臨障礙，青年前期充滿嚴重失調的可能性。在這個重要的時候，必要的信息和引導可能完全沒有，且父母給予嘲笑和諷刺而不是情感的支持也可能增添困擾。因此，青年人在異性戀上缺乏經驗的嘗試可能會導致麻煩的後果，諸如：陽萎、性冷淡、或早泄，從而嚴重降低了自尊。習慣性的低自尊使人難以表現對另一個人好的情感。

這種不幸的青年人很可能輕率地與第一個激起他類似愛的情感的異性結婚，這種關係常常是不滿意的。青年人也可能發展出對異性的強烈厭惡和恐懼，而導致獨身，過多的幻想或同性戀。一個在情緒發展上沒有超出少年期的青年人可能會形成過多的手淫，儘管偶爾的手淫是無害的，一個焦慮的青年人可能太依賴於自我刺激以致不可能形成健康的異性戀。一些青年成熟較晚，延遲了其對異性關係的需要，這可能遇到來自社會性發展較快的朋友們的較大壓力。

儘管這些問題是嚴重的，沙利文並不把性功能失調看作是精神病的最重要方面。他更強調不能形成滿意的人際關係常常是性困難的根源。

6. 青年後期 (19 或 20 歲到成熟) 青年後期始於滿意的性活動的獲得。這時青年必須與日益增加的社會責任，諸如工作和納稅等競爭。社會經濟地位也影響了這個階段的人格發展 (註 9-2)。

三、關於精神分裂症和神經症的理論

沙利文基於自己的治療實踐和人際關係說的架構,反對弗洛伊德對精神分裂症和神經症成因的傳統看法,並在治療技術上相應地作了改進,迄今存在積極的影響,一直受到人們的重視。除了以下的敘述外,在下一章第四節還將針對沙利文在這方面的觀點作進一步介紹。

(一) 精神分裂症和神經症的成因

沙利文反對當時對精神分裂症的一些看法,例如認為精神分裂症是遺傳的,是種系的退化,是種族潛意識的回歸,是不能徹底治癒的等等。他也不贊成弗洛伊德對精神病的看法,即認為精神分裂症是一種自戀神經症,不能形成移情,因此不能進行精神分析治療。沙利文根據自己對精神病患者動機的探討,提出精神分裂症源於個體發生的假說,認為精神病包括人際關係中不適宜的整個領域。

沙利文認為,精神病和神經症的產生,是個體對他所面臨的生活情境的一種反應方式。精神病與神經症病人和一般人屬於同一類人,而不是特殊的人,只不過這些病人常常是以他們從童年期以感覺和知覺所獲得的原始經驗應付新的環境。而類似的反應,以及病人身上常見的一些象徵化的行為和觀念,在正常人身上也會偶爾出現。所以病人的思想行為與正常人相比,只存在著量的差別,而沒有本質上的不同。

沙利文承認有些神經症病人存在著性的困擾,但他認為這不是關鍵性的問題。關鍵的問題是病人自我系統的局限與歪曲,這才是導致精神疾病的主要原因。他認為,由於過去的不幸經歷,個體很容易產生偏離正常的觀點、態度和信念。對自己的人格的不正確看法,會導致對他人人格看法上的局限和歪曲,進而影響正常的人際關係。那些歪曲的觀點、態度和信念,就總是糾纏著個體,使其陷入一種不適當的自相矛盾的情境中,於是不可避免地帶

註 9-2:沙利文的人格發展階段繼青年後期之後尚有成人期,但對代表著成熟和人格發展完成的成人期,沙利文談得很少。國內外有些書如高覺敷主編的《西方心理學的新發展》和蒙特的《人格理論導引》(Monte, 1987),均根據某種能力成熟的相當年齡而把人格發展分為六個階段,只列到青年後期。本書也取這樣的處理。

來緊張與焦慮。而緊張和焦慮，又將妨礙個體清醒地思考、正確地認識和適當地行為。嚴重的焦慮，則可以導致精神分裂。

(二) 心理治療的技術

對沙利文而言，心理治療是一個學習過程。他認為，在心理治療的成就和其他教育形式的成就之間沒有實質的差異，心理治療與其說是對病人的醫治，不如說是對病人的教育。沙利文用人際關係的觀念來從事心理治療，從治療者與當事人建立和諧的人際關係，進而協助當事人改善其自己生活中的人際關係。

合乎理想的心理治療應使病人對不願面對的問題獲得有價值的理解，重新整合人格的分裂，並且在"好我"和"壞我"人格化之間建立一種恰當的平衡。這種自我系統的擴展促進了一種更廣泛、更有效的人際行為的發展。例如，治療可以幫助一個性衝動分裂的病人接受自己存在內部情欲驅力這個事實，認識並排除羞恥和罪惡感，且發展成為能滿足這個需要的恰當行為。一個表現出惡意的病人可以學習減少其誇大的"壞我"人格化，建立自愛，發展更精確的人際知覺，最終表達對他人的溫柔體貼和愛。總之，心理性面談的終極目標是使當事人對自己有更好和更清楚的體認，以及他們應該如何與他人一起生活。

沙利文的心理治療以面談的方式作為基本的治療過程，他集中於當事人和治療者之間的人際關係。治療者是一個積極的參與者和觀察者，不僅對當事人的談話內容及行為要注意，對他自己的反應與行為都要審慎。

沙利文避免用一張躺椅，而是坐在與病人成 90° 角的位置，這樣就能觀察到病人突然的姿勢改變，而不受他們面部表情的干擾。沙利文也不對容易焦慮的精神分裂症病人採用自由聯想法。沙利文不喜歡在治療過程中記筆記，他認為這種方法是會分心的，不能記錄行為的微妙細節，但他提倡用錄音帶記錄。他也喜歡簡短的解釋，這樣可以避免引起過度焦慮和強化病人自我系統的防禦。那種解釋的目標是幫助病人意識到目前的生活方式是不滿意的，並發現可行的新的改變。沙利文心理治療的過程包含一連串的會談，其發展經由下列四種階段：

1. 起始階段 在這個階段，當事人第一次會見精神病學家，提供一些要求治療的解釋。沙利文會告誡治療者，在此階段營造融洽的氣氛是基本任務，建立良好關係以應後期治療之需。沙利文提倡一種寧靜觀察的態度，其中之一是治療者不能有太多問題。治療者要聆聽當事人的口語性內容，也要注意當事人自我表現的態度。依照沙利文的論點，當事人會將他們生活的習慣模式，偏見與期望以及對現實的曲解帶進治療情況中，治療之技巧在於注意人際關係中的敏感部分以喚起當事人的敏銳知覺。

2. 探察階段 這個時期通常需要 7.5 到 15 個小時，包括一些非結構的詢問，如病人的年齡，出生地，出生順序，婚姻狀況，教育背景，職業經歷，父母的職業，及嬰兒期和兒童期家庭中其他重要成員的存在。在此階段中，治療者須建立當事人的個案史，治療者根據這些訊息可以對當事人問題的性質與起源作某些假設。探察階段結束時，治療者簡要敍述他所了解的病人情況，病人通常贊同一些重要的問題需要進一步研究。

3. 細節探究 治療的第三個階段是細節探索，由於前一階段不可能提供當事人完全精確的情況，因此治療者需要當事人提供更重要的資料檢查前面所得到的印象。於是，治療者需要不斷的傾聽與發問以探索當事人重要的發展歷史，包括排泄訓練、學習語言、對競爭與和解的態度、學校經驗、前青年期的密友、身體發育出現的特徵，對有色情內容的談話和性的態度以及職業和婚姻歷史等等。病人在與治療者的關係中所表現的焦慮和防禦策略也是重要的訊息。

4. 終結階段 治療的最後階段包括以下四步驟：(1) 治療者將治療過程中所了解的情況做一簡潔說明；(2) 建議當事人應採取或避免作某些課業；(3) 對病人可能的未來生活進行評估；(4) 最後是當事人的正式離去。

沙利文在他的理論中特別強調對當事人的尊重，所以在治療過程中避免使用評論；重視敏感對面談的價值，因此治療者必須洞悉當事人焦慮信號所包含的意義。治療者影響當事人的力量是當事人作改變的樞紐，因此治療者必須覺察他們對當事人的影響力，否則治療效果將無法達到理想標準。沙利文認為，精神病醫生的工作是通過精神分析的方法，引導當事人正確認識自己，從人際關係中樹立起對前途的信心。

四、評　論

　　沙利文提出人際關係說，並融合精神病學和社會科學，影響很大。其貢獻可以從這兩方面來概括。

　　1. 人際關係說的提出，是沙利文對弗洛伊德古典精神分析的重大變革。它使正統精神分析的重心由個體轉向個體之間，由專注於個體內部的衝突轉向個體與個體之間的交流、個體與環境（人際情境）的交互作用。它衝擊了正統精神分析對人格和自我的發展觀，突出人際關係的中心地位，把個體的自我和心理的發展置於人際關係的發展之中。因而，對個體心理和行為只有通過人際關係才能解釋和理解。范因說：沙利文的人際關係說對於當時美國的精神分析理論有很大的影響，霍妮和弗洛姆的理論顯然都受到他的影響，除了他證明精神分裂症是可治癒的之外，他的另一貢獻"是他強調了迄今仍為人所忽視的作為人格重要方面的自我系統。"（Fine, 1979, p.101）

　　人際關係說還表明個體的心理病態的根源在不良的人際關係之中，克服或治療精神疾病主要也在改造或新設更為合理的人際情境。可見，人際關係說促進了人格心理學、精神分析自我心理學的理論研究和精神病學具體治療的新探索。

　　2. 在精神病學方面，由於沙利文、霍妮等人有廣闊的社會科學觀點，墨菲說："的確，人們也可以說，阿德勒、霍妮、弗洛姆和沙利文都已登上關心精神病社會面和社會涵義的同一個高峰"（林方等譯，1980，414頁）。沙利文則以他博學多聞，企圖將精神病學和其他學科結合起來。在《精神病學與社會科學的融合》一書內收集了約翰遜稱讚沙利文"將精神病學的豐富理解體現於實際的人際關係的能力，因而能開拓對精神病學和社會科學兩者都有益的一個廣闊的新領域"（Johnson, 1949, xxxiv）。

　　沙利文在精神病學方面還堅持認為，精神分裂症並非遺傳的，是可以治癒的，以及可使用精神分析的治療方法。這樣一些與弗洛伊德觀點大相逕庭的看法，被范因認為是沙利文的兩個主要貢獻之一，對此上面已經述及。

　　3. 沙利文理論上的局限或不足，在於他所提出的人際關係，實際指的是比較狹窄的人與人之間的心理關係，如果不從宏觀方面深入考慮人際關係，往往會使人際關係心理化、抽象化、表面化，在理論上缺乏更廣大的社會現實作為研究背景與基礎，難免顯得單薄與不足。

第四節　弗洛姆

弗洛姆曾追隨弗洛伊德，繼而又批評弗洛伊德。他試圖從宏觀上研究社會對人的影響，把精神分析引入社會歷史的領域，提出了社會潛意識、社會性格等概念，組成其社會精神分析說，豐富並發展弗洛伊德的古典精神分析理論。

一、弗洛姆簡介

弗洛姆 (Erick Fromm, 1900～1980) 出生於德國法蘭克福的一個正統猶太人家庭。他曾在法蘭克福大學、海德堡大學和慕尼黑大學攻讀心理學、社會學和哲學。1922 年，獲得海德堡大學哲學博士學位，1923 年到慕尼黑大學進修精神病學和心理學，然後又到柏林精神分析研究所接受訓練，直至 1931 年。1925 年加入國際精神分析協會。1929 年到 1934 年在法蘭克福精神分析研究所和社會研究所工作，正是因為在法蘭克福的工作，使弗洛姆成為法蘭克福學派的重要代表。1933 年赴美講學，1934 年入美國國籍。弗洛姆曾在紐約哥倫比亞大學、耶魯大學、密執安大學、紐約大學、墨西哥國立大學任教，在芝加哥精神分析研究所講學，並開設私人診所。1974 年移居瑞士，繼續從事研究和著述。1980 年 3 月因心臟病卒於瑞士洛迦。

弗洛姆的主要著作有：《論基督教的起源》(1931)、《逃避自由》(1941)、《自我的追尋》(1947)、《自為的人》(1947)、《對夢、童話與神話的了解》(1951)、《精神分析與倫理學》(1954)、《現代人及其未來》(1955)、《健全的社會》(1955)、《愛的藝術》(1956)、《弗洛伊德的使命》(1959)、《禪與精神分析》(1960)、《馬克思關於人的概念》(1961)、《在幻想鎖鏈的

圖 9-3　弗洛姆
(Erick Fromm, 1900～1980)
弗洛姆生於德國法蘭克福。他既是弗洛伊德的追隨者，又是自成一家的學派體系的重要代表。其主要興趣是從大的切面研究社會對人產生的影響，提出他的社會精神分析論。

彼岸》(1963)，《你們就是神》(1966)，《精神分析的危機》(1970)，《分析的社會心理學和社會理論》(1970)，《人的破壞性之剖析》(1973)，《占有還是存在》(1976)，《弗洛伊德思想的貢獻與局限》(1950) 等等。

弗洛姆的精神分析學說無論在人格理論、夢的分析、精神治療以及倫理學等方面都有獨到見解。他既是哲學家，又是精神分析學家，他融合當代西方哲學、社會學、人類學、史學和宗教等多種學科的思想成果，來探索人性和心靈的奧秘，在精神分析社會文化學派中可謂獨樹一幟。

弗洛姆十分崇敬弗洛伊德，認為：

> 弗洛伊德是一位真正的科學心理學的創始人，他所發現的無意識過程以及性格特徵的動力學本質，都是對人的科學的獨特貢獻，因為它業已改變了未來關於人的圖景。(張燕譯，1986, 11 頁)

但是，弗洛姆並沒有跟在這位精神分析大師後面亦步亦趨，而是站在大師的肩膀上更新和改造精神分析學。正當精神分析學日益為人所承認、影響越來越大時，弗洛姆卻獨具慧眼，大聲疾呼精神分析正面臨一場危機。表面看來，這場危機的原因是大量的醫生對精神病人濫用精神分析的結果，然而更深刻的原因則在於精神分析從批判的、透徹的、自由的理論變成了實證主義順從者的理論。弗洛姆指出，要創造性地發展精神分析理論，只有再次使之成為激進的、批判的、人道主義的以及帶有挑戰性的理論。他對小漢斯這一病例進行剖析，指出弗洛伊德本人對資產階級社會的自由主義態度是他的"盲點"，導致他從維護父母權威和男性優越的偏見出發，錯誤地解釋了臨床資料。弗洛姆還批判弗洛伊德的驅力理論，指出它缺乏社會決定因素的考慮，描述的只是抽象的人。在他看來，人的本性模式是心理因素和社會因素相互作用的產物，是生理、心理及潛能的總和。

弗洛姆也很推崇馬克思，認為"馬克思所思考的深度和廣度遠遠超過弗洛伊德"，並"為一門有關人和社會的新型科學奠定了基礎，這門科學既是經濟科學，同時又具有西方人道主義傳統的精神"(Fromm, 1986, p.11)。弗洛姆試圖用人道主義精神來調和弗洛伊德學說和馬克思主義。他把馬克思的社會存在決定社會意識的思想與弗洛伊德關於意識是由人所不能覺察的潛意識力量來推動的思想相提並論，認為意識形態概念是馬克思革命理論最核心的部分。弗洛姆還把人格結構作為聯繫經濟基礎與意識形態的紐帶。這樣，他就在馬克思和弗洛伊德這兩種截然不同的學說之間進行了巧妙的綜合：把人的生物本能與社會關係結合起來，把心理的批判與社會的批判結合起來，把心理革命與社會革命等同起來，把個人人格結構與社會經濟結構聯繫起來。弗洛姆把這種綜合稱之為"受辯證法和人道主義指導的精神分析"，並明確指出，"人道主義和人性思想是馬克思和弗洛伊德的思想賴以產生的共同土壤"(Fromm, 1986, p.26)。

有人根據弗洛姆對馬克思的推崇，稱弗洛姆為馬克思主義人格理論家是再恰當不過的，"但弗洛姆卻寧願把自己列為辯證人道主義者"(Hall et. al., 1998, p.140)。中國心理學史家把弗洛姆的學說標為"人本主義精神分析"(車文博，1992)，或標為"社會精神分析說"(孫名之，1989)，其內容無非是把精神分析方法引入社會歷史的領域，使精神分析學與歷史唯物主義相互補充而已。以下將概述弗洛姆社會精神分析心理學的一些主要理論。

二、社會精神分析說

(一) 個人與社會

弗洛姆反對弗洛伊德的**本能論**和**泛性論**，而強調社會經濟制度和文化對精神的決定性作用。弗洛姆把自由（註 9-3）看成是人格中根本的東西。原初的自由是指人從對自然和社會的關係束縛中解脫出來。在資本主義以前，人一直受到自然與社會聯繫的束縛；資本主義之後，科學技術的發展使人的力量增大，資產階級的理性主義和民主制度使人不再受縛於社會。但是，隨著社會變遷與都市工業化的影響，人的自由增加但使人與其生活環境間失去了原有的和諧，這種自由，帶來的是不堪忍受的負擔。自由給人帶來了獨立和理性，同時使人陷於孤獨、憂慮和軟弱。《逃避自由》(1941) 一書指出：人因為與自然界及其他的人逐漸隔離，所以產生寂寞和孤獨之感。也就是說，人在早期的進化過程中，通過自身的特殊化即個性化過程，朝向與動物不同的方向發展，逐漸獲得了自我覺知、推理和想像的能力。知識和覺知意味著人比動物有更多的自由，但也意味著人與大自然日益疏隔。人們獲得的自由越多，也發展出更大的不安全。

弗洛姆認為，自由與安全之間的分裂在人種進化的歷史中以及在個人的發展中都在同時重復著。在歷史的每一個時期，由於人從僵化的社會和宗教的束縛中獲得了日益增多的自由，自由與安全之間的裂隙就越來越大。當代的工業社會由於剝削和競爭的劇烈化，已變成病態的社會，從而湮沒人們渴求彼此合作和相互關懷的愛的本性。現代人有很重的**疏離感** (alienation)，包括人與人疏離、人與環境疏離、人與其本性疏離。因此人在生活中的動機頗為矛盾，一方面尋求自由，另方面卻又恐懼自由，逃避自己，甚至希望能有一個強力的社會機構來管制自己，從而獲得精神上的安全，弗洛姆稱這種現象為**自由之恐懼** (fear of freedom)。

弗洛姆認為要擺脫孤獨有兩條道路：第一是通過愛和工作使自己與世界聯繫起來，借此表現自己的情感、感性和理性等方面的能力，在不放棄自我尊嚴和獨立性的前提下實現自己和自然、他人三者之間的融合；第二是向後倒退，放棄自由，向權威和社會屈服。這是一種通過**逃避自由** (escape from freedom) 來克服孤獨和不安感、擺脫不堪忍受的處境的行為。

弗洛姆不同意弗洛伊德關於歷史是心理力量的結果、而心理力量本身不

註 9-3　**自由** (freedom)：**1** 指個人的一種「有所作為」的感覺；感到自己能支配自己的時間，能支配自己的金錢，在處理事物時能按照自己的想法去做；感到自己在遇到問題時，不受外在的支配或控制，能隨心所欲地自行抉擇。**2** 指個人的「免於困苦」的一種感覺；感到沒有精神負擔，沒有身體病苦；是一種所謂「一身輕」的感覺。以上兩種意義只限於對「自由」一詞在心理學上的解釋（不含政治意義）(張春興，1989，pp.265～266)。

受社會影響的觀點，認為心理因素和社會因素是相互作用的。這包括兩方面的含義：第一，每一種社會傾向的存在都有其大眾的心理根源，每一種心理本質的形成又有其深刻的社會根源。第二，每一心理本質的形成，既是歷史演變的結果，又有著自身的心理動力。

弗洛姆認為，人的生物性需求是共同的，心理性需求則因人而異，從而構成性格差別。而人的性格差別又是社會過程的產物，是通過對某些生活環境的反應發展而來的。人的性格特點隨時代的不同而不同，反之，每一時代的人的性格特點和人的能量又變為生產的力量，形成社會過程。人的發展有其自身的動力。弗洛姆指出，人性固然是歷史演變的產物，但也具有某些固有的機制和規則，發現這些機制和規則正是心理學的任務。想與自身之外的世界發生關係、逃避孤獨和不安全感的需求是人格形成和發展的心理動力，它深植於人的存在方式的本質和生活實踐中。

(二) 人的需要

弗洛姆認為，人類生存不是依賴發達的本能而是依賴發達的頭腦。人類由於具有自覺、推理和想像能力而超越了動物，但生存依然充滿著危險。人類所面臨的最根本的矛盾是：生與死的矛盾，長遠想像與短暫生命的矛盾，自由與孤獨感和疏離感的矛盾。為了克服這些矛盾，人類渴望滿足以下幾種心理需要：

1. 關聯性需要 關聯性需要(或相屬需求) (need for relatedness) 涉及與別人的聯繫和自戀。人因為有意識、推理和想像的能力，從而認識到自己的孤獨性和分離性，認識到自己的無力和無知以及生與死的偶然性，於是產生一種迫切與他人發生關聯的需要，而且知道這是人生存的必要條件。簡言之即個體具有愛人與被愛的需要；希望認識別人、了解別人、關心別人，並願為別人擔負責任。不能健康地滿足這一需要，就會產生非理性的自戀。

2. 超越性的需要 超越性的需要(或超越需求) (need for transcendence) 涉及創造性和破壞性。人類在進化中，期望能超越動物，擺脫被動性和偶然性，進入有目的的自由領域，即在作為上能超越物質條件的限制，在精神上能表現出具有創造性的人格品質。人進行耕種，生產物品，創作藝術，創立概念，變成自己生命的創造者。人的創造包含活力和關切。如果超越性需要得不到滿足，人不能創造生命，便破壞生命。

3. 根植性的需要 根植性的需要(或**落實需求**) (need for rootedness)涉及母愛和親緣關係。人性中有一種深切的渴望，即渴望不要與自然世界分離，不與母親、血親、大地分離，希望與社會保持接觸。孩子與母親的關係是最基本的自然關係。對於孩子來說，母親代表食物、溫暖、關愛，象徵大地。得到母愛，兒童就有了活力，有了紮根的基礎；成人則藉著與他人之間的友情發展來滿足這種需要。

4. 同一感的需要 同一感的需要(或**統合需求**) (need for identity)涉及獨立性和順從性。人的自我同一感是在脫離與母親和自然的原始束縛的過程中逐漸發展而成的，人需要知道自己是什麼樣的人，是如何不同於別人的，從而保持自己的獨立性。階級、職業、宗教以及國家都可以提供這種同一感。

5. 取向性架構的需要 取向性架構的需要(或**定向需求**) (need for a frame of orientation) 涉及理性和非理性。指個人需要一個有方向的指導性框架，努力尋求生活的方向與目標，以寄託生命的價值和意義。也就是要形成一個前後一致的理想，並能為理想獻身。通過理想與客觀現實相接觸，全面地解釋生活，從而客觀地把握世界。

6. 興奮和刺激的需要 興奮和刺激的需要 (need for excitation and stimulation) 係指在外部刺激減弱的情況下，人腦仍然不斷地發揮作用。人們需要的刺激不一定都是持久而新穎的，而是要能引導他們積極解釋世界和參與生活的刺激；是朝向一個生活目標的刺激；是策動一個人去努力發展自己的刺激。

弗洛姆認為，上述各種心理需要既不存在於動物身上，也不能由社會產生，而是通過長期進化而埋藏於人性深處。這些需要的特殊方式，亦即人實現其潛能的各種方式，要取決於人生活於其中的社會的安排。健康性的人只適應於健全的社會，不健康的人才適應任何社會。人性表現的反常，咎在社會。社會帶有強制性，就是病態的社會。

（三） 社會潛意識

社會潛意識理論是弗洛姆對弗洛伊德潛意識理論的最大發展，是精神分析研究由個體轉向社會的一塊基石。弗洛姆承認受**集體潛意識**概念的影響，但認為**社會潛意識** (social unconscious) 不同於集體潛意識，後者是一種不能成為意識且普遍存在的精神現象，絕大部分是遺傳的；前者則是在社會壓抑的前提下提出來的，是指被社會意識壓抑下去的那一部分內容。

弗洛姆指出，社會潛意識由社會不允許其成員所具有的那些思想和情感所組成。社會借助於社會成員安排他們自己的概念世界的期望，通過自己的生活現實和交際方式，通過人際的情感和認知形式，建立專門的認知範疇，發展一種為其所有成員都必須遵守的特殊思想體系或規範，加強一種普遍性的社會壓抑作用。社會潛意識是個人帶有社會制約性的過濾過程的產物。它只允許符合社會需要的某些思想感情存在於意識之內，而把不符合社會要求的觀念情感排斥於意識之外。

形成社會潛意識的社會制約是通過三種文化機制發生作用的。第一種文化機制是語言。語言包含生活態度，語言通過詞彙、語法和句法，通過其中蘊含的一種精神，來決定哪些經驗能進入我們的意識，哪些不能。第二種文化機制是邏輯規則。邏輯規則決定人們的思想方式甚至思想內容，使符合社會文化的東西變得自然化和合理化。第三種文化機制是禁忌和禁令，使被社會認為是不合理或危險的觀念、情感和態度被排除於意識之外。

由於社會制約系統的作用，任何一個特定社會的不合理之處都必然導致該社會成員壓抑自己的感覺和意識經驗。因為在強大的社會壓力下，普通大眾是不能允許自己的思想感情與社會的種種規範相左的。一般來說，潛意識既不屬於善，也不屬於惡，而是兩者的統一，它代表實在的人，一個具有潛能的人。而意識則代表社會的人，代表個人所處的歷史狀況造成的局限性。弗洛姆認為，除非一個人能夠超越他的社會，認識到這個社會是如何促成或阻礙人的潛能的發展的，否則他就不能全面地論及自己的人性。如果揭示潛意識便意味達到對自己的人性的體驗，那麼不但要揭示個人的潛意識，還要進一步揭示社會的潛意識。必須使人們能夠以價值觀來認識社會的動力，批判地估計社會，以期達到對社會潛意識的把握。

(四) 社會性格

弗洛姆認為，人的性格可以分為兩個部分。第一部分為**個人性格** (individual character)，指在同一文化集體中各個成員間的差異，它受先天因素和社會環境的影響。另一部分為**社會性格** (social character)，這是性格結構的核心；指同一文化集體中全體成員所共有的特徵。社會性格的功能在於促使每一社會成員想做他必須做的事，同時又在符合其文化規範的前提下獲得心理上的滿足。社會性格的作用還在於穩定社會的觀念形態，鞏固社會經濟地位，以及保持現存的社會理想。於是，社會性格就成為一個特定社會為達到自身目的所必須使用的一種工具。同時，社會性格還是人的思想和情感的基礎，因為正是從這社會性格中，各種思想和情感才能得以獲得其自身的力量和價值。

弗洛姆認為，一定的社會經濟體系產生出一定的社會性格。這種性格包含自由的個人對社會條件的適應，使個人在自己文化範圍內按大多數人的行為採取行動。在一個人的性格中，社會性格將外界的需要加以內化，指引個人去完成社會經濟體系所要求的任務。社會性格是由人的基本需要和社會結構的關係 (亦即人與外界的關係) 所決定的，它體現個人與社會之間的相互作用。

弗洛姆認為，由於個體需要與社會條件的交互影響，而形成五種不同性格。它們是：

1. 接納性格 屬於**接納性格** (或**依賴性格**) (receptive character) 的人會覺得"一切善的根源"都存在於自己以外，並認為要想得到自己想要的東西，唯一的方法是從存在於外界的源泉中獲取。他們認為愛是"被愛"而不是去愛他人。他們具有一種獨特的忠誠，在極端情況下，對給自己提供幫助的人感恩不盡，同時又害怕失去這些幫助。他們凡事依賴別人，不能獨立判斷，對自己的行為不能負責。

2. 剝削性格 **剝削性格** (或**掠奪性格**) (exploitative character) 的基本前提與接納性格相同，即認為一切善的源泉存在於外界，人的需求只能求助於外界，自己是無法創造的。但剝削性格的人並不期待他人的賜予，而是採用強力和策略從他人處奪取所需物。在愛情和情感方面，有剝削取向的人慣於強奪和竊取，只對從他人手中奪過的人感興趣。對他們而言，一切事物都是榨取的對象。由於只滿足於對他人的榨取，他們往往過高評價他人而過低評價自己。

3. 貯存性格 屬於**貯存性格** (或**囤積性格**) (hoarding character) 的人

對於能從外界得到的新事物幾乎毫不信任。他們立足於貯存和節約，從而取得心理平衡。消費被認為是一種威脅。他們盡可能將大量物品存入自己的營壘中，並儘量避免外流。對他們而言，愛就是財產。他們不願施愛於人，只想將"所愛"占為己有，從而得到愛。他們對於他人甚至對於回憶表現出特殊的忠實。他們不能容忍事物離開其原來的位置，一發現就會主動地將其還原。外界對他們來說是一種威脅。他們會表現出強迫行為和強迫觀念，他們的最高價值是秩序和安定。在與他人的關係中，認為和善是種威脅，對他人的疏遠或完全占有才是安全的。

4. 市場性格 市場性格 (marketing character) 的人其價值主要不是依靠自身所具有的屬性來實現，而是依賴市場競爭來獲得成功的，亦即其價值總是要依靠他人才能得以確立。他們認為人要證實自己的自我一致性，不是依靠自身的力量而是依靠他人對自己的評價。他們的名聲、地位、成就，及其在別人眼裏是怎樣的印象，這些替代了他們的自我一致的真實感。這種處境使他們完全依附於他人對自己的評價，並迫使他們繼續扮演一度有所建樹的角色。他們把別人和自己都看成是商品，這導致人際關係表面化。

5. 生產性格 生產性格 (productive character) 是人運用自身的力量，實現適合自我的可能性的能力。具有生產性格的人，視愛為人生中一種積極主動的力量，認為愛的首要意義是給予而非接受。他們充分發揮自身的潛力，創造性地工作和生活。弗洛姆認為，唯有"生產性格"才是健康的性格類型。

以上不同的性格也可有不同的結合，例如生產-貯存性格的人為了擴大其生產，往往一面置地賺錢一面存款積錢。弗洛姆自 1957 年起在一鄉村進行研究，驗證其社會性格理論，1970 年公布結果。生產-貯存型等三種社會性格類型在當地得到了確認。研究還表明，居民的社會性格類型在該村引進工業技術前後發生明顯的變化，肯定了弗洛姆的性格理論：社會結構與社會變化既影響個性性格，也受個性性格的影響 (Hall et al., 1998)。

(五) 愛的理論

在弗洛姆看來，人缺少愛是無法活下去的，人生的苦難是由於缺少愛所引起的。從苦難中，將會滋長出對愛強烈的衝動，而這就是對生命的渴望。弗洛姆提出，"愛的本質是主動的給予，不是被動的接受。愛是一種主動活動，不是一種被動的情感；它是'分擔'，而不是'迷戀'"(孫依依譯，1986，23頁)。在物質的範圍內，給予意味著富有。人並不是有了許多，他才算富有，而是給予了許多後才算是富有。"眾所周知，貧窮者比富有者更願意給予。然而，貧窮超過一定的界限，就不可能給予。並且貧窮也是墮落，這並不僅僅因為貧窮所直接引起的苦難，而且因為它剝奪了貧窮者給予的快樂"(孫依依譯，1986，25頁)。然而，最重要的給予範圍不是物質領域，而是在精神範疇。一個人給予另一個人的是：

> 他生命的活力；他給予另一個人的是他的歡樂、他的旨趣、他的理解、他的知識、他的幽默、他的悲哀，他給予他的生命活力的全部表達方式和全部證明方式。這樣，在給予他的生命時，他使另一個人富有起來，通過提高他自己的生命感，他提高了另一個人的生命感。他並不為接受而給予，給予本身便是極大的快樂。(孫依依譯，1986，25頁)

在給予過程中，給予者使接受者身心中的某些東西復甦，而這種復甦過來的東西又反饋給給予者。給予使接受者也成為一個給予者，而且雙方共同分享他們共同使之復返生命的東西。對於愛，這就意味著："愛是一種產生愛的能力；軟弱無能就是沒有能力產生愛"(孫依依譯，1986，27頁)。

除了給予這項因素外，愛還包含其他的基本因素，這些因素在愛的所有形式中都存在著，它們是關心、責任、尊重和認識。

> 愛是對我們所愛的生命和人或物成長的主動關注。缺乏這種主動關注，就不是愛。(孫依依譯，1986，27頁)

> 愛和勞動是不可分的。人人都愛自己出過力的東西，同時也為他所愛的東西而出力。(孫依依譯，1986，27頁)

照顧和關心包含愛的另一方面，即責任。在弗洛姆看來，真正的責任是一種完全自願的行動，而非外界強加於人的要求。真正的責任是個體對另一個人表達需要的反應。有責任感意指有能力並準備"反應"。責任，在母嬰關係中，主要指照顧嬰兒身體的需要；在成年人的愛中，則主要是指關心另一個人的精神需要。沒有尊重，責任便容易變成統治和占有。尊重並非懼怕和敬畏。尊重意指能夠按照其本來面目來看待某人，能夠意識到他的獨特個性。尊重也指關心另一個人，使之按照其本性成長和發展。也就是說，尊重意味著無利用。"尊重的存在必須建立在自由的基礎上"（孫依依譯，1986，28頁）。對於一個人而言，沒有認識就不可能有尊重。沒有認識的引導，關心和責任將是盲目的。認識有許多層次，作為愛的一個方面的認識，並不停留在認識的外圍，而是深入其核心。關心、責任、尊重以及認識是互相依存的，它們是在一個成熟的人身上所能發現的共存因素。

弗洛姆認為，愛主要不是和具體的人相聯繫，愛是一種態度，一種性格的取向，這種態度的取向決定一個人和作為一個整體的世界的聯繫性，而絕非只是和一個愛的"對象"相聯繫。如果一個人愛的只是另一個人，對其餘人卻是漠不關心，那麼他的愛就不是愛，而只是一種共生性依戀，或是一種放大的自我主義。弗洛姆指出：

> 如果我真的愛一個人，那麼我一定愛所有的人，愛這個世界，愛生活。如果我能對某個人說："我愛你"，我一定能說："在你身上我愛每一個人，通過你我愛這個世界，在你身上我也愛我自己"。
> （孫依依譯，1986，43頁）

所愛對象的不同類別決定愛的不同類型。弗洛姆提出五種類型的愛：

1. 兄弟之愛 兄弟之愛是愛的最基本類型，它構成各種類型的愛的基礎。它指對任何其他人的責任感、關心、尊重和認識，以及深化自己生活的期望。它是對全人類的愛，以不排他為特徵。在兄弟之愛中，有著與全體人的融合、休戚相關及互相報答的體驗。兄弟之愛源於對弱者的愛、對窮人的愛、對異鄉人的愛。人同情弱者，由此而萌生對人類兄弟的愛，這種分析已由生物學層次躍升到倫理學層次。

2. 母愛 母愛是母親對孩子生命和需要的無條件肯定。它一方面要保護孩子的生命和成長，另一方面向孩子灌輸熱愛生命的態度。"由於母愛具有利他、無私的特點，因此一直被視為最高尚的愛，最神聖的情感"（孫依依譯，1986，46頁）。在母愛中，本是一體的兩個人分離為二。母親必須容忍分離，而且必須希望和支持孩子與她分離。正是在這一過程中，母愛成為一個至為困難的任務，它要求無私，要求能夠給予一切，且除了所愛者的幸福以外別無所求。

3. 性愛 性愛是對完全結合的渴望，對只和一個人融合的渴望。性愛具有一種兄弟之愛和母愛所沒有的排他性，但是"它在另一個人身上愛著整個人類，愛著有生命的一切"(孫依依譯，1986，50頁)。性愛只是在我能完全地、強烈地將自己只和另一個人融合的意義上才是排他的。性愛只是在性結合的意義上，在它承擔全部生命的意義上——而不是在深深的兄弟之愛的意義上——才排除對其他人的愛。

4. 自愛 自愛是"人對自己的生命、幸福、成長、自由的確定"，它是"根植於其愛的能力，也就是說，根植於關心、尊重、責任和認識"(孫依依譯，1986，54頁)。如果一個人有能力產生愛，他也就愛他自己；如果他只是愛其他人，他就根本不能愛。弗洛姆指出，"自私和自愛遠不是同一的，它們實際上是對立的。自私的人愛自己不是太多而是太少，事實上他仇視自己。……的確，自私的人沒有能力愛其他的人，但是，他們也沒有能力愛自己"(孫依依譯，1986，54頁)。

5. 對上帝的愛 弗洛姆認為，人對父母的愛與對上帝的愛之間存在著重要的相似。幼小的孩子無依無靠，需要母親包羅一切的愛。然後他轉向新的情感中心——父親，父親是思想和行為的指導原則。到了完全成熟階段，他便不再接受作為保護和控制力量的父母親影響，他在自己身上建立起母性和父性的原則。弗洛姆說，在人類歷史中，我們看到相同的完整過程，最初由於弱小而依戀母性的神，然後是對父性的神的服從和依戀，最後達到成熟的階段。因此，對上帝的愛與對父母的愛是不能分離的。

（六） 占有和存在

弗洛姆關心的是人性善良的一面，以及在不健全社會中人性是如何變得異常的，這促使他對生命的"占有"和"存在"進行研究。他認為心理大體可分為**占有** (having) 和**存在** (being) 兩種狀態或方式。前者把個人與世界的關係視為一種占有關係，他要占有包括其自身在內的一切。這種性格結構看重的是物，具有消極、靜止、僵化的特徵。後者不占有也不希望占有任何東西，他快樂並建設性地利用自我的能力與世界融為一體。這種性格結構著重人本身，具有變化、積極、運動的特徵。簡單的說，占有等於惡、利己，而存在等於善、利他。

弗洛姆認為，在當今科技社會中，人們太重視"占有"，也就是生活資源的競爭性消費。生命的占有方式主要是為了享受生活，為占有而工作，為獲得成功而奮鬥。這種生命傾向性非常普遍而且強烈。占有包括天生的、生物學的生存占有，和習得的、社會性的占有。

弗洛姆認為，占有是附著於物，因而是可以描述的，而存在是指體驗，是指活躍的人內在活躍的過程，故難以描述。要了解一個人的存在，必須從表面深入到內心的現實，亦即人的性格結構的現實。他又指出，每個人都可以一身兼備占有和存在兩種方式，何種方式表現普遍，取決於人生活於其中的社會。占有方式主要是滿足生物學上的需要，在任何社會都有所表現。只有強調給予、共享、與他人交往以及自我犧牲的社會，才能削弱占有方式的勢力，使存在方式占據支配地位。

三、評　論

弗洛姆是個精神分析學家，又是哲學家，是當代西方新精神分析學派的理論權威，影響廣大而深遠。他對精神分析學的貢獻與局限有以下幾方面：

(一) 貢　獻

1. 肯定弗洛伊德的貢獻與歷史功績，宣傳了精神分析學　《在幻想鎖鏈的彼岸》一書中，弗洛姆寫道："弗洛伊德是一門真正的科學心理學的創始人，他所發現的潛意識過程以及性格特徵的動力學本質，都是對人的科學的獨特貢獻，因為它業已改變了人的未來圖景"(張燕譯，1986，第 11 頁)。

弗洛姆還專門寫了《弗洛伊德思想的貢獻與局限》，舉出弗洛伊德三種重要的發現：第一，關於潛意識；第二，析夢技術；第三，生之本能和死之本能的創造性發現。

2. 豐富了精神分析學的主要概念　繼弗洛伊德的"潛意識"、榮格的"集體潛意識"之後，弗洛姆提出了"社會潛意識"，被認為在潛意識理論發展史上樹立了第三個里程碑 (車文博主編，1992)。

3. 在新精神分析學派中獨樹一幟　弗洛姆提出社會精神分析學，他融合了多種學科的思想成果，以探索人性和心靈的奧秘，企圖把哲學、社會學、心理學與精神分析學加以結合，推動社會變革，促進人的健康發展。他這種樂觀主義的態度很容易被接受，因為它提供人們對未來的希望 (Schultz, 1979)。

（二） 弗洛姆學說的局限與問題

1. 弗洛姆像新精神分析學派其他人物一樣，在重視社會文化環境對心理影響的同時，往往認為是社會使人變得病態、人性惡化與墮落。而弗洛姆又把人的病態歸咎於現代社會的技術進步，這樣就把屬於全社會生產力的科學技術與社會進步對立了起來，不僅模糊了現代資本主義社會的根本矛盾，也鼓吹社會退化（孫名之，1987，345 頁）。

2. 關於弗洛姆在新精神分析學派中的歸屬問題，美國學者賓克萊指出，弗洛姆有時被稱為新精神分析學派，其實他應列入人本主義心理學。故車文博在《弗洛伊德主義論評》一書中把弗洛姆單列為一章，標題為："弗洛姆的人本主義精神分析"；但高覺敷主編的《西方心理學的新發展》卻在"精神分析社會文化學派"章內單列弗洛姆一節，標題為"弗洛姆的社會精神分析說"。柯爾西尼主編的《心理學百科全書》(1984) 則稱"在弗洛姆著作中可以看到一個弗洛伊德主義-馬克思主義-人本主義者的影響"。

前蘇聯學者季塔連科在〈弗洛姆——一位精神分析家和存在主義者〉一文中，深刻地指出：

> 僅僅把弗洛姆說成新弗洛伊德主義者或弗洛伊德-馬克思主義者，這是不夠的。只有注意到這位哲學家最近二十年創作中的那些重大變化，才能描繪出其觀點演變的全貌。不研究全部複雜而矛盾的現代資產階級文化，就不可能理解弗洛姆從弗洛伊德主義向新弗洛伊德主義、弗洛伊德-馬克思主義，最後向存在主義的演變。(現代外國哲學社會科學文摘，1986，第 1 期)

也許這些引文足以解釋何以弗洛姆在新精神分析學派中的歸屬竟會成為一個爭議的問題。

本 章 摘 要

1. **新精神分析學派**又稱為精神分析的**社會文化學派**，它的興起是時代的產物，具有深刻的社會根源和歷史背景，促使它產生的直接原因是弗洛伊德理論的弱點受到了挑戰。
2. 新精神分析學派的特點可歸納為五項，也是對弗洛伊德理論的修正，其中強調社會文化因素對人類心理和行為的影響，最富本學派的特徵性。
3. 霍妮認為**焦慮**與**敵意**相互交織，是不可分割的，兒童的**基本焦慮**來源於家庭中父母對待兒童的態度和行為。霍妮提出，任何事情，只要擾亂了兒童與父母之間的安全關係，就會引起兒童的焦慮。
4. 霍妮把十種神經症需要從人的指向性活動的角度概括為三大類型，每一類型都代表一種特殊的神經症適應模式，它們是**趨向人**、**反對人**與**背離人**。被人認為這在臨床上使治療家感到興趣。
5. 霍妮把人格看成是完整動態的自我，並把它分為**真實自我**，**現實自我**和**理想自我**。認為理想自我與現實自我的矛盾是神經症的一個主要衝突。
6. 霍妮從**文化決定論**的基本思想出發，從一個新的角度創立神經症理論。她認為神經症雖然是一個醫學術語，但卻帶有明顯的文化標記。霍妮把焦慮視為神經症的動力中樞，指出現代人的焦慮是由現代社會帶來的。
7. 沙利文的**人際關係說**以人際關係發展為主線來探討人格發展的理論，又稱為沙利文的人格理論。沙利文的社會文化決定論觀點就體現在他的人格學說中。沙利文認為，**人格**就是那些經常發生於人際關係中的相對持久的行為模式，它們能表明人的生活特性。這就是說，人格成為一個中間變量，從一個人與其他人和物有關的行為中推論而得。
8. 沙利文認為，人們是由減少內部緊張的願望所驅動的。緊張有四種主要原因：生理化學的需要，睡眠的需要，焦慮，與表達溫柔體貼的需要。其中，最重要的原因是焦慮。
9. 沙利文拒絕心理能量的概念，他認為，人類有機體把物理能量，而不是力比多轉化為滿足需要的行為，為了強調人格是一個動態的過程，沙利文把上述的能量轉移稱為**動能**。

10. **人格化**是個人保持的關於別人和自己的意象。人格化由習得的情感和信念組成，常與現實並不完全對應。

11. 沙利文把人格分成：**自我系統**和**自我動能**。自我系統來源於自己身體的經驗，大部分源於重要他人的評價。自我系統的主要目標是減少焦慮。

12. 沙利文認為，人類經驗完全由緊張、動能和需要滿足組成。他提出這種經驗以三種方式發生：**原始的方式、平列的方式和綜合的方式**。

13. 沙利文認為，人格發展具有連續性和階段性，他根據大約與某種能力成熟的相當年齡將人格分為以下幾個階段：嬰兒期、兒童期、少年期、前青年期、青年前期；以及青年後期。

14. 沙利文認為，精神病和神經症的產生，是個體對他所面臨的生活情境的一種反應方式。病人不是特殊的人，只不過這些病人常常以他們從童年期就固定下來的原始的反應方式去應付新的環境。

15. 弗洛姆是當代西方新精神分析學派的理論權威，他的社會精神分析論或人本主義精神分析是把精神分析方法引入社會歷史領域，使精神分析學與歷史唯物主義得以相互補充。

16. 弗洛姆反對弗洛伊德的**本能說**和**泛性論**，強調整個社會經濟制度和文化對人的精神的決定作用。他把**自由**看成是人格中根本的東西。

17. 弗洛姆認為，人的生物性需求是共同的，人的心理性需求則因人而異，且存在著差別，從而構成人的性格差別。而人的性格差別又是社會過程的產物，是通過某些生活環境的反應發展而來的。

18. 弗洛姆指出，人性固然是歷史演變的產物，但也具有某些固有的機制和規則，發現這些機制和規則正是心理學的任務。

19. 社會潛意識理論是弗洛姆對弗洛伊德潛意識理論的最大發展，也是精神分析研究由個體轉向社會的一塊基石。**社會潛意識**不同於**集體潛意識**，係在於後者是一種不能成為意識的普遍存在的精神現象，其中絕大部分是遺傳的；而前者則是在社會壓抑的前提下提出來的，它主要是指被社會意識壓抑下去的那一部分內容。

20. **社會性格**是人的性格的另一部分，它是性格結構的核心，指同一文化集體中全體成員所共有的特徵。在一個人的性格中，社會性格將外界的需要加以內化，指引個人去完成社會經濟體系所要求的任務。

21. 弗洛姆認為,一個人的性格特性可以從他的取向性所表現出來的各種行為和症候群中得到理解。他提出五種性格:**接納性格、剝削性格、貯存性格、市場性格、生產性格。**
22. 弗洛姆極看重愛,他有關愛的理論包括以下一些要點:以為人"缺少愛是無法活下去的",而"人的苦難是由於缺少愛引起的"。他提出,愛的本質是主動的給予,而非被動的接受。在愛的所有形式中包含一些基本因素,它們是關心、責任、尊重和認識。弗洛姆還以為,愛是一種態度,一種性格取向,它決定了一個人和整個世界的聯繫。所愛對象的不同類別決定了愛的不同類型。弗洛姆提出五種類型的愛:**兄弟之愛、母愛、性愛、自愛、對上帝的愛**。弗洛姆認為,人對父母的愛與對上帝的愛之間存在著重要的相似,對上帝的愛與對父母的愛是不能分離的。

建議參考資料

1. 弗洛姆 (王建康譯,1989):人心的追求。上海市:上海文化出版社。
2. 弗洛姆 (許俊達等譯,1988):精神分析的危機。北京市:國際文化出版公司。
3. 高覺敷 (主編) (1987):西方心理學的新發展。北京市:人民教育出版社。
4. 赫根漢 (文一等譯,1988);現代人格心理學歷史導引。石家莊市:河北人民出版社。
5. 墨　菲等 (林　方等譯,1980):近代心理學歷史導引。北京市:商務印書館。
6. Fromm, E. (1941). *Escape from freedom*. Boston: Houghton Mifflin.
7. Fromm, E. (1947). *Man for himself*. Boston: Houghton Mifflin.
8. Horney, K. (1934). *New ways in psychoanalysis*. New York: Norton.
9. Horney, K. (1939). *The neurotic personality of our time*. New York: Norton.
10. Sullivan, H. S. (1953). *The interpersonal theory of psychiatry*. New York: Norton.
11. Sullivan, H. S. (1954). *The psychiatric interview*. New York: Norton.

第十章

新弗洛伊德主義（下）

本章內容細目

第一節 卡丁納
一、卡丁納簡介 381
二、基本人格結構與習俗 382
三、文化與人格的關係 384
　（一）文化對人格形成和發展的影響
　（二）社會經濟對人格形成和發展的影響
　（三）習俗與基本人格結構的形成
四、評 論 387
　（一）理論上的貢獻
　（二）理論研究上的局限

第二節 埃里克森
一、埃里克森簡介 388
二、人格發展的生物-社會-文化決定論 390
三、人格發展階段理論 392
四、評 論 397
　（一）理論上的貢獻
　（二）理論研究上的局限

第三節 賴 希
一、賴希簡介 399
二、賴希的弗洛伊德-馬克思主義 401
三、性格結構理論 404
四、性革命理論 406
五、評 論 409

第四節 新精神分析學派的貢獻與局限
一、作為精神分析一個學派的主要貢獻與局限 410
　（一）貢 獻
　（二）局 限
二、作為治療學派在臨床和防治上的貢獻 412
　（一）病因學方面的貢獻
　（二）治療觀上的貢獻
　（三）對心理衛生事業的貢獻

本章摘要

建議參考資料

本章接續上章，介紹卡丁納、埃里克森和賴希三位心理學家。新精神分析的社會文化觀點得以產生和發展的條件之一，是文化人類學研究成果的衝擊。英國人類學家馬林諾夫斯基 (Bronislaw Kaspar Malinowski, 1884～1942)、美國人類學家本尼迪克特 (Ruth Benedict, 1887～1948) 和米德 (Margaret Mead, 1901～1978) 等人都對文化與人格的關係進行了廣泛研究，得出許多有價值的研究成果。一些精神分析學家受其影響，也開始以一種文化人類學的參照系進行研究。卡丁納對科曼契的印第安人，馬達加斯加的貝特西利奧族和南太平洋馬貴斯群島的土著人進行考察，從而創設了"基本人格結構"的概念，提出文化與人格相互作用理論。埃里克森也曾對蘇族和右洛克族的印第安人文化和兒童訓練進行實地考察及比較研究，他採取了人格發展的生物-社會-文化決定論模式，強調自我的功能，引入心理社會危機的概念，提出了心理社會發展階段理論。賴希是新精神分析學派中比較特殊的一位。他比弗洛伊德本人更重視力比多的重要性。另一方面，他又注意到性格的發展依賴於社會經濟系統，嘗試把精神分析和馬克思主義結合起來。這使他的觀點帶有明確的社會文化的傾向。最後，本章對新精神分析學派進行全面評價，試以它作為強調人格的社會文化因素的一個精神分析學派以及作為一個治療學派兩方面進行論述。

通過本章學習，可總結並思考與本章內容要點有關的以下幾個問題：

1. 卡丁納、埃里克森與賴希的學術生涯與主要著作。
2. 卡丁納的基本人格結構與普通心理學中的人格、個性有何不同。
3. 運用文化人類學的考察材料，卡丁納在哪些問題上批駁了弗洛伊德？
4. 埃里克森把人格發展歸納為哪幾個階段？對它們各作了怎樣的分析？
5. 你是否同意埃里克森的理論主張歸根究底仍是生物決定論？為什麼？
6. 賴希是如何把精神分析與馬克思主義結合起來的？
7. 賴希的性格結構理論與弗洛伊德的人格結構理論有何不同？
8. 如何評價強調社會文化因素的新精神分析學派？
9. 新精神分析學派在臨床與防治上的貢獻。

第一節　卡丁納

卡丁納通過對土著文化的研究提出基本人格結構概念，創立了文化與人格相互作用理論，強調了文化因素對人的心理發展的影響，有力地批判了弗洛伊德的本能論、泛性論，為跨文化研究提供了工具，使精神分析在文化人類學等學科研究中得到了發展。

一、卡丁納簡介

卡丁納 (Abram Kardiner,1891～1981) 是美國的精神病學家，新精神分析學派的主要代表，文化與人格交互作用理論的創立者。1919 年赴維也納接受弗洛伊德的精神分析訓練，回到美國後，與其他精神分析學家共同成為精神分析的熱誠宣傳者。1931 年紐約精神分析學院成立，卡丁納等人指導並完成了課程設計。1936 年起，在哥倫比亞大學人類學系組織了一個討論

圖 10-1　卡丁納
(Abram Kardiner, 1891～1981) 卡丁納出生於美國紐約，曾赴維也納接受精神分析訓練。他反對弗洛伊德的本能論，強調文化因素對人的心理發展的影響，提出了"基本人格結構"這一重要概念。

弗洛伊德的社會學著作的學習班,達三年之久。他與人類學家林頓 (Ralph Linton, 1893～1953)、杜波依斯 (Cora Du Bois, 1903～　) 等人合作,這對他採取跨文化研究取向有很大影響。卡丁納被認為是根據**自我心理學** (ego psychology) 對**精神分析心理學**和**人類學** (anthropology) 加以綜合研究的第一個人。

卡丁納採取文化人類學的觀點,與人類學家合作,到文化落後地區進行調查研究,例如 30 年代,他採用精神分析法對科曼契的印第安人、馬達加斯加的貝特西利奧族和南太平洋馬貴斯群島的土著民族進行考察。這使他對不同文化下個體的發展模式累積了豐富的第一手資料,並進而形成了他自己的人格理論。他深信應用精神分析的技術能揭示出每種文化所特有的基本人格。卡丁納代表精神分析的一個方向,特別強調家庭環境和童年經驗 (包括受養育的早期訓練) 對人格發展的重大作用。

卡丁納比較有影響的著作主要有:《個人及其社會》(1939)、《社會的心理疆界》(1945) 等。

卡丁納反對弗洛伊德的力比多說和本能論。他認為人類需要分為生理需要和社會需要兩大類,社會需要只有在接觸社會後才能發展,大多數人類行為都是適應性的和習得的。卡丁納強調文化因素對心理發展的影響,認為文化與社會的變化為檢驗和發展人格理論提供了難得的背景。他試圖以文化人類學的考察材料為依據,探討個體人格模式和集體人格模式。

二、基本人格結構與習俗

卡丁納認為,生命開始的前幾年,對於人格的形成是非常重要的。兒童成長過程中如哺乳、排泄訓練、性和其他訓練,都深深地影響兒童。而這些養育兒童的方法在一個特定的社會中,都是相當固定且標準化的。例如,在一個社會中,女人餵奶的方式大體上是一致的,餵嬰兒的食物,也相類似。因此,在一個特定社會成長的兒童,會經歷相同的童年期經驗。他們很容易以相同的方式對這些經驗加以反應,因而發展出一種相似的人格結構,卡丁納稱之為基本人格結構。

卡丁納把**基本人格結構** (basic personality structure) 定義為:"個人

在與同一習俗的相互作用中形成的心理特徵和行為特徵的集合"(Kardiner, 1939, p.12)。它包括思維模式和觀念的集合，超我的構成和對超自然現象的態度，因而能夠區別不同文化成員的那些人格背景。此外，卡丁納對基本人格結構和性格進行區分：**性格** (character) 是"基本人格結構的個人變量"(Kardiner, 1939, p.12)。也就是說，每一種文化的特殊條件傾向於產生心理特質適合於該種文化類型的個體。這種既定文化中的通常人格就是"基本人格結構"，而在同一文化中，個體之間的人格差異則被描述為性格。

卡丁納為了證實基本人格結構的存在，研究了印尼爪哇以東一個小島上的亞羅人 (Alorese) 的文化特徵及其基本人格結構，並把研究結果同美國心理學家埃米爾·奧伯霍爾澤 (Emil Oberholzer, 1944) 對亞羅人在羅夏墨跡測驗上的反應所做的分析加以比較，結果證明兩種分析的結果非常一致。他們發現亞羅人具有很強的被動性、內心充滿恐懼與膽怯、情緒不穩定等。他們認為這與亞羅人的母親忽視兒童有關。在亞羅族，婦女是主要的食物生產者，她們從事蔬菜食物的種植與收穫。母親在產後十天至兩個星期內，就開始到田裏從事勞動。因此，嬰兒斷奶很早，排泄訓練也不充分。兒童期的壓抑與挫折一直保留在潛意識中，影響了亞羅兒童人格的建構。

在《個人及其社會》(1939) 一書中，卡丁納討論文化與人格的關係所憑藉的另一個重要概念是"習俗"。他將**習俗** (institution) 定義為"一群人共有的任何固定的思想或行為模式"(Kardiner, 1939, p.7)，包括傳統、宗教儀式和信仰、謀生方式、規則和法律、兒童養育方式等等。卡丁納指出，許多文化都有獨特的習俗，不同的文化也具有相似的習俗，這是由於這些習俗都試著滿足人一定的需要。例如，嬰兒需要被母親餵養和照料，這在所有的文化中都得到滿足，但是照料的時間和養育的方法在不同文化之間存在著廣泛的差異。婚姻的習俗也是普遍的，但在不同文化中結婚的對象和結婚的方式是不同的。

卡丁納把習俗區分為**初級習俗** (primary institution) 和**次級習俗** (secondary institution) 兩類。前者是指兒童出生時就面臨的最基本行為規則總和，包括家庭組織、團體模式、基本規範、餵養、斷奶、父母對兒童的關注或忽視的態度、排便訓練的時間和方式、性禁忌、生存方式等，它是形成個人基本人格結構的文化基礎，且不會隨社會經濟條件的改變而輕易變化。次級習俗是個人基本人格結構的投射物，它包括禁忌系統、宗教、儀式、民間故事和思維方式。次級習俗並不是初級習俗的直接衍生物，而是通過它在個人身上所形成心理特徵的投射物。

三、文化與人格的關係

對於文化與人格，弗洛伊德採取生物本能決定論的立場，認為文化的創立不可避免地要犧牲本能的滿足，所以文化是本能壓抑的產物，本能通過昇華創造了文化。弗洛伊德認為人格是由生物本能所推動，並把戀母情結視為是人類的普遍現象，用以說明人格的形成和文化的起源。卡丁納反對這種觀點，他分析了人格形成發展的文化社會因素。

(一) 文化對人格形成和發展的影響

卡丁納反對生物本能論，強調文化對人格形成和發展的影響，試著表明不同的習俗造就不同的人格結構。他對幾個不同的文化進行系統的研究，得出了不同於弗洛伊德的結論。

在南太平洋的馬貴斯 (Marguesans) 部落，男性人口遠多於女性人口。這種情況導致女人的優越地位，婚姻形式採一妻多夫制，母親周旋於多夫之間而無暇照顧子女，儘管也給予孩子一定的刺激，但在孩子尚處於嗷嗷待哺之時就不管他們了。因此馬貴斯人不存在所謂的"戀母情結"。在馬達加斯加群島的泰那拉 (Tanala) 部落，泰那拉人尊敬他們的父母，對敵意的壓抑類似於清教徒。卡丁納認為，這是較早的和嚴格的括約肌控制的結果。泰那拉人的嬰兒被母親帶著時沒有穿尿布，如果尿濕了母親的衣服，就會受到懲罰。因此在六個月時就達到對括約肌的控制。因此卡丁納認為，人格結構依賴於環境因素而不是力比多的發展階段。

(二) 社會經濟對人格形成和發展的影響

社會經濟因素在卡丁納的理論中產生很重要的作用。他認為性本能具有以下的特點：(1) 性欲的滿足可以被延遲；(2) 它可以變化的方式滿足；(3) 它的能量可以透過昇華轉移到其他通道。然而人們對食物的需要不可能被代替，它的滿足也不可能延遲很長時間，也沒有昇華的過程。因此，**食物焦慮** (food anxiety) 在許多文化中具有決定性的作用，許多習俗都與吃有關，這些習俗對一個文化中人們吃哪種食物、何時吃這種食物、如何吃這種食物都有影響。

馬貴斯部落存在著食物焦慮，島上乾旱缺水，導致嚴重的糧食歉收和飲水短缺。對待這種食物焦慮的方法是把食物儲存在公共的地窖裏，一個季節中第一次莊稼的收成全都存放在這些地窖裏。因此，大部分時候馬貴斯人都為緊急情況做好了準備。然而，人們對食物有誇大的焦慮，對吃本身有過分的評價，他們重視食物的數量而不重視食物的質量。

吃人肉是這種食物焦慮的一項重要證據。人們也害怕被吃掉，這種恐懼以許多方式表現出來並且產生許多不同的習俗，其目的都是為了緩解恐懼。害怕被吃掉增強了部落間的敵意和吃人肉的習俗。儘管他們吃敵人係由於復仇的義務，但在食物缺乏時，也尋找敵人作為食物。從嬰兒起，馬貴斯人就什麼都吃。通常在部落內不會有同類相食，但在極端饑餓的時候，牧師會指定殺死並吃掉某些受害者。

馬貴斯人吃的習慣以及與食物有關的每件事皆表現出周期性食物缺乏的影響和賦予食物的過大價值。例如，在兒童十歲時，都要參加將自己的手神聖化的儀式後，才能為自己或他人準備食物。馬貴斯人有許多關於食物的禁忌，如某種職業的人不能吃某些食物。食物是少數容易被竊的東西之一。顯然食物稀少導致馬貴斯人發展了疑病症性格（註 10-1）。

（三）習俗與基本人格結構的形成

卡丁納認為，人格不單單是文化的，更不是本能的，"從性質上看，人格是綜合的、累加的，並將根據個人出生之日起就與之發生聯繫的各種社會力量進行不斷的塑造"（Kardiner, 1939, p.455）。儘管有各種各樣的習俗，但是創造個人一系列心理特徵的是初級習俗（如家庭）。因此，分析初級習俗對心理特徵發生影響的過程就成為說明基本人格結構形成的重要渠道。以兒童的排泄訓練為例：(1) 兒童最初的排泄活動是身體的不隨意機能，隨著排泄而釋放緊張；(2) 當不隨意機能因訓練被控制所代替時，兒童會產生與訓練

註 10-1：**疑病症性格**（hypochondriac character）：患神經衰弱的人經常擔心自己的工作、家庭，尤其是自己的健康，總是害怕自己得了什麼病，到處求醫甚而相信江湖郎中的詐術。這種總是疑心自己有病的人，其基本人格結構的個人變量可以理解為卡丁納所說的疑病症性格。

有關的新感覺和行為;(3) 如果兒童學會控制排泄,他就受到讚許,如果失敗,他就會受到懲罰或斥責;(4) 經由這樣的訓練,兒童就會形成關於排泄活動的心理特徵,"如果我按照被期望的做;我就會受到讚許。"因此,整潔是文化的要求,兒童最初並不理解它的意義,但當他愛清潔時,就會得到期待的讚許。因此,整潔起初只是一種服從的心理特徵,以後則可能成為一種責任感和習慣。如果兒童服從父母的要求並得到獎勵,就可能達成一種平衡;如果兒童服從了,卻沒有得到獎勵,就會產生增大的焦慮和抑制,或是產生好鬥與違抗的人格。

因此,卡丁納認為,基本人格結構來自於人對挫折的反應類型。而各種次級習俗的概念則來自於這些挫折經驗在無意識的表現。這是因為,通過兒童的早期訓練,服從帶來保護或類似的其他觀念,會成為個體對現實感覺的一部份。對兒童而言,父母的力量十分強大;當兒童長大成人,面對一種無助的情境而要求神靈幫助時,他具有獲得這種超自然力量幫助的現成技術。他可以通過服從或對自己的懲罰或自我犧牲等方法以求得這種幫助。那些超自然力量實際上是父母的化身。因此,宗教等次級習俗不是由初級習俗直接產生的,而是由初級習俗創造的心理特徵所產生的。

這樣,卡丁納就在基本人格結構和習俗之間建立一種辯證的關係。即:習俗決定個人對它們的反應形式,這種反應形式形成基本人格結構,反之,過去形成的基本人格結構又創造新的文化因子或使既存文化發生變遷;特定文化因子 (習俗) 的改變導致基本人格結構的改變。反之,基本人格結構的改變又導致現存習俗的修正。這樣,在一個特定的社會發展鏈條內,個人首先被文化所塑造,然後又塑造或創造其他文化因子。因此,這種交互作用表現為一種永恆的動態過程。

卡丁納在精神分析理論和實踐中所注意的是各種文化的影響。他試圖將他的研究與社會科學聯繫起來,把精神分析用來作為研究人類學和人種學的工具。卡丁納的研究被稱為標誌著對人類研究的一個轉折點,提供關於人類本性發展重要而新穎的發現。吳偉士 (Robert Sessions Woodworth, 1869~1962) 認為,卡丁納利用精神分析法以特定文化方式和社會習俗來闡明邊緣文化 (原始民族) 的基本人格結構:

為精神分析和社會人類學合作研究社會制度 (也可稱為社會習俗)

和個體人格的相互作用，開闢了一條有前途的道路。(謝循初譯，1962，179頁)

四、評　論

卡丁納的特殊貢獻與影響，在於他通過對土著文化的實地考察與分析研究，提出帶有普遍意義的文化與人格關係的相互作用理論。可從以下三方面來衡量這一理論的意義：

(一) 理論上的貢獻

1. 它批判了古典精神分析在人格問題上的錯誤觀點，如本能論、泛性論認為戀母 (父) 情結具有普遍性、必然性；而從社會文化方面說明人格形成與發展的根源，尋找精神病的病因，強調社會文化因素在人格形成中的決定性作用。這顯然是對弗洛伊德生物本能論的一個突破性的進展，豐富了精神分析社會文化學派的理論內容。

2. 它強調人格在文化創造和變遷中的能動作用，把個人視為文化的形成物，又是文化的創造主體，說明人格結構與文化習俗之間一種辯證的永恆動態過程。它在批判生物決定論的同時，不取文化決定論的單向圖式簡單機械的說法，在人格理論上要更全面、深刻，符合於實際。

3. 它啟用了基本人格結構這一概念，為跨文化群體心理學的研究提供了一個有價值的工具。卡丁納借助這一概念，對異質文化及其人格作了比較研究。就理論而言，運用這一概念必然將排除所謂永恆的、普遍的"人性"假設，說明人性不是人的生物規定，而是社會文化條件的形成物。這為傳統個體心理學的研究開拓了一個新視野，因而受到心理學界的重視。

(二) 理論研究上的局限

當然，卡丁納在理論研究上也有其局限：

1. 卡丁納在亞羅人研究上的精神分析結果與奧伯霍爾澤的羅夏墨跡測驗結果兩者十分一致，這是很引人注目的。但作為一種理論，卡丁納文化與人格關係的交互作用說，尚缺乏更多且更廣泛的實證依據，這是其學說上的一個缺憾。

2. 卡丁納主張文化觀點對個人發展性質的解釋太過狹隘。他把兒童發展的主要動力，只限於對兒童的護理，只限於父母(特別是母親)對待兒童以及兒童對待父母態度的性質。

3. 卡丁納對於所研究的那些民族生活的社會歷史條件涉及不多，因此不可能從根本上提出任何改變個人不良心理特徵的有效方法，而這些方法必定是要觸及一些整體的、根本的社會變革問題，這正是卡丁納理論研究上的不足與局限。

第二節　埃里克森

埃里克森以自我心理學體系，提出自我同一性概念而聞名遐邇。他的人格發展分期不以心理的性更替為標準，而以心理的社會性質為標準，批判了弗洛伊德過分強調性和潛意識對人格發展的作用。他擴大了精神分析理論的研究，並影響青年教育等社會問題的研究，以及發展心理學、人格心理學和社會心理學等學科領域的研究。

一、埃里克森簡介

埃里克森 (Erik Homburger Erikson, 1902～1994) 出生於德國的法蘭克福，父母都是丹麥人。早年在德國的卡爾斯魯厄的普通中學和文科預科大學就讀，後來遊學中歐，先後學習藝術、歷史和地理。1927 年經同學邀請至維也納一所小學任美術教師，那個小學的學生多是弗洛伊德的病人和朋友的孩子。弗洛伊德的女兒安娜・弗洛伊德在那裡進行研究工作。埃里克森在安娜的指導下接受精神分析訓練。安娜的精神分析理論在某些方面與她父親不同，她對埃里克森產生深刻的影響。1933 年他遷居到美國波士頓，開設私人診所，從事兒童心理分析治療工作。1934 年任哈佛醫學院神經精神病系研究員。1936 年至 1939 年受聘於耶魯大學人類關係學院精神病系，研究兒童情緒障礙。研究內容為自我發展的三個主要問題：(1) 兒童在遊戲行為中所表現的社會道德概念；(2) 作為一個連續統一體的自我發展；(3) 關於人在時空中的人類學調查。1938 年前往南達科他州等地考察印地安人的兒童養育方式，這些考察使埃里克森更加重視社會文化因素對人格的影響。

圖 10-2 埃里克森
(Erik Homburger Erikson, 1902～1994) 埃里克森出生於德國，後來遷居美國。他曾在弗洛伊德的女兒安娜‧弗洛伊德的指導下接受精神分析訓練。他的理論強調"自我"在人格發展中的作用，形成了"自我心理學"。

埃里克森於 1939 年取得美國國籍，同年遷居加州。1939 年至 1944 年參加了加州大學的"兒童指導研究"，研究內容包括：(1) 兒童遊戲中的性別差異；(2) 生命周期中各個階段衝突的解決；(3) 兒童發展問題上文化人類學的繼續調查。1944 年至 1950 年在加州大學任教，並在舊金山精神分析研究所和堪薩斯州托皮卡城梅林格基金會領導研究工作。1950 年出版了《兒童期與社會》一書，在書中他大力強調社會文化因素對人格發展的重要作用，並詳細討論了自我的機能，初步形成**自我心理學**體系。1951 年以後分別在西方精神病學院、匹茲堡大學及麻省理工學院任特邀教授。1961 年起擔任哈佛大學教授，直到 1970 年退休。

埃里克森的主要著作有：《兒童期與社會》(1950)，《青年路德：心理分析和歷史的研究》(1958)，《自我認同問題》(1959)，《青年的變化與挑戰》(1962),《同一性:青年與危機》(1968),《甘地的真理:非軍事暴力主義的起源》(1969),《遊戲與真實》(1972),以及《生活史和歷史的瞬間》(1975) 等等。

埃里克森強調自我的作用,認為自我雖然也服務於本我,但它還有一些重要的作用,如組織個人的生活、確保個人的心理、生理與社會環境的協調等;強調自我對健康成長和適應的影響,同時自我也是個人同一性的根源。個人行為的方向是由自我所決定。自我決定每個人的命運,導引著每個人的特定方向,鑄造每個人的發展史。埃里克森的**自我**超出了弗洛伊德的泛性論範圍,但他仍然重視**潛意識**,認為潛意識動機的存在是一個事實,然而探討人格理論的重點卻應該放在研究社會化過程上,因為個體經由社會化之後,原本單純的自然人,於社會環境中與人、事、物的互動,逐漸學習到認識自己、了解別人,並進而在人己關係中了解待人、律己、循規、守紀等合於社會規範的一切態度、觀念與行為。在個人與家庭的關係方面,埃里克森不像弗洛伊德那樣側重性的分析,而是強調家庭成員與社會文化之間的動力學,認為個人生長與社會文化分不開,個人的同一性 (或認同) 危機與歷史發展中的社會危機也分不開。另外,埃里克森沒有像弗洛伊德那樣致力於精神病的病理學研究,而把注意力集中於發展進程中的危機上,並試圖指出個體的各種發展機會,使人能夠戰勝生活的心理危機。埃里克森還設想心理進化的社會意義,認為任何個人的或社會的危機都對心理的發展、成長提供有利因素。埃里克森強調自我的自主性和獨立性,其整個理論都是描述自我如何形成、如何發展、如何發揮作用、以及如何發生障礙等等,因而他的理論又被稱為**自我心理學** (ego psychology)。

埃里克森對於新弗洛伊德學派理論的獨特貢獻,最主要在於自我同一性 (或自我認同) 思想以及心理社會發展漸成說。以下是其主要觀點的概述。

二、人格發展的生物-社會-文化決定論

埃里克森認為,在人類進化的歷史中,生理結構和心理稟賦一直是同時發展的。個體自出生到老死一生中會產生階段性變化;此等變化代代重演,故稱為**生命週期** (life cycle)。通過研究個體心理發展的生命週期,認為人格發展係遵循生物學的原則,它是指胚胎在子宮內形成有機體各個器官的共同

法則，稱之為**漸成原則**(或後成原則) (epigenetic principle)。從一般意義上說，它是指任何事物的生長由一個固有的型式逐漸形成各個部分，每一部分按其最適宜的時間出現，直到所有部分形成一個有機整體。在心理學中，精神分析學派的人格發展學說即體現了漸成原則。弗洛伊德把心理性欲的發展分為口腔期、肛門期、性器期、潛伏期和生殖期五個階段，已隱含了這個原則。埃里克森更用此原則解釋人格發展，將此自我發展為核心的生命週期劃分為各有其特殊的心理社會任務或危機的八個發展階段。

生物進化在人出生之前就停止了，有機體的繼續發展不再是分化出新的器官，而是按一系列運動的、感覺的、社會的能力展開。心理發展和社會、文化發展取代了生物發展，自我發展同機體的發展交織在一起，推動人格的發展。個人在成長中總是把生物的、心理的和社會的力量聯合起來。埃里克森指出，個人需要從社會獲得指導，社會也希望去指導個人，不同成人總是傾向於在自己的社會和傳統所規定的範圍內強調並指導兒童的發展，於是個人逐漸形成一種特殊的生活風格。

埃里克森認為，每個人都需要一種可以理解的理論或信仰以期對生活作出明白的解釋。作為文化高度結晶的宗教和意識形態能夠超出個人理性所及的範圍而提供某種解釋，所以宗教和理想對個人信任感的發展提供指導，對解釋人生、追求未來也有所幫助。文化在生活中的重要作用表現為：人依靠本能的力量去生活，文化則評判這些本能力量具有何種"用途"。通過文化環境對每個人的經驗進行選擇，形成個體的行為模式。一個文化的、階級的或種族的經驗通過成人傳遞給兒童後，就成為他的早期經驗，並把兒童與其生活的社會環境永遠地聯繫在一起。埃里克森指出，成人的文化灌輸是潛意識地、不知不覺地，而兒童對這種文化的感受也是潛意識的，不知不覺的。訓練兒童的目的，在促進個體的健康成長，同時也是保存和延續社會性質的自覺保障，因為成長的兒童用來掌握個人經驗的方式，是團體共性的一種變式，它符合該團體的既定模式。埃里克森因而得出結論：一個人既是一個有機體，又是一個自我，一個社會成員，個體就是時刻處於這三種組織之中。亦即，人的發展是生物學的發展、心理的發展、社會的發展這三個過程的共同作用。

三、人格發展階段理論

埃里克森認為人的發展是依照漸成原則而進行的，人的一生是一個生命週期，依個體與社會關係的改變，將其分為八個人格發展的階段，體驗著生物的、心理的、社會的事件。在發展過程中，以個人的**自我**主導，自我的發展順序，循序漸進按成熟時間表，將內心生活與社會任務結合起來，形成一個既分階段又有連續性的**心理社會期發展論** (psychosocial stage theory of development)。埃里克森劃分的人格發展前五個階段與弗洛伊德**性心理發展期**五階段在時間上是平行的，後三個階段則為埃里克森所獨創。埃里克森認為人格發展八個階段的順序是不變的，因為這是由遺傳因素決定。個體行為發展過程中，因受階段性改變的影響，個體行為方式若不能符合環境要求，使他在社會適應上產生一種心理困難，埃里克森稱此種心理困難為**發展危機** (developmental crisis)，如初次入學時、初次就業、新婚、初為父母、屆齡退休等所產生的階段性適應困難，都可能產生發展危機。

對於危機的解決有兩種方式，一是積極的解決方式，一是消極的解決方式。前者會增強自我，使其具有更大的適應能力；後者則會削弱自我，降低適應性。同時，對某一階段危機的積極解決會增加下一個階段積極解決危機的可能性，反之亦然。生理遺傳決定了每一階段何時出現，而社會環境則決定危機是否能得到積極的解決。因此，埃里克森的發展階段理論又被稱為**心理社會論** (psychosocial theory)。

埃里克森將各時期的自我發展，都採用兩極對立的觀念來表示不同時期的發展危機。兩個相對觀念所示者，只是個體在社會要求下所處的一種兩難困境。困境的化解與否，正是他以後能否順利發展的關鍵。因此，發展危機也是發展轉機，沒有發展危機，個體的自我就無從獲得充分的發展。在發展危機轉變為發展轉機時，將因個體能力經驗條件之不同而異；有的可能將危機化解趨向正極方向發展，有的可能因無法化解危機而趨向負極方向發展。不過，無論後果如何，對一般人而言，兩極的取向並不是非此即彼，多數人在每一時期因對危機化解程度的不同，其自我發展狀態處於兩極之間；積極成分居多者，即可視為發展順利；反之，即可視為發展障礙。下面介紹八個人格發展階段。

1. 嬰兒期 從出生到一歲半是嬰兒期，相當於弗洛伊德的**口腔期**，其任務是獲得信任感和克服不信任感。此階段的發展危機是**信任對不信任** (trust vs. mistrust)。

這個階段的嬰兒是最軟弱的，因而對成人的依賴性也最強。嬰兒這時的反射活動和運動動作受大腦皮層的控制以求得生理需要的滿足，自我在逐漸形成，家庭則以母親為中心，如果嬰兒能得到愛撫和悉心的照料，生理需要得到滿足，便會對周圍環境產生信任感。反之，如果父母育兒方式不良，缺乏愛撫，則會造成嬰兒對環境的不信任感。

當嬰兒獲得的信任感超過不信任感時，信任感對不信任感的危機就解決了。埃里克森指出，消極的解決方式不能多於積極的解決方式，但也不能完全沒有。因為在現實生活中信任一切是會帶來麻煩的，適量的不信任感是有益的，對於生存是有積極意義的。但是只有充滿信任感的兒童才敢於冒險，才會不屈服於挫折；而缺乏信任感的兒童則不敢冒險，害怕失敗，擔心自己的需要是否能得到滿足。

2. 兒童早期 約從一歲半到三歲是兒童早期，又稱幼兒期，相當於弗洛伊德的**肛門期**，其發展任務是獲得自主感，克服羞怯和疑慮感。此階段的發展危機是**自主獨立對羞怯疑慮** (autonomy vs. shame and doubt)。

在這一階段中兒童迅速掌握大量的技能，已能行走、說話並控制肛門的括約肌。自我的整合力逐漸加強，加上超我的出現，已經可以維持與本我之間的平衡。兒童一方面不滿足於停留在狹窄的空間內，在探索新世界中因自信而產生一種自主感。另一方面又不願過分依賴以及擔心越出自身和環境的疆界而感到羞怯和疑慮。兒童學會如何堅持或放棄，他們開始"有意志"地決定做某事或不做某事。此時兒童的意志可能會與父母的意願發生衝突。父母必須按照社會所能接受的範圍，履行教導兒童行為的精心任務，使其行為符合各種規範，同時又不傷害兒童的自我控制能力和自主感。這時期父母對兒童的態度宜把握好分寸，既要寬容，又要嚴格堅持確立兒童的良好行為習慣。如果父母對兒童過於縱容保護，或懲罰嚴厲又不公正，兒童就會感到疑慮和害羞。在此一階段，自主或羞怯這兩種相對的人格傾向，很有可能是因父母管教的差異而養成。無論兒童在此一時期所養成的人格傾向如何，均將影響他以後人格發展順利與否。

3. 學前期 從三歲到六歲左右為學前期，相當於弗洛伊德的**性器期**，其發展任務是獲得主動感，克服罪疚感。此階段的發展危機是**主動對愧疚** (initiative vs. guilt)。

這一階段的本我、自我與超我已取得平衡，早年出現的自我同一感現已能代替自我中心感。兒童此時已經能從言語和行動上探索和擴展其環境，且因不難達到目的而產生主動感；但又因侵犯別人，特別是因侵犯從前被依賴者的自主而感到內疚。埃里克森認為，這一階段的兒童易於對差別（尤其是性別差異）產生強烈的好奇心。他們精力旺盛，不知疲倦的求知和好奇使其擺脫自己的局限而進入未知的、可能的世界，如兒童的好問（自動自發）得到成人鼓勵，他將繼續自動自發；但如自動自發行為受到威脅和嘲笑，則將變得退縮羞愧。埃里克森認為，此時期的兒童喜歡身心各方面的活動，尤其愛好團體遊戲，遊戲是解決主動感和罪疚感矛盾的一個方法。兒童在遊戲中尋求解決生活中存在的矛盾，使危機得到緩和。此時遊戲已能充分地執行自我的功能，成為兒童生活中遇到挫折時的安全港，埃里克森稱此一時期為**遊戲年齡** (play age)。兒童在團體遊戲中可以學到團體規範也可以學到各種角色所負的責任。

這一階段兒童開始思考他們可能和應該成為什麼樣的人，並探索什麼是被允許的，什麼是不被允許的。如果父母鼓勵兒童的主動行為和想像，兒童將獲得主動感；如果父母經常否定兒童的主動行為和想像，兒童則傾向於缺乏主動性，有罪疚感。如果兒童在此一階段獲得更多的主動感，更少的罪疚感，他們就會獲得"方向和目的"品質，即具備一種正視和追求有價值目標的勇氣。

4. 學齡期 約從六歲到十二歲為學齡期，相當於弗洛伊德的**潛伏期**，此階段的發展危機是**勤奮對自卑** (industry vs. inferiority)。

處於這個階段的兒童多數在上小學。他們努力學習，企求在學業上取得成就，能在同伴中占有一席之地。事實上，這時兒童所要學習的最重要課程是通過集中精力和刻苦努力，能在圓滿完成工作時感到樂趣。然而學校教育實施班級教學，在團體中個體間優劣之爭也是無法避免的。按埃里克森的解釋，如果小學兒童在求學過程中，經驗到的是成功多於失敗，他將因而養成勤奮進取的性格，敢於面對困難情境的挑戰，以後繼續追求成功。反之，如果求學過程中所經驗到的是失敗多於成功，甚至只是失敗沒有成功，他將養成自貶自卑的性格，不敢面對生活中現實的困難。埃里克森認為，這一時期為將來成人後的工作習慣、工作態度奠定基礎。此時的危險是兒童過分看重工作的重要性，認為工作就等於生活，而忽略人類生活其他重要方面。

如果兒童在這個階段獲得更多勤奮感，更少自卑感，他們就將具有"能力"品質，能夠自如地運用技能和智力來完成任務。能力品質來自於成人充滿愛的注意和鼓勵，自卑感則產生於成人對兒童缺乏關心和冷嘲熱諷。

5. 青年期 從十二歲到十八歲為青年期，相當於弗洛伊德的**生殖期**，其發展任務是建立同一性和克服同一混亂感。此階段的危機是**自我統合對角色混亂** (identity vs. role confusion)。

這一時期的青年處於生理迅速發育成熟和心理困惑階段，原已出現的自我同一性達到發展高峰。這種同一性 (註 10-2) 是青年對自己的本質、信仰和生活等方面前後一致的自我意識，能將先前各階段的認同作用整合並達到明確的個人同一。埃里克森說：

> 現在發生於自我同一性中的角色整合比整個童年期中身份感的總和還要多。利用力比多能量，由天資發展出的才能和社會角色所提供的機會去整合所有的身份感是這一時期的自我能力。這種自我同一性的感受也是一種不斷增強的自信心，一種在過去的經驗中形成的內在持續性和同一感。如果這種自我感受與一個在他人心目中的感受相稱，很明顯這將為一個人的"生涯"增添色彩。(Erikson, 1963, pp.261~262)

如果青年在這個階段嘗試把與自己有關的多個層面統合起來，形成自己覺得協調一致的自我整體，此一心理過程，稱為**同一性形成**(或**統合形成**) (identity formation)。按埃里克森的解釋，對青年的自我成長而言，同一性形成是一種挑戰，無論對求學或就業的青年來說，都是很困難的。正因為自我同一不易，所以很多青年不能化解此一時期的發展危機。是故，此一時期的發展危機，埃里克森稱之為**同一性危機**(或**統合危機**) (identity crisis)。

註 10-2：**同一性**(或**統合**) (identity) 代表人格成熟的一種狀態；此一狀態的形成乃是個體綜合當前自我、生理特徵、社會期待、以往經驗、現實環境、未來希望六個層面，統而合之成為一個整體的人格結構，使個體對「我是誰？」與「我將走向何方？」的問題，不再有徬徨迷失之感。此種自我肯定的感覺，標誌著童年期的結束和成年期的開始。同一性又稱**自我同一性**(或**自我統合**) (ego identity)。自我同一代表青年期人格發展的理想境界。事實上臻於此一境界者只占少數；多數青年人仍然處於迷失與肯定之間。

如果此一時期的同一性危機得不到化解,當事者將難免傾向角色混亂的一端,以致阻礙其以後的發展。

如果這個時期青年獲得積極的同一性,就會形成"忠誠"的品質,即可以不顧價值系統中不可避免的矛盾,仍然忠於發自內心的誓言。

埃里克森指出,青年期是人生中最重要的一個階段,因為它既是成人的準備期,也是心理上兒童期的合法延緩。自我同一性的形成標誌著兒童期的結束,成人期的開始,此後生活就是扮演個人同一性的過程。

6. 成人早期 從十八歲到二十五歲為成人早期,其發展任務是獲得親密感和克服孤獨感。此一階段的發展危機是**親密對孤獨** (intimacy vs. isolation)。

心理上的成人期除了需要在事業上繼續有所發展外,還需要獲得愛情,需要人與人之間的親密無間,否則就會感到孤獨。埃里克森認為,生殖的理想境界決不是一個單純的性的問題,真正的親密意味著兩個人都願意共享和互相調節他們生活中的一切。

埃里克森同意弗洛伊德把健康的人定義為擁有愛情且辛勤工作的人,並指出,只有獲得牢固同一性的人才敢與另一個人建立愛情關係,並急於尋求與他人的親密關係。因為與他人建立親密關係就要把自己的同一性與別人的同一性融合成一體,這就包含自我犧牲的成分。

如果個人在這個階段具備建立親密關係的能力,他就會形成"愛"的品質。反之,則會離群索居,迴避與別人親密交往,因而就形成了孤立感。

7. 成人中期 從二十五歲約至五十歲是成人中期,其發展危機是**繁殖對停滯** (generativity vs. stagnation)。埃里克森認為,"繁殖"不僅是指生兒育女,還指通過工作來創造事物和思想,更重要的是關心和指導下一代的成長。父母不僅要生養兒童,還必須給兒童適當的照料和指導。一個人即使自己沒有生育,也可以通過關心、指導下一代來獲得一種繁殖感。具繁殖感的人會形成"關心"的品質。反之,如果一個人只專注自己,不關心他人和後代,他就不能獲得繁殖感,心理就會產生停滯或倒退。

8. 成人後期 五十歲直到死亡為成人後期,其發展危機是**完美無缺對悲觀沮喪** (integrity vs. despair)。

當個人順利通過前七個階段的人生,覺得生活很充實,並對社會有所貢獻而問心無愧時,便會產生一種完善感。埃里克森認為,這是對人類自我的一種後期自戀，一種同類之愛，一種智慧結晶，也是一種人生哲學。一個人達不到這種境界就會有失敗感，失望感，因為他們還沒有達到自己的任何重要生活目標，所以懼怕死亡。具更多完善感的人則會具有"智慧"的品質，他們面對死亡，以超然的態度對待生命本身。

表 10-1　埃里克森人格發展八個階段的危機和相應特質

階段	發展危機	年齡（歲）	特質	
			對危機的積極解決	對危機的消極解決
1	信任對不信任	0～1.5	希望	恐懼
2	自主獨立對羞怯疑慮	1.5～3	自我控制和意志	自我懷疑
3	主動對愧疚	3～6	方向和目的	無價值感
4	勤奮對自卑	6～12	能力	無能
5	自我統合對角色混亂	12～18	忠誠	不確定感
6	親密對孤獨	18～25	愛	淡漠
7	繁殖對停滯	25～50	關心	自私
8	完美無缺對悲觀沮喪	50～死亡	智慧	絕望和無意義感

(採自Erikson, 1963)

埃里克森對人格發展八個階段的分析，貫穿關於人的發展是生物學的、心理的和社會的過程相結合的思想。他把發展視為一個連續的過程，雖然每一個階段都有各自不同的主題，但是階段之間並非割裂的，前一階段獲得的東西總以某種形式在以後各階段表現，而每一後繼階段又都為先前遺留下來的問題提供新的解決可能。這種方法表現了埃里克森對人格動力過程的發展觀，會有合理的因素，顯得較不機械，故而受到人們的重視。

四、評　論

埃里克森以自我為核心，按漸成原則，提出了同一性概念和人格發展階段理論，受到學術界和社會各界廣泛的關注，影響極大，為促進精神分析理論的發展，作出了自己的貢獻。

(一) 理論上的貢獻

1. 修正了弗洛伊德理論的偏頗 埃里克森提出心理社會期發展論，使弗洛伊德的性和潛意識在人格發展作用中的錯誤思想得到某種克服。這在一定程度上改變了人們對精神分析理論所持的消極、冷漠以至反感的態度。

2. 擴大了精神分析理論的範圍 埃里克森從一開始就有意把精神病理學擴展到正常心理學，以至解釋包括臨床治療在內的當代各種現實社會問題，得到了高度評價。墨菲認為，埃里克森各方面的研究和同一性概念"對精神病學、教育學，甚至就整個文明的評價來說，都已經成為一個中心的問題，……顯示出一種一掃無遺的跨文化傾向……，並已經像弗洛伊德所夢想的那樣變為一種對一切有關人性的東西的關注。"(林方等譯，1980，422頁)

3. 發展了精神分析自我心理學 埃里克森強調自我的適應和發展的心理內部機制，提出最有影響的自我同一性概念。並以此為核心，從人格發展的八個階段中分析自我形成的社會過程。它不但加強了精神分析自我心理學的建設，也從旁推動了心理學其他領域，如發展心理學、人格心理學、社會心理學和臨床心理學的理論探討與實驗研究。

4. 促使心理歷史學的誕生 埃里克森的《青年路德》一書，通過"個人同一性危機與歷史性危機不可分割"的理論和對路德的分析，實現了精神分析學和歷史學的結合，將他的發展理論應用於對著名歷史人物的分析與研究，促使**心理歷史學**(psychohistory) 的正式誕生。這既是埃里克森的重要貢獻，也是其特殊的影響。(見本書第十二章第三節)

(二) 理論研究上的局限

埃里克森的理論和概念很難用實驗加以評定，故而缺乏科學的嚴謹性：他的人格發展漸成原則和同一性概念均缺乏牢靠的科學理論基礎，在闡述上往往含混不清，尤其是對同一性概念被認為始終未能"作出明確的界說"；而且他"企圖把自我同一性及其危機概念用之於對美國當前的重大社會政治問題的分析，寄希望於一種更為廣泛的以技術工藝為基礎的人類同一性的出現，也引起了相當大的爭議。"(孫名之，1991，389頁)

第三節　賴　希

賴希不具有新精神分析學派典型的特點，因為他注重性本能，並把它政治化，提出性革命理論，同時嘗試把精神分析與馬克思主義結合，提出弗洛伊德-馬克思主義。賴希也提出了他的性格結構理論，被認為有一些特色。本節將介紹賴希這三方面的內容。

一、賴希簡介

賴希 (也譯為賴克) (Wilhelm Reich, 1897~1957)，生於奧地利的一個農場主家庭，中學畢業後，考入維也納大學醫學系，於 1922 年獲得醫學博士學位。

在就讀大學期間，賴希結識了精神分析學派創始者弗洛伊德，並開始進行精神分析的實踐活動，弗洛伊德對他極其賞識。1920 年，他被破格選為維也納精神分析學會會員，成為該學會最年輕的成員，同時也是為數不多的能夠參加周三討論會的成員。賴希大學畢業後，全力投身於精神分析運動。他籌建了從屬於維也納精神分析學會的「精神分析療法研究班」，堅持和發展了傳統的精神分析療法。

在 1929 年，西方資本主義國家發生了嚴重的經濟危機，當時許多馬克思主義者和知識分子都認為，這場經濟危機一定會引起德國共產黨的迅速發展，導致社會主義革命的爆發。然而，在 1928 年贏得不到 3% 選票的納粹黨，在 1929 年卻贏得了 42% 的選票，取得出乎人們意料的勝利。這說明，德國廣大群眾的潛意識是被資本主義意識形態畸化了的心理結構，他們的心理結構中充滿服從權威、崇拜領導、獨裁主義、虐待狂和破壞欲等非理性動機，這使其意識不到自己的真正利益，完全受違背自己利益的非理性衝動所支配。因此，賴希指出，當在柏林等的城市裏，有幾百萬人的心靈結構精神異常時，怎麼可能施展精神分析的技術？他認為當務之急是預防而不是治療，在現有的社會政治制度下，特別是在性壓抑的政治制度下，預防又是不可能的。要想預防成為可能,就必須在社會制度和意識形態中引發革命。這樣的認識,使賴希萌發了把精神分析和政治革命結合的念頭,並因此而加入共產黨。

為促進社會革命的發生,賴希倡導性-政治運動,他先後在維也納、柏林建立社會主義性衛生診所,企圖通過這種機構,把完成政治革命、社會革命的任務同完成心理革命的任務綜合起來。當時有成千上萬的群眾到診所聽他講課。此外,他還撰寫《法西斯主義的大眾心理學》和《文化鬥爭中的性行為》等著作,企圖在理論上結合馬克思主義與弗洛伊德主義。然而,賴希的一系列活動和企圖均以失敗告終,並被共產黨開除黨籍,也受到來自精神分析陣營的攻擊,最終與弗洛伊德分道揚鑣。

圖 10-3 賴 希
(Wilhelm Reich, 1897~1957) 賴希出生於奧地利,1922 年獲維也納大學醫學博士學位。他比弗洛伊德更重視力比多的作用,同時,他認為性格的發展依賴於社會經濟系統,並嘗試將精神分析與馬克思主義結合起來。

失敗後的賴希放棄了社會問題的研究,轉而從事自然科學研究。1939 年宣布發現一種為生命和性所特有的"倭格昂能"(註 10-3)。1942 年遷居美國,在美國建立一個稱作"倭格昂"的私人研究所。1954 年因把製造"倭格昂能"儲存器出租給病人治病而遭到指控,經法院判決,禁止他從事"倭

註 **10-3**:**倭格昂能** (orgone energy):賴希認為,倭格昂能是他在 1936~1940 期間所發現的一種原初的宇宙能 (primordial cosmic energy)。它通過視力、熱量或電速等形式顯示其是普遍存在的。在生物有機體裏,它是生物能 (bioenergy),是生命能量 (life energy)。

格昂能"的研究，並銷毀有關的儀器。但賴希拒不服從判決，1956 年法院以不服從禁令為由，判處他兩年徒刑。在服刑八個月後，賴希因心臟病突發而去世。

賴希的主要著作有：《性格分析》(1933)、《法西斯主義的大眾心理學》(1933)、《性革命》(1935)、《性與文化》(1936)、《倭格昂能發現》(1948)和《瞧，小人》(1948) 等。

二、賴希的弗洛伊德-馬克思主義

在臨床實踐中，賴希深感資本主義制度對人們心理的摧殘和壓迫，看到惡劣的居住條件、經濟貧困和教育不良所造成的廣大中下層階級的性壓抑，當他接觸到來自沒有生活保障的家庭和工人中間的神經症患者時，這種感受尤為明顯。早期的精神分析學家通常都沒有重視患者的社會生活條件，而社會支援和經濟支援恰好是對患者進行有效治療最為必需的。在他看來，目的在於揭示心理病態分裂的弗洛伊德精神分析，不可能被視為廣泛應用的有效治療方法。賴希認為，神經症的治療問題已超出個體心理治療範圍，成為一個尖銳的社會問題，它的解決，既有賴於精神分析方法的完善，更有賴於社會結構。因此，賴希求助於馬克思主義學說，最早嘗試將弗洛伊德的學說與馬克思主義結合在一起，他將這種結合的產物稱之為**弗洛伊德-馬克思主義**(Freud-Marxism)。

在記述弗洛伊德精神分析與馬克思主義的關係時，賴希提出二者有許多相通處。他強調，弗洛伊德的早期理論既是唯物的、辯證的，又是革命的。

1. 弗洛伊德早期理論的唯物觀 賴希認為，弗洛伊德的早期理論實際上是一種"生理-心理學"，它的唯物主義主要體現在其基本發現建立在一定的"物質基礎"上。弗洛伊德的重要概念**力比多** (libido) 不是心理的東西，而是一種生理的東西，是一種生理能、生物能，根源於身體內部的化學過程。弗洛伊德曾寫道："力比多，類似於飢餓，是一種勢力，通過這種勢力，本能——這裏是性本能（就像在飢餓的情況下它是吃的本能）才得以表現自身"(Freud, 1916, p270)。弗洛伊德認為精神病的產生是由於"力比多"未被釋放，這顯然是注重精神病產生的生理因素。弗洛伊德當時雖然揭示，由生理因素引起的精神病，還提出另一種"心理性精神病"，即因在幼年時精神上受到某種創傷，長期銘刻在腦海裏而形成的一種精神病，但弗洛伊德認為，這兩種不同類型的精神病中，前者是主要的，後者是次要的。賴希認為，弗洛伊德在後期拋棄"力比多"理論，而把注意力轉向"自我心理學"和"精神分析的心理學"時，實際上是把原來具有唯物主義因素的理論唯心主義化。賴希認為精神分析學應向生理學、生物學方向發展。

2. 弗洛伊德早期理論的辯證觀　此外，賴希指出，弗洛伊德早期的心理學理論是一種"衝突心理學"，在談論自我和社會時，並不強調其內部各個組成部分之間的和諧一致，而是強調它們之間的對抗，例如：本能與外部世界、人的慾望與社會要求、力比多與焦慮、意識與潛意識等等，它們彼此都處於矛盾、對立之中，這充分體現了辯證法原則。賴希認為，弗洛伊德早期理論的辯證法還體現在，兒童從力比多固著的一個階段發展到另一個階段，是由於本能和社會、慾望和挫折之間的反覆衝突，它迫使本能尋找新的出口。把發展看成對立衝突鬥爭的結果，這是辯證法的基本要點，所以賴希認為弗洛伊德早期理論符合辯證法。

3. 弗洛伊德早期理論的革命性　賴希又再指出，弗洛伊德早期的心理學理論具有批判性、革命性。正如馬克思主義是人意識到經濟規律和少數人剝削多數人在社會學上的表現，精神分析是人意識到性的社會壓抑的心理學表現；一如馬克思主義是由資本主義矛盾所產生的對資產階級經濟學批判，精神分析是由內在的性壓抑的矛盾所喚起的用辯證法對資產階級道德學的批判。

馬克思主義在本質上是唯物的、辯證的、革命的；賴希論述弗洛伊德早期理論在本質上也是唯物的、辯證的、革命的，因此他認為二者是相通的，具有結合的可能性。

另一方面，賴希也指出精神分析與馬克思主義有不同側重點和各自的局限性。

1. 馬克思主義的局限　馬克思主義認為，經濟基礎決定上層建築，社會存在決定社會意識。但是賴希認為，這個論述需要作進一步的研究。因為這個論述不能說明日常生活是如何轉變成意識形態的，以及在這個轉變過程中，有哪些因素是促進的，又有哪些因素是阻擾的。他認為，馬克思主義忽略意識形態被內化在個人的性格結構之中。儘管思想和道德命令等等是反映經濟和技術發展的，但實際上它們是被埋置在個性結構之中的。所以，他認為馬克思主義的歷史唯物主義有兩個缺陷：(1) 沒有說明經濟發展過程在實際上是如何被轉變為意識的；(2) 沒有對意識如何反作用於各種經濟發展過程作出解釋。這正是馬克思主義在社會現象如何影響人、在外部經濟情況如何變成意識形態以及在非理性力量怎樣阻撓人們認識自己的利益等問題上的忽略。

2. 弗洛伊德理論的局限 賴希認為精神分析理論也有其局限性，並且認為弗洛伊德理論體系的根本缺陷是對個人心理缺少社會學的理解。他說："精神分析曾一度在生活的源頭上進行工作，但它沒有意識到它的社會本質這一事實，是它衰落的主要原因"(Higgins & Raphael 1967, p.267)。弗洛伊德把人的潛意識內容看作是一種超越時間性的靜止結構，把本能理解為根植於人性中不變的生物性，他在晚年著作中，提出"死的本能"概念，對於人類從社會壓迫中解脫出來和對文明的進步持悲觀態度。因此，弗洛伊德不鼓勵人性的解放，不主張完全消除性壓抑，並且敵視社會主義的革命目標。

3. 賴希結論：結合馬克思主義與精神分析學 綜上所述，賴希認為馬克思主義與精神分析學既是相通的，又具有各自的局限性，而兩者的長處和短處可以互補，因此有必要把兩者結合起來。他認為，馬克思主義一些理論上的不足，恰是精神分析學說中最有價值的部分。反之亦然。例如，馬克思主義不能正確地說明經濟發展過程在實際上是如何被轉變為意識的這一缺陷，就可以用精神分析學加以彌補。而精神分析學不能把性問題和政治、文化環境聯繫起來的弊病，也可以通過馬克思主義的哲學概念加以克服。

賴希原以為將弗洛伊德主義和馬克思主義結合在一起，這種新的理論體系便能夠為對立的雙方所接受，但事實恰好相反，他同時遭到來自共產黨和精神分析學會兩方面的反對。德國共產黨指責賴希宣揚性問題，違背馬克思主義，將他開除出黨籍；弗洛伊德也認為精神分析的任務不是對現行制度進行改革。事實上，精神分析和馬克思主義在本質上是對立的，馬克思主義代表社會主義方向，精神分析則以承認資本主義的合理性為前提；馬克思主義認為資本主義必然滅亡，社會主義必然勝利；而精神分析則是解釋和治療資本積累時代所造成心理壓抑的特殊方法，是為維護和改良資本主義而提出的一套心理策略。因此，兩者是不可能融合的。賴希在20世紀20～30年代綜合精神分析和馬克思主義的嘗試，在理論和實踐上均告失敗，賴希本人也不得不承認他的這個企圖在邏輯上已經失敗了。

三、性格結構理論

賴希在他的《性格分析》(1928)和《法西斯主義的大眾心理學》(1933)等著作中，提出他的性格結構理論，這個理論被認為是賴希對精神分析學所作出的最大貢獻。

賴希在他的精神分析實踐中創立了性格結構理論，同時這也是他對弗洛伊德人格結構理論的改造。弗洛伊德在20世紀20年代之後開始轉向自我心理學的研究，他的轉變始於對病人**阻抗現象**(或**抗拒現象**) (resistance) 的發現，即在治療過程中，弗洛伊德發現病人內心中有一種抵抗治療、不合作的身心反應。當進一步追究時，病人常常矢口否認自己的抵抗，這說明病人的抵抗是其沒有意識到的潛意識過程。到底是什麼東西執行阻抗的機能呢？弗洛伊德假設是自我，因此創立了本我、自我和超我的人格結構模式。賴希並不完全同意弗洛伊德的看法。他認為，病人對治療的阻抗是出於某種內在的特質，這種內在的特質實際上就是病人的性格。他說："如果沒有隸屬並作為神經症核心的病人性格的支持，消除阻抗便不會如此艱難"(Reich, 1945, p.40)，因此，他要求精神分析將重點從阻抗現象轉移到產生這種現象的"性格模式"上來。

在1927年召開的國際精神分析大會上，賴希發出精神分析治療應以症狀分析移轉到性格分析的呼籲，並提出**性格盔甲** (character armour) 的概念。他說，

> 性格包含自我的慢性變化，這種變化可被描述為一種剛硬性，並構成了人的長期的特殊反應模式的基礎，其意義在於保護自我免受外部和內部的危險。作為一種慢性的保護機制，它可以被恰當地稱為性格盔甲。(Reich, 1945, p.145)

也就是說，性格盔甲是在自我領域中形成的，它是作為本能要求與妨礙

滿足的外界之間衝突的漫長結果而發展起來的,它產生一種保護有機體,使之免於外部威脅的作用。賴希特別強調,性格盔甲不僅具有生物功能,還具有社會功能。賴希認為人們的行為之所以符合社會規範,是因為人們的心靈之中有一個由社會所安置的性格盔甲,它引導人們按照社會的要求行動。性格盔甲在內容上和形式上都折射出社會的意識形態。由於意識形態被固置在人的性格結構中,從而使觀念體系變成一種物質力量去加強和保護現存的社會秩序,去鞏固壓抑人性的剝削制度和權威國家。

賴希認為他所說的"性格盔甲"大致為弗洛伊德人格結構中的"自我"與"超我"。同時,賴希進一步修改弗洛伊德的人格結構理論,提出新的**性格結構理論** (theory of character formation)。他把性格結構劃分為三個層次 (Reich, 1942):其一是表層,即虛偽的**社會合作層** (layer of social co-operation),賴希稱這一層次為性格的上層建築,在這一層面中,人的真面目隱藏在親切、禮貌和謙恭的偽裝之下,這一層次的宗旨在控制人的本能衝動,所謂性格盔甲的位置就在這裏。其二是中間層即**反社會層** (antisocial layer),相當於弗洛伊德所謂的"無意識"。它是各種次級衝動的總和,其中包括粗魯的、暴虐的、性欲的衝動和變態的無意識的欲望。賴希認為,當健康的本能衝動受到壓抑時,才會形成此一中間層。其三是深層,即**生物核心層** (layer of biologic core)。它主要由兩類衝動所構成:一是性欲衝動,二是本能的社會衝動。在生物核心層裏,人實質上是誠實的、勤勞的、合作的和愛的,即使被引起了恨,也是合乎情理的。賴希的此一性格結構同弗洛伊德的人格結構有很大差別。首先把"自我"和"超我"合二為一,稱為表層,且在弗洛伊德所說最原始的本我背後,他又提出了一個更原始、更本質的"我",這就是性欲衝動和自然的社會衝動。賴希認為這種衝動並不像弗洛伊德認為的那樣必然成為一種破壞力量,而是單純的、體面的、具有建設性的,是人類的本性所在。只有當它受到自我的壓抑時,才歪曲為中間層上的衝動,具有破壞性。

賴希認為,他的這個性格結構理論填補馬克思主義的空白。如前所述,賴希認為,馬克思雖然提出經濟基礎決定上層建築的社會發展規律,但不能正確地說明經濟發展過程是如何轉化為意識,也不能正確地說明意識的相對獨立性,而性格結構理論則能解釋這兩個問題。

首先,他認為只要真正理解了人的性格結構是怎樣形成的,就不難理解經濟發展過程是如何轉化為意識。他說：

> 每個社會制度都創造出為保護自己所需要的那些性格形式。在階級社會裏，統治階級在教育和家庭結構的幫助下，通過將其意識形態成為統治全體社會成員的意識形態，確保自己的統治地位。然而，這不僅是一個把意識形態、態度和概念強加於社會成員的過程，而且也是在每一新一代心理深層的改造過程，是在各階層人民中間塑造與現存社會秩序一致的心理結構過程。(Reich, 1945, p. xviii)

因此，家庭教育、撫養兒童的實質是：家庭代表整個社會，根據一定的經濟發展過程要求，強使兒童形成與此一經濟發展過程相一致的性格結構。然而，具體言之，家庭是如何將社會的經濟現實轉變為兒童的意識形態的？賴希並沒有就這個問題深入地闡述下去。後來弗洛姆在此基礎上提出了社會性格這一概念，並詳盡闡述了社會經濟發展過程和意識形態如何以社會性格為中介相互溝通的。

其次，意識形態為什麼具有相對獨立性？我們知道，性格結構代表個人固定的反應模式，具有相對的穩固性、獨立性，它一經形成，便長期決定人的行為。而反映經濟發展過程的意識形態是"被錨進個人的性格結構之中去的"(Reich, 1946, p.18)。也就是說，意識形態是以性格結構的形式出現的，所以，它也具有一定的獨立性和頑固性，並不會隨經濟基礎的瓦解而自行消亡。當資產階級的社會意識形態已經不適應經濟基礎時，無產階級為什麼不按照自己的經濟利益起來革命呢？這是因為他們的性格中充斥著舊有的意識形態，其經濟利益尚未轉化為意識形態內化在他們的性格中。賴希還解釋了為什麼意識形態總是落後於經濟發展過程。他指出，性格結構總是在兒童時期形成的，它只能體現兒童時期的經濟發展過程，當兒童長大，經濟過程也進一步地發展，可是意識形態還是舊的，因此，伴隨兒童性格形成而內化的意識形態便落後於經濟基礎的發展，成為保守的力量。

四、性革命理論

如果說榮格和阿德勒等人同弗洛伊德發生分歧，是因為他們不肯接受古典精神分析關於人的行為受性的制約這項原則的話，那麼賴希則把性的問題當作其理論觀念和實踐活動的中心。在某種意義上，他甚至較弗洛伊德走得更遠。賴希認為，人的健康和疾病取決於性能量釋放可能達到的程度。性欲的壓抑將導致心理和生活病症的形成。同時，他又認為，性壓抑不是文明發展所必需的，而是維護階級統治的工具。賴希力求在他的理論中把弗洛伊德的精神分析觀點同馬克思的經濟學理論結合起來，並稱為**性-經濟學** (sex-economics)。

賴希反對馬克思根據生產方式把社會發展分為奴隸制社會，封建社會，宣稱按照性壓抑的出現，人類歷史只有一個重要分水嶺——即母系社會向父系社會過渡時期 (大約公元前 4,000 年)。賴希認為，社會進化的最初階段是母權制。在政治上，母權制的主要特徵是沒有統治制度；在經濟上，它相當於馬克思所說的原始共產主義時代。事實上，這是一個沒有國家和階級的社會，一個自由的部落，把人們聯繫在一起的是一個共同的母親。在母權制社會裏，青少年的性欲可以隨意滿足。因此，在這樣一個社會裏，性壓抑並不具有必然性。只是到了父權制社會，人類才產生性壓抑。這種轉變是如何產生的呢？賴希認為是由於經濟因素。隨著社會財富的增加，特別是由於結婚為男人帶來財富 (如嫁妝)，而增強男人的統治地位，出現私有財產、社會不平等和階級的劃分。從此，積累財產、保存財產便和人的自然性欲的釋放發生分裂。為了保住經濟地位和財產，從而間接為維護等級制，階級剝削和父權制，人們必須壓抑自己的性欲。特別是資本主義社會通過家庭、教育和宗教等機構向人們灌輸競爭、守紀律、自我犧牲和家庭責任等觀念更加深了性壓抑的程度，產生商品社會所固有的性本能壓抑結構，因此，賴希認為性壓抑並不是文明發展的工具，而是維護經濟奴役生產過程的一個工具。性壓抑的問題已超出了個人心理疾病而成為一個社會制度的問題。因此，精神病的治療必須與改變社會對人的政治、經濟方面的壓抑結合。為此，他提出精神分析學家應該跳出精神分析的狹隘圈子，投身於改變現存的家庭、社會的鬥爭中，精神分析學家的重要任務不是"治療"，而是"革命"。

在賴希提出精神分析學家應將主要精力從"治療"轉移到"革命"的同時，他吸收了馬克思主義的革命理論。認為馬克思主義倡導社會制度的更替和推翻資產階級的政權，革命目標指向無產階級在政治和經濟上獲得解放，這種宏觀革命論是值得肯定和吸取的。另一方面，他又提出，馬克思主義的"宏觀革命論"必須用"微觀革命論"來補充，即一方面推翻資本主義國家和資產階級的財產關係,另一方面改變家庭、社會培養人和教育人的方式;一方面實現外部世界的革命化,另一方面改造群衆意識的"內部結構",改造人的"性格結構";一方面組織起反對統治階級的權力和制度的鬥爭,另一方面削弱"性格盔甲"對成人的影響並阻止它在青年人中的發展。賴希把"微觀革命"稱作**性革命**(sexual revolution),他認為,微觀革命的內容很寬泛,包括文化革命、思想革命、教育革命等等。但其中處於核心地位的則是"性革命"。在他看來,性革命具有特殊的意義。首先,性革命能夠帶來性健康。他根據其性格結構理論,認為存在於人的心理最深層的主要是性衝動,亦即,性衝動是人的最深層的本質。他接受人的本質的實現就是人的幸福的傳統觀點,由此推導出本能的實現就是人的幸福和自由。性革命的目的就是要創造條件,把現存社會中人們不健康的性生活引入健康的軌道,從而使人真正體驗到愛情生活的幸福。其次,性革命能夠建設新的社會。人類的性本能並非像弗洛伊德認為的那樣是破壞性的,只有受壓抑的性本能才具有這種性質;當性革命消除了性壓抑後,對於沒有壓抑的人道主義社會而言,性本能將是一種建設性力量,通過性革命被釋放出來的能量完全可以用於建設一個新社會。

　　賴希不僅提出性革命理論,並開展性-政治運動。1929 年於維也納創辦六個"性衛生診所",診所的任務是:在育人方法、婚姻問題、計畫生育、性教育等方面提供信息和提出勸告。賴希提出,"性衛生診所"的工作是要為人們爭取三方面的權利:妊娠中斷權、避孕權和自由戀愛、婚姻權。1930年,他隻身來到柏林,把分散在全國各地 80 多個性改革組織和 35 萬個成員組織起來,於 1931 年建立了"德國無產階級性政治聯盟",自己擔任聯盟的總負責人。他分批訓練聯盟所屬各個組織的骨幹分子,到處發表演說,組織討論會,展開了一場歷時四年之久的"性-政治運動"。賴希的性-政治運動始終以性改革為中心,主要內容是:維護性權利,提倡性自主、反對性混亂、禁止性犯罪。然而,這場運動遭到德國共產黨的反對,他們指責賴希宣揚性的問題,是違背馬克思主義的,開除他的黨籍。賴希的這一系列活動便以失敗收場。

五、評　論

賴希在新精神分析學派內可謂是個很特殊的人物。他試圖把弗洛伊德精神分析學說與馬克思主義理論結合，提出其性革命主張和性格結構理論，使他在精神分析發展史上擁有十分特別的地位和影響。

1. 弗洛伊德-馬克思主義的提出，說明賴希對精神分析學說的不足和馬克思主義理論的優點有一定的敏感，但他試圖把這兩種不同的嚴格而完整的思想體系調和、拼湊在一起，只能取一種折衷主義的做法，既曲解了馬克思主義也曲解了弗洛伊德思想，表現出賴希在理論上、政治上的幼稚與無知。

2. 賴希看重性本能，遠甚於弗洛伊德，但他對性概念的理解十分狹窄，僅限於性交、性高潮、性慾的滿足和性能量的釋放等。他把神經症的病因和社會的弊端一概歸於性壓抑，所以，要求通過性解放、性革命來使個體心理健康、社會制度健全。這是使性本能社會化和政治化的一種主張，與新精神分析學派霍妮等人貶低性本能在致病原因上和在性格形成上的作用，以及以家庭生活、人際關係、文化習俗等社會因素來論述可能具有性含義的行為，在做法上極為不同。這也使賴希不具有屬於新精神分析社會文化派最典型的特點。雖然，賴希的性革命主張在實踐中碰壁，在理論上不可取，但是，賴希在他的性革命理論裏，對性的社會功能的分析倒不無啟發；他在創辦"性衛生診所"的一些設想與嘗試，不無值得參考借鑑之處。

3. 賴希也像弗洛伊德和其他精神分析學家一樣，看重性格理論的建設，並提出各自的性格結構概念。賴希性格結構理論的特點，在於他提出性格盔甲概念和性格結構分層說。值得注意的是，他在敘述時都注意同時強調生物的 (性的) 和社會的功能 (層次)，且使用諸如人的行動、反應模式等術語，使精神分析原先屬於臨床醫學的理論論述具有了普通心理學、人格心理學與社會心理學的某種含義，多少預示了精神分析與心理學日益接近的未來發展的方向。

4. 賴希在自己的學術生涯裏，有自己的發現，如對倭格昂能的發現；有自己的創見，如提出性格盔甲和性格結構層次；也有獨特的見解，如用性壓抑闡明人類歷史時期的劃分等等。他的這些發現、創見和獨特見解，使人難免懷疑其根據安在？尤其是聯想到賴希平素為人敢想敢為，不避艱險，這樣的懷疑就更讓人有增無減的了。

第四節　新精神分析學派的貢獻與局限

狹義的新弗洛伊德主義即本章與前一章所介紹的美國社會文化學派，它在精神分析發展史上作為一個學派曾經發生過積極的促進作用，作出貢獻；同時作為一個治療學派，在醫療方面也有它的貢獻和影響。本節將從這兩方面來進行評論。

一、作為精神分析一個學派的主要貢獻與局限

(一)　貢　獻

1. 克服了弗洛伊德古典精神分析的生物學化的偏向　新精神分析學派最重要的貢獻在於突破了弗洛伊德理論的束縛，把人看作是社會性而非生物性的動物，把社會文化、人際關係、生活環境的影響提到相當重要的地位。同時，他們賦予人更多的主動性和積極性，把人從"本能"的奴隸中解救出來，還其本來面目。

弗洛伊德認為人是被動的、消極的。而新精神分析學派則認為，人是主動的，人的行為是可以適應環境的，且個體能夠有意識地不斷改變自己的行為以求得對環境最大限度的適應。他們認為，人的社會組織也具有可塑性且能被人所改變。儘管社會習俗的改變是緩慢的、困難的，但新精神分析學家們仍樂觀地相信，人是能夠發展出一種最適宜於其需要的社會體制。

新精神分析學派十分強調社會變量在人格發展中的作用。儘管他們都在不同程度上承認，其思想受到弗洛伊德學說的影響，但是他們認為，人的行為不僅決定於生物本能的力量，而更決定於人與人之間相互的關係和影響。

個體的發展總是處於各式各樣的社會關係中，而這種社會方面的影響在童年期顯得尤為突出。新精神分析學家們大都把性欲對人格發展的影響減少到最低限度，同時力比多及其表現的作用，如戀母情結和性心理發展階段的作用也被貶低。他們認為，並非是性經驗決定人格，而是由社會因素發展起來的人格來決定性反應的本質。

2. 發展了弗洛伊德古典精神分析的理論研究　弗洛伊德通過臨床實踐，著重研究精神病患者潛意識中的本我，新精神分析學派則大都重視自我的研究，如埃里克森，提出自我同一性概念和心理社會期發展論，不但糾正了弗洛伊德過分強調性和潛意識在人格發展中的作用，而且是對弗洛伊德晚期開始注意自我研究的一種重大的理論發展。

沙利文不但提出人格重要方面的自我系統，並提出了人際關係說，突出人際關係在人格和自我發展中的地位，使弗洛伊德古典精神分析的研究對象由個體轉向個體之間，由專注個體內部的衝突轉向個體之間在人際情境中的交流、互動過程。沙利文這方面的研究，對古典精神分析產生重大的變革。

弗洛姆提出社會潛意識概念，強調潛意識的個體所有性和群體共有性，突出潛意識的產生和發揮作用過程的社會性，為弗洛伊德提出的精神分析潛意識這一核心問題的研究提供了新視角，開闢了新領域，也為潛意識理論的研究豎起了新的里程碑。

再則，新精神分析學派的代表人物還根據各自對人類學、社會學、歷史學、哲學的了解，融合精神分析與社會科學，使其理論滲透到許多相關領域和相關學科的研究，促進精神分析跨學科的研究，如心理歷史學的研究，跨文化的研究，如對異質文化及其人格的比較研究，推動了心理學分支的具體研究，產生很有影響的學說理論，如發展心理學的遊戲學說、人格與社會心理學的角色理論、歸因理論等。這是新精神分析學派的影響，也是這個學派的貢獻。

(二) 局　限

新精神分析學派在談論社會與文化時過於抽象與表面化，他們不分析社會的本質，不從社會的生產關係分析人與人之間的關係，而往往把社會關係局限於兒童幼年的家庭環境。如美國精神病學家弗爾斯特就曾指出，弗洛姆對資本主義的分析"大部分忽略了存在於帝國主義時代的許多現象……他忽視了偉大的階級鬥爭……並且他沒有分析資本主義體系的內在性質和顯示這個體系對人類關係的影響"(徐飛錫譯，1959，第 4 頁)。弗爾斯特還批評新精神分析學派"永遠忘記心理是起源於非心理力量的歷史、社會條件的結果和反映"。他們往往抽象地談論文化對人格的影響，抽象地談論社會影響人的心理，心理又反過來影響社會。

霍爾和林德基 (Hall & Lindzey, 1970) 批評新精神分析學家忽視塑造人的各種社會過程，亦即對於人如何學習才能成為一個在社會中發揮適當作用的成員這個問題沒有答覆，他們引用一般的學習概念來解釋人格的形成，而忽略了學習過程的特殊機制。

二、作為治療學派在臨床與防治上的貢獻

新精神分析學派對人自身的研究、對人格發展的探討已走上一條更加寬廣的道路，並將我們引入一個更加開闊的世界。不僅如此，作為一種治療學派，新精神分析學派還向人類貢獻了一種新穎而又積極的治療觀，這種治療觀不僅在當時發生了巨大的影響，對現代人也具有很重要的現實意義。隨著中國現代化進程的發展，該學派對中國的心理衛生也將產生深遠的影響。以下著重評價新精神分析學派在臨床與防治上的重要貢獻。

(一) 病因學方面的貢獻

如果說了解病因對症施治在生理疾病的治療中具有十分重要的意義，那麼對心理疾患而言，了解病因則更為重要。

新精神分析學派產生之前，人們對精神障礙病因分類中所關注的只是遺傳因素、生物因素和素質因素，雖然在診斷精神障礙時，這些因素都不容忽視。但是作為社會人，很多時候，尤其在大時代的變革中，往往卻會因為社會文化因素而產生精神障礙。新精神分析學派的理論家們在分析精神障礙成因的過程中能夠不拘泥於以往的病因學分類，而根據新的時代特點提出可能致病的新因素——社會文化因素，從而為人們認識精神障礙提供新的思路。

在對精神病成因的解釋上：(1) 霍妮的觀點是：一個人產生精神障礙與其早年的親子關係有關；(2) 沙利文的觀點是：有精神障礙的人存在人際關係方面的問題；(3) 弗洛姆認為精神障礙的產生是由於工業社會的病態淹沒

了人們彼此間合作和關愛的本性，而使人們產生了孤獨和不安全感；(4) 卡丁納強調個體童年經歷中的母子關係；(5) 埃里克森則提出人格發展的階段說，認為精神障礙的產生是由於個體社會化中某個階段的發展危機未能得到積極的解決；(6) 賴希則認為，神經症的產生與個體在社會中生存的文化和社會條件有直接聯繫。在資產階級文明的條件下，人的天資遭到扼殺，形成孤獨感，無能為力，對社會勢力的恐懼感等個性特徵。

新精神分析學派對精神障礙成因說的解釋不僅開闊了診斷精神障礙的新思路，使治療者在面對患者時不只考慮其生物、遺傳以及素質因素，並考慮其是否有過重大的生活事件、創傷事件或社會應激事件。這樣不僅可以有效提高診斷和鑒別的正確率，且有助於提高對症治療的效果。

(二) 治療觀上的貢獻

新精神分析學派對精神障礙病因學上的新解釋，使人們在對精神障礙的認識上前進了一大步，而他們在治療觀上的創新，則給精神疾患者帶來了新的曙光。

從遺傳因素、生物因素和素質因素去看精神障礙，難免會讓人得出悲觀的結論：精神障礙與正常人之間有一道無法逾越的鴻溝，因此是一種令人絕望的疾患，一種可怕的疾患。可是新精神分析學派的社會文化因素說卻使這種絕望發生變化：精神障礙在很多時候是由社會文化因素決定的，因此不僅可以通過調節自身的適應力而使病人康復，且可通過調控社會文化而預防精神障礙。

因此，新精神分析學派為深受精神障礙折磨的人們及其親友帶來希望、信心和勇氣。不僅如此，這個學派中的每一個人還都提出了具體而積極的治療對策。扼要說明如下：

1. 霍妮的治療策略 霍妮提出的治療策略是要病人接受自己的現實，在**現實自我**和**理想自我**之間建立起一種合理的、符合現實的關係，並在此基礎上提出未來的、合理的目標。從症狀上看，霍妮所描述的包含典型的強迫症、焦慮症等。有這類神經症的人拒不接受現實自我，追求無法實現的至善至美，在完美主義的驅使下過著極其緊張、忙亂的生活，久而久之，就出現擔心、不安、緊張、害怕等焦慮症狀或表現出刻板、求全的強迫症狀。事實上，在處理現實自我和理想自我時出現的問題還有許多，例如，有人因高估了現實自我而顯得自負、咄咄逼人，並影響自己的人際關係和社會適應。還有的人則是由於理想自我的目標定得太低，使其內在的自我實現需要受挫，因此常為無以名狀的煩惱所纏繞，結果也影響了自己的心理健康。

總之，正確評價現實自我與適當設計理想自我是每個人都會遇到的問題之一，解決得好，就有利於身體的健康發展，解決得不好，就會形成精神障礙，從而妨礙人的成長。因此治療時注意來訪者的自我評價和理想自我是了解其癥結的重要線索之一，而幫助來訪者接納自己並對其自我評價和自我理想作合乎實際的調節則是有效的治療策略之一。

2. 沙利文的治療策略 沙利文治療觀中最具有意義的貢獻就是，他證明精神分裂症是可以治癒的。這不僅為患者及其親友帶來希望和信心，更給精神科醫生帶來勇氣和力量，從而盡可能地推動有關的研究和實踐。

沙利文提出的治療策略是：要把病人當成一個普通人，不能只注意他的病症，而要了解病人、尊重病人。要重新發展病人的自尊心，實現病人的人際關係的安全保證，要與病人合作，努力幫助病人對新的情境作出再適應。沙利文認為精神障礙在於人際關係的不適應，人格只有在人際關係中才能存在和發展，一個人長期脫離人際交往就會發生退化。

從調節**人際關係**入手去改善精神障礙者的狀況，這是一種很富創見的治療策略。人是社會的人，除了生物性需要之外，還有許多社會性需要。生物性需要受挫會致病，社會性需要受挫後同樣也會致病。人的社會性需要只有在與人交往中才能實現，如果這種交往出現問題，就難免會出現心理障礙。因此，從人的最本質的特性（社會性）入手去糾正人們出現的問題，去改善人的心理狀態，往往能取得顯著的療效。

沙利文的精神分裂症的**人際關係說**不僅給當時的治療注入了新鮮空氣，且對他身後以至於當今的治療觀也有持續的重要影響。

從調節人際關係入手去改善精神病人或其他心理病人的狀況，這是一種至今仍具有較大意義的治療策略。目前，精神病學界、心理學界和教育界的許多人士越來越認識到：人際關係、社會能力與人的心理健康之間存在著重要的關係，因此在治療時，不僅注意了解患者各種人際關係和症狀之間的聯繫，並且注意在人際交往中（如通過家庭治療、集體治療）促進患者的健康。

以**家庭治療**(family therapy) 為例，它的主要目的就是要通過觀察患者及其家人的互動去尋找、發現導致患者得病的原因，然後再通過調節家庭人際關係中的互動去改善患者與家庭的關係，並因此達到緩解直到消除患者症狀的目的。

集體治療 (group therapy) 亦然。集體作為一種準社會，以小組等形式把具有同樣疾病的患者組織在一個治療團體裏，進行交流、討論，為患者提供一種改善其人際關係的安全場所。不僅是消除症狀時需要有安全的人際關係，精神病人在症狀消除後的康復也取決於其重建人際關係和社會關係中的努力與此種重建的結果。

沙利文治療觀中有需要注意病人不能只注意病症而要了解別人和尊重病人的人本主義思想，至今仍然是意義重大的。現在越來越多的研究證實，良好的醫患關係對於心理障礙的治療比技術更為重要，而沙利文的治療觀無疑是建立良好醫患關係的前提。

3. 弗洛姆的治療策略　從診斷上看，弗洛姆對人需要的分類，對人幾種性格取向的分類以及他提出的**社會潛意識**都增加了診斷時的線索，開闊了診斷時的思路，有助於臨床工作者從更廣闊的角度去分析並研究精神障礙的成因。尤其是社會潛意識說，對了解並分析特定時代背景下個體的心理障礙有很重要的指導作用。

就治療而言，弗洛姆的特點在於強調倫理道德因素，他認為神經症本身是道德失敗的一種症狀。許多例子表明，神經症是道德衝突的特殊表現，它的治療依賴於認識和解決人的道德問題。此外，弗洛姆強調積極主動的生存方式——他稱之為"重生存"，為此，他強調通過愛和工作使自己與世界聯繫起來，借此表現自己的情感、理性等能力。在不放棄自我尊嚴和獨立性的前提下實現自己與自然、他人三者間的融洽。

表面上看，弗洛姆的治療觀顯得較為空泛，但是臨床實踐證明，很多時候，有關生存意義的問題的確是造成某些人 (尤其是青少年人) 心理障礙的原因之一。此外，有些人產生精神障礙是由於過度自我關注，這些人同樣需要調整生存觀。從這幾點看，弗洛姆的治療觀事實上也是具有操作意義的：以恰當的方式幫助患者重建合理而積極的人生態度，從而幫助其消除症狀、實現心理健康的目標。

4. 卡丁納的治療策略　卡丁納在臨床上的貢獻是通過對人格形成和發展的研究而體現的，他的研究成果再次證實早年親子關係在人格形成中的重要性，因而對於健康促進，亦即預防心理障礙的發生有很重要的指導意義。(詳見本書第一節)。

5. 埃里克森的治療策略 埃里克森把治療的重點放在病人的自我上，主張通過加強病人的自我以使病人解決自己的問題。

埃里克森認為，心理健康和不健康的區別在於是否具備以下八種心理品質：希望、自我控制和意志、目的性、能力感、忠誠和自信、愛心、關心、智慧。這八種品質來自個體對自身發展八個階段中各種危險的積極解決，解決妥善，就可以使自己逐步具備這八種品質，解決不當，則會具備相反的品質，如恐懼感、自我懷疑、無價值感、無能感、混亂、淡漠、自私以及絕望和無意義感。

按照埃里克森的觀點，如果個人在某一發展階段沒有解決好自己所面臨的發展課題，就會缺乏相應的正性品質，就有可能在以後的某一時刻因某個因素的誘發而產生心理障礙，因此治療時的目的就是要幫助病人尋找他所缺乏的品質，並幫助其發展這種品質，只有這樣，才能產生有效的心理治療。

如果前面評價的新精神分析學派的學者都給精神疾病患者帶來了希望和信心，則埃里克森在這方面的貢獻應屬最大。因為按照以往的觀點，人生是不可逆的，因此早年的創傷也是永遠無法加以彌補的。按此推理，如果一個人由於早年的經歷而產生精神疾患，則這個問題就會是永久的。雖然霍妮、沙利文等都提出具體而有效的治療策略，但他們的治療往往是針對患者當前的情況而制定的，因此就有可能在處理了患者的 A 問題之後，患者又會出現 B 問題。弗洛姆的治療觀雖然是積極而進取的，但具體操作時卻有一些難以克服的問題，且它的適應症也是有限的。埃里克森的學說則不然，不僅操作性強，適應症多，且有助於從根本上解決問題；因為他提出的品質彌補是一種根本上的解決。雖然埃里克森有關各階段品質的概括有可能存在著局限性，但其學說中所體現的思路卻是很令人振奮的：成長的過程雖不可逆，但成長的內容卻是可以通過補課的方式加以補充，因此，即使我們有過不堪回首的往事，並因此而留下缺陷，我們仍然可以在今日通過努力去補救，並使自己獲得新生。

6. 賴希的治療策略 與其他幾位新精神分析學派的學者不同的是，賴希繼承了弗洛伊德的理論基石——性欲，並認為性本能是人類最基本的驅動力；但賴希又不滿於弗洛伊德把人的性本能局限於個人潛意識範圍和狹隘的精神分析治療範圍。他認為，性壓抑的問題已遠遠超出個人心理疾病而成為一個社會制度問題，只有研究致病的家庭、社會條件，杜絕家庭、社會對人的性欲的壓抑，才能從根本上解決問題。因此，賴希的貢獻主要表現在心理衛生方面 (參見本章第三節)。

(三) 對心理衛生事業的貢獻

心理衛生 (mental hygiene) 是指運用心理學上的知識，經由教育性的措施，為促進心理健康、減少行為問題和精神疾病而做的種種努力和工作。

心理衛生事業起源於 1792 年法國皮內爾為精神病人打開鎖鏈的創舉，從那以後直到 20 世紀早期，心理衛生事業大都局限於對患者本人提供人道主義的幫助，如對病人進行各種科學指導，組織他們相互支持。但新精神分析學派的學說卻對心理衛生事業提出新的思路：他們的精神疾患的社會文化成因說拓展了人們的視野，使人們把對病人的關注擴展到對健康人的關心，使心理衛生事業擴展到預防心理障礙和促進心理健康的領域。

"社會文化" 的病因說不僅有助於改善人們對精神病人的態度和看法，有助於治療者改進治療，並促使人們在關心精神疾病患者之外開始考慮預防精神疾患的產生，因為按照以往的精神病因說，精神疾患的產生全在於個體自身出了問題，即使按照弗洛伊德的觀點，也是欲望在先，社會約束在後，仍是"咎在自己"。可是新精神分析學派卻獨樹一幟，宣布精神疾患的產生咎在社會文化。既然如此，社會就有義務也有可能從調節自身入手去預防精神疾患的產生。總之，新精神分析學派對精神疾患病因學上的新解說使精神疾患的預防成為一種可能，因此從某種意義上推進了心理衛生事業。

1. 霍妮對心理衛生的貢獻 霍妮是從親子關係入手去研究精神疾患的產生原因，她的結論是：兒童渴望從父母那裏得到愛和溫暖，只有這樣，他們對安全的需要才能得到滿足。可是有的父母對兒童缺乏愛和關注，從而使兒童的安全需要受到挫折，這樣的兒童就會對父母產生敵意，這種敵意逐漸泛化以至於指向所有的人和事，認為每個人與事之後都潛在有危險，由此孩子便產生了基本焦慮，而基本焦慮是產生神經症的土壤。

霍妮由於自身童年的不幸，對父母破壞兒童安全感的行為有切膚之痛，因此使用**基本邪惡** (basic evil) 一詞描述父母破壞孩子安全感的行為，表面上看顯得過激，但霍妮所列基本邪惡的內容，如對兒童冷淡、拒絕兒童、敵視兒童、對子女的偏心、不公正的懲罰、嘲諷、不守信用等，可以在精神疾病患者的早年經歷時常看到，即使今天亦然。因此，這絕非一種帶有個人偏見的看法，孩子來到這世上，父母是他存在的唯一理由，如果父母愛他，他存在的理由就充足，如果父母不愛他，他存在的理由就不充足，於是他就會產生焦慮、不安、自我懷疑並懷疑他人，成長中就難免因某個事件的誘發而產生精神疾病。

霍妮的觀點提示人們，要有健康的心理必要有健康的親子關係，因此對精神疾患的預防應從親子關係著手。

儘管從心理衛生的角度看，霍妮的觀點在當時並未引起應有的重視，但在 60 年代末 70 年代初鮑姆林德等人對父母類型的研究與劃分 (專制型、民主型、溺愛型) 中卻可以發現霍妮學說的影子。

事實上，霍妮的學說在今天仍具有意義，如果以前的孩子有許多是由於父母關愛不夠而產生不安全感並對父母缺乏信心，因此產生基本敵意和基本焦慮，但現在的孩子則可能由於父母關愛太多、包辦一切，而在面臨變幻的外部世界時無所適從，並因此產生基本焦慮。目前越來越多的從事心理衛生工作者認識到親子關係在預防心理疾患中的地位，且在婚前教育中都加入這方面的內容，這一切都可以追溯到霍妮的貢獻。

2. 沙利文對心理衛生的貢獻　　沙利文強調人的社會性，強調人生來就在一種和周圍環境的交互作用中發展自己的人格。沙利文指出人生來就處於一種複雜多變的人際關係之中，個體的人格只有在人與人之間的關係中才能存在和發展，長期脫離和他人的關係就會發生人格退化。沙利文從人際關係的角度出發，把個人的發展期分作六個階段，每一個階段都有一種主要的人際關係，沙利文的觀點是每一個時期的人際關係都需要給以良好的解決，使個體達到某種能力的成熟，只有這樣，個體才能意識到環境中的人際關係從而加以對付和適應。否則，個體就會出現種種人格障礙。沙利文精神分裂症的人際關係說對心理衛生事業的貢獻是：提示人們建立健康的人際關係，並在健康的人際關係中發展個體的人格。

目前，人際關係與心理疾患的關係已越來越引起人們的重視。如果沙利文時代的精神疾患已反映出一種人際關係上的缺陷，則現代人因人際關係問題而產生精神疾患的比例已大大增加。沙利文當年提倡的使個體達到某種能力的成熟，現在看來，這個某種能力正是心理衛生界近年來在人們（尤其是青少年）中所大力提倡的**社會能力**（或**社會智力**）（social intelligence），也就是與人交往和合作的能力。

從臨床上看，很多有精神疾患的人都表現出以下這樣一些人格特點：過度自我關注、自我中心、缺乏同情能力和合作精神等等。有社交恐怖的人更是直接表現為人際交往焦慮和恐怖。一方面缺乏社會能力，一方面又有上述許多負面人格特點，正是這一切，使一些人產生精神疾病。所以，從心理衛生角度看，從提倡健康而積極的人際關係入手，有助於預防心理疾患，也有助於改善有心理疾病患者的狀況。

當然，健康的人際關係取決於個體和社會的雙重努力，而社會的作用往往又大於個體的作用，如果一個社會強調人與人之間的合作和互助，就有助於個體發展健康的人際關係，有助於個體的心理衛生，反之亦然。

3. 弗洛姆對心理衛生的貢獻　弗洛姆認為現代人的存在標誌就是孤獨、恐懼和迷惘。要解決這種心理上的問題，只有通過愛和工作使自己與世界聯繫起來，並在不放棄自我尊嚴和獨立性的前提下實現自己與自然、他人三者間的融洽。在這裏，弗洛姆提出了一個健康人格所應具備的幾個基本素質：愛、工作、尊嚴、獨立、與他人的融洽，弗洛姆將其概括為：存在型生活方式，以相對於容易導致病態的占有型生存方式。

雖然弗洛姆的建議只是眾多心理預防措施中的一種，但在今天也具有其現實的意義。競爭使人心分離甚至反目，分離和反目使人們的心得病甚至受傷，弗洛姆建議人們通過彼此合作和相互關愛保持心靈的健康，儘管只有愛與關懷並不能實現所有人的健康，但弗洛姆的建議卻不失為一種促進心理健康、促進精神康復的積極措施。因為人是社會的人，如果與社會之間沒有建立相互關懷和彼此合作的關係就很難健康發展，所以，弗洛姆的學說對今天的心理衛生事業仍有很大的意義。

4. 卡丁納對心理衛生的貢獻　卡丁納對心理衛生事業的貢獻不僅在他再一次印證了霍妮有關不良親子關係有可能導致精神障礙的學說，而且他通過大量實證研究證明：當一個人因早年經歷而對父母存在不信任時，這種不信任不是只限於對其父母，而是會擴展到與其他人的關係。此外，卡丁納在親子關係中特別強調母子關係，強調基本的人格結構取決於母親與孩子相互作用的方式。儘管父子關係在人格形成中也具有重大意義，但母親與孩子的關係最為密切,因此對孩子的影響也最大。所以,從心理衛生角度看,也是預防心理障礙時應特別給予重視的一種親子關係。

5. 埃里克森對心理衛生的貢獻 埃里克森的心理社會期發展論提示人們:如果家庭、學校、社會和個人在人生的每個發展階段都能作出積極的努力,就能幫助個體有效解決自己的問題,使個體健康地發展。埃里克森學說中最富有意義的就是其同一性的觀點,深入了解埃里克森的這個學說,可以使家長和老師有效地幫助學生建立自我同一性,為其打下心理健康的良好基礎。

6. 賴希對心理衛生的貢獻 賴希認為,神經症形成的根源在於人的性生活在生理上和心理上的障礙。因為在資本主義社會中,個體表露性欲被看作是對人天賦之愛的病態醜化,所以,賴希的性-經濟學療法是為實現天賦的兩性關係,為愛的本能創造先決條件。因此,他開展了性-政治運動,為青年人的婚姻問題、計畫生育和性教育提供指導幫助。這種以積極的教育方式來解決性問題,根除精神病的主張是值得借鑑的。

在今天,新精神分析學派的學說精華在治療實務上仍有著現實意義。人們在追求工業化的過程中,雖然物質上可以得到的東西越來越多,但精神上可以依賴的卻越來越少。尤其過去一個多世紀以來,由於營養和醫藥方面的改善,各國人口的身體健康表現出持續的改進,但心理疾病的發生率卻越來越高。新精神分析學派一再強調"社會文化因素"的重要性,不僅提示個體在面對社會變革時應注意提高自身的適應力,同時也向社會提出許多有關預防、治療精神疾患的重要思路,他們的方法依然如新,並影響著現代的心理治療實務。因此,這一治療學派不僅當時,即使現在也有其重要的意義。

本 章 摘 要

1. 卡丁納認為，在一個特定社會成長的兒童，會經歷相同的童年期經驗，他們很容易以相同的方式對這些經驗加以反應，因而發展出一種相似的人格結構，卡丁納稱之為**基本人格結構**，並把它定義為：個人在與同一習俗的相互作用中形成的心理特徵和行為特徵的集合。

2. 卡丁納把**習俗**定義為：一群人共有的任何固定的思想或行為模式。他把習俗劃分為兩類：即**初級習俗**和**次級習俗**。前者包括家庭組織、基本規範、性禁忌、生存方式等；後者包括宗教、儀式、民間傳統、神話和思維方式等。

3. 卡丁納反對弗洛伊德關於文化和人格的生物本能論。他強調文化對人格形成和發展的影響，嘗試表明不同的習俗造就不同的人格結構。

4. 社會經濟因素在卡丁納的理論中產生很重要的作用。人們對於食物的需要不可能被代替，它的滿足也不可能延遲很長的時間，更沒有昇華的過程。因此，**食物焦慮**在許多文化中產生決定性的作用。

5. 卡丁納認為，習俗決定個人對它們的反應形式，這種反應形式形成基本人格結構。反之，過去形成的基本人格結構又創造新的文化因子或促使既存文化發生變遷。

6. 卡丁納在精神分析理論和實踐中所注意的是各種文化的影響。他試圖把他的研究同社會科學聯繫起來，將精神分析用來作為研究人類學和人種學的工具，為精神分析和社會人類學合作研究社會習俗和個體人格的相互作用，開闢一條新道路。

7. 埃里克森不同於弗洛伊德，他強調**自我**的作用，認為自我雖然也服務於本我，但它還有一些重要作用，如組織個人的生活，確保個人的心理、生理與社會環境的協調等，強調自我對健康成長和適應的影響，同時自我也是個人同一性的根源。個人行為的方向是由自我所決定。埃里克森的自我超出弗洛伊德的泛性論範圍，但他仍然重視**潛意識**，認為潛意識動機的存在是一個事實，然而探討人格理論的重點卻應該放在研究社會化過程上。
8. 埃里克森得出結論：一個人既是一個有機體，又是一個自我，一個社會成員，個體就是時刻處於這三種組織之中。亦即，人的發展是生物學的發展、心理的發展、社會的發展這三個過程的共同作用。
9. 基本上，埃里克森劃分的人格發展前五個階段與弗洛伊德假設的**性心理發展期**五階段在時間上是平行的，後三個階段則為埃里克森所獨創，統稱為**心理社會期發展論**。埃里克森認為，人格發展八個階段的順序是不變的，因為這是由遺傳因素所決定。各個發展階段以一個危機為特徵，以此標誌一個重要的轉折點。
10. 埃里克森人格發展八個階段為：嬰兒期、兒童早期、學前期、學齡期、青年期、成人早期、成人中期、成人後期。埃里克森把發展看成是一個連續的過程，雖然每個階段各有其不同的主題，但是階段之間並非割裂的，前一階段獲得的東西總以某種形式在以後各階段存在，而每一後繼階段又都為先前遺留下來的問題提供新的解決可能。
11. 賴希認為，由於資本主義制度對人心理的摧殘和壓迫，神經症的治療問題已超出個體心理治療範圍，成為一個尖銳的社會問題，這個問題的解決，既有賴於精神分析方法的完善，更有賴於社會結構。
12. 賴希認為，馬克思主義在本質上是唯物的、辯證的、革命的。弗洛伊德早期理論在本質上也是唯物的、辯證的、革命的，故二者是相通的。另一方面，二者都具有各自的局限性，它們的長處和短處可以互補，因此賴希將二者結合起來，形成**弗洛伊德-馬克思主義**。
13. **性格盔甲**是自我對本我和外部世界的反應模式，它不僅具有生物功能，還具有社會功能。它引導人們按照社會的要求行動。
14. 賴希進一步修改弗洛伊德的人格結構理論，提出新的**性格結構理論**。他把性格結構劃分為三個層次：表層，即**社會合作層**；中間層，即**反社會層**；深層，即**生物核心層**。
15. 賴希把性的問題當作他的理論觀念和實踐活動的中心。他認為，人的健康和疾病取決於性能量釋放可能達到的程度。性本能的實現就是人的幸福和自由。為此，他倡導旨在達到這個目的的**性革命**。
16. 強調社會文化因素的新精神分析學派的最重要貢獻就在於突破弗洛伊德理論的束縛，把人視為社會性而非僅僅是生物性的動物，把社會文化、人際關係、生活環境的影響提昇到相當重要的地位。同時，賦予人更多的主動性和積極性，把人從弗洛伊德的本能的奴隸中解救出來，還其本來面目。

17. 新精神分析學派的局限與不足在於他們不去分析社會的本質，未從社會的生產關係分析人與人之間的關係，往往把社會關係局限於兒童幼年家庭環境。這一學派對於文化對人格的影響，認為社會影響人的心理，心理又反過來影響社會的論述太過抽象。

18. 新精神分析學派作為治療學派之一的貢獻在於它對精神障礙成因說的解釋不拘泥於以往的病因學分類，提出可能致病的社會文化這項新因素。同時，該學派在治療觀點上的創新，也給精神病患者帶來新的希望。另外，新精神分析學派還對心理衛生事業以其理論主張向個體也向整個社會提出許多有益於預防、治療精神疾病的思路、做法，而對心理衛生事業的特殊貢獻是不容忽視。

建議參考資料

1. 弗爾斯特 (徐飛錫譯，1959)：神經症患者——他的內外世界。北京市：科學出版社。
2. 弗洛姆 (孫依依譯，1992)：為自己的人。北京市：三聯書店。
3. 弗洛姆 (楊慧譯，1989)：占有或存在。北京市：國際文化出版公司。
4. 雅羅舍夫斯基等 (王玉琴譯，1982)：國外心理學的發展與現狀。北京市：人民教育出版社。
5. 薩哈金 (周曉虹譯，1991)：社會心理學的歷史與體系。貴陽市：貴州人民出版社。
6. Erikson, E. H. (1950/1963). *Childhood and society*. New York: Norton.
7. Erikson, E. H. (1968). *Identity: Youth and crisis*. New York: Norton.
8. Kardiner, A. (1939). *The individual and his society: The psychodynamics of primitive social organization*. New York: Columbia University Press.

9. Kardiner, A. (1945). *The psychological frontiers of society*. New York: Columbia University Press.
10. Reich, W. (1945). *Character analysis*. New York: Orgone Institute Press.
11. Reich, W. (1946). *The mass psychology of fascism*. New York: Orgone Institute Press.

第四編

精神分析學派的影響

　　本編是全書的最後部分，在前面各編分別講述了精神分析學派的創立、分裂和發展，如今則是討論精神分析學派的影響，並嘗試對弗洛伊德及其精神分析心理學作全面總結與評論。黎黑 (Leahey, 1980) 在他所著的《心理學史：心理學思想的主要趨勢》一書中曾說過："如果偉大可以由影響的範圍去衡量，那麼弗洛伊德無疑是最偉大的心理學家"。這番話，說明了弗洛伊德影響之廣，也是黎黑對他至高的評價。的確，幾乎沒有哪方面對人性的探索未曾留下弗洛伊德的印記。他的著作和學說影響了文學、史學、哲學、美學、宗教、道德、教育、犯罪、戰爭、婚姻、婦女等學術界和社會生活的諸多領域，對這些領域中涉及人性問題的分析說明和研究結果，構成弗洛伊德精神分析理論的各個方面，而以豐富、吸引人為其主要特色。

　　本編在弗洛伊德精神分析理論的領域中，著重闡述弗洛伊德及其弟子在婦女問題、婦女理論和婦女心理學方面的影響，並以婦女主義為中心介紹弗洛伊德所提出的女性人格發展學說，討論他對女權運動的觀點，及其後精神分析有關婦女的新理論。特別是多伊奇在她的《婦女心理學》裏對女性人格發展全過程的分析，以及喬多羅在《婦權主義和精神分析理論》一書中闡述的弗洛伊德對女權主義的重要性和女權主義與精神分析的內在聯繫的申論，很受女權主義者和精神分析家的重視。其次，介紹弗洛伊德的文學觀點，弗洛伊德主義體現在現代文學創作、文學批評上對東西方文學思想所產生的難以估量的巨大影響。其中，超現實主義文學被認為是受弗洛伊德文學影響最大的一個創作流派。再次，介紹弗洛伊德在史學界的影響，他在 1910 年發表的《列奧納多・達芬奇對幼兒期的記憶》被視為心理史學的開山之作，他則被視為心理史學的創始人。毫無疑問，弗洛伊德為歷史學家提供了歷史哲學的理論和精神分析的方法，對創建心理史學具有決定性的影響。

　　為了說明弗洛伊德精神分析在理論與實踐上廣泛而深遠的影響，本編還專列一章，說明精神分析的晚近發展，著重於從安娜弗洛伊德、哈特曼到埃里克森自我心理學的建立與發展；並介紹了精神分析的自我心理學與對象關係理論對兒童心理學的貢獻。此外，該章還介紹精神分析在心理治療中的新進展，包括威斯等人建立的"計劃診斷方法"、斯圖普的人際關係相互作用模式的分析治療方法，以及我國鐘友彬醫生所創立的認識領悟心理療法。

　　本編在最後一節裏試圖全面總結與評論弗洛伊德及其精神分析。這是一種極端嚴肅且困難的工作。因為一方面弗洛伊德的影響如此之大，不能不重視對他的恰當評價；另一方面，他的精神分析理論牽涉到各門類學科知識領域，可從各專門學科進行總結並給予評論。而本書只是從心理學史的角度論述弗洛伊德及其理論，提出他及其心理學在現代心理學發展歷史上所處的地位與所起的作用。作為一種學科經驗，給予分析和總結，以利於學習借鑑，有助於心理學學科的繁榮與發展。這樣，難免要使評論涉及對現代心理學科學性質的探討，並從心理學發展歷程與未來走向的眼光來評判弗洛伊德及精神分析心理學的歷史貢獻與局限。

　　最後，本編為了講述精神分析學派的晚近發展與影響，對有關弗洛伊德與精神分析的基本概念、名詞術語與學說理論在敍述上會與以前各編的相關章節有所重復。但回顧重述，只為便於讀者前後學習比較，求得貫通，而能溫故知新，對全書有個完整一體的印象。

第十一章

精神分析的晚近發展

本章內容細目

第一節 精神分析的自我心理學
一、安娜弗洛伊德與自我防禦機制 429
　(一) 弗洛伊德的自我心理學思想
　(二) 自我心理學的合法化
　(三) 自我防禦機制
二、哈特曼與自我心理學的建立 439
　(一) 無衝突的自我領域
　(二) 自我的自主性與適應
　(三) 自我機能與現實原則
三、埃里克森的自我心理學 444

第二節 精神分析與兒童發展理論
一、自我心理學的貢獻 447
　(一) 施皮茨
　(二) 瑪　勒

　(三) 雅各布森
二、對象關係理論的貢獻 454
　(一) 費爾貝恩
　(二) 威尼科特

第三節 精神分析在心理治療中的新進展
一、新弗洛伊德主義治療 458
二、現代精神分析療法 459
三、精神分析治療的晚近發展 460

本章摘要

建議參考資料

精神分析心理學從理論到方法一直不斷地修正，從歷史發展的觀點看，大致上可分為三個階段：1900 年弗洛伊德出版《夢之解析》後，引起歐洲心理學界的重視，多位著名學者慕名而來向他學習，於 1902 年成立**維也納精神分析學會** (Vienna Psychoanalytic Society)，是精神分析學派的前身。學會中除弗洛伊德本人外，阿德勒和榮格都是重要成員；1909 年弗洛伊德和榮格應克拉克大學之邀赴美國講學，這表示精神分析思想獲得國際承認；至 1910 年**精神分析學會** (Psychoanalytic Association) 正式成立，為精神分析思想的第一階段。1911～1914 年間阿德勒和榮格先後因與弗洛伊德理念不合而決裂，之後兩人分別建立個體心理學和分析心理學，精神分析學派亦隨之消失；是為精神分析思想的第二階段。迨至 20 世紀 30 年代，另有些心理學家原則上接受弗洛伊德思想的基本理念，但為配合時代變遷和社會需要而加以修正，稱為**新弗洛伊德主義** (neo-Freudism) 或**新精神分析** (neo-psychoanalysis)；是為精神分析思想的第三階段。精神分析給人類帶來的影響越來越廣泛，也越深刻。本章在總結精神分析的晚近發展，其發展趨勢為強調自我在精神分析研究與治療中的地位與作用；強調自我和社會環境的相互作用；把自我心理學與兒童發展理論結合起來，從精神分析由研究成人的變態心理轉向同時注意直接觀察嬰幼兒的活動發展；把古典的戀母情結理解為一種對象關係；改進心理治療中的醫患人際關係；強調心理治療患者所持的治療計畫與病理信念，在實證研究基礎上明確治療方案與效果，更加重視患者的認識領悟方面。通過本章學習，讀者應掌握以下重點：

1. 安娜弗洛伊德如何繼承並發展她父親的自我心理學思想。
2. 在《自我防禦機制》一書中，安娜弗洛伊德列舉哪些心理防禦機制。
3. 哈特曼在精神分析的自我心理學方面有些什麼獨特的理論見解。
4. 埃里克森對精神分析的自我心理學作出過哪些貢獻。
5. 施皮茨、瑪勒和雅各布森有關兒童發展的概念、理論及發展模式。
6. 以費爾貝恩或威尼科特提出的概念為例，說明何謂對象關係理論。
7. 現代精神分析療法有哪些基本特點。
8. 扼要說明自我（適應）模型與人格關係模型的兩種治療方法。
9. 鍾友彬的認識領悟心理療法在治療觀點與方法上是否可取，為什麼。

第一節　精神分析的自我心理學

精神分析正式建立以後，就往兩個不同的方向發展，一方面，弗洛伊德最初的追隨者榮格、阿德勒等人紛紛與之決裂，各自提出新的理論；另一方面，一些分析學家堅持弗洛伊德的一些基本原則，但進行了修改和擴展。這些分析學家是安娜弗洛伊德、哈特曼、以及埃里克森等人，由本我研究轉向自我研究和人際關係研究，體現了這門學科的社會學化與社會心理學化的進展方向，他們在弗洛伊德去世後，為弗洛伊德學說注入新的生命，發展了精神分析的**自我心理學** (ego psychology)。

一、安娜弗洛伊德與自我防禦機制

安娜弗洛伊德 (Anna Freud, 1895～1982) 是弗洛伊德最小的女兒，1895 年 12 月 3 日出生於奧地利的維也納。在弗洛伊德的六個子女中，只有安娜繼承了父業。安娜 23 歲時開始參加父親的精神分析工作，還被允許

圖 11-1　安娜弗洛伊德
(Anna Freud, 1895～1982) 西格蒙弗洛伊德的女兒。漢普斯特德兒童診療所的創辦人、所長。維也納精神分析學會主席。國際精神分析學會名譽主席。曾獲維也納等大學授予的名譽博士學位。

參加著名的維也納精神分析學會的星期三研討會,並在弗洛伊德的朋友喬萊格的維也納精神病教學醫院裏參加古典精神分析的學習。此後安娜投身於兒童精神疾病的研究和治療工作,並進一步發展弗洛伊德的自我概念。1937年她在《自我與防禦機制》一書中,將弗洛伊德的自我心理學思想系統化,明確地把自我作為精神分析的核心思想並予以強調和重視。此後,自我心理學便成為精神分析發展的一個重要領域。

(一) 弗洛伊德的自我心理學思想

安娜繼承了父親的正統精神分析理論,她對自我的看法也是對弗洛伊德的自我心理學思想的進一步發展。讓我們先來回顧一下弗洛伊德的自我心理學思想。

弗洛伊德於 1920 年在精神分析理論中開闢了一個新的領域,在《超越唯樂原則》一書中,他首次提出了介於本我與超我之間的自我所發生調和作用的**自我功能**(或**自我機能**)(ego function) 的概念。1923 年,在〈自我和本我〉這篇論文中,弗洛伊德引進了本我、自我和超我三層人格結構。**本我**是本能衝動的儲存庫,**自我**是人格中應付現實的部分,而**超我**則是良心,是對父母獎罰規範的內化。

本我是最原始的、人格中最難接近的部分,它包括人類本能中性的內驅力和被壓抑的習慣傾向,弗洛伊德稱之為"一團混沌、一口充滿沸騰的激動的大鍋"(蘇曉離等譯,1987,81 頁)。"本我不知道價值判斷:不知道什麼是好的和什麼是邪惡的,也不知道什麼是道德"(蘇曉離等譯,1987,83 頁)。由於本我不考慮客觀現實的環境,而只追求直接滿足,所以它只根據弗洛伊德所說的**快樂原則**而操作,這種快樂原則可以減少緊張狀態。人的基本的心理能或力比多被圍困在本我中,並且是通過減少緊張狀態的意向表現出來的。力比多能量的增加導致緊張狀態的增加,而有機體則力求把這種緊張狀態減少到比較能夠忍受的水平。因而個體為了滿足自己的需要並維持一種令其舒適的緊張水平,他就必須和真實的世界交互作用。為了促進這種交互作用,自我便從本我中發展出來,自我所代表的是理性與正確的判斷,它按照**現實原則**操作。人格結構的第三部分是超我;超我是在童年早期發展起來的,它包括良知和自我理想。弗洛伊德認為超我代表著"每一種道德的限制,代表著一個力求完善的維護者"(蘇曉離等譯,1987,85 頁)。因此,超我力圖使本我延遲得到滿足，甚至使它完全不能得到這種滿足。

由此可見，在弗洛伊德的三層人格結構中，自我是一種反映現實、控制行為的力量，它協調著本我與外界、本我與超我之間的關係，力圖在不違反超我的道德標準情況下，按照現實原則來滿足本我的衝動要求。在弗洛伊德臨終前未能完成的一部結論式著作《精神分析綱要》中，他對自我概念進行了較為全面的論述：

> 作為感知和肌肉運動先前聯繫的結果，自我按照自身的指令主動活動，它承擔著自我保存的任務。當面臨外部事件時，它通過意識到外部刺激的體驗（以記憶形式）、逃避過強的刺激（通過逃避）、應付適宜的刺激（通過適應）、最終通過學會按照自己的利益改變外界（通過活動），來處理外界事物。在面臨內部事件或與本我發生聯繫時，它通過控制本能要求，決定應否允許本能獲得滿足，根據最佳的環境和時間來推遲本能滿足或完全壓抑本能衝動來完成自己的任務。(Freud, 1940, pp.145～146)

在這裏，弗洛伊德強調的仍然是自我的控制和整合作用，在他的後期思想中對自我的注重，預示了精神分析的自我心理學的萌生。

（二） 自我心理學的合法化

當弗洛伊德後期的研究從本我研究轉向自我時，有人認為這背叛了精神分析，他們認為精神分析的新發現應與潛意識的心理生活有關，精神分析就意味著**深蘊心理學**。針對這種思想，安娜弗洛伊德指出，就精神分析的過去而言，這種說法是正確的，但自從弗洛伊德寫作《超越唯樂原則》和《集體心理學與自我分析》開始，深蘊心理學就不能囊括整個精神分析的範圍了。因此，安娜對分析的任務做出了如下定義：

> 獲得關於三種結構的最完全的知識（我們相信心理、人格是由這三種結構組成的），並且了解它們相互之間的關係及其與外部世界的關係。(Anna Freud, 1946, p.4)

安娜繼承了弗洛伊德的本我、自我、超我的人格結構學說，但又進一步發展了弗洛伊德的觀點。弗洛伊德把自我和本我的關係比喻作騎士和馬的關係，馬提供能量，而騎士則指導馬的能量朝著他想去的方向前進。在這一點

上,安娜不同意她父親對本我的過分重視,她認為須給自我應有的重視。她指出:

> 從我們科學的早年,在經驗基礎上建立起來的理論,是一種無與倫比的潛意識心理學,或如我們今天所說,是一種本我心理學。但是當我們把這個定義用於精神分析治療時,它馬上便失去了一切自稱的精確性。作為一種治療方法的分析,從一開始就很關心自我及其變形;對本我及其操作方式的研究總不過是一種終極的方法,而且結尾總是同樣的,即對這些變態現象加以更正和使自我恢復其完整性。(Anna Freud, 1946, p.4)

安娜進一步描述了自我作為一種觀察者的特徵,即它為別的心理結構的觀察提供媒介。她指出,三個心理結構在它們的可觀察性上變化很大,我們對本我的認識僅僅通過它們進入前意識和意識系統的衍生物而獲得。如果在本我中一種平靜和滿足的狀態占了優勢,以致任何本能衝動沒有機會侵入自我尋求滿足,產生緊張和不愉快感,那麼我們就不能了解任何本我的內容。所以,至少在理論上本我不是在任何情況下都是可觀察的。至於超我,它的內容大部分是有意識的,可以被心理上的知覺直接達到的。然而,當超我和本我之間的關係協調時,我們的超我的圖景總是趨向於變模糊了。於是,我們說在這種情況下,超我作為一個單獨的結構,對主體自身以及對一個外界觀察者都是不可覺察的。僅僅當超我以敵意或至少是批評面對自我時,它的輪廓才變清晰了。因此,超我像本我一樣,當它在自我內產生了諸如內疚感時,才變得能夠覺察。這就意味著,適合我們觀察的領域總是自我,也就是說,自我是我們得以了解其他兩個結構的媒介。由此可見,弗洛伊德以分析"本我"作為治療和建立理論的起點,而安娜則把分析"自我"作為解決所有精神分析問題的起點,確立了自我在精神分析研究中的地位,同時提出了她的自我防禦機制的理論。

(三) 自我防禦機制

安娜認為,自我的另一特徵,是使分析的目的得以重建。她解釋在催眠技術中,自我的作用仍然是完全消極的,分析者的目的是為了觸及潛意識的內容,而自我僅僅是工作中的干擾因素。催眠是暫時除掉自我的一種方式,在催眠中，潛意識被醫生引入自我，症狀因而消失了。但是自我沒有參與治療過程，它只是在醫生的催眠下暫時容忍本我的侵入，而開始了本我的一種新的鬥爭，因此，其治療效果是無法長久的，並最終被拋棄。與其相類似，在自由聯想中，自我被要求沈默，不予批評聯想。夢的解釋、象徵的解釋也不能幫助理解自我；在移情分析中，分析者達到的不僅是本我的滿足，還有自我的防禦。因而安娜對**自我防禦機制**(或**自我防衛機制**)(ego-defense mechanism) 得出結論：分析者的任務是把潛意識帶到意識中，不管它屬於哪一個心理結構，分析者應同等地注意三個結構的潛意識元素。即同等地對待本我、自我和超我，而不是只侷限於本我。針對自我的防禦，安娜指出自我的抵抗提供給我們一個觀察自我的潛意識防禦操作，並把它帶入意識的好機會。

　　"防禦"這一概念首次出現在弗洛伊德 1894 年〈防禦性精神病〉一文中，隨後又出現在其他幾篇著作中，用來描述自我與痛苦的、不可忍受的觀念或情感的衝突。以後一段時間裡，弗洛伊德用**壓抑作用**的說法代替了防禦概念，直到 1926 年才又回到了防禦概念，列舉了各種防禦機制 (壓抑作用僅為其中的一種)，並試圖說明防禦和疾病的關係。他把壓抑作用看作歇斯底里症 (註 11-1) 的特徵，而壓抑和反向形成是強迫性神經症 (註 11-2) 的特徵，迴避則是恐懼症 (註 11-3) 的特徵。安娜在發展自我心理學的過程中，整理了她父親提出的十種防禦機制，又補充了她自己提出的五種防禦機制。安娜認為自我防禦機制是探討神經症起因的一種必要手段，並在她的《自我與防禦機制》一書中，進行了詳細的闡述，這裡對這些防禦機制試作扼要的介紹。

註 11-1：**歇斯底里症**(或**癔症**)(hysteria) 的症狀之一為感覺缺失，如皮膚感覺的缺失，視野的縮小；其次為癱瘓，如腿、臂不能動，臉部麻痺，聲帶不能發聲；第三類症狀為情緒不穩定，哭笑無常，所謂**癔病氣質**(hysterical temperament)。這些症狀，精神分析家強調是被壓抑情結或衝動的間接與象徵性的表現。

註 11-2：**強迫性神經症**(obsessive-compulsive neurosis)：包括**強迫觀念**(obsessive idea)、**強迫情感**(obsessive affect) 與**強迫衝動**(obsessive impulse)。其症狀是病人的心似乎為強迫的觀念、強迫的情感或強迫的衝動所圍困住。病人往往重複出現不可抗拒的固定的觀念，心中縈繞著某個頑固的思想或問題；或出現對某個特別對象的恐懼；或者受一種衝動的驅使，習慣性地做一些動作：簡單的如不停地咬指甲，做鬼臉，複雜的則如偷竊行為。弗洛伊德認為強迫症是由於病人對受到壓抑的性衝動一種過度補償。

註 11-3：**恐懼症**(或**恐怖症**)(phobia, phobic neurosis)：其症狀為病人處在某一特殊情境中或見到某物便會表現出"毫無理由"的害怕；但是，只要離開引起他害怕的某物或特殊情境，他就不再恐懼與緊張了。

1. 壓抑作用 壓抑作用 (repression) 指把意識不能接受的欲望、衝動和經驗等,在不知不覺中排斥到潛意識中去,使它們無法進入意識層面,以免形成焦慮、憂懼、愧疚等情緒壓力或痛苦。按精神分析論,壓抑是自我與超我對本我管制的歷程。這是最基本的防禦機制,因為任何防禦機制的產生都必須先有壓抑作用 (壓逼到潛意識中)。壓抑作用的特點是應用直接方式來自我防衛,它是一種進行遺忘和抑制的積極活動的心理歷程。從心理能量來說,壓抑是一種極為浪費的防禦機制,因為無意識衝動雖被壓抑但仍在尋求出路,從而使成功的壓抑必須繼續支出和消耗自我能量。

壓抑分兩類:一類是**原始的壓抑** (或**原壓抑**) (primal repression),即防止那些從未進入過意識的本能性對象被選擇變成意識,它是來自遺傳的先天心理屏障,它把存在於本我中的大部分內容永久地封閉在潛意識中。人類長期以來的痛苦經驗由於不斷積累而逐漸獲得遺傳的性質,因此能夠先天地存在於人的內心裏,這樣便形成了原始壓抑。例如,人類社會之所以存在嚴禁亂倫的戒律,就是因為人有一種企圖與自己的父母保持性關係的強烈欲望,但這種欲望的任何表現都會遭到父母的嚴厲懲罰。當這種情形在人類歷史上反復出現後,對亂倫欲望的壓抑便滲入到人的內心,成為一種原始壓抑。這樣,任何新生的一代都不必學習壓抑亂倫的欲望,因為這一壓抑作用已由遺傳獲得。另一類是**真正的壓抑** (proper repression),即把某些引起焦慮的知覺、記憶等驅逐回潛意識系統中。因受到原始壓抑的潛意識本能可以同前意識或意識中的對象建立起聯繫,把它們作為自己的衍生物或派生物,喬裝打扮滲入意識。然而一旦被發現或識別出來,真正的壓抑就會把它們驅回潛意識中。例如五歲前大部分不愉快的經驗雖然已經不復記憶,但這些不愉快經驗卻貯存在潛意識裏,仍深深地影響以後的行為。

壓抑可以使人對那些本來是一目了然的情景視而不見,或者歪曲所見所聞,或者篡改其感官傳達的信息,從而使自我不能意識到可能導致焦慮的危險事物或與危險相關的事物。雖然壓抑作用對於正常的人格發展是必不可少的,但有的人卻一味依靠壓抑來對付威脅,對其他方法則一概棄之不用,這樣就容易導致神經症。例如,壓抑作用可能引起癔病性失明 (註 11-4) 和癔病

註 11-4:**癔病性失明** (hysterical blindness):這是歇斯底里症感覺缺失在視覺方面的一種症狀表現。它可以是部分的缺失,如視野的縮小,也可以是完全的缺失,即癔病性失明。但癔病性失明是一種心理的機能性障礙,從大的方面檢查不出組織器官上有什麼問題。

性癱瘓 (註 11-5)。病人的眼睛和肌肉均完好無損，但反能量發洩作用卻使人視而不見，或使其肢體不能動彈。安娜認為，壓抑能夠控制強有力的本能衝動，它是最有效也是最危險的機制。因為意識從全部本能生活和感情生活中退出所造成的自我的分裂會永久地毀壞人格的完整。

2. 投射作用 投射作用 (projection) 是指把自我不被接受的衝動、意念、態度和行為推向別人或周圍的事物上。例如，要一個人承認他不喜歡父親是一件很痛苦的事，因此他將他的不喜歡投射到父親身上，而說：「我父親不喜歡我」。投射作用把來自本我或超我的內部危險變成外部危險，因為對自我來說，內部危險比外部危險更難於對付。一般說來，自我這樣做的目的就是想把神經性焦慮或道德性焦慮變為客觀性焦慮，以減輕內心焦慮的心理歷程。

3. 反向作用 反向作用 (或反向形成) (reaction formation) 即個人有些隱藏在潛意識中的欲念不願顯露，除了壓抑之外，在行為上採取與欲念相反的方向來表示，這種機制就叫反向形成。如一個人倘若對某人懷恨在心，他可能會因此坐臥不安，於是他的自我為了掩蓋其敵意，便會對此人激發出一種超乎尋常的愛。其實，在愛的面紗下，仇恨的情緒依然存在。但這種反向形成的"愛"與真正的愛還是有區別的，一是前者比較誇張，懷有反向形成的愛的人往往再三表白其情意，而這種表白又常常流於過火、浮誇、裝腔作勢。二是前者具有強迫性 (compulsiveness)，這種愛不像真正的愛那樣靈活變通，不能適應變幻莫測的具體環境，它總要不斷地對人顯示，好像不這樣做就會使隱藏其後的相反感情露出馬腳來。反向作用是對焦慮的非理性適應，它歪曲現實，使人格變得刻板僵化。

4. 移置作用 移置作用 (或轉移作用) (displacement) 即指個體將對某人或某事物的情緒反應 (多屬負面情緒如憤怒、憎恨等)，轉移對象，藉以尋求發洩的歷程。如對某人憎恨，因無法正面與之敵對，轉而破壞其財物以洩憤的情形；又如一個孩子受到父母責備後就向自己的小妹妹或玩具出氣。

註 11-5：**癔病性癱瘓** (hysterical paralysis)：癱瘓是歇斯底里症的第二類症狀表現，可以發生在身體任何部位。癱瘓可以時間很短，也可以持續相當長一段時間，而且出現得突然，消失得也突然。往往由於過強刺激或生活中的突發事件，病人的癱瘓症狀自動消失了。另外，這種癱瘓如在腿上，很可能腿不能走動，但能跳舞；如在手上，很可能只是不能書寫，但不影響其它動作。這意味著癔病性癱瘓很可能與某種潛意識的動機有關。

5. 昇華作用 昇華作用 (sublimation) 是把某些本能 (包括性本能和攻擊本能) 的衝動和慾望用社會許可的思想和行為方式表達出來，通過昇華可以使自我改變衝動的目的和對象而不抑制它們的表現。這是最富建設性的防禦機制，它可以把人受挫折的本能慾望轉變為崇高的社會活動，如音樂、繪畫等文藝創作。弗洛伊德認為達芬奇的藝術巨作《聖母像》就是他對其早年就離去母親的思念情感昇華的作品。弗洛伊德還指出，人類文明之所以能不斷發展，就在於人能夠抑制自己原始本能的滿足，那些受阻而不能直接發洩出來的能量，便昇華到有益於社會活動或文化性的創造活動中。

6. 倒退作用 倒退作用 (或退化作用) (regression) 是指個人遭遇挫折時以較幼稚的行為應付現實困境，藉以惹人注意或博人同情以減低自己的焦慮。如一個四歲能自行大小便的男孩，因母親生個小妹妹而覺得受到冷落，於是又開始隨地大小便，倒退至肛門期；又如新婚的年輕女性可能因首次與丈夫爭吵而焦慮萬分，於是回到父母家中尋求庇護。倒退在生活中有時也是必要的，人們的倒退行為很多，如抽烟、酗酒、說孩子氣的話、毀壞財物等等，以此來減輕焦慮。

7. 心力內投 心力內投 (或內攝) (introjection) 是指一個人吸收周圍世界的各種感覺、慾望、觀念和情緒態度，並內化而形成其超我的一種心理歷程。例如，孩子常常從雙親那裏接受一些是非觀念，長大以後，他可能就會以上司的政治觀點作為自己的觀點，也可能以他愛慕的朋友的觀點作為自己的觀點；每個人在一生中不斷收集周圍人們的許多觀念、慾望，個人的發展多少得力於這個過程，如果環境健全，其結果會很好；但若環境不健全，個人的人格也會反映出那些不健全的特徵。

8. 抵消作用 抵消作用 (或棄置作用、解除作用) (undoing) 是指用某種象徵性的活動或事情來抵消已經發生的不愉快的事情，藉以贖罪補過。在這樣的歷程中，個人一方面希望棄置過去所做的一切，希望事情沒有發生；另一方面希望按自己的願望把事情重做一遍，就像物體擺錯了地方拿來重擺一遍一樣。如某人做了錯事或壞事以後，便採取懺悔、苦修、個人犧牲、修廟建寺、造福他人等形式，使潛意識中的罪惡感獲得解脫，消除來自超我與外界的壓力。

9. 合理化 合理化 (或文飾作用) (rationalization) 是用一種自我能接受、超我能寬恕的理由來代替自己行為的真實動機或理由。即尋找好聽的藉口使不合理的行為合理化,從而達到推卸責任或安慰自己的目的。

合理化可分為二種:一種是**酸葡萄機制**(sour grapes mechanism),即希望達到的某種目的未能實現時,便否認該目的所具有的價值和意義,就像伊索寓言中所講的那隻狐狸一樣,吃不到葡萄反說葡萄是酸的;又如某人想當官卻未當成,便說官場黑暗啊。另一種是**甜檸檬機制**(sweet lemon mechanism),即凡所希望的目的未達成時,便認為自己現在所擁有的東西都是好的。比如,狐狸吃不到甜葡萄,只好吃酸檸檬,還硬說酸檸檬是甜的,正是牠喜歡的。

10. **固著** 固著(fixation)是指行為方式發展的停滯及習慣反應的刻板化。因人在一生中要面臨很多艱難險阻,如兒童的第一天入學、青少年的首次約會、高中生的大學聯考等等。總之,每個人在開始一項新的嘗試時,都不免感到顧慮重重;在離開自己熟悉的舊事物或舊環境而接觸陌生的新事物或新環境時,免不了產生焦慮。若焦慮過強,人們可能會傾向於固定在原來的生活方式上,重復著原來的行為模式與反應習慣,而不願走向新的生活。這是因為人們害怕無法應付新環境而有一種不安全感;害怕失敗又怕被人嘲笑,傷害自尊;害怕受到懲罰。比如,一個十來歲的孩子害怕自己企圖獲得獨立而招致母親的懲罰,就終日圍著母親的裙邊轉,不與其他同伴交往。

以上十種防禦機制是弗洛伊德曾論述過的防禦機制,除此之外,安娜又提出了幾種新的防禦機制,並對其進行了著重闡述,它們是:

11. **以攻擊者自居** 以攻擊者自居(identification-with-the aggressor)是對自己所恐懼的人或對象的行為進行模仿和學習,使人在心理上感到他就是那個令人恐懼的人或對象,以此來消除他自己的恐懼心理。我們可以從兒童身上看到以攻擊者自居的形成過程:一個六歲的男孩被牙醫弄痛後,開始把他不愉快的情緒發洩在屋裡的東西上,他把橡皮切成兩半,把一段長線剪成小段,不斷地削尖鉛筆,又折斷它的筆尖,再繼續削尖、折斷……,以此來表示他對牙醫的厭惡。安娜認為,這種自居作用的內投是和投射作用同時起作用的。在安娜看來:"當外部的批評發生內投之後,受懲罰的威脅和所犯的罪孽就被外化了。這意味著以攻擊者自居被另一種防禦手段,即犯罪的投射作用所補償了"(Anna Freud, 1946, p.128)。

12. 利他主義 安娜認為，**利他主義** (altruism) 也是一種投射作用。在利他主義中，或至少在利他主義的一種形式中，一個人放棄了他自己的一些願望，為此他必須面臨願望的挫折。在《薩林娜和柏格拉斯》這一故事中，傳說獨身女人喜歡替別人做媒，這便是一例。因為在促成對方的滿足時，強烈的興趣暴露了利他主義的自私根源。這種利他主義的解釋有兩層意思：一是通過自居作用使滿足代替挫折；二是把遭到拒絕的被動角色換成恩人的主動角色。

13. 否認作用 否認作用 (denial) 是把發生的不愉快事情加以否定，認為它根本沒有發生。這屬於一種較簡單而原始的心理防禦機制，在日常生活中也較常見。小孩子摔碎了東西，闖了禍，常用雙手把眼睛蒙起來，好像沒有發生過一樣。安娜提到《性學三論》中小漢斯的病例時，認為漢斯便是通過幻想來否認現實的。

14. 禁慾主義 禁慾主義 (asceticism) 表現了青春期的一種心理。安娜認為隨著青春期的到來，本能的衝動不斷增加，青少年常為此感到不安，而採取克制一切慾望和快樂的做法來保護自己。他們往往放棄許多娛樂活動，有的甚至限制每日的攝食及睡眠，以此來達到禁慾目的。這主要是青少年，特別是神經症患者，控制自己衝動的防禦機制。

15. 自我約束作用 自我約束作用 (turning-against-self) 是把衝動向內轉成自我，而不是向外轉成某一對象。其結果會導致心理不適、罪疚感、抑鬱以及受虐癖的情感。例如，一位年輕婦女在兒童時期十分妒嫉弟弟和母親間的親密關係，所以在她長大成人之後，便把這種情感轉成了自我，產生了一種強烈的自責、消極和自卑的情感。安娜認為，這種產生於將本能向自身轉變的真正受虐癖現象，是通過對自身的情感或肉體折磨來保護自我，以達到心理上的平衡。

綜上所述，安娜弗洛伊德總結並補充了由她父親提出的自我防禦機制，對精神分析自我心理學的發展做出了很大貢獻。安娜認為，從發展的觀點來看，由一個人的各種自我防禦反應中，就可了解到他個人的自我發展歷史，以及他駕馭或者屈從他的情感、需要、願望和本能衝動的生活史。因此，對自我防禦機制的分析，成為她的一種非常靈敏的診斷工具，特別是對兒童分析者來說，由於自由聯想的侷限性，自我防禦分析就成為必不可少的手段。

當然，安娜的自我心理學思想完全與正統的弗洛伊德派的觀點一致。在安娜看來，自我仍然是本我的助手。她曾這樣說："在適當的情況下，自我並不反對(本能衝動)這個入侵者，而是使自己的能量受它的支配"(Anna Freud, 1946, p.3)。因而人格心理學家蒙特給安娜弗洛伊德作了這樣的評論，"她終究不是一位新弗洛伊德主義者，而只是弗洛伊德" (Monte, 1980, p.155)。總之，安娜繼承了弗洛伊德，同時起了一個承上啟下的作用，她的自我心理學的研究，無疑為以後自我心理學的發展開闢了道路。

二、哈特曼與自我心理學的建立

哈特曼 (Heinz Hartmann, 1894～1970) 是第二次世界大戰以後最著名的精神分析理論家之一，他被譽為自我心理學之父。哈特曼早年學醫，曾與安娜弗洛伊德一起參與維也納精神病教學醫院的精神病學例會。第二次世界大戰爆發後他移居美國，致力於創建精神分析的自我心理學。哈特曼出版了《自我心理學與適應問題》一書 (Hartmann, 1939)，這一重要著作的問世標誌著精神分析的自我心理學的正式誕生。哈特曼一方面澄清了弗洛伊德體系中關於自我心理學的一些模糊思想；另一方面，他也把精神分析中一些命題的表述恰當地納入了普通心理學範疇，試圖建立精神分析與普通心理學之

圖 11-2 哈特曼
(Heinz Hartmann, 1894～1970) 1920 年獲維也納大學醫學博士學位，1941 年移居美國。精神分析自我心理學創建人。紐約精神分析學會會長。國際精神分析學會主席、名譽主席。

間的聯繫。下面我們具體闡述哈特曼的主要理論觀點。

(一) 無衝突的自我領域

哈特曼認為，精神分析在一開始就有狹義和廣義兩個目標。狹義的目標指對病理學及正常心理學與心理病理學邊緣現象的研究。那時，精神分析的工作集中於本我和本能驅力，但很快產生了新的問題、概念、公式、新的解釋需要，這些都超出了狹義領域，而擴展到心理活動的一般理論，即精神分析的廣義目標。隨著自我心理學的興起，哈特曼認為精神分析在廣泛的含義上可以被稱為普通心理學。

1. 無衝突的自我領域 哈特曼指出，古典精神分析忽視了沒有衝突的心理學領域，把衝突作為自己的唯一研究任務。事實上，並非對環境的每一適應過程或每一學習和成熟過程都是一個衝突。在衝突之外，還存在知覺、意向、理解、思維、語言、回憶、創造活動和眾所周知的動作發展階段，如抓、握、爬、走這些與許多其他現象所表現出的成熟和學習過程。這些活動的變化，在本能驅力的典型或個別發展和衝突中、在促進或阻礙個體控制這種發展和衝突的能力上起了重要作用。哈特曼故而提出了**無衝突的自我領域** (conflict-free ego sphere) 這一概念，指自我活動的這些機能的全體，它們無時不在心理衝突領域外發揮著作用。這裡，哈特曼並沒有提出一個新的心理領域，只是認為自我機能可以根據所要完成的目標而改變它的風格。

2. 未分化的基質 哈特曼指出，儘管一些自我機能諸如記憶和學習在試圖解決衝突時被採用，但在發展中它們在那種試圖之前就已出現。記憶、學習、聯想和其他自我機能是自我和本我驅力關係的先決條件；它們不是那些交互作用的產品，自我防禦甚至在正常發展中首先出現，然後才被引入自我和本我的衝突之中。在弗洛伊德看來，本我的出現，不論在心理學上或生物學上，都比自我的出現要早；自我是從本我中發展出來並為本我服務的。但哈特曼卻認為，自我與本我一樣都是遺傳的，本我不是唯一的遺傳稟賦，自我也不是本我的副產品，它們是同時產生發展的。哈特曼認為最初這兩種遺傳既不能稱為本我，也不能稱為自我，而是包含有兩者成分的更原始的心理結構，哈特曼稱之為**未分化的基質** (undifferentiated matrix)。在這種未分化的基質中，一部分生物學稟賦是產生本我的本能內驅力，另一部分生物學稟賦是先天的自我裝備。因此，在自我和本我分化以前，既沒有自我，也沒有本我，兩者都是分化的產物。因此它們是兩種同時存在的心理機能。

(二) 自我的自主性與適應

1. 自我的自主性 自我的獨立起源和獨特的生物學稟賦決定了自我必然具有自己的獨立發展過程。哈特曼稱之為自我的**自主性**發展。哈特曼指出自我有兩種自主性，一種為**初級自主性** (primary autonomy)，指的是那些先天獨立於本能的無衝突的自我過程，如知覺、學習、記憶與能動性。這類機能一旦從未分化的基質中分化出來以後，就開始起著對環境的適應作用。另一種為**二級自主性** (secondary autonomy)，指的是從本我的衝突中發展出來，並成為健康地適應生活的那些自我機能，這種自我的二級自主性被認為是身體成熟與學習交互作用的產物。當哈特曼後來描述自我的二級自主性時，自我的某些機能自本我的影響中奪取出來，甚至發展成一種對再介入衝突的抵抗。逐漸地，那些起初被發展來滿足本我驅力的技能可能自身發展成二級獨立的滿足來源。例如，對本我的必需滿足的提供可能隨著發展類化為一個更廣泛的自我關注，一個對社會地位、成功、經濟保障和健康的關注。正如哈特曼自己指出的，自我的二級自主性與奧爾波特 (Gordon Willard Allport, 1897～1967) 動機理論中的機能性自主 (註 11-6) 概念極為相似。事實上，哈特曼提出自我能夠"中性化"性和攻擊的本我驅力，使之成為與快樂和破壞無關的機能，以及與減弱驅力無關的各種追求。

所謂**中性化** (neutralization) 是指力比多和攻擊性能量由本能向非本能形式的轉變。弗洛伊德曾提出力比多能夠"非性慾化"從而提供自我以相對獨立於本我的能量。哈特曼及其同事則進一步發展了弗洛伊德這一概念。他們認為，本能不僅包括性慾，而且包括攻擊性，攻擊性也含有大量的能量。

註 11-6：**機能性自主** (或**功能獨立**) (functional autonomy)：是美國心理學家奧爾波特動機理論中的術語。謂原來純屬生物性動機所促動的行為成為習慣之後，行為動機將逐漸變質，它會獨立於原來生物性需求滿足之外，自成為一種內在力量，支配個體的行為。例如：個體做工賺錢 (行為) 可以滿足解決生存的問題 (生物性需求的滿足)，因而養成追求金錢的習慣。等以後成了富翁，雖生活上不再需要自己追求金錢去滿足生理上的需求，但他仍可能愛好金錢如故。再如：個體的性行為基本上是生物性動機所促使，但如性行為成了生活中的習慣之後，個體到了老年，即使生物性的動機力量 (性衝動) 已失，性行為仍然繼續。此時性行為的動機，已不再是生物性的動機，而變成為社會性或心理性的動機了 (張春興，1989，p.271)

自我不僅通過力比多非性慾化獲得能量，而且通過使攻擊性非攻擊化來獲得能量。哈特曼假設，自我結構一旦形成，本能能量的中性化就開始了，而這是出生後幾個月的事情。一個三個月的嬰兒就多少有一些使內驅力能量中性化的能力。當他飢餓時，這種飢餓轉化成哭聲來召喚母親，在飢餓內驅力和呼喚母親的聯繫中就存在著"中性化"的過程。可見"中性化"是自我的自主性的一種最顯著的表現。哈特曼借助中性化概念增強了自我的力量，同時把自我的獨立性向前推進了一步，從而擴大了精神分析的研究領域。

2. 適應 在哈特曼看來，當一種自我機能獨立於本我，並為了自己的目的而行動時，中性化的過程就發生了，同時適應的過程也跟著發生了。如此一來，適應就成為自我的初級和二級自主性的結果，也就是說，適應是自我試圖在心理機制內維持人和環境之間一種平衡的結果。所謂**適應** (adaptation) 是指個體為求利於自身生存，在生理機能上或心理結構上產生改變的歷程。適應概念雖然簡單，卻隱含著許多重大的問題。哈特曼指出，適應是有機體與環境交相作用的過程，是一種不斷地與環境相適合的進化運動，它不是一種靜態的成就。自我就是在這種交相作用的關係系統中螺旋式地逐步與環境取得平衡，不斷發展成長的。哈特曼借用了異體成形和自體成形的活動來解釋有機體對環境的適應。**異體成形** (alloplastic) 指的是人改變環境使之更適合自己，實際上是人們改變了世界，然後又適應他們所創造的改變。**自體成形** (autoplastic) 指的是人改變自己去適應環境的過程，為了適應世界中由自我所創造的改變，人們也必然有一些自我的改變。此外，第三種適應方式既不完全是異體成形的，也不完全是自體成形的，它是有機體選擇了一個更有利於生存的新環境。

在哈特曼看來，適應是一個涉及結構和環境、過去和現在、革新和傳統的過程，他說：

> 適應過程兼受體質與外界環境的影響，而更直接地取決於有機體的個體發生的階段。精神分析一直格外強調適應過程的"發展——歷史"的因素。人並不每一代都重新習慣於他的環境；他與環境的關係——除了遺傳因素——被一種為人所特有的進化所保證。這就是傳統的影響和殘存的人的製作。……而使人生活在前輩之中，也生活在他自己的一代人裏……。兒童的第一個社會關係，對他維持生物平衡而言是關鍵的，由於這個原因，在精神分析中人的第一個對

象關係(如嬰兒與母親的關係——引者)就成了我們的主要關注。因此人對人的適應的任務從生命一開始就存在了，……人們不僅適應社會，而且也積極地參與創造他必須適應的條件。人們的環境越來越被人自身所塑造。(Hartmann, 1939, p.30～31)

所以哈特曼認為人的適應能力在人類心理學中占有極其重要的地位。

在環境方面，哈特曼引入了**正常期待的環境**(average expectable environment) 這一概念。這一環境是衝突環境的反面，是指人的正常適應和正常的發展所面臨的環境，是正常人可以期待和想像的環境。正常人一生大部分時間都處於正常期待的環境中，其個人發展的要求與環境的要求是吻合的。對一個新生兒自我來說，這種正常期待的環境就是嬰兒自我的最合適的環境，在這種環境中，嬰兒借助自我調節機能影響環境，而環境反過來又影響嬰兒的自我，在這種交互作用的系統中，嬰兒的自我螺旋式地逐步與環境保持平衡，並且不斷向前發展。

(三) 自我機能與現實原則

顯然，哈特曼的適應概念，作為在有機體和他的正常期待的環境之間的一種相互作用過程，強調了社會過程的作用。適應，對哈特曼來說，很重要的一點，是不再把人類十分狹窄地看成一種只是尋求快樂的生物，他的一切活動只是為了驅使他去減弱緊張。因為人除了本我還有自我，而自我在起源和發展上都相對獨立於本我，它發揮作用幫助人們生存，即使當生存要求忍受痛苦或延遲滿足的時候。在最廣泛的意義上，自我為現實原則所控制，即指：預期未來活動過程首先是服務於人和他的正常期待的環境的不斷諧和，其次才是給本我帶來快樂。因為適應是相互的，所以現實原則也要求人類環境努力適應發展著的人。

為了完成上述目標，包括人類和其環境的不斷諧和發展，並給本我帶來快樂，自我必須維持四種內部及外部的和諧：(1) 自我必須維持個體和他們外部物理的及社會現實的平衡；(2) 由於本我擁有幾種本能驅力，它們都要尋求滿足，自我必須建立本我領域的內部和諧；(3) 自我必須使本我、超我和它自身之間達到平衡；(4) 自我必須維持它作為本我的助手和它作為獨立主體間的平衡。

為了獲得這些和諧，自我綜合地操作。綜合能力是自我把不同目標及衝突的信息整合為一個協調整體的能力，即**自我機能** (ego function)。通過這種綜合能力，自我不僅能夠獲得系統間衝突（自我和本我，自我和超我，自我和現實間的衝突）的調和，而且也能獲得系統內衝突（自身內部衝突）的調和。根據這種推理，哈特曼感到需要列出盡可能多的被臨床觀察保證的自我機能。這些自我機能包括：(1) 能動性；(2) 對內、外現實的知覺組織；(3) 對過程內外刺激的保護屏障；(4) 現實檢測；(5) 思維和智力；(6) 把思維轉變為行動；(7) 抑制或延遲緊張減弱；(8) 認識危險，提供焦慮信號，以及防禦；(9) 對未來活動、目標、效果及後果的預期；(10) 時間知覺；(11) 性格形成（個人風格）；(12) 綜合能力（即整合所有前面的功能，協調三個心理主體，協調有機體與現實的關係的能力）。

　　綜觀哈特曼的理論，我們可以看到精神分析的自我心理學已經邁出了巨大的步伐。哈特曼引入了"無衝突的自我領域"，擴展了精神分析的領域，將人的適應問題，正常人的心理發展也納入其理論，使精神分析走上了更為寬廣的道路；而他的"自我的自主性"及其獨立起源，則進一步擺脫了弗洛伊德的生物化傾向，看到了人的能動性；最後，哈特曼把自我的根本機能理解為適應，強調人與環境的相互作用，有利於精神分析的人格模式與社會環境的溝通。但是，哈特曼仍然受到弗洛伊德思想的束縛，儘管他提出了中性化的概念，還是沒有賦予自我真正獨立的能量，仍然沒有擺脫本我內驅力的羈絆。無論如何，經過哈特曼，自我心理學畢竟正式建立了起來，而且吸引著越來越多的理論家致力於它的發展。

三、埃里克森的自我心理學

　　繼安娜弗洛伊德、哈特曼等人之後，精神分析的自我心理學領域又出現了一個傑出的代表，就是第十章曾經專節介紹過的埃里克森（見圖 10-2）。埃里克森提出的"自我同一性"概念，以及人的心理社會發展階段理論，不但為新弗洛伊德學派提供了一種獨特貢獻，而且對精神分析的自我心理學做出了重要貢獻。

　　自我同一性的概念是埃里克森提出的一個重要概念，也是埃里克森精神分析理論中的一個中心問題。埃里克森指出，健康的人格了解過去的人、現在的人和未來的人是他在面對現實時必然成為的連續的人。作為人格的執行者，自我在各種發展階段必須掌握某種重要的生物和社會任務以促進個體對其生活環境的健康適應。

埃里克森提出**心理社會期發展論**，在從嬰兒到成人的人格發展中，個體的自我通過一種確定次序的階段而進展。在漸成原則的每一個連續階段，自我都會增加一個新的能力，用來應付那個階段新的危機。到了青春期，自我需要克服的中心障礙是同一性的結晶，即一種自我連續性的感覺。知道我是誰，我要成為誰，是自我綜合任務的關鍵方面。處於薄弱、易動搖自我感覺中的人傾向產生對生活的各種病理適應。自我同一性的概念是複雜的，也是埃里克森不斷探索的問題。

埃里克森認為**同一性**概念在不同時期所指內容並不完全一致。他提到以下幾個含義：(1) 就同一性的意識方面來說，它根據兩種同時的觀察，一是對自己在時間上的自身一致性和連續性的直接覺知，一是對別人對自己的一致性和連續性的認可的同時覺知；(2) 在潛意識方面，同一性還包括一種個人性格連續性的潛意識奮力的自我綜合；(3) 同一性又指個人同一性及其在民族、政治、宗教等意識形態中所表明的集體同一性在個人心中的一致性的保持；(4) 是兼具意識和潛意識兩方面的，出現於青年末期的自我的一種綜合能力，將以前各階段的一切經驗整合起來，從婚姻、職業、意識形態等方面為成人任務作好無聲的準備。

從心理社會觀點出發，埃里克森是以一種心理社會動力的觀點拓展了弗洛伊德對本能動力的強調。對埃里克森來說，基本的人格問題是決定個體如何適應於每個人出生的獨特社會及歷史環境。所以，他同等地注意本我、自我和超我。對本能、文化和歷史環境的適應過程，以及一個人對這些變量反應的自我感的發展，大部分是有意識的自我的任務。

埃里克森以他的生命周期的發展階段獲得了更廣泛的認識。通過對生活中的生物及社會所引起危機的反應，兒童的自我以一種心理性欲和心理社會聯合的漸成次序成熟。簡而言之，弗洛伊德的心理性欲階段是生物的，不可逃脫的發展獲得，而兒童的人際環境卻是方程式的另一半——心理社會——一個被以前自我心理學家所忽視的方面。

我們可以看到，埃里克森的自我心理學與古典精神分析理論的差別。弗洛伊德把人類行為解釋為本我的潛意識驅力和自我及超我的有意識驅力間衝突的結果，而埃里克森卻把人類行為解釋為自我-本我-超我裝置與外部社會世界之間交互作用的產物。總之，埃里克森強調個體對社會影響的有意識的適應，因此，健康的成熟，而非神經症和衝突的失調，是他所關注的中心。埃里克森並試圖在本能理論的框架上補充自己人格發展漸成的概念，以增加心理社會的影響。其次，埃里克森闡明了動機可以起源於潛意識或壓抑的本我衝動，但當個體經歷他特殊的社會歷史角色時，這些動機可以擺脫它們的本我起源。最後，埃里克森把自我概念化為人的自我意識的來源。在適應現實過程中，自我發展為一種它自己的過去及未來的連續感。簡言之，自我逐漸意識到它是一個"我"。

總之，在弗洛伊德的經典理論基礎之上，埃里克森的自我心理學為精神分析理論指出了新的方向，"自我同一性"和"心理社會期發展論"等一系列新的概念和觀點的提出，使埃里克森把精神病理學擴展到正常心理學，並以此來解釋各種現實問題。埃里克森的理論強調了自我和社會環境的相互作用，並具有辯證的因素，因而受到了心理學家們極高的評價。當然，我們也看到，在埃里克森的理論中，依然存在著生物學化傾向，以及個人與社會發展平行的機械論觀點。儘管如此，埃里克森的卓越建樹為精神分析的自我心理學做出了重要貢獻，並影響了整個精神分析的發展。

第二節　精神分析與兒童發展理論

精神分析是一個非常廣泛的領域，它幾乎包括了人類生活的各個方面，正如我們將要看到的精神分析與兒童發展理論也是密切聯繫的。弗洛伊德認為，兒童期的某些經驗是成年人神經症的前因，因而他設計了再建構和理解早期經驗的治療技術。最初他是根據治療成人神經症病人的臨床經驗來理解早期經驗的，然而弗洛伊德認識到再建構不可避免地會有歪曲，所以他提倡對兒童採用直接觀察來彌補這種不足。此後，安娜弗洛伊德又發展了對兒童的觀察和分析技術，施皮茨等人則利用實驗研究兒童的發展，在此基礎上，許多精神分析學家相繼致力於研究兒童的早期發展，並取得了重要的成果。

在弗洛伊德的理論中曾反復論述自我兼有外部和內部對象關係的雙重任務，即既可把自我看作是一種外在的適應機能，也可把它作為人格的一種內在的統整力量。從奧國和德國移居美國的精神分析學家如哈特曼、埃里克森等從前一任務去探索兒童發展的過程，形成自我心理學這一理論派別。英國的精神分析學家費爾貝思、威尼科特等則從後一任務去揭示兒童精神結構化的圖景，形成對象-關係學說這一理論派別。下面著重介紹這兩個理論的基本觀點和研究。

一、自我心理學的貢獻

在弗洛伊德晚期的思想中，自我在心理結構中被賦予了更重要的地位，他去世後，安娜弗洛伊德繼續了自我的研究。她的工作在心理分析與發展心理學之間架起一座重要的橋梁。哈特曼接續了安娜弗洛伊德的研究，擴展了自我機能的概念，建立了自我心理學。埃里克森進而引入了新的發展原則，提出了心理發展的漸成原則。這是早期的自我心理學家們所做的貢獻，在本書前面的章節中已有所介紹。在哈特曼建立自我心理學體系後數十年間，西方又湧現出許多新的自我心理學家，他們研究了兒童的早期心理發展，建立了有關的發展理論。其中，施皮茨、瑪勒、雅各布森等人做出了比較重要的貢獻，下面就介紹他們的有關理論。

（一） 施皮茨

施皮茨 (René Spitz, 1887～1974) 是嬰兒觀察研究方面的一個先驅者。他在第二次世界大戰之後不久，負責一系列對孤兒院中嬰兒的觀察研究，這些嬰兒儘管在身體上得到照料，但他們只得到一個固定照看者很少的刺激或情感。施皮茨專門研究這種"剝奪"，使他增加了對早期發展和心理病理學的理解。施皮茨利用觀察及實驗所得的資料，並吸收了動物心理學和習性學的科學事實，與精神分析的理論相結合，提出了他的自我心理學的新理論。

依據胚胎學的理論，施皮茨把發展看作是在一個"場"（系統）中從不穩定到穩定的一個進步。他觀察了在發展過程中發生的心理組織的主要轉移和適應，推斷在這些情況下某些機能彼此之間形成一種新的關係，並被連結成一個一致的單元。施皮茨認為，在生命的前兩年，這種轉移為新的行為和新的情感表達所伴隨，例如：微笑反應，陌生人焦慮，以及"不"字的表達等等。他提出，這些新的情感表達的出現可以用作心理結構組織達到一個新水平的指標或信號。他進而把這些新的情感表達稱為**心理組織者** (organizer of psyche)，儘管他們不是真正的組織，但反映了心理結構形成的基礎，代表了較早的行為整合為一個新的組織。心理組織者也預示著人際交互作用的顯著變化以及隨後的新組織的發展鞏固。施皮茨曾提出三個發展指標：

1. 微笑反應 施皮茨認為組織開始的第一個指標是嬰兒的**微笑反應** (smiling response)。他觀察到，新生兒的感覺中樞相對來說只是處於從屬地位。新生兒的反射行為還不能說帶有意向性的知覺，它只是一種整體性的經驗。施皮茨稱之為未分化的機體感覺。當母親把嬰兒抱在懷中餵奶時，嬰兒就會感到自己口中的奶頭，與此同時，他看到母親的面孔。這裡，接觸知覺和距離知覺是混在一起的。從第二個月開始，嬰兒的外部信號發生了重大的變化，他好像覺知到了人的面孔的完形。到了第三個月，嬰兒就能對具有兩個眼睛、一個鼻子和一張嘴的格式塔（完形）發出微笑，不管這是人面或是假面，只要是動的，他就會報之以微笑。

施皮茨認為，這時嬰兒的知覺已經從內部轉向外部世界，情感和意向聯繫了起來。嬰兒對一個動的人臉微笑，因為在正常發展中，這種人臉圖形被組織進一個可再認的整體，並和積極的經驗聯繫起來。這種微笑反應表明了一個基本組織的存在和社會關係的開始。

2. 陌生人焦慮 在組織的下一個水平，嬰兒能夠把特定的母親和陌生人區分開。嬰兒由於成熟，視知覺有所發展，但主要由於心理經驗的增長，嬰兒開始認識了他特定的母親，母親也就成了他的力比多的對象。一個陌生人或面具已經不能引起他的微笑。相反，當陌生人接近他時，常常會使他躲避或哭叫。施皮茨把這種現象稱為**第八個月焦慮** (eight-month anxiety) 或**陌生人焦慮** (stranger anxiety)。他認為這一現象標誌著嬰兒已達到一個新的**對象關係**水平，即嬰兒對本身以外對另一個人的想法和情感，相應地產生了第二個心理組織者，而"第八個月焦慮"就是第二個心理組織者的指標。這時，嬰兒的記憶更加清晰和廣泛，他已經建立起關於母親的力比多對象關係。因而，這種對象的消失，成為嬰兒產生焦慮的主要原因。

3. **"不"字的表達** 在自我組織的第三個水平，通過語義交流，一種新的更高水平的對象關係形成了。隨著嬰兒移位活動的增加，原先觸覺起重要作用的不分化的機體感覺逐漸減少，但是嬰兒對母親的需要卻並未減少，因此，母親的聲音就變得重要起來，它表示母親還在身旁。這時，言語便開始參與交往活動了。同時，嬰兒為了更精確地進行交往，就必須用抽象思維來進行表達。嬰兒最初的抽象思維常常就是説"不"這個字，而且還伴隨著搖頭的姿態。施皮茨認為，這就是第三個心理組織者的標誌。這種最初的言語交流涉及意識到**對象意象** (object image) （如映象中的母親）和**自我意象** (self-image) （映象中的自我）的不同，也包括超越自我界限的交流意向。因而，這種言語交往預示著一種對象關係的新形式的開始，以及人們極其複雜的社會關係的開始形成。

施皮茨把他的心理組織者的概念總結如下：

> 心理的第一個組織者建構知覺，並且建立自我的開端。第二個組織者整合對象關係和驅力，並且把自我建構為具有各種系統、裝置和機能的有組織的心理結構。第三個組織者開闢了對象關係在人類模式，即語義交流模式發展上的道路。這使自我的出現和人類水平上的社會關係的開始成為可能。(Lubin et al., 1986, p.12)

總之，在施皮茨的理論中，新生兒自我的正常發展就是這三個心理組織者的順序發展，相反，如果不恰當地建立一個組織水平，就會導致發展上的異常現象。

(二) 瑪 勒

瑪勒 (Margaret Mahler, 1897～1985) 是以研究兒童精神病作為首要工作。在研究中，她注意到了精神病兒童的自我和對象關係的嚴重損害，這導致了她後來利用自然觀察法直接觀察親子間的關係。她研究這種兩人經驗中正常的發展是如何發生的，這些研究的結果成為理解正常發展，以及病理性偏離的關鍵原因。

在 1959 年，瑪勒及其同事在麻斯特斯兒童中心建立了一個觀察室，她讓一些經過訓練的助手觀察蹣跚學步的小孩在媽媽不在時的反應，並提出一些巧妙的問題詢問小孩的母親。瑪勒所遵循的方法論原則也是盡可能達到科學研究的客觀性，防止擬成人論 (指用成人的標準和眼光對孩子的反應——行為——主觀地作出不符合孩子實際的解釋和推論) 的危險，研究設計和結果要符合實驗心理學所要求的可重復性。在此基礎上，瑪勒提出了兒童從出生到三歲間的發展階段。這些階段包括我向、共生和分離-個體化三個時期。

1. 我向 我向 (autism) 是從出生到 3 至 4 週，嬰兒是我向的——即嬰兒完全為他們的內部狀態所吸引，極少覺察到外部環境。這是從下列事實推斷得來的：嬰兒一天中大部分時間處於睡眠狀態，只有當感到飢餓和其他需要的緊張時才覺醒和啼哭。我向階段的主要成就是嬰兒在母體體外的新世界裡逐漸獲得生理上的穩態平衡，當他們獲得了身體上的穩態機制後，他們就會很快進入到心理誕生的前沿。

2. 共生 共生 (symbiosis) 即在 2 或 3 個月時，嬰兒在將餵乳之前就會轉向母親。這表明嬰兒已經隱約覺知到需要的滿足是從外部的源泉得到的。這時，嬰兒便從我向階段轉移到共生階段，此時嬰兒尚不會分辨"己"和"非己"，而是將二者在心理上融合為一，即嬰兒和母親融和在一起，嬰兒熱愛著母親，把母親看作一個和他沒有分化的部分。假如嬰兒的情緒狀態與身體狀態能和母親的符合一致，就會在他們自己和母親之間得到平衡；又假如嬰兒對母親常常發出的微笑、輕拍、假抱等能夠作出積極反應，嬰兒便會感到情緒上的安全和發展。在這種情況下，嬰兒便會發出一種早期的非專門化的微笑，隨後發出一種只對母親發出的早期的專門化的微笑。

3. 分離-個體化 分離-個體化 (separation-individuation) 是從第 4 個月到第 36 個月的階段。這一階段又包括幾個子階段：

第一個子階段是**分化階段** (differentiation)，時間約從第 4 個月到第 9 個月。隨著共生關係的發展，嬰兒逐漸在自身意義上試圖把自己和母親分離開來。嬰兒會表現出拉母親，探察她的面孔，把食物送進她的嘴裡等新的行為，顯示出嬰兒自己與母親的分化。

第二個子階段是**練習階段** (practicing)，時間大約從第 10 個月到第 14 個月。這時候，幼兒開始把興趣專注於母親所提供的物體上，如玩具、奶瓶等，但主要興趣還是在母親身上。同時，幼兒逐漸發展了運動協調能力，他們可以探索周圍世界了，而且他們也逐漸體驗到在空間上是與母親分離的。但是當母親離開時，幼兒仍然會哭叫反抗、狂怒或失望，表現出**分離焦慮**

(separation anxiety)。

第三個子階段是**協調階段** (rapprochement)，大約從第 14 個月到 2 歲。在這個時期中，幼兒積極努力和母親分開及個體化，往往表現出攻擊性和抗拒性，然而幼兒和母親分開也引起一種持續的不安全感，因而繼續表現出分離焦慮。

第四個子階段大約從 2 歲到 3 歲，就是**分離-個體化**本身。由於幼兒行動、言語和認知能力的增長，這時期出現了兩種成就。一種成就是幼兒個體性的加強鞏固，即是從幼兒自己的獨立活動獲得了不斷增加的滿足。另一種成就是情緒對象的恆常性，所謂**恆常性** (constancy) 是一種知覺現象；即使知覺到對象本身的特徵有所改變，但所得知覺經驗仍然保持不變的傾向，即母親的意象作為一種外在的實體得以鞏固，幼兒感到母親是一個恆常不變的印象。如廚房裏的母親和坐在電視機前的母親是同一人。

瑪勒還指出，兒童如果沒有遺傳的或後天的身心變態影響其心理社會的健康發展，而母親又慈愛成熟，能經常覺察他們的種種需要並對他們作出反應，兒童就能順利通過共生和分離-個體化時期。反之，如果母親是一個自戀、壓抑或心理矛盾的人，就會產生兒童的病理現象。因而，瑪勒非常強調自我發展中母親的作用。

(三) 雅各布森

雅各布森 (Edith Jacobson, 1897～1977) 也是一位對兒童發展研究做出了貢獻的自我心理學家。在《自己與對象世界》(1964) 一書中，她提出了一個包括對象關係在內的心理結構的發展模式。

雅各布森的貢獻之一是區分了自我、自己以及自己表象這幾個概念。其中，**自我** (ego) 指的是一種結構，**自己** (self) 指的是心身個人的總體，而**自己表象** (self representation) 則是指心身自己在系統自我中有關潛意識的、前意識的和意識的內心表象。雅各布森作這樣嚴格區分，主要是便於在整個理論闡述中不至於把自我與自己體驗著的對象以及現實中的對象發生混淆。

1. 我向階段 這是雅各布森利用哈特曼的"未分化的基質"概念提出的。未分化的基質不僅僅是自我和本我的源本，力比多和攻擊這兩種驅力最初也是未分化的，它們都包含在這種基質中。雅各布森把這種基質稱為原始的心理生理自己，嬰兒生命最初幾週的內部心理生活就是從這裡開始的。這一發展階段相當於瑪勒的**我向**階段，這是在自己對象表象融合階段形成之前的一個短暫時期。在這一階段中，機體的各種因素共同決定著嬰兒的內部心理過程，嬰兒的力比多能量只是通過生理渠道向內部發洩。

在母親與嬰兒關係的影響下，嬰兒逐漸形成一種融合不分的自己對象表象（註 11-7），即形成了嬰兒的第一個內部心理結構。這時嬰兒就進入了發展的第二階段。

2. 自己表象和對象表象分離階段 發展的第二階段拖延時間較長，直到嬰兒能將自己表象從對象表象中分離出來才會結束。隨著機體的成熟，嬰兒未分化的內驅力能量發展出力比多和攻擊兩種驅力；這些能量向外發洩的途徑也逐漸敞開。未分化的自己表象，如果投入攻擊驅力，就會與投入力比多驅力的自己表象相對立，因而對象關係的內部世界就包含了"好的"和"壞的"對象表象，借助於心力內投和投射作用，力求保持兒童自己表象和對象表象之間好的或理想的關係，而把自己表象與對象表象之間壞的關係排斥或投射出去。雅各布森指出：

> 隨著愉快和不愉快的有關本能的、情緒的、觀念和機能方面的各種經驗的記憶痕跡，以及與之相聯繫的各種知覺的記憶痕跡的增長，那些所愛對象的意象以及身心自己的意象就出現了。儘管在一開始它們是模糊而不穩定的，但它們卻會逐漸擴展開來，並且成為各種穩定的、多少有點現實的關於對象世界和自己的內心表象。(Jacobson, 1964, p.19)

這時，兒童得以區分出自己和對象世界。

3. 建立理想化的自己表象和對象表象的階段 發展的第三個階段，大約 2～3 歲的兒童逐漸發展出一套理想化的自己表象和對象表象。因為在發展過程中，兒童會體驗到各種挫折、失敗、競爭等感受，進而能夠區別自己和別人的情感，檢查外部和內部的現實，在此基礎上把一些好的和壞的自

註 11-7：嬰兒對自己的內心表象和對母親的內心表象，分別為自己表象和對象表象。但在嬰兒早期，這兩種表象往往處於一種融合不分的情況。這時嬰兒的內心表象也可統稱為自己對象表象。更確切的表述，可在自己與對象之間畫一連字符號，即自己-對象表象。

己表象和對象表象加以整合，建立起理想化的自己表象和對象表象。同時，兒童進一步把自己從對象中分化出來，促進自我的自主性的形成。

4. 完成自我、本我和超我三分結構的階段　發展的第四個階段是以對象恆常性為標誌。大約在 4~5 歲左右開始，這一階段的幼兒，理想化的自己表象和對象表象已被整合成自我理想，而自我理想又被摻合成超我的一部分。只有到了這個時候，自我和超我才真正分化出來，從而完成了自我、本我和超我三分結構的建立。而正是由於自己表象和對象表象的分化，才使自我與外界現實和本我的界限更加分明。

　　施皮茨、瑪勒和雅各布森三人都以哈特曼自我心理學為出發點，開創了對早期嬰兒的實驗觀察，總結了兒童自我形成與發展的全過程，對精神分析的自我心理學作出了各自的貢獻。他們非常強調自我發展中母親的作用，從嬰兒與母親關係的角度提出自我作為心理組織者的產生與變化，描述了嬰兒自我發展的不同指標與階段。探索自己表象與對象表象由共生到分離，最終完成自我、本我和超我三分結構的建立。這一切對於理解個體的早期心理發展中的內化過程無疑是極有幫助的。同時，如果把病理學定義為對正常發展的偏離的研究 (Blanck, 1974)，則他們幾個人對兒童常態發展的觀察揭示，同樣有助於我們對偏離發展的異常兒童的分析研究。例如固著在"我向"階段的精神病兒童往往對母親以至其他任何人都不感興趣，對於外界環境的任何變化都無動於衷，他們似乎滿足於自我孤獨。而固著在"共生"階段的精神病兒童則強烈地依戀著母親，與母親完全融合一體，分不清母親與自己，他們會是極度敏感的嬰兒，嚴重地恐懼在精神上與母親的分離。故施皮茨、瑪勒和雅各布森對自我心理學的理論貢獻甚大，在兒童精神病診斷防治上也具實踐意義。

　　但是，三個人的理論主要揭示幼兒早期的身心發展過程，把人格發展的決定作用侷限於人生的早年階段，而且他們都還是離不開用弗洛伊德心理性欲的基本觀點去闡明自我的影響和發展過程，因而沒有從根本上擺脫精神分析傳統思想的束縛。

二、對象關係理論的貢獻

對象關係(或**客體關係**) (object relationship) 是精神分析學說中指出社會關係性質的一個重要觀點。這裡的對象指本身以外的其他人，對象關係涉及我們如何與其他人聯繫。許多精神分析學家在傳統的弗洛伊德理論基礎上提出了**對象關係理論**(或**客體關係理論**) (object-relation theory)，強調個體與他人形成關係的方式，比本我、自我和超我之間的內在衝突更值得注意。嬰兒對母親和其他人的依附，形成了自我的發展，並使個人由強烈的母親依附朝向一種較獨立、自主的狀態。在此發展過程中，我們擁有了未來人際關係類型的基礎。在此介紹英國費爾貝恩和威尼科特關於發展的基本觀點。

(一) 費爾貝恩

費爾貝恩 (Fairbairn, W. R. D., 1889~1964) 不同於弗洛伊德。弗洛伊德理論的一個假定是：嬰兒主要被尋求快樂所驅動，而費爾貝恩則認為人們是被尋求對象所驅動，而不是尋求快樂。

費爾貝恩認為，人格是從嬰兒依賴狀態發展到成熟依賴狀態，當發展到後者時，自己和對象才區分開來。這種發展通過三個階段完成：(1) 嬰兒依賴；(2) 過渡階段；(3) 成熟或成人依賴。費爾貝恩關於嬰兒發展的階段和瑪勒的從共生到分離-個體化的階段相似，但最後的階段是通過不同的過程獲得的。費爾貝恩通過驅逐內化對象來達到，瑪勒則通過獲得對象的恆常性來達到。

1. 中心自我 弗洛伊德認為本我是最古老的心理結構，而費爾貝恩則提出了中心自我的概念。費爾貝恩的看法是，**中心自我** (central ego) 是一個原始的動力結構，其他的心理結構都是由它衍生而來。中心自我有自己的力比多能量，指向於建立對象關係而不是減少緊張。如果與真實的、外部對象的關係是滿足的，中心自我就會保持完整和整合；但是當這種關係變得不滿足時，中心自我就會通過內化對象來補償這種剝奪，這個過程涉及把中心自我的一部分投入到內化的對象中，結果導致了中心自我的分裂 (Fairbairn, 1963)。

如果一個嬰兒和母親的關係同時包括"好的"和"壞的","滿足的"和"不滿足的"關係,不滿足的方面又涉及兩種不同的經驗,一種是拒絕和剝奪,另一種是具有某種希望或允諾的拒絕。那麼,嬰兒就會以三種方式看待他們的母親:(1) 滿足的母親;(2) 拒絕的母親;(3) 引誘的母親。當嬰兒感受到來自母親的剝奪和挫折時,他們為了應付這種情況,把真實的、外部的母親內化為一個心理的意象 (因為在嬰兒心理範圍內的對象比外部世界的對象更容易控制)。對應於嬰兒看待母親的三種方式,三種對象被內化為:(1) 理想的對象 (滿足的母親);(2) 拒絕的對象 (剝奪的母親);(3) 激動的對象 (引誘的母親)。

2. 中心自我的分裂　在內化拒絕的和激動的對象時,中心自我的一部分被分裂了,並投入到它們之中。投入激動的對象裡的自我被稱為力比多自我,投入拒絕的對象裡的自我被稱為反力比多自我,因此,中心自我不再是一個整合的整體。

對於理想的對象來說,它也和中心自我聯繫著,但卻是中心自我的一部分。由於理想的對象是與中心自我一致的,所以它並不分裂中心自我。理想的對象因此成了中心自我努力要達到的一個目標。

中心自我被分裂的情形,表明了嬰兒對對象的強烈依賴,對象成為個人的一部分,在"我"和"非我"之間沒有區別。隨著發展的過程,在過渡時期,由於出現了對對象的成熟依賴,因此內化的對象必須被驅逐出去。這個過程可以比作把進入身體但並非屬於個人的一部分的外來身體驅逐出去。當內化的對象被驅逐後,力比多便可以自由地投入外部世界——即投入實際的個人而不是內化的對象。這就是成熟依賴的特性。成熟依賴也包括成為一個分化的人以及與其他分化的人維持合作關係的能力。

費爾貝恩的理論主要涉及防禦過程和心理病理的發展。他認為,如果一個人不能從嬰兒依賴漸趨成熟,那麼就會產生心理病理現象。心理病理涉及保留了內化對象中舊的聯繫和希望,且與他人的真正關係受到了干擾。而正常的行為需要成熟的依賴,即放棄內部對象,代之以真實的對象。因此,費爾貝恩的心理治療的目的在於恢復病人與真實人 (註 11-8) 的關係的能力。

註 11-8:真實人泛指病人與現實方面 (在家庭生活、工作領域、社會交往等方面) 打交道的客觀存在的對象、真人,而不是病人心目中盤踞著的內化的、靈幻而非真實的對象。

(二) 威尼科特

威尼科特 (Donald W. Winnicott, 1896～1971) 是英國的對象關係理論家中較有影響的一位，他是兒科醫生，也是著名成人和兒童的精神分析家。他雖然沒有建構系統的理論，但提出了許多對理解早期兒童人格發展具有重要作用的觀點。下面簡要介紹他的某些觀點。

威尼科特強調母親-嬰兒關係對心理結構形成的影響。威尼科特和費爾貝恩都強調嬰兒與母親或照料者關係的積極貢獻，甚至在基本的自己和對象分化之前，嬰兒的反應引起了照料者的反應，因此照料者依靠嬰兒提供的信號或線索從而形成適當的干預。威尼科特認為這就是"充分的照料"(good-enough mothering) 的實質。

威尼科特認為，"充分的照料"首先必須使母親的干預和嬰兒的需要能密切配合，即要作出盡可能適合的反應。此後，照料者逐漸以一種嬰兒所能夠承受的速度"去適應"(deadaptation)。威尼科特更指出，無論是密切的適應(充分的照料)和去適應，對於自己-對象的分化都是重要的成分。因為當嬰兒經歷某種挫折、延遲的本能滿足和較慢的人際反應時，嬰兒就會感到某種分離，有機會學習等待或發現滿足自己需要的方式。因此，母親不夠充分的反應(註 11-9)提供給嬰兒面對新的情境和發展應付它們的內部來源的機會。如果母親不放棄完全的適應，那麼，嬰兒依然不能意識到自己的內部資源。通過密切的適應和恰當的"去適應"這些過程，嬰兒便能逐漸區分出自己和對象。

威尼科特進一步指出，照料者的活動通過兩個方式直接促進了自己-對象關係的分化。即：相互作用的遊戲和母親在場時兒童的單獨遊戲。在人際關係情境中，照料者的干預促進了兒童內化基本的關係，一旦內化獲得了，兒童就能夠認知身體是獨立的，因為他可以從內化的與對象的良好經驗中得到安慰，這種內化的世界實質包括：兒童是一個具有思想、感情、動機、傾向以及具有自主選擇能力的獨立實體。而理想的照料者被內化為一個啟發、引導和讚美兒童自主性的連續的存在。威尼科特強調，交互作用的遊戲不是一

註 11-9："密切的適應"指母親對嬰兒充分的或足夠好的照料，也即"完全的適應"。"不夠充分的反應"指母親對嬰兒需要的滿足作出延遲的、或不積極的反應，也可說是對嬰兒的不夠充分的照料。

種本能驅力的表達，遊戲中的激動來自於創造了一個在內部心理現實和外部世界之間起中介作用的現實 (Wolman, 1982)。

總之，威尼科特非常強調母嬰兩人關係的重要性，他的觀點被後來的許多分析家（如 Modell, 1969, 1975, 1984 及 Kohut, 1971, 1977）所採納，即一個人在兒童早期所形成的與人交往的型式將會構成他終身和他人交往型式的核心。

對象關係理論者認為，在兒童期中若不能建立良好的對象關係，對其與之有密切關係的人未能留下一個恆定的印象，將會引起不良的適應。許多心理分析者常以這個概念作為其實施治療的基礎。

以上扼要介紹了晚期的自我心理學以及對象關係理論關於兒童早期發展的研究。我們看到，精神分析研究成人的心理病理現象不可避免地要研究兒童的早期心理發展，因而為發展心理學做出了貢獻。與此同時，發展心理學也逐漸吸收了精神分析的某些研究成果，兩者共同促進了對兒童心理發展的理解。

第三節　精神分析在心理治療中的新進展

在 19 世紀末 20 世紀初，弗洛伊德創建了精神分析的心理治療方法，同時也創建了著名的精神分析學說。可以說，精神分析學說是在臨床治療實踐基礎上產生的，又是在精神分析治療實踐中不斷發展和修正的。因此，精神分析治療是弗洛伊德學說的一個重要組成部分，它在當今眾多的心理治療方法中占有相當重要的地位，同時，又不斷地在改進和發展著。本節首先概述新弗洛伊德主義治療與現代精神分析療法，而後介紹精神分析治療的某些新進展。

經典精神分析治療其概念與方法均是以弗洛伊德的精神分析學說為依據的。如關於人格結構，若不能保持本我、自我和超我三者的平衡，會導致精神異常；關於性心理的發展，若不能順利地進行，停留在某一階段或退行到低級階段,都可以成為各種神經症、精神病產生的根源。還提出各種自我防禦機制,如壓抑、投射、固著等以減輕和解除心理緊張,求得內心平衡。弗洛伊德認為神經症均起源於兒童早期,與其性心理期發展不良有關,故堅信要幫助病人克服心理障礙,使之"領悟"到其行為的真正原因,即發現病人行為障礙的潛意識根源,以使病人有解決早期衝突的新的機會。精神分析治療所採取的一些方法,則有自由聯想、夢的解析、幫助患者克服阻抗,認識移情情感的不合理的本質及其起源,最終學會控制實際生活中的同類反應等等。這些都是略數以前有關章節曾詳述過的經典精神分析的治療要點。

然而,弗洛伊德所創立的經典分析幾十年來得到了不斷的修正和擴展。首先是榮格和阿德勒與弗洛伊德分道揚鑣,轉而去發展自己的理論模式,在此基礎上確立了相應的治療學派。30年代後,霍妮和弗洛姆、沙利文等人發展了新弗洛伊德主義及其療法。50年代後,雖然沒有人再創立獨立的理論系統,但各派觀點相互滲透和融合,衍生出許多大同小異的說法和治療方法,卻又都承認屬於精神分析學說,它們被稱為現代精神分析療法。

一、新弗洛伊德主義治療

1. 霍妮 霍妮(見圖 10-1)是新弗洛伊德主義的代表之一。她大學畢業後在柏林精神分析研究所受訓。在一些基本問題上,如對潛意識、壓抑、抗拒等概念的理解與弗洛伊德並無重大分歧。但在另外一些問題上,她卻否定了弗洛伊德提出的某些概念。

霍妮認為神經症的發病基礎不是伊諦普斯情結(或戀母情結)而是**基本焦慮**。這種焦慮是在兒童時期形成的,以恐懼為中心的不良情緒。由於父母管教過嚴,保護不周,不能給兒童溫暖和愛,那麼兒童就會感到世界充滿敵意,感到孤獨無援。為了避開這種焦慮,就形成了神經症病人的人格特點。這些特點包括:不斷地需要感情,追求感情,害怕別人討厭他,不稱讚他,不能對人有親密的長期的關係;追求權力,希望自己什麼都好,怕人報復;或者躲開人們,希望獨立於人,或無原則地屈從於別人,寧願自己受苦而不批評別人。以上特點被歸為三種態度:走向人們、反對人們或避開人們。霍妮認為神經症病人不能始終堅持任何一種態度,在這三種態度之間形成的衝突,是構成一切神經症的核心,所以叫做**基本衝突** (basic conflict)。然後再用防禦機制來解決衝突所產生的問題，從而形成症狀。

在治療技術上，霍妮主要採用夢的解釋與自由聯想技術。此外，霍妮更強調病人現在情況，即主要探索影響病人現在情況的心理症需求。霍妮的治療方法與弗洛伊德方法所用時間大致相同。

2. 沙利文 沙利文（見圖 10-2）出生於美國，他是第一個把人際關係理論引入精神分析學說的人。這個理論的基本觀點是：個人的人格乃是由他出生後所接觸的人及社會力量逐漸塑造而成的。沙利文認為人的主要欲望有兩大類：第一類是生物的，它只與身體的需要有關；第二類大半是社會的，它的目標是企圖在社會裡獲得安全感。與弗洛伊德不同的是，沙利文把重點放在環境和社會壓力對個人生活的塑造能力上，他相信一個人目前的行為方式可以從檢查他當時的人際關係而得到最好的解釋。

在治療技術上，沙利文以面談的方法作為基本的治療過程。他認為治療者在人際關係上是一位參與者兼觀察者，他強調人格投入的重要性，以及治療者在治療過程中對人格的影響。沙利文把治療過程看成是一種獨特的人際關係。病人有權利盼望從面談中得益，他們可以學到關於他們自身的某些事情，也可以應用這些知識使生活變得更好。心理面談的最終目標是使病人對自己有更好更清楚的認識，以及他們應該如何與其他人一起生活。

此外，被稱為新弗洛伊德主義的代表人物還有弗洛姆、卡丁納等人，他們對人格的發展和形成都提出了自己的看法，總的來說，他們都強調社會文化因素在神經症發病中的作用。因為前面章節已有對弗洛姆、卡丁納的專門闡述，這裡也就不再重復。

二、現代精神分析療法

現代的各種精神分析療法由於在理論和技術上都做了很多修改，因而彼此不盡相同，但它們之間還是存在著共同點，有著相同和相似的基本概念。它們的主要治療要素包括：(1) 使患者正視其潛意識內的矛盾衝突或癥結；(2) 把它們在意識裡明朗化；(3) 對它們進行解釋；(4) 使患者能夠洞悉或領悟，並對患者使用各種比較適當的技術操作方法。

現代精神分析的觀點認為，神經症的基本問題是**焦慮**。成年病人的焦慮來自不同意識平面的心理衝突，病人自己不知道焦慮的真正原因。神經症病人的焦慮和衝突都有其幼年期的前例，而作為前例的幼年期焦慮可由很多原因造成，例如：(1) 失去父母或哺育者的保護而處於無助狀態；(2) 與關鍵人物的分離引起的恐懼；(3) 環境突然改變或失去父母的愛；(4) 欲望受到挫折產生了攻擊性和焦慮感；(5) 焦慮父母的直接影響；(6) 身體的各種疼痛性威脅，例如外傷、手術及其他身體不適、飢餓和受到體罰；(7) 在兒童心理發育中其他各種情緒困難，如斷奶、入學、換學校、小弟妹降生、月經初潮等。總之，幼年期許多原因引起的恐懼被壓抑於潛意識，這些潛意識癥結就成為神經症的根源。治療者在心理治療中採用面對面的交談方式，讓病人回憶往事，有時也分析病人的夢，或用一些特殊的心理測驗，幫助病人深入認識自己，一找到焦慮的早期根源，使潛意識癥結意識化，即可達到治療效果。

在適應症方面，現代精神分析治療的範圍有了明顯的擴大。經典精神分析的治療對象僅限於成人神經症，30 年代後，由於治療者的態度與技術操作發生了比較靈活與柔性的變化，現在已擴大到兒童期精神障礙、性變態、變態人格、藥癮與酒精中毒、邊緣狀態、精神分裂症、抑鬱症以及心身疾病等。同時，在現代精神分析治療中，治療者的態度由原來的中立、被動態度轉變為靈活、柔性的積極關注的態度。

以上簡單介紹了現代精神分析療法的基本特點。精神分析作為心理治療的一種體系，仍然在不斷發展變化，下面介紹精神分析治療的晚近發展。

三、精神分析治療的晚近發展

精神分析的理論經過多次修正，它的很多觀點已經不同程度地被心理學家所接受，特別是對人際關係以及潛意識過程的探討都已成為目前重要的研究領域。至今，仍有許多學者在探索精神分析的新領域，提出了許多新的理論和治療方法。這裡主要介紹自我 (適應) 模型，人際關係模型及其治療方法，以及鍾友彬大夫的認識領悟療法。

1. 自我 (適應) 模型及其治療方法 弗洛伊德一直認為，本我在精神分析的理論中占有首要地位。20 世紀 20 年代後，在弗洛伊德理論中逐漸增加著自我的重要性。但是自我的能量，在他看來，仍然是來自本我。弗洛伊德逝世後，安娜弗洛伊德及哈特曼等人發展了精神分析的**自我心理學**。安娜弗洛伊德研究了**自我防禦機制**對解決衝突的作用，哈特曼則認為自我有自己的能量刺激和自己的動機、驅力以及價值，這些都來自個體適應和生活於現實世界中的需要。

因此，自我心理學強調自我可以對潛意識過程施加某些控制。同時，心理障礙的原因不是起因於潛意識中衝突所產生的焦慮，而是由於潛意識中的內疚感。這些內疚感在意識中則表現為一些病理性的信念，而這些信念又是早期創傷性經驗的直接結果。例如"如果我表現太好，就會使我妹妹顯得太差。"根據這種模型，心理障礙的原因在病人表現為一些病理性的信念。一方面，病人的自我中有一種要適應現實環境的需要和要求，另一方面，他的病理性信念又阻礙了自我的適應機能。

威斯等人 (Weiss, et al., 1986) 認為，病人在接受治療時，都帶著解決問題的計畫，其中包括他們要達到的目的 (適應) 以及達到這一目的的障礙 (病理信念)。這種計畫既有意識成分，又有潛意識成分。心理治療的作用就是幫助病人消除其病理信念，順利達到適應的目的 (Weiss, 1986)。在這種自我 (適應) 模型的基礎上，威斯等人建立了一種"計畫診斷方法"，用來評價病人在心理治療過程中的心理動力學和認知特點，並作為研究和評價心理治療過程的工具。在這種方法中，病人的計畫由以下幾部分組成：(1) 目標：即病人希望達到的目標；(2) 障礙：即病人不合理的病理性信念以及有關的內疚和恐懼；(3) 測驗：即病人在治療中的行為表現，試圖以此消除病理性的信念；(4) 領悟其病理性信念的性質和起因，從而幫助他們達到治療的目的。研究結果表明，這種方法的信度可達到 0.72～0.92 (註 11-10)。因此為精神分析治療的過程和療效評價提供了一種可靠的分析方法。

註 11-10：在威斯等人看來，病人往往帶著自己的計畫 (包括想克服的病理性信念) 來就醫。所以，了解、描述、診斷病人所持的計畫 (包括病理性信念) 對治療的安排、實施與日後治療效果的評定十分關鍵。他們為了使這種描述和診斷避免因人而異的主觀隨意性，提出一套可以共同遵循的做法，把病人的計畫如本頁正文所說概括為幾個部分，並規定每一部分的內容、範圍、衡量方面等等，由包括醫生在內的一組有心理治療經驗的人，按規定程序、標準進行評定。結果發現，各人對同一病人的計畫診斷的評定，在各組成部分中信度低者為 0.72，高者達 0.92，表明計畫診斷方法作為一種工具是可信的。見威斯等人 1986 年所發表的《心理分析過程——理論、臨床觀察、經驗研究》一書第 250 頁。

2. 人際關係模型及其治療方法　弗洛伊德以後的精神分析理論發生了很大變化，其中的主要進展之一是人格的**對象關係理論**的出現。所謂**對象關係**主要指一種在親密的人際關係中的持久的人際機能模式，以及對這種模式起中介作用的認知和情感過程。在這一理論基礎上建立的人際關係模型強調個體先天就具有一種與別人建立聯繫以及與他人保持密切關係的傾向性。

自從60年代以後，人格的對象關係理論有了進一步的發展，如伯爾比(John Bowlby, 1907～1990)建立了**依附理論** (attachment theory)，此理論的重心也和對象關係理論一樣是探討兒童時期的人際關係對人格發展的影響。第二次世界大戰時，英國政府為了不使兒童飽受空襲的威脅，而將他們疏散到安全地方，當時有些父母不願和子女分離，將孩子留在身邊，一同躲避空襲。戰後的研究發現，離開父母被送到安全地方的孩子，其表現的行為問題較之當時留在父母身邊的兒童要多。因此伯爾比認為依附是人和其他動物的一種基本需要，而其依附的經驗和其人格的發展確有重要的關聯。

在對象聯繫理論的基礎上，斯圖普 (Hans H. Strupp, 1921～　) 及其同事1984年建立了一種以實證為基礎的評估和治療心理障礙的方法。他們認為，個體早期與他人關係的特點影響了他們後來的人際交往方式，在現實生活和治療過程中，病人總是根據這種有組織的人際關係模式，在潛意識中扮演自己的角色，並把別人也放到相應的角色上去。因此，治療過程中治療者與病人之間的關係，特別是移情就是一種交互作用，治療者必須認清病人所賦予他們的角色，並向病人解釋這種交互作用的模式。

具體的分析方法稱為**人際關係相互作用模式** (interpersonal transaction pattern)。它將病人的人際關係模式分為四部分：(1) 自我的表現，包括內部的和外部的行為；(2) 對別人的反應期望，即想像中別人會對自己怎樣做或怎樣想；(3) 別人指向自我的行為，包括自己觀察到的與自己的行為有特別關係的別人的行為，以及由自己的行為所引起的行為；(4) 自己指向自我的行為 (內投射)，即個體如何看待自己 (Strupp, 1984)。

3. 認識領悟心理療法　認識領悟心理療法是我國鍾友彬醫生在研究了經典精神分析治療之後，又結合我國國情和多年臨床實踐所創立的一種適應中國病人實際的心理治療方法。這裡，主要介紹其基本觀點和治療方法。

認識領悟心理療法 (cognitive insight psychotherapy) 的基本觀點包括了：(1) 承認弗洛伊德關於潛意識和心理防禦機制的理論；(2) 承認幼年

期的生活經歷，尤其是創傷體驗，對個性形成的影響，並可成為成年後心理疾病的根源；(3) 承認神經症病人患病後有兩種獲益 (註 11-11)，尤其是外部獲益，往往給治療這類疾病造成困難；(4) 不同意把各種心理疾病的根源都歸之於幼年性心理的癥結，認為性變態是成年人用幼年的性取樂 (註 11-12) 來解決成年人的性欲或解除成年人苦悶的表現，是本人不能意識到的；(5) 用病人容易理解的，符合其生活經驗的解釋使病人理解、認識並相信他們症狀和病態行為的幼稚性、荒謬性和不符合成年人邏輯的特點，可以使病人達到真正的領悟，從而使症狀消除。

認識領悟心理療法的適應症主要為強迫症、恐怖症和某些類型的性變態 (如露陰症、挨擦症、窺陰症) 等。治療的具體方法和步驟如下：

1. 採取直接會面交談方式，每次時間為 60～90 分鐘，療程不固定，間隔時間不固定。每次會見後要求病人寫出對治療者解釋的意見及結合自己病情的體會，並提出問題。

2. 初次會談主要是了解病史，並進行精神檢查以確定是否適用於認識領悟心理治療，如確係適應症，可對治療方法進行說明並開始初步解釋。

3. 以後的會見可詢問病人的生活史和容易回憶起來的有關經驗，但不要求深挖過去。

4. 引導病人並和治療者一起分析症狀的性質。解釋這些症狀大都是幼稚的不符合成年人思維邏輯規律的感情或行動。其症狀表現是以幼年的方式來解決成年人的問題。具體的解釋要結合病人實際情況而定。

註 11-11：兩種獲益：幼兒性欲發展各階段未能得到解決的幼稚欲望要求表現與宣洩，但自我不允許直接以幼年的形式來表現，通過防禦機制，把這些幼年的性欲化裝成症狀表現出來，所以神經症的症狀代表的是潛意識欲望的滿足與實現，它使病人減輕了焦慮，弗洛伊德把這種現象叫做病人的**一級獲益** (primary gain)，也叫做**內部獲益**；病人對這種獲益不能意識到，當然更不能承認。症狀形成以後，自我也從外界得到某些好處。如引起別人的注意和同情，得到家人或有關方面的照顧，這就是**二級獲益** (secondary gain)，也叫**外部獲益**，病人對這種獲益，並非完全意識不到。

註 11-12：幼年的性取樂：鍾友彬大夫治療性變態病人的方法是："結合他可以憶起的兒童性遊戲行為，講明他的表現是用幼年方式來對待成年人的性欲或心理困難。" (鍾友彬，1988，243 頁) 他指出 "某些性變態尤其是露陰症病人，他們內心深處自信對方願意窺看他的陰莖，或願意被挨擦。這個想法同樣也是幼兒心理。" (鍾友彬，1988，305～306頁)。在鍾大夫治療的病例中，病人在童年時，不少有與異性同伴玩弄生殖器的經歷。這也可視為幼年的性取樂行為。

5. 當病人對自己的症狀有了初步的認識和體會後，即可進一步解釋病的根源是在幼年時期。

　　鍾友彬所倡導的認識領悟心理療法取得了較好的療效，經過 5～12 次左右的治療，不少病人的症狀就有了顯著好轉，甚至症狀消失。

　　本章概述精神分析的晚近發展，著重介紹了它的自我心理學的逐步形成與發展，以及這種自我心理學與對象關係理論對兒童發展心理學的貢獻。此外，本章還介紹了精神分析在心理治療中的新進展，包括我國醫生在運用精神分析理論時所創立的認識領悟心理療法。以上這些足以表明弗洛伊德精神分析在理論與實踐上有著極其廣泛而深遠的影響。

本 章 摘 要

1. 弗洛伊德後期著作與思想中對**自我**的注重預示了精神分析自我心理學的萌生。
2. 弗洛伊德以分析**本我**作為治療和建立理論的起點，而安娜弗洛伊德則把分析**自我**作為解決所有精神分析問題的起點，使自我的研究合法化。
3. 安娜弗洛伊德在發展**自我心理學**的過程中，整理並補充了她父親提出的防禦機制。她認為，**自我防禦機制**是探討神經症起因的一種必要手段。在她的《自我與防禦機制》一書中，對壓抑作用等十五種防禦機制分別進行了闡述。
4. 於 1939 年，哈特曼出版了《自我心理學與適應問題》一書，它標誌著精神分析的**自我心理學**的正式誕生。哈特曼既澄清了弗洛伊德體系中關於自我心理學的一些模糊思想，又把精神分析中一些命題的表述恰當地納入了普通心理學範疇。
5. 哈特曼認為古典的精神分析忽視了沒有衝突的心理學領域，把衝突作為自己的唯一研究任務。事實上，並非對環境的每一適應過程或每一學習和成熟過程都是衝突。哈特曼引入了**無衝突的自我領域**，使精神分析走上了更為寬廣的道路。

6. 哈特曼指出，適應的過程是一個朝向不斷適合環境的進化運動，他借用**異體成形**和**自體成形**的活動來解釋有機體對環境的適應。在環境方面，哈特曼引入了正常期待的環境這一概念，這一環境是衝突環境的反面，是指人的正常適應和正常發展所面臨的環境，是正常人可以期待和想像的環境。

7. 埃里克森強調個體對社會影響的有意識的適應。因此，健康的成熟，而並非神經症和衝突的失調，是他所關注的中心。

8. 埃里克森的自我心理學為精神分析理論提出了新的方向，**自我同一性**、**心理社會期發展論**等一系列新的概念和觀點的提出，使埃里克森把精神病理學擴展到正常心理學，並以此來解釋各種現實問題。

9. 施皮茨認為**心理組織者**儘管不是真正的組織，但反映了心理結構形成的基礎，代表了較早的行為整合為一個新的組織。心理組織者也預示著人際交互作用的顯著變化以及隨後的新組織的發展鞏固。

10. 在施皮茨的理論中，新生兒自我的正常發展即是三個**心理組織者**的順次發展，相反，如果不恰當地建立一個組織水平，就會導致發展上的異常現象。

11. 瑪勒以對兒童精神病研究開始她的工作，後來才從事正常母嬰關係的研究。她提出了兒童從出生到三歲之間的發展階段，包括**我向**、**共生**和**分離-個體化**三個時期，及分化、練習、協調等幾個子階段，非常強調自我發展中母親的作用。

12. 雅各布森是一位對兒童發展研究做出了貢獻的自我心理學家。在《自我與對象世界》一書中，她提出了一個包括對象關係在內的心理結構的發展模式。她的貢獻主要是區分了**自我**、**自己**以及**自己表象**這幾個概念。

13. 費爾貝恩提出**中心自我**的概念，認為它是一個原始動力結構，其他心理結構都是由它衍生的。中心自我有自己的力比多能量，指向於建立對象關係而不是減少緊張。如果與真實的、外部對象的關係是滿足的，中心自我就會保持完整和整合。

14. 威尼科特認為密切的適應（充分的照料）和去適應對於嬰兒自己-對象的分化都是重要的成分。威尼科特非常強調母嬰兩人關係的重要性。

15. 現代精神分析療法的觀點認為神經症的基本問題是**焦慮**，幼年期許多原因引起的恐懼被壓抑於潛意識，這些潛意識癥結就成為神經症的根源，使潛意識癥結意識化，即可達到治療效果。
16. 現代精神分析治療的範圍有了明顯的擴大，目前已擴大到兒童期精神障礙、性變態、變態人格、藥癮與酒精中毒、邊緣狀態、精神分裂症、抑鬱症以及心身疾病等。治療者由原來的中立、被動態度轉變為靈活、柔性的積極關注的態度。
17. 根據自我（適應）模型，心理障礙的原因在病人那裡主要表現為一些病理性的信念，阻礙了自我的適應機能，因此，心理治療的作用就是幫助病人消除其病理性信念，順利達到適應的目的。在這種自我（適應）模型的基礎上，威斯等人建立了一種"計畫診斷方法"用來評價病人在治療中的心理動力學和認知特點。結果表明，它為精神分析治療的過程和療效評價提供了一種可靠的分析方法。
18. 在人格的對象關係理論基礎上建立的人際關係模型，強調：個體先天就具有一種與別人建立聯繫的以及與他人保持關係的傾向性。60 年代後伯爾比建立的關於**依附理論**，是對象聯繫理論的進一步發展，認為依附是人和其他動物的一種基本動機，它的進化意義就是對不成熟成員的保護作用，而人際機能的核心因素就是人們對他人聯繫的期望，以及對這種期望的不斷修正。
19. 斯圖普及其同事於 1984 年建立了一種評估和治療心理障礙的方法，稱為**人際關係相互作用模式**。他們認為，個體早期與他人關係的特點，影響了他們後來的人際交往方式，在現實生活和治療過程中，病人總是根據這種有組織的人際關係模式，在潛意識中扮演自己的角色，並把別人也放到相應的角色上去。
20. **認識領悟心理療法**是我國鍾友彬醫生所創立的一種治療精神疾患的方法：(1) 它承認弗洛伊德關於潛意識和心理防禦機制的理論；(2) 承認幼年期的生活經歷（創傷體驗）可成為心理疾患的根源，但不同意把它都歸之於幼年性心理的癥結。領悟療法由治療者用病人容易理解與接受的解釋，使病人對自己症狀和病態行為的幼稚性、荒謬性，達到真正的領悟，從而消除症狀。

建議參考資料

1. 中央教育科學研究所比較教育研究室 (編譯，1989)：簡明國際教育百科全書：人的發展。北京市：教育科學出版社。
2. 弗洛伊德 (林 塵等譯，1986)：弗洛伊德後期著作選。上海市：上海譯文出版社。
3. 馬　戈 (丁祖蔭譯，1993)：兒童心理社會發展——從出生到青年早期。北京市：人民教育出版社。
4. 陳仲庚 (主編) (1988)：心理治療與諮詢。瀋陽市：遼寧人民出版社。
5. 黃德祥 (編譯，1985)：諮商與心理治療的理論與實施。台北市：心理出版社。
6. 鍾友彬 (1988)：中國心理分析——認識領悟心理療法。瀋陽市：遼寧人民出版社。
7. Brammer, L. M., & Shostrom, E. L. (1977). *Therapeutic psychology*, New Jersy: Prentice-Hall.
8. Freud, S. (1964). *The complete psychological works of Sigmund Freud* (Vols. 1~24). London: Hogurth Press.
9. Liebert, R. M., & Spiegler, M. D. (1987). *Personality: Strategies and issues* (5th ed.). Chicago: Dorsey.
10. Patterson, C. H. (1986). *Theories of counseling and psychotherapy*. New York: Harper and Row.
11. Tyson, P., & Tyson, R. L. (1990). *Psychoanalytic theories of development: An integration*. New Haven & London: Yale University Press.
12. Wolman, B. B. et al. (1982). *Handbook of developmental psychology*. Englewood Cliffs, NJ: Prentice-Hall.

第十二章

精神分析心理學的影響與評論

本章內容細目

第一節　精神分析與婦女主義
一、弗洛伊德的婦女觀　471
　㈠ 關於女性氣質
　㈡ 關於男女平等
二、弗洛伊德婦女理論的變異　475
　㈠ 多伊奇
　㈡ 埃里克森
　㈢ 霍　妮
　㈣ 阿德勒
三、弗洛伊德與女權主義　479
　㈠ 弗洛伊德對女權主義的重要性
　㈡ 女權主義與精神分析的內在聯繫

第二節　弗洛伊德主義與文學思想
一、弗洛伊德的文學觀點　482
　㈠ 文學創作是滿足被壓抑的願望
　㈡ 作家與白日夢
　㈢ 人物的塑造與昇華
　㈣ 戀母情結與創作的主題
二、弗洛伊德主義與西方現代文學　484
　㈠ 弗洛伊德主義與西方現代文學創作
　㈡ 弗洛伊德主義與西方現代文學批評
三、弗洛伊德主義與中國現代文學　489
　㈠ 弗洛伊德主義與中國現代文學創作
　㈡ 弗洛伊德主義與中國現代文學批評

第三節　精神分析和心理史學
一、心理史學的由來和發展　493
二、心理史學的三個分支　496
　㈠ 個體心理傳記
　㈡ 群體心理
　㈢ 童年史和家庭史
三、弗洛伊德對心理史學的貢獻　499
四、埃里克森對心理史學的貢獻　501
五、對心理史學的批評　503

第四節　弗洛伊德精神分析心理學評論
一、弗洛伊德心理學為什麼遭到反對和冷遇　505
　㈠ 與學院心理學的格格不入
　㈡ 玄奧的特色妨礙了被接納
　㈢ 對變態病人研究的不滿
二、精神分析心理學歷史命運的轉變　508
　㈠ 潛意識研究得到了承認
　㈡ 動機研究受到了重視
　㈢ 美國之行出現了轉機
　㈣ 美國化與社會化帶來了生機
三、從現代心理學形成發展的眼光來看弗洛伊德心理學　513
　㈠ 從作為心理學的一個學派來看
　㈡ 從心理學演變發展的走向來看
　㈢ 歷史經驗與展望

本章摘要

建議參考資料

精神分析理論對人格領域具有全面性貢獻，已是眾所周知的。現今幾乎沒有一個生活範圍不被弗洛伊德的思想所觸及，如藝術、文學甚至電影。在學校中無論是英文系、中文系、哲學系均有可能和心理系學生一樣接觸到關於弗洛伊德理論的討論和分析；在日常生活中，自我、潛意識、死之本能、失言現象等也都成為會話的一部分。本章將介紹弗洛伊德（包括其弟子）在婦女主義、文學思想及心理史學上的理論貢獻和所產生的影響。弗洛伊德根據婦女生理特點提出了他的婦女觀，既為其學生所繼承，也為其學生所反對和修正。弗洛伊德的文學觀一直廣泛地影響著西方與中國現代文學的創作和批評。在歷史學界，弗洛伊德的精神分析理論與方法為史學研究開闢了一條新路和一個新的領域。本章最後部分，將從現代心理學發展的眼光，對弗洛伊德精神分析由暗淡轉向輝煌的歷史進行分析與總結，從而對弗洛伊德精神分析心理學作出簡要的評論與展望。通過本章學習，希望讀者掌握以下的內容：

1. 弗洛伊德是如何論述女性心理特點的，它有何積極意義，為什麼遭到人們的批評。
2. 多伊奇在《婦女心理學》一書裏，對女性作了怎樣的分類。
3. 簡述埃里克森的女性心理的內部空間說。
4. 霍妮關於女性人格發展的觀點與弗洛伊德產生了什麼分歧。
5. 為什麼在西方有人把阿德勒譽為女權運動的先驅。
6. 喬多羅《女權主義和精神分析理論》一書的要點是什麼。
7. 超現實主義文學為什麼被認為是受弗洛伊德主義影響最大的一個創作流派。
8. 意識流文學是如何表現其弗洛伊德的觀點的。
9. 弗洛伊德主義對中國現代文學產生了哪些明顯的影響。
10. 弗洛伊德和埃里克森對心理史學各有何貢獻。
11. 心理史學研究的三個分支是什麼。
12. 歷史學界對心理史學有何評論。
13. 弗洛伊德心理學為什麼遭到心理學家的反對和冷遇。
14. 引起精神分析心理學歷史命運轉變的原因是哪些。
15. 試從心理學史的角度評論並展望弗洛伊德精神分析心理學。

第一節　精神分析與婦女主義

　　弗洛伊德對婦女問題一直給予較多的注意，可以說精神分析心理學與婦女有著密切的關係。在精神分析創立之初，接受治療的患者中以女性神經症患者居多，如安娜‧歐、杜拉等，她們在精神分析的發展中起著極端重要的作用；而後弗洛伊德又發表了〈兩性解剖差異所帶來的心理後果〉(1925)，〈女性性欲〉(1931)，〈論女性〉(1933) 等論述女性心理的論文，較系統地提出了女性人格發展的學說。本節試圖闡述弗洛伊德的婦女觀以及其後精神分析有關婦女的新理論。

一、弗洛伊德的婦女觀

　　弗洛伊德從婦女性本能活動為基礎論述了女性心理特點，認為女性人格具有被動、妒忌和自戀等傾向，同時具有不成熟的超我。以此為基礎，弗洛伊德進一步提出對女權運動的觀點。

（一）　關於女性氣質

　　弗洛伊德在解釋性別認同和兩性差異時指出，在性心理發展的前兩個階段 (口腔階段和肛門階段)，男孩和女孩的發展方式是相同的，都以母親為愛戀對象。直到生殖器階段 (約四至六歲)，性別發展才開始分道揚鑣。在這階段中，女性處於某種不利的地位。

　　在生殖器階段男孩把性欲轉向母親，形成**戀母情結**。他們對母親的愛戀十分強烈，為了獲得母親的感情而渴望擺脫父親，甚至在潛意識裏要殺死父親，以便自己取而代之。然而，在小男孩看來，父親畢竟是強有力的競爭對手，因而擔心父親會報復他們，會傷害他們的肉體，特別是他們心愛的生殖器。所以男孩在這時產生了**閹割焦慮**。經過一系列複雜的心理衝突，男孩解決了這個矛盾。他們承認無法除掉父親而獨占母親，因此抑制了對母親的力比多衝動，並作出了一個重大的轉變，即開始認同自己的父親。在認同過程中,男孩將以父親為代表的社會"戒律"變成自己個性的一部分,逐漸具備良心和超我,並繼承了人們設想作為父親所應具備的威武和權力。

但是對女孩來說,她們在這一階段已意識到自己沒有陽物。弗洛伊德認為,女孩一定會注意到男孩的生殖器呈突出狀,而自己的則呈洞穴狀。她們可能認為陽具要優於自己的生殖器,所以充滿了對男性的羨慕;由此產生了**陽具妒羨**。有時她們還會感到自己是受傷致殘了;她們相信自己也曾有過陽具,但後來被閹割了。弗洛伊德認為,發現自己被閹割是女孩成長過程的轉折點。

在崇拜男性生殖器階段,女孩可以通過刺激陰蒂得到愉快,並把這種活動與她以母親為目標的性願望聯繫起來,這種願望常常是主動的;但現在由於陽具妒羨的影響,使她失去了男性生殖器性欲意義上的樂趣。因為與更為優越的男性的同類物作比較,她的自尊心受到了傷害,於是她放棄了從陰蒂獲得愉快的手淫方式,並否定了對母親的愛。隨著陰蒂手淫的放棄,女孩的主動性也在某種程度上被廢除了。如今被動性居於優勢。女孩借助於被動性的本能衝動,基本上完成了以父親為目標的轉折,而導致女孩轉向父親的願望最初無疑就是一種對陰莖的願望,它在母親那裏已遭到拒絕,現在則寄望於父親,這時女孩進入了**戀父情結**的狀態,強烈地愛戀父親,卻敵視母親,因為母親變成了女孩的競爭者。

弗洛伊德認為,經過上述的發展階段,婦女最終形成了一項氣質特點──被動性。對於這種被動性,弗洛伊德寫道:

> 對於女子來說,基於她所承擔的性功能,她在生活中通過遺傳或多或少地繼承了對被動性行為和目標的偏愛,這種偏愛相應於各種有限的或廣泛的領域,好的性生活可以作為這些領域的模式。但是,我們應當謹防在這方面低估社會習俗的影響,它們也促使婦女陷入了被動狀態,不過,這也還未說明我們的問題。我們不應忽視,在女性氣質和本能生活之間,存在著一種特別穩定的關係。(蘇曉離等譯,1987,136 頁)

除了被動性外,弗洛伊德還提出婦女具有不成熟的超我。他認為,處在戀母情結中的男孩嚮往母親並希望趕走父親,然而閹割焦慮迫使他放棄了那種態度,戀母情結因此遭到摒棄和壓抑,嚴厲的超我則作為它的繼承者建立了起來。而女孩的情況卻完全不同,她的閹割情結是為戀父情結作準備而不是破壞它;她因為羨慕陰莖而不得不放棄對母親的依戀,由於對閹割的擔憂並不存在,女孩便缺少一種導致男孩克服戀母情結的主要動機。她在這一階段停留了或長或短一段時間;她後來摧毀了戀母情結,但很不徹底。在這些條件下,超我的形成將會受到妨礙;它無法得到使它具有文化意義的力量和獨立性。在〈解剖即命定〉一文裏弗洛伊德更明瞭地表達了這一觀點:

> 對婦女來說,倫理正常性的層次不同於男人的層次。她們的超我從來不像男人的那樣百折不撓,那樣非個性化,那樣擺脫於感情的因素。……她們較男人更少正義感,更屈從於生活中遭遇的巨大危急事件,她們的判斷更多地受到好惡情緒的影響——所有這些足以解釋她們的超我形成的局限性。(傅鏗編譯,1988,222~223 頁)

此外,弗洛伊德還提出女性比男性具有更強的妒忌心理,主要原因即在於陽具妒羨的影響。同樣的原因還造成了女性的自戀、虛榮心和羞恥心。他這樣說:

> 我們認為大多數自戀現象屬於女性氣質。這種現象也影響到婦女對對象的選擇,以至於對她們來說,被人愛較之愛他人是一種更強烈的需要。而且對陰莖的羨慕也會影響婦女天然生成的虛榮心。因為她們一定會高度估計自己的魅力,以此作為對她們早期性低能的一種晚期的補償。羞恥心被認為是一種非常優秀的女性特徵,然而它遠比我們所料想的要平常。我們認為,它的目的在於掩飾生殖器方面的缺陷。(傅鏗編譯,1988,157~158 頁)

弗洛伊德關於女性心理特徵的觀點,受到了人們的激烈批評。心理學家認為,他把女性心理特點奠定於生理解剖構造的生物學基礎上,似乎一切女性心理特點都可歸咎於生物性,完全忽視了社會環境因素對女性心理的重要影響。除此之外,人們還批評弗洛伊德理論的許多觀點禁不起科學的檢驗,他把潛意識看作人類行為的根本動力,而一般的科研方法對研究潛意識來說是十分困難的。同時,弗洛伊德僅僅是從自己的病人那裏獲得那些觀點和見解的,它們對心理失常者來說可能還會有一定的合理因素,但對於心理功能正常的人來說,是否適用,疑點甚多。

然而，也有人認為，弗洛伊德的生物學錯誤是可以原諒的，他的理論不過是通過對女性精神病患者的分析，揭示了父權制社會的女性心理結構。也就是說，弗洛伊德所研究的生物遺傳不過反映了社會秩序的遺傳，既然社會秩序是父權制，是男子統治支配一切，那麼精神分析的兒童發展理論不過說明了男孩如何學習成為男性，女孩如何學習成為女性，說明了男女獲得各自的社會角色的過程。

儘管弗洛伊德過分強調生物學的決定作用，但他第一次全面系統地闡述了女性的人格發展過程，並強調性心理的發展在塑造人格，尤其是在塑造性別認同過程中的作用，還是有其積極意義的。

(二) 關於男女平等

通過對女性氣質特點的分析，弗洛伊德還表現了反對男女平等的錯誤觀點。弗洛伊德曾讚揚穆勒"也許是本世紀最善於使自己擺脫習慣偏見之束縛的人"(尚新建譯，1986，26 頁)，但當穆勒提倡婦女平權時，弗洛伊德寫道：

> 穆勒的這個觀點簡直沒有人性。……如果我把我溫柔可愛的姑娘想像為一個競爭者，結果只能像我十七個月前所做的那樣，告訴她我愛她，懇求她離開競爭，回到家庭平靜的、無爭的活動中。……我相信，法律和教育的一切改革都會在這個事實面前敗北，即遠在一個男人達到贏得一定的社會地位的年齡之前，女人天然具有的漂亮和魅力、溫柔已決定了她的命運。法律和習俗確有許多東西要灌輸給不懂得它們的女人，但是，女人的地位確實將是如此：年輕時是個受人敬慕的心上人，成年後是個受人摯愛的妻子。(尚新建譯，1986，24 頁)

此外，弗洛伊德還認為：

> 一個婦女不可能同時謀生和撫養小孩，婦女被視為從現代女權運動中一無所得的一個群體，至多只有少數婦女得益。……由於在生殖過程中的不同作用，男女平等是不可能的。(Appignanesi & Forrester, 1992, p.3)

弗洛伊德的這些觀點，受到很多人的批評。弗洛姆指出：

我認爲，他（弗洛伊德）關於人類的一半（女性）在生物、解剖以及心理上是劣於另一半（男性）的觀念，除了暴露出他的父權社會大男子主義的態度外，似乎是他思想中唯一的不可救藥的念頭。(申荷永譯，1986，10頁)

但在另外的情況下，弗洛伊德卻又表現出了男女平等的觀點，例如涉及到婦女進入精神分析這一職業時，就曾指出"如果我們根據原則把婦女排除出去"，他將會"把這看成一種嚴重的不一致"(申荷永譯，1986，3頁)。此外，在1926年給好友漢斯和赫羅特寫信慶賀他們的女兒，而不是他們所期望的兒子的出生，他寫道："我……更傾向於認爲以今天對性別的態度，無論小孩是男是女都沒有很大差別，尤其是當未來經驗的結果能夠補償你喜愛的某個方向時"(申荷永譯，1986，3頁)。

因此，我們可以看到弗洛伊德對男女平等主義的態度不完全一致，有時表現落後，有時又表現出進步的一面。就其關於婦女的錯誤觀點來說，受到了女權主義者以及後來的精神分析學者的批評，將在下面繼續闡述。

二、弗洛伊德婦女理論的變異

繼弗洛伊德之後，一些精神分析學家針對弗洛伊德有關婦女理論的不足而進行了修正，提出一些新的理論，進一步發展了精神分析的婦女心理學。

（一）多伊奇

在1944年，弗洛伊德的學生多伊奇(Helene Deutsch, 1884～1982)完成了兩卷本著作《婦女心理學》。這是精神分析學派在探索婦女心理動力方面邁出的一大步。多伊奇繼承了弗洛伊德對女性人格發展過程中的心理分析，並將這一分析用於女性人格發展的全過程，而弗洛伊德實際上在分析了生殖器快感和戀母情結以後就終止了這一分析。多伊奇對女性人格發展的心理分析從青春期前期開始，因爲她發現婦女心理發展中的許多重要階段都與從少女向婦女這一轉變過程有關，所以，她接著描寫了女性青春期和成年期的心理發展和人格特徵。

多伊奇的觀點基本上屬於正統的弗洛伊德派。例如，她深信女人必須培

圖 12-1 多伊奇
(Helene Deutsch, 1884～1982) 是弗洛伊德的學生。在 1907 年進入維也納大學醫學院學習。曾長期領導維也納精神分析學會的培訓學院。最有影響的著作為她的兩卷本《婦女心理學》。

養個性中具有自戀、受虐以及被動性等特徵的女性核 (註 12-1)。這三者以相對平衡的形式構成了正常女性的人格心理。

多伊奇把女性分為兩個基本類型：女性型和男性型。**女性型女性** (feminine woman) 的主要特點是被動、自戀和受虐。**男性型女性** (non-feminine woman) 主要表現為主動、競爭和攻擊性。女性型女性又稱為**性愛型女性** (feminine-erotic type)，這一類型婦女的主導性動機是愛他人以及渴望被人愛，這種愛主要表現為性愛，但也表現為其他的愛，如母愛等。這一類婦女把生活的全部內容都建立在愛與被愛的基礎上，感情指引她們的人生之路，她們缺少主見，易受他人影響，在家庭生活中依賴並服從男人。女性型女性又可分為下面三類型：

1. 奉獻型 這種人極易受他人的暗示和影響，容易服從他人。在交往中，她們隨時準備從心理和生理上奉獻自己，急於把自己的感情給予他人。多伊奇認為，這種人如果不收回濫用的感情就會破壞心理和諧，成為神經症患者。

註 12-1：**女性核** (feminine core)：多伊奇指婦女的一種優於男子的敏感和直覺，一種對作為一個母親的很強的現實感，它們都是為她的生物學命運作準備的。見 Paul Roazen (1985) 對多伊奇《婦女心理學》一書的介紹。

2. 謹慎型　這種女性在生活中也很重感情，但與人交往時懂得怎樣保護自己，表現得很謹慎。她們對自己的珍惜使得她們在決定奉獻出自己的感情之前要確證自己與他人聯繫的穩定性，如果這一關係是完全可靠的，則會打消疑慮，奉獻出自己的一切。

3. 理智型　這類女性的感情生活不是指向性愛，而是指向社會的倫理道德，她們不像前兩種人那樣追求心身的愉快，而是具有強烈的克制自己欲望的心理傾向。這種女性對自己和他人都極為苛刻，在允許自己體驗性愛感情之餘往往會產生一種犯罪感。她們把全部的情感都運用於為社會服務，為社會價值及倫理法則服務，而不用於自己的享樂。

女性人格的另一基本類型是男性型女性。在多伊奇看來，男性型女性在女性中不多見，主要發生於那些智力發育良好、能力較高的女性身上。男性型女性不甘於作家庭主婦，而是主動地追求商業、學術等通常被認為是男子領域的成就。儘管她們能夠取得超出一般婦女的成就，但男性型女性的婦女往往與重男輕女的社會發生衝突，同時也往往與自己女性的本性衝突。多伊奇認為，男性型女性往往為了追求男人的目的而犧牲了自己的女性的本能。

多伊奇的觀點既有一定的見識，但又充滿了對文化因素和生物因素的混淆，例如，她認為婦女的生理構造和生物性功能造成了女性的被動性，而沒有意識到部分女性角色是由社會約定俗成的。

（二）　埃里克森

埃里克森（見圖 10-2）重新闡述並擴展了精神分析理論，提出了解釋女性心理的內部空間說。他認為，女性人格中的關鍵因素並不是嫉妒陽物這一性心理反應，而是頗具建設性、創造性的生命內部空間感。

埃里克森在貝克萊大學期間，開始研究 10 至 12 歲男女兒童的遊戲特點。他邀請孩子們選擇小玩具或小木偶在桌子上建造自己喜歡的景物。結果發現，女孩傾向於建造內部場景，如安祥、平靜的系列家具，靜態的人物或動物，坐著從事活動的人等；男孩則傾向於選擇建造樓房、尖塔，還帶有加農炮等物。男孩建造的塔和圍牆大都用突出的角來裝飾，並願意設計跑動著的汽車和動物。

埃里克森認為，男女兒童所選擇遊戲的外部空間性與男性和女性解剖學的內部空間性是一致的。男孩的性解剖結構是外向、突出、主動的，而女性的解剖結構則是封閉、防護、接受性的；生殖密碼所決定的不同性別的身體結構，與男女的空間反應，有著密切的關係。男女的內部空間（身體的、性解剖學的）決定了人們對外部空間的認識，還決定了人類的生物行為特徵和社會角色。

埃里克森的另一見解是，他認為個人對自我同一性的認識和對自我性別角色同一性的認識將貫穿在人的一生之中，是隨著個體一生的變化發展而不斷變化的。所以，他沒有侷限於只對嬰兒或兒童階段加以研究。但埃里克森的理論仍然不能說明文化因素也是造成性別差異的原因，最終難免陷入了生物決定論。

（三） 霍妮

霍妮（見圖 9-1）針對陽具羨慕是女性人格發展的決定因素這一觀點上與弗洛伊德產生了分歧。她認為，男性對女性的嫉妒，特別是對女性生殖能力的嫉妒，即"子宮嫉妒"才是決定因素。她認為男性追求成就不過是對生理自卑感作出的一種過度補償。貝特爾海姆（Bettelheim, 1962）在觀察了一些原始部落的成人儀式後，也認為子宮嫉妒心理是男性人格發展的因素，至於陽具妒羨心理卻曾被過分地誇大了。

此外，霍妮還強調了社會環境對女性人格形成的重要作用。她認為，人的心理組織結構不是固定的，不是由生理結構單方面決定的，而是由機體和環境交互作用所形成的。霍妮將自己的原則定義為整體性，強調心理的動力整體。

霍妮解釋，在父權制社會中，女孩從出生開始就被暗示著地位卑賤，社會習俗要求女子賢慧溫柔、服從丈夫，卻要求男子獨立自主，追求成功。霍妮認為，這些社會文化因素造成了女性的依賴和自卑，並使她們羨慕與嫉妒自己所缺少的男人的力量。霍妮指出，只要當代文化出現下列觀念：(1) 主張女性被動、保守；(2) 婦女應限制在生育中，生兒育女是對婦女價值的衡量；(3) 婦女比男人低賤；(4) 婦女對男人經濟上的依存；(5) 婦女限制在以情緒為中心的角色中，如家庭、宗教、慈善工作。那麼，女性的性格必然是軟弱的，她們的自主性和獨立性必然比男人差。

(四) 阿德勒

阿德勒（見圖 5-1）是另一位強調社會文化決定女性心理並倡導男女平等的心理分析學家。關於女性的心理，阿德勒認為，女性的自卑感和低賤感是社會賦予的，因為當男孩子出生後，大人總是教導、鼓勵他們支配、統治一切，而女孩則被告知要懂禮貌、聽話、溫柔，像個女孩子樣。現實社會規定了男女的行為準則，抬高男性，貶低女性，使女子的精神生活受到自卑感的影響。他舉例說，生活在母權制家庭中的女兒，比生活在父權制家庭中的女兒表現得更具有才能，更有獨立性。因此阿德勒倡導必須改造環境，提倡男女平等，給予女性更多的權利和更多的發展自己、實現自己潛能的機會。故在西方，有人把阿德勒譽為女權運動的先驅。

三、弗洛伊德與女權主義

在 20 世紀 60 年代早期和 70 年代晚期，女權主義者對弗洛伊德抱有極大的敵意和譴責，弗洛伊德主義的理論和治療被認為是壓迫婦女的主要因素；而今天，女權主義者卻表現了對精神分析理論的強烈興趣，並以許多方式把精神分析作為女權主義理論的一個基礎。相似地，精神分析自身對這種女權主義者的爭論也有不同反應。一方面，婦女運動激起的對弗洛伊德主義的反思、修訂和批評，無論是對被認為屬於非弗洛伊德主義或文化學派的學者，如沙利文、霍妮等人及其追隨者，還是對於正統精神分析學家，都有一個對女性性欲、女性發展和婦女心理學等問題的復甦的興趣；另一方面，也有許多精神分析學者力求保持這種新的研究興趣的科學性和嚴肅性，認為它是不受政治或文化價值影響的。那麼，弗洛伊德主義與女權主義究竟有何關係，或者說兩者之間是否密切聯繫，相互影響呢？著名的女權主義理論家喬多羅 (Chodorow, 1989) 在《女權主義和精神分析理論》一書中闡述了她的觀點。下面介紹喬多羅的主要論點。

(一) 弗洛伊德對女權主義的重要性

有些精神分析學家認為，精神分析僅僅是一種心理學理論，它的臨床實踐只對心理結構、心理過程以及性欲發展感興趣，而與政治、平等或不平等沒有關係。

對此，喬多羅指出，弗洛伊德把性別和性欲置於其理論的中心，因此，精神分析首先是一個關於男性和女性的理論，一個性別不平等的理論，和一個異性戀發展的理論。而且，精神分析學還進而提出了一個女權主義的論斷——即女人是造就的而不是天生的 (Woman is made, not born.) (Chodorow, 1989)。生物學不足以解釋性定向和性別人格。

但反對精神分析的女權主義者則認為，婦女的被壓迫是政治的，而不是心理的。它涉及工資不平等、工作歧視、虐待妻子、家庭中不平等的勞動分工等等，而與心理學沒有關係。喬多羅指出，首先，這種社會的和政治的性別組織不可能脫離我們都是被區分了性別的這個事實，即我們或者是男人或者是女人——它是我們存在於世界和自身同一性的一部分。如果我們不同時考慮人們的性別分化，就不能理解社會的和政治的組織以及性別的歷史。因此，性別的社會組織，和人們是被性別化了的，這兩者是一個不可脫離的整體：性別的社會組織進入了我們的頭腦中，把世界分成男性和女性；而我們的被性別化也進入了社會組織。它們兩者是相互依存的。

因此，女權主義的理論必須能夠包含這些聯繫，這個整體。女權主義者的理論必須包括此一事實：我們在心理上是被性別化的人，社會的性別組織不是一個空的位置或任何人都可以填補的性別種類。在性別的社會組織中，僅僅特殊的人能填補特殊的位置。但是女權主義也希望改變性別的社會組織和心理。它基本的論據是：性別和性欲不管生物上是如何促使它們形成的，都是被文化及社會創造的，它們不是不可改變的稟賦。所以，女權主義要求這樣一種理論，它能說明我們是如何被性別化了的。

喬多羅認為，弗洛伊德給了我們這樣一個有關性別組織、性別繁殖、以及我們如何被性別化的豐富解釋。弗洛伊德的論斷包括了以下幾個要點。首先，他使性欲擺脫了性別和生殖。他認為，沒有不可避免的性的對象選擇、方式和目標的發展，沒有天生的女子氣和男子氣，我們都是潛在的雙性。女人和男人如何理解、幻想、象徵、內在表達以及感覺她或他的生理是一個發展的產物，這些感覺和幻想可以被完全不同於生物的東西所塑造。他同時描述了女孩在達到被動的、異性生殖的成年期所遇到的困難。他認為，對兩種性別，同性戀和異性戀都是發展的產物，而不是天生的。其次，弗洛伊德還告訴我們，儘管性和性別發展不是不可避免的，但對女人和男人來說，性別人格和性定向總是合乎某種規則地發生的。例如，我們可以從對戀母情結的經典解釋中發現這一點。它解釋了男性同一性的發展，女性異性戀和戀父的發展以及超我形成的不同形式。最後，弗洛伊德提供了性別和性欲壓迫的社會分析。例如，在〈關於歇斯底里的研究〉一文中，弗洛伊德指出了對婦女的限制和神經症的關係，他反對當時流行的認為歇斯底里是退化和虛弱的觀點，他認為他所治療的婦女是聰明的，有創造性的，有道德的。而對一個婦女的天才和能力表達的限制才導致了她的神經症。

因此，儘管弗洛伊德在理論上表現出某些性別歧視，但其理論本身並不是全然反對婦女的。他說明了男女是如何獲得各自的性別角色的過程，對婦女心理學以及女權主義理論都是一種貢獻。

（二）女權主義與精神分析的內在聯繫

喬多羅認為，正如我們不可能離開心理學理論而擁有一個性別的社會組織理論一樣，我們也不可能離開社會的和政治的理論而擁有一個性別的心理學理論。弗洛伊德的理論是一個社會的和政治的理論。弗洛伊德所提出的對發展的分析，不是別的發展，恰恰是在一種特殊的社會情景下的發展，而這種社會情景與弗洛伊德的理論有著內在聯繫。比如，在一個家庭裏由母親撫育的孩子的發展，就可用弗洛伊德所發現的那種發展來解釋，生物學則沒有解釋這種發展。精神分析也表明了女人和男人而以男性為統治代代如此，它也是母親撫育後代這種勞動的社會分工的產物。同時人們在一個以異性戀為標準的社會中發展，也可以在弗洛伊德的理論內找到解釋。弗洛伊德理論內在地解釋了這種發展，而生物學則沒有解釋這種發展。

此外，弗洛伊德的理論也是建立在一種廣泛意義的"政治"上。例如兒童和成人的不平等，兒童的無助感，對性格和神經症的發展及防禦機制的形成都是重要的。女人和男人的不平等對其理論來說，也是中心的。弗洛伊德並沒有給我們一個理論，解釋究竟什麼才是種族生存或社會生存所必需的。他的理論建構圍繞著什麼對長期維持男性統治的社會組織是必需的，什麼對限制女性性欲使之定向於男性是必需的，以及什麼對長期維持異性戀的統治是必需的。

綜上所述，精神分析理論對女權主義理論有著很大的影響，同時兩者又是密切聯繫的。雖然弗洛伊德主義對女權主義者的理論有它的貢獻，但不可避免地有它的侷限性。因而，近年來，女權主義理論家不斷對弗洛伊德的理論進行批評和修正，出現了越來越多的解釋和爭論。

第二節　弗洛伊德主義與文學思想

弗洛伊德的精神分析學說思想之影響是相當明顯和巨大的，弗洛伊德主義對東西方文學藝術的影響更是這樣。正如美國著名評論家特里林所說：

> 弗洛伊德對文學的影響仍是十分巨大的，其中大部分內容影響之廣甚難估計，它往往以反常的或歪曲的簡化形式在不知不覺中滲入我們的生活，成了我們文化的一部分。(陸谷孫等譯，1986，151 頁)

弗洛伊德身為一個精神分析學家，始終把文學藝術活動作為探索人類心靈奧秘的一個重要方面而加以考察。早在中學時代，他就對文學藝術產生了濃厚的興趣，他的文學才能使他在 1930 年獲得"歌德文學獎"。弗洛伊德 1900 年《釋夢》一書的發表，被認為是文學與心理學結合的開始。此後，他寫下了一系列有關文學藝術的論著，如《作家與白日夢》(1908)、《列奧納多·達·芬奇對幼兒期的記憶》(1910)、《圖騰與禁忌》(1913)、《陀斯妥耶夫斯基與弒父者》(1927)等等。這些極具啟發性的著作對現代文藝思潮的發展產生了巨大的影響。下文將介紹弗洛伊德的文學思想，再簡要說明它對西方現代文學和中國現代文學的影響。

一、弗洛伊德的文學觀點

總的說來，弗洛伊德的文學觀點貫串著他的精神分析學說。如把作家的創作動機歸結為被壓抑願望的滿足，強調昇華在人物塑造中的作用，以及把伊諦普斯情結視為文學作品普遍的主題等。下面分別進行介紹。

（一） 文學創作是滿足被壓抑的願望

弗洛伊德把文學創作的動因歸結為：實現未滿足的欲望，其中以性欲滿足為核心。根據精神分析學說，在潛意識的領域裏，蘊藏著原始的本能衝動和欲望，這些本能的衝動總要求不斷地發洩、滿足。但在現實生活中，這種欲望常受到各方面力量的壓抑而得不到實現。弗洛伊德認為，潛意識的衝動若想得到表現和滿足，只能改道發洩，通過各種玄妙的潛意識過程和文學藝術活動表現出來。即"性的精力被昇華了，就是說，它捨卻性的目標，而轉向他種較高尚的社會的目標"（高覺敷譯，1984，9頁）。這樣，藝術便成為滿足被壓抑願望的一種方式。

（二） 作家與白日夢

弗洛伊德認為，文學藝術家都是一些夢幻者，他們類似於精神病患者，創作活動就是潛意識活動或自由聯想，作家創作時便是處於白日夢之境。弗洛伊德進一步把白日夢和夜夢相比較。在他看來，文學藝術家就像做夢者，他們的創作活動就是夢的工作，而文學藝術作品就是夢。弗洛伊德進一步指出，文學與夢之間有許多共同點。首先，兩者都源於潛意識領域，都是被壓抑欲望的滿足。無論是文學家或做夢者，都是由於現實的倫理道德、風俗習慣等的壓抑，使他們不能直接滿足本能欲望。因此，他們或借助於夢，或借助於文學作品，在不同程度上，使自己的本能願望得以間接的滿足。其次，文學創作和夢都巧妙地偽裝了那些被壓抑的願望，使之能夠表現出來。由於被壓抑的願望是難以為人所接受的，所以，它們無論是進入夢還是進入文學作品中，都要經過改頭換面，採取隱蔽的表現形式。夢的工作經過了凝縮、移置、象徵和潤飾等步驟，而文學作品也經歷了類似的過程。最後，釋夢的方法也同樣適用於對文學作品的分析。通過類似夢的解釋的方法對文學作品的分析，同樣可以揭示出作家創作動機中的潛意識的本能衝動。

（三） 人物的塑造與昇華

所謂**昇華** (sublimation)，即"對（本能的）目標的某種修改和對象的轉換——在這種修改和轉換中我們考慮的是社會評價"（蘇曉離等譯，1986，111~112頁）。因而，昇華能夠除去本能欲望中性欲的色彩，使之以社會可以接受的形式表現出來。弗洛伊德認為，昇華在文學創作中的表現，就是把內心的衝突塑造成外界的形象。"作家用自我觀察的方法將他的'自我'分裂成許多'部分的自我'，結果就使他自己精神生活中衝突的思想在幾個主角身上得到體現"（林驤華譯，1986，142頁），按照這一觀點，喬伊斯、羅曼羅蘭等許多作家在自己的作品中，對人物的內心世界進行挖掘，通過冗長細膩的心理描寫使人物的內心外向化，進而昇華到一個優雅完滿的境地。

（四）戀母情結與創作的主題

戀母情結（Oedipus complex）出自索福克勒斯的悲劇《伊諦普斯王》，主角伊諦普斯不知不覺地應驗了神靈的預言，走上殺父娶母之路，最後導致了命運的悲劇。弗洛伊德由此為亂倫的欲望啟用了"伊諦普斯情結"這一術語。他分析了達芬奇、莎士比亞、哥德、陀斯妥耶夫斯基等文學藝術家及其作品，認為決定這些文學藝術家創作衝動或作品題材的，是人類潛意識領域中普遍存在的戀母仇父傾向——伊諦普斯情結及亂倫欲望。他發現，人類文學史上的三部傑作——索福克勒斯的《伊諦普斯王》，莎士比亞的《哈姆雷特》，陀斯妥耶夫斯基的《卡拉瑪佐夫兄弟》都表現了同樣的主題：殺父，並且在三部作品中，殺父的動機都是為了爭奪女人。因此，弗洛伊德認為，以伊諦普斯情結為主題，在文學作品中具有普遍的意義。

二、弗洛伊德主義與西方現代文學

弗洛伊德關於潛意識和夢的理論，關於文學藝術和作家的觀點，在西方引起了文學理論家、評論家和作家的熱烈興趣。有的作家完全贊同弗洛伊德的學說，但更多的人是從不同角度，各取所需，而不是全盤接受。在吸取的方式方法上，有的有意為之，有的只是不謀而合。但總的來說，弗洛伊德主義深深地影響了西方現代文學。下面從西方現代文學的創作和批評兩個方面來分析弗洛伊德主義的影響和應用。

（一）弗洛伊德主義與西方現代文學創作

弗洛伊德主義對西方現代文學創作的影響是巨大的，許多作家把精神分析的觀念融入自己的觀察、體驗和藝術表達中，以至於在西方文學中隨處都可以找到弗洛伊德式的主題、情節、構思及其變體的表現。

就創作流派而言，超現實主義文學被認為是受弗洛伊德主義影響最大的一個流派。超現實主義文學產生於 20 世紀 20 年代的法國，這一流派幾乎全盤接受了弗洛伊德的學說，並公開宣稱弗洛伊德是自己的一面旗幟。法國超現實主義的創始人、領袖和理論家布勒東 (André Breton, 1896～1966)，於 1922 年曾在維也納會見過弗洛伊德，全面接受了精神分析學思想。1924 年，他在法國巴黎發表了《超現實主義宣言》，宣稱潛意識、夢境、幻覺、本能是創作的源泉。布勒東認為，現實的世界必須由幻想的世界取代，藝術就是以一種非邏輯來調劑現實。這種潛意識、非理性、非邏輯性是從一種光怪陸離的夢境中昇華而來。藝術的目的是創造一個超越的現實，用一種奇幻的宇宙來取代現實。超現實主義認為超現實的出現是一種革命，是藝術與生活的解放。

在創作中，他們倡導自動寫作或潛意識書寫的表現手段。所謂**自動寫作** (automatic writing)，就是以似睡非睡中完全憑潛意識自發構成詩句。他們以非理性控制的"自動性"進行創作，玩弄主觀的技巧，他們還主張用人性內在活動去改造傳統的語言，要求用非邏輯的不連貫詞組去合適地表現本能的混亂、模糊、短暫、豐富和狂激，而不是強使人的自然本性服從僵化的、貧乏的和沒有血性的語法邏輯。於是，他們有的寫出了沒有故事情節、沒有人物性格的"反小說"；有的寫出了沒有動作、沒有對話，乃至沒有衝突的"反戲劇"；還有的寫出了沒有連接詞、冠詞，甚至沒有標點符號的詩。

布勒東和其他超現實作家的創作體現了超現實主義的基本思想。布勒東與蘇波 (Philippe Soupault, 1897～1990) 於 1919 年合作的第一部超現實主義的作品《磁場》，就是嘗試自動寫作或潛意識書寫的產物。兩人分別寫作，然後把各自寫的東西不加修改地合在一起，構成作品。作品的題目喻示著精神世界與物質世界的交互作用而呈現的一種狀態。書中想像奇幻，內容雜亂。《娜嘉》是布勒東完成於 1928 年的詩體小說，書中描寫了作者遇到的一個俄國少女娜嘉，她在精神上無拘無束，內心充滿了夢幻，作者通過她把人們帶入了一個超現實的境界。作品竭力表現了夢幻、狂想、變態、渾沌等潛意識心理內容。

意識流 (stream of consciousness) 文學作為一種創作流派以及寫作手法，在西方現代文學中占有重要的地位。意識流文學發端於 19 世紀末 20 世紀初,在第一次和第二次世界大戰之間得到迅速發展,曾風靡歐美文學界。在意識流文學的思想傾向中,大量吸取了弗洛伊德的精神分析觀點。意識流作家們強調通過主觀隨意、時空跳躍的內心獨白著力表現出潛意識的心理過程,將弗洛伊德稱之為本我的那一部分內容,按其原始狀態毫無保留地傳達給讀者。美國評論家弗里德曼 (Melvin J. Friedman, 1928～1996) 認為,意識流小說的表現方式類似於精神分析過程 (Friedman, 1955)。在進行精神分析時,弗洛伊德讓患者躺在躺椅上,而他自己則躲在患者身後,誘導患者說出頭腦中湧現的一切,從而了解潛意識的內容。意識流小說的創作與此類似,意識流作家如同精神分析的醫生,把自己隱匿起來,其筆下的人物如同精神病患者,一切都是由人物內心湧現出來的,而決定其運作的內在根基即人物的潛意識。

愛爾蘭作家喬伊斯 (James Joyce, 1882～1941) 是現代意識流小說的鼻祖,被譽為 20 世紀最重要的小說家之一。著有《都柏林人》(1914)、《青年藝術家的肖像》(1916)、《尤利西斯》(1922) 等作品。《尤利西斯》被公認為西方意識流小說的典範。這部小說有三個主要人物,報館廣告經紀人布盧姆和他的妻子莫莉 (曾是頗有名氣的歌星),還有青年藝術家斯蒂芬。小說描寫了這三個人在 1904 年 6 月 16 日早晨八時到次日凌晨二時三刻這十八、九個小時的活動,由此表現了他們一生的經歷,複雜的心理活動,乃至愛爾蘭的整個歷史。整個小說側重描寫在外部世界衝擊下人的內心世界。喬伊斯採取意識流的手法,利用小說主角的內心獨白,展示了變幻莫測的心理時空,呈現了不同層次的心理活動。尤其是他對潛意識制約下的各種各樣的幻覺的描繪,以及對性衝動、性心理和親子關係等主題的處理,均使作品明顯帶有弗洛伊德主義的印記。

美國作家福克納 (William Faukner, 1897～1962) 是意識流小說的另一個重要代表作家。他強調文學創作的主題只能是表現處於自我衝突中的人物的心靈問題,也就是說,文學創作的注意力應放在潛意識內容上。他的作品較多描寫了亂倫、性變態、夢魘等潛意識範圍的內容。其代表作《喧囂與騷動》描寫了莊園主康普生一家的衰敗。康普生是個酒鬼,太太自私冷酷,他們有三子一女,全書分別從三個兒子回憶的不同角度,又以女兒凱蒂為中心展開情節。小說打破了時空順序,直接描述了這些人物的意識流動,角度場景不斷變換。福克納認為,這樣才能如實表現人物複雜混亂的潛意識活動。

此外，弗洛伊德主義還滲透到其他流派作家的創作當中，如表現主義作家卡夫卡（Franz Kafka, 1883～1924），現實主義作家曼（Thomas Mann, 1875～1955），以及頹廢派作家勞倫斯（David Herbert Lawrence, 1885～1930）等等。

（二） 弗洛伊德主義與西方現代文學批評

弗洛伊德主義不僅影響了西方現代文學創作活動，而且還影響了西方現代文學批評。這後一種影響使不少批評家不謀而合，在文學批評界形成了強大的心理分析學派（王寧，1986）。實際上，弗洛伊德在創立和發展自己的學說時，便涉及對作家、文學作品及文學藝術現象的分析，把精神分析的觀點應用於文學批評。可以說，弗洛伊德本人就是一位很有見地的文學批評家。他對許多文學藝術家的作品廣泛地進行了精神分析。其中《詹森的〈格拉迪瓦〉中的幻覺與夢》(1907)，《列奧納多・達芬奇對幼兒期的記憶》(1910)，《米開朗基羅的摩西》(1914)，《陀思妥耶夫斯基與弒父者》(1928) 最具代表性。

《詹森〈格拉迪瓦〉中的幻覺與夢》是弗洛伊德較早的一部文學批評著作。《格拉迪瓦》描寫了一個年輕的考古學家在梵蒂岡博物館內，被希臘浮雕上一位美麗的少女形象所吸引，他似乎覺得曾經愛過她。便來到雕像出土地龐貝尋覓她的身影，果然在龐貝遇到他夢寐以求的少女。但她不是浮雕上的少女，而是來自他所在城市的一位遊客。最後才發現她原來是他早已忘記的童年伴侶，於是他愛戀她，把幻想變成了現實。弗洛伊德認為小說表現了作者從童年時開始的性欲的幻想，這個幻覺隨著童年的流逝而被壓抑在無意識中，如同龐貝城被火山的熔岩埋葬在地下。如今，通過藝術作品把這個幻想喚醒，並終於得到滿足。作品中的龐貝、少女浮雕等都是象徵和寓意，它們表現了整個潛意識的心理過程。

弗洛伊德對達芬奇的〈蒙娜麗莎〉等作品進行了分析，關於達芬奇的論文，弗洛伊德完全用伊諦普斯情結去解釋。他認為，在達芬奇的繪畫中除了表現永恆的性欲外，什麼都看不出來。達芬奇本人就是一個私生子，從小失去生母之愛。因此，在達芬奇筆下的人物形象，特別是女性形象，尤其是女性臉上的神秘微笑，都體現了達芬奇對自己母親的迷戀和緬懷。

弗洛伊德分析了索福克勒斯的悲劇《伊諦普斯王》，莎士比亞的悲劇

《哈姆雷特》，從而提出了**伊諦普斯情結**這一重要的精神分析術語。在他看來，伊諦普斯王不過是戀母仇父傾向的一個化身。同樣，哈姆雷特的潛意識中也有殺父娶母的欲望，他之所以對叔父克勞迪斯遲遲不肯下手，是因為叔父暗害他父親的罪行，恰恰是他隱藏著的一種幻想，因而弗洛伊德在《夢的解析》裏指出，哈姆雷特在潛意識中是以克勞迪斯自居，這就是他為什麼不能痛斥叔父並果斷地將其殺死的真正原因。

弗洛伊德對陀思妥耶夫斯基的作品非常感興趣，他分析了他的《卡拉瑪佐夫兄弟》一書。弗洛伊德在這部描寫弒父的小說與陀思妥耶夫斯基的心理自傳之間，尋求相關。他認為，陀思妥耶夫斯基經常發作的癲癇症，並非生理病，而是精神病，是由於戀母弒父的潛意識欲望和內疚感而引起的自我虐待，並最後把它昇華到文學創作中。小說描寫的卡拉瑪佐夫的三個嫡生兒子和一個私生子等四個人中，分別為弒父者、精神病患者、詩人和宗教倫理學家，實際上是作者本人多重人格的自我寫照。

弗洛伊德在精神分析學的基礎上開創了心理分析的文學批評理論，很快受到西方文藝批評理論界的高度重視。許多文學批評家開始運用他所倡導的方法對文學作品進行心理分析。很多人或多或少地吸收了精神分析的某些觀點，甚至一些反對弗洛伊德觀點的批評家們也受到了精神分析的某種啟發和影響。

在弗洛伊德的追隨者中，英國精神分析學家瓊斯(Ernest Jones, 1879~1958)發表了〈用伊諦普斯情結解釋哈姆雷特〉(1910)以及〈哈姆雷特與伊諦普斯〉(1923)(註12-2)等重要文章。瓊斯認為，與其說是哈姆雷特替自己報了殺父之仇，不如說是克勞迪斯幫助他殺死了他父親，從而解除了他自幼以來一直患有的心病。因而，哈姆雷特的故事就是一個伊諦普斯情結的故事。彼拿馬在《艾德加‧愛倫坡：精神分析的解釋》(1933)中指出，愛倫坡的創作與他童年時代所受的精神創傷有密切的關係。作家幼小時曾見到母親被一個男人抱在懷裏，後來又被肺病折磨死去，這種創傷使他產生了性虐待和性倒錯的欲望。他後來的創作寫了許多夢，正是為了能在夢境裏擺脫童年的恐怖。此外，威爾遜在《創傷與治療》(Wilson, 1929)中運用心理分析的

註12-2：瓊斯的〈哈姆雷特與伊諦普斯〉在1923年曾作為《應用精神分析論文集》第一章發表，到1949年經過修訂才以《哈姆雷特與伊諦普斯》一書形式出版。見瓊斯(1976)該書序言及《大英百科全書》瓊斯條。

方法對狄更斯和吉卜林作了研究，得到文學批評界的高度評價。類似的文評還有里德對華茲華斯的分析，毛姆對艾米莉·勃朗特的分析，馬爾科姆·考利對海明威等"迷惘的一代"的分析等。阿爾弗雷德·卡津在《當代人》中則專門論述了弗洛伊德主義及其對當代歐美各國文學創作和文學批評的指導作用，高度讚揚了弗洛伊德主義對文學批評所作的卓越的建樹。

弗洛伊德的思想經過榮格的發展和改造，還影響到西方文學批評中的原型批評流派。榮格的突出貢獻是把潛意識劃分為個體潛意識和集體潛意識。榮格把文學藝術家看作是轉達集體潛意識的工具，是種族經驗的代言人。在創作過程中，他們超越了個人的生活範圍而走向了人類的精神世界。榮格的分析心理學以及人類學家弗雷澤 (Sir James Frazer, 1854～1941) 的人類學研究，共同構成了原型批評的基礎，這一流派把文學作品的主題、形象和敘事方式解釋成人類基本原型的象徵或再現。弗賴是這一流派最具代表性的理論家，著有《批評的解剖》(Frye, 1957) 一書，在此書中，他把文學藝術看作是人類文明的一種象徵形式，並從遠古的宗教儀式、神話和信仰中去追尋這種象徵的來源，從而發現基本的原型，從原型的置換變形的角度去理解文學作品。

三、弗洛伊德主義與中國現代文學

弗洛伊德主義對文學的影響，並不局限於西方世界，從 20 世紀 20 年代起，對中國文學創作及文學批評也產生了明顯的影響。

(一) 弗洛伊德主義與中國現代文學創作

精神分析學說自創立以來，到 20 世紀 20 年代已得到全世界的認可。此時，正值中國的五四時期，西方各種社會思潮和理論被中國知識分子介紹進來，其中之一就是精神分析學說。高覺敷、朱光潛等學者對弗洛伊德及其精神分析觀點進行了系統的介紹，在國內產生了較大影響，引起了中國思想文化界的興趣。

魯迅 (1881～1936) 是位較早對精神分析感興趣的作家。在 1922 年，他以女媧補天的神話故事為題材，寫成小說《不周山》(後改為《補天》，收於《故事新編》內)。魯迅認為，這篇小說的創作動機就是根據弗洛伊德的學說，來解釋人和文學的創造的緣起 (註 12-3)。

弗洛伊德主義對創造社 (註 12-4) 作家的影響更為廣泛和密切。郭沫若 (1892～1978) 在文學創作中有意識地運用了精神分析的理論，其中小說《殘春》最具代表性，郭沫若還寫了〈批評與夢〉一文為之注疏。他指出，《殘春》的著力點並不在於描寫事實，而在於著重描寫人物的心理，描寫潛意識的流動。此外，他的《葉羅提之墓》、《喀爾美夢姑娘》等作品也不同程度地帶有精神分析的色彩。

沈從文 (1902～1988) 也是深受弗洛伊德影響的一位作家，儘管他並未公開表示自己曾經信奉弗洛伊德學説，但在他的文學創作及文學觀點中都表現了精神分析的影響。如《采蕨》、《雨》、《雨後》等小説向封建衛道士的禁欲主義挑戰，以讚美的筆調描寫了青年男女間的情欲。《旅店》、《愛欲》等小説則強調婦女在性的選擇上應有與男子同等的權利，這些作品都反映了弗洛伊德的性本能理論對作家的影響。

中國在 20 世紀 30 年代的新感覺派的小説創作，則更為自覺地運用了弗洛伊德的學説。新感覺派產生於 20 年代中期的日本，代表人物為川端康成和橫光利一。這一流派的理論基礎是表現主義與達達主義，兩者都與精神分析有著密切的聯繫。它們強調主觀直覺和印象，不重視人物和情節。劉吶鷗最早將新感覺派介紹到中國，與穆時英、施蟄存等人一起組成了中國的新感覺派。他們除了強調寫感覺印象之外，還注重寫夢幻、潛意識以及性欲本能。其中，施蟄存是受弗洛伊德影響較深的一位作家。他的《將軍底頭》、《鳩摩羅什》、《春陽》等描寫了靈與肉的衝突，表現了本我與自我、超我之間的衝突。歷史題材小説《石秀》成功地描寫了人物的變態心理，展現了石秀從潘巧雲的愛戀到自我的道德焦慮，從對欲念的壓抑到最後變態的施虐心理這一過程。小説描寫細膩，構思精緻，可以説是心理小説的佳作。

註 12-3：關於魯迅對弗洛伊德學説的態度，本書第一章第三節"精神分析學説在我國的傳播"中也曾述及，可參看之。

註 12-4：創造社是一個文學團體，參加的人大都是當時的文學家。1921 年 7 月由留學在日本的郭沫若、郁達夫、田漢、成仿吾、鄭伯奇、張資平等人組成。他們先在國內上海出版叢書，後辦雜誌。前後辦過十餘種刊物，如"創造季刊"、"創造週報"、"洪水"、"創造月刊"等，還參加過人生與藝術的爭論，對新文學運動的發展起過積極的作用。創造社作家們講求文學的全與美，也宣傳過藝術無目的論，形成了自己浪漫主義的傾向。後來他們轉向普羅文學，對左聯成立起了促進作用。由於普羅文學的興起，創造社在 1929 年自動解散。

以上介紹了弗洛伊德主義對五四時期浪漫文學以及 20 世紀 30 年代新感覺派小說的影響。然而在 30、40 年代後，由於政治經濟局勢的變化，以及文化傳統和意識形態的限制等多種因素，弗洛伊德主義漸漸受冷落，甚至遭到批判，最後被完全拋棄了。直到 20 世紀 70 年代末期開始，弗洛伊德主義才重新受到注意，在中國形成了繼"五四"之後的第二次弗洛伊德熱。中國的文學因而直接或間接地與弗洛伊德主義產生了種種關聯。許多作家自覺或不自覺地在不同程度上吸收了精神分析的思想內容，他們在作品中更多地從心理結構、本能動機、非理性的性欲來把握人物的精神本質、行為方式和實踐活動，意欲使作品更富於深度和表現力。

　　首先，在一些寫實文學中，我們可以看到這種弗洛伊德主義的影響。例如，王安憶的《小城之戀》、《荒山之戀》、《錦繡谷之戀》等作品，"作品中對夢、過失、語言的無意識象徵意義的暗示，對性欲本能的特徵和變態現象的把握，對各種倒錯性心理和性行為的表現、分析，都顯然受到弗洛伊德學說的啟發"（尹鴻，1994，115～116 頁）。此處，在柯雲路的《夜與晝》、張賢亮的《男人的一半是女人》等作品中，也體現了弗洛伊德的許多思想。如張賢亮受弗洛伊德人格結構理論的啟示，在小說中深刻地展現了劇中人人格中複雜的心理衝突，展現了他的自我在本我與超我的較量中的痛苦選擇和焦慮。

　　其次，近年來出現了越來越多的性愛題材的作品，這多半也是與弗洛伊德主義的影響密切相關的。與"五四"時期的性愛題材的文學類似，這些作品大都表現了性愛壓抑給人帶來的巨大心理痛苦，並將這種壓抑作為個人和家庭悲劇的根源，從而表達了人們對人性解放、性愛自由的嚮往。這類相關作品有賈平凹的《黑氏》、古華的《貞女》、劉恆的《伏羲伏羲》等。

　　最後，在中國的現代主義文學中，也打上了弗洛伊德思想的烙印。這一派的作家有洪峰、殘雪、莫言、劉索拉、陳村等，在他們的創作中直接或間接地表現了弗洛伊德主義的影響。弗洛伊德關於生的本能、死的本能、性本能的理論，關於自由聯想的理論，關於夢的理論都在他們的作品中得到某種程度的體現和發揮。

（二）　弗洛伊德主義與中國現代文學批評

　　弗洛伊德主義對中國現代文學評論的影響與對文學創作的影響相比，要小得多。由於在中國 20 世紀 30 年代末至 70 年代初期間，高度政治化的社會學批評居於主導地位，其他各種批評模式難以形成獨立的派別，因此心理分析的文學批評在中國並未形成一個流派。儘管如此，弗洛伊德主義對中國的文學批評也有一定的影響，值得我們作一番回顧與考察。

郭沫若是較早將弗洛伊德主義運用於文學批評的一位作家。他在 1921 年寫了〈《西廂記》藝術上的批評與其作者的性格〉一文。他從人的本能欲求與封建禮教的衝突中分析作品，認為這部古典名劇是有生命的人性戰勝了無生命的禮教的凱旋歌。周作人一方面推廣弗洛伊德的學說，另一方面也接受了弗洛伊德的泛性論，並把它運用於自己的文學批評實踐中。例如，1921年郁達夫出版了《沈淪》之後，受到廣大青年的歡迎，同時也引起了道學先生的憤恨。周作人則根據弗洛伊德的性欲昇華說為之辯護，指出《沈淪》雖有猥褻的成分，但並無不道德的性質。

此外，在 20、30 年代間，潘光旦在對弗洛伊德主義的推廣以及運用精神分析考察文學現象上，起過很大的作用。他在 1922 年發表〈馮小青考〉這篇論文，後又擴充為《小青之分析》一書。馮小青生於明萬曆年間，15 歲嫁往馮氏家中為妾，因受馮夫人嫉恨，身心受到嚴重摧殘，18 歲便夭亡。史書記載馮小青臨池自照，喜與影語，好對鏡泣。在其詩中，又常有"瘦影目臨春水照，卿須憐我我憐卿"這樣的句子。潘光旦據此認為馮小青有自戀的變態心理，並進一步指出這種變態心理是她的性心理不能得到自然發展而導致的。

繼潘光旦之後，趙景深先後撰寫了〈魯迅的《弟兄》〉、〈中國新文藝與變態性欲〉兩篇文章。它們代表了當時用精神分析批評模式評論中國新文學的最重要的成果。在對《弟兄》的分析中，趙景深從人物的潛意識動機來尋找暗示和象徵這種潛意識動機的種種症候，從而揭示人物的複雜的內心世界。在〈中國新文藝與變態性欲〉一文中，他借用弗洛伊德的概念和批評模式，對新文學初期的許多作品進行了精神分析意義上的闡釋。趙景深等人的評論為中國的精神分析的文學批評拉開了序幕。然而，隨著弗洛伊德主義在 30 年代以後的影響逐漸削弱，這方面出現了很長時間的空白。

從 20 世紀 70 年代末開始，思想文化界重新對弗洛伊德學說予以關注。在這一時期，中國文學的精神分析批評也取得了重要成果。宋永毅曾撰寫過一系列從心理學方面評論文學創作的文章，有的通過文學作品去探討心理學內容，有的則通過作家的生平和傳記去理解其作品。他對老舍的研究即採取後一種方法。另一個學者藍棣之，先後撰寫了〈現代作家劇作無意識趨向考察〉、〈論魯迅小說創作的無意識趨向〉、〈試解《駱駝祥子》創作之謎〉等文章，通過運用弗洛伊德的學說，對文學作品進行了較為深入的闡釋。

概括起來，弗洛伊德主義對中西方文學思想都有著重要的影響，它在一定程度上促進了現代文學藝術的發展。但不可否認，這種影響，本身也有消極方面，正如弗洛伊德的學說一樣，既有合理性，又有片面性和局限性。我們應正確地分析弗洛伊德主義對文學的影響，對它做出客觀、合理的評價。

第三節　精神分析和心理史學

心理史學 (psychohistory) 是心理學和歷史學結合的邊緣學科。一般被定義為用心理學的理論和方法分析並解釋歷史人物和歷史事件。埃里克森則將其定義為："心理史學實質上是用精神分析學和歷史學相結合的方法來研究個體和群體的生活"(Erikson, 1974, p.13)。這種觀點代表了西方心理史學的主流派。

希臘歷史學家修昔底德 (Thucydides，ca. 460～400 B.C.) 認為，歷史解釋的最終關鍵在於人的本性。這個關鍵點也正是歷史學和心理學的結合點。歷史學家總是試圖對歷史作出心理學的解釋，而心理學可以在什麼程度上解釋歷史，則取決於心理學自身發展的水平和歷史學家對心理學的認識。當心理學為解釋歷史提供適用的理論和技術，並為史學界的一部分學者所認識時，心理學在歷史研究中的地位就發生了根本的變化。心理史學正是經歷了這樣一個發展過程而成為一門獨立學科的。

一、心理史學的由來和發展

雖然歷史學家重視心理學，但是正式把心理學的理論用於歷史研究是從弗洛伊德才開始的。弗洛伊德在 1910 年發表的《列奧納多・達芬奇對幼兒期的記憶》一書被視為心理史學的開山之作，弗洛伊德從此被視為心理史學的創始人，而精神分析理論也就成為心理史學的基本理論和方法。以後雖然其他心理學派，如認知學派、行為學派和社會學習學派等也都介入了心理史學，但在研究成果和影響方面都無法與精神分析學派相比，因此精神分析學派雖從未停止過遭人批判，但在心理史學中卻又始終占有支配的地位，這可能是由於精神分析學比任何其他心理學理論都更適合應用於歷史分析。可以說，精神分析學和歷史學是最為相通的，這表現在以下幾方面：

1. 精神分析學和歷史學都重視對個人的研究。精神分析理論深入個性心理分析的特點，它和歷史學家重視分析偉大人物的傑出作用及其動機和行為的傾向，可謂一拍即合。

2. 精神分析學在研究人格發展時重視追溯人的生活發展史，重視童年經歷，並且重視個體的社會化發展，這不僅與歷史文化的傳遞繼承性特點相一致，而且這種重視事物發展的認識方法從某種意義上講是"歷史"的科學。

3. 精神分析學的潛意識理論認為人類是高度一致性的統一體，潛意識理論可以解釋那些傳統上未能很好解釋的歷史現象，並幫助歷史學家發現新的史料以及現有史料中的新信息。

繼《列奧納多・達芬奇對幼兒期的記憶》一書之後，弗洛伊德與布列特 (William Christian Bullitt ,1891～1967) 合著的《托馬斯・威爾遜：美國第二十八屆總統的心理分析》一書，也是公認的心理史學的經典著作。在弗洛伊德的帶動下，20 世紀 20～30 年代關於重要歷史人物的心理研究風行西方。一時學者們用精神分析理論研究了凱撒、拿破侖和林肯等著名政治家和軍事家，以及托爾斯泰、莫里哀、哥德、達爾文和尼采等傑出文學家、藝術家、科學家和哲學家。但這些研究並未受到歷史學界的重視。一方面由於他們關心歷史不是為歷史本身的緣故，而是為普及和證實現行的精神分析理論；另一方面，歷史學家還沒有在自身的研究工作中感到有運用心理學的必要。心理史學只能說尚是一股風潮，並未正式誕生。

在 1945～1960 年間，弗洛伊德關於歷史的思想和研究開始引起史學界的強烈反響和爭論；70 年代心理史學崛起。這個變化是由於兩次世界大戰使人們認識到歷史的發展是曲折的,時刻都會出現反常、反理性的邪惡現象,這使歷史學家不再滿足對於諸如帝國主義這樣的社會現象用簡單的利益之爭去解釋,他們認為在歷史發展中除了社會經濟文化因素之外,還有更隱蔽的東西在起作用,有更深層的心理上的原因,特別是像希特勒等人的個性在起作用。歷史學家馬茲利什在《尼克松的研究》一書中說,

> 隨著1945年7月16日第一顆原子彈在新墨西哥阿拉摩戈多爆炸,美國總統辦公室就掌握了一個不僅對這個國家,而且對世界上其餘多數國家都十分重要的可怕信息:既然辦公室變得更重要,則坐在辦公室裏的人也就更重要,再推一步,個性變得更重要。……原子彈爆炸只是使這樣一個已經越來越明顯的事實——個性與政治和歷史緊密相關戲劇化了而已。(Mazlish, 1972, p.v)

因此,人們認識到,歷史研究不但要考慮"社會結構",還要考慮群體和個體的"心理結構";不但要注意個人和人類歷史中理性的一面,還要注意非理性和反理性的一面。雖然"歷史學家通常認識到了歷史上非理性和反理性的東西的存在","也力求能更好地理解非理性和無意識是如何影響個人和群體在歷史上的行為的"(金重遠,1983,323頁),但歷史學家用來解釋歷史的概念卻是"限於功利的、物質的或者智力的理性動機",所以就需要"擴大和提煉解釋人類行為的概念,把歷史上人們思想和行為的情感和無意識基礎概括進來"(Loewenberg, 1985, p.4)。一部分美國歷史學家率先轉向心理學理論和技術尋求幫助,而最可借助的當然是精神分析理論。

與此同時,精神分析學說的進步也為它在歷史學研究中的應用奠定了基礎。繼阿德勒與榮格之後,40年代西方出現的以霍妮、沙利文、弗洛姆和埃里克森為代表的新精神分析學派與弗洛伊德古典精神分析學派有很大的不同。弗洛伊德認為歷史是人造的;而新精神分析學派認為人是歷史造的,認為有必要更多地去注意社會和歷史對個性發展所產生的影響。精神分析學派的這種發展,在理論上鋪平了心理史學發展的道路,心理史學使用的正是這種新精神分析學說。

現代心理史學的誕生與兩個重大事件直接有關。其一是蘭格向歷史學界發出研究心理史學的號召;其二是被視為現代心理史學研究楷模的埃里克森的《青年路德》的問世。

美國歷史學會主席蘭格在《下一項任務》就職演說中，號召史學家們開始心理歷史的研究。他說："……'最新的歷史'將是向深度發展而不是向廣度發展。我要特別指出的是，我們迫切需要通過對現代心理學的理論和成果的探討來深刻地理解歷史"(Langer, 1957, p.88)。他高度評價弗洛伊德並認為只有弗洛伊德的精神分析才是心理史學需要的理論。蘭格不但正式提出發展心理史學的主張，而且也為精神分析心理史學成為主流派定下基調。蘭格講話後，心理史學研究大規模發展起來。在美國出現了心理史學研究組織，還創辦了《童年史季刊：心理歷史學雜誌》和《心理史學評論》等刊物。

埃里克森將他的發展理論應用於對著名歷史人物的研究，他的心理史學著作《青年路德——精神分析與歷史的研究》(1958)出版。在這部著作中，埃里克森通過"個人同一性危機與歷史性危機不可分割"的理論和對路德的分析，實現了精神分析和歷史的結合。埃里克森的著作加上蘭格的主張，宣告了心理史學的正式誕生。

二、心理史學的三個分支

心理史學的研究基本在三個方向上進行，也可以說形成了三個分支。

（一）個體心理傳記

引起歷史學家興趣的首先是心理學對個體的心理分析，在這方面他們從不懷疑心理分析的能力。因此對個別歷史人物的人格形成、心理變化和各種行為所作的心理上的描述和解釋，以至勾勒偉大人物的心理軌跡，就成為心理史學的一種主要形式。

弗洛伊德的《列奧納多·達芬奇對幼兒期的記憶》一書被譽為"心理歷史傳記的典範"。在這部著作中弗洛伊德認為，達芬奇由於有母無父，因而性格中的某些衝動更強烈。五歲以後到青春期之間是性壓抑的時期。這時某些具有特質的人，由於性欲動力的昇華而使特質本能益發增加，為後來的智力活動提供巨大的動力。達芬奇對自然現象的興趣和對繪畫的熾熱追求就是這種性欲衝動力昇華的結果。

弗洛伊德雖然被尊為心理歷史學的開創者，但他用早年經驗、伊諦普斯情結等作為理論基礎的研究以及追隨他的方法所進行的研究都未能得到歷史學界的認可。

埃里克森的心理社會同一性理論和對路德和甘地研究 (Erikson, 1969) 的成功，使這一領域的研究得到突破性的大發展。

在埃里克森理論的影響下，出現了一批較好的個體心理傳記式的研究，例如，弗蘭茨 (Pflanze, 1972) 對俾斯麥的心理分析、馬茲利什 (Mazlish, 1972) 對尼克松的分析、懷特 (Waite, 1977) 對希特勒的分析、布什曼 (Bushman, 1966) 對富蘭克林的分析、圖克 (Tucher, 1973) 對斯大林的分析和沃爾芬斯坦 (Wolfenstein, 1967) 對列寧的分析等。

(二) 群體心理

雖然"只有 20% 的心理史研究屬於社會和群體運動的"(Loewenberg, 1983)，但隨著歷史研究的對象由上層人物轉向普通人民群眾，心理史學在群體歷史研究方面日益深化，主要是用心理學方法研究群體現象產生、發展和變化的原因。

"集體個性"和推動社會活動中"集體力量的秘密"是歷史學家最關注的兩個問題。精神分析學家用"創傷"理論來解釋人類的集體個性問題。他們認為人們過去的經歷，尤其是創傷，留下痛苦的經驗，會影響著人們的思想和行為。因此，可以說群體的特殊經歷就是一個種族和民族特點形成的原因。在這個問題上最著名的研究是，蘭格對歐洲中世紀黑死病及繼之而來的瘟疫長期影響的研究，他分析了因此引起的"長期而普遍的"情緒緊張，強調這種非理性和潛意識的力量對歷史的長期作用。他寫道："任何危機，例如饑荒、瘟疫、自然災害或戰爭，都會留下它的痕跡"，而"危機造成的影響，其強烈的程度和時間的長短則取決於它的性質和程度" (Langer, 1957, p.94)。他說，正是這種共同的經歷和態度造成每個社會"獨特的心理結構"。他指出，公元前四、五世紀的傳染病的持續蔓延導致希臘人越來越缺乏創造性，普遍膽怯和殘酷的性格上的變化，而羅馬帝國此後也從未真正復興。

關於集體行為和反應的分析大多借助於潛意識，特別是榮格的"集體潛意識"的理論，研究群體幻想、群體防衛和群體需求。現時心理史學家熱中的課題是當前世界上一些特定的現象和問題，例如，暴力、專制主義、種族對立、反猶太主義、侵略和革命。所有這些研究都是通過尋找潛意識的根源來尋求解釋的。

在群體心理的研究中,〈納粹青年追隨者的心理歷史淵源〉(Loewenberg, 1983) 被認為是最成功的。作者分析了納粹之所以能夠在德國上台,是由於受到許多青年人的支持。這些追隨納粹的青年人,也就是"納粹青年人群",其童年是在第一次世界大戰的戰爭歲月中度過的。飢餓和因為父母必須出去打仗或做工,而得不到父母的照顧,使這些兒童產生焦慮、自卑、沉於幻想、缺乏安全感和耐挫折力,具有破壞性,並傾向於出現暴力行為。這些童年的創傷形成了納粹青年人的一種心理上的"情結"。當他們長大成人步入社會時,又遭到從 1929 年開始的經濟大蕭條的打擊,新的創傷使他們的心態"回歸"到童年時形成的"情結"。恰逢希特勒的出現,他們在希特勒身上找到了幻想已久的可敬畏如父親般庇護者的形象,在納粹組織中得到了安全感,在法西斯的行動中找到了濫施暴力的機會,他們因而成了希特勒上台的支持力量 (註 12-5)。

蒙納科 (Paul Monaco, 1942~) 通過大眾電影的研究,在《電影和社會:20 世紀 20 年代的法國和德國》(Monaco, 1976) 裏,探討了群體象徵的來源。他認為 20 年代法國大眾電影中出現了大量的孤兒片,而它們的共同主題是孤獨者於逆境中取得偉大成就,而"英雄神話的基本模式是:英雄出身高貴──被棄於河中或箱中──由地位卑微者收養──回到生身父母身旁"。作者用**群體心理** (group mind) 和**集體潛意識** (collective unconscious) 解釋,實際上是法國人的"集體夢",即反映出由於一次大戰後法國處於不利的國際形勢,法國人希望自己的國家能夠和過去的保護人,即美國和英國重歸於好,使法國的地位得到承認的願望。

比尼昂 (Rudolph Binion, 1927~) 從群體動力學的角度,在《德國人中的希特勒》(Binion, 1976) 裏,探討了希特勒和德國人民各自癒合自身創傷的需要,在歷史行為中,是如何結合起來的。

近年來心理歷史學在研究美國獨立戰爭、法國大革命和集權政治等方面也大量採用了集體心理的研究方法。

註 12-5:洛溫伯格 (Peter Loewenberg, 1933~) 對納粹青年追隨者的分析一文,最先在〈The American Historical Review〉(1971 年 11 月) 上發表,題為:The psychohistorical origins of the Nazi youth cohort。後收集在他的《Decoding the past: The psychohistorical approach》一書裏,這裏講到的內容見該書第 240～280 頁,特別是 262 頁及 279 頁。

（三）童年史和家庭史

心理史學家確信童年時代的經歷與家庭環境對人的個性形成有決定性的影響，所以他們一般十分重視母親的教養方式、家庭模式、童年和青年社會化的研究，因為他們認為這是研究個人或群體的人格和行為模式的基礎。但是通常被融合在傳記史或群體心理史研究中。從目前發展趨勢來看，傳記已不再受到重視，而童年史、家庭史和群體心理史則日益走到"歷史興趣的前沿"(Loewenberg, 1983, p.33)。

三、弗洛伊德對心理史學的貢獻

雖然弗洛伊德是心理史學的創始人，但事實上，他自己所作的歷史研究並不多，他對心理史學的貢獻主要在於他給歷史學家提供了兩方面的幫助：一是他的"歷史哲學"的理論；二是他的精神分析的方法。

弗洛伊德的"歷史哲學"，指的是他對歷史的基本問題，即對人類社會起源的解釋。如果說達爾文的理論給人們提供了人類作為一個生物學上的動物的起源和進化的解釋，那麼，弗洛伊德對作為文化的人類的起源和進化作出了解釋。

弗洛伊德在《圖騰與禁忌》(Freud, 1913) 中第一次提出了關於人類怎樣從生理人變成文化人的假說，即他的歷史哲學。弗洛伊德提出，人類最初生存於一種他稱之為"原始人群"的條件下，唯一的一個暴虐的父親統治著群體，他擁有許多女人。兒子們一旦長大，達到性成熟便遭到絕對的隔離。最後這些被趕走的兒子們在受挫的性慾支配下，為爭奪他們的母親和姐妹，便聯合起來將原始的父親趕走，殺死並吞食了他。但是當這一切事情結束之後，他們正如一些突然由其父輩的死亡而滿足了自己願望的現代人一樣——事後才體驗到順從願望和一種罪疚感。這起因於他們與原始父親之間的矛盾關係。他們對他既恨又愛，懷有一種妒忌的欽佩，在潛意識中渴望能像他一樣。當他們對原始父親的負面的、施虐的情感因殺父而得到滿足以後，所餘留下的就是那些正面的、愛的情感了。這些占上風的愛的情感使兒子們重新設置了一個動物圖騰作為原始父親的象徵，為自己的殺父行為而懺悔。而原始父親不允許兒子們接近母親和姐妹們的禁令也按老規矩被遵守著，不過化成了社會的禁忌,因而出現了一個社會組織形式,由部落兄弟結成同盟,遵從於一種被認定為禁忌的動物和外婚制度。

弗洛伊德在《群體心理與自我分析》(1921)、《文明及其不滿》(1930)、《摩西與一神教》(1939) 等著作中都談到他的這一歷史哲學。儘管人們對它的歷史真實性提出了很多疑義,但它提出了圖騰和禁忌是人類第一次對本能的社會性的約束,是第一個道德,是人類全部文明即超我的開始的假設,所以,不管它是否真的發生過,它至少是一個"心理真實",一個人類社會從動物世界分離出來的"科學的神話"。

弗洛伊德對人類社會的起源的研究,不但繼承了達爾文進化論的思想和研究方法,而且他的研究正是從達爾文研究終止的地方起步的,這就使人類的兩個"起源"緊緊銜接,這兩個起源結合起來,使我們得以從比傳統史學更為遙遠的源頭和更為深刻的層面上來理解人類的思想和行為、理解歷史現象。弗洛伊德認為他的這一歷史哲學不僅僅是對"史前史"的解釋,也是用來解釋人類歷史的一切現象的觀點和方法。

弗洛伊德將他對個體心理發展的觀點推及至人類群體。他認為,和個體一樣,整個人類都有著伊諦普斯危機。文明一開始就給人類帶來巨大的本能壓抑,這種人類早期所受的必要的社會限制 (文明的代價),使人類遭受到創傷,正如嬰兒期對個人一生的重要性一樣,在漫長的人類歷史進程中,放眼所及,到處都是所謂人類受到了原始精神創傷的證明,一種普遍的精神病狀態。因此,弗洛伊德認為,只有這種遠古的歷史才有意義。歷史事件,作為不可避免的潛意識刺激的結果,是這種精神病的症狀,歷史也是不幸、負擔和惡夢的,是人逃離動物狀態和大自然所付出的代價。

達爾文關於人類生物學上的進化思想,起步於未得到解釋的變種,並提供了自然選擇的理論作為進化賴以發生的機制。弗洛伊德關於人類文化的進化思想則起步於人類未得到解釋的"既定"的心理——人的矛盾的情緒,並提出了心理衝突的理論作為歷史賴以發展的機制。弗洛伊德提出了解釋人類文化進化的假說,即壓抑他們的本能的心理的必然性,在勞動中"昇華"他們自己,並由此創造了文明。

不管弗洛伊德的歷史學有什麼理論上和資料上的不足或具體的錯誤,它所表現出來的對人類過去的解釋的形式確實是"歷史"的。

弗洛伊德的精神分析方法是心理史學家進行心理歷史研究的基本方法。

精神分析派心理史學家都沿用了弗洛伊德倡導的精神分析法，在歷史研究中重視調查歷史上兒童期生活的狀況，遺存的日記、書信、自傳、兒童期的病案及教育記載。成人的生活方式、適應性、創造性、情緒昇華、氣質、筆誤、神經官能症、精神變態以及社會的各種創造、想像、價值觀念以及各種其他表現形式，其中特別重要的是價值觀、對家庭兒童和對死亡的態度、幻想、符號、神話、童話、傳奇、戲劇和故事。蘭格的講話曾公開號召歷史學家，用一種更有見識更自覺的方法去看待通常被人們忽視或簡單地否定掉的材料，同時還要尋找那些過去被人們認為不重要或沒有意義，而忽略的材料。精神分析法的中心是發現這些材料的"意義"，而關鍵在於"解釋"，也就是要發現隱藏在深層的，即在他們自己說出的材料下面的那些東西，和正在做的事情的過程。在理解歷史人物時，他們尤其強調不僅要在他的話的公開的、明瞭的內容的意義上理解，而且要理解它的更深刻、更潛在的心理分析水平上的意義。

四、埃里克森對心理史學的貢獻

埃里克森提出心理社會同一性理論。他的理論集中於**自我** (ego) 和它的**漸成說** (epigenesis)，在繼承弗洛伊德學派的深層心理學，堅持潛意識、驅力、早年經驗等概念以外，又加進了文化因素。他強調文化對人的行為的影響和制約，從社會文化背景探索時代風尚和社會心理，再從社會的一般風尚去看個人的行為。他指出，社會心理是有嚴格的時間與特定的文化背景的規定性的，他將個人的發展納入社會文化的軌道。在《兒童期與社會》(1950)一書中提出個體自我同一性發展的階段說，他強調，在個體的個人生活中所體驗到的同一性危機是與歷史性危機不可分割的，因為當積極的同一性確定時，社會就得到了更新。他特別重視青春期的**同一性**和**同一性危機** (或**統合危機**) (identity crisis)，因為他認為，歷史性危機主要產生於個人在沒有最後確定同一性的時候。並在這一基礎上提出**偉人理論** (great-man theory)：認為偉人的產生就在於他個人的同一性危機是與他那個時期的歷史性危機結合起來了。領袖之所以成為領袖，一方面是因為領袖與追隨者有同樣的經歷(主要是早期經歷，尤其是教養方式) 而具有相似性，"領袖在他的個人鬥爭中，聚集了他那一代人的問題"，所以才能一呼百應。另外，偉人可以像精神病醫生分析、治療病人那樣，知道那一代人在想什麼，並通過解決自己的精神上的問題，為其他人找到表達和滿足他們的心理需求的方法和途徑。

在《青年路德：精神分析與歷史的研究》(1958)中，埃里克森認為，馬丁·路德在 16 世紀宗教信仰危機的氣氛中也出現過信仰危機，他在修道院中度過一段孤寂和隨意思索的時間，使他心理成長趕上了生理發展達到"自我同一性"。路德創造了新的意識形態，從而給迫切渴望發現自身價值的人們找到了新的信仰，解決了他們的自我同一性的危機。埃里克森認為，這是宗教改革能夠完成的最基本的原因。

在《甘地的真理：非軍事暴力主義的起源》(1969)中，埃里克森試圖把甘地的童年和青春期的成長過程同社會文化背景的分析結合起來，勾勒出甘地思想和信仰的產生和發展。他強調甘地的非暴力主義是印度文化和西方文化混合的產物。他認為西方文化的影響使甘地改變了印度民族性格中偏狹的弱點，主張寬容，反對種族和宗教歧視，但是這種寬容不是無原則的，而是既反對偏狹報復，又反對不問是非曲直，容忍罪惡。甘地思想的真諦是對道德上正義的必勝信念。政治的力量來自道德的力量，民族的力量取決於民族覺醒的程度。甘地的戰鬥的非暴力主義就是喚起民族覺醒的號召。埃里克森認為這是甘地主義成功的秘訣。

埃里克森對路德和甘地的研究，最突出的特點就是超越了個別人物。他強調社會文化對個體發展的影響，將個體自我和社會文化聯繫起來，在個體心理和群體心理之間找到了一條通道，將歷史人物的心理植根於歷史社會環境之中。他指出，路德的同一性危機也是 20 世紀德意志的同一性危機的典型。甘地的同一性危機也是 20 世紀印度同一性危機的典型。當一個偉大人物解決自己問題的同時，也替同時代的許多其他人解決了問題。

在《青年路德》和《甘地的真理》等十幾部著作中，埃里克森還是植根於弗洛伊德的精神分析學和完全強調人作為一種性的、力比多的動物，但它已從集中注意於衝動轉向更多地強調自我和超我的機能了。並且他的研究已經在歷史學的合法範圍之內，使用的也是史學家慣常使用的文獻材料。他不但提出了理論，而且以自己的研究實踐為現代心理史學研究立下了楷模。

儘管人們公認埃里克森取得了心理史學研究的空前成功，但實際上，個體心理學和群體心理學還是沒有令人滿意地結合起來。個人因素和群眾背景之間的聯繫，或者，個人動機和群眾行為之間的關係，尚未真正弄明白。

心理史學界還有一部分有作為的學者，提出了新的理論，進行了很有新意的研究，其中以利夫頓 (Robert Jay Lifton, 1926～　) 和克胡特 (Heinz Kohut, 1931～1981) 最為突出。

埃里克森的門徒利夫頓的心理史學理論被稱為**組構理論** (formative theory)，可能由於二戰的經歷，他把死的問題放在自己心理史學首位。他認為人的發展是在生存想像和死亡想像的辯證運動中實現的，作為對死亡刺激的反應，人類對生命和自身發展的要求不斷重鑄和更新。

利夫頓在他的《死裏逃生：廣島倖存者》(Lifton, 1968) 中，研究了廣島原子彈事件的深刻心理影響，指出整整一代的日本人受到這場災難的沈重打擊。他還進行了許多與東方有關的研究。

克胡特的理論是**自我心理學** (self-psychology) (1971)。他的自我與埃里克森的自我不同，更接近於超我是"各種社會力的產物"，是"個體所具有的關於他自己的作為一個生理的、社會的、道德的和存在著的人的概念"。"自我的發展動因是自我提高或自我尊重和自我效能提高"。克胡特把它們歸結為**自戀欲** (narcissistic libido)。儘管傑出人物心理特徵千差萬別，但是自戀欲是他們的一個重要特徵。他認為丘吉爾就有一種難以自制的自戀欲，希特勒達到了極點，表現為一種統治世界的虐待狂的狂想。

克胡特還提出了**群體自我** (group self) 的概念，用來確定群體凝聚或鬆散的心理基礎。認為群體統一和維持的重要基礎是他們共有一種宗教的、文化的和政治的理想，共有一種雄偉的自我。

五、對心理史學的批評

歷史學界對心理史學有以下的批評：

1. 精神分析獨霸史壇，引起懷疑　對精神分析理論，有的學者批評它是"普遍性的，無論何時何地都適用"，所以是"超歷史"的 (Stone, 1987)；有的人批評它對人的分析從童年到成年之間缺少發展或變化的過程，所以是"非歷史"的 (Lowenberg, 1983)。

2. 心理因素決定論和群體研究的失敗　精神分析雖然做了一些較成功的研究，但他們的"精神分析的解釋的基本方式取決於對一個中心或核心的發覺，一個人的一切行爲都出自這個中心或核心"(蘇曉離等譯，1987，72頁)。無論強調"自我"、"想像"或"自戀欲"，都沒有擺脫心理因素決定論。人們批評他們只注意個人而沒有解決決定個人行動和心理態勢的社會因素，所以還不是歷史。心理狀態和歷史之間缺少聯繫。

在群體心理的研究上雖然作出很大的努力，但是總的說來是不成功的。

3. 模式化的影響 人們批評心理史學研究有不顧具體情況套用模式的傾向。例如青春期的認同危機理論或自戀理論等都是一種直線因果關係的分析方法。

4. 缺少材料 許多研究只憑想像，幾乎成了文學作品，或寫成歷史人物的神經症狀的病案記錄。

儘管心理史學還很不成熟，並且還有很多甚至很基本的問題尚待明確，但它畢竟開闢了一個新的領域，正如利夫頓所說，心理學與歷史學的共生，為歷史研究增添了新的光輪。

第四節　弗洛伊德精神分析心理學評論

本章前面幾節以重點舉例的方式表明了弗洛伊德及其理論受到了學術思想界各方面的高度重視，並在各自學科範圍內產生了巨大的反響。恰呈鮮明對比的卻是：在現代心理學的發展歷程上，弗洛伊德與他的精神分析心理學曾長期處於受冷落與鄙視的狀況，被認為屬於現代心理學的旁門左道。著名心理學史家波林在他的《實驗心理學史》(高覺敷譯，1981) 裏說過，心理學家們長期不承認弗洛伊德"是一個心理學家"。這從另一名心理學史家墨菲的《近代心理學歷史導引》(Murphy, 1949) 裏可以得到類似的、更為生動的印象。墨菲在該書結尾部分裏，比喻個性研究和精神分析學在重視嚴格科學與數量化的美國心理學內就像"一位從鄉下來的親戚，其口音聽來使人感到彆扭不安"(Murphy, 1949, 440 頁)。

弗洛伊德及其精神分析心理學為什麼如此受到心理學界的鄙薄？究竟應該怎樣評價弗洛伊德及其心理學？從現代心理學形成發展的眼光總結弗洛伊德精神分析心理學的歷史命運與歷史經驗，對於促進今日我國心理科學事業的繁榮昌盛，也許不無意義。

一、弗洛伊德心理學為什麼遭到反對和冷遇

作為一種新的學說主張，弗洛伊德理論一提出就受到來自各方面的批評與反對，這是可以理解的。因為弗洛伊德學說其中有一個核心問題——性的問題，涉及人們的隱私，是宗教與道德習俗所竭力迴避、諱莫如深的。甚至包括當時醫學界，如墨菲在其書上所寫，人類性機能的許多方面，不論是正常的還是病理的，長期以來屬於處在科學聲望上無人地帶的範疇。"在弗洛伊德以前，對這類研究的許多分枝有強烈的醫學禁忌"(林方、王景和譯，1980，650頁)。弗洛伊德不但談論性，而且談得離奇、乖謬，自然更為一般世俗所不能接受。有文章說弗洛伊德的《性欲理論三講》一書"為人詬病最多，好像突然間成了萬國公敵一樣，主要的原因是因為書中講述成人的性變態，與嬰兒期性滿足與否有很大的關連"(劉耀中，1985，85頁)。心理學家如麥獨孤在其《精神分析與社會心理學》一書裏特別提到，體現了弗洛伊德泛性論的伊諦普斯情結說，破壞了雙親與子女的家庭倫理關係："一方面，做父母的不再敢表示對子女的愛，怕引起子女的伊諦普斯情結；另一方面，做子女的為表示其已經成熟，也竭立避免對雙親的尊敬、愛心與同情"(McDougall, 1937, pp.195～196)。

但是，如果說弗洛伊德的精神分析因此而受到冷落、批評，主要還只是出於一種世俗上的原因，那麼，他的心理學受到心理學界的冷遇與反對，應該說多半是出於一種學科上的原因。

（一） 與學院心理學的格格不入

從思想起源上，現代心理學可說是淵源於西方的認識哲學，而非有關人性的政治哲學。這種認識哲學對於人的感覺、觀念、記憶、聯想、意識等心理過程比較看重，而對於人的個性、人格、動機等心理問題極為忽視。也就是說，重視人對外物的感覺過程與觀念形成，而不注重對人自身內在動力過

程的探究。在這種理智背景下，自近代笛卡兒以來，受到機械學、物理學的科學思想的影響，心理學以自然科學為榜樣，運用實驗觀察的方法，推崇數量化的定量分析的實證研究。處於這樣一個時代的科學潮流，使馮德得以在德國萊比錫大學建立起第一個心理實驗室，標誌著現代心理學的誕生。馮德的實驗心理學開創了學院心理學的基本模式，在以後歐美各大學院對心理學的推廣發展，儘管各有所不同，如重點研究感覺、思維，或重點研究行為，由使用實驗內省的方法轉向使用客觀觀察的方法，但它們在研究取向與思路上，重視實驗觀察、實驗分析、數量處理與實驗證實，基本精神則是一致的。

弗洛伊德精神分析心理學的情況卻很不同。它產生於作為一名精神病大夫的弗洛伊德的診所。這種心理學的實用性應用性很強，同時，它的心理學的資料基礎，不是根據實驗所得，而是通過神經症患者的個案談話分析，包括病人的自述創傷經歷、自由聯想、夢境回憶。弗洛伊德心理學就是依據臨床治療所得的這種觀察資料。而醫生對病人的觀察既然是通過治療，也為了治療，其中就包括了對病人動機的關心和對病人症候的意義的解釋，使觀察並不是一個純粹的觀察的過程，而同時是一個解釋病症的過程。使用這種方法並在此基礎上建立起來的心理學顯然不是一門合乎 20 世紀主流的觀察科學、自然科學、實證科學，而是一門介乎藝術和科學之間的解釋科學。這使得傳統專業訓練有素的心理學家們不能不首先對弗洛伊德這種心理學的科學性提出種種質疑和詰難 (高覺敷主編，1995)。而弗洛伊德卻對實驗不感興趣，因為在他看來，"精神分析觀點所依賴的可靠觀察資料獨立於實驗的證實"(高覺敷主編，1995，46 頁)。黎黑說："精神分析始終與學院心理學格格不入，它欲通過臨床而不是實驗室找到其歸宿"(劉恩久等譯，1990，第 234 頁)。

(二) 玄奧的特色妨礙了被接納

現代心理學自馮德創立之日起，掙脫了以往哲學心理學時期對靈魂與心靈的玄學思辨，越來越傾向擺脫安樂椅的哲學空談而專注於研究可感覺、可觸摸的心理事實及行為表現。學院心理學家所遵奉的科學信條是，在一致認識的範式下，證實或證偽依據所觀察的資料而得出心理學的科學結論。他們重視具體實驗操作，鄙棄抽象的理論空談，正如墨菲所說："學院心理學對於幾乎一切新的被認為有哲學主張嫌疑的思想'流派'都表現出很大的保留態度"(林方、王景和譯，1980，416 頁)。

可是，弗洛伊德在現代心理學中卻獨樹一幟，通過對精神病患者的診斷與治療，企圖使用精神分析的方法，探究深埋於人內心的潛意識世界。他從病人神經症狀表現中，從對患者夢境的分析中，或從人們不經意的過失行為中，形成發展了一整套看來十分玄虛的概念，並以之構建起他的潛意識心理學。此外，弗洛伊德同意關於現代人的心理是心理長期發展的繼續的看法，"以文化分析及思辨的歷史研究來補充他的臨床病例分析"(Leahey, 1980, p.239)。弗洛伊德用他的精神分析的概念、思想，說明人文學科所探討的各種問題，如有關宗教、道德、人類信仰、藝術創作的起源、性質等問題。這在學院心理學家心目中幾乎是不可思議的，他們"把弗洛伊德的理論當作神話而撇在一邊"(劉恩久等譯，1990，317頁)。總之，弗洛伊德精神分析心理學的玄學思辨、晦澀難懂與神秘色彩越濃，學院心理學家或正統心理學家覺得其心理學離開純科學、自然科學越遠，就越無法接納它，對它予以肯定。

(三) 對變態病人研究的不滿

現代心理學的創始人馮德把他的意識經驗的簡單過程（也即心理內容）的研究歸屬為他的個體心理學體系。此一個體指的是正常成人，不包括嬰幼兒與變態病人。作為心理學主幹的普通心理學，即是指關於正常成人心理內容一般規律的研究。在馮德看來，對心理學研究主體——個體——作這樣的嚴格規定才適合於他所使用的研究方法：古典內省，即在實驗室控制條件下的主觀觀察與自我陳述。它不能使用於嬰幼兒，因為他們還不會說話；也不適用於變態病人，因為他們的意識經驗異乎尋常，不能代表一般常人的感覺經驗。學院心理學後來因為客觀觀察方法的使用和研究領域的擴大，也從事對嬰幼兒與變態病人的研究，但除了滿足實際需要而進行這些方面的應用研究之外，就普通心理學而言，它們只是一種補充，便於參照。至於心理學的重點還是應該集中在對正常成人心理內容（意識經驗）的研究上。

弗洛伊德精神分析心理學的研究主體很自然地集中在心理變態的病人身上。但他並不是把對病人的研究作為對正常人研究的一種補充或參照，恰恰相反，他正是從對病人分析研究所得的潛意識概念、原則與結論用來說明一般人的意識經驗。用弗洛伊德的話來說，就是："我們在心理學內的科學研究就是要將潛意識歷程譯成意識歷程，從而填補了意識知覺的空白……"(高覺敷譯，1984，第 vii 頁)。弗洛伊德誇大了潛意識心理的地位與作用，反對當時大家所接受的看法：心理學是研究意識內容的科學。他自己也承認他的這種反對"會被認爲是胡鬧"（高覺敷譯，1984，8頁）。

弗洛伊德將對病人的研究推論以至代替對正常人的研究，在20世紀50年代的人本主義心理學家看來，問題顯得更爲突出，他們以完美人性的觀點強調心理學應研究正常、健康、傑出的人，嚴厲抨擊弗洛伊德精神分析心理學家"對畸形的、發育不全的、不成熟的以及不健康的人進行研究，就只能產生畸形的心理學"（車文博，1996，550頁）。人本主義心理學創始人馬斯洛這番話說的有些刻薄，倒也是情有可原的。

巴辛和羅熱諾夫在他們合寫的一篇"序言"裏，對弗洛伊德及其弟子們的工作進行了綜合性的評論。他們說：

> 心理分析家們爲了研究潛意識這個觀念確曾作了巨大的努力。心理分析在細節上提供了不少有價值的東西，但在總體上它所走的並不是一條正確的、嚴格地合乎科學的道路。其結果，在選定極重要的研究對象後，卻不能制定與這一對象完全相符的理論模式，不能對這一對象作出科學的概括。正是這種情況決定了心理分析運動的全部挫折，它的全部"惡運"……。（金初高譯，1987，218頁）

二、精神分析心理學歷史命運的轉變

然而，弗洛伊德精神分析心理學的命運是既暗淡而又輝煌的。波林總結弗洛伊德一生的辛勤工作稱：

> 他的工作從最初默默無聞，中經爲人詬誶，聲名狼藉，後復由於追隨者不斷增多，他的批評者又勉強接受了他的某些特殊論點，才逐漸地、一點一滴地重新得到了支持。他的觀念日益擴展，直至他的有關人類動機的全部思想普及於心理學家們和普通人之間，……他已使潛意識心靈這個概念變成了常識。
>
> 誰想在今後三個世紀內寫出一部心理學通史，而不提弗洛伊德的姓名，那就不可能自詡是一部心理學通史了。（高覺敷譯，1981，814頁）

弗洛伊德精神分析心理學歷史命運的轉變就大的方面來說，得益於整個時代的進步，人們觀念的更新。比如對於性觀念的轉向開放與科學討論，改變了精神分析學說初期人們由於厭惡它談論性而對它所持的冷漠以至不齒、不容的態度。而就具體方面講，還可從學科原因方面來作些分析，使這個轉變得到進一步的説明。

（一） 潛意識研究得到了承認

弗洛伊德精神分析心理學也稱潛意識心理學，是以潛意識歷程或潛意識心靈為其心理學的對象或主題的。波林稱弗洛伊德為當今最偉大的創始者，"以潛意識歷程的原則完成了向心理學的進軍"（高覺敷譯，1981，860 頁）。但是潛意識並非始於弗洛伊德。在西方心理學發展的早期，17 世紀德國哲學家萊布尼茨最早提出了**微覺** (petites perceptions)，以為人有意識不到的知覺。到了 18 世紀，英國的聯想心理學家哈德萊在他的《對人的觀察》(Hartley, 1749) 中提出**次起的自動化活動** (secondarily automatic motion) 的概念，以為本來意識到的活動，由於屢屢重複，最後變成了無意識的自動的活動，如説話時的發音，初學時須注意口形及吐氣，經多次重複，無須注意這些，就能自動發音了。他把聯想主義的原則從觀念與觀念的聯合擴展到了動作與動作的聯合，並指出，由於多次重複而使動作變成了熟巧，同時意識也隨之轉化為無意識 (註 12-6) 這樣一種規律性。這種意識轉化的説法，到 19 世紀初期德國心理學家赫爾巴特的手裏，就是他意識閾概念所體現的觀念相合與相斥説。那處在閾下遭排斥的觀念，赫爾巴特以為雖不被意識到，卻並不消失。弗洛伊德不同於赫爾巴特，他對潛意識觀念不作純理智的理

註 12-6：“無意識”在這裏哈德萊是指並非有意的，即無意的，自動化了之謂，英文為 involuntary 一字。通常，“無意識”一詞英文為“unconscious”，指意識不到、覺察不到的一種心理，相對於 conscious 所指意識到、覺察到的另一種意識心理而言的。現代心理學歷來以意識心理為研究對象，而不理會意識不到的無意識心理。但對知覺不到、意識不到、不在意的無意識心理的研究，在弗洛伊德的影響下，如今也日益引起學者們的重視；並且追溯歷史，注意到了像哈德萊曾經用聯想規律來説明人的活動中的“有意”與“無意”的轉化問題。不過，弗洛伊德對無意識的研究，正如本書最初幾章所述，另有一套不同的方法和説法。unconscious 在弗洛伊德體系裏是一個中心概念，特指受到意識壓抑而處於不斷抵抗的一種衝動欲望，它潛存於人心，構成人心的底基部分，驅動著個體的行為發展。它所指已遠遠超出通常含義的意識不到、覺察不到，故對 unconscious 一詞以譯作“潛意識”為更切確。本書在論述弗洛伊德、榮格等體系時，一概將 unconscious 術語譯為潛意識，但對已出版的其他著作，有在涉及弗洛伊德主張時潛意識與無意識不加區分者，甚至把一般含義的“無意識”與弗洛伊德體系的“無意識”（即“潛意識”）在行文時混用或通用者，因與引文有關，不便由本書作者予以更正或一一指出，乃作以上這樣一個説明，供讀者自行辨別時參考。

解，而把它與情感衝動和本能欲望相結合，構成了他自己所獨有的潛意識心靈的基礎。在弗洛伊德以前，無意識的東西在邏輯方面只是被解釋爲一肯定概念的反面：無意識就是一種沒有意識的東西。而弗洛伊德則證明了無意識的東西作爲一個具有本身特徵的、可給以某種定義的肯定概念的存在。無意識的實在性的證明是夢、口誤、俏皮話、以及所有可用臨床"症狀"來代表的那些現象（金初高譯，1987）。巴辛指出："作爲行爲的要素的無意識心理活動的觀念是一種現實的和重要的觀念，是不可能被取消的"（金初高譯，1987，248 頁）。我們在《右腦與創造》(Blakeslee, 1980) 一書裏，也看到作者布萊克斯利 (Thomas R. Blakeslee, 1937~) 以專章介紹了"無意識心理"，分節討論了"直覺"、夢與右腦等問題（傅世俠、夏佩玉譯，1992）。表明無意識心理目下已受到科學界越來越多人的注意研究。儘管弗洛伊德對潛意識的看法有其片面性，但從歷史到現狀，把潛意識作爲心理學研究的一個重要的、現實方面無疑是有意義的，不容忽視的。這樣，也就使弗洛伊德在爲自身科學地位而鬥爭中得以站住了腳，並表明是有著科學研究上的遠見卓識的。

(二) 動機研究受到了重視

弗洛伊德精神分析心理學開創了**動力心理學** (dynamic psychology)，波林說，"動力心理學的主要來源當然是弗洛伊德"。動力心理學就是動機心理學，它是傳統心理學所忽視的一個領域。因爲歷來的心理學著重在個體與外物接觸時，外界怎樣刺激和影響個體，而個體又對其做出什麼反應。這種個體心理學把人看作機械的、被動的人，所以對於人的心理和行爲的主動性和積極性問題很少考慮。此外，傳統的個體心理學歷來著重分析性的研究，不著重綜合性的、整體性的研究；而動機問題恰恰涉及人的心理和行爲的整體方面，它構成人的個性非常核心的部分，它總是影響到人的全部心理與行爲的，這也是爲什麼動機問題不如各種心理過程問題那樣爲崇尚定量的實驗分析的心理學家研究得那麼多的緣故（沈德燦，侯玉波編著，1996）。"與學院心理學家不同，弗洛伊德是第一位關注人類動機的心理學家"（劉恩久等譯，1992，296 頁）。弗洛伊德對人的動機問題的研究聯繫人的情緒本能與欲望，並結合人的個性、性格整體方面加以闡述，儘管理論上尚存在有困難，但無疑是對正統心理學起到了彌補不足的作用。波林在回顧心理學九十年歷史時稱：

> 大量的感覺和知覺的研究，在不斷地有效地增加時，得到了學習領域由同樣多的研究的補充；現在我們看到心理學第三個領域即動機的研究正在展開。由於這種進展，關於心理學不能研究人性的抱怨也煙消雲散了……臨床心理學是有關動機的應用心理學，而人事心理學也一半或多半有賴於人的動機的評價……心理學不是可用以互相批評的一門庸俗的狹窄的學科，它是這個世界所可利用並正在利用的某種學問，它還可以要求作出更多的貢獻。(高覺敷譯，1981，859 頁)

(三) 美國之行出現了轉機

美國曾經對馮德所建立的新心理學表現出極大的興趣，不少學者湧向萊比錫拜馮德為師，學習他的實驗技術。其中，霍爾就曾是馮德的第一個美國學生。但美國是個崇尚實際功利的新興國家，美國心理學家在詹姆斯的倡導下，信奉實用主義哲學和達爾文適者生存的進化論，自覺形成了一條推行機能主義為總傾向的心理學路線。美國心理學在這條路線指導下，認為心理學研究的重點應是意識經驗在個體適應環境中所起的作用，也就是心理的機能意義。美國心理學因而主張在心理學中採取多種研究方法，探討多種領域，而不侷限於只研究正常成人心理的一般規律，還應包括兒童、病態人以至動物，使心理規律可按照動物演化與人類發生、變異的軌跡去尋求、去發現。特別是對兒童及病態人的心理研究，因為有助於改進人們的心理發展與心理適應，有著教育培養與臨床醫療的實用價值，而受到相當的重視。正是在這樣的學科思想背景下，作為美國心理學興起初期有過很大推動作用的霍爾，以克拉克大學校長兼心理學教授的身分於 1909 年邀請弗洛伊德到克拉克大學去講演精神分析，並請美國心理學同行去聽講、引介給弗洛伊德。霍爾對於引起精神分析在美國的流行有密切關係，因為他不但最早介紹精神分析學說，並且大力支持它 (唐鉞，1994)。美國心理學史家舒爾茨在他的《現代心理學史》1981 年新版中指出：

弗洛伊德在訪問克拉克大學以後，他的體系的衝擊力立即爲人所感受到了。巴亢說過，在 1910 年後，美國報刊載滿了弗洛伊德的論文；1920 年後，美國出版了兩百部以上的書籍，論述弗洛伊德的精神分析。(Schultz, 1981, p.339)

可見，1909 年美國之行對弗洛伊德精神分析心理學爾後的發展意義重大，它使弗洛伊德找到了推行自己學說的新天地，從此不再隅於歐洲一角，而開始風靡全球，享有了國際聲譽。

（四） 美國化與社會化帶來了生機

美國這個新世界不僅使精神分析心理學找到了發展的轉機，而且也使它通過美國化與社會化得以萌發新的生機，長青不衰。美國化是指二次世界大戰前及初期原居德國及歐洲的精神分析學家如弗羅姆等，由於時局的原因，紛紛遷往美國。他們在這塊新天地接觸到不同於以往在歐洲有著不同社會文化思想境況的心理疾病患者，從病因分析上，從治療經驗上，已經不能按照弗洛伊德正統的、經典的精神分析的見解與做法。他們在沿用弗洛伊德精神分析基本概念的同時，擴大了對心理衝突起因的理解，由強調性本能的生物因素轉向社會的文化的因素；同時在治療的經驗上更加注意到醫患關係的協調合作方面。這就是弗洛伊德新精神分析學派亦即社會文化學派在美國的興起。新精神分析學派使得對病人的醫治療效有了改進，也使弗洛伊德古典的精神分析的生物化的極端傾向有所克服，從而在一定程度上完善了弗洛伊德精神分析的學理。在這方面，特別應說到哈特曼關於自我心理學與適應問題的提出。這是對弗洛伊德後期思想中有關自我的調整、適應和改造環境的作用有意加以強調，揭示了自我的適應性，提出了沒有衝突的自我領域，使精神分析起了實質性的變化，而與普通心理學結合了起來，也使精神分析與兒童心理學聯合、聯繫了起來 (劉翔平，1992)。弗洛姆、哈特曼等由於注重了社會因素對人格和自我形成的作用，從學派內部在一定程度上，糾正了弗洛伊德過於重視本能的錯誤，同時也彌合了變態心理學與普通心理學以及與兒童心理學的縫隙，而使精神分析心理學受到了各種專業心理學家們日益廣泛的重視和歡迎。

三、從現代心理學形成發展的眼光來看弗洛伊德心理學

不同的人對弗洛伊德及其學說主張的反應是不一樣的。一般百姓或大學生主要是從自己的經歷、遇到的問題與現有的認識來接觸或接受弗洛伊德及其主張的。比如對面臨的心理困惑、經常做夢，想了解自己的夢，加深對自身的認識，而注意到弗洛伊德的《夢的釋義》一書。一般工作人員是從自己的業務出發，想學一點精神分析的技術方法，以便加以運用，他們使用精神分析的技術並不需要信奉理論原理。哲學家最看重弗洛伊德所闡述的理論，而又往往責其體系不夠完整，論點存有爭議。心理學家是各色各樣的，他們根據各自的學科訓練、研究旨趣及所從事心理學的領域，而對弗洛伊德做出並不一致的反應與評價。比如認為弗洛伊德的理論獨樹一幟，已經度過世代的考驗而牢固確立 (孟昭蘭，1997)，它對其後的人類心理發展研究起著劃時代的作用，有著深遠的影響 (Emde, 1992)；但是也有認為弗洛伊德的觀點"往好裏說也是狹隘的，而往壞裏說則完全是錯誤的" (劉恩久等譯，1990，497 頁)。心理學史家則傾向於從心理學的學科發展的角度來考慮弗洛伊德的心理學，而這又可從弗洛伊德精神分析作為現代心理學的一個學派來作具體闡述，也可從心理學發展演變的走向上來評價弗洛伊德心理學，以及從精神分析運動的歷史經驗來予以分析總結。

（一） 從作為心理學的一個學派來看

精神分析雖非出自大學院校，卻是現代心理學的一個獨立的、主要的、十分典型的學派。其成為學派的顯著的標誌是：有自己的綱領、主張，從事的領域和反對的目標；在組織上有首領、有追隨者，結合一體，形成一種學術勢力，乃至興起一種運動。在弗洛伊德的率領下，這個學派以潛意識為對象，探究心理的動力學，反對馮德把心理等同於意識，並且忽視對人的深層內心世界的研究。這個學派組織上的不斷分裂，以及學派理論的不斷修改，是它的兩個明顯特徵。經過半個多世紀的奮鬥，由弗洛伊德為始祖的精神分析學派所提出的一些主要概念已被逐漸吸收，成為公認的見解，其影響之深且廣，非心理學其他學派所可相比。這個學派原先的對立面已不存在。這個學派所掀起的心理治療的獨立的運動迄今仍活躍於各種精神分析聯合會以及

精神分析雜誌中（劉恩久等譯，1990）。但按舒爾茨在《現代心理學史》(1982) 第三版最後一章表示的見解，精神分析當初作為一種新興學派掀起的那種運動，應該說已經過去了；而今天精神分析學派自身卻又成為 50 年代在美國崛起的現代心理學另一新的學派（人本主義學派）所掀起的學派運動的攻擊的目標了。

(二) 從心理學演變發展的走向來看

現代心理學從馮德建立起一直以人的意識、認知為自己的研究對象，重視對人的心靈作分析性的實驗研究，而對涉及人的心理動力（如動機、欲望）與人的心理全貌（如人的個性、人格）方面過於忽視。這使心理學的內容因此絕大部分是關於認識的心理過程，而不談人的行為是受什麼力量推動的和如何推動的這一類問題。體現在普通心理學教科書上，往往先從感覺開始，接著講知覺、記憶等簡單心理過程，對它們敘述得很細；但最後講到人格、個性部分，就很粗略，內容十分薄弱，給人以虎頭蛇尾、頭重腳輕的印象。現代心理學這種學院式的心理學研究與著述使關心社會現實生活的一般人無從得到心理學的幫助，不免失望。弗洛伊德由於診斷與治療精神病患者的錯亂行為而注意患者的人格、動機的心理動力問題，曾經是他的弟子的阿德勒提出影響個體人格形成的生活風格和社會興趣的概念，以及新精神分析學派強調社會文化因素的心理動力主張，都與生活比較貼近，從內容上補充了傳統心理學的空缺。弗洛伊德及其弟子通過臨床實踐，所總結出來的心理動力學理論，因為有助於解釋人的心理病理現象和日常生活現象，不僅引起了心理學者的注意，也吸引了社會生活各個領域的人們，引起了人們對心理學的興趣，推廣了心理學，使心理學這門科學的社會功能得到一定的體現。傳統心理學那種對人的心理作靜態的、機械分割的和自然科學實驗室的純學術的研究，在第二次大戰之後，因為社會的需要和時代的呼喚，同時重視了整體的、動力的、實際應用的，以及與人文學科和哲學社會科學相結合的研究。體現在美國近年出版的心理學教科書上，已經不再按照傳統框架，只寫正常人個體的材料，而也在書裏收集如臨床心理學、發展心理學以及講群體的社會心理學的內容，作為心理學的重要分支領域來向讀者介紹。這些教本有的而且不像以往教科書，先講感知覺記憶這樣的個別心理過程，然後才講到人格個性，嚴格遵循先分析後綜合這樣一種編寫的格局，而竟把人格個性作為人的心理面貌的總體放在一本書的最開始部分來引述。從心理學原來的結構而言，這種書顯得不成體系，但這恰好表明原來含義的普通心理學的體系已不能滿足目前的社會現實需要，正處在不斷探新與演變過程之中（趙光武主編，1996）。從這一角度來看，弗洛伊德所倡導的研究與心理學恰恰朝著心理學演變發展這個歷史趨勢在促進著、在推動著。

此外，在弗洛伊德整個學術活動中，他除了運用臨床病例分析，也以文化分析和思辨的歷史研究作為一種補充。他結合這兩者試圖對人類文化藝術創作和宗教、道德的起源等人文學科問題作出精神分析學的解釋，又因為他的泛性論和伊諦普斯情結說過於乖謬而引起有關專家學者的反對和爭論，但精神分析心理學卻因此而影響了人文學科。人本主義心理學竭力抨擊弗洛伊德精神分析心理學，但兩者在使心理學由自然科學這一端朝向與人文學科、哲學社會科學相結合走去這一點上，卻是殊途而同歸，異曲而同工的。

(三) 歷史經驗與展望

自精神分析問世以來，學院心理學家對弗洛伊德的觀念一直持批評和敵視態度，而精神分析學者一般也都遠避實驗心理學。黎黑說："假如精神分析要靠學院心理學家的承認，那麼它早就銷聲匿跡了"（Leahey, 1991, p.82）。精神分析所以能在斥責聲中成長壯大，一點一滴地得到承認，在於它是建立在臨床醫學的實踐基礎之上的。弗洛伊德本人作為一個精神病大夫始終未脫離開他的醫療崗位。實用性、有效性使弗洛伊德的學說得以"在其起家的精神病學和臨床心理學中找到了支柱"（劉恩久等譯，1990，280 頁）。使它在為自身爭取科學地位的鬥爭中立於不敗之地。墨菲指出："弗洛伊德完全覺察到這樣的事實，即對於他的強大支持大部分來自猶太籍的醫生"（林方、王景和譯，1980，392 頁）。弗洛伊德通過臨床實踐，不但"奠定了現代新的醫學模式的基礎"（車文博，1996，493 頁），而且總結出他的心理學動力理論，其中一些核心概念，如衝突、焦慮與防禦概念在心理臨床領域已成為最基本、最普遍的術語（葉浩生，1986）。我國病理心理學家在 1991 年對國內心理治療和心理諮詢現狀的調查也表明，弗洛伊德至今是我國專業人員所推崇的一位名列前茅的外國心理治療家（錢銘怡、陳仲庚，1991）。精神分析心理學是心理醫學，它為從事臨床心理、心理諮詢、健康教育以及心理衛生與康復事業的專業人員提供技術、方法、原則與理論，使心理學的應用由此得到了加強是不言而喻的。同時,精神分析心理學,作為探究人類對自身的理解,提供了人們分析自我、了解別人的一個視角,一種觀念,它也是心理學的一種最實際、最廣泛的普及與應用,故能得到社會的公認和支持。可以相信,隨著心理學家對心理學職業化與推廣應用認識的改進,弗洛伊德精神分析在心理學中地位的提高、歷史貢獻的肯定和影響的進一步擴大,是可以預期的。

其次,弗洛伊德精神分析觀念的產生以至精神分析心理學體系的完成,固然以其醫療實踐為基礎,但使弗洛伊德能獨具慧眼,看出所研究問題的深刻含義,並有一番全新的思路去對待它,又不能不歸功於除了他的天才條件之外,為他所利用和綜合的人類科學文化知識及先進思想的全部精華,使他在理論構建中能體現治療的客觀實際,反映時代的科學潮流,順應心理發展的歷史趨勢。而他的理論侷限與失誤,如"具有非理性主義的傾向,心理主義的傾向以及神祕主義的傾向"(車文博,1996,494~495頁),也正因為在他的學術思想和理論解釋中包含著已經過時的、脫離社會的、走向極端的錯誤的觀念和論點,使他所尋得的"每一小塊真理都是與謬誤不可分割地混雜在一起,都是建築在含糊不清的、很有爭論的和引入歧途的論點"(McDougall, 1937, pp.17~18)。理論解釋對於科學家說來,雖然只能根據客觀事實,但科學家自身的思想、經歷、世界觀也難免影響對客觀事實的觀察與說明。精神分析採用釋義學(註12-7)的方法,對所觀察與收集到"潛意識"現象的意義的理解,受到精神分析學家主觀設想的影響自然會更大。因此,對精神分析理論解釋的一致性、統一性要求更為困難,而也更顯得必要。就我國心理學界目前達到的共同認識來看,以為精神分析心理學在作理論解釋時能注意到潛意識與客觀現實的聯繫、心理動力來源與其客觀社會基礎的聯繫,以及人格發展的自主與受決定的辯證關係,克服對這三個問題片面武斷的說法與做法,將使弗洛伊德精神分析心理學在理論建設上出現新的突破,從而贏得心理學界內外更多專業同行的承認和好評。

第三,"心理學從來不獨具一種模式,即使在學院心理學內部,由於所確定的研究對象不同或所依據的方法不同,也是各色各樣,有派有別的"(高

註 12-7:人類除了認識自然,還要認識宗教、神話、法律、文學、藝術等歷史上遺留的文化遺產,它不同於自然物,是由表示一定意義的符號(文字等)構成的人類精神活動的產品。在這一領域,憑藉自然觀察遠遠不夠,更重要的是去理解、解釋。這種對意義的理解和解釋的理論稱作釋義學(高覺敷主編,1995,47頁)。

覺敷主編，1995，56 頁)。精神分析心理學以潛意識為研究對象，這是無可厚非的，我們應充分肯定弗洛伊德對它的研究帶給心理學知識寶庫很多補充，也帶給心理學研究思路很多啟示。但人的潛意識不足以概括人的心理生活的全部豐富內容。人的潛意識與人的意識處於矛盾統一之中，相互補充，相輔相成。若以研究潛意識不是補充而是替代了對意識的研究，這樣的潛意識心理學不可能反映人的心理生活的全貌或其主要的、本質的方面，更不可能是一部全面、完整的心理學。此外，心理學的研究可以有多種途徑，採取多種方法。精神分析的方法，釋義學的方法即使適合於精神病患者的臨床研究，也總只是心理學方法的一種，它可以作為心理學通常使用的實驗觀察法的補充，卻不能完全代替後者。但無論如何，弗洛伊德獨闢蹊徑，截然不同於學院心理學，提供了一種全新模式的心理學，補充了、也豐富了現代心理學。它"開闢了潛意識心理學研究的新紀元，開創了人格動力學與變態心理學的新領域，促進了自我心理學與文化心理學的發展"(車文博，1996，489～493頁)。弗洛伊德一生輝煌的科學成就，是對人類理解自我的探求，同時也向人們表明了人性問題的深邃和複雜，要清楚它是一種非常艱難而又頗具意義的工作，需要不同心理學家彼此之間的相互溝通、理解與支持，而不是只容納一種聲調和一種口音。

現代科學思潮中，人們看重兩件事，一是強調嚴格的科學研究材料，二是強調精緻的、能自圓其說的理論模型。這種傾向對今日心理學也有不小的影響。這種傾向限制了人們的思維。對科學材料的要求使心理學家把研究範圍縮小，只對那些可以用比較科學的方法研究的事實進行觀察，這樣便使心理的主體——"人"在心理學中失去了生機。弗洛伊德等精神分析學者在搜索材料這點上沒有受到限制，他們所使用的方法不是嚴格的科學實驗方法，而是從另一途徑發展的，所以他們的研究對象不受其約束。但另一方面，對完美理論的追求，常使心理學家對人性問題的探討變得簡單化，容易走上極端，弗洛伊德其人正是這種情況 (楊倩，1987)。

本 章 摘 要

1. 弗洛伊德在婦女性本能活動的基礎上論述了女性心理特點，以為女性人格具有被動、妒忌和自戀等特點，以及女性具有不成熟的超我。
2. 心理學家認為，弗洛伊德把女性心理特點奠定於女性生理解剖構造的生物學基礎上，似乎一切女性心理特點都可歸咎於生物性，完全忽視了社會環境因素對女性心理的重要影響。
3. 儘管弗洛伊德過分強調生物學因素的決定作用，但他第一次全面系統地闡述了女性的人格發展進程，並強調心理的發展在塑造人格，尤其是在塑造性別自認過程中的作用，還是有其積極意義的。
4. 多伊奇的《婦女心理學》是精神分析學派在探索婦女心理動力方面邁出的一大步。她繼承了弗洛伊德，將精神分析用於對女性人格發展的全過程。她把女性分為女性型和男性型兩種基本類型。又把女性型分為奉獻型、謹慎型及理智型三種類型。
5. 埃里克森重新闡述並擴展了精神分析理論，提出了解釋女性心理的內部空間說。他認為男女的內部空間 (身體的、性解剖學的) 決定了人們對外部空間的認識，還決定了人類的生物行為特徵和社會角色。
6. 霍妮在有關嫉妒陽物心理是女性人格發展的決定因素這一觀點上，與弗洛伊德產生了分歧。她認為，男性對女性的嫉妒，特別是對女性生殖能力的嫉妒，即"子宮嫉妒"才是決定因素。此外，霍妮還強調了社會環境對女性人格形成的重要作用。
7. 阿德勒認為女性的自卑感和低賤感是社會所賦予的。因此阿德勒倡導必須改造環境，提倡男女平等，給予女性更多的權利和更多的發展自己、實現自己潛能的機會。故在西方有人把阿德勒譽為女權運動的先驅。
8. 女權主義者對弗洛伊德從 60、70 年代到今天，由懷有極大敵意轉向對精神分析理論表現出強烈興趣。喬多羅在《女權主義和精神分析理論》一書中闡述了弗洛伊德對女權主義的重要性以及女權主義與精神分析的內在聯繫。

9. 弗洛伊德的文學觀點包括：(1) 文學創作是被壓抑願望的滿足，(2) 文學與夢之間有許多共同點，(3) 昇華在文學創作中的表現就是作家把內心的衝突塑造成外界的形象，(4) 文學作品以伊諦普斯情結為主題，具有普遍的意義。
10. 超現實主義文學被認為是受弗洛伊德主義影響最大的一個創作流派，公開宣稱弗洛伊德是自己的一面旗幟。它倡導自動寫作或潛意識書寫的創作表現手段，在作品中竭力表現夢幻、狂想、變態、渾沌等潛意識心理內容。
11. 意識流文學的思想傾向，大量吸取了弗洛伊德的精神分析觀點。作家們強調通過內心獨白著力表現潛意識心理過程，將弗洛伊德稱之為本我的那一部分內容，按其原始狀態毫無保留地傳達給讀者。
12. 弗洛伊德主義也影響了西方現代文學批評，在文學批評界，形成了強大的心理分析學派。此外，弗洛伊德的思想經過榮格的發展和改造，還影響到西方文學批評中的原型批評流派。這一流派把文學作品的主題、形象和敘事方式解釋成人類基本原型的象徵或再現。
13. 弗洛伊德主義對中國現代文學產生了明顯的影響。如五四時期的浪漫文學的作品，反映了弗洛伊德的性本能理論對作家的影響。30 年代的新感覺派的小說創作，則更為自覺地運用了弗洛伊德的學說，強調主觀直覺和印象。70 年代末期開始，許多作家吸收了精神分析的內容，在作品中更多地從心理結構、本能動機、非理性的性欲來把握人物的精神本質與行為方式。其次，出現了越來越多的性愛題材的作品。在這一時期，中國文學的精神分析批評從心理學方面評論文學創作，或是通過文學作品去探討心理學內容，或是通過作家生平和傳記去理解其作品。
14. 弗洛伊德主義對中西方文學思想，無論在文學創作方面，還是在文學批評方面，都有著重要的影響，它在一定程度上促進了現代文學藝術的發展。但不可否認，這種影響，本身也有消極方面，應對它做出客觀的、合理的評價。
15. **心理史學**是心理學和歷史學結合的邊緣學科，一般將其追溯到 1910 年弗洛伊德的《列奧納多・達芬奇對幼兒期的記憶》為起點。弗洛伊德為創始人，他對心理史學的貢獻在於他提出的"歷史哲學"和精神分析的方法。精神分析心理史學始終是這個領域的主流派。

16. 現代心理史學誕生於 20 世紀 50 年代末。推動古典弗洛伊德派心理史學向新弗洛伊德派心理史學轉化的是埃里克森。埃里克森不但提出了新的理論，而且他的《青年路德》和《甘地的真理》等研究為現代心理史學的研究工作立下了實際的楷模，被尊為現代心理史學大師。
17. 心理史學的研究在三方面進行，也就是三個分支，即個體心理傳記、群體心理以及童年史和家庭史。
18. 歷史學界對心理史學中存在的心理因素決定論、模式化等缺點提出了批評，普遍認為對群體心理的研究是不成功的。一些史學家對精神分析的理論和方法的"歷史性"提出懷疑。
19. 不同人對弗洛伊德及其學說主張的反應是不一樣的。心理學史家傾向於從現代心理學形成發展的眼光來看弗洛伊德及其精神分析心理學。
20. 弗洛伊德精神分析心理學受到心理學界的冷落與反對是出於一種學科上的原因。如它與學院心理學的格格不入，它的玄奧的特色妨礙了它的被接納，以及由於它專門研究病人的變態心理而招來了心理學家的不滿。
21. 弗洛伊德精神分析心理學的歷史命運的轉變是因為：潛意識研究不容忽視，動機研究具有重大意義，美國心理學的機能主義總傾向，以及精神分析的美國化與社會化。
22. 精神分析作為現代心理學的一個獨立的、主要的學派，是十分典型的。組織上的不斷分裂與理論上的不斷修改擴充，是這一學派的兩個明顯特徵。作為這個學派興起初期的"運動"已屬過去，而其自身在 50 年代後卻成為現代心理學另一新的學派——人本主義學派——運動的攻擊對象。
23. 弗洛伊德所倡導的研究與心理學，促進了現代心理學演變發展的如下走向：由靜態的、機械分割的和自然科學實驗室的純學術的研究，同時重視了整體的、動力的、實際應用的，以及與人文學科和哲學社會科學相結合的研究的歷史趨勢。
24. 精神分析所以能在斥責聲中成長壯大，逐漸得到承認，在於它是建立在臨床醫學的實踐基礎之上，是由於在其起家的精神病學和臨床心理學中找到了支柱。
25. 隨著心理學家對心理學職業化與推廣應用的認識的改進，弗洛伊德精神分析在心理學中地位的提高、歷史貢獻的肯定和影響的進一步擴大是可以預期的。

26. 精神分析在作理論解釋時若能注意到潛意識與客觀現實的聯繫、心理動力來源與其客觀社會基礎的聯繫，以及人格發展的自主與受決定的辯證關係，克服片面武斷的說法與做法，將使其在理論建設上大大提高，贏得更多專業同行們的承認和好評。

27. 心理學從來不獨具一種模式，即使在學院心理學內部也由於所確定的研究對象不同或所依據的方法不同而各色各樣，有派有別的。弗洛伊德一生輝煌的科學成就，表明了人性問題的深邃和複雜，要清楚它是一種非常艱難而又意義重大的工作，需要不同心理學家之間的相互溝通、理解與支持，而不是只容納一種聲調和一種口音。

建議參考資料

1. 弗洛伊德 (高覺敷譯，1984)：精神分析引論。北京市：商務印書館。
2. 弗洛伊德 (張燕雲譯，1987)：夢的釋義。瀋陽市：遼寧人民出版社。
3. 朱光潛 (張隆溪譯，1987)：悲劇心理學——各種悲劇快感理論的批判研究。北京市：人民文學出版社。
4. 車文博 (主編) (1992)：弗洛伊德主義論評。長春市：吉林教育出版社。
5. 車文博 (1996)：西方心理學史。台北市：東華書局 (繁體字版)。(1998) 杭州市：浙江教育出版社 (簡體字版)。
6. 波　林 (高覺敷譯，1981)：實驗心理學史。北京市：商務印書館。
7. 唐　鉞 (1994)：西方心理學史大綱。北京市：北京大學出版社。
8. 高覺敷 (主編) (1995)：西方心理學史論。合肥市：安徽教育出版社。
9. 趙璧如 (1986)：弗洛伊德。刊登於侯鴻勛、姚介厚編《西方著名哲學家評傳續篇》下冊。濟南市：山東人民出版社。
10. 黎　黑 (劉恩久等譯，1990)：心理學史——心理學思想的主要趨勢。上海市：上海譯文出版社。
11. 墨　菲、柯瓦奇 (林方、王景和譯，1980)：近代心理學歷史導引。北京市：商務印書館。

12. Blakeslee, T. R. (1980). *The right brain: A new understanding of the unconscious mind and its creative powers.* New York: Anchor Press/Doubleday.

13. Chodorow, N. J. (1989). *Feminism and psychoanalytic theory.* New Haven, Conn.: Yale University Press.

14. Harold, P. B. (Ed.) (1985). *Female psychology contemporary psychoanalytic views.* New York: International Universities Press.

15. James, W. (1890). *Principles of psychology.* New York: Dover.

16. McDougall, W. (1936). *Psychoanalysis and social psychology* (2nd ed.). London: Methuen.

17. Schultz, D. P. (1981). *A history of modern psychology* (3rd ed.). New York: Harcourt Brace Jovanovich.

參 考 文 獻

丁祖蔭 (譯，1993)：兒童心理社會發展—從出生到青年早期。北京市：人民教育出版社。

中央教育科學研究所比較教育研究室 (編譯，1989)：簡明國際教育百科全書：人的發展。北京市：教育科學出版社。

尹鴻 (1994)：徘徊的幽靈—弗洛伊德主義與中國二十世紀文學。昆明市：雲南人民出版社。

巴赫金、沃洛諾夫 (江浩譯，1987)：弗洛伊德主義評述。瀋陽市：遼寧人民出版社。

王寧 (1986)：論弗洛伊德的文學觀點及其對西方現代文學的影響。見卡爾文・斯・霍爾 (包富華等編譯)：弗洛伊德心理學與西方文學。長沙市：湖南文藝出版社。

王寧 (1989)：對弗洛伊德主義與文學的再思。北京市：北京大學博士論文。

王福山等 (主編，1993)：理科辭海。台北市：東華書局 (繁體字版)。上海市：辭書出版社 (簡體字版，1989)。

北京師範大學教育心理學史組 (1962)：精神分析社會學派的人格理論。心理學研究動態，第 1 期，31～33 頁。

弗洛伊德 (杜克明譯，1986)：日常生活的心理分析。杭州市：浙江文藝出版社。

弗洛伊德 (林塵等譯，1986)：弗洛伊德後期著作選。上海市：上海譯文出版社。

弗洛伊德 (林驤華譯，豐華瞻校，1986)：創作家與白日夢。見卡爾文・斯・霍爾 (包富華等編譯)：弗洛伊德心理學與西方文學，134～144 頁。長沙市：湖南文藝出版社。

弗洛伊德 (高覺敷譯，1984)：精神分析引論。北京市：商務印書館。

弗洛伊德 (高覺敷譯，1987)：精神分析引論新編。北京市：商務印書館。

弗洛伊德 (張燕雲譯，1987)：夢的釋義。瀋陽市：遼寧人民出版社。

弗洛伊德 (張霽明、卓如飛譯，1986)：弗洛伊德自傳。瀋陽市：遼寧人民出版社。

弗洛伊德 (楊庸一譯，1975)：圖騰與禁忌。台北市：志文出版社。

弗洛伊德 (劉福堂譯，1987)：精神分析綱要。合肥市：安徽文藝出版社。

弗洛伊德（賴其萬、符傳孝譯，1972）：夢的解析。台北市：志文出版社。

弗洛伊德（蘇曉離、劉福堂譯，1987）：精神分析引論新講。合肥市：安徽文藝出版社。

弗洛姆（王建康譯，1989）：人心的追求。上海市：上海文化出版社。

弗洛姆（申荷永譯，1986）：弗洛伊德思想的貢獻與局限。長沙市：湖南人民出版社。

弗洛姆（尚新建譯，1986）：弗洛伊德的使命。北京市：三聯書店。

弗洛姆（孫依依譯，1986）：愛的藝術。北京市：工人出版社。

弗洛姆（孫依依譯，1992）：為自己的人。北京市：三聯書店。

弗洛姆（張燕譯，1986）：在幻想鎖鏈的彼岸。長沙市：湖南人民出版社。

弗洛姆（許俊達等譯，1988）：精神分析的危機。北京市：國際文化出版公司。

弗洛姆（楊慧譯，1989）：占有與存在。北京市：國際文化出版公司。

弗雷-羅恩（陳恢欽譯，1989）：從弗洛伊德到榮格。北京市：中國國際廣播出版社。

弗爾斯特（徐飛錫譯，1959）：神經症患者──他的內外世界。北京市：科學出版社。

弗爾達姆（劉韻涵譯，1979/1988）：榮格心理學導論。瀋陽市：遼寧人民出版社。

安吉爾（唐鉞譯，1983）：機能心理學的領域。見張述祖（總審校）：西方心理學家文選，48～70 頁。北京市：人民教育出版社。

安東尼・斯托爾（陳靜、章建剛譯，1989）：榮格。北京市：中國社會科學出版社。

朱光潛（1930）：變態心理學派別。上海市：商務印書館。

朱光潛（1937）：文藝心理學。上海市：商務印書館

朱光潛（張隆溪譯，1987）：悲劇心理學──各種悲劇快感理論的批判研究。北京市：人民文學出版社。

伯格（許又新譯，1988）：精神分析關於發育的學說及其在精神分析治療上的意義。見心理治療演講文集（1988）。昆明市：雲南省精神病院。

克萊芒、布津諾、塞弗（金初高譯，1987）：馬克思主義對心理分析學說的批評。北京市：商務印書館。

吳偉士（謝循初譯，1960）：西方現代心理學派別。北京市：人民教育出版社。

杜威（張厚粲譯，1983）：心理學中的反射弧概念。見張述祖（總審校）：西方心理學家文選，35～47 頁。北京市：人民教育出版社。

沈德燦、侯玉波（1996）：社會心理學。北京市：中國科學技術出版社。

參考文獻

沈德燦、孫玉蘭、滕桂榮 (編著) (1990)：西方心理學史簡編。北京市：光明日報出版社。

沈德燦 (1981)：關於西方心理學史的學習與研究。見舒爾茨：現代心理學史 (中譯本) 附錄。北京市：人民教育出版社。

沈德燦 (1996)：現代心理學的演變與社會心理學。見趙光武 (主編)：現代科學的哲學探索。北京市：北京大學出版社。

車文博 (1987)：意識與無意識。瀋陽市：遼寧人民出版社。

車文博 (1996)：西方心理學史。台北市：東華書局 (繁體字版)。杭州市：浙江教育出版社 (1998) (簡體字版)。

車文博 (主編) (1989)：弗洛伊德原著選輯。瀋陽市：遼寧人民出版社。

車文博 (主編) (1992)：弗洛伊德主義論評。長春市：吉林教育出版社。

拉·莫阿卡寧 (江亦麗、羅照輝譯，1994)：榮格心理學與西藏佛教。北京市：商務印書館。

林　方 (1989)：心理的困惑與自救—心理學的價值理論。瀋陽市：遼寧人民出版社。

林玉華、樊雪梅 (1997，譯)：當代精神分析導論——理論與實務。台北市：五南圖書公司。

波　林 (高覺敷譯，1981)：實驗心理學史。北京市：商務印書館。

金重遠 (1983)：現代國際史學流派文選。上海市：上海人民出版社。

陀斯妥耶夫斯基 (耿濟之譯，1958)：白痴。北京市：人民文學出版社。

阿德勒 (黃光國譯，1984)：自卑與超越。台北市：志文出版社。

阿德勒 (葉頌姿譯，1974)：自卑與生活。台北市：志文出版社。

阿德勒 (蘇克等譯，1987)：生活的科學。北京市：三聯書店。

哈　格 (楊華渝譯，1988)：精神分析關於神經症理論的一些基本概念及心身醫學概述。見心理治療演講文集 (1988)。昆明市：雲南省精神病院。

段淑貞 (1962)：試從巴甫洛夫學說批判佛洛伊德學說。心理學研究動態，第 4 期，34～40 頁。

段淑貞 (1962)：簡介威爾斯"巴甫洛夫和弗洛伊德"。心理學研究動態，第 2 期，49～50 頁。

洪丕熙 (1988)：弗洛伊德生平與學說。重慶市：重慶出版社。

科胡特 (1987，羅風禮譯)：心理史學與一般史學。史學理論，第 2 期，140～155 頁。

約翰·里克曼 (編) (賀明明譯，1985)：弗洛伊德著作選。台北市：唐山出版社。

范　文 (1991)：關於潛意識的哲學。北京市：北京大學博士論文。
威爾斯 (段淑貞譯，1962)：巴甫洛夫和弗洛伊德簡介。
孟昭蘭 (1997)：嬰兒心理學。北京市：北京大學出版社。
唐　鉞 (1960)：批判弗洛伊德的心理學思想。北京大學學報 (人文科學)，1960，第 1 期，115～122 頁。
唐　鉞 (1982)：西方心理學史大綱。北京市：北京大學出版社。
夏基松 (1985)：現代西方哲學教程。上海市：上海人民出版社。
孫　曄 (1959)：國際學術界反弗洛伊德主義的鬥爭。心理學報，第 4 期 (總第 7 期)，264～270 頁。
孫　曄 (1962)：佛洛伊德學說及其流派的述評。心理學研究動態，第 3 期，23～34 頁。
孫小禮、樓　格 (主編) (1988)：人・自然・社會。北京市：北京大學出版社。
孫名之 (1987)：弗洛姆的精神分析社會心理學。湖南師範大學社會科學學報，第 1 期，82～88 頁。
荊其誠 (1990)：現代心理學發展趨勢。北京市：人民出版社。
馬文駒、李伯黍 (主編) (1991)：現代西方心理學名著介紹。上海市：華東師範大學出版社。
馬斯洛 (李文湉譯，1987)：存在心理學探索。昆明市：雲南人民出版社。
高宣揚 (編著) (1986)：弗洛伊德傳。北京市：作家出版社。
高覺敷 (1931)：弗洛伊德及其精神分析的批判。見高覺敷 (1986)：高覺敷心理學文選，204～218 頁。揚州市：江蘇教育出版社。
高覺敷 (1935)：現代心理學。上海市：商務印書館。
高覺敷 (主編) (1982)：西方近代心理學史。北京市：人民教育出版社。
高覺敷 (主編) (1987)：西方心理學的新發展。北京市：人民教育出版社。
張春興 (1989)：張氏心理學辭典。台北市：東華書局 (繁體字版)。上海市：上海辭書出版社 (1989) (簡體字版)。
張春興 (1991)：現代心理學。台北市：東華書局 (繁體字版)。上海市：上海人民出版社 (1991) (簡體字版)。
張春興 (2002)：心理學思想的流變。台北市：東華書局 (繁體字版)。上海市：上海教育出版社 (2002) (簡體字版)。
張傳開、章忠民 (1987)：弗洛伊德精神分析述評。南京市：南京大學出版社。
郭一岑 (1937)：現代心理學概觀。上海市：商務印書館。
郭本禹 (1995)：科學哲學與心理學。見高覺敷 (主編)：西方心理學史論，50～

80 頁。合肥市：安徽教育出版社。

陳仲庚 (主編) (1988)：心理治療與諮詢。瀋陽市：遼寧人民出版社。

陳澤川 (1983)：人本主義心理學的人格觀。心理科學通訊，第 5 期，50～55 頁。

傅世俠、夏佩玉 (譯，1992)：右腦與創造。北京市：北京大學出版社。

斯　通 (朱安、姚渝生等譯，1986)：心靈的激情。北京市：中國文聯出版公司。

斯　通 (關穎譯，1927)：弗洛伊德—精神分析大師。上海市：上海翻譯出版社。

舒爾茨 (楊立能等譯，1981)：現代心理學史。北京市：人民教育出版社。

華　生 (周先庚譯，1983)：行為主義者所看到的心理學。見張述祖 (總審校)：西方心理學家文選，152～169 頁。北京市：人民教育出版社。

華　生 (臧玉淦譯，1925)：行為主義心理學。上海市：商務印書館。

萊昂內爾・特里林 (陸谷孫、曾道中譯，1986)：弗洛伊德與文學。見卡爾文・斯・霍爾 (包富華等編譯)：弗洛伊德心理學與西方文學，147～170 頁。長沙市：湖南文藝出版社。

雅羅舍夫斯基 (王玉琴等譯，1982)：國外心理學的發展與現狀。北京市：人民教育出版社。

馮　德：生理的心理學底原理。見藍德 (編) (唐鉞譯，1959)：西方心理學家文選，189～197 頁。北京市：科學出版社。

馮　德 (胡寄南譯，1983)：對於感官知覺的理論的貢獻。見張述祖 (總審校)：西方心理學家文選，1～21 頁。北京市：人民教育出版社。

黃希庭 (1998)：人格心理學。台北市：東華書局 (繁體字版)。杭州市：浙江教育出版社 (簡體字版)。

黃堅厚 (1999)：人格心理學。台北市：心理出版社。

黃德祥 (編譯) (1988)：諮商與心理治療的理論與實施。台北市：心理出版社。

奧斯本 (董秋斯譯，1947)：精神分析與辯證唯物論。上海市：讀書出版社。

奧斯本 (董秋斯譯，1986)：弗洛伊德和馬克思。北京市：三聯書店。

楊　倩 (1987)：精神分析及相關學派。見沈德燦等：心理學史大綱輔導材料。北京市：中國科學院心理研究所心理函授大學編，函授通訊，八六年級第 4期。

楊恩寰等 (1986)：弗洛伊德——一個神秘的人物。瀋陽市：遼寧大學出版社。

葉浩生 (1986)：衝突、焦慮、防禦—弗洛伊德的動力心理學。南京市：南京師範大學心理學史研究室。

詹姆士 (唐鉞譯，1959)：意識流。見藍德 (編) (唐鉞譯，1959)：西方心理學家文選。北京市：科學出版社。

賈馥茗 (1999)：人格教育學。台北市：五南圖書公司。

雷　賓 (李今山等譯，1988)：精神分析與新弗洛伊德主義。北京市：社會科學文獻出版社。

榮 (容) 格 (沈德燦譯，1983)：個體無意識與超個體或集體無意識。見張述祖 (總審校)：西方心理學家文選，408～422 頁。北京市：人民教育出版社。

榮　格 (成窮、王作虹譯，1991)：分析心理學的理論與實踐。北京市：三聯書店。

榮　格 (張月譯，1989)：人及其象象。北京市：中國國際廣播出版社。

榮　格 (馮川、蘇克譯，1992)：心理學與文學。北京市：三聯書店。

榮　格 (馮國彬、楊德友譯，2000)：回憶・夢・思考—榮格自傳。台北市：張老師文化。

榮　格 (黃奇銘譯，1987)：現代靈魂的自我拯救。北京市：工人出版社。

赫根漢 (文一等譯，1988)：現代人格心理學導引。石家莊市：河北人民出版社。

赫根漢 (譚直敏譯，1989)：人格心理學。台北市：五洲出版社。

趙璧如 (1986)：弗洛伊德。刊於侯鴻勛、姚介厚編：西方著名哲學家評傳續編 (下冊)。濟南市：山東人民出版社。

劉翔平 (1991)：精神流浪的軌跡。瀋陽市：遼寧人民出版社。

劉翔平 (1992)：從精神分析自我心理學的建立看早期弗洛伊德的缺陷。高等教育研究，1992年增刊。

劉翔平 (1995)：釋義學與精神分析。見高覺敷 (主編)：西方心理學史論。合肥市：安徽教育出版社。

劉耀宗 (1985)：認識歐洲著名心理學家的夢。贈本書作者單篇論文。

劉耀宗 (1989)：榮格、弗洛伊德與藝術。北京市：寶文堂書店。

潘　菽 (1959)：關於心理學的性質的意見。見潘菽：心理學文選。南京市：江蘇教育出版社。

魯　迅 (1938)：魯迅全集。北京市：人民文學出版社。

魯本・弗恩 (傅鏗編譯，1988)：精神分析學的過去與現在。上海市：學林出版社。

魯賓・勃朗克 (1986)：超越自我心理學：發展的對象關係理論。

黎　黑 (劉恩久等譯，1990)：心理學史。上海市：上海譯文出版社。

墨菲・柯瓦奇 (林方、王景和譯，1980)：近代心理學歷史導引。北京市：商務印書館。

盧　梭 (李平漚譯，1978)：愛彌兒。北京市：商務印書館。

盧　梭 (魏肇基譯，1923)：論教育。上海市：商務印書館。

錢銘怡、陳仲庚 (1991)：對我國心理治療和心理諮詢現狀的調查。見第一屆心理治療與心理諮詢學術會議資料匯編。北京市：中國心理衛生協會心理治療與心理諮詢專業委員會。

霍　妮 (馮川譯，1988)：我們時代的神經症人格。貴陽市：貴州人民出版社。

霍　爾等 (馮川譯，1987)：榮格心理學入門。北京市：三聯書店。

鍾友杉 (1988)：中國心理分析——認識頓悟心理療法。瀋陽市：遼寧人民出版社。

薩哈金 (周曉虹譯，1991)：社會心理學的歷史與體系。貴陽市：貴州人民出版社。

魏特墨 (胡士襄譯，1983)：視覺運動的實驗研究。見張述祖 (總審校)：西方心理學家文選。北京市：人民教育出版社。

靄理士 (潘光旦譯，1987)：性心理學。北京市：三聯書店。

Adler, A. (1918). *Understanding humman nature*. Conn: Premier Books.

Adler, A. (1927). *The neurotic constitution*. London: Kegan Paul, Trench, Truebner and Co.

Adler, A. (1929). *Problems of neurosis: A book of case histories*. London: Kegan Paul, Trench, Truebner and Co.

Adler, A. (1930). *The education of children*. Chicago: Henry Regnery.

Adler, A. (1935). Prevention of neurosis. *International Journal of Individual Psychology*, 1 (4), 3〜12.

Adler, A. (1917). *A study of organ inferiority and its psychical compensation: A contribution to clinical medicine*. New York: Nervous and Mental Diseases.

Adler, A. (1927). *The practice and theory of individual psychology*. New York: Harcourt, Brace & World.

Adler, A. (1930). Individual psychology. In C. Murchison (Ed.), *Psychologies of 1930*. Worcester, Massachusetts: Clark University Press.

Adler, A. (1935). The fundamental views of individual psychology. *International Journal of Individual Psychology*, 1, 5〜8.

Adler, A. (1939). *Social interest: A challenge to mankind*. New York: Putnam.

Alexander, F., Eisenstein, S., & Grotjahn, M. (Eds.) (1966). *Psychoanalytic pioneers*. New York, London: Basic Books, Inc.

Allison, R. (1980). *Minds in many pieces*. New York: Ranson, Wade.

Aniela Jaffe (Ed.) (1979). *C. G. Jung, word and image*. New Jersey: Princeton University Press.

Ansbacher, H. L. (1969). *An introduction to Alfred Adler*. New York: Ancher Books.

Ansbacher, H. L. (1984). Adler, Alfred. In R. J. Corsini (Ed.), *Encyclopedia of Psychology*, (Vol. 1), pp. 15～16. New York: John Wiley & Sons.

Ansbacher, H. L., & Ansbacher, R. R. (Eds) (1956). *The individual psychology of Alfred Adler: A systematic presentation in selection from his writings*. NewYork: Basic Books.

Appignanesi, L., & Forrester, J. (1991). *Freud's women*. NewYork: Basic Books.

Baum, A., Newman, S., Weinman, J., West, R., & McManns, C. (Eds.) (1997). *Cambridge handbook of Psychology, health and medicine*. New York: Cambridge University Press.

Benjamin, Jr. L. T. (Ed.) (1988). *A history of psychology: Original sources and contemporary research*. New York: McGraw-Hill.

Benner, D. G. (Ed.) (1985) *Baker encyclopedia of psychology*. Grand Rapids, Michigan: Baker Book House.

Binion, R. (1976). *Hitler among the Germans*. New York: Elsevier.

Blakeslee, T. R. (1980). *The right brain: A new understanding of the unconscious mind and its creative powers*. New York: Anchor Press/Doubleday.

Blanck, G., & Blanck, R. (1974). *Ego psychology: Theory and practice*. New York: Columbia University Press.

Blanck, G., & Blank, R. (1979). *Ego psychology* II: *Psychoanalytic developmental Psychology*. New York: Columbia University Press.

Bllis, E. L. (1986). *Multiple personality, allied disorders and hypnosis*. New York: Oxford University Press.

Blum, H. P. (Ed.) (1985). *Female psychology: Contemporary psychoanalytic views*. New York: International Universities Press, Inc.

Boring, E. G. (1950). *A history of experimental psychology* (2nd ed.). New York: Appleton-Century-Crofts.

Bottome, P. (1957). *Alfred Adler—A portrait from life*. New York: The Vanguard Press.

Brammer, L. M., & Shostrom, E. L. (1977). *Therapeutic psychology: Funda-*

mentals of counseling and psychotherapy. Englewood Cliffs, N.J.: Prentice-Hall.

Brennan, J. F. (1986). *History and systems of psychology.* (2nd ed.) Englewood Cliffs, N J: Prentice-Hall.

Brenner, C. (1974). *An elementary textbook of psychoanalysis.* New York: Anchor Press.

Bridges, J. W. (1930). *Psychology: Normal and abnormal with special reference to the needs of medical students and Practitioners.* New York: D. Appleton & Company.

Brozek, J., & Evans, R. B. (Eds.) (1977). *R. I. Watson's selected papers on the history of psychology.* Hanover: University of New Hampshire: distributed by the University Press of New England.

Charet, F. X. (1993). *Spiritualism and foundation of C. G. Jung's psychology.* New York: State University of New York Press.

Chodorow, N. J. (1989). *Feminism and psychoanalytic theory.* New Haven, Conn.: Yale University Press.

Corsini, R. J. (Ed.) (1984). *Encyclopedia of psychology.* New York: John Wiley & Sons, Inc.

Corsini, R. J., & Wedding, D. (1984). *Current Psychotherapies* (3rd ed.). Itasca, Ill.: F. E. Peacock Publishers.

Crews, F. (1996). The verdict on Freud. *Psychological Science*, 7, 63～68.

Crown, S. (1976). Neurosis: General Survey. In S. Krauss, (Ed.). *Encyclopaedic handbook of medical psychology.* London, Boston: Butterworths Inc.

Du Bois, C. A. (1961). *The people of Alor: A social-psychological study of an East Indian Island* (Vol. I and Vol. II). & New York: Harper.

Ebbinghaus, H. (1908). *Psychology: An elementary text-book.* Boston, New York: D. C. Heath & Company.

Eidelberg, L. (Ed.) (1968). *Encyclopedia of psychoanalysis.* New York: The Free Press.

Ellis, A. (1971). Reason and emotion in the individual psychology of Alfred Adler. *Journal of Individual Psychology*, 27, 50～64.

Ellis, H. (1939). Freud's influence on the changed attitude toward sex. *The American Journal of Sociology*, 45, 309～317.

Emde, N. (1992). Individual meaning and increasing complexity: Contributions of Sigmund Freud and Rene Spitz to developmental psychology. *Developmental Psychology*, Vol. 28, No. 3, 347～359.

Erikson, E. H. (1950). *Childhood and society*. New York: Norton.

Erikson, E. H. (1958). *Young man Luther: A study in psychoanalysis and history*. New York: Norton.

Erickson, E. H. (1963). *Childhood and society* (2nd ed.). New York: Norton & Company.

Erikson, E. H. (1968). *Identity: Youth and crisis*. New York: Norton.

Erikson, E. H. (1969). *Gandhi's truth on the origins of militant nonviolence*. New York: Norton.

Erikson, E. H. (1974). *Dimensions of a new identity: The 1973 Jefferson lectures in the humanities*. New York: Norton & Company.

Evans, R. I. (1966). *Dialogue with Erich Fromm*. New York, Harper & Row.

Eysenck, H. J. (1957). *The dynamics of anxiety and hysteria: An experimental application of modern learning theory to psychiatry*. New York: Praeger.

Eysenck, H.J. (1961). *Handbook of abnormal psychology: An experimental approach*. New York: Basic Books.

Eysenck, H. J. (Ed.) (1964). *Experiments in Motivation Oxford*. New York: Pergamon Press.

Eysenck, H. J., & Wilson, G. D. (Eds.) (1973). *The experimental study of Freudian theories*. London: Methuen & Co Ltd.

Fairbairn, W. R. D. (1963). Synopsis of an object-relations theory of the personality. *International Journal of Psychoanalysis* 44, 224~225.

Fine, R. (1979) *A history of psychoanalysis*. New York: Columbia University Press.

Fine, R. (1981). *The psychoanalytic vision:A controversial reappraisal of the Freudian revolution*. New York: The Free Press.

Fine, R. (1990). *The history of psychoanalysis*. Northvale, NJ: J. Aronson.

Fordham, F. (1966). *An introduction to Jung's psychology*. New York: Penguin Books.

Fordham, M. (1986). *Exploration into the self*. London: Karnac Books.

Freud A. (1946). *The ego and the mechanisms of defense*. New York: International Universities Press, Inc.

Freud, S. (1959). *Beyond the pleasure principle*. New York: Bantam Books.

Freud, S. (1916). *Introductory lectures on psychoanalysis* (Standard Edition, Vols. 15, 16). London: Hogarth Press.

Freud, S. (1940). An outline of psychoanalysis. In J. Strechey (Ed.), *Standard edition of the complete psychological works of Sigmund Freud*, Vol. 23, pp. 145~146. New York: Norton.

Freud, S. (1954). *The origins of psychoanalysis: Letters to Fliess*. New York: Basic Books.

Freud, S. (1964). *The complete psychological works of Sigmund Freud 1~24*. London: Hagurth press.

Freud, S. (1975). *The psychopathology of everyday life* (A. Tyson, Trans.). The Pelican Freud Library.

Freud, S. (1989). *An autobiographical study* (J. Strachey, Ed. and Trans.). New York: Norton.

Freud, S. (1989). *On Dreams* (J. Strachey, Ed. and Trans.). New York: Norton.

Frey-Rohn, L. (1990). *From Freud to Jung: A comparative study of the psychology of the unconscious*. Boston & Shaftesbury: Shambhala Publications,. Inc.

Friedman, M. J. (1955). *Stream of consciousness: A study in literary method*. New Haven: Yale University Press.

Friedman, S. M. (1950). *An empirical study of the Oedipus complex, American Psychologist*, 5, 304.

Friedman, S. M. (1952). *An empirical study of the castration and Oedipus complexes*. Genet. Psychol. Mongr., 46, 61~130.

Fromm, E. (1941). *Escape from freedom*. Boston: Houghton Mifflin.

Fromm, E. (1947). *Man for himself*. Boston: Houghton Mifflin.

Frye, N. (1957). *Anatomy of criticism*. Princeton: Princeton University Press.

Gay, P. (1985). *Freud for Historians*. New York: Oxford University Press.

Gibson, D. L. (1985). Adlerian psychotherapy. In D. G. Benner (Ed.), *Baker encyclopedia of psychology*. Grand Rapids, Michigan: Baker Book House.

Gilgen, A. R. (1982). *American psychology since World War II: A profile of the discipline*. westport, Conn.: Greenwood Press.

Grinstein, A. (1990). *Freud at the crossroads*. Madison, Connecticut: International Universities Press, Inc.

Hall, C. S., & Lindzey, G. (1978). *Theories of personality* (3rd ed.). New

York: John Wiley.

Hall, C. S., Lindzey, G., & Carnpbell, J. B. (1998). *Theories of personality* (4th ed.). New York: John Wiley & Sons, Inc.

Hall, J. A. (1983). *Jungian dream interpretation: A handbook of theory and practice.* Toronto: Inner City Books.

Hall, J. A. (1986). *The Jungian experience: Analysis and individuation.* Toronto, Canada: Inner City Books.

Hartmann, H. (1958). *Ego psychology and the problem of adaptation.* New York: International Universities Press.

Hartley, D. (1749). *Observations on man: His frame, his duty, and his expectations.* Gainesville, FL:Scholars' Facsimiles and Reprints.

Healy, W. (1930). *The structure and meaning of psychoanalysis as related to personality and behavior.* New York: A. A. Knopf.

Hergenhahn, B. R. (1980). *An Introduction to theories of personality.* Englewood Cliffs, NJ: Prentice-Hall.

Hersen, M., Kazdin, A. E., & Bellanck, A. S. (Eds.) (1983). *The Clinical psychology handbook.* New York: Perganon Press.

Higgins, M., & Raphael, C. M. (1967). *Reich speaks of Freud: Wilhelm Reich discusses his work and his relationship with Sigmund Freud.* New York: The Nooday Press.

Hogan, R., Johnson, J., Briggs, S. (Eds.) (1997). *Handbook of personality psychology.* San Diego: Academic Press.

Hook, S. (Ed.) (1960). *Psychoanalysis, scientific method and philosophy.* New York: Grove.

Horney, K. (1934). *New ways in psychoanalysis.* New York: Norton.

Horney, K. (1939). *The neurotic personality of our time.* New York: Norton.

Horney, K. (1945). *Our inner conflicts.* New York: Norton.

Horney, K. (1950). *Neurosis and human growth.* New York: Norton.

Horney, K. (1942). *Self analysis.* London: Lowe and Brydone Printers Limited.

Humbert, E. (1983). *C. G. Jung.* Paris: Editions Universitaires.

Iggers, G. G., & Harold, P. (Eds.) (1979). *International handbook of historical studies: Contemporary research and theory.* London: Methuen & Co.

Jacobi, J. (1973). *The psychology of C. G. Jung: An introduction with ill-*

ustrations. New Haven and London: yale University Press.

Jacobson, E. (1964). *The self and the object world*. New York: International Universities Press.

Jacobson, E. (1980). *Depression: Comparative studies of normal, neurotic, and psychotic conditions* (10th ed.). New York: International University Press.

James, W. (1890). *Principles of psychology*. New York: Dover.

Johnson, C. S. (1949). Harry Stack Sullivan, social scientist. In H. S. Sullivan (1964). *The fusion of psychiatry and social science*. New York: Norton, Pxxxiv.

Jones, E. (1957). *The life and work of Sigmund Freud*. New York: Basic Books.

Jones, E. (1976). *Hamlet and Oedipus*. New York: Norton.

Jung, C. G. (1963). *Memories, dreams, reflections*. New York: Pantheon Books.

Kardiner, A. (1939). *The individual and his society: The psychodynamics of primitive social organization*. New York: Columbia University Press.

Kardiner, A. (1945). *The psychological frontiers of society*. New York: Columbia University Press.

Kardiner, A. (1977). *My analysis with Freud: Reminiscences*. New York: W. W. Norton & Compay, Inc.

Kelly, G. A. (1963). *A theory of personality; The psychology of personal constructs*. New York: Norton.

Kendler, H. H. (1987). *Historical foundations of modern psychology*. Chicago: Dorsey Press.

Kohut, H. (1971). *The analysis of the self: A systematic approach to the psychoanalytic treatment of narcissistic personality disorders*. New York: International Universities Press.

Kurt A, Adler, K. A., & Deutsch, D. (Eds.) (1959). *Essays in individual psychology: Contemporary application of Alfred Adler's theories*. New York: Grove Press.

Lapalanche, J., & Pontalis, J. B. (1985). *The language of psychoanalysis*. London: The Hogarth Press and Institute of Psychoanalysis.

Leahey, T. H. (1980). *A history of psychology*. N. J. Prentice-Hall.

Leahey, T. H. (1987/1980). *A history of psychology: main currents in psychological thought* (2nd ed.). Englewood Cliffs, N.J.: Prentice-Hall.

Leahey, T. H. (1991). *A history of modern psychology* (3rd ed.). New Jersey: Prentice-Hall, Inc.

Liebert, R. M., & Spiegler, M. D. (1987). *Personality: Strategies and issues* (5th ed.). Chicago: The Dorsey Press.

Lifton, R. J. (1967). *Death in life: Survivors of Hiroshima.* New York: Simon and Schuster.

Loewenberg, P. (1971). The Psychohistorical Origins of the Nazi Youth Cohort. *American Historical Review* 76. (5), 1457~1502.

Loewenberg, P. (1983). *Decoding the past: The psychohistorical approach.* California University Press.

Manaster, G. J., & Corsini, R. J. (1982). *Individual psychology: Theory and practice.* Itasca: F. E. Peocock Publishers Inc.

Maslow, A. H. (1968). *Toward a psychology of being.* Princeton: Van Nostrand.

Mazlish, B. (Ed.) (1963). *Psychoanalysis and history.* Englewood Cliffs, NJ: Prentice Hall.

Mazlish, B. (1972). *In search of Nixon: A psychohistorical inquiry.* New York: Basic Book Inc.

McDougall, W. (1936). *Psychoanalysis and social psychology* (2nd ed.). London: Methuen.

Meerloo, J. (1970). Pervasiveness of terms and concepts. *Journal of Individual Psychology*, 26, 14.

Meier, C. A. (1984). The theory of complexes. In C. A. Meier, *The unconscious in its empirical manifestations.* Boston: Sigo Press.

Misiak, H., & Sexton, V. S. (1966). *History of psychology: An overview.* New York: Grune & Stratton.

Modell, A. H. (1969). *Object love and reality: An introduction to a psychoanalytic theory of object relations.* London: Hogarth.

Modell, A. H. (1975). A narcissistic defense against affects and the illusion of self-sufficiency. *Int. J. Psychoanal.* 56, 275~282.

Modell, A. H. (1984). *Psychoanalysis in a new context.* NewYork: International Universities Press.

Monaco, P. (1976). *Cinema and society:France and Germany during the twenties.* New York: Elsevier.

Monte, C. F. (1995). *Beneath the mask: An introduction to theories of personality* (5th ed.). Fort worth: Harcourt Brace College.

Moore, B. E., & Fine, B. D. (Eds.) (1990). *Psychoanalytic terms and concepts*. New Haven: The American Psychoanalytic Association & Yale University Press.

Mosak, H. H. (1984). Interpretations-Is that all there is? *Journal of Modern Psychoanalysis* 9, 41～46.

Mosak, H. H. (1994). Adlerian psychology. In R. J. Corsini (Ed.), *Encyclopedia of psychology*, (Vol. 1), pp. 16～18. New York: John Wiley & Sons.

Murchison, C. A. (1930). *Psychologies of 1930*. Worcester, Mass.: Clark University Press; London: H. Milford, Oxford University Press.

Murphy, G. (1968). *Psychological thought from pythagoras to Freud: An informal introduction*. New York: Harcourt, Brace & World.

Murphy, G., & Kovach, J. K. (1972). *Historical introduction to modern psychology*. New York: Harcourt Brace Jovanorich.

Murphy, L. B. (Ed.) (1989). *There is more beyond: Selected papers of gardner murphy*. Jefferson, North Carolina: McFarland & Company.

Mussen, P. H., Conger, J. J., Kagan, J., & Huston, A. C. (1990). *Child develpment and personality* (2nd ed.). NewYork: Harper Collins.

Newton, P. M. (1995). *Freud: From youthful dream to mid-life crisis*. New York: The Guilford Press.

Oberndrof, C. P. (1953). *A history of psychoanalysis in America*. New York: Grune & Stratton.

Ollman, B. (1979). *Social and sexual revolution: Essays on Marx and Reich*. Boston: South End Press.

Orgler, H. (1973). *Alfred Adler: The man and his work, triumph over the inferiority complex* (4th ed.). London: Sidwick & Jackson.

Patterson, C. H. (1986). *Theories of counseling and psychotherapy*. New York: Harper and Row.

Rattner, J. (1983). *Alfred Adler*. New York: Fredrick Ungar Publishing.

Reich, W. (1945). *Character analysis*. New York: Orgone Institute Press.

Reich, W. (1946). *The mass psychology of fascism*. New York: Orgone Institute Press.

Reich, W. (1969). *The sexual revolution: Toward a self-governing character structure* (4th ed.). New York: Farrar, Straus & Giroux.

Ritvo, L. B. (1990). *Darwin's influence on Freud: A tale of two science*. New Haven: Yale University Press.

Roazen, P. (1985). *Helene Deutsch, a psychoanalyst's life.* Garden City, NY: Anchor Press/Doubleday.

Robertson, R. (1987). *C. G. Jung and the archetypes of the collective unconscious.* New York: Peter Long Publishing.

Robertson, M. H., & Woody, R. H. (1987). *Theories and methods for practice of clinical psychology.* Madison, Connecticut: International Universities Press.

Robison, D. N. (1995). *An intellectual history of psychology* (3rd ed.). Madison: The University of Wisconsin Press.

Rogers, C. R. (1942). *Counseling and psychotherapy: Newer Concepts in practice.* Boston, New York: Houghton Mifflin Company.

Ronos, K. P. (1992). *Carl Gustav Jung: Critical assessments* (Vol. 1,2,3,4). London & New York: Routledge.

Rubins, J. L. (1978). *Karen Horney: Gentle rebel of psychoanalysis.* New York: Dial Press.

Ruitenbeek, H. M. (Ed.) (1973). *Freud as we knew him.* Detroit, Michigan: Wayne State University Press.

Sahakian, W. S. (1975). *History and system of psychology.* New York: John Wiley & Sons.

Samuels, A. (1985). *Jung and the Post-Jungians.* London: Routledge & Kegan Paul.

Scharff, D. E., & Birtles, E. F. (1994). From instinct to self: Selected papers of W.R.D. *Fairbairn Volume I: Clinical and theoretical papers.* Northvale, NJ: Jason Aronson.

Scharff, D. E., & Birtles, E. F. (1994). From Instinct to Self: Selected Papers of W. R. D., *Fairbairn Volume II: Applications and Early Contributions.* Northvale, NJ: Jason Aronson.

Schultz, D. P. (1990). *Intimate friends, dangerous rivals: The turbulent relationship between Freud and Jung.* Los Angeles: Jenny P. Tarther, Inc.

Schultz, D. P., & Sydney, E. (1987). *A history of modern psychology* (4th ed.). New York: Harcourt Brace Jovanovich, Inc.

Schultz, D. P. (1976). *Theories of personality.* Monterey, California: Brooks/Cole Publishing Company.

Sexton, V. S., & Misiak, H. (Eds.) (1976). *Psychology around the world.* Monterey, Calif.: Brooks/Cole Pub. Co.

Sharp, D. (1987). *Personality types, Jung's model of typology.* Toronto: Inner City Books.

Sperber, M. (1974). *Masks of lonliness: Alfred Adler in perspective*. New York: Macmillan Publishing Co., Inc.

Spitz, R. A. (1962). *A genetic field theory of ego formation: Its implications for pathology*. New York: International University Press.

Spock, B. M. (1967). *Baby and child care*. New York: Pocket Books.

Stein, M. (1984). *Jungian analysis*. Boston & London: Shambhala.

Stephen, B. (1987). *The oxford book of dreams*. New York: Oxford University Press.

Stevens, A. (1990). *On Jung*. London and New York: Routledge.

Stone, L. (1987). *The past and the present revisited*. New York: Routledge & Kegan Paul.

Strachey, J. (1976). Sigmund Freud: A sketch of his life and ideas. In A. Richards (Ed.), *The Pelican Freud Library*. (Vol. 2,) pp. 11~28. Penguin Books.

Strupp, H. H. (1983). Psychoanalytic psychotherapy. In M, Hersen A. Kazdin E. & A. S. Bellanck. (Eds.), *The clinical psychology handbook*. pp. 471~487. New York: Perganon Press.

Strupp, H. H., & Binder, J. L. (1984). *Psychotherapy in a new key: A guide to time-limited dynamic psychotherapy*. New York: Basic Books.

Sullivan, H. S. (1953). *The interpersonal theory of psychiatry*. New York: Norton.

Sullivan, H. S. (1954). *The psychiatric interview*. New York: Norton.

Sullivan, H. S. (1964). *The fusion of psychiatry and social science*. New York: Norton.

Sumberg, N. D., Tyler, L. E., & Taplin, V. R. (1973). *Clinical Psychology Expanding Horizons*. (2nd ed.). New York: Appleton-Century-Crofts, Meredity Corp.

Trilling, L. (1955). *Freud and the crisis of our culture*. Boston: Beacon Press.

Tyson, P., & Tyson, R. L. (1990). *Psychoanalytic theories of development: An integration*. New Haven & London: University Press.

Van der Post, Laurens (1975). *Jung and the story of our time*. New York: Pantheon Books.

Watson, R. I. (1979). *Basic writings in the history of psychology*. New York: Oxford University Press.

Weiss, J. (1993). *How psychotherapy works: Process and technique.* New York: Guilford Press.

Weiss, J., Sammpson, H., & Mount Zion Psychotherapy Research Group (1986). *The psychoanalytic process: Theory, clinical observations, and empirical research.* New York: Guilford Press.

Wells, H. K. (1960). *Sigmund Freud: A Pavlovian critique.* New York: International Publishers.

Whitmont, E. (1982). *In Jungian analysis.* Illinois: Open Court Publishing.

Wilson, E. (1965). *The wound and the bow: Seven studies in literature.* New York: Oxford University Press.

Winnicott, D. W. (1966). *The maturational processes and the facilitation Environment: Studies in the theory of emotional development* (2nd ed.). New York: International University Press.

Wolman, B. B. (Ed.) (1965). *Handbook of clinical psychology.* New York: McGraw-Hill.

Wolman, B. B. (Ed.) (1971). *The psychoanalytic interpretation of history.* New York: Basic Books.

Wolman, B. B. (Ed.) (1982). *Handbook of development psychology.* Englewood Cliffs, NJ: Prentice-Hall.

Woodworth, R. S. (1948). *Contemporary schools of psychology* (rev. ed.). New York: The Ronald Press Company.

Wyss, D. (1973). *Psychoanalytic schools from the beginning to the present.* New York: Jason Aronson, Inc.

Yasozzynski, G. K. (1951). *Medical psychology: A basic for psychiatry and clinical psychology.* New York: Ronald Press Co.

索　引

說明：1. 每一名詞後所列之數字為該名詞在本書內出現之頁碼。
　　　2. 同一英文名詞而海峽兩岸譯文不同者，除在正文內附加括號予以註明外，索引中均予同時編列。

一、漢英對照

一　畫

一級獲益　primary gain　463

二　畫

二級自主性　secondary autonomy　441
二級獲益　secondary gain　463
人物　persona　276
人格　personality　23,350
人格化　personification　352
人格面具　persona　276
人格結構　personality structure　85,140
人格膨脹　inflation　277
人際安全　interpersonal security　351
人際關係相互作用模式　interpersonal transaction pattern　462
人際關係說　interpersonal theory　23,349,414
人際關係論　interpersonal theory　349
人際關係學派　interpersonal school　349
人類學　anthropology　382
力比多　libido　20,69,100,252,288,401

三　畫

口欲性依賴　oral dependence　104
口欲施虐　oral sadism　104
口欲期　oral stage　104
口欲滯留　oral fixation　104
口腔性依賴　oral dependence　104
口腔性格　oral character　104
口腔性樂觀　oral optimism　104
口腔期　oral stage　21,104,141,393
口誤　slip of tongue　116
女性型女性　feminine woman　476
女性核　feminine core　476

四　畫

不可能的自我　impossible self　343
中心自我　central ego　454
中性化　neutralization　441
中樞神經系統　central nervous system　184
內向性格者　introvert　296
內向型　introvert type　296
內在一致性標準　criterion of internal consistency　8
內在目的　internal aim　96
內部獲益　primary gain　463
內傾直覺型　introverted intuitive type　305

內傾型　introvert type　22,296
內傾型者　introvert　296
內傾思維型　introverted thinking type　303
內傾情感型　introverted feeling type　304
內傾感覺型　introverted sensation type　304
內攝　introjection　436
分化階段　differentiation　450
分析心理治療法　analytical psychotherapy　308
分析心理學　analytical psychology　22,50,249,262
分裂　dissociation　353
分離-個體化　separation-individuation　450,451
分離焦慮　separation anxiety　450
反向作用　reaction formation　435
反向形成　reaction formation　435
反社會層　antisocial layer　405
反相移情　countertransference　120
反射裝置　reflex apparatus　86
反能量貫注　anti-cathexis　90
反感情投注　anti-cathexis　90
反對人　moving against people　341
心力內投　introjection　436
心向　mental set　139
心理分析　psychoanalysis　4
心理分析論　psychoanalysis　4
心理功能　mental function　298
心理史學　psychohistory　493
心理地形說　psycho-topography　92
心理定勢　mental set　139
心理治療　psychotherapy　307
心理物理學　psychophysics　60,348
心理社會　psychosocial　26
心理社會期發展論　psychosocial stage theory of development　392,445

心理社會論　psychosocial theory　392
心理值　psychic value　284
心理能　mental energy　12,89
心理能量　mental energy　89
心理能量　psychic energy　284
心理動力說　psychodynamics　95
心理組織者　organizer of psyche　448
心理結構說　psycho-topography　92
心理衛生　mental hygiene　417
心理歷史學　psychohistory　398
心理歷史學方法　psycho-historical method　9
心理類型　psychological type　295
心靈　psyche　255,263
文化人類學方法　method of cultural anthropology　9
文化決定論　cultural determinism　334,345
文化標準　cultural criterion　345
文飾作用　rationalization　436
文獻研究方法　analysis of document　9

五　畫

主動對愧疚　initiative vs. guilt　394
以攻擊者自居　identification-with-the aggressor　437
出生順序　birth order　183,214
功能獨立　functional autonomy　441
占有　having　373
可怕的情感　uncanny emotions　351
可能的自我　possible self　343
古典精神分析　classical psychoanalysis　15
外向性格者　extravert　296
外向型　extravert type　296
外在目的　external aim　96
外部獲益　secondary gain　463

外傾直覺型　extraverted intuitive type　305
外傾型　extrovert type　22,296
外傾型者　extravert　296
外傾思維型　extraverted thinking type　302
外傾情感型　extraverted feeling type　303
外傾感覺型　extraverted sensation type　304
失誤　slip　116
市場性格　marketing character　25,370
弗洛伊德主義　Freudianism　15,146
弗洛伊德-馬克思主義　Freud-Marxism　401
弗洛伊德學派　Freudianism　4
本我　id　20,73,85,140,179,430
本能　instinct　20,54,71,95
本能論　instinctive theory　95,182,209,364
未分化的基質　undifferentiated matrix　440
正性移情　positive transference　119
正常期待的環境　average expectable environment　443
正統精神分析　orthodox psychoanalysis　15
生之本能　life instinct　20,54,71,98,182
生存本能　life instinct　98
生命週期　life cycle　390
生命意志　will to live　63
生物核心層　layer of biologic core　405
生活方式　life style　203
生活目標　life goal　175
生活風格　life style　21,180,203,213
生產性格　productive character　25,370

生殖期　genital stage　106,395
目的論　teleology　254

六　畫

伊底　id　20
伊諦普斯情結　Oedipus complex　48,146,488
先前快感　pre-pleasure　106
共生　symbiosis　450
再加工　secondary elaboration　112
同一性　identity　395,445,501
同一性危機　identity crisis　395,501
同一性形成　identity formation　395
同一感的需要　need for identity　367
向上驅力　upward drive　170
合理化　rationalization　436
因果律　law of causality　254
多餘焦慮　neurotic anxiety　102
存在　being　373
安全需要　safety need　335
曲解　distortion　109
次型自戀　secondary narcissism　69
次級自戀　secondary narcissism　69
次級習俗　secondary institution　383
次級歷程　secondary process　87
次起的自動化活動　secondarily automatic motion　509
死亡本能　death instinct　98
死之本能　death instinct　20,54,71,98,182
自己　self　451
自己表象　self representation　451
自主性　automony　26,441
自主獨立對羞怯疑慮　autonomy vs. shame and doubt　393
自由　freedom　365
自由之恐懼　fear of freedom　365
自由浮動焦慮　free-floating anxiety　102

自由聯想 free association 47,65,
  112,113,144
自我 ego 20,68,74,87,140,179,264,
  343,390,430,451,501
自我 self 331
自我分析 self analysis 66
自我心理學 ego psychology 382,
  389,390,429,461
自我心理學 self-psychology 503
自我功能 ego function 430
自我本能 ego instinct 98
自我同一性 ego identity 395,444
自我系統 self-system 353
自我防衛機制 ego-defense mechanism 433
自我防禦機制 ego-defense mechanism 102,433,461
自我保存 self-preservation 97
自我約束作用 turning-against-self 438
自我動力 self-dynamism 353
自我動能 self-dynamism 353
自我理想 ego ideal 75,88,91
自我統合 ego identity 395
自我統合對角色混亂 identity vs. role confusion 395
自我意象 self-image 343,449
自我實現 self-actualization 294
自我機能 ego function 430,444
自我體系 self-system 353
自卑情結 inferiority complex 21, 193,195
自卑感 inferiority feeling 21,51, 170,191,192
自居作用 identification 70
自動寫作 automatic writing 485
自戀 narcissism 21,28,69,100
自戀欲 narcissistic libido 503
自體成形 autoplastic 442
至善原則 perfection principle 75, 88

舌誤 slip of tongue 116
行動倒錯 parapraxis 119

七　畫

利他主義 altruism 438
否認作用 denial 438
囤積性格 hoarding character 369
完人 full person 255
完美原則 perfection principle 75
完美無缺對悲觀沮喪 integrity vs. despair 396
彷彿哲學 philosophy of the as-if 169
快樂原則 pleasure principle 20,66, 74,86
我向 autism 450
抗拒 resistance 20
抗拒現象 resistance 404
投射作用 projection 435
攻擊性格 aggressive character 341
求強意志 will to power 170
男性的反抗 masculine protest 163, 191,217
男性型女性 non-feminine woman 476
肛門性格 anal character 104
肛門便秘型性格 anal-retentive character 104
肛門排放型性格 anal-expulsive character 104
肛門期 anal stage 21,104,141
良心 conscience 88,91
良知 conscience 75
防禦機制 defense mechanism 20, 70

八　畫

依附理論 attachment theory 462
依從性格 compliant character 341
依賴性格 receptive character 369

兩性期　genital stage　21,106
協調階段　rapprochement　451
取向性架構的需要　need for a frame of orientation　367
固著　fixation　21,141,437
定向需求　need for a frame of orientation　367
性心理期發展論　psychosexual stage theory of development　103
性本能　erotic instinct　20,70,98,99,132
性革命　sexual revolution　408
性原欲　libido　66
性格　character　383
性格盔甲　character armour　404
性格結構理論　theory of character formation　405
性能　sexual energy　100
性異常　paraphilia　99
性感區　erogenous zone　103,141
性愛型女性　feminine-erotic type　476
性-經濟學　sex-economics　407
性潛伏期　sexual latency　68
性器期　phallic stage　21,104,141,393
性變態　paraphilia　99
拉馬克學說　Lamarckism　251
抵抗　resistance　120
抵消作用　undoing　436
昇華　sublimation　21,76,100,483
昇華作用　sublimation　436
析夢　dream analysis　112,119
泛性論　pansexualism　99,364
直覺　intuition　134,299,317
知覺的同一　identity of perception　87
社會文化學派　sociocultural school　329
社會合作層　layer of social cooperation　405

社會性格　social character　25,369
社會能力　social intelligence　419
社會情感　social feeling　208
社會智力　social intelligence　419
社會潛意識　social unconscious　368,415
社會興趣　social interest　22,164,177,208
初級自主性　primary autonomy　441
初級自戀　primary narcissism　69
初級習俗　primary institution　383
表意失誤　parapraxis　119
阿尼姆斯　animus　281
阿尼瑪　anima　279
阿德勒心理學　Adlerian psychology　21
阻抗現象　resistance　404
非我人格化　not-me personification　353
非個人內容　impersonal content　268
非個人情結　impersonal complex　268

九　畫

信任對不信任　trust vs. mistrust　393
侵犯驅力　aggressive drive　191
前生殖器的性欲　pregenital sexuality　141
前行　progression　288
前意識　preconscious　20,93
宣洩　catharsis　64
客體關係　object relationship　454
客體關係理論　object-relation theory　454
客觀性焦慮　objective anxiety　70,101
後成原則　epigenetic principle　391
思維　thinking　298,317
急性情結　acute complex　267

恆常性 constancy 451
活力 vitality 63
活躍程度 degree of activity 176
派生本能 derivative instinct 97
省察 censorship 20,93
相屬需求 need for relatedness 366
背離人 moving away from people 341
負性移情 negative transference 119
重要他人 significant others 353
陌生人焦慮 stranger anxiety 448
食物焦慮 food anxiety 384

十　畫

倒退 regression 96
倒退作用 regression 436
個人內容 personal content 268
個人性格 individual character 368
個人情結 personal complex 268
個人構念 personal construct 207
個人潛意識 personal unconscious 264
個別心理學 individual psychology 173
個案法 case study method 8
個案研究法 case study method 8
個體化 individuation 292
個體心理學 individual psychology 21,158,173
個體性格 individual character 25
個體建構 personal construct 207
個體潛意識 individual unconscious 22,253
個體潛意識 personal unconscious 264
倭格昂能 orgone energy 400
剝削性格 exploitative character 25,369
原子論 atomism 174
原始的壓抑 primal repression 434

原始歷程 primary process 86
原型 archetype 253,274
原型自戀 primary narcissism 69
原發過程 primary process 86
原壓抑 primal repression 434
家庭治療 family therapy 414
家庭氣氛 family atmosphere 203
恐怖症 phobia 102,433
恐怖症 phobic neurosis 433
恐懼 fear 68,101
恐懼症 phobia 102,433
恐懼症 phobic neurosis 433
根植性的需要 need for rootedness 367
真正的壓抑 proper repression 434
真實自我 real self 343
神經官能症 neurosis 346
神經性焦慮 neurotic anxiety 102
神經症 neurosis 346
神經症性格 neurotic character 338
神經症傾向 neurotic trend 338
神經症需要 neurotic need 338
神經質的焦慮 neurotic anxiety 70
神經質需求 neurotic need 338
能 energy 62
能量守恆 conservation of energy 284
能量守恆原理 conservation law of energy 89
能量貫注 cathexis 89
退化作用 regression 288,436
退行 regression 21,288
退縮性格 detached character 341
逃避自由 escape from freedom 365
追求優越 striving for superiority 21,51,163,170,198

十一　畫

偽裝 distortion 109
偉人理論 great-man theory 501

健康的生活風格 healthy style of life 205
動力心理學 dynamic psychology 316,510
動力精神病學 dynamic psychiatry 12
動能 dynamism 352
動欲區 erogenous zone 103
參照架 frame of reference 167
參照架構 frame of reference 167
曼荼羅 mandala 247
曼達拉 mandala 247
唯實原則 reality principle 20
唯樂原則 pleasure principle 20,74,86
基本人格結構 basic personality structure 24,382
基本邪惡 basic evil 335,417
基本焦慮 basic anxiety 23,336,458
基本焦慮論 basic anxiety theory 335
基本敵意 basic hostility 336
基本衝突 basic conflict 458
強迫性重復 repetition compulsion 96
強迫性神經症 obsessive-compulsive neurosis 433
強迫情感 obsessive affect 433
強迫衝動 obsessive impulse 433
強迫觀念 obsessive idea 433
情結 complex 253,265,269
情結心理學 complex psychology 264
情結表徵 complex indicator 269
情結指標 complex indicator 269,313
情感 feeling 299,317
情境 situation 350
情緒反應 emotional response 270
情調 affect-tone 266
情調 feeling tone 266

情調情結 feeling-toned complex 267
掠奪性格 exploitative character 25,369
控制聯想 controlled association 113
接納性格 receptive character 25,369
棄置作用 undoing 436
深度心理學 depth psychology 92
深蘊心理學 depth psychology 92,431
淨洗法 catharsis 64
理想自我 idealized self 343,413
現實自我 actual self 343,413
現實性焦慮 reality anxiety 101
現實原則 reality principle 20,75,87,430
甜檸檬機制 sweet lemon mechanism 437
異體成形 alloplastic 442
疏離感 alienation 365
移情 transference 21,65,100,119,351
移置 displacement 111,143
移置作用 displacement 94,97,435
第八個月焦慮 eight-month anxiety 448
統合 identity 395
統合危機 identity crisis 395,501
統合形成 identity formation 395
統合需求 need for identity 367
統覺 apperception 59
組構理論 formative theory 503
習俗 institution 383
陰性基質 anima 279
陰莖嫉妒 penis envy 68
陰莖嫉羨 penis envy 105
陰影 shadow 278

十二畫

最初記憶 first memories 214
最終快感 end pleasure 106
創造性自我 creative self 201
創傷 trauma 65
創傷性情結 traumatic complex 270
單子論 monadology 132
單字聯想測驗 word-association test 312
復發性情緒的敏感效應 sensitizing effect of a perseverating emotion 313
惡意的轉化 malevolent transformation 356
智慧老人 wise old man 282
智慧的原型 archetype of meaning 282
游離性焦慮 free-floating anxiety 102
焦慮 anxiety 70,101,351,459
無意識 unconscious 19
無衝突的自我領域 conflict-free ego sphere 440
發洩法 abreaction 64
發展危機 developmental crisis 392
等值原則 equivalence principle 284
筆誤 slip of pen 116
結構主義 structuralism 172
絕對的欣快 absolute euphoria 350
絕對的緊張 absolute tension 350
虛構目的論 fictional finalism 169,196
象徵 symbol 143,290
象徵 symbolization 111
貯存性格 hoarding character 25,369
超我 superego 20,75,88,140,179,430
超級心理場 superordinated psychological field 191
超越功能 transcendent function 292
超越性的需要 need for transcendence 366
超越需求 need for transcendence 366
超補償作用 overcompensation 195
進化論 evolutionism 62,171
陽具妒羨 penis envy 68
陽具嫉羨 penis envy 105,217,472
陽性基質 animus 281
集體治療 group therapy 415
集體潛意識 collective unconscious 22,253,271,368,498

十三畫

傳記法 biographical method 9
勤奮對自卑 industry vs. inferiority 394
微笑反應 smiling response 448
微覺 petites perceptions 59,509
意志力 will 301
意動心理學 act psychology 13
意識 conscious 19,22,94,263
意識閾限 threshold of consciousness 60,132
感情投注 cathexis 89
感覺 sensation 298,317
新弗洛伊德主義 neo-Freudism 146,325,428
新弗洛伊德學派 neo-Freudian school 329
新精神分析 neo-psychoanalysis 428
新精神分析學派 neopsychoanalytic school 329,331
暗影 shadow 278
歇斯底里症 hysteria 433
禁慾主義 asceticism 438
經驗 experience 75

索引 **549**

群體心理 group mind 498
群體自我 group self 503
落實需求 need for rootedness 367
補償 compensation 21
補償作用 compensation 171,184, 194,310
補償觀念 compensation idea 195
解除作用 undoing 436
解釋 interpretation 120
遊戲年齡 play age 394
道德性焦慮 moral anxiety 70,102
道德衝突 moral conflict 270
過失 slip 49,116
過度補償 overcompensation 21, 195,270
頓悟 insight 118

十四　畫

夢 dream 48,107
夢的工作 dream work 110
夢的解析 dream analysis 66,112, 215
夢程 dream work 110
夢境 dream content 108
夢隱義 latent dream content 108, 143
夢顯像 manifest dream content 108,143
實因性焦慮 objective anxiety 70, 101
實證主義 positivism 172
對立原則 principle of opposites 256
對象投注 object cathexis 89
對象性貫注 object cathexis 89
對象意象 object image 449
對象選擇 object choice 89
對象關係 object relationship 448, 454,462
對象關係理論 object-relation theory 454,462

慢性情結 chronic complex 267
構造主義 structuralism 172
滿足需要 satisfaction need 335
漸成原則 epigenetic principle 25, 391
漸成說 epigenesis 501
疑病症性格 hypochondriac character 385
種族保存 preservation of species 97
種族潛意識 racial unconscious 22
精神 psyche 255
精神分析 psychoanalysis 4
精神分析心理學 psychoanalytic psychology 5,382
精神分析治療法 psychoanalytic therapy 118
精神分析的社會文化學派 social-cultural psychoanalysis 17
精神分析學派 psychoanalytic school 4
精神分析學會 Psychoanalytic Association 428
精神分析學說 psychoanalysis 4
精神治療 psychotherapy 307
精神能量 psychic energy 284
精神能量疏導 canalization of libido 290
精神能量疏導 canalization of psychic energy 290
精神動力 dynamism 352
精神動力論 psychodynamics 95
精神動力學 psychic dynamics 256
精神衝突 psychic conflict 270
精神整體 totality of the psyche 256
網狀結構 reticular formation 140
網狀激活系統 reticular activating system 140
網狀激動系統 reticular activating system 140

維也納精神分析學會 Vienna Psycho-analytic Society 428
語詞聯想測驗 word-association test 312
認同 identification 70
認識領悟心理療法 cognitive insight psychotherapy 462
酸葡萄機制 sour grapes mechanism 437
需要 need 95

十五畫

影戀 narcissism 28
慾力 libido 20,66,69,100
慾力對象 libidinal object 100
潛伏期 latency stage 21,105,394
潛性夢境 latent dream content 108
潛意識 unconscious 6,19,92,132,390
潤飾 secondary elaboration 112
稽查作用 censorship 20,93,109,143
練習階段 practicing 450
衝突 conflict 71
質 mass 62
適應 adaptation 442
適應性 adaptation 26
熵定律 entropy principle 286

十六畫

凝結 condensation 110,143
整體心理學 holistic psychology 173
整體論 holism 172
機能性自主 functional autonomy 441
機械論 mechanism 174
興奮和刺激的需要 need for excitation and stimulation 367
親密對孤獨 intimacy vs. isolation 396

選擇性忽視 selective inattention 353
遺忘 forgetting 49,116
錯誤的生活風格 mistaken style of life 205
閹割焦慮 castration anxiety 68,105,471

十七畫

優越情結 superiority complex 21,201
優越感 superiority feeling 201
優勢法則 law of advantage 138
壓抑 repression 93
壓抑作用 repression 433,434
繁殖對停滯 generativity vs. stagnation 396
聯想 association 113

十八畫

癔病性失明 hysterical blindness 434
癔病性癱瘓 hysterical paralysis 435
癔病氣質 hysterical temperament 433
癔症 hysteria 44,433
臆斷性思維 predicate thinking 90
趨向人 moving toward people 341
還原論 reductionism 174
轉移作用 displacement 435

十九畫～二十五畫

關聯性需要 need for relatedness 366
繼發過程 secondary process 87
釋夢 dream analysis 107,112
權力意志 will to power 21,51,63,163,170
戀父情結 Electra complex 21,100,105,472

戀母情結 Oedipus complex 21,100, 105,471,484
變相 distortion 109
顯性夢境 manifest dream content 108
驚恐反應 panic reaction 102
靈感 inspiration 134
觀念 idea 266
觀察法 observation method 8

二、英漢對照

A

abreaction 發洩法 64
absolute euphoria 絕對的欣快 350
absolute tension 絕對的緊張 350
act psychology 意動心理學 13
actual self 現實自我 343,413
acute complex 急性情結 267
adaptation 適應,適應性 26,442
Adlerian psychology 阿德勒心理學 21
affect-tone 情調 266
aggressive character 攻擊性格 341
aggressive drive 侵犯驅力 191
alienation 疏離感 365
alloplastic 異體成形 442
altruism 利他主義 438
anal character 肛門性格 104
anal stage 肛門期 21,104,141
anal-expulsive character 肛門排放型性格 104
anal-retentive character 肛門便秘型性格 104
analysis of document 文獻研究方法 9
analytical psychology 分析心理學 22,50,249,262
analytical psychotherapy 分析心理治療法 308

anima 阿尼瑪,陰性基質 279
animus 阿尼姆斯,陽性基質 281
anthropology 人類學 382
anti-cathexis 反能量貫注,反感情投注 90
antisocial layer 反社會層 405
anxiety 焦慮 70,101,351,459
apperception 統覺 59
archetype 原型 253,274
archetype of meaning 智慧的原型 282
asceticism 禁慾主義 438
association 聯想 113
atomism 原子論 174
attachment theory 依附理論 462
autism 我向 450
automatic writing 自動寫作 485
automony 自主性 26,441
autonomy vs. shame and doubt 自主獨立對羞怯疑慮 393
autoplastic 自體成形 442
average expectable environment 正常期待的環境 443

B

basic anxiety 基本焦慮 23,336,458
basic anxiety theory 基本焦慮論 335
basic conflict 基本衝突 458
basic evil 基本邪惡 335,417

basic hostility　基本敵意　336
basic personality structure　基本人格結構　24,382
being　存在　373
biographical method　傳記法　9
birth order　出生順序　183,214

C

canalization of libido　精神能量疏導　290
canalization of psychic energy　精神能量疏導　290
case study method　個案法,個案研究法　8
castration anxiety　閹割焦慮　68,105,471
catharsis　宣洩,淨洗法　64
cathexis　能量貫注,感情投注　89
censorship　省察,稽查作用　20,93,109,143
central ego　中心自我　454
central nervous system　中樞神經系統　184
character　性格　383
character armour　性格盔甲　404
chronic complex　慢性情結　267
classical psychoanalysis　古典精神分析　15
cognitive insight psychotherapy　認識領悟心理療法　462
collective unconscious　集體潛意識　22,253,271,368,498
compensation　補償,補償作用　21,171,184,194,310
compensation idea　補償觀念　195
complex　情結　253,265,269
complex indicator　情結表徵,情結指標　269,313
complex psychology　情結心理學　264
compliant character　依從性格　341
condensation　凝結　110,143
conflict　衝突　71
conflict-free ego sphere　無衝突的自我領域　440
conscience　良心,良知　75,88,91
conscious　意識　19,22,263
consciousness　意識　94
conservation law of energy　能量守恆原理　89
conservation of energy　能量守恆　284
constancy　恆常性　451
controlled association　控制聯想　113
countertransference　反相移情　120
creative self　創造性自我　201
criterion of internal consistency　內在一致性標準　8
cultural criterion　文化標準　345
cultural determinism　文化決定論　334,345

D

death instinct　死亡本能,死之本能　20,54,71,98,182
defense mechanism　防禦機制　20,70
degree of activity　活躍程度　176
denial　否認作用　438
depth psychology　深度心理學,深蘊心理學　92,431
derivative instinct　派生本能　97
detached character　退縮性格　341
developmental crisis　發展危機　392
differentiation　分化階段　450
displacement　移置,移置作用,轉移作用　94,97,111,143,435
dissociation　分裂　353

distortion　曲解,偽裝,變相　109
dream　夢　48,107
dream analysis　析夢,夢的解析,釋夢　66,107,112,119,215
dream content　夢境　108
dream work　夢的工作,夢程　110
dynamic psychiatry　動力精神病學　12
dynamic psychology　動力心理學　316,510
dynamism　動能,精神動力　352

E

ego function　自我功能,自我機能　430,444
ego ideal　自我理想　75,88,91
ego identity　自我同一性,自我統合　395,444
ego instinct　自我本能　98
ego psychology　自我心理學　382,389,390,429,461
ego　自我　20,68,74,87,140,179,264,343,390,430,451,501
ego-defense mechanism　自我防衛機制,自我防禦機制　102,433,461
eight-month anxiety　第八個月焦慮　448
Electra complex　戀父情結　21,100,105,472
emotional response　情緒反應　270
end pleasure　最終快感　106
energy　能　62
entropy principle　熵定律　286
epigenesis　漸成說　501
epigenetic principle　後成原則,漸成原則　25,391
equivalence principle　等值原則　284
erogenous zone　性感區,動欲區　103,141
erotic instinct　性本能　20,70,98,99,132
escape from freedom　逃避自由　365
evolutionism　進化論　62,171
experience　經驗　75
exploitative character　剝削性格,掠奪性格　25,369
external aim　外在目的　96
extravert　外向性格者,外傾型者　296
extravert type　外向型,外傾型　22,296
extraverted feeling type　外傾情感型　303
extraverted intuitive type　外傾直覺型　305
extraverted sensation type　外傾感覺型　304
extraverted thinking type　外傾思維型　302

F

family atmosphere　家庭氣氛　203
family therapy　家庭治療　414
fear　恐懼　68,101
fear of freedom　自由之恐懼　365
feeling　情感　299,317
feeling tone　情調　266
feeling-toned complex　情調情結　267
feminine core　女性核　476
feminine woman　女性型女性　476
feminine-erotic type　性愛型女性　476
fictional finalism　虛構目的論　169,196
first memories　最初記憶　214
fixation　固著　21,141,437
food anxiety　食物焦慮　384
forgetting　遺忘　49,116
formative theory　組構理論　503

frame of reference 參照架,參照架構 167
free association 自由聯想 47,65,112,113,144
freedom 自由 365
free-floating anxiety 自由浮動焦慮,游離性焦慮 102
Freudianism 弗洛伊德主義,弗洛伊德學派 15,146
Freud-Marxism 弗洛伊德-馬克思主義 401
full person 完人 255
functional autonomy 功能獨立,機能性自主 441

G

generativity vs. stagnation 繁殖對停滯 396
genital stage 生殖期,兩性期 21,106,395
great-man theory 偉人理論 501
group mind 群體心理 498
group self 群體自我 503
group therapy 集體治療 415

H

having 占有 373
healthy style of life 健康的生活風格 205
hoarding character 囤積性格,貯存性格 25,369
holism 整體論 172
holistic psychology 整體心理學 173
hypochondriac character 疑病症性格 385
hysteria 癔症,歇斯底里症 44,433
hysterical blindness 癔病性失明 434
hysterical paralysis 癔病性癱瘓 435
hysterical temperament 癔病氣質 433

I

id 本我,伊底 20,73,85,140,179,430
idea 觀念 266
idealized self 理想自我 343,413
identification 自居作用,認同 70
identification-with-the aggressor 以攻擊者自居 437
identity 同一性,統合 395,445,501
identity crisis 同一性危機,統合危機 395,501
identity formation 同一性形成,統合形成 395
identity of perception 知覺的同一 87
identity vs. role confusion 自我統合對角色混亂 395
impersonal complex 非個人情結 268
impersonal content 非個人內容 268
impossible self 不可能的自我 343
individual character 個人性格 368
individual character 個體性格 25
individual psychology 個別心理學,個體心理學 21,158,173
individual unconscious 個體潛意識 22,253
individuation 個體化 292
industry vs. inferiority 勤奮對自卑 394
inferiority complex 自卑情結 21,193,195
inferiority feeling 自卑感 21,51,170,191,192
inflation 人格膨脹 277
initiative vs. guilt 主動對愧疚 394

insight 頓悟 118
inspiration 靈感 134
instinct 本能 20,54,71,95
instinctive theory 本能論 95,182, 209,364
institution 習俗 383
integrity vs. despair 完美無缺對悲觀沮喪 396
internal aim 內在目的 96
interpersonal school 人際關係學派 349
interpersonal security 人際安全 351
interpersonal theory 人際關係說,人際關係論 23,349,414
interpersonal transaction pattern 人際關係相互作用模式 462
interpretation 解釋 120
intimacy vs. isolation 親密對孤獨 396
introjection 內攝,心力內投 436
introvert type 內向型,內傾型 22,296
introvert 內向性格者,內傾型者 296
introverted feeling type 內傾情感型 304
introverted intuitive type 內傾直覺型 305
introverted sensation type 內傾感覺型 304
introverted thinking type 內傾思維型 303
intuition 直覺 134,299,317

L

Lamarckism 拉馬克學說 251
latency stage 潛伏期 21,105,394
latent dream content 夢隱義,潛性夢境 108,143
law of advantage 優勢法則 138

law of causality 因果律 254
layer of biologic core 生物核心層 405
layer of social cooperation 社會合作層 405
libidinal object 慾力對象 100
libido 力比多,性原欲,慾力 20,66,69,100,252,288,401
life cycle 生命週期 390
life goal 生活目標 175
life instinct 生之本能,生存本能 20,54,71,98,182
life style 生活方式,生活風格 21,180,203,213

M

malevolent transformation 惡意的轉化 356
mandala 曼荼羅,曼達拉 247
manifest dream content 夢顯像,顯性夢境 108,143
marketing character 市場性格 25,370
masculine protest 男性的反抗 163,191,217
mass 質 62
mechanism 機械論 174
mental energy 心理能,心理能量 12,89,284
mental function 心理功能 298
mental hygiene 心理衛生 417
mental set 心向,心理定勢 139
method of cultural anthropology 文化人類學方法 9
mistaken style of life 錯誤的生活風格 205
monadology 單子論 132
moral anxiety 道德性焦慮 70,102
moral conflict 道德衝突 270
moving against people 反對人 341

moving away from people　背離人　341
moving toward people　趨向人　341

N

narcissism　自戀，影戀　21,28,69,100
narcissistic libido　自戀欲　503
need　需要　95
need for a frame of orientation　取向性架構的需要，定向需求　367
need for excitation and stimulation　興奮和刺激的需要　367
need for identity　同一感的需要，統合需求　367
need for relatedness　相屬需求，關聯性需要　366
need for rootedness　根植性的需要，落實需求　367
need for transcendence　超越性的需要，超越需求　366
negative transference　負性移情　119
neo-Freudian school　新弗洛伊德學派　329
neo-Freudism　新弗洛伊德主義　146,325,428
neo-psychoanalysis　新精神分析　428
neopsychoanalytic school　新精神分析學派　329,331
neurosis　神經官能症，神經症　346
neurotic anxiety　多餘焦慮，神經性焦慮，神經質的焦慮　70,102
neurotic character　神經症性格　338
neurotic need　神經症需要，神經質需求　338
neurotic trend　神經症傾向　338
neutralization　中性化　441
non-feminine woman　男性型女性　476
not-me personification　非我人格化　353

O

object cathexis　對象投注，對象性貫注　89
object choice　對象選擇　89
object image　對象意象　449
object relationship　客體關係，對象關係　448,454,462
objective anxiety　客觀性焦慮，實因性焦慮　70,101
object-relation theory　客體關係理論，對象關係理論　454,462
observation method　觀察法　8
obsessive affect　強迫情感　433
obsessive idea　強迫觀念　433
obsessive impulse　強迫衝動　433
obsessive-compulsive neurosis　強迫性神經症　433
Oedipus complex　伊諦普斯情結，戀母情結　21,48,100,105,146,471,484,488
oral character　口腔性格　104
oral dependence　口欲性依賴，口腔性依賴　104
oral fixation　口欲滯留　104
oral optimism　口腔性樂觀　104
oral sadism　口欲施虐　104
oral stage　口欲期，口腔期　21,104,141,393
organizer of psyche　心理組織者　448
orgone energy　倭格昂能　400
orthodox psychoanalysis　正統精神分析　15
overcompensation　超補償作用，過度補償　21,195,270

P

panic reaction　驚恐反應　102

索引 **557**

pansexualism 泛性論 99,364
paraphilia 性異常,性變態 99
parapraxis 行動倒錯,表意失誤 119
penis envy 陰莖嫉妒,陰莖嫉羨,陽具妒羨,陽具嫉羨 68,105,217,472
perfection principle 至善原則,完美原則 75,88
persona 人物,人格面具 276
personal complex 個人情結 268
personal construct 個人構念,個體建構 207
personal content 個人內容 268
personal unconscious 個人潛意識,個體潛意識 264
personality structure 人格結構 85,140
personality 人格 23,350
personification 人格化 352
petites perceptions 微覺 59,509
phallic stage 性器期 21,104,141,393
philosophy of the as-if 彷彿哲學 169
phobia 恐怖症,恐懼症 102,433
phobic neurosis 恐怖症,恐懼症 433
play age 遊戲年齡 394
pleasure principle 快樂原則,唯樂原則 20,66,74,86
positive transference 正性移情 119
positivism 實證主義 172
possible self 可能的自我 343
practicing 練習階段 450
preconscious 前意識 20,93
predicate thinking 臆斷性思維 90
pregenital sexuality 前生殖器的性欲 141
pre-pleasure 先前快感 106

preservation of species 種族保存 97
primal repression 原始的壓抑,原壓抑 434
primary autonomy 初級自主性 441
primary gain 一級獲益,內部獲益 463
primary institution 初級習俗 383
primary narcissism 初級自戀,原型自戀 69
primary process 原始歷程,原發過程 86
principle of opposites 對立原則 256
productive character 生產性格 25,370
progression 前行 288
projection 投射作用 435
proper repression 真正的壓抑 434
psyche 心靈,精神 255,263
psychic conflict 精神衝突 270
psychic dynamics 精神動力學 256
psychic energy 精神能量,心理能量 284
psychic value 心理值 284
psychoanalysis 心理分析,心理分析論,精神分析,精神分析學說 4
Psychoanalytic Association 精神分析學會 428
psychoanalytic psychology 精神分析心理學 5,382
psychoanalytic school 精神分析學派 4
psychoanalytic therapy 精神分析治療法 118
psychodynamics 心理動力說,精神動力論 95
psycho-historical method 心理歷

史學方法　9
psychohistory　心理史學, 心理歷史學　398,493
psychological type　心理類型　295
psychophysics　心理物理學　60,348
psychosexual stage theory of development　性心理期發展論　103
psychosocial stage theory of development　心理社會期發展論　392,445
psychosocial theory　心理社會論　392
psychosocial　心理社會　26
psychotherapy　心理治療, 精神治療　307
psycho-topography　心理地形說, 心理結構說　92

R

racial unconscious　種族潛意識　22
rapprochement　協調階段　451
RAS＝reticular activating system
rationalization　文飾作用, 合理化　436
reaction formation　反向作用, 反向形成　435
real self　真實自我　343
reality anxiety　現實性焦慮　101
reality principle　唯實原則, 現實原則　20,75,87,430
receptive character　依賴性格, 接納性格　25,369
reductionism　還原論　174
reflex apparatus　反射裝置　86
regression　倒退, 倒退作用, 退化作用, 退行　21,288,436
repetition compulsion　強迫性重復　96
repression　壓抑, 壓抑作用　433,434
resistance　抗拒, 抗拒現象, 抵抗, 阻抗現象　20,120,404
reticular activating system　網狀激活系統　140, 網狀激動系統　140
reticular formation　網狀結構　140
RF＝reticular formation

S

safety need　安全需要　335
satisfaction need　滿足需要　335
secondarily automatic motion　次起的自動化活動　509
secondary autonomy　二級自主性　441
secondary elaboration　再加工, 潤飾　112
secondary gain　二級獲益, 外部獲益　463
secondary institution　次級習俗　383
secondary narcissism　次型自戀, 次級自戀　69
secondary process　次級歷程, 繼發過程　87
selective inattention　選擇性忽視　353
self　自己, 自我　331,451
self analysis　自我分析　66
self representation　自己表象　451
self-actualization　自我實現　294
self-dynamism　自我動力, 自我動能　353
self-image　自我意象　343,449
self-preservation　自我保存　97
self-psychology　自我心理學　503
self-system　自我系統, 自我體系　353
sensation　感覺　298,317
sensitizing effect of a perseverating emotion　復發性情緒的敏感效應　313
separation anxiety　分離焦慮　450

索　引　**559**

separation-individuation　分離-個體化　450,451
sex-economics　性-經濟學　407
sexual energy　性能　100
sexual latency　性潛伏期　68
sexual revolution　性革命　408
shadow　陰影, 暗影　278
significant others　重要他人　353
situation　情境　350
slip　失誤, 過失　49,116
slip of pen　筆誤　116
slip of tongue　口誤, 舌誤　116
smiling response　微笑反應　448
social character　社會性格　25,369
social feeling　社會情感　208
social intelligence　社會能力, 社會智力　419
social interest　社會興趣　22,164,177,208
social unconscious　社會潛意識　368,415
social-cultural psychoanalysis　精神分析的社會文化學派　17
sociocultural school　社會文化學派　329
sour grapes mechanism　酸葡萄機制　437
stranger anxiety　陌生人焦慮　448
striving for superiority　追求優越　21,51,163,170,198
structuralism　結構主義, 構造主義　172
sublimation　昇華, 昇華作用　21,76,100,436,483
superego　超我　20,75,88,140,179,430
superiority complex　優越情結　21,201
superiority feeling　優越感　201
superordinated psychological field　超級心理場　191

sweet lemon mechanism　甜檸檬機制　437
symbiosis　共生　450
symbol　象徵　143,290
symbolization　象徵　111

T

teleology　目的論　254
theory of character formation　性格結構理論　405
thinking　思維　298,317
threshold of consciousness　意識閾限　60,132
totality of the psyche　精神整體　256
transcendent function　超越功能　292
transference　移情　21,65,100,119,351
trauma　創傷　65
traumatic complex　創傷性情結　270
trust vs. mistrust　信任對不信任　393
turning-against-self　自我約束作用　438

U

uncanny emotions　可怕的情感　351
unconscious　無意識, 潛意識　6,19,92,132,390
undifferentiated matrix　未分化的基質　440
undoing　抵消作用, 棄置作用, 解除作用　436
upward drive　向上驅力　170

V

Vienna Psychoanalytic Society　維也納精神分析學會　428

vitality　活力　63

W

will　意志力　301
will to live　生命意志　63
will to power　求強意志，權力意志　21,51,63,163,170
wise old man　智慧老人　282
word-association test　單字聯想測驗，語詞聯想測驗　312

```
精神分析心理學 / 沈德燦著.--第一版.--臺北市：
臺灣東華書局,2003
      面 ；   公分.--(世紀心理學叢書之4)
參考書目：面
含索引
ISBN 957-483-202-3(精裝)
1.精神分析論
170.189                                    92008528
```

張 春 興 主 編
世紀心理學叢書 4

精神分析心理學

著　　者　沈　德　燦
發 行 人　卓　鑫　淼
責任編輯　徐 萬 善　徐 憶 李 森 奕
法律顧問　蕭　雄　淋　律　師
出　　版　臺灣東華書局股份有限公司
　　　　　臺北市重慶南路一段一四七號三樓
　　　　　發行部：北市峨眉街一○五號
　　　　　電話　(02) 23114027
　　　　　傳真　(02) 23116615
　　　　　郵撥　00064813
　　　　　編審部：北市重慶南路一段一四七號七樓
　　　　　電話　(02) 23890906・23890915
　　　　　傳真　(02) 23890869
　　　　　網址　http://www.bookcake.com.tw
　　　　　電子信箱　service@bookcake.com.tw
排　　版　玉山電腦排版事業有限公司
印　　刷　正大印書館
出版日期　2005 年 5 月
　　　　　第一版第二次印刷
行政院新聞局　局版臺業字第 0725 號

定價　新臺幣 650 元整（運費在外）